Beltz Taschenbuch 7

Über dieses Buch:

Vor der Geburt bis zum 6. Lebensjahr befindet sich das Kind in einer Phase einschneidender Veränderungen, die keinesfalls mit den Begriffen Reifung und Entwicklung oder den Erkenntnissen der Entwicklungspsychologie hinreichend erklärt werden können. Dementsprechend verarbeitet der Autor die Ergebnisse der entwicklungspsychologischen Forschung, der Soziologie und der Pädagogik. Er führt sie weiter in der von ihm vertretenen »Kinderperspektive«, wie sie zum Beispiel in narrativem Material zu finden ist, und der Beschreibung kindlicher Lebenswelten und fordert für das Kleinkind als »kompetentes« Wesen von Anfang an intensive erzieherische Zuwendung: »Was wir in die Pädagogik der älteren Jugendlichen zuviel hineinpacken, das finden wir in der Altersgruppe der 0- bis 5jährigen entschieden zu wenig: ein pädagogisches Interesse und eine entsprechende Haltung, die von den Kindern und ihren Kompetenzen ausgeht und ›Erziehung‹ als dringend notwendig, aber von Anfang an aus der Sicht- und Erlebnisweise der Kinder wahrnimmt.«

Dieter Baackes Untersuchung der verschiedenen Disziplinen der Kindheitsforschung mündet in einen »sozialökologischen Ansatz«, der kindliche Lebenswelten in ihrer ganzen Komplexität beschreibt und daraus eine Pädagogik des Kleinkindes ableitet, die auch berücksichtigt, daß schon in den ersten Jahren neben der Mutter und der Familie die Peers, pädagogische Institutionen und zunehmend Medienwelten eine entscheidende Rolle spielen.

Der Autor:

Prof. Dr. Dieter Baacke (1934–1999) lehrte an der Universität Bielefeld. Seine Arbeitsschwerpunkte waren Medienpädagogik, Jugend- und Medienforschung und außerschulische Bildung. Im Beltz Verlag erschienen von ihm die Bücher *Die 6- bis 12jährigen – Einführung in die Probleme des Kindesalters* und *Die 13- bis 18jährigen – Einführung in die Probleme des Jugendalters.*

Dieter Baacke

Die 0- bis 5jährigen

Einführung in die Probleme der frühen Kindheit

Besuchen Sie uns im Internet:
http://www.beltz.de

Alle Rechte, insbesondere die der Vervielfältigung und Verbreitung sowie der Übersetzung, vorbehalten. Kein Teil des Werkes darf in irgendeiner Form (durch Photokopie, Mikrofilm oder ein anderes Verfahren) ohne schriftliche Genehmigung des Verlages reproduziert oder unter Verwendung elektronischer Systeme verarbeitet, vervielfältigt oder verbreitet werden.

2. Auflage

Beltz Taschenbuch 7

©1999 Beltz Verlag, Weinheim und Basel
Umschlaggestaltung: Federico Luci, Köln
Umschlagphotographie: © Tony Stone Bilderwelten, München
Satz: Druckhaus »Thomas Müntzer«, Bad Langensalza
Druck und Bindung: Druckhaus Beltz, Hemsbach
Printed in Germany

ISBN 3 407 22007 3

Inhaltsverzeichnis

Vorwort 9

1. Forschen und Nachdenken über Kinder 15
Theorien über Kindheit 19
Großzenarios: deMause versus Ariés 28
Mythos Kindheit? 36

2. Geschichten von Kindern 41
Echo, Schutz, Stimulanz – Joey: Das Tagebuch eines Babys 42
Abenteuer zwischen Kleinbleiben und Großwerden –
Canetti, Leiris, Sarraute 51
Fazit 68

3. Kinder und Kindheit im Wandel der Lebensformen 70
»Kind« und »Kindheit«: Konstrukte 70
Kinder im Horizont von Macht und Schutz 75
Sozialer Wandel im Familienkomplex 76
Fazit 92

4. Theorien und Entwicklungsschritte 94
Endogenetische Theorien 95
Exogenetische Theorien 96
Konstruktivistische Stadientheorien 99
Interaktion zwischen Person und Umwelt 106
Zusammenschau: Kontinuität und Plastizität 107
Entwicklungsschritt 1: Die pränatale Phase 110
Entwicklungsschritt 2: Die Geburt und danach 117
Entwicklungsschritt 3: Vom Säugling zum Kleinkind 124
Entwicklungsschritt 4: Vom Kleinkind zum Schulkind
(das Vorschulalter) 127

5. Entwicklungsdimensionen 131

Wahrnehmen und Wahrnehmung 131
Sich-Bewegen und Exploration 140
Die Welt der Dinge 143
Die Welt der Gefühle (Emotionen) 152
Spiele und Spielen 161
Sprache und Sprechen 170
Denken und Intelligenz 178
Leistungsmotivation 184
Moralisch urteilen, werten und handeln 191
Das Geschlecht: Mädchen, Junge 204
Fazit: Das kompetente Kind 219

6. Kleine Kinder und ihre Lebenswelten 229

Zur Sozialökologie des Aufwachsens 236
Vier sozialökologische Zonen 235
Kinderzonen, Zwischenräume 243
Die Grundfiguration: Kind–Mutter–Vater (Eltern) 250
Epilog: Mutter-Kind-Bindung und Sexualität 265
Der Vater 267
Ökologisches Zentrum Familie 278
Neue sozialökologische Kontexte 282
Die Gleichaltrigen 286
Steigende Bedeutung der peers 291
Beziehungsdynamiken unter gleichaltrigen Kindern 297
Kinderfreundschaften 304

7. Außerfamiliale pädagogische Einrichtungen 309

Zur Geschichte der öffentlichen Kleinkindererziehung
in Deutschland 316
Neue Verbindungslinien: der Situationsansatz 319
Die Träger, die Ausbildung pädagogischer Fachkräfte 330
Pluralisierung und Ausdifferenzierung 336
1. Säuglingsheime 336
2. Krippe 338
3. Andere familienergänzende Tagesbetreuungseinrichtungen .. 340

Tagespflegestellen 343
Kindertagesstätten 344
Kinderläden, Kitas 345
Der Hort 347
Eltern-Kind-Gruppen 349

8. **Die Medienwelten der kleinen Kinder** 350

Von der Kinderwahrnehmung in die Medienwelten 350
Medienwelten: Von Büchern bis zum Internet 357
Fernsehen: Daten und Tendenzen 363
Medien (Fernsehen) in der Kinder(garten)welt 374
Weitere Medien: Kassetten, Computer, Internet 382
Früher Abschied von der Kindheit? 385

9. **Pädagogisches Nachdenken: Zwischen Selbstironie und Liebe** 388

Vorbemerkung 388
Die unheile Welt: Störungen von innen und außen 392
Grenzen kinderwissenschaftlicher Forschung 400
Mütter und Beziehungskisten: stories 409
Der skeptische Blick des Neugeborenen 412
Kinderbilder – Erwachsenenspiegel 416
Selbstironie und Liebe zum Kind 417

Literatur 423
Sachregister 438

Vorwort

Nach den Büchern »Die 13- bis 18jährigen« und »Die 6- bis 12jährigen« folgt nun der Band »Die 0- bis 5jährigen«, der sich nicht Jugendlichen oder Schulkindern, sondern der jüngsten Altersgruppe (vom Säugling bis zum Vorschulalter) zuwendet. Die Entstehung dieses Manuskripts hat entschieden mehr Zeit in Anspruch genommen, als zunächst gedacht war.

Nicht Ablenkungen in anderen Arbeits- und Berufsfeldern sind dafür der Hauptgrund, sondern die Auseinandersetzung mit zwei Fragen, die mich immer wieder (aber beim Entstehen des Manuskripts schließlich dann auch weniger) nachdenklich machten. Zum einen fragte ich mich: Gibt es nicht genug Literatur gerade über das Kleinkindalter? Wir ertrinken ja in einer Fülle von wissenschaftlichen, vor allem aber auch populären Schriften aller Art und in einer Ratgeberliteratur, die schwer übersehbar ist (und deren Qualität darum auch nur mühsam abzuschätzen ist). Wozu dem quasi uferlosen Feld des Gedruckten noch einen neuen Anrainer hinzugesellen? Die Antwort, die ich schließlich fand: Eine dem neuesten Stand der Diskussion entsprechende (insofern nicht anspruchslose) Darstellung, die gleichzeitig disziplinäre Querstrukturen offenlegt und für den pädagogischen Gebrauch Hinweise gibt, fand ich in dieser Form eigentlich nicht. So hat beispielsweise die Entwicklungspsychologie des Kleinkindalters – auch auf dem internationalen Markt – viel an Erkenntnis, Einsicht und Diskussion anzubieten, aber eine neugierige und zugleich kindzentriert-freundliche Sichtweise fand ich allzu selten.

Fast mehr beschäftigt hat mich eine zweite Frage: Können Männer überhaupt über Kleinkinder schreiben; sind nicht Empfängnis und Geburt Ereignisse, über die sich in authentischer Weise nur Frauen äußern können? Ich habe dieses Problem so gelöst, daß ich mit acht Frauen gesprochen habe, deren Kinder »noch im Bauch« oder gerade geboren waren oder sich schließlich in den ersten Lebensjahren befanden. Ich habe mir erzählen lassen, welche Erfahrung sie mit sich selbst, ihrer sozialen Umgebung und natürlich vor allem mit »ihren« Kindern machten. Viel habe ich dazugelernt; freilich habe ich dann doch auf den Gedanken verzichtet, »Mutter-Kinder-Geschichten« zu schreiben: zum einen, weil meine Gesprächspartnerinnen dies durchweg nicht wünschten, zum anderen, weil ich mich dann doch über die Form des Schreibens wieder derer bemächtigt hätte, von denen ich zwar etwas hören und lernen wollte, die ich aber nicht zum »Gegenstand« des Buches machen wollte. Für die Ausgangsfrage ist das Vorgehen, wie ich es kurz beschrieb, freilich nur eine schwache Rechtfertigung.

Schließlich fand ich gute Gründe und entsprechend Engagement genug, auch dieses Buch entstehen zu lassen. Es sind vor allem sechs Punkte, die ich in der bisherigen Literatur zur dargestellten Altersgruppe nur am Rande, gar nicht oder mit falschen Akzenten behandelt fand:

1. Nicht nur die (neueste) Fachliteratur, sondern auch eigene Beobachtungen und zahlreiche Gespräche zeigen, daß auch kleine Kinder schon »Kompetenz« besitzen und ihre Würde, Zukunft und Chance gerade darin besteht, dies von Geburt an zu beachten. In jedem der hier behandelten, nach Kapiteln geordneten Themenschwerpunkte wird immer wieder deutlich, daß das Selbst des Kindes, der Umgang mit anderen und die Lebenskontexte überhaupt Kinder in einen Horizont der Zukunft hineinwachsen lassen, in dem von Anfang an mehr zu finden ist als nur reflexorientiertes Reifen und genetisch ausgearbeitetes Fortschreiten. In den Kontexten, der Beziehungsdyade (etwa Mutter–Kind) und schließlich in den kindlichen Dispositionen selbst arbeitet sich eine Reichhaltigkeit von Lebensmaterial aus, die mich immer wieder faszinierte, zum Bewundern brachte und die Überzeugung wachsen ließ, daß kleine Kinder mehr können, als sie sollen.

2. Der zweite Gedanke hängt mit der eben formulierten Einsicht zusammen. Gerade die Literatur, die sich Säuglingen und Kleinkindern zuwendet, findet pädagogisch oft gar nicht oder nur am Rande Beachtung. Es geht eher um Hege und Pflege, um nach Plan ausgearbeitete Förderungsroutinen als um die Einsicht, daß gerade kleine Kinder *erzieherische Zuwendung* brauchen. So problematisch mir ein traditionelles Erziehungsverständnis für das Jugendalter (»Die 13- bis 18jährigen«) erscheint und so eingeschränkt ich bereits die zweckgerichtet-kontrollierenden Erziehungshandlungen an Kindern (»Die

6- bis 12jährigen«) betrachtet habe, so unaufgebbar notwendig scheint es mir zu sein, daß gerade kleine Kinder, die schließlich selbst kompetente Lebewesen von Anfang an sind, eines großen Erziehungsaufwands bedürfen und einer sensibilisierten Begleitung für ihr Leben, vor allem aber kommunikativ-sozialer Begleitung, um diese Kompetenz nicht verwahrlosen zu lassen. Was wir in die Pädagogik der älteren Jugendlichen (von der Pubertät ab) zuviel hineinpacken, das finden wir in der Altersgruppe der 0- bis 5jährigen entschieden zuwenig: ein pädagogisches Interesse und eine entsprechende Haltung, die von den Kindern und ihren Kompetenzen ausgeht und »Erziehung« als dringend notwendig, aber von Anfang an aus der Sicht- und Erlebnisweise von Kindern wahrnimmt.

3. Folgen wir dieser Einsicht, schließt sich eine dritte zwingend an: Wenn »Reifung« und »Entwicklung« sich nicht von selbst vollziehen, sondern in erzieherischer Verantwortung im Miteinander von Kleinkind und Beziehungspersonen geschehen, dann bedarf es zur Absicherung und Stabilisierung *institutionell pädagogischer Vorkehrungen*, die Erziehung sichern, oft erst ermöglichen sollen: Vom Kindergarten bis zum Hort gibt es inzwischen eine Fülle von Einrichtungen, deren Notwendigkeit schon deswegen unbezweifelbar ist, weil Familien (und insbesondere Mütter) in der Erziehungsaufgabe Beistand und Sicherheit brauchen und schnell überfordert sind, gibt es hier nicht entsprechende Vorkehrungen. Für manche mag es eine schwere Wahrheit sein, daß es keinen natürlichen Stand der Unschuld außerhalb unserer pädagogischen Verantwortung mehr gibt. Gerade die pädagogische Professionalisierung für die Altersgruppe der 0- bis 5jährigen ist eine nicht hinreichend beachtete, darum noch nicht gelöste Aufgabe.

4. Um den viel gebrauchten und daher in seiner Spezifität abgenutzten Ausdruck »interdisziplinär« zu vermeiden, möchte ich von *Perspektivenwechsel* sprechen. Dies meint, daß ich mich wie in den anderen Bänden darum bemühe, einäugige Notationen zu vermeiden und damit zu leben, daß es keine geschlossene »Theorie des Kleinkindalters« gibt, wir vielmehr in der Unterschiedlichkeit der Sichtweisen am ehesten die Kinder selbst in ihrer Ganzheit sichtbar werden lassen können. Eine stärkere Rolle (im Vergleich zu den beiden anderen Bänden) spielt die, wie ich meine – trotz aller Einschränkungen notwendige –, *Entwicklungspsychologie des Kleinkindes*. Nicht nur, weil

Prozesse der Reifung nicht unbeachtet bleiben dürfen, sondern auch, weil die *Intimisierung* gerade des Kleinkindlebens uns immer wieder auf die Darstellung von *Mikro-Inszenierungen* verweist, die den generellen »soziologischen Blick« immer wieder zurückführen auf die ganz konkret erlebte Situation, in der ein Kleinkind seine ersten Blicke auffängt, später seine ersten Schritte macht usw. Freilich reicht dies nicht. Die Fülle *gesellschaftlicher Bedingungen*, die auch die Lebensformen des Kleinkindes heute stark verändern (neue Familienbilder und -konstellationen), zwingt dazu, das Leben von Kindern von Anfang an eingefügt zu sehen in Strukturgefüge institutioneller Verfugungen. Ein dritter Blickwinkel wäre der, *historische* Verschiebungen nicht ganz aus dem Blick zu nehmen, damit nicht der Eindruck entsteht, die Welt, wie sie heute Kleinkindern zuteil wird, sei die beste, die schlechteste oder zumindest plausibelste. Wie wir leben, das ist die Folge eines Gewordenseins, in dem neben unaufklärbaren Zufällen auch Kulturlogiken eine Rolle spielen, die nicht ganz übersehen werden dürfen.

5. Schließlich habe ich immer wieder versucht, die Kleinkinder selbst ins Bild zu fügen. Gerade diese Altersgruppe können wir ja nicht »zu Wort« kommen lassen, wir müssen hier stellvertretend handeln, sollten dies aber vorsichtig tun und nicht aus dem Blickwinkel von Erwachsenen-Ideologien (die es allzu reichlich gibt). So habe ich auch bei diesem Buch am Anfang versucht, zunächst die Phänomene selbst zumindest zu umschreiben, um vor der analytischen Sicht der Dinge und den sich daraus ergebenden pädagogischen Schlußfolgerungen die Kinder selbst immer wieder erscheinen zu lassen. In Szenen und sensiblen, zum Schluß auch ironisch-gebrochenen Beschreibungen soll die Kinderperspektive nie ganz aus dem Blick geraten – ein sicherlich besonders heikles Unterfangen, das dennoch gewagt werden muß.

6. Wenn es überhaupt eine leitend-integrative Sichtweise gibt, so ist dies auch hier der *sozialökologische Ansatz*, wie er auch in den anderen beiden Bänden entwickelt wurde. Er erlaubt am leichtesten (und wie ich meine: einsehbarsten), die Unterschiedlichkeit von kindlichen Lebenswelten aus der Einseitigkeit eines »nur« pädagogischen, »nur« institutionellen, aber auch »nur« spontan-kindertümlichen Blicks zu befreien (das letzte Kapitel bietet dazu meine zusammenfassende Erziehungssicht) und einzubeziehen, was oft übersehen wird: Neben der *Familie* spielen schon im Kleinkindalter *Gleichaltrige* (Peers) eine

wachsende Rolle, und neben die pädagogisch-institutionellen Einrichtungen treten von Geburt an die *Medienwelten* aller Art, die quasi als symbolische Querstruktur eine neue Allgegenwärtigkeit erlangen, die in dieser Form zu keinem historischen Zeitpunkt erreicht wurde. Wer dies übersieht, malt ein falsches, zumindest unscharfes Kinderbild.

Dieses Buch versucht, wie seine beiden Vorgänger, zweierlei: Es soll wissenschaftlich solide in lesbarer Form auswählen und darstellen, was in der jeweiligen Fachdebatte zur Diskussion steht; und dies soll nicht nur verständlich, sondern auch in »praktischer Hinsicht« geschehen, weil sich dieses Buch an alle wendet, die unmittelbar mit Kindern zu tun haben, hier also Eltern (Väter wie Mütter), Verwandte, Freunde und Peers von altersheterogenen und altershomogenen Personengruppen, beruflich-tätige Personen (Erzieherinnen, Sozialpädagogen etc.) bis zu Fachvertretern (Ärzte, Soziologen, Psychologen), die wissen wollen, wie ein Mensch in die Welt kommt.

Sachregister sind altmodisch geworden; ich verzichte dennoch nicht darauf, um auf diese Weise für die Leserin/den Leser eine weitere Möglichkeit zu erschließen, sich über bestimmte Begriffe schnell und manchmal auch ausschnittweise zu orientieren.

Kleine Kinder haben noch keine nennenswerten Namen? Oh doch, aber es sind in diesem Fall zu viele, in deren Wiegen ich schauen durfte, deren Beobachtungen ich verfolgen konnte. Es sind witzigerweise zum Teil die, die inzwischen in den Band »Die 6- bis 12jährigen« (und später) hineingewachsen sind. Besonderen Dank möchte ich Andrea, Hannelore, Katrin, Lisi, Marion, Miriam, Sigrid und Ulrike sagen, die mir vieles zeigten, vor allem aber auch eines klarmachten: daß man gerade bei dieser Altersgruppe nicht nur über die kleinen *Kinder*, sondern auch deren *Eltern* und vor allem *Mütter* sprechen sollte. Ganz besonderen Dank schulde ich Renate Hillenkötter, ohne deren Hilfe nicht nur die vorliegende Textform, sondern daneben auch Textrichtigkeit und Textlogik kaum entstanden wären. Ihr auch inhaltliches Engagement hat mir viel Freude gemacht und dann Kraft gegeben, wenn ich das Arbeiten an dieser Aufgabe (immer mal wieder) doch beiseite schieben wollte. Auch Kai Uwe Hugger, Oliver Kurz und dann vor allem, in der Endphase der Bearbeitung, Katrin Leigers haben mir mit vielen Hinweisen und Literaturrecherchen geholfen.

Ermuntert hat mich schließlich auch immer wieder, in geduldiger Gelassenheit, Peter E. Kalb, dem nicht zuletzt zu danken ist, daß nunmehr eine »Trilogie« entstanden ist, die ein Werk nicht abschließt, aber doch auch nicht mehr rudimentär oder zufällig erscheinen läßt.

Dieter Baacke
Februar 1999

1. Forschen und Nachdenken über Kinder

Kinder werden derzeit hierzulande immer weniger geboren. In auffälligem Kontrast steht dazu die Fülle von Veröffentlichungen und wissenschaftlichen Untersuchungen, die unser Wissen um die besten Bedingungen für das kindliche Aufwachsen erweitern sollen und uns gleichzeitig darauf hinweisen, wieviel wir gerade bei Kleinkindern noch falsch machen. Diese nachdrückliche Beschäftigung mit dem Kindesalter hat natürlich Gründe. Je weniger Kinder wir haben, ein desto wertvolleres Gut werden sie sein, das gepflegt werden muß; wesentlich erscheint mir zu sein, daß wir, die wir Kinder erziehen und über sie lesen, einerseits dadurch etwas über unsere eigenen Lebensanfänge erfahren können und vielleicht besser verstehen, wer wir sind, andererseits diese Neugier aber mit der Erfahrung oder Einsicht bezahlen müssen, daß unsere frühen Erinnerungen an die ersten Lebensjahre schwach oder sogar ausgelöscht sind, so daß wir uns zwar in unseren Kindern spiegeln, sie aber gerade in den ersten Lebensjahren als Fremde erfahren müssen, in denen wir uns nur begrenzt wiedererkennen können. Gerade die kleinen Kinder leben sowohl in der größten Nähe zu uns wie auch in erheblicher Ferne. Die Nähe ist über unsere Verantwortung des Aufziehens und Schützens gerade in den ersten Lebensjahren gegeben; die Ferne besteht darin, daß Kinder im Wachsen sind, sich deshalb ständig verändern, dies aber in einer Weise tun, die in die Erfahrungshorizonte und entwickelten Maßstäbe eines herangewachsenen Menschen nicht einzupassen sind.

Dennoch, unser Nachdenken über Kinder in den ersten Lebensjahren ist nicht vergeblich gewesen. Das Interesse an Säuglingen und Kleinkindern finden wir beispielsweise, schauen wir nur in die neuere Zeit, in Tiedemanns Notizen über seinen kleinen Sohn aus dem Jahr 1787, und es waren immer wieder Eltern (vor allem wissenschaftlich interessierte Väter), die über das Aufwachsen ihrer kleinen Kinder berichteten. Frühe und alte Einsichten sind dabei keineswegs immer falsch. Schon sehr bald wußte man, daß Kleinkinder keine hirnrindenlosen Reflexwesen sind, sondern bereits nach der Geburt über erhebliche Kompetenzen verfügen, die sie in der Verbindung von Wachstum (endogene Prozesse) und Entwicklung (exogen beeinflußte Prozesse) zunehmend differenzieren und autonomisieren, also von äußeren Stimulanzien unabhängig machen. In den 50er und frühen 60er Jahren dieses Jahrhunderts begann dann der neuere Boom in der Kindheitsforschung (vgl. Keller 1989, S. 1), und seitdem gibt es eine ganze Zahl von Handbüchern zur Kleinkindforschung (z.B. Osofsky 1979; Keller 1989), in denen das Wissen von Psychologen, Ethnologen, Pädiatern, Psychoanalytikern, Soziologen und Pädagogen zusammengetragen ist. Schon die Unterschiedlichkeit der Wissenschaftszugänge zeigt, daß die theoretische Perspektive der Autoren auch ihre Einsichten und Beobachtungen lenkt. So kann man, psychoanalytisch orientiert, eher die affektive Entwicklung des Kindes mit den Qualitäten des Bemutterns, der Sensibilität und der Wärme über Körperkontakt und deren ständige Gegenwart in den Mittelpunkt stellen oder, aus verhaltenswissenschaftlicher Sicht, eher objektiv zu definierende Variablen bevorzugen, wie etwa die sensorische Stimulation. Wir wissen inzwischen auch, daß beide zusammengehören, aber vor allem *beabsichtigte* (explizit auf das Kind gerichtete Aktivitäten) und *unbeabsichtigte Manipulationen* (etwa die Gewohnheit einer Mutter, das Kind auf eine bestimmte Weise zu tragen) zusammen mit Nähe und Wärme jenes Klima erzeugen, in dem Kinder gut gedeihen können. Dies Gedeihen bezieht sich auch auf die Ausarbeitung *genetischer* Anlagen über die kulturelle Umwelt. *Wie* dies im einzelnen geschieht, darüber können wir inzwischen auch Auskunft geben. So unterscheiden wir in der frühen Kindheit, bei den 0- bis 5jährigen, im allgemeinen verschiedene Phasen: *Neugeborene* (von der Geburt bis zum zehnten Lebenstag etwa); *Säuglinge* (im ersten extrauterinen Lebensjahr); *Kleinstkinder* (zweites Lebensjahr); *Kleinkinder* (auch Spielalter; zweites bis fünftes Lebensjahr) und *Schulkinder* (vom sechsten Lebensjahr ab). Mit den Ausdrücken *Schulkinder* oder *späte Kindheit*, *späte Jugendliche* oder *Adoleszenten* bis zu *frühen Erwachsenen* fassen wir dann zeitlich sich viel länger erstreckende Entwicklungsphasen in sehr viel ungefährerer Weise zusammen. Hier zeigt sich, was inzwischen übereinkünftiges Wissen ist: daß in den ersten Lebensjahren die einschneidensten Veränderungen sich ergeben und entsprechend (was natürlich gegeben und selbstverständlich erscheint) hier auch auf die pädagogische Verantwortung in besonderer Weise Obacht zu geben ist. Denn die Zeit vor und nach der Geburt als dem Drehpunkt zur »Menschwerdung« in der außerleiblichen Realität der Mutter ist jener Zeitraum, in dem das im Kind Gewachsene, ins Leben Getragene durch die jeweilige Kulturwelt mitbestimmt und verändert wird (Eibl-Eibesfeldt 1984).

Inzwischen kann man sagen, daß gerade über die ersten beiden Lebensjahre mehr Beobachtungsmaterial vorliegt als über jede andere Lebensphase (Stern 1991, H. 13). Dieses Wissen verdankt sich auch der Tatsache, daß die Säuglingsforschung nunmehr über eine Fülle von *Methoden* verfügt, die uns mit immer neuen Ergebnissen versorgen. Inzwischen verbinden wir Längs- mit Querschnittstudien; Tagebuchaufzeichnungen über Kinder (besonders bekannt geworden ist die Dokumentation von Clara und William Stern, die in den Jahren 1900 bis 1913 in 23 Tagebuchbänden mit genauen Detailbeobachtungen die Entwicklung ihrer Kinder Hilde, Günther und Eva festgehalten haben) kommen ebenso zu Ehren (vgl. die Übersicht bei Keller 1989, S. 240) wie die wissenschaftlich-distanzierte Beobachtung von Interaktionen, Kontexten und Verhaltensweisen mittels Videoaufnahmen. Aber auch multivariate Analyseverfahren, die sich eher an der sozialwissenschaftlichen Statistik orientieren mit dem Ziel, nicht die Einzelbeobachtung zum Gegenstand der Interpretation zu machen, sondern *Strukturgleichungssysteme* auszuarbeiten, die als wissenschaftliche Konstrukte generalisierende Aussagen anstreben (etwa zum Zusammenhang von Ängstlichkeit und Intelligenz in bestimmten Alters- und Geschlechtsgruppen), sind inzwischen ein anerkannter Bestandteil der Kindheitsforschung.

Für pädagogische Interessen, die sich ja primär am unmittelbaren Umgang mit dem Kleinkind orientieren, sollen einige Beispiele aus Beobachtungen der Säuglingsforschung gegeben werden, um den inzwischen erreichten Differenzierungsgrad unserer Interpretationen deutlich zu machen:

1. Babys können keine Fragen beantworten, so daß ihre Verhaltensmotive im präverbalen Raum eingeschlossen bleiben. Wenn ein Kind seinen Kopf zur Seite dreht oder willkürliche Bewegungen macht, wäre beispielsweise zu fragen, ob dies vollkommen unge-

lenkt oder doch *motiviert* erfolgt. Man stellte fest, daß schon ein zwei Tage alter Säugling seine Mutter an ihrem Geruch erkennt. Diese Einsicht wurde so erreicht: »Man legt neben einen erst wenige Tage alten Säugling eine Stilleinlage auf das Kopfkissen. Diese – von seiner Mutter stammende – milchdurchtränkte Stilleinlage wird rechts neben sein Köpfchen gelegt. Eine zweite, von einer fremden Frau stammende Stilleinlage wird parallel auf die linke Seite gelegt. Im Experiment wendet das Kind nun seinen Kopf eindeutig nach rechts. Werden die beiden Einlagen vertauscht, wendet es den Kopf nach links. Es erkennt demnach also nicht nur den mütterlichen Geruch, sondern bevorzugt ihn auch vor dem anderen.« (Stern 1991, S. 13 f.)
2. Auch Saugen ist eine Antwortreaktion von Säuglingen, die übrigens die Dauer des Saugens und die Pausen zwischendurch selbst bestimmen. Diese Bedeutung des Saugens wurde eingesetzt für die Beantwortung der Frage »Was betrachten Babys am liebsten?«. Folgende Beobachtungsanordnung wurde durchgeführt. Wir geben dem Säugling einen Schnuller mit elektronischer Rückkoppelung, der mit einem Diaprojektor derart verbunden ist, daß das Kind die projizierten Bilder sehen kann. Sehr rasch lernt ein erst drei Monate alter Säugling, »daß er nur an seinem Schnuller zu saugen braucht, wenn er ein neues Bild sehen will. Möchte er dagegen das Bild längere Zeit betrachten, so hält er mit dem Saugen inne. Dabei zeigt sich, daß das Kind die Dias so lange stehenläßt, wie es seinem Interesse für die einzelnen Bilder entspricht. Verwendet man bei einem solchen Experiment genügend anschauliches Bildmaterial, so lassen sich ohne weiteres die visuellen Vorlieben des Säuglings herausfinden und katalogisieren.« (Ebd., S. 40) Daß Kinder sich schon bald nach der Geburt für unterschiedliche Bilder interessieren (und sie sie damit voneinander unterscheiden können), ist nicht nur ein nebensächlicher Fund, sondern beispielsweise wichtig, wenn es um das Medienverhalten von Kleinkindern geht. Ganz offensichtlich besitzen sie gegenüber Bildern bald nach der Geburt bereits eine geschmacksorientierte Differenzierungsfähigkeit.
3. Diese besteht auch im auditiven Bereich. Beispiel: Der Schnuller wird mit zwei Kassettenrekordern gekoppelt. Eine Kassette enthält die Stimme der Mutter, die andere eine Aufnahme mit der Stimme

einer dem Kind unbekannten Frau. Der Text ist gleich. Es hat sich gezeigt, daß das Kind möglichst lange saugt, wenn es die Stimme seiner Mutter hört, um diese im akustischen Raum zu behalten. Es erkennt also nicht nur seine Mutter an ihrer Stimme, sondern es ist mit dieser Stimme auch in besonderer Weise sehr früh emotional verbunden. Auch Blicke, Augenbewegungen, Strampelbewegungen und andere Reaktionen sind inzwischen von der Forschung untersucht worden.

4. Wie das Mikroskop für die Sichtbarmachung bisher verborgener Organismen nützlich war (ebd., S. 15), wird inzwischen die Videokamera zur präzisen Beobachtung von Interaktionen zwischen Eltern und Kindern eingesetzt. Bestimmte Körperbewegungen oder Gesichtsausdrücke, ihre Bedeutung für die Interaktionspartner können nun minutiös beobachtet und im einzelnen auch sehr genau gedeutet werden. Danach wird das Kind bis zum vierten Lebensjahr von *inneren Gestimmtheiten* gelenkt, einer Welt der Gefühle, die es erst etwa vom vierten Lebensjahr ab auch in Geschichten fassen kann. Dann also ist das Kind in der Lage, von sich selbst zu erzählen und das, was in ihm vorgeht, was es wünscht oder fürchtet, auch auszudrücken oder anderen über Worte mitzuteilen. Das freie Schweben im atmosphärischen Raum, in der Verbindung von Klängen, Bildern, Lichteinflüssen des Wetters, der Struktur des Raums und in ihm stattfindender Bewegungen, wird nun mitteilbar gemacht, verliert dabei freilich auch seine offene, übergreifende Struktur. Mit der Fähigkeit, in Sprache über sich selbst zu referieren, gewinnt das Kleinkind zwar Zutritt in den Sozialraum der Erwachsenen, aber es verliert damit endgültig die Rückbindung an die vieldeutig-faszinierenden Gefährten seiner ersten Jahre.

Theorien über Kindheit

Die Kindheitsforschung, so haben wir gesehen, wird nicht durch eine einzige Disziplin bestimmt (wenngleich die Entwicklungspsychologie eine besondere Rolle spielt), sondern vielmehr von ihrem *Gegenstand* (dem Säugling und Kleinkind), dem man sich auf verschiedene Weise nähern kann. Dabei steht nicht nur das einzelne Kind im Mittelpunkt;

vielmehr ist wissenschaftliches, aber auch alltägliches Denken und Ordnen bestrebt, generelle Aussagen über Kinder zu machen, also die *Form der Kindheit* zu beschreiben und zu deuten sowie zu bewerten, in der sie sich jeweils bewegen. So hat das *bürgerliche Zeitalter* in Erziehungs- und Bildungsromanen versucht, eine ganzheitliche Figuration und Sinndeutung des Aufwachsens zu entwerfen, von Rousseaus »Emile« (1762), Johann Wolfgang Goethes »Wilhelm Meisters Lehrjahre« (1795/96), Karl Philipp Moritz' Autobiographie »Anton Reiser« (1785-1790) bis zu Johann Heinrich Pestalozzis Erziehungsroman »Lienhard und Gertrud« (1781), den Erziehungsromanen Christian Gotthilf Salzmanns, den Moralischen Wochenschriften oder (ein Beispiel von heute) zu Elias Canettis »Die gerettete Zunge« (1977). Auch in den kaum noch zähl- und übersehbaren Ratgebern für Eltern, Lehrer und Sozialpädagogen sowie in der Kinderliteratur und (neuerdings) in den Kinderkanälen der audiovisuellen Medien werden Vorschläge gemacht für die emotionale, soziale und kognitive Gestaltung von Kindheit mit bestimmten Vorstellungen, wie diese heute auszusehen habe.

Die neueren Erziehungskonzepte gehen vom Zeitalter der *Aufklärung* aus, in dem das Bürgertum sein Selbstbewußtsein formulierte und das Programm der Moderne seinen Siegeszug begann. Vor allem Jean Jacques Rousseau hat – nach dem noch auf den Stand des Großbürgertums und den englischen Landadel bezogenen Buch »Gedanken über Erziehung« (1693) John Lockes – *Natur* und *Vernunft* zum Leitkonzept in seinem Erziehungsroman »Emile« gemacht. Die menschliche Natur entfaltet sich nach Rousseau zunächst sinnenhaft, sensitiv und gewinnt erst später den Boden einer reflexiv-abstrahierenden Vernunft. Die sensitive Phase der Kindheit muß vom Erzieher entsprechend beachtet werden. Rousseau hat vier Entwicklungsphasen angenommen (Geburt bis zum zweiten Lebensjahr; vom zweiten bis zwölften Lebensjahr; das zwölfte und dreizehnte Lebensjahr; die Reifezeit vom 15. Lebensjahr ab), die allmählich in die gesellschaftliche Wirklichkeit führen. Wichtig ist Rousseau dabei, die Natur des Kindes zu bewahren und damit das Gleichgewicht von Bedürfnissen und Wünschen sowie Kräften zur Bedürfnisbefriedigung. Das Hineinwachsen in die gesellschaftliche Struktur von Machtkonstellationen kann den Menschen leicht unfrei machen, so daß der Mensch in seinen frühen Lebensjahren lernen muß, das Gleichgewicht von Bedürfnis und Kraft zu erhalten. In einer Fülle von Vorschlägen und (manchmal recht konstruierten) Geschichten, die wir heute nicht ohne weiteres als praktikabel empfinden, hat Rousseau versucht, das Kind zunächst frei aufwachsen zu lassen und nur in einer Form negativer Erziehung, also nicht durch direkten Handlungseingriff, sondern durch Erfahrungen mit Natur und Umwelt, das Kind allmählich zu einem selbstbestimmten und autonomen Menschen werden zu lassen. Das vernünftige Räsonnement, das dann von den Philanthropen aufgenommen und weiterentwickelt wurde, hat (beispielsweise) in der Säuglingserziehung zu erheblichen Fortschritten geführt: Die Hygiene wird als wichtig erkannt; gelobt werden Abhärtung, gesunde und einfache Kost, das Stillen durch die Mutter (verbunden mit einer Kritik des Ammenwesens); auch das enge Wickeln und Gängeln wird zugunsten freier Bewegung abgelehnt; Kleinkinder sollen spielen und auf diese Weise eigene Wirklichkeitserfahrungen machen, anstatt gezwungen zu werden, still zu sitzen und sich belehren zu lassen. Das Ungleichgewicht von starken Bedürfnissen und geringer Kraft bei Säuglingen und Kleinkindern muß tendenziell aufgehoben werden. Dazu benötigt das junge Kind Spielräume: Denn es erforscht neugierig in seinem Bewegungsdrang die Umgebung mit ihren Dingen und Sachen, es erwirbt auf diese Weise körperliche Geschicklichkeit, entwickelt Beobachtungsfähigkeit und kann so die Grenzen seiner Kräfte einschätzen, aber innerhalb dieser Grenzen seine Kräfte auch frei entfalten. Strafen, bisher zentraler Bestandteil von Erziehungsmaßnahmen, gelten nun als unangemessen. Zerbricht das Kind eine Fensterscheibe, sollte es nicht gezüchtigt werden, vielmehr soll der Wind »Tag und Nacht hereinblasen«, auch, wenn das Kind einen Schnupfen bekommt. Es wird auf diese Weise erfahren und einsehen, daß es vermeiden sollte, Fensterscheiben zu zerwerfen, weil es selbst den größten Schaden hat. Eltern müssen nicht schimpfen und sich aufregen, die Erfahrungen an den Objekten selber »erziehen« die Kinder. Freilich, eins ist hinzuzufügen: Mit Rousseau beginnen auch die *pädagogischen Allmachtsphantasien*, ins Moderne gewendet, ihren Siegeszug: die Hoffnung und das Bestreben nämlich, durch die *Pädagogisierung* von Kindheit und einer Fülle beobachtender Maßnahmen das Kind zu lenken und zu steuern. Auch Rousseaus *Emile* steht ja nicht wirklich frei der Natur gegenüber: sein Erzieher ist der große Inszenator, der das Drama seines Lebens einleitet und in Bewegung hält.

Wollen wir das Nachsinnen über Kindheit an Annahmen und damit verbundene Konzepte heften, ist sicherlich Sigmund Freud (1856–1939) derjenige, der mit seiner psychoanalytischen Erforschung des Unbewußten weitere wesentliche Einsichten bereitgestellt hat (man mag sonst von der Psychoanalyse halten, was man will), die heute Allgemeinwissen geworden sind. Freud fand in seinen Analysen erwachsener Patienten heraus, daß in den Träumen der Erwachsenen das Kind mit seinen Impulsen weiterlebt. Damit hat er nicht nur darauf aufmerksam gemacht, daß die Erfahrungen der frühen Kindheit tatsächlich ein ganzes Leben lang abgearbeitet werden müssen und können; er hat zum zweiten in der Sphäre des Unbewußten und unseres Triebschicksals die grundlegenden Zusammenhänge zwischen Kindern und Erwachsenen herausgestellt und deutlich gemacht, daß die Rolle des Erwachsenen, als durch distanzierte Reife bestimmt, nichts anderes als eine ideologische Konstruktion ist; zum dritten hat er aber auch deutlich gemacht, daß schon Kinder umfassend sexuelle Wesen sind, ein asexuelles Kleinkind also nicht existiert. Schon das Saugen an der Brust (orale Phase) ist mit Lust verbunden, ebenso dann das Ausscheiden des Kots und das Gefühl, auf diese Weise Körper und Umwelt beherrschen zu können (anale Phase), und das Interesse schon von Kleinkindern an ihren Genitalien erlaubt nun nicht mehr, die Kinder als irdischen Regeln enthobene »Engel« zu betrachten. Sie sind aber deshalb nicht »böse« oder »von Grund auf verdorben«, weil die Menschheit es sei; vielmehr hat Sigmund Freud darauf aufmerksam gemacht, daß Emotion und Sexualität in unseren kognitiven Konstruktionen über uns und die Welt *zusammenhängen* und wir mit *ungeheuren Dynamiken* unseres Inneren leben müssen. Dies ist auch als Chance zu deuten: Die erpresserische Moral einer rigiden Vollkommenheit wird nun als eher bedenklich erkannt, ein zu starkes *Über-Ich*, dem sich nicht das *Ich* in seiner Selbstbestimmtheit und Einbindung des *Es* entgegenstemmt, kann zu psychischen Unterwerfungen führen, ja (so Freuds Tochter Anna Freud) zu einer »Identifikation mit dem Aggressor«, dem ich mich preisgebe (damit zerstört er mich) und dies noch dankbar annehme und die Unterwerfung weitergebe, indem ich andere mir unterwerfe. Die Verankerung solcher Psychodynamiken in der frühen Kindheit ist wohl heute, wie sie auch im einzelnen ausgedeutet werden mag, unbestritten. Erik H. Erikson hat als »Neo-Freudianer« mit seinen berühmten Entwicklungs-Diagrammen (vgl. S. 150f.) den Zusammenhang vom Säuglingsalter bis zum reifen Erwachsenenalter in acht Stufen programmatisch zusammengefaßt und für jede dieser Stufe eine zu bewältigende Krisensituation angegeben, die nicht als Gefährdung anzusehen ist, sondern als kulturelle Entwicklungsaufgabe, die immer neue Lösungen erfordert: In der Chance zur Weiterentwicklung liegt die Gefährdung, in der Gefährdung aber auch die Chance.

Der hier interessierende Zeitraum der 0- bis 5jährigen wird als Säuglings-, Kleinkind- und Spielalter in den ersten drei Stufen zusammengefaßt. Urvertrauen gegen Mißtrauen, Autonomie gegen Scham und Zweifel, Initiative gegen Schuldgefühl sind, psychosexuell betrachtet, jene orale, anale und (prä)sexuelle Phase, über die das Kind dann schließlich mit der Einschulung, im gelungenen Fall über *Werksinn* verfügt, Anschluß an das offizielle Lernen und die institutionelle Verfaßtheit unseres Lebens findet. Die Befindlichkeiten der späteren Lebensstufen, so sehr sie aus den dann gestellten Entwicklungsaufgaben zu definieren sind, bleiben dabei unauflöslich mit den Anfängen verbunden.

Einen wesentlichen Beitrag leistete in theoretischer Hinsicht auch George Herbert Mead (1863–1931), der insbesondere von der Sozialisationsforschung rezipiert wurde. In der maßgeblich von ihm ausgehenden, in seinem Umkreis dann weiterentwickelten *Interaktionstheorie* wird der Mensch als jemand gesehen, der allmählich im Laufe seiner Entwicklung in die Lage versetzt wird, an immer komplexeren Handlungssystemen teilzunehmen. Entscheidend ist dabei das *soziale Arrangement* zwischen Kleinkind und Mutter/Vater, überhaupt jede Form von Interaktion, vom Miteinanderreden und -sprechen bis zum Spielen, und selbst noch Abwendung und Entfernung gelten als interaktive Zeichen, die gedeutet werden müssen und in den sozialen Bestand des Verhaltens eingehen. Während Säuglinge das eigene Ich und das Ich der Mutter nicht eigentlich unterscheiden, ja selbst den eigenen Schmerz oder den Schmerz der Mutter am Körper nicht distinguieren, lernen Kleinkinder schnell, daß verschiedene Interaktionsteilnehmer dieselbe Situation aus verschiedenen Perspektiven sehen

	1	2	3	4
I Säuglingsalter	Urvertrauen gg. Mißtrauen			
II Kleinkindalter		Autonomie gg. Scham und Zweifel		
III Spielalter			Initiative gg. Schuldgefühl	
IV Schulalter				Werksinn gg. Minderwertigkeitsgefühl
V Adoleszenz	Zeitperspektive gg. Zeitdiffusion	Selbstgewißheit gg. peinliche Identitätsbewußtheit	Experimentieren mit Rollen gg. negative Identitätswahl	Zutrauen zur eigenen Leistung gg. Arbeitslähmung
VI Frühes Erwachsenenalter				
VII Erwachsenenalter				
VIII Reifes Erwachsenenalter				

Abb. 1 Diagramm C aus: Erik H. Erikson: Identität und Lebenszyklus, Frankfurt am Main 1966, S. 150/151

5	6	7	8	
Unipolarität gg. vorzeitige Selbstdifferenzierung				I Säuglingsalter
Bipolarität gg. Autismus				II Kleinkindalter
Spiel-Identifikation gg. (ödipale) Phantasie-Identitäten				III Spielalter
Arbeitsidentifikation gg. Identitätssperre				IV Schulalter
Identität gg. Identitätsdiffusion	Sexuelle Identität gg. bisexuelle Diffusion	Führungspolarisierung gg. Autoritätsdiffusion	Ideologische Polarisierung gg. Diffusion der Ideale	V Adoleszenz
Solidarität gg. soziale Isolierung	Intimität gg. Isolierung			VI Frühes Erwachsenenalter
		Generativität gg. Selbst-Absorption		VII Erwachsenenalter
			Integrität gg. Lebens-Ekel	VIII Reifes Erwachsenenalter

und dies nicht nur tun, weil sie einen verschiedenen Wahrnehmungswinkel haben, sondern auch unterschiedliche Interpretationen, sich also Absichten, Gefühle, Motive, Gedanken und Vorstellungen unterscheiden. Das Kind muß freilich erst lernen, solche verschiedenen Perspektiven zu koordinieren und nicht nur hintereinander wahrzunehmen. Erst später lernt das Kind *Reziprozität*, also, aus der Perspektive eines anderen seine eigenen Verhaltensweisen und Intentionen zu verstehen. Wenn die Mutter traurig ist und weint, kann es dies nun nachempfinden, weil es selber Trauer und den Ausdruck von Weinen an sich erfahren hat, und es kann sogar versuchen (und oft gelingt dies), die *Ursache* der mütterlichen Trauer herauszufinden. Und nun weiß das Kind auch, daß Umarmung und tröstende Worte eine kleine Hilfe sein können, denn es hat eben dies oft genug erfahren. Es ist nun fähig zur Rollenübernahme (to take the roll of the other), und damit hat es einen entscheidenden Weg in das soziale Miteinander verantwortlicher Menschen gefunden, die die *Selbstperspektive* durch die *Unsperspektive* erweitern. Noch später wird es dann gelingen, nicht nur die Rolle eines anderen in Gedanken zu übernehmen, sondern sogar den Standpunkt einer dritten Person einzunehmen, also zu beobachten, wie die eigene Interaktion mit einem anderen Menschen »von außen« ausschaut und zu bewerten wäre. Das ist eine Kleinkindern noch nicht zugängliche gedankliche Operation. Nach der interaktiven Theorie muß das Kind also lernen, seinen *Egozentrismus* abzubauen, um reziproke Erwartungshaltungen zu entwickeln und so die Kommunikationsrolle von *ego* und *alter* produktiv bearbeiten zu können. Die Ich-Bildung geschieht über Handlungen mit anderen und ist ein langdauernder Entwicklungsprozeß, in dem sich Ich und Du, Sozialisation und Individuation komplex miteinander verbinden.

Jean Piaget (1896–1980) hat schließlich in neuester Zeit ebenfalls ein Stufenkonzept kindlicher Entwicklung auf der Basis von genauen Beobachtungen ausgearbeitet mit dem Interesse, universelle Regeln herauszufinden, nach denen vor allem die über Wahrnehmung gelenkte kognitive Ausdifferenzierung menschlichen Vermögens erfolgt. Er nimmt eine nicht umkehrbare Reihe unterschiedlicher und zunehmend komplexer werdender Entwicklungsstufen an: Der *sensomotorischen* Anfangsphase folgt eine *präoperationale* Phase (noch einmal unterteilt in eine präoperationale und intuitive); es folgen die *konkret-operationale* und die *formal-operationale* Phase. Auf diese Weise findet eine zunehmende Anpassung des Organismus an seine Umwelt statt; das Vorherrschen von *Assimilationsprozessen* (das Kind deutet die Weltbestände, indem es sie in seine Sichtweise hineinnimmt: dann können Tapetenmuster beispielsweise sprechen und geheime Signale geben) wird abgelöst durch das Vorherrschen der *Akkomodationsprozesse* (das Kind ist in der Lage, die objektiven Wirklichkeiten angemessen wahrzunehmen: es weiß nun, wenn die gleiche Menge roter Limonade von einem breiten Gefäß in ein hohes Gefäß umgeschüttet wird, daß die Menge die gleiche ist, obwohl sie in dem hohen Gefäß höher steht und damit als »mehr« erscheinen könnte). Die Bildung des Zeitbegriffs, Nachahmung, Spiel und Traum, die Symbolfunktion, die Entwicklung des räumlichen Denkens, des Zahlbegriffs und der elementaren logischen Strukturen – all dies sind Themen, die Piaget in seinen Büchern behandelt hat. Seine Theorie wird auch »Entwicklungslogik« genannt in dem Sinn, daß eine Stufe durchlebt sein muß, ehe die andere erreicht werden kann. Zunächst müssen Kinder sensomotorisch, also durch sinnlich-ganzheitliches Wahrnehmen ohne Ausdifferenzierung und Unterscheidung die Welt wahrnehmen, ehe sie dann in der Lage sind, beispielsweise zu versuchen, gezielt nach einem Gegenstand zu fassen und ihn auch zu behalten, also mit ihm zu »operieren«. Erst das Schulkind erreicht dann, jedenfalls in der Regel, die konkret-operationale Phase, entsprechend dem »Werksinn« bei Erikson: Das Kind kann sich jetzt gezielt, konzentriert und willentlich Objekten (sprachlichen Äußerungen wie Dingen) zuwenden und mit ihnen zweckvoll hantieren.

Frühes Aufwachsen als durch wachsende Vernunft bestimmter Prozeß; als psychodynamisch reich gefüllte Phase; als Wachstum durch Interaktion mit anderen; als Ausdifferenzierung des Wahrnehmungsvermögens in beschreibbaren Stufen: Das sind derzeit vielleicht die bekanntesten, vielleicht auch wichtigsten theoretischen Überformungen des Denkens über Kinder und Kindheit. Ihre Leistung ist, Ordnung in disparates Wissen gebracht zu haben und ein Konzept anzubieten, das die Prozesse des Heranwachsens in eine überschaubare Denkordnung bringt. Bei allen Unterschieden ist einiges gemeinsam: zum einen die Überzeugung, daß gerade in den ersten Lebensjahren wichtige Prozesse ablaufen, die strukturierend bis ins Erwachsenenalter auf den Stufen späterer Lebensphasen »aufgehoben« sind; dann die Überzeugung, daß angemessene pädagogische Förderung die entwicklungslogisch entscheidende Helferin ist; drittens die Meinung, daß wir mit zunehmender Aufklärung nach den Regeln von Vernunft und Wissenschaft unser ausdifferenziertes Wissen über kleine Kinder auch zu deren Wohl umsetzen können, wenn wir es denn wollen und möglich machen.

Großszenarios: deMause versus Ariés

In der Öffentlichkeit stärker beachtet als die im engeren Sinn theoretische Fundierung von Wissen über Kindheit sind Gesamtszenarios, die auch historische Einblicke in die Genese von Kindheit eröffnen. Das Problem der dargestellten Theorien ist neben ihrer Allgemeinheit oft auch eine gewisse »Blutleere«, die vor allem darin besteht, daß die *sozialhistorische Konkretheit* ausgeblendet oder kaum beachtet wird. Darum stehen zwei Veröffentlichungen neuer Zeit bis heute im Mittelpunkt der Diskussion, weil sie die *Zeitlichkeit* unterschiedlicher Kindheiten, also historische Prozesse und gegenwärtige Resultate, konkreter betrachten.

»Hört Ihr die Kinder weinen« heißt die »Psychogenetische Geschichte der Kindheit«, die Lloyd deMause 1977 herausgegeben hat. Er beginnt seine »Evolution der Kindheit« mit den Sätzen: »Die Geschichte der Kindheit ist ein Alptraum, aus dem wir gerade erst erwachen. Je weiter wir in der Geschichte zurückgehen, desto unzureichender wird die Pflege der Kinder, die Fürsorge für sie, und desto größer die Wahrscheinlichkeit, daß Kinder getötet, ausgesetzt, geschlagen, gequält und sexuell mißbraucht wurden.« (S. 12) Daß dieser Aspekt der Kindheitsgeschichte bisher so wenig beachtet wurde, erklärt Lloyd deMause damit, daß wir eher an universaler Geschichte, an Technik und Ökonomie interessiert sind. Für ihn aber sind es die Dynamiken der Eltern-Kind-Beziehungen, die Gesellschaft und historischen Wandel entscheidend bestimmen. Darum ist für ihn die »eigentliche« Geschichte *psychogenetisch* bestimmt mit folgenden theoretisch gesetzten Voraussetzungen:

1. Die zentrale »Antriebskraft historischen Wandels« ist weder in der Technologie noch in der Ökonomie zu finden, sondern in den psychogenen Veränderungen der Persönlichkeits- oder Charakterstruktur, »die sich aufgrund der Generationenfolge der Interaktionen zwischen Eltern und Kindern ergeben«.
2. Diese Voraussetzung schließt ein, daß die Evolution, sprich: Veränderung der Eltern-Kind-Beziehungen eine ursprüngliche, von anderen Faktoren unabhängige Quelle historischen Wandels darstellt.
3. Die Geschichte der Kindheit ist, deuten wir die vorhandenen Dokumente, zu verstehen als »eine Kette von immer engeren Beziehungen zwischen dem Erwachsenen und dem Kind, wobei jede Verringerung der psychischen Distanzen neue Angst hervorruft. Die Verminderung dieser Angst der Erwachsenen ist der entscheidende Bereich, der die Praktiken der Kindererziehung eines jeden Zeitalters neu bestimmt.«
4. Die Praktiken der Kindererziehung einer Gesellschaft sind »mehr als ein beliebiges kulturelles Merkmal neben anderen. Sie stellen vielmehr die entscheidende Bedingung für die Überlieferung und Entwicklung aller anderen Merkmale der Kultur dar und legen definitive Grenzen für das in den verschiedenen Bereichen in der Geschichte Erreichbare fest«. (S. 14 f.)

DeMause, der ein Freudscher Theorieschüler ist, sieht drei Reaktionen, die dem Erwachsenen gegenüber (kleinen) Kindern zur Verfügung stehen. Die erste Reaktion besteht darin, daß der Erwachsene das Kind »als ein Vehikel für die Projektion von Inhalten seines eigenen Unbewußten benutzt«. Dies nennt deMause *projektive Reaktion* (projective reaction). Eltern projizieren ihre Bedürfnisse, ihre enttäuschten Erwartungen (die sie meist von ihren eigenen Eltern ererbt haben) auf das Kind und benutzen es so im gelungenen Fall zur eigenen psychischen Sanierung. Die zweite Modalität ist die, das Kind »als Substitut für eine Erwachsenenfigur« zu benutzen. Dies nennt deMause *Umkehr-Reaktion* (reversal reaction). Während im ersten Fall die Kinder dazu dienen, die eigenen Gefühle an und in ihnen abzuarbeiten, dient die Umkehr-Reaktion dazu, die Kinder als Eltern-Substitut einzusetzen, also das Mutter-Kind-Verhältnis umzukehren.

DeMause gibt ein Beispiel: »Eine ihr Kind schlagende Mutter drückte das einmal so aus: ›Ich habe mich in meinem ganzen Leben nicht geliebt gefühlt. Als das Baby kam, dachte ich, es würde mich lieben. Als es schrie, bedeutete das, es liebte mich nicht. Deshalb habe ich es geschlagen‹.« – Die dritte Reaktionsform nennt deMause *empathische Reaktion* (empathic reaction); sie besteht darin, daß sich der Erwachsene in die Bedürfnisse des Kindes einfühlt und sich bemüht, sie zu befriedigen. Dies ist die anspruchsvollste, zugleich einzig akzeptable Form einer psychogenetisch heilen Konstruktion: Gefordert ist die Fähigkeit des Erwachsenen, auf die »Stufe der kindlichen Bedürfnisse zurückzugehen und sie richtig einzuschätzen, ohne ihnen eigene Projektionen beizumischen. Der Erwachsene muß aber gleichzeitig in der Lage sein, genügend Distanz zu dem kindlichen Bedürfnis zu bewahren, um es befriedigen zu können. Diese Fähigkeit ist identisch mit dem Gebrauch, den der Psychoanalytiker von seinem Unbewußten macht oder der als ›gleichschwebende Aufmerksamkeit‹ oder (...) als ›Hören mit dem Ohr‹ bezeichnet wird.« (S. 20 f.)

Projektive und Umkehr-Reaktionen sind historisch die häufigsten Formen der Eltern-Kind-Beziehung. Sie treten meist im Verbund auf, so daß das Kind zum einen als eine Figur erscheint, die aus den in es hineinprojizierten Wünschen, Feindseligkeiten und sexuellen Gedanken der Erwachsenen besteht, zum anderen aber auch als jemand, der als Ersatz für eine Mutter- oder Vater-Figur fungiert und damit auch liebevoll und helfend sein kann. Was Truffaut mit seinem Film »Sie küßten und sie schlugen ihn« über ein Jungenschicksal in Szene setzt, ist nach deMause also einfach zu erklären: Die Erwachsenen empfinden gegenüber Kindern ein hohes Maß an Ambivalenz. Sie möchten sie an sich drücken, herzen und lieben, und gleichzeitig sind sie ihnen lästig, erscheinen ihnen oft als Bedrohung, nerven sie, erscheinen als Beeinträchtigung ihrer eigenen Lebensqualität. Gleichgültig, ob man dieser Konstruktion von deMause theoretisch folgt oder nicht – sie ist erschließend und sensibilisiert uns für die tatsächlich oft zu beobachtende Instabilität in der Einschätzung schon unserer kleinen Kinder, die wir einmal liebend als unser besseres Abbild betrachten, dann wieder als lästige Einschränkung unserer Lebensvollzüge oder sogar aggressive Wesen, die unser eigenes psychisches Gleichgewicht zu zerstören drohen.

DeMause gibt für seine Beobachtungen eine Fülle von Beispielen. Für die Eltern-Ambivalenz führt er eine Menge historischer Stimmen an, die etwa so lautend zusammengetragen sind: »Ein Italiener zur Zeit der Renaissance pflegte, wenn ein Kind etwas Kluges tat, zu sagen: ›Das Kind ist nicht dazu bestimmt zu leben‹. Die Väter aller Zeiten sagen ihren Söhnen in Übereinstimmung mit Luther, ein toter Sohn sei ihnen lieber als ein ungehorsamer. Fenelon rät, man solle einem Kind Fragen stellen wie diese: ›Würdest Du Dir den Kopf abschlagen lassen, um in den Himmel zu kommen?‹ Walter Scott berichtet, seine Mutter habe bekannt, sie sei ›stark vom Teufel versucht worden, mir mit ihrer Schere die Kehle durchzuschneiden und mich im Moor zu versenken‹. Leopardi erzählt von seiner Mutter: ›Als sie den Tod eines ihrer Kinder nahen sah, verspürte sie ein tiefes Glücksgefühl, das sie nur vor denen zu verbergen suchte, die ihr deswegen wahrscheinlich Vorwürfe gemacht hätten.‹« (S. 53)

Die »Geschichte der Kindheit« ist ein Alptraum: Überall entdeckt deMause den Drang, Säuglinge zu verstümmeln, zu verbrennen, erfrieren zu lassen, zu ertränken, zu schütteln und heftig herumzuschleudern. DeMause schreibt so die Geschichte neu und teilt sie in sechs Perioden ein. Von der Antike bis zum 4. Jahrhundert nach Christus wurde Kindheit überschattet durch *Kindesmord*; vom 4. bis 13. Jahrhundert nach Christus war dann die *Weggabe* von Kindern bestimmend (zu einer Säugamme, ins Kloster, zu Pflegeeltern, als Diener oder Geisel oder in emotionaler Vereinsamung zu Hause); es folgt das Zeitalter der *Ambivalenz* (14. bis 17. Jahrhundert), in man das Kind nach seinen Vorstellungen formen sollte und es haßte, wenn es Widerstand leistete; die Neuzeit beginnt im 18. Jahrhundert mit der vierten Form, der *Intrusion* (Eindringen): Hier beginnt die Moderne, weil Eltern jetzt versuchen, in den Geist des Kindes einzudringen, »um sein Inneres, seinen Zorn, seine Bedürfnisse, seine Masturbation, ja selbst seinen Willen unter Kontrolle zu bekommen. Das von intrusiven Eltern großgezogene Kind wurde von der Mutter gestillt, wurde nicht gewickelt, erhielt keine regelmäßigen Einläufe, wurde früh zur Reinlichkeit erzogen, betete mit den anderen statt mit ihnen zu spielen, wurde geschlagen, aber nicht mehr regelmäßig gepeitscht, wurde wegen Masturbation bestraft und wurde mit Drohungen und der Erzeugung von Schuldgefühlen ebenso wie mit anderen Methoden der

Bestrafung zu promptem Gehorsam erzogen. Das Kind wurde jetzt sehr viel weniger als Bedrohung empfunden, so daß echte Empathie möglich wurde, und es entstand die Kinderheilkunde, die zusammen mit der allgemeinen Verbesserung der elterlichen Fürsorge zu einem Rückgang der Kindersterblichkeit führte und die Grundlage für den demographischen Wandel im 18. Jahrhundert schuf.« (S. 83f.) Das 19. Jahrhundert bis zur Mitte des 20., also etwa bis heute, ist durch die fünfte Form bestimmt, die deMause *Sozialisation* nennt. Noch heute halten nach deMause viele Eltern die Beziehungsform Sozialisation für das einzige Modell, in dessen Rahmen die Diskussion über die Fürsorge für Kinder weitergeführt werden kann. Es ist der Ursprung aller psychologischen Modelle des 20. Jahrhunderts, von Freuds »Triebeinschränkung« bis zu Skinners Behaviorismus. Die zukünftige Erziehungsform könnte die sechste und letzte sein, die deMause *Unterstützung* nennt und die ab Mitte des 20. Jahrhunderts zu beobachten ist. Jetzt versuchen die Eltern, sich in die Bedürfnisse des Kindes, die nicht die ihren sind, einzufühlen; die Kinder werden nicht mehr geschlagen oder gescholten, man entschuldigt sich vielmehr bei ihnen, wenn sie einmal unter Streß angeschrien werden. »Diese Form verlangt von beiden Eltern außerordentlich viel Zeit, Energie und Diskussionsbereitschaft, insbesondere während der ersten sechs Jahre, denn einem kleinen Kind dabei zu helfen, seine täglichen Ziele zu erreichen, bedeutet, ständig auf es einzugehen, mit ihm zu spielen, seine Regressionen zu tolerieren, ihm zu dienen, statt sich von ihm bedienen zu lassen, seine emotionalen Konflikte zu interpretieren und ihm die für seine sich entwickelnden Interessen erforderlichen Gegenstände zur Verfügung zu stellen.« (S. 84f.)

Philippe Ariés hat in seiner »Geschichte der Kindheit« (Titel der Originalausgabe: »L'enfant et la vie familiale sous l'ancien régime«, 1960) keine »Psychohistorie« verfaßt, sondern eine eher sozial- und ideengeschichtlich orientierte Darstellung, auf die bezogen deMause anmerkt (S. 18): »Ariés'« zentrale These ist der meinen genau entgegengesetzt. Er meint: während das Kind der traditionalen Gesellschaft glücklich war, weil es die Freiheit hatte, mit vielen Klassen und Altersstufen zu verkehren, wurde zu Beginn der Neuzeit ein besonderer Zustand ›erfunden‹, nämlich der der Kindheit; das führte zu einer tyrannischen Vorstellung von der Familie, die die Zerstörung von

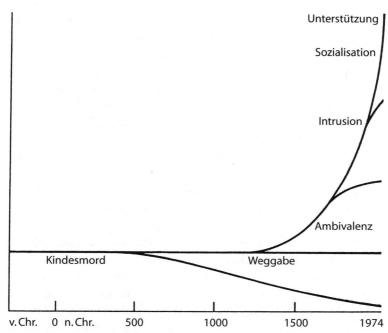

Abb. 2 Die Evolution der Formen der Eltern-Kind-Beziehungen nach deMause, 1991, S. 85

Freundschaft und Geselligkeit zur Folge hatte und den Kindern nicht nur ihre Freiheit nahm, sondern sie zum ersten Mal mit Rute und Karzer bekannt machte.«

Das ist tendenziell schon richtig wiedergegeben, obwohl Ariés weder die Vergangenheit noch die Gegenwart glorifiziert. Zunächst geht es ihm um die Beschreibung und genaue Darstellung von sozialem Wandel, der erst eine »Kindheit« entstehen ließ, wie wir sie heute kennen (vgl. das 3. Kapitel). Ariés analysiert die »Verfassung der Lebensformen« und stellt einen bemerkenswerten Wandel fest, der im 17. Jahrhundert beginnt und seit dem Ende des 19. Jahrhunderts deutlich hervortritt. Nun ist nämlich zum einen die Schule ein Mittel der Erziehung und damit an die Stelle des Lehrverhältnisses getreten. Dadurch mischt sich das Kind nicht länger nur unter die Erwachsenen und lernt das Leben durch den direkten Kontakt mit ihnen kennen; es kommt vielmehr zu mancherlei Verzögerungen und Verspätungen, und das Kind wird »in einer Art Quarantäne gehalten, ehe es in die Welt entlassen wird. Diese Quarantäne ist die Schule, das Kolleg. Damit beginnt ein langer Prozeß der Einsperrung der Kinder (wie der Irren, der Armen und der Prostituierten), der bis in unsere Tage nicht zum Stillstand kommen sollte und den man als ›Verschulung‹ (scolarisation) bezeichnen könnte.« (S. 48) Zum anderen ist die Familie der Moderne zu einem Ort »unabdingbarer affektiver Verbundenheit zwischen den Ehegatten und auch zwischen Eltern und Kindern geworden, was sie zuvor nicht gewesen war«. Man liebt oder haßt nun die Kinder nicht mehr wie der Zufall oder die Situation es will; es geht auch nicht mehr darum, die Ehre der Kinder zu sichern und ihnen Besitz zu vermachen (oder umgekehrt: von ihnen zu profitieren); vielmehr ist das Kind jetzt der Mittelpunkt der Familie, um den herum sie sich organisiert; Kinder sind hochbeachtete Heiligtümer des Gefühls, die die eigentliche Würde von Elternschaft ausmachen. Die *Pädagogisierung* von Kindheit durch immer stärker durchkonstruierte, »vom Leben« separierende Einrichtungen; die Affektgeladenheit der Kleinkindererziehung in der Familie mit einem Übermaß von Fürsorglichkeit und Schuldgefühlen (diesen Typus hat deMause in seiner Aufzählung nicht erfaßt) – dies sind tatsächlich Kennzeichen moderner Kindheit. Ariés zeigt sehr schön, wie es dazu gekommen ist. Er beobachtet beispielsweise das Entstehen von *Intimität*. Ende des 17. und im 18. Jahrhundert ergibt sich nämlich eine neue Organisation des privaten Raums, bestimmt durch den Rückzug der Familie von der Straße, dem Platz und dem Gemeinschaftsleben. Nun gibt es einen Flur, Zimmer mit funktionaler Differenzierung (Salon, Eßzimmer, Schlafzimmer, Bad). Damit entsteht der Raum der Privatheit von Familie, der bis heute bestimmend ist. Voraussetzung dafür war die »Entdeckung der Kindheit«; während bis zum 17. Jahrhundert die mittelalterliche Kunst die Kindheit entweder nicht kannte oder keinen Versuch unternahm, sie darzustellen, werden Kinder nunmehr nicht mehr als kleine Erwachsene präsentiert, sondern als Wesen mit eigener Körperlichkeit und vor allem eigener Kleidung. Nun werden eigene Kinderspiele erfunden (vorher spielten Erwachsene und Kinder die gleichen Spiele); der (im heutigen Sinn) schamlose Umgang mit den Kindern wird aufgehoben und Kinder »zur Unschuld« verdammt; die Schule wird als eigenes System entwickelt mit einem nach Altersklassen genau ausdifferenzierten Entwicklungsmodell und mit starker Disziplinierung der Jugendlichen; die moderne Familie schließlich vollendet die Entwicklung, indem sie Öffentlichkeit und Privatheit radikal voneinander scheidet. Bei Ariés sind dies Urverluste der Gesamtgesellschaft. Die Pflege der Intimität, einhergehend mit Komfort, zementiert heute den Gegensatz zwischen unterschiedlichen materiellen Lebensbedingungen, scheidet soziale Klassen, unterscheidet Rassen, entwickelt konventionelle Modelle des Aufwachsens, die die frühere grundsätzliche Freiheit der Annäherung von Klassen und Rassen zerstört hat: »Der Familiensinn, das Klassenbewußtsein, anderswo vielleicht auch das Rassenbewußtsein, scheinen verschiedene Äußerungsformen derselben Intoleranz gegenüber der Vielfalt und desselben Strebens nach Uniformität zu sein« (S. 564), mit dieser Bemerkung schließt Ariés sein umfängliches Werk ab.

Es ist eigentlich nicht möglich, sich zwischen den Positionen von deMause und Ariés zu entscheiden. Sie sind nicht alternativ, können es schon wegen des verschiedenen theoretischen und methodischen Ansatzes nicht sein. DeMause bleibt der Psychoanalyse verbunden, und für ihn ist die Privatheit der Beziehungen zwischen Eltern und Kind konstitutiv. Ariés als Sozialhistoriker sieht diese Privatheit als Produkt sozialen Wandels. Daß Kinder vermutlich früher noch mehr gequält wurden als heute, ist ebenso plausibel, wie manche der Einschätzung Ariés' von der Schule als »Ghetto« Beifall klatschen werden. Die Verlängerung von Kindheit und Jugendzeit im Rahmen pädagogischer Einrichtungen mag zwar der erziehungswissenschaftlichen Profession dienlich sein, aber auch den Kindern und Jugendlichen, für die zu handeln sie vorgibt?

Dennoch, mindestens zwei Extrakte lassen sich aus der Diskussion herausfiltern:

1. Gerade Säuglinge und Kleinkinder sind immer, bis heute, physisch und psychisch leicht verletzbare und oft verletzte Wesen, die immer dann auf Unterstützung angewiesen sind, wenn sie sich nicht selbst, aus Reifungsprozessen und Entwicklungsschüben heraus, helfen können. Ohne Zweifel hat die Kinderforschung in unseren Breiten zur sensibleren Einschätzung der früheren Kindheitsphase geführt, mit vielen hilfreichen sowie nützlichen Hinweisen und öffentlichen

Maßnahmen; blicken wir auf die Welt, sieht es freilich anders aus: Kinder werden mißbraucht, geschlagen, sie verhungern, müssen arbeiten, sterben früh. Globalisierende Aussagen über ihre Situation sind also immer falsch, nehmen wir die eben formulierte Grundeinsicht aus.

2. An den Diskussionen, wie sie hier referiert wurden, nehmen die Kinder nicht teil, und sie haben dazu keine Meinung. Es sind Dispute von Erwachsenen über sich selbst und ihre Kinder. Damit laufen sie immer Gefahr, Kinder und Kindheit (anhand von Dokumenten oder Forschungsergebnissen) zum Objekt, zum Beleg und zum Gegenstand einer Theorie zu machen. Es könnte also sein, daß wir Kinder mit unserem Schreiben über sie, die selbst noch nichts über sich berichten können, unter einem Berg von zweifellos gutgemeintem Gerede begraben, das unsere Zeit absorbiert und unsere Kraft von ihnen abzieht und letztlich nur dazu dienen könnte, uns selbst gegenüber den Kindern zu rechtfertigen als solche, die doch so viel für ihre Kinder tun (etwa: indem sie über sie schreiben und lesen).

Mythos Kindheit?

DeMause hat uns vor Projektionen der Erwachsenen auf Kinder gewarnt. Sie finden freilich nicht nur im unmittelbaren Verhältnis zwischen Eltern und Kindern statt, sondern sie finden sich auch in der öffentlichen Diskussion, und selbst die Wissenschaft, auch jene, die sich als »Kindheitsforschung« dem Gegenstand »Kind« zuwendet, ist davor nicht gefeit. Gerade die allerkleinsten Kinder können schnell ideologisiert werden, zum »Mythos« stilisiert, indem wir (wissend oder unwissend) nur aufbereiten, was wir von Kindern wollen und wünschen.

In einem ersten Kreis ist auch die Wissenschaft selbst damit beschäftigt, mögliche unstimmige Anschauungen über das Kind zu revidieren (dazu: H.-R. Lückert 1975). Beispiele solcher Korrekturen bzw. Weiterführungen:

1. Gerade J. Piagets Forschungsarbeiten haben die Ansicht unterstützt, daß kleine Kinder nicht vor sieben oder acht Jahren zum kritischen

Denken fähig seien, befangen in der frühen Kindheit in einem animistisch-magischen Erleben. Nach Piaget betrachten kleine Kinder äußere Dinge in Analogie zu eigenem Erleben als beseelt und belebt, sie verfehlen damit den Eigencharakter von Wirklichkeit. Piaget faßt jedoch logisches Denken möglicherweise zu eng. So gibt es sowjetische Untersuchungen, die zeigen, daß intellektuelle Operationen und damit das logische Denken schon im Alter von ein bis drei Jahren, etwa beim Erlernen von Werkzeughandlungen, in den kindlichen Begriffsbildungen wirksam wird. (Auch diese »Korrektur« ist eine durch weltanschauliche Theorien geleitete: In der Forschung der ehemaligen sozialistischen Länder wurden »Arbeit« und damit der Umgang mit Werkzeug als konstitutive Elemente des Gesellschaftsaufbaus angesehen und damit stärker beachtet und gewürdigt – mit der Folge, daß schon Kleinkinder hier operationale Fähigkeiten zeigen, wenn denn dieser Bereich so wichtig ist.)
2. Kinder werden als vor allem emotionale, ganzheitlich erlebende Wesen aufgefaßt. Es wäre aber überinterpretiert zu meinen, Kinder seien ausschließlich von wechselnden Gefühlsregungen bestimmt und zu geistiger Aktivität nicht in der Lage. Wenn kognitive Kräfte des Kindes gefördert werden, entwickeln sich auch die anderen psychischen Funktionen, denn das menschliche Denken läßt sich vom Spiel und von der Phantasie, der Arbeit und dem sozialen Verhalten nicht abspalten.
3. Kinder sind in ihrem Denken und Erleben nicht derart vordergründig und oberflächlich, wie viele Erwachsene meinen. Schon Säuglinge verharren nicht in einem dumpfen Dämmerzustand des Schlafens, Wachens und Saugens, sondern sie nehmen ihre Umwelt aktiv wahr und bauen sich eine Hier- und Jetzt-Welt auf, die keineswegs nur assimiliert wird. So wird auch die zeitlich festgelegte genetische Programmierung der Stadien geistiger Entwicklung inzwischen in Frage gestellt. Bestimmte Wissensstoffe und Problemgebiete können durch eine bestimmte Zubereitung schon auf früheren Stufen als bisher angenommen dem Kind »nahegebracht« werden.
4. Ein letztes Beispiel: Kinder werden durch Spielen definiert, Arbeit muß von ihnen ferngehalten werden. Sofern es sich um den organisierten Arbeitsprozeß handelt, ist dies zweifelsohne richtig. Aber

Kinder fassen manche Spiele auch als Leistung auf, sie strengen sich also an und »arbeiten«, während sie spielen. Lückert zieht daraus – mal implizit, mal sehr deutlich – die Schlußfolgerung, man sollte die Leistungsbereitschaft der Kinder fördern und mit geeigneten Aufgaben voranbringen. Seine Kritik festlegender Einschätzungen kindlicher Entwicklung, die durchaus berechtigt ist, mündet damit aber ihrerseits in (zeittypische) Folgerungen. Gerade in den 70er Jahren meinte man, auch im Wettlauf der politischen Systeme und angesichts einer hochtechnisierten Welt schon Kinder auf diese vorbereiten zu müssen (mit den Diskussionen über ein früheres Einschulungsalter, verstärkter kognitiver Förderung, kognitiv orientierter Spielgaben etc.). So kommt es auch bei wissenschaftsinternen Korrekturen (die durchaus praktische Forderungen im Gefolge haben können) wieder zu Verschiebungen, die ihre Gründe nicht aus den Kindern selbst nehmen, sondern aus den Vorstellungen der (wissenschaftlich gebildeten) Erwachsenen, wie Kinder am besten zu erziehen seien. Und je nach Zeitklima variieren hier die Anschauungen erheblich.

Wir können über Kinder offenbar nur reden, indem wir unsere Vorstellungen, wie sie sich entwickeln *sollten*, in dieses Reden hineinformulieren. Das ist verständlich, denn schließlich wollen wir die Kinder auf die Welt vorbereiten, die wir kennen. Dennoch, Vorsicht ist geboten: Schnell kreieren wir einen neuen Mythos Kindheit, den wir an die Stelle des alten, nun kritisierten und vielleicht demnächst abgedankten setzen. Erst dominierten Betrachtungsweisen, die den Reifungs- und Wachstumsprozeß von Kindern in den Mittelpunkt wissenschaftlicher Betrachtung stellten; insbesondere die breite Rezeption von Ariés' »Geschichte der Kindheit« verbreitete dann die Einsicht in die kulturelle und historische Wandelbarkeit schon der frühesten Lebensphase. In beiden Sichtweisen wurde jedoch übereinstimmend das Kind als »Mensch in Entwicklung« gesehen – eine Ansicht, die dann wieder als Metapher von Bevormundung zurückgewiesen wurde. Schon das Themenheft »Kinderalltag« der Zeitschrift »Ästhetik & Kommunikation« (1979) wandte sich gegen den »Mythos Kindheit« (Firestone 1973) und entwickelte ein Interesse am »Kinderalltag« als »herrschaftsverdünnter Zone«, in der die Menschen Produzenten ihres

Lebenszusammenhangs und nicht Rezipienten einer auf sie zukommenden Erwachsenenkultur sein sollten. Das Konzept »Entwicklung« gilt (beispielsweise: Jenks 1992/1982; Honig u. a. 1996) als zentraler Bestandteil eines sozialisationstheoretischen Konstrukts: »Entwicklung« setze immer eine Unterscheidung von »Kindsein« und »Erwachsensein« voraus. Diese Differenz wird begründet in einem imaginär-normativen Typus von Erwachsensein, auf den Entwicklung bzw. deren Sozialisation hinführt. »Nicht die aktuellen Lebenschancen des Kindes bestimmen die Problemsicht, sondern die Lebenschancen, die es als Erwachsener haben wird.« (Honig u. a. S. 12) Jenks sieht »Entwicklung« in der Theorietradition Foucaultscher Kritik des Wissens als ein Dispositiv, »das Maßstäbe für Rationalität und Normalität gewissermaßen in den Körper einschreibt und damit eine über Kinder weit hinausweisende soziokulturelle Bedeutung hat. Eine konstruktivistische Kindheitsforschung wendet die Erkenntniskritik des phänomenologischen Arguments in eine De-Konstruktion generationaler Machtverhältnisse (...). Die Forderung, daß in Soziologie und Gesellschaftspolitik auf die Emanzipation der Frauen jetzt die Emanzipation der Kinder zu folgen habe, bedeutet zunächst eine ›konzeptuelle Emanzipation‹ von Kindern als ökonomisch, politisch und rechtlich eigenständiger Bevölkerungsgruppe aus ihrer Subsumtion unter die Familie.« (S. 12)

Aber nicht nur aus soziologischer Perspektive, inspiriert durch Ariés, wird der »Mythos Kindheit« kritisch unter die Lupe genommen. Der Kinderpsychologe William Stern (1871–1938) hat als Leitlinie entwicklungspsychologischer Kinderforschung noch gefordert, es gelte, die gemeinsamen Gesetzmäßigkeiten aufzuweisen, »die den Frühformen seelischer Entwicklung überhaupt innewohnen, mögen diese nun beim Kinde, beim Naturvolk, beim Tier, bei krankhaften Generationsformen des Menschen oder auch in tieferen, versteckten Seelenschichten des normalen Erwachsenen beobachtet werden. Hierzu eröffnet sich uns allmählich der Einblick in die besondere Seinsweise seelischer Primitivität überhaupt, die dem Verständnis des komplizierten Kulturmenschen außerordentlich schwer zugänglich ist.« (Stern 1930, S. 8) So schwer verständlich uns Kinder in ihren frühen Lebensjahren sein mögen (vor allem, weil sie nicht mit uns sprechen können), so fraglich ist es doch, ob dies zurückzuführen ist auf eine besondere Seinsweise, verstanden als »seelische Primitivität«, die uns deswegen nicht zugänglich ist, weil wir als Erwachsene eben »komplizierte Kulturmenschen« geworden sind. Danach ist das Kind zunächst inkompetent und muß zum Kulturmenschen be- und gefördert werden. So entstand ein »Kindchen«-Schema, das als Genotyp (von seinen Ursprüngen her) wie als Phänotyp (in seiner Erscheinung) die Behütung und Bergung, das Wiegen und Beschützen des Erwachsenen einfordert. Gstettner hat in der »Eroberung des Kindes durch die Wissenschaft« (1981) diese Art psychologischer Betrachtung kritisiert, indem er das Bild vom »puerilen Kind« (Gstettner 1981, S. 147) als Wunschvorstellung von erwachsenen Erziehern aufdeckt, die damit Kinder produzieren, die sich entsprechend der auf sie angewandten Erziehungsmaßnahmen dann auch »kindgemäß« benehmen.

Fassen wir diese neuen Einsichten zusammen, könnten sie, überspitzte man sie ideologisch, wiederum einen neuen »Mythos Kindheit« produzieren. Diesmal wäre es das kleine Kind als vollkommen kompetentes Lebewesen, demgegenüber alle Erziehungskonzepte grundsätzlich neu zu überdenken wären. In welche Richtung wir uns auch bewegen: Immer wieder sind wir dabei, einen neuen Mythos von Kindheit und Kindsein aufzubauen – weil uns eben die Kinder als Erkundungs- und Forschungspartner nicht zur Verfügung stehen. So wäre es sicherlich falsch, ihnen soviel Kompetenz zuzuschreiben, daß sie schon in den ersten Stadien ihrer Entwicklung besser Auskunft über sich selbst und ihre Lebenswelt geben könnten als der beobachtende, mit Empathie sich einfühlende Erwachsene. Können wir die immer wieder aufgebauten, sich auch in der Wissenschaft stets neu konstruierenden Schranken zu den 0- bis 5jährigen durchbrechen?

2. Geschichten von Kindern

Diese Überschrift ist doppeldeutig. Die Geschichten können von Kindern *handeln* oder von Kindern selbst *vorgetragen* werden. Die erste Variante ist bekannt und erprobt. Wenn denn die frühe Kindheit ein »Herzpunkt« ist (Fröbel 1926, in »Das kleine Kind oder die Bedeutung des allerersten Kindestuns«), dann sind die ersten Lebensäußerungen eines Kindes besonders beachtenswert. Hier sind es zunächst die Eltern, die dem Kinde nahestehen. Schon J. H. Campe hat im zweiten Band seiner »Allgemeinen Revision des gesamten Schul- und Erziehungswesens« (1785–1793) für das beste »Journal eines Vaters über sein Kind von der Stunde seiner Geburt an« einen Preis von 69 Dukaten ausgesetzt; vor allem die »Fortschritte« in der körperlichen und geistigen Entwicklung sollten aufgezeichnet werden. So entstand eine reichhaltige Erziehungstagebuchliteratur (dazu Erning u. a. 1987, S. 199 ff.). Meist ging es darum, allgemeine Entwicklungsgesetze der Natur abzulesen, aber auch individuelle Verschiedenheiten aufzufinden – das Entwicklungsparadigma ist dominierend. So wichtig wissenschaftliche Forschung über Kinder ist, so wenig vermag sie doch, die Perspektive der Kinder selbst zur Geltung zu bringen. Und gerade die Kleinkinder, um die es in diesem Buche geht, können dies eben auch nicht: Sie können zwar ab dem vierten Lebensjahr rudimentär Geschichten erzählen, aber ihre psychischen Befindlichkeiten können sie schwerlich mit unseren Mitteln ausdrücken. Dies muß nicht als Mangel, als Defizit interpretiert werden; schon Säuglinge sind kommunikativ offen und »antworten« auf entsprechende Stimulierungen. Aber wie die Welt des kleinen Kindes aussieht, das erhaschen wir allenfalls durch einen »Blick von oben«.

Muß also frühe Kindheit im defizienten Modus von Annäherung bleiben? Müssen wir uns begnügen, das »reale Baby« als Partner zu haben, um etwas über Kinder zu vermuten? Ich sehe zwei Wege einer gewissen, wenn auch eingeschränkt bleibenden Horizontverschmelzung zum Kinde hin. Zum einen leisten dies SchriftstellerInnen, die stärker als mit anderen Dingen beschäftigte Menschen an ihren Erinnerungen arbeiten und vor allem das Metier verstehen, diese aus der Perspektive der erzählten Situation zu vergegenwärtigen. Die zweite Methode wäre die, aufgrund auch wissenschaftlichen, etwa in klinischer Praxis erworbenen Wissens die Perspektive des Kindes zu *rekonstruieren*, um so ein Stückweit gegenüber immer neuen Mythisierungsversuchen sensibel zu machen. Beide Methoden einer annäherungsweisen Horizontverschmelzung von Kind und Erwachsenem sollen im folgenden exemplarisch vorgestellt werden – mit dem Ziel, unser Reden über Kinder und unseren Umgang mit ihnen *vor und jenseits* von dem, was wir über sie wissenschaftlich erfahren können, genauer verstehend zu erfassen.

Echo, Schutz, Stimulanz
Joey: Das Tagebuch eines Babys

Der Kinderpsychologe Daniel N. Stern hat versucht, in Form einer »Well informed phantasy« das wissenschaftliche Wissen über die Frühphasen von Kindern in einfache, poesiegeleitete Bilder umzusetzen als Momentaufnahmen, die aus dem Alltag des imaginierten Babys Joey genommen sind (1990). Dieser Kunstgriff ist ihm gelungen. Der Autor Stern rekonstruiert advokatorisch für Joey, was dieser erlebt: Im Alter von sechs Wochen befindet sich Joey noch in der Welt seiner Gefühle, die ganz von inneren Gestimmtheiten gelenkt werden. Mit vier Monaten, der zweiten Phase (nach Stern), betritt Joey dann die Welt direkter Kontakte mit Menschen, transzendiert also seine vorherrschende Ich-Beschäftigung. Freilich hat nur das »Hier und Jetzt zwischen dir und mir« Gültigkeit. Mit zwölf Monaten entdeckt dann Joey sein Denkvermögen und registriert, daß auch andere Menschen Gedanken, Wünsche und Absichten haben. Zwei verschiedene Personen können das Gleiche denken und wollen, aber dies muß nicht sein. Über ein halbes Jahr später, mit etwa zwanzig Monaten, tritt Joey endgültig ein in die Welt der Wörter, und schließlich, mit einem riesigen Sprung ins vierte Lebensjahr, ist er endlich in der Lage, »seine Geschichte selbst zu erzählen« (S. 16f.). So führt der Weg von Gefühlen über die Welt der Kontakte zur Welt der Gedanken, der Wörter bis zu Geschichten, und erst dann ist die Möglichkeit erreicht, die Unmittelbarkeit der Ich-Empfindung in Mitteilung zu transponieren. Nehmen wir nun aus Sterns Versuchen der imaginativen Rekonstruktion einige Beispiele:

1. Joey, sechs Wochen alt, ist gerade aufgewacht. Er blickt auf den Reflex eines Sonnenstrahls an der Wand neben seinem Kinderbett, unverwandt. Sterns Rekonstruktion:

»Ein Stück Raum leuchtet dort drüben.
Ein sanfter Magnet zieht an und hält fest.
Der Raum erwärmt sich und wird lebendig.
In seinem Innern beginnen Kräfte sich langsam tastend um einander zu drehen.
Der Tanz kommt näher und näher.
Alles steigt auf, ihm zu begegnen.
Er kommt immer näher. Aber er kommt nie an.
Die Spannung verebbt.«

Alle Begegnungen der Welt sind in dieser Phase für Joey neu, damit dramatisch und tief in den Gefühlsbereich eindringend. Was für Erwachsene nicht offensichtlich ist und wenn, dann eher nebensächlich erscheint, ist für Joey ein großes Ereignis: Der Sonnenschein an der Wand erregt Joeys Aufmerksamkeit nach dem Erwachen und hält ihn im Bann. Er erkennt verschiedene Farben, Formen und Intensitätsgrade. Stern: »Die Intensität seines Gefühls einem Objekt gegenüber ist vermutlich sein erster Anhaltspunkt dafür, ob er darauf zugehen oder sich davon fernhalten soll. Intensität kann ihn dazu bewegen, Schutz zu suchen. Sie kann seine Aufmerksamkeit und Neugier leiten und sein inneres Erregungsniveau bestimmen. Ein schwacher Reiz (z.B. eine bei Tag brennende Lampe) besitzt für ihn nur wenig Anziehungskraft. Ist er zu intensiv (wie direkte Sonneneinstrahlung), meidet er ihn. Ist der Reiz jedoch mäßig intensiv, wie der Reflex des Sonnenlichts an der Wand, ist der Säugling wie verzaubert. Die gerade noch erträgliche Intensität erregt ihn, er reagiert sofort darauf. Die Intensität erhöht seine Lebhaftigkeit und aktiviert sein ganzes Wesen. Seine Aufmerksamkeit ist wacher. Der Sonnenstrahl ist ein ›sanfter Magnet‹, dessen Anziehungskraft er spürt.« (S. 25) Mit diesen Worten erläutert Stern das poetische Gebilde, in dem Joey sich offenbart, und zwar das leuchtende Stück Raum und die Anziehung des »sanften Magneten«. Wir können und wollen die Exegese hier nicht textlinear fortsetzen, nicht nur, weil der Text für sich selber sprechen soll. Aber der Zielpunkt einer wichtigen Einsicht soll angegeben werden. Joey blickt den Sonnenstrahl-Reflex unverwandt an. Stern vermutet, das Baby sei dabei geistig aktiv und nicht in wahre Tagträume versunken, wie dies bei Erwachsenen der Fall wäre. An dieser Stelle deuten sich Mißverständnisse an, die entstehen könnten, wenn Erwachsene Joeys Welt nicht betreten können (seine Reflexe nicht beachten) und sein in dieser Welt bestimmtes Verhalten darum mißverstehen. Stern gibt ein Beispiel: »Stellen Sie sich vor, Sie haben Ihre sechs Wochen alte Tochter im Arm. Ihre Gesichter sind einander zugewandt. Sie möchten spielen, aber sie starrt gebannt auf die Stelle, an der Ihre Stirn und Ihr Haaransatz zusammentreffen. Sie möchten, daß sie Ihnen in die Augen schaut und lächeln sie an, um ihren Blick abzulenken. Aber Ihr Lächeln zeigt keinerlei Wirkung. Sie versuchen weiter, ihre Aufmerksamkeit zu erregen, wie das die meisten Eltern tun. Sie schneiden Grimassen oder schaukeln das Kind hin und her in der Hoffnung, daß die Körperbewegung seinen Blick ablenken wird. Das Baby starrt jedoch weiterhin unverwandt auf Ihren Haaransatz.« (S. 26) Eltern deuten diese Starrheit des Blicks als Ablehnung und verzichten daher für dieses Mal auf weiteren Blickkontakt. Es handelt sich aber bei Joey nicht um Ablehnung, sondern um etwas ganz Normales, nämlich eine *unwillkürliche Aufmerksamkeit*. Erst später wird Joey Grundlinien kommunikativ-sozialer Regeln lernen und Ihre Bemühung, Blickkontakt zu haben, dankbar, vielleicht auch unwillig-ablehnend, registrieren. Daß Joey so fasziniert auf den Sonnenreflex starrt, können Erwachsene schwer nachempfinden oder gar nachvollziehen; sie können aber sehr wohl *verstehen*, daß sie manchmal eine Brücke brauchen, um die Welt eines Babys zu erfassen: Nicht, um dort einzudringen und eigene Absichten durchzusetzen, aber sehr wohl, um dem Baby den Spielraum einer unwillkürlichen Reaktion auf eine emotiv hoch geladene Stimulation zu lassen. – Wann aber und warum gibt Joey diese unwillkürliche Fixierung auf? Nach Stern haben wir zu unterscheiden zwischen *visuellem Fixierpunkt* und dem *Fokus unserer Aufmerksamkeit*. Der visuelle Fixierpunkt ist das, was unsere Augen ansehen (Joey: der Sonnenreflex), während der Fokus der Aufmerksamkeit der ist, auf den unser Geist seine Aufmerksamkeit richtet. Stern erläutert dies durch das Beispiel des Steuerns beim Autofahren. Die Fahrerin blickt unverwandt auf die Straße vor sich, aber die Aufmerksamkeit kann von der einen zur anderen Seite wandern (zu Objekten am Rand des Blickfeldes), aber auch in die Ferne oder die Vergangenheit schweifen. So wird es auch Joey bald langweilig, immer auf dieselbe Stelle am Rand des Lichtkegels zu schauen. Während sein Blick noch auf einen Punkt fixiert bleibt, wandert der Fokus seiner Aufmerksamkeit allmählich von diesem Punkt weg. Er erkundet das Innere des Lichtflecks, das am Rande seines Sehfeldes auftaucht; damit beginnt der Sonnenstrahl für ihn »lebendig« zu werden, er bewegt sich, verändert Farbe und Gestalt, er scheint zu tanzen, ein Spiel von Kräften darzustellen. Infolge des Farbenspiels scheint der Lichtfleck wärmer zu werden und näher zu kommen; in diesem Alter »sind Kinder bereits in der Lage, Farben zu sehen. Der Sonnenstrahl wirkt gelblich auf der weißen Wand. Diese schimmert bläulich, wo der Sonnenstrahl sie nicht trifft. ›Warme‹, intensive Farben wie gelb scheinen sich nach vorn zu bewegen, während ›kühlere‹ Farben wie blau zurücktreten. Joey scheint es deshalb, als würde sich der Sonnenstrahl auf ihn zu nach vorn bewegen, während der Raum in dessen unmittelbarem Umkreis sich von ihm fortbewegt. Der Raum besitzt also ein Zentrum, das kontinuierlich näherkommt, wie ein Ton, der immer weiter ansteigt, ohne jedoch über den hörbaren Tonumfang hinauszugehen. Gleichzeitig gibt es um das Zentrum herum einen Raum, der sich langsam zurückzieht. Das Zentrum, das von den tanzenden Kräften belebt wird, scheint sich immer weiter auf Joey zuzubewegen, ohne ihn je zu erreichen.« (S. 28 f.) Es ist ein Spiel der Illusionen und Gefühle, ein Feuerwerk für sein Nervensystem. Joey hat in diesem Fall keinen neuen Fixpunkt seiner Aufmerksamkeit, der sich in seinem Kopf vorbereitet (es könnte Hunger sein), er empfindet einfach Langeweile: Auch das Abenteuer des Achterbahnfahrens würde sich abschmirgeln, erlebten wir es jeden Tag. So läßt auch Joeys Aufmerksamkeit mit einem Mal nach, und er wendet den Kopf von der sonnenbeschienenen Wand weg. Ein großes Ereignis hat stattgefunden, ein neues kann nun an seine Stelle treten (wenn Joey nicht einschläft).

2. Mit viereinhalb Monaten kann Joey sozialen Kontakt zu anderen Menschen aufnehmen, es zeigt sich das »soziale Lächeln«. Er bildet Laute, hält über längere Zeit einen Blickkontakt aufrecht: Er ist ein

soziales Wesen geworden. Das Gesicht von Mutter und Vater ist nun besonders wichtig. Es ist nicht nur vertraut, sondern reagiert auch besonders lebhaft auf das, was Joey tut; es zeigt Reaktionen, und es ist Basis aller Lebensäußerungen, wenn Freude oder andere Gefühle ausgetauscht und weitergegeben werden sollen. Der Blickkontakt ist also mehr als ein zufälliges, vielleicht auch schönes Ereignis; er ist Grundlage der Emotionen wie der sozialen Bezüge zugleich und drückt in »wortloser Zwiesprache« mehr aus als liebevolle Sätze tun könnten. Joeys Mutter freut sich über den Blick ihres Kindes, beide schauen einander wortlos an und verharren so. Joeys Mutter durchbricht die Verzauberung mit einem kleinen Lächeln, und Joey erwidert es. Beide strahlen sich gegenseitig an. Joeys Mutter entwickelt eine Art Spiel. Sie beugt sich etwas vor und verzieht ihr Gesicht zu einem Ausdruck übertriebener Überraschung. Sie stupst scherzend ihre Nasenspitze an seine und gibt dabei lustige Gurrlaute von sich. Beim Berühren der Nasen quietscht Joey vor Entzücken und Freude auf und kneift dabei die Augen zu. Dieses Spiel wiederholt sich, aber schließlich verzieht die Mutter ihr Gesicht zum Scherz etwas bedrohlicher: Joeys Anspannung und Aufregung steigen, sein Lächeln wird starr und sein Ausdruck changiert zwischen Freude und Angst. Joeys Mutter hat dies nicht bemerkt; sie nähert sich seinem Gesicht noch ausgelassener als zuvor und macht anschwellend »oh oh oh ha«. Joey wendet seinen Kopf ab. Die Mutter merkt, daß sie zu weit gegangen ist, und beendet das Spiel. Sie flüstert leise mit ihm, lächelt ihn einladend an, und Joey wendet sich ihr wieder zu.

Diese alltägliche Szene, die doch wieder von tiefer Bedeutung ist, rekonstruiert Stern folgendermaßen (ich kürze nur leicht):

> »Ich tauche ein in die Welt ihres Gesichtes.
> Seine Umrisse sind hier der Himmel, die Wolken und das Wasser.
> Ihre Lebendigkeit und ihr Schwung sind die Luft und das Licht.
> Meist ist es ein Aufruhr von Licht und Luft.
> Heute aber ist hier alles bewegungslos und trübe.
> Weder regen sich die gebogenen Linien in ihrem Gesicht noch seine runden Wölbungen.
> Ist sie fort? Wo ist sie hingegangen? Ich habe Angst.
> Langsam kriecht ihre Gleichgültigkeit auch in mich hinein.
> Ich suche in ihrem Gesicht nach etwas Lebendigem, zu dem ich Zuflucht nehmen kann.

Jetzt habe ich es gefunden – es sind ihre Augen. Ihre ganze Lebendigkeit ist dort konzentriert. Es ist zugleich die weichste und die härteste Stelle dieser Welt.

Die Augen ziehen mich tiefer und tiefer in eine weit entfernte Welt hinein. Ich treibe und werde von vorbeiziehenden Gedanken hin- und hergeschaukelt, wenn sie die Oberfläche ihres Blickes bekräuseln. Ich schaue weit hinab in die Tiefe und spüre dort die kraftvolle Strömung ihrer unsichtbaren Energie. Heftig brandet sie von dort zu mir empor und zieht und zerrt an mir. Ich rufe sie zurück. Ich will unbedingt wieder ihr Gesicht sehen mit seinem lebendigen Ausdruck.

Allmählich kehrt das Leben in ihr Gesicht zurück. Meer und Wolken haben sich verwandelt. Ihre Oberfläche schimmert gleißend hell. Neue Räume öffnen sich nun – Bögen erheben sich und schweben, Flächen und Formen beginnen langsam zu tanzen. Ihr Gesicht wird zu einer leichten Brise, die mich fächelnd berührt und mich liebkost und beflügelt. Sie ist der Wind, mit dem sich meine Segel wieder füllen. Aufs Neue beginnt der Tanz in meinem Innern.

Nun spielen wir Fangen, und sie bläst auf den See um mich herum. Das Wasser tanzt unter ihrem fächelnden Atem. Ich lasse mich auf ihren Hauch gleiten und drehe mich mit ihm. Er erregt mich. Ich werde immer schneller. Nun treibe ich ganz allein am Rand ihres Windhauchs entlang durch meine eigenen flachen, stillen Gewässer. Noch komme ich voran, werde aber ohne ihren Atem immer langsamer. Ich rufe sie, und sie antwortet und kommt zu mir. Wieder bläst sie eine frische Brise vor mich hin und – schneller werdend – lasse ich mich erneut von ihr davontragen. Ich rufe sie – sie soll mit mir gehen und mich führen. Wir treiben uns wechselseitig an. Jeder zieht den anderen immer in Sprüngen voran. Wir hüpfen mit der tanzenden Brise zwischen uns.

Plötzlich dreht sich ihr Wind. Mit einemmal kippt die Welt ihres Gesichts nach oben, und neue Räume öffnen sich. Mit einer kräftig-frischen Brise kommt sie jetzt auf mich zu. Die Brise stimmt ihr eignes anschwellendes Lied an – seine Töne berühren mich und hüllen mich ein. Geborgen in dieser wunderbaren Hülle gleite ich in schwerelosem Entzücken rasch zu ihr hin. Nun bewegt sie sich zurück und ihr Wind legt sich für eine Weile – aber nur um neue Kraft zu sammeln. Erneut jagt ein Windstoß heran (...). Schon stürmt ihre nächste Boe auf mich zu, da Raum und alle Geräusche aufpeitschen. Sie hat mich erreicht – nun erfaßt sie mich. Ich versuche ihrer Gewalt standzuhalten und mit ihr Schritt zu halten, aber sie schüttelt mich durch und durch. Ich zittere, mein Körper weicht ihr aus. Einen Augenblick zögere ich. Dann drehe ich ab und wende dem Wind meinen Rücken zu. Ganz allein gleite ich nun in stille Gewässer.

Dieser friedliche Ort besänftigt den Aufruhr in meinem Innern. Er legt sich, ich werde ruhig und bin getröstet.
In dieser köstlichen Ruhe streift etwas später ein weicher Hauch seitlich meinen Kopf. Er erfrischt mich, und ich wende mich um. Da ist der besänftigte Himmel. Das Wasser kräuselt sich sanft unter dem lauen Lufthauch.« (S. 63–65)

Joeys Existenz ist in dieser erzählten Situation ganz in einer Gesichtslandschaft aufgehoben. Sie besteht aus der Nähe des Gesichts seiner Mutter. Deren plötzlicher Abbruch (sich Wegbeugen) stellt für Joey eine große Irritation dar. Er kann gar nicht genug dieses immer erneute Herkommen und Anschwellen seines Gefühlsstromes im Gefühlsstrom der Mutter erleben. Aber er braucht ein Maß, um nicht überwältigt zu werden. Diese Überwältigung besteht nicht nur im Sich-schneller-Annähern, sondern auch in einem dazugesetzten hohen Ton, der befürchten läßt, Joey könnte in der in ein schwellendes Meer verwandelten Gesichtslandschaft ertrinken. Darum wendet er sich ab, ist allein, aber nicht lange. Die Mutter holt ihn, freilich jetzt sanft und still, wieder hinein in die Landschaft, die so aufregend und schön war. Es findet, in eine andere Metapher übersetzt, eine »wortlose Zwiesprache« statt. Geschähe sie mit Worten, wie schwer wären die Empfindungen und Annäherungs-Dynamiken in Worte zu übertragen. Würde die gegenseitige Mitteilung des harmonisierenden Übereinstimmens so gelingen, wie sie in den Gebärden und Gesten jenseits und vor allen Verwortungen gelingt?

3. Im Alter von etwa zwanzig Monaten erschließt sich Joey die Welt der Wörter. Zwar ist die Fähigkeit, Sprache und Symbole zu gebrauchen, allen Menschen angeboren, aber sie liegt bei neugeborenen Kindern monatelang brach bzw. wird in »wortloser Zwiesprache« vorbereitet; aber irgendwann erschließt sich die Knospe der Sprache zur Blüte. Joey wird vom Kleinkind zum Kind (so Stern). Was Joey erlebt, kann er nicht mit Worten erzählen, aber die Worte sind nun eine weitere Kontaktbrücke.

Die Situation: Joey erwacht, klettert aus dem Bett, überlegt einen Augenblick, schlüpft dann in das Schlafzimmer seiner Eltern und klettert zu ihnen ins Bett. Nach einer Weile sagt der wachgewordene Vater zu ihm: »Na, mein kleiner Strolch?« Joey antwortet, tief in den Decken: »Ssrolss«. Sein Vater verbessert ihn zärtlich: »Ja, Strolch.«

Joey versucht es wieder: »Strolch«, und sein Vater lacht und sagt: »Ja genau, du bist mein kleiner Strolch.« Nach einem Moment der Stille verkündet Joey, aus den Decken auftauchend, klar und bestimmt: »Ich Strolch.«

Sterns Transkription dieser Szene aus der von außen darstellenden Beschreibung in die Ich-Perspektive Joeys sieht so aus:

> »Mein Zimmer ist so still. Ich bin ganz allein hierdrin. Ich möchte dahingehen, wo Mami und Papa sind. Wenn ich nicht hingehe, bleibe ich allein, und alles ist still. Also gehe ich in ihr Zimmer und krieche zwischen sie in das Tal. Dort hülle ich mich in die Wärme, die aufsteigt und fällt. Ich tauche in die Seen warmer Düfte ein, in die Geräusche des Luftstroms, der in sie hinein und wieder aus ihnen herausweht, während das Tal sich füllt und wieder leer wird. Ich bade in den schwellenden Fluten unserer morgendlichen Welt.
> Da schickt Papa einen vertrauten Klang in meine Welt – nur für mich. Seine Melodie läßt das warme Papa-Gefühl in mir aufsteigen. Zum erstenmal merke ich, daß der Laut eine besondere Form hat. Die ganz abseits von seiner Melodie steht.
> Diese Form ist leuchtend und weich und bleibt da, als die Musik schon vorbei ist. Sie hat ihre eigene Kraft und Lebendigkeit. Sie hatte sich im Strom der Musik verborgen, ist aber jetzt mit einem Male hervorgekommen. Ich kann mit dieser ganz neuen Form spielen. Sie hat Rundungen und keine Explosionen dazwischen. Ich probiere sie aus und schicke sie zu Papa. Er sendet sie mir rein und kantig zurück. Ich erfasse sie jetzt. Ich schicke sie ihm zurück. Er lacht und schickt mir die Form wieder herüber, diesmal strömt sie kraftvoll und frei.
> Diese neue Form läßt etwas in mir mitschwingen. Die Form entfaltet sich von selbst, aber sie keimt auch in mir und tritt hervor. Sie wächst und dehnt sich aus. Ich lasse sie überfließen, sie strömt ganz an mir hinab. Ich drücke sie ganz eng an meine Gefühle.
> Jetzt bin ich soweit. Ich erhebe mich, in meine neue Form gehüllt. Sie ist ein leuchtender, weicher Umhang, der mich verändert. Ich bäume mich aus dem Tal empor und bekenne mich zu ihr: ›Ich Strolch‹.« (S. 121 f.)

Aus dem reinen Klang von Wörtern, die Joey längst kennt, entsteht zunächst eine Wortmelodie, das »warme Papa-Gefühl« wird von ihr getragen. Aber diesmal ist es anders: Joey hört nicht nur eine Melodie, sondern etwas, das nicht so fließend und frei sich ergießend ist, sondern etwas, was er als »Form« empfindet. »Strolch« ist nicht mehr ein unbegrenztes Klangobjekt, sondern es hat einen Anfang und ein Ende, einen Verlauf und vor allem: Es ist nicht nur ein Sprachklang, sondern hat einen Bezug und zwar auf Joey selbst. Er, Joey, ist nicht nur ein Sprachklang, sondern auch das, was dieser Sprachklang als zunächst noch nicht aufschlüsselbare Bedeutung mitträgt: »Strolch«. Die besondere Leistung Joeys besteht darin, daß er mit der Zusammenfügung von »ich« und »Strolch« etwas sagt, was er nicht vom Vater gehört hat. Er hat die Du-Perspektive des Vaters in eine Ich-Perspektive verwandelt, eine ungeheure Leistung, die Joey zwar nicht als solche empfindet, die ihn aber doch glücklich macht.

Stern gelingt es, aus einer Vielzahl solcher Rekonstruktionen eine Andeutung davon zu geben, was in Säuglingen und Kleinkindern vorgeht, wenn sie für sich allein sind oder uns begegnen. Die Parameter sind andere als die eines Erwachsenen, für den Raum und Räumlichkeit, Klang und Klanglichkeit, Körper und Körperlichkeit, Ich und Du längst erfahrene, geordnete und evaluativ gegliederte Elemente eines geübten Lebens sind. Nehmen wir dies zum Maßstab, verfehlen wir das Baby und später das Kleinkind. Wenn ein Baby beispielsweise weint, tut es dies sicherlich nicht, um uns zu ärgern, um Langeweile zu vertreiben, die Stimme zu üben oder auf sich aufmerksam zu machen. Es ist zunächst ein offenes, freilich von Mißbehagen unterfüttertes Gefühl, dessen Beherrschung und Unterdrückung gar nicht möglich ist. Kinder *müssen* manchmal weinen, und zwar aus sich heraus (nicht von anderen dazu gebracht), weil sie damit ihren Ich-Ausdruck erproben. Weinen und Lachen sind freilich Ausdrucksmodalitäten, die auf ein Du zuströmen. Wer beim Weinen oder Lachen alleingelassen wird, wird dies manchmal akzeptieren und sein Gefühl mit sich selbst »abmachen«; aber auf die Dauer wird er verzweifeln, begegnet ihm nicht das andere Ich. Säuglinge, Kleinkinder und Kinder brauchen den erwachsenen Partner als Echo, Schutz und Stimulanz. Das *Echo* ist die positive Bestätigung positiv empfundener Zustände (etwa das Miteinander in einer Gesichtslandschaft); der *Schutz* ist das bergende Umgreifen und Überwachen krisenhafter oder als gefährlich erlebter Zustände (es geht um Lebenssicherung, Geborgenheit und Entspannen); *Stimulanz* bedeutet ein erneutes Freilassen in neugier- und lernmotivierten Zuständen (es ist die Horizonterweiterung durch Entdecken).

Abenteuer zwischen Kleinbleiben und Großwerden
Canetti, Leiris, Sarraute

Die zweite Möglichkeit, sich den Erlebnisweisen der frühen Kindheit anzunähern, ist die über die *Erinnerung* und den Versuch, diese Erinnerung so in Worte zu fassen, daß sie (wie bei der Rekonstruktion) die Sichtweise des Kindes wiedergibt. SchriftstellerInnen, die mit dem Medium Sprache besonders behutsam und gekonnt umgehen, sind hier vielleicht die besten Vermittler. Sie können am ehesten versuchen, die Sicht der »Großen Erwachsenen« zu verlassen, aus der die Sicht der Kinder nur advokatorisch gut-gemeint, manchmal sogar mythisiert wiedergegeben wird. Auch Autobiographien, die bis in die frühe Kindheit hineinreichen, bauen in der Regel aus der Sicht des Älteren eine in sich geschlossene Biographie auf, für die dann schon in der frühen Kindheit für die gesamte Lebensfiguration die entscheidenden Signale gesetzt werden.

So beginnt Elias Canetti den ersten Teil seiner Autobiographie »Die gerettete Zunge. Geschichte einer Jugend« (1977; hier zitiert nach 1979) unter der Überschrift »Meine früheste Erinnerung« folgendermaßen:

> »Meine früheste Erinnerung ist in Rot getaucht. Auf dem Arm eines Mädchens komme ich zu einer Tür heraus, der Boden vor mir ist rot, und zur Linken geht eine Treppe hinunter, die ebenso rot ist. Gegenüber von uns, in selber Höhe, öffnet sich eine Tür, und ein lächelnder Mann tritt heraus, der freundlich auf mich zugeht. Er tritt ganz nahe an mich heran, bleibt stehen und sagt zu mir: ›Zeig die Zunge.‹ Ich strecke die Zunge heraus, er greift in seine Tasche, zieht ein Taschenmesser hervor, öffnet es und führt die Klinge ganz nahe an meine Zunge heran. Er sagt: ›Jetzt schneiden wir ihm die Zunge ab.‹ Ich wage es nicht, die Zunge zurückzuziehen, er kommt immer näher, gleich wird er sie mit der Klinge berühren. Im letzten Augenblick zieht er das Messer zurück, sagt: ›Heute noch nicht, morgen.‹ Er klappt das Messer wieder zu und steckt es in seine Tasche.
> Jeden Morgen treten wir aus der Tür heraus auf den roten Flur, die Türe öffnet sich, und der lächelnde Mann erscheint. Ich weiß, was er sagen wird, und warte auf seinen Befehl, die Zunge zu zeigen. Ich weiß, daß er sie mir abschneiden wird und fürchte mich jedesmal mehr. Der Tag beginnt damit, und es geschieht viele Male.« (S. 7)

Der Autor behält diese Geschichte lange für sich, fragt aber später die Mutter danach. An der Farbe Rot erkennt sie eine Pension in Karlsbad, wo sie mit dem Vater und dem kleinen Elias den Sommer 1907 verbracht hatte. Elias, 1905 geboren, war damals zwei Jahre alt; die Mutter hatte für das kleine Kind ein Kindermädchen aus Bulgarien mitgenommen, das selbst noch sehr jung war, keine 15 Jahre alt. Sie geht mit dem kleinen Elias durch das belebte Karlsbad spazieren, kommt immer pünktlich mit dem Kind zurück. Einmal sieht man sie mit einem unbekannten jungen Mann auf der Straße, eine Zufallsbekanntschaft, von der sie weiter nichts zu sagen weiß. Wenig später stellt sich heraus, daß dieser junge Mann im Zimmer genau gegenüber von der Familie Canetti wohnt, auf der anderen Seite des Flurs. Das Mädchen besucht ihn manchmal. Die Eltern fühlen sich auch für das Mädchen verantwortlich und schicken sie nach Bulgarien zurück. Canetti hat seiner Erinnerung nachgespürt, und man kann glauben, daß sich die kleine Szene, vielleicht tatsächlich wiederholte Male, etwa so abgespielt hat, wie er sie in Erinnerung hat und nun berichtet. Daß sie die »früheste« Erinnerung überhaupt ist und daß es gerade diese Erinnerung ist, scheint jedoch kein Zufall zu sein. Obwohl Canetti eine glückliche Jugend verlebt hat, geborgen im patriarchalisch geführten jüdischen Elternhaus, endet dieses Paradies der Kindheit mit der Übersiedlung der Familie von Zürich nach Frankfurt, und es beginnen die Jahre des Erwachsenen, der Schriftsteller werden will und dies auch wird, aber als Jude ein Leben vielfältiger Bedrohungen zu erwarten hat und durchsteht. Sie sind in der ersten Szene gleichsam symbolisch verdichtet, an die er sich erinnert. Der Tag beginnt mit einem vom erwachsenen jungen Mann sicherlich unterhaltend gemeinten Spiel »Jetzt schneiden wir ihm die Zunge ab«. Das Spiel wird zum Ritual – »Es geschieht viele Male« –, und Elias fürchtet sich »jedesmal mehr«. Das intensive Rot wird von jedem geübten Horrorcineasten schnell als Umsetzung des Schreckens, als Hinweis auf Ströme von Blut, gedeutet. Daß die *Zunge* abgeschnitten wird, ist auch nicht zufällig: Sie ist das Organ des Sprechens, der Rede, des Kontakts mit anderen Menschen, vor allem aber: Sie ist das Symbol für Poesie und Schriftstellerei. Wer seine Zunge verloren hat, wird stumm bleiben, sprich: Das Schriftstellerleben ist ihm verbaut. Die Drohung wurde nicht wahrgemacht, Canetti hat seine Zunge »gerettet«, und das heißt im Vorschein gleich nach der ersten Szene seiner Autobiographie: Er wird trotz aller Gefahren schließlich das werden, was er will, ein Schriftsteller (der übrigens internationale Reputation gewonnen hat und 1981 mit dem Nobelpreis für Literatur ausgezeichnet wurde). Die kleine Szene früher Kindheit konzentriert ein ganzes Leben und wird erst im nachhinein aus der Rückschau verständlich. In ihr verdichtet sich die Lebenslinie, zieht sich zusammen auf einen Punkt, den einzig wesentlichen für den Schriftsteller Elias Canetti. Sie präfiguriert die Lebenslinie, ist aber in ihrer Bedeutung erst aus der Rückschau verständlich, sie unterliegt der schriftstellerischen Phantasie und Deutung des rückschauenden Autobiographen.

Ein anderes Beispiel: Michel Leiris hat in seiner Lebens-Rekonstruktion »Die Spielregel« im ersten Band und ganz zu Beginn ebenfalls eine frühe Erinnerung notiert, eine Szene, ganz anders als bei Elias Canetti und doch strukturell mit ihr vergleichbar. Auch hier geht es um Sprache und Sprechen – auch Michel Leiris ist Schriftsteller geworden –, aber die Erinnerung ist von anderer Art, vielleicht noch subtiler ins Wort gebracht als bei Canetti. Ich zitiere den Anfang seiner Autobiographie, der mit dem Wort »... REUSEMENT« überschrieben ist (an einer Stelle, die in andere Zusammenhänge ausschweift, leicht gekürzt):

> »Auf den unerbittlichen Boden des Zimmers (Salon? Eßzimmer?) mit einem angenagelten Teppich mit welkem Rankenmuster oder einem losen Teppich mit faden Ornamenten (in die ich Paläste, Landschaften und Erdteile zeichnete), ein wahres Kaleidoskop, womit ich als Kind spielte und zauberhafte Bauten schuf, ein Kanevas für Tausendundeine Nacht, die mir damals die Seiten keines Buches erschloß? Oder ein nackter Fußboden, gewachstes Holz mit dunkleren Lineamenten, sauber geschnitten von der strengen Schwärze der Rillen, aus denen ich zuweilen, um mich zu zerstreuen, Staubflocken stocherte, wenn ich unverhofft eine Nadel gefunden hatte, die den Händen der im Taglohn stehenden Schneiderin entfallen war?), auf den makellosen und unbeseelten Boden des Zimmers (samtweich oder holzig, im Sonntagsstaat oder kahl, den Ausflügen der Einbildung oder mechanischen Spielen hold), im Salon oder Eßzimmer, Halbschatten oder Tageslicht (je nachdem ob es sich um einen Teil des Hauses handelte, wo die Möbel gewöhnlich durch Überzüge und all die bescheidenen, meist versprengten Reichtümer durch die Sperre der Fensterläden vor der Sonne geschützt sind, oder nicht), in diesem kaum den Erwachsenen zugänglichen Gehege – und stillen Grotte für die Schlafsucht des Klaviers – oder in jenem mehr gemeinsamen Raum, der den großen Ausziehtisch umgab, um den die ganze oder ein Teil der

Familie sich zum Ritus der täglichen Mahlzeiten einfand, war der Soldat gefallen.

Ein Soldat. Aus Blei oder Papiermaché. Eine recht zart gegossene und kolorierte Statuette oder einer jener grobschlächtigen Kerle, blau, rot, weiß und schwarz bepinselt, und deren Fleisch erscheint, wenn sie zerbrechen, ein trüber und notleidender, weißlicher oder erdfarbener Stoff.

Ein neuer oder alter Soldat. Vorher mit seinen Kameraden – oder mit anderen Modellen, eine bunt zusammengewürfelte Armee! – auf einem relativ stabilen Tisch stationiert oder auf einem leichten Nippestisch, der vielleicht mit Chinoiserien oder Tierfiguren wie Störchen mit langen Schnäbeln geschmückt war, falls es sich bei diesem Tischchen um eines der Bestandteile jener tables gigognes – Beistelltischchen – handelt, die (wie ihr Name verrät) nur mit Störchen – cigognes – dekoriert werden dürfen.

Wohl ein französischer Soldat. Und er war gefallen. Meinen ungeschickten Händen entglitten, die auf einem Block noch nicht einmal die allereinfachsten Striche ziehen konnten (...).

Eins meiner Spielzeuge – und nebensächlich welches: es genügte, daß es ein Spielzeug war –, eins meiner Spielzeuge war gefallen. In höchster Gefahr zu zerbrechen, denn der Fall war direkt, und die Höhe – vom Niveau des Fußbodens aus gesehen – eines Tischs, selbst eines einfachen Nippestischs, ist bei weitem nicht zu unterschätzen, wenn es um den Fall eines Spielzeugs geht. Durch meine Ungeschicklichkeit – Auslöser des Falls – schwebte eins meiner Spielzeuge in Gefahr, zerbrochen zu werden. Eins meiner Spielzeuge, das heißt, eins der Elemente der Welt, mit denen ich in jener Zeit aufs engste verbunden war.

Rasch bückte ich mich, hob den reglosen Soldaten auf, betastete und betrachtete ihn. Er war heil geblieben, und lebhaft war meine Freude. Und diese äußerte sich in dem Ausruf: ›...Reusement!‹

In diesem unzulänglich bestimmten Zimmer – Salon oder Eßzimmer, Prunk- oder Gemeinschaftsraum –, an diesem Ort, der damals einzig meinem Vergnügen diente, war jemand Älteres – Mutter, Schwester oder ältester Bruder – bei mir. Jemand, der sich auskannte, nicht so ein Grünschnabel wie ich, und der, da er meinen Ausruf gehört hatte, mir zu verstehen gab, daß es heureusement heißt und nicht, wie ich gesagt hatte: ›...Reusement!‹

Die Bemerkung schnitt meine Freude abrupt ab, oder vielmehr – in einem Augenblick von Sprachlosigkeit – ersetzte sie alsbald die Freude, die mein Denken zunächst vollständig erfüllt hatte, durch ein seltsames Gefühl, dessen Fremdheit ich selbst heute kaum durchdringen kann.

Man sagt nicht ›...reusement‹, sondern ›heureusement‹. Dieses Wort, von mir bisher ohne das leiseste Bewußtsein seiner wirklichen Bedeutung wie ein reiner Ausruf verwendet, verbindet sich mit ›heureux‹ und fügt sich plötzlich kraft der Magie einer solchen Annäherung in eine ganze Sequenz präziser Bedeutungen. Dieses Wort, das ich bis dahin stets verstümmelt hatte, mit einem Schlag in seiner Unversehrtheit zu erfassen, wird zu einer Entdeckung und ist wie das brüske Zerreißen eines Schleiers oder das Zersplittern einer Wahrheit. Damit ist also diese vage Vokabel – die bisher völlig zu meiner Person gehörte und wie versiegelt blieb – durch einen Zufall in die Rolle eines Kettenglieds für einen ganzen semantischen Zyklus erhoben. Nicht länger ist sie mein Eigentum: sie nimmt teil an jener Wirklichkeit, welche die Sprache meiner Brüder, meiner Schwester und meiner Eltern ist. Etwas mir Angehörendes wird etwas Öffentliches und Geöffnetes. Und in einem einzigen Aufblitzen wurde diese Vokabel geteilt oder – wenn man so will – sozialisiert. Sie ist nicht länger mehr der konfuse Ausruf, der meinen Lippen entschlüpft – wie das Lachen oder der Schrei meinem innersten Wesen noch ganz nah –, sie ist jetzt unter abertausend anderen eines der grundlegenden Elemente der Sprache, jenes weiten Instruments der Mitteilung, und die zufällige Bemerkung eines älteren Kindes oder Erwachsenen anläßlich meines Ausrufs, der dem Fall des Soldaten auf den Boden des Eßzimmers oder den Teppich des Salons folgte, gewährte mir einen flüchtigen Einblick in das Leben außerhalb meiner selbst und voller Fremdheit.« (S. 7–11)

Auch Leiris gelingt es, sich so an den kleinen Michel zu erinnern, daß wir ihn mit dem Raum, in dem sich die Geschichte ereignet, fast zu sehen meinen. Sie ist freilich nicht so festgefügt wie bei Canetti, sondern mit Fragezeichen versehen. Das Zimmer, in dem der Soldat herabfällt, ist nicht mehr bestimmbar: War es ein Salon, ein Eßzimmer? Noch etwas anderes? Handelte es sich bei dem Boden, auf den der Soldat fiel, um einen »angenagelten Teppich mit welkem Rankenmuster ...« oder vielleicht einem »nackten Fußboden, gewachstes Holz mit dunkleren Lineamenten ...«? War der Soldat, der durch die Schuld des Kindes herabfiel, aus Blei oder Pappmaché? Leiris hätte seine frühe Geschichte zur klaren Bestimmtheit umzimmern können, aber er verzichtet absichtlich darauf. Er tut dies nicht nur, weil Erinnerungen nie vollständig sind; weil des weiteren ein kleiner Junge die *Funktion* eines Zimmers nicht kennt, weil sie seine Handlungen nicht bestimmt; er läßt auch manche Fragen offen, weil er auf diese Weise Alternativen sprachlich ausmalen kann, Raumbegegnungen, die ebenso möglich wären und es vielleicht sogar waren. Die Installation des Interieurs, seine Gerüche, all dies wird mit denkbaren Alternativen vergegenwärtigt. Dadurch gewinnt die Geschichte des kleinen Kindes an Raum und reproduziert genau jene Offenheit, die dem schweifenden Geist eines kleinen Kindes manchmal eigen ist, das sich noch nicht auf festgelegte Zwecke beschränken läßt.

Ein kleines Drama findet statt: Ein Spielsoldat fällt auf den Boden durch »meine Ungeschicklichkeit«. Zur eigenen Schuld könnte das Zerbrechen des Spielzeugs kommen, »eins der Elemente der Welt, mit denen ich in jener Zeit aufs Engste verbunden war«. Aber ein zweiter Schreck, ein weiteres Leiden gesellt sich nicht zum ersten: Der heruntergefallene Spielsoldat, vom Kind betastet und betrachtet, war heil geblieben. Umschlag von Entsetzen in Freude, und das Kind kann diese Freude schon artikulieren mit dem Ausruf »... *Reusement*«. Und nun kommt das zweite Ereignis, daß das erste an Bedeutung bei weitem übertrifft, weil es das kleine Kind aus der Situation reißt, der es bisher verhaftet war, und ihm einen Vorschein gibt von dem, was (unter anderem) seine Kindheit beschließen wird. Es handelt sich um die Enteignung der kindlichen Privatsprache durch Korrektur. Denn »jemand Älteres« (es bleibt wieder unbestimmt, ob Mutter, Schwester oder älterer Bruder), der sich im Raum befindet, korrigiert das kleine Kind: Es heißt »heureusement« (»glücklicherweise«, »Glück gehabt«). Das Kind hat das Wort bisher »ohne das leiseste Bewußtsein seiner wirklichen Bedeutung« wie einen »reinen Ausruf« verwendet, aber es kennt offenbar »heureux« und, indem es durch den Hinweis des Erwachsenen »heureux« mit »... Reusement« verbinden kann, erschließt sich ihm »eine ganze Sequenz präziser Bedeutungen«. Die kindliche Welt wird entsiegelt über Sprache und Sprechen, und damit wird die Kraft der *Assimilation* zerstört, das Kind unterwirft sich durch Erkennen der *Akkommodation*, weil es in der Lage ist, den eher privatsprachlichen Ausruf nun mit Bedeutung zu versehen und ihn in einen sprachlichen Kontext zu stellen, der neue Bedeutungskanten erschließen könnte. Damit wird das Kind in eine »andere Wirklichkeit als jene, an die ich bisher geglaubt hatte« versetzt, und es gerät in einen »Zustand, in dem ich – dank der Natur einer derartigen Verbiegung und Verschiebung, die sich somit meinem Geist aufdrängte – dunkel spürte, wie die gesprochene Sprache, spinnwebartiger Stoff meiner Beziehungen zu den anderen, mich übersteigt und von allen Seiten ihre mysteriösen Fühler vorschiebt« (S. 12).

Das folgende Kapitel, »LIEDER«, beschreibt diese Anfangserfahrung genauer an vielen Beispielen. Der *Gewinn*, sich zunehmend sozial mitteilen zu können, ist verbunden mit einem *Verlust*: dem der kindlichen Eigenwelt, die in sich ruht, weil das Kind sein eigener Herrscher ist und noch nicht auf jene Bedeutungen angewiesen ist, die die Sprachwelt der Alltagskommunikation ihm zunehmend verpflichtend vorgeben wird. Es handelt sich hier nicht einfach nur darum, »etwas dazuzulernen«, sondern um die Transponierung des kindlichen Ichs in eine ganz andere Welt mit Verknüpfungen, die den privaten Raum weit übersteigen, der für das Kind bisher maßgeblich war. Auch Leiris ist Schriftsteller geworden, aber schon die Exposition seines Lebens zeigt, daß er sich seines Erinnerns und Erzählens nicht so gewiß sein wird wie Elias Canetti. Es bleiben eher Fragen als Antworten: Wird Michel sein *Ich* bewahren oder es im *Wir* untergehen lassen; wird es ihm gelingen, die Sprache »der anderen« zu sprechen und doch seine ganz eigenen Vorstellungen und Bilder mitteilbar zu halten; wird er sich immer wieder korrigieren lassen müssen von jenen, die es besser wissen oder besser zu wissen meinen, oder wird er sich als Schriftsteller über diese schlichten Regelhaftigkeiten gemeinsamen Alltagsredens erheben und die Sprache selbst mit neuen Konfigurationen befeuern?

Nathalie Sarraute soll als dritte die Revokation kindlicher Erinnerungen für uns dokumentieren, auch hier mit dem Zweck, auf die Weise einer schriftstellerischen Präzisierung ein Stückweit in die frühe Kindheit hineinzugelangen. Ihr Buch »Enfance« (1983) ist ein Jahr später unter dem deutschen Titel »Kindheit« erschienen und enthält Erinnerungen von großer Eindringlichkeit. Nathalie Sarraute versucht, die Kindheit von Natascha Taschok und anderen zu vergegenwärtigen. Freilich weiß auch sie, wie schwer es ist, die Anfänge des eigenen Lebens angemessen zu ergründen. Darum hat sie sich – ein schriftstellerischer Kunstgriff – ein zweites Ich beigegeben, eine Art Double. Wie Leiris immer wieder Fragen stellte, wenn die Umrisse seiner Erinnerung letzte Entscheidungen nicht zuließen, interveniert das Double durch Querfragen immer wieder, ob die Geschichte auch richtig erinnert ist. Die Zwischenstimme fragt auch nach dem Motiv der Erinnerung (»Du möchtest es vielleicht ... ist es nicht möglich, daß du ... so etwas wird einem manchmal selbst nicht klar ... du möchtest es vielleicht, weil deine Kräfte nachlassen ...«) und rührt auch an das

Sprachproblem, das in der Verdinglichung der Erinnerung in vom Erwachsenen entwickelten und nun festlegenden Deutungsschemata besteht: »Das ist es ja eben, ich fürchte diesmal, daß es sich nicht regt ... sich nicht genug regt ... daß es sich ein für allemal verfestigt hat, wie etwas ganz und gar im voraus Gegebenes ...« Was in der Kindheit geschehen ist, »kein gesprochenes Wort hat es bisher berührt«, es »bebt ... außerhalb der Wörter« – und doch soll es nun in Wörter gefaßt werden, trotz der zweifelnden Dreinrede des Doubles, dem die Schriftstellerin schließlich trotzt »ja, du ... mit deinen Zurechtweisungen und Warnungen rufst es hervor ... stürzt du mich da hinein ...«. Das andere Ich mit seinen vielleicht berechtigten Zweifeln (vor allem an der Möglichkeit, überhaupt frühe Kindheit in Sprache fassen zu können) fordert den tiefen Widerspruch der Autorin heraus, die nun *gerade deshalb* beginnt, gleichsam aus Trotz, die frühen Geschichten ins Wort heraufzuholen ». . . *doch, ich werde es tun.*« (S. 13) Und dies ist die erste Geschichte:

› *Nein, das tust du nicht.*‹ ... diese Worte kommen von einer Gestalt, welche die Zeit beinahe ausgelöscht hat ... es bleibt nur eine Anwesenheit übrig ... die Anwesenheit einer jungen Frau, die tief in einem Sessel im Salon eines Hotels sitzt, wo mein Vater allein mit mir seine Ferien verbrachte, in der Schweiz, entweder in Interlaken oder in Beatenberg, ich muß damals fünf oder sechs Jahre alt gewesen sein, und die junge Frau hatte die Aufgabe, sich um mich zu kümmern und mir Deutsch beizubringen ... Ich kann sie mir nicht mehr genau vorstellen ... aber ich sehe ganz deutlich das Handarbeitskörbchen auf ihren Knien und darauf eine große Stahlschere ... und ich ... ich kann mich nicht sehen, aber ich fühle es, als ob ich es in diesem Augenblick täte ... ich ergreife plötzlich die Schere, ich halte sie fest in der Hand ... eine schwere, geschlossene Schere ... ich halte ihr spitzes Ende auf die Rückenlehne eines Sofas gerichtet, das mit einem ganz zarten, rankenartig bemusterten, glänzenden Seidenstoff in einem etwas verblichenen Blau überzogen ist ... und ich sage auf deutsch ... › *Ich werde es zerreißen.*‹
›Auf deutsch ... Wie hattest du es so gut lernen können?‹
›Ja, ich frage es mich selbst ... Aber diese Wörter habe ich seitdem nie mehr ausgesprochen ... ›Ich werde es zerreißen‹ ... das Wort ›*zerreißen*‹ ertönt wie ein wildes Zischen, im nächsten Moment wird etwas passieren ... ich werde etwas zerreißen, verheeren, zerstören ... es wird ein Anschlag sein ... ein Attentat ... ein Verbrechen ... das aber nicht geahndet wird, wie es geahndet werden könnte, ich weiß, daß es keinerlei Strafe geben wird ... vielleicht einen kleinen Tadel, eine unzufriedene, etwas be-

sorgte Miene meines Vaters ... Was hast du getan, Taschok, was ist in dich gefahren? Und die Entrüstung der jungen Frau ... aber eine Furcht, die noch größer ist als die vor unwahrscheinlichen, undenkbaren Strafen, hält mich noch zurück von dem, was im Nu geschehen wird ... das Nicht-wieder-gut-zu-Machende ... das Unmögliche ... das, was man nie tut, was man nicht tun darf, was keiner sich erlaubt ...
›*Ich werde es zerreißen*‹ ... ich warne Sie, ich werden den Schritt tun, aus dieser sittsamen, bewohnten, lauwarmen, weichen Welt hinausspringen, ich werde mich von ihr trennen, ich werde fallen, stürzen, ins Unbewohnte, in die Leere ...

....

›Nein, das tust du nicht ...‹ in diesen Wörtern fließt eine dicke, schwere Flut, und das, was sie mit sich führt, dringt tief in mich ein, um das, was sich in mir rührt, was sich aufbäumen will, zu zerschmettern ... und unter diesem Druck bäumt es sich wieder auf, bäumt es sich noch mehr, noch höher auf, es wächst und schleudert gewaltsam diese Worte aus mir hervor ... ›Doch, ich werde es tun.‹
›Nein, das tust du nicht ...‹ die Worte umzingeln mich, umfassen mich, fesseln mich, ich schlage um mich ... ›Doch, ich werde es tun‹ ... Es ist soweit, ich befreie mich, die Aufgeregtheit, die Gereiztheit läßt mich den Arm ausstrecken, ich steche die Scherenspitze mit aller Kraft hinein, die Seide gibt nach, sie zerreißt, ich schlitze die Rückenlehne von oben nach unten auf und betrachte, was da herauskommt ... etwas Weiches, Gräuliches wölbt sich aus dem Schlitz hervor ...« (S. 13–16)

Natascha beherrscht nicht nur die eigene Sprache, sondern auch eine fremde (die deutsche), und sie kann schon strategisch vorgehen: Das Wort »zerreißen« benutzt sie, weil dies »wie ein wildes Zischen« die aggressive Brutalität des Anschlags auf das Sofa klangmalerisch vorwegnimmt und zugleich ausdrückt. Natascha, auf der Schwelle zum Schulalter, will eigentlich nichts Böses tun. Zunächst scheint es ein Spiel zu sein, die Situation ist in der Schwebe: Die junge Frau, die ihr Deutsch beibringen sollte, hat ein »Handarbeitskörbchen auf ihren Knien und darauf eine große Stahlschere«. Sarraute kann sich nicht erinnern, wie es gewesen ist, aber sie weiß: Plötzlich hatte sie diese »schwere, geschlossene Schere« in der Hand, und sie hält ihr spitzes Ende auf die Rückenlehne eines Sofas gerichtet. Bis hierhin ist die Situation unentschieden, eine Experimentiersituation, deren Abschluß und Ausgang vom Kind selbst nicht geplant wird, aber sie deutet etwas an: Sie könnte die Schere einsetzen, um das Sofa aufzuritzen. Dann kommt die Intervention des Erwachsenen: »Nein, das tust du nicht.«

Es ist dieser Satz, der den Abschluß der Szene nun vorgibt, denn es ist dieser Satz, der Natascha veranlaßt, *es zu tun*. Da geht es um einen kindlichen Eigenwillen, der zu brechen ist – so die Sicht des Erwachsenen. Die plötzliche Lust, die spielerische Situation in Ernst zu verwandeln, das eigene Ich ins Terrain des Gefährlichen, eigentlich Unmöglichen zu transportieren, damit die gerade gewonnene Zugehörigkeit zur menschlichen Ordnung zu riskieren oder gar zu verlassen (»was man nicht tun darf, was keiner sich erlaubt ...«) – *das* sind die Gedankenwirbel im Kind. Sprache, die verbietet, ist wie eine Umzingelung, aus der es auszubrechen gilt: »Doch, ich werde es tun.« Das innere Drama wird zum äußeren, die bisher symbolisch-sprachlich eingesponnene Tat wandert von der sprachlich beschlossenen *Möglichkeit* in den *Vollzug*. Damit ist die Grenze, das, was einem kleinen Mädchen geziemt, weit überschritten: Natascha hat sich zur Übertretung von Regeln und Gesetzen bekannt, sie hat sich *ins Risiko geworfen*. – War sie ein »unartiges Kind«? Wie soll der erziehende Erwachsene bei einer solchen Regelverletzung einschreiten? Die Erzählerin deutet an, daß sie ein *kalkuliertes* Risiko eingegangen ist (»ich weiß, daß es keinerlei Strafe geben wird ... vielleicht einen kleinen Tadel, eine unzufriedene, etwas besorgte Miene meines Vaters ... Was hast du getan, Taschok, was ist in dich gefahren?«), aber dies ist es nicht, was Natascha provozieren oder erproben will: das Strafverhalten von Erwachsenen. *Unkalkulierbar* ist ein anderes Risiko, das außerhalb der Erziehungsreaktionen des Vaters und der jungen Frau bleibt: Natascha will »das Unmögliche« tun, »das, was man nie tut, was man nicht tun darf, was keiner sich erlaubt ...«. Dies ist es, das sie, provoziert durch das Verbot, ausprobieren will: einmalig zu sein in der zwar nicht bestraften, aber dennoch nicht wiedergutzumachenden Untat und damit in eine Einsamkeit des kleinen Ichs zurückzufallen, vor der sie doch Angst hat, *haben muß*. Natascha ist also nicht »ungehorsam« (sie tut etwas, das der Vater verbietet); sie wagt ein *Experiment ihres Ichs* und muß es wagen, wenn sie nicht in die monotone Gleichgültigkeit alltäglichen Lebens zurücksinken will. Die kleine Extremistin schlitzt das Sofa auf, aber da ist kein Paukenschlag, keine aus allen Registern dröhnende Orgel beendet die Grenzübertretung – »etwas Weiches, Gräuliches wölbt sich aus dem Schlitz hervor ...«. Die Ekstase der kindlichen Ich-Behauptung bricht in sich zusammen, das Ende ist allenfalls unappetitlich, wenig demonstrativ und ebenso enttäuschend wie der Einblick in das Innere einer zerlegten Puppe: Da ist nichts Besonderes, eher etwas Fades, Abstoßendes.

Eine zweite Geschichte, die auch »in diesem Hotel ... oder in einem anderen Schweizer Hotel der gleichen Art, wo mein Vater wieder seine Ferien mit mir verbringt« spielt. Wieder erinnert Sarraute eine Situation, die diesmal noch vertrackter ist als die eben geschilderte. Es handelt sich auf den ersten Blick um ein albernes, unmögliches Benehmen im Speisesaal der Kinder, eine alltägliche Geschichte mit etwas Komik, aber wer sie nur von außen sieht, wird sie kaum verstehen, wird eher geneigt sein, Natascha für ihre »Albernheit« zu bestrafen:

>»Es ist der Speisesaal der Kinder, die dort unter der Aufsicht ihrer Kindermädchen oder Gouvernanten ihre Mahlzeiten einnehmen.
> Sie sitzen so weit wie möglich von mir am anderen Ende des langen Tisches beieinander ... die Gesichter von einigen unter ihnen sind durch eine ganz dicke, geschwollene Backe grotesk entstellt ... ich höre sie laut auflachen, ich sehe die amüsierten Blicke, die sie mir heimlich zuwerfen, ich verstehe schlecht, aber ich kann mir denken, was die Erwachsenen ihnen zuflüstern: ›Los, schluck es runter, hör auf mit dem blöden Theater, schau das Kind dort nicht an, du darfst es nicht nachmachen, es ist ein unerträgliches Kind, ein verrücktes Kind, ein überspanntes Kind...‹
> ›Du kanntest schon diese Wörter...‹
> ›Und ob ich sie kannte ... ich hatte sie oft genug gehört ... Aber keines dieser etwas schreckenerregenden, erniedrigenden Wörter, kein Überredungsversuch, kein Flehen konnte mich dazu bringen, den Mund zu öffnen, damit das bißchen Essen da hineingesteckt werden konnte, das unschuldig am Gabelende, da, ganz nah vor meinen zusammengepreßten Lippen hin- und hergeschwenkt wurde ... Als ich die Lippen schließlich öffne, um dieses Stück hereinzulassen, schiebe ich es sofort in meine Backentasche, die schon voll, geschwollen, gespannt ist ... eine Vorratskammer, wo es warten muß, bis es an die Reihe kommt, um zwischen meinen Zähnen zerkaut zu werden, bis es so flüssig wie Suppe ist ...
> ›So flüssig wie Suppe‹ waren die Worte, die ein Arzt in Paris gesagt hatte, Doktor Kervilly ...
> ›Wie merkwürdig, daß sein Name dir sofort wieder einfällt, während du so viele andere noch so lange suchen kannst, ohne daß ...‹
> ›Ja, ich weiß nicht, warum ausgerechnet sein Name unter so vielen vergessenen wieder auftaucht ... Meine Mutter hatte mich wegen ich weiß nicht mehr welcher kleinen Beschwerden durch ihn untersuchen lassen,

kurz bevor ich wieder zu meinem Vater fuhr . . . Was mich, weil sie damals mit mir in Paris lebte, darauf bringt, daß ich noch keine sechs Jahre alt gewesen sein konnte . . .
›Hast Du gehört, was Doktor Kervilly gesagt hat? Du mußt die Speisen so lange zerkauen, bis sie so flüssig wie Suppe sind . . . Vergiß es vor allem nicht, wenn du ohne mich drüben sein wirst, drüben wird man es nicht wissen, drüben wird man es vergessen, wird man nicht darauf achten, du wirst selbst daran denken müssen, du mußt dich an das, was ich dir rate, erinnern . . . versprich mir, daß du es tun wirst . . .‹ – ›Ja, ich verspreche es dir, Mama, du kannst ganz beruhigt sein, du brauchst dir keine Sorgen zu machen, du kannst dich auf mich verlassen . . .‹ Ja, sie kann ganz sicher sein, ich werde sie in mir ersetzen, sie wird mich nicht verlassen, es wird so sein, als ob sie immer da wäre, um mich vor Gefahren zu schützen, welche die anderen hier nicht kennen, wie könnten sie sie auch kennen? Sie allein kann wissen, was mir zuträglich ist, sie allein kann das, was gut für mich ist, von dem, was schlecht für mich ist, unterscheiden.
Ich kann es ihnen noch so oft sagen und erklären . . . ›So flüssig wie Suppe . . . das hat der Doktor, das hat Mama mir gesagt, ich habe es ihr versprochen‹ . . . Sie schütteln den Kopf, sie lächeln ein wenig, sie glauben nicht daran . . . ›Ja, ja schon gut, aber du solltest dich trotzdem beeilen, schluck's runter . . . Ich kann aber nicht, es gibt nur mich hier, die Bescheid weiß, die es allein beurteilen kann . . . wer kann hier sonst an meiner Stelle entscheiden und mir erlauben . . . wenn der Moment noch nicht gekommen ist . . . ich kaue so schnell ich kann, ich versichere es ihnen, meine Wangen tun mir weh, ich laß Sie nicht gern warten, aber ich kann nichts daran ändern: Es ist noch nicht ›so flüssig wie Suppe‹ . . . Sie werden ungeduldig, sie treiben mich an . . . was schert sie das schon, was meine Mutter gesagt hat? Sie zählt hier nicht . . . keiner hier außer mir berücksichtigt es . . .
Wenn ich jetzt meine Mahlzeiten einnehme, ist der Kinderspeisesaal leer, ich esse nach den anderen oder vorher . . . ich habe ihnen ein schlechtes Beispiel gegeben, es sind Klagen von Eltern gekommen . . . aber das macht nichts . . . ich bin immer noch hier, auf meinem Posten . . . ich widerstehe . . . ich halte stand auf diesem Stückchen Erde, wo ich ihre Farben gehißt habe, wo ich Mutters Fahne aufgepflanzt habe . . .« (S. 17–20)

Wer kennt es nicht, das kleine Kind, das den anderen ein schlechtes Beispiel gibt. Natascha schluckt das Essen nicht hinunter, sondern verstaut es in ihrer Backentasche; sie entstellt damit ihr Gesicht, aber das ist ihr egal. Und sie hat zunächst sogar einen Erfolg, den sie (vielleicht?) gar nicht will: Die anderen Kinder, die herüberschauen, amüsieren sich, machen das Behalten des Essens in der Backentasche aber auch nach. Die Folge: Blickverbote, die Kommunikation über

Augen wird gesperrt, und die Worte sind absprechend, beleidigend: »Ein unerträgliches Kind, ein verrücktes Kind, ein überspanntes Kind«. Natascha kannte diese Wörter durchaus, aber sie läßt sich trotz ihrer Sprachsensibilität diesmal nicht durch solches Reden provozieren (wie in der ersten Szene mit dem väterlichen »Nein, das darfst du nicht«. Mag sie das Essen nicht? Tun ihr die Zähne weh? Hat sie vielleicht Bauchschmerzen? Keiner weiß es, keiner fragt es in diesem Moment. Aber Nataschas Verhalten ist ja gar nicht »verrückt«, sie hat doch etwas gelernt: Das Essen muß zerkaut werden, »bis es so flüssig wie Suppe ist«. Aber warum nimmt sie diese Anweisung von Doktor Kervilly aus Paris so ernst? Die Antwort genügt nicht: Der Arzt und die Mutter haben gesagt, Essen müsse gut gekaut werden, und an diese Anweisung hält sich das gehorsame Kind. Es geht vielmehr um einen Akt der *Treue*, um das (ein wenig trotzige) Ernstnehmen eines Versprechens an die Mama in Paris, die nun so fern ist und gegenwärtig gemacht wird, indem Natascha, obwohl sie es gar nicht kontrollieren kann, ihre Anweisungen befolgt – um den Preis, sich damit wiederum außerhalb der sozialen Ordnung zu begeben, von den anderen verlacht zu werden. Aber wenn sie jetzt einwilligte, das Stück herunterzuschlucken, ohne es vorher so flüssig wie Suppe zerkaut zu haben, würde Natascha »etwas Schlimmes tun, was ich ihr nie erzählen könnte, wenn ich wieder nach drüben, zu ihr zurückkehren würde … ich würde diesen Verrat, diese Feigheit tief in mir tragen müssen.« (S. 21) Das ist es: Plötzlich gewinnt eine Nebenbei-Bemerkung lebenspraktisch-diätetischer Art hohe psychodynamische Bedeutung, denn ihr Ernstnehmen sichert die Rückkehr zur Mutter, hält die Verbindung mit ihr aufrecht und ist damit eine mögliche Rückzugschance, wenn der Aufenthalt im Hotel mit dem Vater gar nicht mehr gefallen solllte. Die erwachsene Nathalie Sarraute weiß: »Meine Mutter selbst hätte es, so wie ich sie als eine unbekümmerte, zerstreute Person kannte, längst vergessen«, aber (nun wieder in der Kinderperspektive) »nein, sie ist nicht hier, sie hat es mir mit auf den Weg gegeben … ›so flüssig wie Suppe‹ … von ihr habe ich es … sie gab es mir, damit ich es behalte, ich muß es ehrfürchtig aufbewahren, es vor jedem Angriff schützen … .« – welche »Erziehungsmaßnahme« reicht an diese untergründigen Strömungen heran, kann sie erfassen und angemessen abarbeiten? Zwischen Natascha und ihrer Mutter findet ein Privatspiel statt, das nicht mitteilbar ist. Die praktischen Folgen sind: Natascha muß künftig allein essen, ohne die anderen Kinder, damit sie ihr schlechtes Beispiel nicht mehr vor Augen haben. Das ist Absonderung, Isolation, vielleicht auch ein Stück Bestrafung. Aber Natascha empfindet es anders: sie bleibt »auf meinem Posten ... ich widerstehe ...«: Wie ein Soldat hat sie »Mutters Fahne aufgepflanzt«, und das gibt ihr Ehre und Rettung in einer ambivalent-zwiespältigen Situation, die jedenfalls kein kindliches Behagen erlaubt.

Kleine Kinder kennen keine Handlungslogiken, die sich miteinander verketten; die Ereignisse, die ihnen widerfahren, führen noch nicht zu konsequenten Reaktionen. Denn Natascha wird – eine andere Geschichte, die bald folgt – vor allem von ihrer Mutter furchtbar hintergangen. Hier die dramatische Geschichte ihrer Mandeloperation:

> »Dort aber taucht plötzlich aus dem Nebel die jähe Gewalt des Terrors, des Schreckens auf ... ich brülle, ich schlage um mich ... was ist geschehen? Was widerfährt mir?
> ›Deine Großmutter kommt dich besuchen‹ ... Mama hat es mir gesagt ... Meine Großmutter? Die Mutter von Papa? Ist das möglich? Sie wird wirklich kommen? Sie kommt doch nie, sie ist so weit weg ... ich kann mich gar nicht mehr an sie erinnern, aber ich spüre ihr Dasein durch die liebevollen Briefchen, die sie mir von drüben schickt, die Kästchen aus weichem Holz, in die hübsche Bilder eingeritzt sind, deren hohlen Formen man mit dem Finger folgen kann, die bemalten Holzschalen, die mit Lack bedeckt sind, der sich so glatt anfühlt ... ›Wann kommt sie? Wann wird sie hier sein?‹ ... ›Morgen nachmittag ... Du gehst morgen nicht spazieren ...‹
> Ich warte auf sie, ich spähe nach ihr aus, ich höre die Schritte im Treppenhaus, vor der Wohnungstür ... da, sie ist es, es hat geklingelt, ich will ihr entgegeneilen, man hält mich zurück, warte, rühr dich nicht vom Fleck ... die Tür meines Zimmers geht auf, ein Mann und eine Frau in weißen, langen Kitteln packen mich, man setzt mich auf einen Schoß, man umklammert mich, ich schlage um mich, man drückt mir einen Wattebausch auf den Mund, auf die Nase, eine Maske, der etwas Gräßliches, Erstickendes entströmt, das mich keine Luft mehr bekommen läßt, meine Lungen ausfüllt, mir in den Kopf steigt, sterben nennt man das, ich sterbe ...
> Und dann lebe ich wieder, ich bin in meinem Bett, in meinem Hals brennt es, meine Tränen fließen, Mama wischt sie ab ... ›Mein Kätzchen, du mußtest operiert werden, verstehst du, man hat dir etwas aus dem Hals entfernt, das dir weh tat, es war nicht gut für dich ... schlaf, jetzt ist es vorbei ...‹ (S. 30–31)

Dies ist eine Geschichte des Terrors am Rand des Todes (obwohl niemand in Todesgefahr schwebt oder gar zu sterben droht). Es ist eine Alltagsgeschichte und ein Beispiel für die Art, mit der viele Erwachsene mit Kindern umgehen. Sie wollen ihnen nicht die Wahrheit sagen und täuschen sie. Natascha wird der Besuch ihrer Großmutter angekündigt, um zu erklären, warum sie am nächsten Tag zu Hause bleiben muß und nicht spazierengehen darf wie üblich. Aber es ist gar nicht die Großmutter, vielmehr sind es ein Mann und eine Frau »in weißen, langen Kitteln«, die Natascha packen, auf den Schoß setzen, festhalten, ihr mit dem Wattebausch eine Narkose geben und grenzenlosen Schrecken, jenseits dessen nichts mehr ist, Ende. Und dann: das Erwachen im Bettchen, die Zärtlichkeit der Mutter (»mein Kätzchen, du mußtest operiert werden ... schlaf, jetzt ist es vorbei ...«). Solche Überrumpelung führt Kinder in eine Absolutheit des Schreckens, die unwiderrufbar bleibt. Die Eltern, bestrebt, Natascha nicht allzusehr mit einer Vorangst zu belasten, induzieren durch ihre Lüge (die Großmutter kommt zu Besuch) gerade die Furchtbarkeit der Katastrophe – so muß sich jemand fühlen, der festgebunden wird, weil er umgebracht werden soll. Daß das Leben dann weitergeht, hat mit diesem Schrecken nichts zu tun. Es ist freilich auch kein neuer Anfang, denn die Erinnerung an diesen Schrecken wird bleiben, beispielsweise, wenn nur die Erinnerung an den Äthergeruch die Nase streift.

Nathalie Sarraute, ohne sich auf die Psychoanalytikerin Alice Miller zu beziehen, bestätigt in ihren Erinnerungsgeschichten doch genau deren These, daß Erziehung vor allem die Ausübung von Macht der stärkeren Erwachsenen über die schwachen Kinder ist, eine Aneinanderreihung von Betrugsmanövern. Sie sind so alltäglich, daß viele Erwachsene darüber lachen, während Kindern ein Stück ihres Vertrauens genommen wird. Deutlich wird dies beispielsweise in der kleinen Szene, in der Natascha einen Löffel voll Erdbeermarmelade essen soll:

»Ein Löffel voll Erdbeermarmelade nähert sich meinen Lippen ... ich wende den Kopf ab, ich will nichts mehr davon ... sie schmeckt scheußlich, ich erkenne sie nicht ... was ist mit ihr passiert? In ihren gewohnten guten Geschmack hat sich etwas eingeschlichen ... etwas Abstoßendes verbirgt sich darin ... es ekelt mich vor ihr. ›Ich mag sie nicht, es ist keine echte Erdbeermarmelade.‹ – ›Aber ja, was soll das, du siehst doch, daß es

Erdbeermarmelade ist‹ . . . Ich schaue mir sehr aufmerksam die auf dem Boden der Untertasse ausgebreitete dünne Schicht Marmelade an . . . die Erdbeeren sehen genauso aus, wie die, die ich kenne, sie sind nur etwas blasser, nicht so rot oder dunkelrosa, aber es gibt auf ihnen, zwischen ihnen, irgendwie verdächtige, weißliche Streifen . . . ›Nein, sehen Sie mal, es ist etwas darin . . .‹ – ›Da ist nichts, das scheint nur so . . .‹ Als mein Vater wiederkommt, erzähle ich ihm, daß ich nichts von dieser Marmelade haben wollte . . . sie ist schlecht, ich habe sie mir genau angesehen, es waren weißliche Streifen darin, weiße Pünktchen, sie schmeckte eklig . . . Es ist keine Erdbeermarmelade . . . Er beobachtet mich, er zögert einen Moment und sagt: ›Es war wirklich Erdbeermarmelade, aber das, was dir daran auffiel, war ein wenig Abführpulver. Man hatte es darunter gemischt, man hoffte, du würdest nichts merken, ich weiß, daß du Abführpulver nicht magst, aber du mußt es unbedingt einnehmen . . .‹
Der recht beunruhigende Eindruck von heimlich untergemischtem ekelerregenden Zeug, das sich unter dem Anschein von Köstlichem verbirgt, ist nicht verschwunden, ich erinnere mich sogar manchmal heute noch daran, wenn ich einen Löffel Erdbeermarmelade in den Mund stecke.«
(S. 54–55)

Auch wir Erwachsenen haben unsere Ängste, oft ererbt aus dem Kindesalter. Wir wissen aber mit ihnen umzugehen, und das Leben im Zeitalter der Vernunft und Aufklärung (jedenfalls in pädagogischem Sinne) hat sich in gewisser Weise ausgezahlt. Wir können als Erwachsene Bilder häßlich, abschreckend oder provozierend finden (die Ablehnung vieler Erwachsener von »moderner« oder »abstrakter« Kunst), aber wir wissen, daß uns aus den Bildern niemand anspringt. Wir hatten schon bei Joey erfahren, daß ganz kleine Kinder bereits auf optische Reize reagieren und Vorlieben oder Desinteresse durch Hin- oder Wegschauen artikulieren können. Wieviel direkter, um nicht zu sagen ursprünglicher, ist die Beziehung, die Kinder zu bestimmten Bildern haben! Noch einmal eine Geschichte, über die der weise Erwachsene zunächst eher lächeln wird:

»Ich habe ein breites, gebundenes Buch bekommen, das ganz dünn ist und in dem ich gern herumblättere, ich höre gern zu, wenn man mir vorliest, was auf der Seite gegenüber den Bildern geschrieben steht . . . aber Vorsicht, bald kommt das Bild, vor dem ich Angst habe, es ist schrecklich . . . ein ganz magerer Mann mit langer, spitzer Nase und einem hellgrünen Anzug mit flatternden Rockschößen fuchtelt mit einer geöffneten Schere

herum, er wird in das Fleisch schneiden, es wird Blut fließen ... ›Ich kann es nicht anschauen, es muß verschwinden ...‹ – ›Möchtest du, daß die Seite herausgerissen wird?‹ – ›Das wäre schade, es ist ein so schönes Buch.‹ – ›Nun ja, dann werden wir dieses Bild unsichtbar machen ... Wir werden die Seiten zusammenkleben.‹ Jetzt sehe ich es nicht mehr, aber ich weiß, daß es immer noch da eingesperrt ist ... da, jetzt kommt es, hier versteckt, wo die Seite dicker ist ... man muß ganz schnell umblättern, man muß darüber hinwegsehen, bevor es sich in mir festsetzen, sich in mir einprägen kann ... es deutet sich schon an, die ins Fleisch schneidende Schere, die dicken Tropfen Blut ... aber es ist geschafft, es ist überwunden, es ist hinter dem folgenden Bild verschwunden.
Bei den Zeichnungen meines Lieblingsbuches Max und Moritz mit seinen so lustigen Versen, die ich auswendig kann und gern aufsage, ist keine, vor der ich je Angst habe, selbst dann nicht, wenn ich die beiden auf einem Backblech zusammengeschnürten Schlingel sehe, die bereitliegen, um in den Ofen geschoben und wie zwei Spanferkelchen gebraten zu werden ...« (S. 55–56)

Es handelt sich vermutlich um den Schneider mit der Schere aus dem »Struwwelpeter«. Auch dies ist eine »Scherengeschichte«, die aber mit der, in der Nathalie die Handelnde war (das Aufschlitzen des Sofas), nichts zu tun hat. Scheren werden von kleinen Kindern noch nicht abstrakt, sozusagen an und für sich, in ihrer von Kontexten losgelösten Zweckhaftigkeit betrachtet, sondern sie sind eingebunden in das *Situationsspiel*. Ein »magerer Mann mit langer, spitzer Nase« mag Erwachsenen lustig erscheinen (und ist wohl auch so gemeint, ein dürrer Schneider eben), aber ein Kind sieht ihn manchmal ganz anders: als eine schreckliche, nicht deutbare Bedrohung. Kinder, das zeigt Nathalie Sarraute sehr deutlich, weil sie sich um präzise Erinnerungen bemüht, haben andere Wahrnehmungsweisen als die Erwachsenen, die in ihrer Deutungsroutine den pädagogischen Zweck (in diesem Fall eines Buches) angemessen einschätzen können. Max und Moritz, auf »einem Backblech zusammengeschnürt« und bereitliegend, »um in den Ofen geschoben und wie zwei Spanferkelchen gebraten zu werden«, das bleibt lustig, trotz der »grausamen« Situation. Kinderwahrnehmung liegt noch außerhalb der Deut-Routinen; sie ist nicht lenkbar und darum leicht verletzlich.

Fazit

Es hat sich gezeigt, daß (wissenschaftlich gelenkte) Rekonstruktionen und Erinnerungen dann dicht an die uns oft so fremde und unbekannte frühe Kinderzeit heranführen, wenn sie in metaphorischer Verdichtung oder in sprachlich präziser oder poetischer Bildlichkeit die Sicht- und Erlebnisweisen von Kindern an uns heranholen. Sie werden dann mit den Zwischenräumen, in denen sie sich oft bewegen, und mit den Zwischenträumen, die in den unseren nicht aufgehen, eher sicht- und damit auch verstehbar als in den Theorien, die wir über sie haben. Stern, Canetti, Leiris und Sarraute haben uns – unabhängig von wissenschaftlichen Erkenntnissen aber keineswegs im Widerspruch zu ihnen – Schlupflöcher gezeigt, wie wir näher an die Kinder gelangen können, nicht um sie auszuspionieren oder zu kontrollieren, sondern sie in ihrer eigenen Welt, soweit es nur geht, gewähren zu lassen. Während Jugendliche sich ihre Action-Abenteuer oft aus dem Fernsehen holen müssen, weil ihnen für eigene wenig Platz bleibt, erleben Kinder, unabhängig von den räumlichen Verhältnissen und Arrangements, zunächst Abenteuer und Dramen in einer ungeheuren Dichte, Tiefe und Nachdrücklichkeit. Ihre Abenteuer zwischen Kleinbleiben und Großwerden, zwischen Selbstbehauptung, Sich-Anschmiegen und Unterwerfen sind letztlich für Erwachsene unbetretbar, so daß wir uns wohl von dem pädagogischen Mythos verabschieden müssen, wir könnten Kinder vor allem Schrecklichen bewahren. Wohl aber können wir ihnen ein positives Echo geben, um zu zeigen, daß wir ihre Lebensweise verstehen; wir können ihnen, wenn es nötig ist, Bestätigung, Schutz und Geborgenheit nach dramatischen Situationen angedeihen lassen, und wir können sie auch wieder freilassen, damit sie beispielsweise selbst ihre Sprachspiele üben, die schließlich als Verbindungskette in den Sprach-, Erlebens- und Deutungsraum der Älteren fungieren.

Wenn im folgenden wieder wissenschaftliches Wissen zu Wort kommt, sollten die in den ersten beiden Kapiteln entwickelten Folien nicht aus dem Gedächtnis verloren werden: 1. Wir dürfen uns auf solide erarbeitete wissenschaftliche Ergebnisse verlassen und auch ihren Anwendungszweck bedenken, freilich immer eingedenk der Tatsache, daß wir uns hüten müssen, unser Wissen über Kinder und damit Kinder und Kindheit selbst zu mythisieren; 2. genaues Beobachten, Hinhören und Hinhorchen, Rekonstruieren und Sicherinnern bewahren uns am ehesten davor, hinter der Barriere von Regelwissen und Handlungsanleitungen die Kinder mit ihren je eigenen Abenteuern, Freuden und Schrecknissen aus dem Auge zu verlieren.

3. Kinder und Kindheit im Wandel der Lebensformen

Auf die Bedeutsamkeit des historischen Aspekts wurde einleitend schon hingewiesen. Seine Einbeziehung erlaubt nicht nur, tiefere Einblicke in die Entstehung beispielsweise von Überzeugungen zu Maßnahmen der Kindererziehung oder zur Entstehung von Familien zu gewinnen, sondern dient auch dazu, das gerade für unsere Zeit zentrale Phänomen des *sozialen Wandels* zumindest ins Auge zu fassen. Im folgenden sollen nur wenige, aber entscheidende Blicke auf dieses weite Feld geworfen werden.

»Kind« und »Kindheit«: Konstrukte

Was sind eigentlich »Kinder« – im Gegensatz etwa zu Jugendlichen, Erwachsenen oder alten Menschen? Wir haben die frühe Kindheit von der vorgeburtlichen Phase über die Geburt bis zur Einschulung unter dem Label »die 0- bis 5jährigen« zusammengefaßt. Das eben sind »Kleinkinder«, haben wir definiert und diese insgesamt recht kurze Lebensphase noch einmal untergliedert aufgrund von wissenschaftlichen Einsichten, wie sie im nächsten Kapitel zur Sprache kommen. Es gibt also durchaus Definitionen, aber der Tatbestand des Kindseins selbst – auch das wurde schon skizziert – ist damit zwar für unser Reden über einen Objektbereich konstruiert, aber mehr haben wir auch nicht geleistet, mehr werden wir auch nicht leisten können. Denn einerseits gab es, wenn wir die Dokumente richtig deuten, im Mittelalter (beispielsweise) nicht »Kinder« im heutigen Sinne – ebenso, wie es keine »Familien« gab, wie wir sie heute kennen (man sprach eher von »Sippe« o. ä.). Ariés in seinem schon zitierten Buch hat uns beschrieben, wie »Kinder« als von Erwachsenen zu unterscheidende, der Erziehung und Sozialisation bedürftige Wesen allmählich entdeckt wurden. Wir hatten jedoch auch bereits gesehen, daß das »Kindchen-Schema« möglicherweise eine Mythisierung ist, gegen die derzeit angeredet wird. Kinder sind vielleicht kompetenter und selbständiger, als wir ihnen zugestehen, um sie ausgiebig bemuttern, bevatern, kurz: erziehen zu können. »Gerade weil die Grenzen dessen, was man einmal als ›das Kind‹ bezeichnet hat, offenbar fließend geworden sind und weil diese sich nicht mehr traditionell definieren lassen durch den Hinweis auf Unmündigkeit, Unreife und Sorgebedürftigkeit, bedarf es des Nachdenkens darüber, ob das Konzept ›Kind‹ noch trägt. Dazu muß man sehr viel über die Geschichte der Kindheit wissen.« (Lenzen 1994, S. 341) Offenbar entscheiden kulturelle Übereinkünfte darüber, was wir als »Kinder« zu sehen haben.

Das gleiche gilt für die »Kindheit«. Damit ist die verfaßte Lebensform gemeint, in der Kinder aufwachsen. Die »Kindheit« eines Dorfkindes mag sich noch heute in gewissen Zügen von der Kindheit unterscheiden, die für Kinder gilt, die in urbanen Räumen aufwachsen; ganz gewiß aber unterscheidet sich ein mittelalterliches Bauernkind von einem Kind, das heute auf dem Lande wohnt und dessen Vater (noch) Ackerbau und Viehzucht betreibt. Wenn wir in diesem Sinne von »Kindheit« sprechen, meinen wir also etwas anderes, als wenn Personen in der Erzählung ihres Lebens von ihrer »Kindheit« sprechen. Es geht vielmehr um die allgemeinen Rahmenbedingungen, die »Kindheit« jeweils konstituieren und, indem sie sich verändern, auch zur Veränderung von »Kindheit« beitragen.

Wenn dies so ist, dann können wir über »Kind« und »Kindheit« nicht als über gegebene (und sich in den Konstellationen der Binnenelemente verändernde) Tatsachen sprechen, wie wir das Datum der Geburt eines Kindes, den Todestag eines Schriftstellers, einen wichtigen Friedensschluß oder den Termin einer Eheschließung als »fixiertes Datum« dokumentarisch nachprüfen und darum exakt angeben können. Die Konstrukthaftigkeit von »Kind« und »Kindheit« führt es vielmehr mit sich, daß wir mit einer Art Erfindungen umgehen, die zwar eine empirische Basis haben, aber insgesamt und insbesondere in ihrer Einschätzung und Deutung alltagssprachliche oder wissenschaftliche Überbauten bleiben.

Dies ist gegenwärtig zu halten, wenn wir »Kind« und »Kindheit« als Produkte sozialen Wandels, eingebettet in die Geschichtlichkeit menschlichen Lebens, betrachten. Im ersten Kapitel hat die Gegenüberstellung der Thesen und der ihnen zugrunde liegenden Annahmen von deMause (psychogenetische Theorie) und Ariés (sozialgeschichtliche Dokumentenauswertung) bereits gezeigt, daß die *Auswahl* vorliegender Dokumente sowie ihre *Anordnung* in *hergestellten Bezüglichkeiten* zu ganz unterschiedlichen *Deutungen* führen können. DeMause zeichnet mit aller Vorsicht ein Bild, das den sozialen Wandel, jedenfalls in Hinsicht auf Interessen des kleinen Kindes, als Fortschritt interpretieren läßt. Kindesmord, einst eine übliche Art, Kinder beiseite zu schaffen, wenn sie lästig wurden, ist heute generell und fast überall unter Strafe gestellt; das Verstehen von Kindern, ja das Unterstützen ihres Aufwachsens, dominieren heute unsere Konzepte von »Kind« und »Kindheit«. Ariés sieht das Entstehen des modernen Schulsystems und der Kleinfamilie eher als Verlust des öffentlichen Raums und der Chance für Kinder, von frühem Alter ab nicht nur an Eltern gebunden zu sein, sondern an eine Vielzahl von Personen, über die sie nicht nur vielfältige Lebensräume erfahren, sondern damit auch von Anfang an teilhaben an den Chancen und Abenteuern des Erwachsenseins, und vor allem: Sie sind in ihrem affektiven Schicksal nicht allein abhängig von den Eltern, deren Gewalt allein sie unterliegen. Während deMause die Breite sozialen Wandels verkürzt, indem er die Eltern-Kind-Beziehung als alleinigen Motor der Veränderung begreift, ist Ariés' Darstellung schon deswegen einzuschränken, weil sie sich auf eine bestimmte historische Epoche Frankreichs bezieht und inzwischen beispielsweise das von ihm behauptete Fehlen eines Kindheitbegriffs etwa im Mittelalter wohl widerlegt wurde (Borst 1983, S. 311 ff.). So fragt auch Lenz (1994, S. 344): »Was folgt aus der Tatsache, daß, wie Ariés dies beschreibt, bis zur Spätrenaissance Kinder in der Bildenden Kunst als kleine Erwachsene dargestellt wurden? Hatten die Menschen des Mittelalters keinen Begriff davon, was ein Kind ist? Sahen sie nicht, daß fünfjährige anders aussehen als fünfundzwanzigjährige? Oder behandelten sie fünfjährige wie fünfundzwanzigjährige? Oder trugen fünfjährige Töchter und Söhne von Adeligen nur deshalb dieselben Kleider wie ihre dargestellten Eltern, um sie als die Kinder dieser Eltern auszuweisen?«

Auch S. Freud, der den Menschen als umfassend »sexuelles« Wesen verstand und Kinder als »polymorph-pervers« klassifizierte, oder Piaget, der mit seiner »Entwicklungslogik« Stufen kognitiver Ausdifferenzierung annahm und damit das Sozialisationsparadigma in den

Gegenwartsdiskurs beförderte, sind Konstrukteure eines Kinder- und Kindheitsbildes, das hinterfragt werden kann und auch wird. Der Wandel von Kindern und Kindheit ist also immer auch ein Wandel der Konstrukte, mit denen wir auf diese beiden »Gegenstände der Betrachtung« blicken. Das Interesse einer bestimmten Wissenschaftsdisziplin kann hier sehr schnell zu Verschiebungen und neuen Sichtweisen führen. So hielt die Soziologin Helga Zeiher auf dem 27. Kongreß der Deutschen Gesellschaft für Soziologie (April 1995) in der von ihr gegründeten Arbeitsgruppe »Soziologie der Kindheit« ein programmatisches Einführungsreferat »Die Entdeckung der Kindheit in der Soziologie« (dazu: Zinnecker 1996, S. 32 ff.). Sie verstand eine Soziologie der Kindheit als Gegenentwurf zur vorgängigen Sozialisationsforschung, die vorwiegend von der Pädagogik und der Psychologie getragen wird, und sie resümiert: »Soziologie hatte lange Zeit nur die Erwachsenen im Blick (...). So wurde Kindheit (...) der Erziehungswissenschaft und der Psychologie überlassen, die die Schutz-, Vorbereitungs- und Sozialisationsphase für Kinder eingerichtet und normiert haben (...). Im Vortrag wird gezeigt, wie Soziologie in jüngster Zeit schrittweise dazu gelangt, Kindheit als eine gesellschaftliche Lebensform zu behandeln und Kindheit gesellschaftstheoretisch zu fassen. Kindheit wird konzeptuell befreit aus der Vereinnahmung und Formung der anthropologisch bedingten Abhängigkeit der Kinder in einem spezifischen Generationenverhältnis (...).« – Vielleicht ist es tatsächlich so, daß wir vor allem die kleinen Kinder kaum im Blick haben und deshalb nur über ihre Eltern und von diesen bereitgestellte familiäre Umgebungen verstehen. Es gibt in Deutschland wie in den meisten europäischen Ländern in der Regel keine eigenständige Sozialberichterstattung zu den Lebensverhältnissen von kleinen Kindern, während wir durchaus etwas erfahren über jene von Jugendlichen und ihren Familien. Dies liegt daran, daß die amtlichen Statistiken haushaltsbezogen erhoben und ausgewertet werden. Dies hat wiederum zur Folge, daß Kinder dort als Familienmitglieder, aber kaum als eigenständige statistische Zähleinheit aufzufinden sind. Das hat Konsequenzen: Denn damit werden sie »in bestimmter Hinsicht ihres Status der Person beraubt. Kindheit, das Handeln und Leben von Kindern werden unsichtbar gemacht. Kinder sind bisher auch kaum die Zielpopulation von Surveys – verstanden als standardisierte Befragungen mit dem Ziel, Aussagen über eine zugrunde liegende Grundgesamtheit zu machen – sie werden auch kaum in Lebensqualitäts- und Lebenszufriedenheitsumfragen einbezogen. Dies aber wäre die Voraussetzung dafür, daß die spezifische Bedeutung erfaßt werden kann, die bestimmten sozialstrukturellen Faktoren für die Lebensqualität von Kindern zukommt – mitunter abweichend von jener für Erwachsene. Diesem empirischen Mangel entspricht auf theoretischer Ebene das Fehlen einer umfassenden Konzeption eines Systems sozialer Indikatoren, die die Lebensqualität von Kindern beeinflussen.« (Wilk 1996, S. 55 f.) Mangel an Daten (heute ebenso wie zu früheren Zeiten) und Perspektivenwechsel lassen also große Teile von »Kind« und »Kindsein« im Dunkeln. Andererseits ist nicht zu leugnen, daß es eine Fülle von Veröffentlichungen gibt, die sich unter *bestimmten Aspekten* dem Thema »Kinder und Familien« zuwenden und dies nicht dogmatisch oder nur gegenwartsbezogen tun, sondern durchaus mit dem Bestreben, unter Einbeziehung der historischen Perspektive auch möglichen Wandel aufscheinen zu lassen und damit die Bedeutung von Kindheit nicht präskriptiv festzuschreiben. So gibt es Kindheitsgeschichte als Geschichte sozialer Milieus und Klassenzugehörigkeiten (Hardach-Pinke/Hardach 1978; Nitschke 1980). Das Elend der Arbeiterfamilien mit der Folge hoher Säuglingssterblichkeit in der zweiten Hälfte des 19. Jahrhunderts etwa wird hier eindrucksvoll beschrieben (Hardach-Pinke/Hardach, S. 39 ff.). Unter umfassend-kulturgeschichtlichen Aspekten mit besonderer Berücksichtigung von Kleidung und Wohnen, Arbeit und Spiel, hat Ingeborg Weber-Kellermann einen prächtig illustrierten Band »Die Kindheit« (1979) vorgelegt.

Weber-Kellermann läßt viele Autobiographen zu Wort kommen und entwirft, unter Bezug auf und im Gefolge von Ariés, ein farbiges Bild der Kinderkultur seit dem 16./17. Jahrhundert. Auch die Kleinkinder werden berücksichtigt. Das »Hätschelalter« oder »das Wickelkind«, »Säugamme und Ammenkorb«, »Kinderstühlchen, Gehschulen und Haltevorrichtungen« werden ebenso behandelt wie im 19. Jahrhundert »der Matrosenanzug«, »die Kinderstube«, das Schicksal von Arbeiterkindern und Kinderarbeit sowie die Kindheit im Dorf. Die Kindheit nach dem Zweiten Weltkrieg wird beispielsweise in »Berliner Kinderspielen« vorgestellt. So viel Material, so viele Möglichkeiten, es anzuordnen. Der tatsächliche soziale Wandel und der Wandel der

Konstrukte, die ihn beschreiben, gehen stets Hand in Hand. Führt dies zu der Aussage, daß der soziale Wandel uns letztlich vor allem eins lehrt: Die Relativität aller festgestellten Tatbestände? Dann läge es an jedem einzelnen festzulegen, was er von Kindern hält und denen, die mit ihnen umgehen.

Kinder im Horizont von Macht und Schutz

Dem ist nicht so. Trotz unterschiedlicher Einschätzungen über Chancen, Reichweiten, Dauer und Profilierung von Kindheit bleibt eins über alle Zeiten, gleichsam als konstitutive Grundlage, unverändert: Kindheit bezeichnet eine spezifische Phase kindlichen Aufwachsens, in der Reifungs- und Entwicklungsprozesse grundlegend sind. Gerade Kleinkinder bedürfen des Schutzes, sonst würden sie umkommen. Dieser Schutz bezieht sich, wie wir freilich heute wissen, nicht nur auf die körperliche Pflege, sondern auch auf emotionale Zuwendung, soziale Ermunterung, kognitive Stimulation. Auch, wenn wir das Ideal der Gleichberechtigung aller Menschen, also auch der Kinder, als Ziel postulieren, bleibt zunächst die Tatsache, daß wir ein (zwar frei gestaltbares) *Generationenverhältnis* vorfinden, dem Kinder stärker unterworfen sind als Erwachsene. Denn diese sind es, die letztlich das Aufwachsen von Kindern bestimmen, welche Erziehungs- und Bildungsmaßnahmen sie auch immer für geeignet halten. Zur *Schutzbedürftigkeit,* vor allem der kleinen Kinder, kommt also ihre *Unterwerfung* unter die *Machtbefugnisse der Erwachsenen*. Demnach ist, vor allem in Hinsicht auf frühe Kindheit, festzuhalten, daß Kinder in einem umfassenden Sinn als Nesthocker in den ersten Jahren *abhängig* davon sind, wie Erwachsene ihre Beziehung zu ihnen definieren und realisieren. Dies bedeutet: Wenn wir über Kinder und Kindheit reden, müssen wir stets auch über uns reden, die wir »Kind« und »Kindheit« konstruieren.

Dies voraussetzend, soll im folgenden aus der Fülle der Daten und Beobachtungen zum sozialen Wandel nur ein Aspekt herausgegriffen werden: der Wandel der Familie, in der kleine Kinder leben. Wir werden sehen, daß der Familienbegriff heute nicht mehr ausreicht, um ihre Lebensverhältnisse angemessen zu beschreiben. Diese Wandlungsprozesse sollen nicht gewertet, aber ins Licht gerückt werden, damit wir – zumindest im Blickfeld des kindlichen Nahbereichs – eine ungefähre Vorstellung davon gewinnen können, wie Kinder *heute* aufwachsen – unter der Einsicht, daß gerade »heute« kein zeitlich unbeweglicher Raum ist, sondern eine Sphäre sozialen Wandels von erheblicher Beschleunigung und Intensität im Vergleich zu früheren Epochen.

Sozialer Wandel im Familienkomplex

1. Das allmähliche Verschwinden des Mythos »Mütterlichkeit«

Die Etablierung der bürgerlichen Familie und die Durchsetzung des Leitbilds der bürgerlichen Familie, wonach der Mann außerhalb des Hauses arbeitet und die Frau innerhalb des Hauses für die Ordnung des häuslichen Organismus und die Kinderaufzucht sorgt, ist eine Kernvorstellung, die noch heute die Familienbilder bestimmt. Vor der Etablierung der bürgerlichen Familie war in den sozialen Oberschichten, etwa beim Adel, die Versorgung und Beaufsichtigung der Kinder Sache der Ammen oder weiblicher Bediensteter, und auch später, in den neu entstehenden Familien urbanen Bürgertums, waren es nur selten die Mütter selbst, die sich um ihre Kinder kümmerten, weil sie mit Warenproduktion, Warenverkauf und der Haushaltsführung beschäftigt waren, so daß sie das Sich-Kümmern um die kleinen Kinder häufig Verwandten, Schwestern, Mägden und anderen Personen überließen. Erst im Laufe des 19. Jahrhunderts wurde die Kinderversorgung dann zum Hauptgeschäft der Mutter, eine Art »Luxusexistenz« (Opitz 1992, S. 145) in der Beschränkung auf eine einzige Aufgabe, die vorher kaum vorstellbar war. Indem die Frau allmählich von der Produktionsarbeit entlastet wurde, reduzierte sie ihren Aufgabenbereich auf den der Gattin, Mutter und Hausfrau. Dies hatte die Verhäuslichung der verheirateten bürgerlichen Frau zur Folge, die wiederum mit einer Intimisierung und Intensivierung der Ehebeziehung einherging. Vor allem die Eltern-Kind-Beziehung wurde immer stärker emotionalisiert und moralisiert; noch heute bekommt heftigen Tadel zu spüren, wer sich (als Frau) nicht hinreichend um seine kleinen Kinder zu kümmern scheint. Die Dissoziation von Familienleben und Erwerbsarbeit, von Privatsphäre (der Frau und der Familie) und öffentlichem Auftritt (des Mannes im Beruf) wird zu einer bis heute vorherrschenden polaren Geschlechterphilosophie, wonach die Binnen- und Außenrollen streng geschlechtsspezifisch getrennt sind. Selbst als die Frauenbewegung mehr Rechte einforderte, etwa im Bildungsbereich und im Bereich der schulischen Abschlüsse, rechtfertigten die bürgerlichen Frauen der Bewegung diese Forderung, indem sie eine »geistige Mütterlichkeit« beschworen, um so das Wesen der Frau nicht insgesamt zu verraten. Erst die deutsche Frauenforschung hat in der Folge der neuen Frauenbewegung nach dem Zweiten Weltkrieg, vor allem seit den 70er Jahren, die überkommenen Weiblichkeits- und Mütterlichkeitskonstruktionen kritisch unter die Lupe genommen. Die Reduktion der Frauen auf wenige »weibliche Eigenschaften« wird nun ebenso kritisiert wie die Einschränkung der weiblichen Kompetenz auf familiäre Betätigungsfelder außerhalb von Erwerbsleben, Öffentlichkeit und Wissenschaft (vgl. Drerup 1997, S. 91 ff.). Die nur auf Kinder bezogene »Fürsorglichkeit« wird nun zunächst auf »soziale Berufe« ausgedehnt, und gleichzeitig beginnt eine Diskussion, wie weit die Frauen ebenso wie die Männer für *alle* Berufe zuständig sein könnten – ohne freilich ihnen und ihrer Familie die Chance grundsätzlich zu nehmen, auch Mütter sein zu können. Denn nun gibt es nicht nur Interessendifferenzen zwischen Frauen und Männern, sondern auch von Frauen untereinander: Die »Karrierefrauen« müssen auf Kinder verzichten, um sich im Beruf zu emanzipieren, während Mütter immer wieder auf ihren Beruf verzichten müssen, um die häuslichen Aufgaben nicht zu vernachlässigen.

Indem diese Spannungen und Diskrepanzen offenbar werden und in die öffentliche Diskussion geraten sind, hat sich ein ganz erheblicher sozialer Wandel in den Auffassungen der biographischen Bedeutung von »Mütterlichkeit« für Frauen ergeben. Dieser besteht darin, daß Frauen keineswegs heute »schlechtere Mütter« sein wollen oder müssen, sehr wohl aber ihr Selbstkonzept um andere, nicht an die Familie und den Binnenraum des Hauses gebundene, Eigenschaften erweitern, die, ob man sie geschlechtsspezifisch bindet oder geschlechtsunspezifisch generalisiert, doch die Dominanz des Mütterlichkeitsmythos mit seiner unbefragten Glorifizierung in Frage stellen.

2. Neue Leitbilder und Funktionenverschiebung

Die bürgerlichen Leitbilder von Ehe und Familie werden über das Konzept des »Funktionswandels« der Familie neu diskutiert und dabei verschoben. Tiefeninterviews beispielsweise zeigen, daß Männer und Frauen, die in Familien oder familienähnlichen nicht-ehelichen Lebensgemeinschaften leben, ganz bestimmte Familienbilder haben, die in der Regel hinauslaufen auf »das traditionelle Idyll der um den Tisch versammelten Familie, den Topos der ›Gemütlichkeit‹ und ›Geborgenheit‹, wie es biedermeierliche Holzschnitte vom damaligen Familienleben schildern« ; es herrscht ein archetypisches Familienbild vor, wie eine der befragten Frauen es folgendermaßen schildert:»Wenn am Abend alle heimkommen, dann freue ich mich richtig, wenn wir beim Essen alle beieinandersitzen, wir sind eine große Familie, wir gehören alle zusammen, wir sind alle da. Und tagsüber, da geht mir etwas ab.« (Zitiert bei: Wahl 1997, S. 103) – Trotz der Beharrlichkeit solcher Szenerien, die bildlich manifest werden und auch in Fernsehfilmen und -serien immer wieder auftauchen, wandeln sich die Familien- und Lebensformen, betrachten wir sie in Hinsicht auf ihre gesellschaftlichen Funktionen, doch erheblich. Die Regulation der sexuellen Beziehungen ist ebensowenig mehr an die Familie gebunden wie die Erzeugung des gesellschaftlichen Nachwuchses (Kinder); bei der Sozialisation der Kinder greift der Staat über das Schulsystem erheblich ein, wie er sich um die rechtliche Zuweisung von Erbschaften kümmert; bei der Plazierung der Kinder im Bildungs- und späteren Berufssystem sind nicht nur die Eltern, sondern mit ihnen die gesellschaftliche Ordnung tätig; dies gilt auch für Gesundheitsprävention und Freizeitorganisation. Nur die sozial-emotionale Versorgung bleibt, meist unbestritten, im Fokus der Familie. Eine Familienkritik, die sich vor allem den psychodynamischen Binnenprozessen zuwendet, betrachtet inzwischen, jenseits funktionalistischer Einordnung, Familien als Neurosenfabrik, Untertanenfabrik, als pathogenes System usw. (Haensch 1969).

Mit solchen Verschiebungen stellen sich neue Fragen der Verteilungsgerechtigkeit:

– Inwieweit sollen Familien staatlich und rechtlich gegenüber anderen privaten Lebensformen bevorzugt und gefördert werden?

- Sollen bestimmte Familientypen besonders bevorzugt oder auch hintangestellt werden?
- Sollen Funktionen von Familien dann subventioniert werden, wenn diese in anderen sozialen Institutionen erfüllt werden?
- Können Familien heute noch Fragen der Verteilungsgerechtigkeit im Verhältnis der Generationen untereinander sichern?

Solche bis ins praktische Leben hineinreichenden Fragen und Offenheiten schieben sich schnell vor die traditionellen Familien-Leitbilder, die dann leicht ideologischen Charakter gewinnen. So falsch es ist zu behaupten, die Familie sei nicht mehr der Ort, an dem vor allem die Aufzucht und Beschützung kleiner Kinder am besten und häufigsten vorgenommen wird, so bemerkenswert sind doch die Bruchstellen, die auf Dauer nicht nur die propagierten Familienleitbilder beschädigt werden, sondern in der Frage nach Familienfunktionen die Sichtweise auf andere Optionen öffnen können.

3. Bedeutungsverlust der Ehe

Die Ehe ist heute nicht mehr die »einzig legitime Form einer auf Dauer gestellten Mann-Frau-Beziehung, noch der einzig legitime Ort gemeinsamer Sexualität. Es läßt sich eine deutliche Abkehr von der Ehe konstatieren, und die Ehen haben auch einen massiven Bedeutungsverlust hinnehmen müssen.« (Lenz 1997, S. 188) Auch diejenigen, die heiraten, schieben die Eheschließung immer länger auf. Seit Mitte der 70er Jahre ist in ganz Deutschland das durchschnittliche Heiratsalter lediger Frauen und Männer angestiegen; es handelt sich um eine Verschiebung nach hinten um etwa vier Jahre. Dabei findet sich die Tendenz zur späteren Heirat (Anfang der 90er Jahre: ostdeutsche Frauen im Schnitt mit 25,1 Jahren, ostdeutsche Männer mit 27,1 Jahren; westdeutsche Frauen mit 26,9 Jahren, westdeutsche Männer mit 29,3 Jahren) als ausgeprägter Trend vor allen Dingen in den besser gebildeten Bevölkerungsteilen. Dem Anstieg des Heiratsalters entspricht der Rückgang der Heiratsneigung. Anfang der 60er Jahre lag die Heiratswahrscheinlichkeit für einen 18jährigen Mann bei 96%, bei einer 16jährigen Frau bei 95%, so daß die Ehe eine kulturelle Selbstverständlichkeit zu sein schien. Inzwischen hat die Heiratsneigung (1992) einen Tiefstand erreicht: »Die zusammengefaßte Erstheiratsziffer, die angibt, wieviele Eheschließende auf hundert Personen entfallen, hatte in diesem Jahr für die Frauen und Männer in den neuen Bundesländern jeweils einen Wert von 29. Sie lag dabei deutlich unter den Werten in den alten Bundesländern (Frauen 64, Männer 57). Dies würde bedeuten, daß bei Fortdauer dieser Heiratsneigung über 70% der Bevölkerung unverheiratet bleiben würden.« (Ebd., S. 189) Auch wenn die extrem niedrige Heiratsneigung (1992) eine vorübergehende Krisenerscheinung sein könnte und seit 1993 die Heiraten in Ostdeutschland wieder ansteigen, nähern wir uns nach Einschätzung von Charlotte Höhn (1989, S. 199) in Europa einer Situation, »bei der mehr als 20% der Frauen und mehr als 25% der Männer zeitlebens unverheiratet bleiben«.

Gehen wir von den Zahlen auf die Ebene der *Motive*, können wir parallel dazu und vielleicht begründend feststellen: Heute folgt aus Liebe nicht mehr »bindend und motivational zwingend Heirat/Ehe« (Tyrell 1988, S. 155). Vielmehr stehen für ein Paar heute unterschiedliche Beziehungsformen zur Verfügung, in denen das sexuelle Erlebnis »fest eingeschrieben und ein gemeinsamer Alltag in einer variablen Dichte erlangbar ist. Wer liebt, muß noch lange nicht auch heiraten.« (Lenz 1997, S. 189) Auch wenn eine Heirat geplant ist, wird heute lange gewartet mit der Entscheidung, ob aus Liebe die sie tragende Form der Ehe werden sollte. Bemerkenswert ist: Die westdeutschen Paare machen den Schritt zum Standesamt derzeit vielfach erst dann, *wenn ein Kind erwartet oder gewünscht* wird. Dies bedeutet, daß überwiegend dann geheiratet wird, wenn ein Kind die Zweierkonstellation verändern wird. Diese »kindorientierte Eheschließung« (Nave-Herz 1989) führt dazu, daß nicht mehr, wie traditionell üblich, über die Eheschließung Kinder legitimiert werden, sondern umgekehrt: Kinder legitimieren heute die Ehe.

Freilich wird nicht nur geheiratet, wenn ein Kind erwartet wird. Nach anderen Untersuchungen (ebd., S. 190f.) kann nur bei etwas mehr als der Hälfte der Eheschließungen von einer kindzentrierten Heirat gesprochen werden; es gibt eine Fülle anderer Motivmuster: Heirat als kulturelle Selbstverständlichkeit; als rationales Kalkül

(Nutzen-Kosten-Abwägung); als spontane Entscheidung; als ambivalente Entscheidung, die nicht mit Nachdruck getragen wird.

Solange die Geburt eines Kindes für die Eheschließung maßgeblich ist, bleibt anzunehmen, daß das Kind auch dann Mittelpunkt der Ehe bleibt, daß sich nun möglicherweise sogar die Energien der (neuen) Ehepartner verstärkt auf das Kind richten. Dies bedeutet freilich nicht, daß Kinder, die außerhalb von Ehen geboren werden, vernachlässigt werden müßten; dafür gibt es keinerlei Hinweise, im Gegenteil (s. u.). Aber wenn der soziale Wandel dahin führt, daß die Vater- und Mutterrolle nicht mehr über die Ehe sanktioniert werden, dann hat das auch Folgen für kleine Kinder, die in neuen sozialen Konstellationen aufwachsen. Welche dies sind, können wir freilich derzeit noch nicht bestimmen – die Nähe und Dichte des sozialen Wandels erlaubt hier schwer einen Überblick.

4. Außereheliche Geburten angestiegen

Zusammenhängend mit der weniger verbindlichen Auffassung von Ehe finden auch Geburten zunehmend außerhalb gestifteter Ehen statt. Mitte der 70er Jahre war in der DDR bereits jede dritte Geburt nichtehelich. Nach der Wende erhöhte sich dieser Anteil weiter und lag 1993 bei 41% aller Geborenen. Auch in Westdeutschland sind die nichtehelichen Geburten angestiegen, jedoch weniger stark: Hier waren 12% aller Geborenen im Jahr 1993 nichtehelich. Nach fachlichen Einschätzungen »kommen in den neuen Bundesländern mittlerweile 60% aller Erstgeborenen nichtehelich auf die Welt, in den alten Bundesländern etwa 20%. Im Osten Deutschlands werden schon seit Jahren mehr nichteheliche erste Kinder geboren als eheliche.« (Ebd., S. 192) Dies schließt nicht aus, daß nichteheliche Familien zu einem späteren Zeitpunkt in eine eheliche Familie überführt werden. Aber die Elterndyaden sind offenbar auch aufgrund mangelnder staatlich-eindeutiger Bevorzugung nicht immer stabil. Ein Drittel der nichtehelich geborenen Kinder erhält im Osten durch die spätere Heirat der Mutter einen Stiefvater. An diesen Entwicklungen zeigt sich im übrigen (wie auch sonst), daß nicht nur private Wertorientierungen oder Leitbilder Entscheidungen in die eine oder andere Richtung begünstigen. Der starke

Anstieg der Nichtehelichen-Quote in der DDR war beispielsweise die Folge einer bewußten Nutzung von Vergünstigungen, die der Staat ledigen Müttern zukommen ließ. Damit wurde jedoch ein Familiengründungsmuster in die gesellschaftliche Praxis gehoben, das offensichtlich Bestand hat. Auch hier wissen wir nicht genau, was es für Kinder bedeutet, wenn sie Eltern haben, die nicht über eine Ehebindung formale Verläßlichkeit institutionalisiert haben. Die Beobachtung, daß die spätere Heirat der Mutter oft zu einem Verlust des Liebespartners führt, mit dem auch das Kind gezeugt wurde, und dieses dann einen Stiefvater erhält, gibt einen Hinweis darauf, daß Kinder vor allem in Hinsicht auf ihre Väter – abgesehen davon, daß diese ohnehin häufig abwesend sind – unterschiedliche Männlichkeitsmuster erleben könnten, sofern sie den leiblichen Vater noch in der vorehelichen Erziehung gekannt haben.

5. Alleinerziehende

Zu dieser wachsenden Gruppe gehören Frauen *und* Männer, wenngleich richtig ist, daß das Alleinleben mit Kindern in der Regel eine Lebensform von Frauen ist, »unabhängig davon, ob sie subjektiv gewollt oder objektiv erzwungen ist« (Stiehler, S. 201). Nach Zahlen des Statistischen Bundesamts Wiesbaden (1994) sind unter den Alleinerziehenden 87% Frauen und 13% Männer. Die objektive Zahl der Alleinerziehenden ist schwer auszumachen, da bei der Erhebung beispielsweise alleinerziehende ledige Väter manchmal falsch rubriziert sind, weil sie in nicht-ehelichen Lebensgemeinschaften leben. Wenn keine Altersbegrenzungen enthalten sind, könnte auch eine 80jährige Frau mit ihrer 50jährigen Tochter, die in einem Haushalt leben, als »alleinerziehend« geführt werden. Eine Untersuchung des Deutschen Jugendinstituts in München (durchgeführt 1988/89), repräsentativ für Westdeutschland, ermittelte unter zehntausend befragten Teilnehmern 12.687 Kinder.

Ergebnisse der Untersuchung zeigten, »daß Kinder mehrheitlich unter betont familienzentrierten Bedingungen aufwachsen und daß mehr als 85% aller minderjährigen Kinder in sogenannten normalen Verhältnissen leben, d.h., die Eltern sind miteinander verheiratet, das

Kind ist ein leibliches Kind der Eltern, die mit ihm eine Haushaltsgemeinschaft bilden. Wenn ein leibliches Elternteil fehlt, überwiegen die mehrfachen Eigenschaften, die entstehen, wenn ein Elternteil eine neue, auf Dauer angelegte Partnerschaft eingeht.« (Ebd., S. 202f.) Wieder zeigt sich, daß die Entscheidung, ein Kind allein zu erziehen, auch von staatlichen Maßnahmen der Förderung oder Nichtförderung abhängt. So war Frauenpolitik in der ehemaligen DDR zu einem großen Teil Frauen*arbeits*politik. Berufstätigkeit bzw. Nichterwerbstätigkeit der Frau und die sozialpolitische Unterstützung, die alleinlebenden Frauen und Männer und ihren Kindern gewährt bzw. versagt wird, entscheidet mit über diese Lebensform.

Von der Sicherung oder Gefährdung ökonomischer Existenzsicherung hängt auch die psychische Stabilität der Alleinerziehenden ab. Nach Statistiken und Beobachtungen sind Alleinerziehende zu einer »Problemgruppe der Armut« geworden (Hanesch 1994). Wieweit Alleinerziehende mit ihrer Situation fertig werden, hängt zudem ab von der Dauer des Alleinlebens; der Art und Weise, wie sie die Trennung von ihrem Partner verarbeiten können; von Zahl, Alter und Geschlecht der Kinder; von der Frage, inwieweit sie ihre Lebensgestaltung frei wählen konnten; von der Orientierung an der Geschlechtsrolle; von allgemeinen Normalitätsvorstellungen und der Ursache der Einelternschaft (ebd., S. 207). Niepel resümiert (1994, S. 108): »Wenn die Lebensgrundlage der neuen Familie gesichert ist und der Alltag organisatorisch bewältigt wird, sind die Voraussetzungen für eine Umorientierung der Alleinerziehenden gegeben.« Der Umkehrschluß ist jedoch offensichtlich nicht zulässig: Eine ökonomische Absicherung, eine weit zurückliegende, verarbeitete Trennung und auch ein Gelingen der Alltagsbewältigung führen keineswegs zwangsläufig zu einem nichtbeeinträchtigten Wohlbefinden. So problematisch Typenbildungen sind, zeigt doch die von Schöningh u. a. durchgeführte Untersuchung (1991), daß die Umorientierung auf Alleinerziehen ganz unterschiedlich gelingen kann. Typ I repräsentiert die *gelungene* Neuorientierung. Es handelt sich um Alleinerziehende mit Freude am selbstbestimmten Leben, Unabhängigkeit und Eigenständigkeit. Diese Personengruppe ist meist berufstätig, hat die Trennung positiv verarbeitet und ist neuen Partnerschaften gegenüber nicht abgeneigt. – Typ II umfaßt die Personengruppe, die gerade in einer *Umorientierungsphase* steht. Dazu gehören vor allem jene, deren Trennung gerade stattgefunden hat und die die eben genannten Probleme für sich beantworten müssen. – Typ III schließlich umfaßt die Personen, bei denen die Neuorientierung *nicht* gelungen ist. Auch wenn nach außen organisatorisch die neue Lebensform funktioniert, gibt es häufig emotionale Probleme. Die Suche nach einem neuen Partner spielt hier eine große Rolle.

Insgesamt kann man sagen, daß Alleinerziehen aufs Ganze gesehen im Zunehmen begriffen ist, oft durch eine schlechte ökonomische Situation bestimmt wird sowie durch die Notwendigkeit, Mutterschaft bzw. Vaterschaft und Berufstätigkeit zu verbinden. Die Alleinverantwortung für das tägliche Leben, der damit verbundene Mangel an Zeit für persönliche Interessen und die damit einhergehenden eingeschränkten Möglichkeiten sozialer Teilhabe und Aktivitäten sind erhebliche Belastungsfaktoren. Dennoch, es gibt auch Chancen des Alleinerziehens. Eine Untersuchung von Anita Heiliger mit dem Titel »Alleinerziehen als Befreiung« (1991) versucht, die positiven Potentiale herauszuarbeiten, vor allem, wenn eine belastende vorherige Partnerbeziehung überstanden ist. Dann entfallen die Auseinandersetzungen mit dem Partner um die gemeinsame Erziehung, aber auch um Geld, Freizeitgestaltung, persönliche Bedürfnisse, das Alltagsmanagement u. a. Insofern vereinfacht sich nun die Lebenssituation, so daß Mütter, die Heiliger befragte, meinen, daß die Beziehung zu ihren Kindern sich verbessert hätte, weil sie sich nun intensiver mit Erziehungsfragen beschäftigen und neue Formen der interfamilialen Kommunikation und Rollenverteilung gefunden hätten. Vor allem Frauen können nun ihre Kompetenz voll ausleben, weil sie ihren gesamten Lebenszusammenhang mit dem ihres Kindes allein verantworten können und müssen.

Mit dem Alleinerziehen hängt zusammen, daß die Mutter-Kind- bzw. Vater-Kind-Beziehung neu gestaltet werden kann und nicht nach einem polarisierten Geschlechtsrollenmuster abläuft. Alleinerziehende leben oft in einem reich ausgestalteten Erziehungsgefüge, sind also nicht nur auf den Ehepartner bezogen, und dies gilt dann auch für ihre Kinder. »Nach Einschätzung von Beraterinnen leben Alleinerziehende spontaner als Ehepaarfamilien, weniger nach festen Regeln, z.B. auch schon im Tagesablauf, und das macht sie auch durchlässiger und offener für den Kontakt mit anderen Menschen. Nach eigenen Beobachtungen und Begegnungen in Sachsen fällt in den Selbsthilfeinitiativen Alleinerziehender auf, daß Gruppen zustande kommen aus dem Bedürfnis, sich ein soziales Netz aufzubauen – etwa im Sinne von Wahlverwandtschaften – und um informelle Hilfs- oder Kinderbetreuungsarrangements zu organisieren. Wenn es den kleinen Familien gelingt, räumlich nah beieinander zu wohnen, können ihre Kontakte großfamiliale Qualität annehmen. Sind sie ihrerseits offen für andere Familien- und Lebensformen, z.B. Singles und nichteheliche Lebensgemeinschaften ohne Kinder, hat das die große Chance einer halb öffentlich und halb privaten Lebensführung, wie es sich viele Menschen wünschen.« (Stiehler, S. 210f.) Sind diese Hinweise verläßlich, würde Ariés hier eine Chance in der Moderne entdecken, die offeneren Lebensformen vor der Entstehung der bürgerlichen Gesellschaft und ihrer Familialisierung wiederzugewinnen; er ist es ja, der den Verlust des öffentlichen Raumes durch den Rückzug ins Private und den damit verbundenen Verlust von Anregungen aus einer vielfältig strukturierten Umwelt für die heranwachsenden Kinder beklagt. Die im 6. Kapitel dieses Buches beschriebene Grundfiguration der Bindung des Kleinkindes an Mutter und Vater wird jedenfalls hier nicht derart erfüllt, daß es die Bindung an eine einzige männliche und weibliche Person sein müsse, in der auch die kleinen Kinder aufwachsen. Es wäre wichtig, künftig zu beobachten, wie dieses Aufwachsen in offeneren Konstellationen sich gerade auf Kleinkinder auswirkt, denen man (mit guten Gründen) nachsagt, daß sie wegen ihrer Schutzbedürftigkeit in stabilen Verhältnissen aufwachsen sollten. Immerhin, wenn die soziale und ökonomische Situation von Alleinerziehenden und ihrer Kinder verbessert wird, dann kann sich auch hier ein optimistisches Lebensgefühl in Folge einer positiven Alltagsbewältigung ausbreiten – mit der Folge, daß die Variationsmöglichkeiten frühen Aufwachsens größer werden als bisher.

6. Familie und Beruf

Eine volle Erwerbstätigkeit beider Ehepartner wird von einer wachsenden Zahl von befragten Personen sowohl in den neuen wie in den alten Bundesländern befürwortet. 94% im Osten, 78% im Westen sprechen sich für die volle Erwerbstätigkeit beider Partner aus. Freilich ist dies mit einer Bedingung verbunden: solange keine Kinder im Haushalt leben (Keiser 1997, S. 246f.).

Wenn Kinder unter drei Jahren im Haushalt leben, ergeben sich andere Präferenzen. Im Osten sprechen sich dann nur noch 9% für eine volle Erwerbstätigkeit beider Partner aus, während diese Alternative im Westen praktisch nicht gilt. »In den alten Bundesländern dominiert für die Kleinkindphase eindeutig noch das Hausfrauen-Modell (62%). Mit zunehmendem Alter der Kinder wird auch die Erwerbsbeteiligung der Frau wieder stärker gewählt. Dabei fällt auf, daß die Orientierung auf Müttererwerbstätigkeit in den neuen Bundesländern wesentlich stärker ist als in den alten Bundesländern, wo das Hausfrauen-Modell noch von ca. einem Drittel bevorzugt wird, solange (nunmehr) schulpflichtige Kinder im Haushalt leben. Die stärkste Präferenz erfährt in beiden Teilen Deutschlands ab dem Kindergartenalter der Kinder die Teilzeitbeschäftigung der Frau, wobei zugleich auch andere Teilzeitmodelle an Bedeutung gewinnen.« (Ebd., S. 247)

In den neuen Bundesländern weiter, in den alten Bundesländern nachfolgend findet sich insgesamt jedoch eine deutliche Tendenz, beiden Ehepartnern die gleichen Chancen auf Berufstätigkeit zuzusprechen. *Gerade für das Kleinkindalter wird diese Chance jedoch für Frauen eingeschränkt.* Abgesehen von alleinerziehenden Müttern, für die die Beteiligung am Erwerb für den Haushalt eine ökonomische Notwendigkeit darstellt, orientieren sich Frauen mit kleinen Kindern nicht so sehr an finanziellen Aspekten, sondern sie haben intrinsische Motive: Neben der Sicherung des Lebensunterhalts oder der Aufbesserung des Familieneinkommens wollen sie vor allem Kontakte zu anderen Menschen haben, um eigene Fähigkeiten besser zu entfalten, etwas Nützliches leisten, Interesse und Freude am Beruf empfinden sowie eine Abwechslung zur Monotonie häuslicher Arbeit und häuslichen Lebens haben (ebd., S. 248). Insgesamt setzt sich noch heute das Mutter-Modell durch, wenn es in der Familie mit kleinen Kindern um die Berufstätigkeit der Frau geht. Wer nicht der Überzeugung ist, daß wenigstens für die ersten fünf Lebensjahre die beständige häusliche Anwesenheit der Mutter für ein gedeihliches Aufwachsen der Kinder notwendig ist, muß für sich die Frage beantworten, wie die Berufsoptionen beider Ehepartner auch angesichts kleiner Kinder aufrechterhalten und gleichgestellt werden können. Das verstärkte Abdrängen von Frauen und insbesondere Müttern aus dem Erwerbsbereich (neuerdings verstärkt auch in den neuen Bundesländern) zeigt jedenfalls, daß in Deutschland die »sozialstrukturellen Hindernisse einer Vereinbarkeit von Familie und Erwerbstätigkeit noch stark ausgeprägt sind« (ebd., S. 249). Mehr Teilzeitarbeit für beide Geschlechter, mehr Wiedereingliederungsmaßnahmen, um den Berufseinstieg nach der Familienpause zu erleichtern; bessere Kinderbetreuungsmöglichkeiten und verbesserte Öffnungszeiten der Kindertagesstätten: Dies sind allbekannte Forderungen, die vorgetragen werden, wenn es darum geht, geschlechtsspezifische Ungleichheiten gegenüber dem Beruf aufzuheben. Vielleicht müßte zunehmend eine Umkehr-Überlegung hinzukommen: welchen Verlust nämlich Männer erleiden, die auch, wenn in der Familie kleine Kinder vorhanden sind, weiter uneingeschränkt der Erwerbsarbeit nachgehen und so die Chance verpassen, sich intensiver um ihre Kinder zu kümmern. Wenn es richtig ist, daß insbesondere kleine Kinder Mütter *und* Väter brauchen, müßte hier noch erheblich an den männlichen Mentalitäten gearbeitet werden, nicht nur die Berufs-, sondern auch die Kinderzuwendung als Chance und Lebensbereicherung zu erfahren.

7. Armut als Marginalisierung

Wir leben in einem Wohlfahrtsstaat, und verglichen mit früheren Jahrhunderten besteht generell kein Zweifel daran, daß nach der Beseitigung von Kinderarbeit, nach dem Ausbau einer breiten sozialen Gesetzgebung (der Verbesserung medizinischer Maßnahmen und des gesamten öffentlichen Versorgungssystems) die Lebensbedingungen heutiger Familien im historischen Vergleich sehr gut abschneiden. Gerade darum ist es um so auffälliger (und auch bedenklicher), wenn eine wachsende Zahl von Haushalten unter das soziokulturelle Existenzminimum zu fallen droht: »Die entsprechenden Zahlen verdeutlichen, daß sich das Problem unzureichender finanzieller Ressourcen in den letzten zwanzig Jahren drastisch verschärft hat, insbesondere für Kinder: Zwischen 1970 und heute hat sich die Zahl der Sozialhilfeempfänger mehr als verdoppelt, wobei der Anteil der Sozialhilfeempfänger an der Gesamtbevölkerung von 2,5% auf 5,8% im Jahr 1991 (nur alte Bundesländer) gestiegen ist. (...). Kinder und Jugendliche sind mit 8,9% deutlich überproportional betroffen.« (Walper 1997, S. 268) Das Armutsrisiko betrifft zunehmend kleinere Kinder. Zu Beginn der 70er Jahre war es für Kinder unter sieben Jahren nur halb so groß wie das der über 65jährigen, während 1990 der Anteil von Sozialhilfeempfängern bei Kindern *unter* sieben Jahren um ein Dreifaches den Anteil der Sozialhilfeempfänger unter den Senioren überstieg. Gerade Kleinkinder leben unter einem wachsenden Armutsrisiko, das Einschränkungen bei ihrer ärztlichen, sozialen und emotionalen Versorgung zur Folge hat. Als arm gilt in der Regel, wer über weniger als 50% des durchschnittlichen (nach Bedarf gewichteten) Pro-Kopf-Einkommens verfügt (die Armutsschwelle lag beispielsweise 1992 in Deutschland bei DM 806,– pro Person).

Neben der relativen Unterversorgung, der Einschränkung des Lern- und Erfahrungsspielraums, der Kontakt- und Kooperationsmöglichkeiten, der Spielräume für Generationen spielen *Obdachlosigkeit* und *Arbeitslosigkeit* beider Eltern eine verstärkende Rolle beim Herstellen sozialer Armut.

Wie die Armut sich auf Kinder auswirkt, hängt nach zahlreichen Befunden vor allem von den Reaktionen der *Eltern* ab (ebd., S. 273 ff.). Dazu gehört zunächst, daß Eltern mit Armut fertigwerden können. Wenn sich die finanzielle Lage der Familie verschlechtert, sind das Ausmaß der Lohnersatzzahlungen (Arbeitslosengeld oder -hilfe) und möglicherweise auch zusätzliche Einnahmequellen der Familie ein entscheidender Faktor, wie mit Armut umgegangen wird. Die Familie muß darüber hinaus mit dem Verlust einer mit dem Beruf verbundenen anerkannten sozialen Stellung fertigwerden. Objektive Ressourcenverluste und damit verbundene soziale Deklassierung *marginalisieren* Familien, die von diesen Faktoren betroffen sind, und damit ihre Kinder. Zwar verändert sich die Zeitstruktur des Familienlebens dahingehend, daß der arbeitslose Elternteil nun mehr Zeit zur Verfügung hat. Dies wird aber in der Regel nicht als Chance wahrgenommen, nun mehr für die Kinder zu tun, sondern als *Entzug von Lebensqualität.* Der zwangsweise zu Hause weilende Elternteil hat es in der

Regel nicht gelernt, die Zuwendung zu kleinen Kindern als sinnvollen Tätigkeitsbereich zu entdecken; er wird in der Regel eher Depression, Streß und Aggressionen in der Familie verbreiten. Zwar steht auch eine vielleicht bisher rigide Rollenverteilung in der Familie zur Disposition, wenn der arbeitslose Vater seine Verdienerfunktion einbüßt, aber auch hier erfolgt in der Regel weniger ein Umdenken und Neujustieren der eigenen Tätigkeitsmöglichkeiten als vielmehr der (oft erfolglose) Versuch, den männlichen Status außerhalb der Familie aufrechtzuerhalten. Aufgrund der knappen Ressourcen werden Kinder häufig von beiden Elternteilen als Belastung empfunden, sofern sie nicht nach altem Muster ein längerfristiges Planungsverhalten an den Tag legen und die Kinder als Mitverdiener einplanen. Dies führt dann dazu, daß die Bildungslaufbahnen der Kinder abgekürzt werden, damit sie möglichst früh Geld in den familialen Haushalt tragen. Solche kurzfristigen Lösungen verfestigen langfristig eher die Risikolagen, über Generationen hinweg.

Nach dem interaktionistischen Modell reagieren Eltern in solchen Problemsituationen nicht nur aufgrund äußerer Faktoren (Arbeitslosigkeit), sondern auch aufgrund des *Verhaltens ihrer Kinder*. So spielen offenbar bei dem Risiko, zur Zielscheibe elterlicher Belastungsreaktion zu werden, Verhaltensmerkmale der Kinder eine erhebliche Rolle (Elder u. a. 1986). Die Attraktivität der Kinder scheint ebenso wichtig zu sein wie die Tatsache, daß Kinder, die eine frühe Neigung zu problematischem Verhalten an den Tag legen (Zornausbrüche, gesteigerte Irritierbarkeit, negatives Gesamtverhalten), vor allem bei den Vätern ein inkonsistent-strafendes Verhalten provozieren, während dies eher ausgeglichene Kinder nicht tun. Alle Daten und Beobachtungen zeigen also, daß Kinder in besonderem Maße von Armut und sozialer Deprivation betroffen sind und emotional wie sozial unter den Folgen von Armut zu leiden haben. Die Prognosen sind uneindeutig. Derzeit sieht es so aus, als wäre eine steigende Gruppe der Bevölkerung nicht nur von kurzfristiger, sondern von dauerhafter Armut betroffen. Ganz offenbar kommen Familien unterhalb der Armutsgrenze an Belastungsgrenzen, die sie aus den familialen Normalitätsstandards ausgrenzen. Um so wichtiger wäre ein funktionierender Nachbarschaftskontext, ein Freundeskreis für Kinder auch *außerhalb* der Familie, informelle Betreuungsmaßnahmen, mehr

Horte und Kindergartenplätze: alles notwendige kompensatorische Maßnahmen, da die Familie allein mit den psychischen und psychosozialen Folgen ihrer Armut nicht fertigwerden kann.

8. Zur Geschichte sozialen Wandels

Lösen wir den Blick von den relativ detailliert dargestellten sozialen Lagen von Familien innerhalb des *sozialen Wandels* der Moderne, betrachten wir sie also eher in einer allgemeinen Überschau am Ausgang des zweiten Jahrtausends, müssen wir eine komplizierte Sachlage diagnostizieren. Einerseits leben nämlich immer mehr Menschen größere Abschnitte ihres Lebens nicht in Familien, und das Wachstum von Single-Haushalten (auch wenn wir von älteren Jugendlichen und alten Menschen absehen, die schon immer nicht in Familienformen lebten) deutet darauf hin, »daß die Vielzahl alternativer Lebensweisen und heutzutage in größerer Selbstbestimmung und Freiwilligkeit als früher gewählter biographischer Optionen ständig wächst« (Lucke 1995, S. 13). Hinzu kommt, daß in unserer Gesellschaft zu keiner Zeit und in keiner Generation zuvor so wenig Kinder geboren wurden wie jetzt. Andererseits gibt es kein Anzeichen, daß die Familie nicht weiterhin die zentrale Stabilisierungseinheit für die Beziehungsregelungen unter Menschen darstellt und das Aufwachsen von Kindern und Jugendlichen nicht in starkem Maße bestimmt. So gilt auch: Zu keiner Zeit

- » wurde sich soviel und so intensiv um Kinder gekümmert,
- wurde soviel an Dienstleistungen, Geld und Besitz auf die nachfolgende Generation transferiert,
- wurden sowenig Kinder vernachlässigt (oder gar: von ihren Eltern ausgesetzt oder getötet),
- war der Gesundheits- und Ernährungszustand von Kindern so gut,
- war die Kindersterblichkeit so gering,
- kamen sowenig Kinder im Straßenverkehr ums Leben,
- waren Selbsttötungen im Kindes- und Jugendalter so selten und
- haben soviele Kinder solange mit beiden leiblichen Eltern zusammengelebt« (Nauck 1995, S. 28).

Insgesamt haben sich auch Kinder mit ihren Eltern noch nie so gut verstanden wie heute. Hinzu kommt: Die »normative Verpflichtung der Eltern auf ihre Kinder hat an Akzeptanz ein zu keiner früheren Epoche bekanntes Ausmaß an Verbreitung gewonnen (...). Erklärungsbedürftig ist also primär nicht die Existenz der Pluralisierung von Lebensformen insgesamt, sondern vielmehr, warum der Verbindlichkeitsgrad der Verpflichtung von Eltern auf ihre Kinder nicht ab-, sondern zugenommen hat.« (Ebd., S. 29)

Eine wichtige Erklärung für die zentrale Bedeutung der Familie trotz alternativer Lebensformen im sozialen Wandel ist meiner Meinung nach die *Entwicklung der Lebensarbeitszeit*. Vergleichen wir beispielsweise die Geburtsjahrgänge 1895 und 1970, hat sich der Beginn der Erwerbstätigkeit vom Alter von 15½ Jahren auf 19 Jahre verschoben; die Erwerbslebensdauer in Arbeitsjahren ist gleichzeitig von 48 auf 39 Arbeitsjahre abgesunken; die durchschnittliche Jahresarbeitszeit wurde von 2.303 Stunden auf 1.402 Stunden dezimiert; die gesamte Lebensarbeitszeit ist von 101.544 auf 54.678 Arbeitsstunden abgesunken, während gleichzeitig die durchschnittliche Lebenserwartung von 657.000 Stunden auf 692.040 Stunden angestiegen ist. Der Anteil der Arbeitszeit an der Lebenszeit ist von 16,8% auf 7,9% gesunken (Teriet 1997, S. 9). Es zeigen sich sowohl kumulierte Arbeitszeitverkürzungseffekte als auch erhebliche Ausweitungen sowohl bei den Ausbildungszeiten als auch bei der Ruhestandsphase mit zusätzlich insgesamt steigender statistischer Lebenserwartung. Während die Dominanz der Erwerbsarbeit für die Konstruktion der Biographie im Bewußtsein vieler ungebrochen ist, nimmt der Anteil der Erwerbsarbeit an der Gesamtlebenszeit ebenso wie an der innerhalb der Arbeitsphase gelebten Zeit kontinuierlich ab. Wir haben also erhebliche Zeiträume gewonnen, die nicht an die Arbeitszeit im traditionellen Sinne gebunden sind. Kein Zweifel, daß diese Zeitquanten zwar nicht ausschließlich der Familie zugute kommen, aber eben auch ihr. Wenn es richtig ist, daß Menschen Zeit nicht leer durchleben, sondern mit Sinn, Affekten und Kommunikationsbedürfnissen anfüllen (sofern ihr Wohlbefinden dies zuläßt), dann hat die Familie hier insofern an Gewicht hinzugewonnen. Aber sie ist es nicht allein, wie wir wissen. Kinder und Jugendliche verbringen wachsende Anteile ihrer Zeit in immer früheren Lebensjahren auch außer Haus und damit außerhalb der Familie, in ihren Gleichaltrigengruppen, den sogenannten Peers. Dies bedeutet, daß die Familien einerseits mehr Zeit für ihre internen Interaktionen gewonnen haben, andererseits Tendenzen zu beobachten sind, daß die Eltern (s. die vorangehenden Punkte), aber auch ihre Kinder, zu früheren Zeiten als bisher Beziehungen aufnehmen, die nicht allein durch das Familienmuster bestimmt sind. Sollte dieser soziale Wandel anhalten, führt auch dies nicht zu einer »Gefährdung« der Familie, wohl aber zu der Frage, wie Kinder aufwachsen, die in einer Zeit der beschriebenen sozialen Umschichtungen geboren werden.

Fazit

Die hier herausgehobenen Faktoren sozialen Wandels, bezogen auf die Familie, lassen sich prognostisch schwerlich zuverlässig deuten. Man könnte sagen: Sozialer Wandel ist allen modernen Gesellschaften derart eigentümlich, daß er permanent stattfindet und insofern zur Normalität gehört. Er müßte dann kein besonderes Thema der Betrachtung werden. Tatsächlich, sehen wir auf die letzten drei- bis vierhundert Jahre des bürgerlichen Familienmodells, hat es sich einerseits erstaunlich stabil gehalten, obwohl sich im Laufe der Jahrhunderte von den Mentalitäten bis zur gesellschaftlichen Ordnung vielerlei geändert hat und insofern der Vergleich einer Familie aus dem 19. Jahrhundert mit einer modernen Familie nur dann sinnvoll wäre, wenn wir auf *Differenzen* abheben möchten, nicht aber auf *Gemeinsamkeiten*. Hinzu kommt, daß nach der hier aufgestellten Maxime gerade die ersten fünf Lebensjahre insofern eine besondere Qualität besitzen, weil hier nicht nur viel für das weitere Leben entschieden wird, sondern vor allem eine Konfiguration besteht, die dem Wandel der Zeiten relativ stabil widersteht. Die Schutzbedürftigkeit und Förderungswürdigkeit kleiner Kinder, ihre Ohnmacht gegenüber den Erwachsenen und ihr grundlegendes Angewiesensein auf Hilfe hat sich nicht verändert.

Gerade darum muß sehr genau darauf geachtet werden, unter welchen Bedingungen das Aufwachsen von kleinen Kindern von der Geburt bis zur Einschulung erfolgt. Dies ist deshalb wichtig, weil, wie wir gesehen haben, es sich hier um ein äußerst sensibles Miteinander von »Eltern« und ihren kleinen Kindern handelt, das schnell störbar und irritierbar ist. Die Leidtragenden sind dann in stärkerem Maße als die

Eltern die schutz- und wehrlosen kleinen Kinder. Wir könnten also formulieren: Gerade *weil* die Grundkonstellation einer grundlegenden Schutz- und Erziehungsbedürftigkeit in den frühen Lebensjahren unabhängig von Kindheitskonstrukten gegeben ist, können die auf den ersten Blick eher »außenliegenden« Faktoren sozialen Wandels dieses Grundverhältnis durchaus betreffen (beeinträchtigen, erschüttern, möglicherweise auch fördern, stärken, verbessern). Der soziale Wandel dringt bis in die kleinsten Ritzen familialer Ordnungen, und er erreicht die Kinder, je kleiner sie sind, um so unmittelbarer. Wenn also, makroanalytisch betrachtet, die Lebensbedingungen von Kindern um die künftige Jahrtausendwende – jedenfalls in unseren Lebensbreiten – eindeutig besser geworden sind im historischen Vergleich, sind sie, mikroanalytisch betrachtet, doch stets gefährdet und auch jetzt, gestellt in den Umraum sozialen Wandels, trotz grundlegender Stabilität in Werthaltungsmustern, Grundüberzeugungen und erprobten und allseitig legitimierten Erziehungspraktiken höchst *störanfällig*. Gerade die Veränderung von *Beziehungsmodalitäten* zwingt uns dazu, bei der Betrachtung von Entwicklung im Kleinkindalter und des in diesem Zusammenhang wichtigen Bindungsverhaltens nicht nur auf allgemeine Gesetzlichkeiten zu sehen, sondern die sozial wandelbaren realen Nah-Kontexte stets zu bedenken, in denen kleine Kinder ihr Leben entfalten oder verlieren können.

4. Theorien und Entwicklungsschritte

Während das vorangehende Kapitel sich den Fragen sozialen Wandels zugewandt hat, ändern die folgenden ihre Blickrichtung und stellen (statt der Soziologie) nun einen anderen Zugang zu den Bedingungen des Aufwachsens kleiner Kinder in den Vordergrund: die *entwicklungspsychologisch* orientierte Kinderforschung.

Die Frage der *Entwicklung* stellt sich – trotz der eben vorgebrachten Einwände und Einschränkungen – deswegen gleichsam unvermeidlich und damit zwingend, weil kleine Kinder *vor*, aber vor allem *nach* ihrer Geburt nicht nur eine Vielzahl von *Veränderungen* erfahren, sondern diese Veränderungen sich auch bis ins Alter fortsetzen, so daß sich die Frage stellt, wie diese eigentlich zustande kommen. Warum, beispielsweise, werden Kinder größer, nehmen an Umfang und Gewicht zu, können zunächst nicht sprechen, lernen dies aber bald, wechseln vom Liegen und Getragenwerden übers Krabbeln zum Laufen usw. Eine Fülle von ständigen Veränderungen findet statt, die wir »Entwicklung« nennen. Hinzu kommt die Beobachtung, daß sich die Kinder offenbar, je älter sie werden, desto *unterschiedlicher* »entwickeln«. So zeigen manche im Kindergarten ein stark aggressives Verhalten, während andere eher friedlich sind oder in Konfliktsituationen den Rückzug wählen. Es gibt »lebhafte« Kinder, »besonders neugierige« Kinder – eine große Varianz, die es ermöglicht, trotz vielleicht gemeinsamer Entwicklungslinien ein jedes Kind vom anderen zu unterscheiden, also eine eindeutige Unverwechselbarkeit zu erzeugen. Die Einmaligkeit kindlichen Lebens geht aber nicht so weit, daß nicht bestimmte Umweltbedingungen Verhaltensweisen erzeugen oder erzwingen, die für Kinder zur Weltorientierung und zum Überleben in ihrem typisierenden Soziotop wichtig sind. Eskimokinder hausen wegen der Kälte neun Jahre mit anderen Menschen in einem kleinen Iglu und müssen darum ihre Temperamentsäußerungen und Aggressionsneigungen zügeln, wenn sie mit den anderen Bewohnern des Iglus friedlich und vertraut überleben wollen; Kinder in großen Metropolen hingegen müssen sich früh, kommen sie auf die Straße, gegen Angriffe Gleichaltriger wehren und lernen so, Bedrohungen mit (berechtigtem) Zorn und ebenfalls aggressivem Verhalten abzuwehren (vgl. Mussen u. a. 1981, S. 44f.). Entwicklung scheint keiner Automatik zu folgen, sondern sie ist von Umweltbedingungen und -reizen abhängig und erzeugt so eine feststellbare Varianz. Abgesehen davon können doch alle Kinder lernen, mit Sprache umzugehen, sich schrittweise von den Eltern zu lösen, sich selbstbewußt zu behaupten und eigene Entscheidungen über die künftige Lebenslinie zu finden. Ob ihnen dies mehr oder weniger gelingt, hängt ganz offenbar von Voraussetzungen ab, die die Entwicklung beeinflussen und fördern oder beeinträchtigen können.

Die Beantwortung dieser Fragen ist nicht nur von akademisch-wissenschaftlichem Belang; sie erlaubt auch diejenigen Strategien bereitzustellen, die eine möglichst umfassende, positive Entwicklung des Kleinkindes befördern, und solche zu vermeiden, die dies nicht tun. Freilich, wenn wir uns unter den Entwicklungstheorien umsehen, können wir schnell die Übersicht verlieren, so vielfältig sind die entwicklungstheoretischen Grundannahmen, die sich teilweise widersprechen, andererseits auch ergänzen, in jedem Fall im Laufe der Wissenschaftsgeschichte immer weiter ausdifferenziert wurden (zum folgenden: Oerter/Montada 1982, S. 24ff.). Versuchen wir, uns nicht zu verzetteln und einen gewissen Überblick zu behalten, können wir vier unterschiedliche Zugänge zur kindlichen Entwicklung unterscheiden:

Endogenetische Theorien

Diese Theoriegruppe geht davon aus, daß Veränderungen vor allem, wenn nicht sogar ausschließlich, auf *Reifungsprozesse* zurückgeführt werden müssen. Diese sind für den Lebensabschnitt der kleinen Kinder mit ihren wichtigsten Merkmalen, unabhängig von historischem Wandel und über Kulturgrenzen hin, gleich, weil sie eine anlagemäßig programmierte Reifung voraussetzen. Die Umwelt kann allenfalls den jeweiligen Entwicklungsstufen zugeschriebene Eigenschaften unterstützen und fördern. Solche Theorien warnen deshalb vor »Verfrühung«, wenn ein Kind eine bestimmte Reifungsstufe noch nicht erreicht haben sollte, umgekehrt warnen sie vor einer »Retardierung«, wenn ein Kind nicht der vom ihm erreichten Reifestufe gemäß Unterstützung erhält. – Inzwischen wissen wir, daß dieser Theorietyp nur von sehr eingeschränkter Brauchbarkeit ist. Ein Beispiel: In unserer Kultur gehen wir von der Meinung aus, eine bestimmte Leistung, wie das Lesenkönnen, sei nicht vor dem sechsten Lebensjahr möglich; ein »normal« entwickeltes Kind wird demnach vom sechsten Lebensjahr an lesefähig sein, und entsprechend erfolgt dann ja auch die Einschulung. Inzwischen wissen wir, daß bereits Drei- und Vierjährige bei geeigneter Unterstützung durchaus in der Lage sind, das Lesen zu erlernen. Offenbar ist es also nichts als eine kulturelle Übereinkunft, die uns davon ausgehen läßt, Kinder sollten vom sechsten Lebensjahr ab Lesen lernen. Wenn wir freilich das Aufwachsen der Kinder so organisieren und die Lernangebote so auswählen, daß sie tatsächlich erst mit sechs Jahren lesen und schreiben können, dann werden sie dies auch in diesem Alter tun. Zwar gibt es ganz offensichtliche Prozesse, die sich nur mäßig oder gar nicht beschleunigen lassen (etwa motorische Reflexe wie das Umgreifen eines Daumens mit der Hand, aber auch das Krabbeln und Sich-Aufrichten), aber im Ganzen scheinen gerade für kleine Menschenkinder die Umweltbedingungen so entscheidend zu sein, daß bestimmte Reifungsprozesse nur die Voraussetzung für Entwicklung sind, diese aber keineswegs selbst darstellen.

Exogenetische Theorien

Diese gehen nicht von inneren Prozessen (endogen), sondern von äußeren Stimulierungen aus (exogen), die die aktive Umwelt auf eine eher passiv betrachtete Person ausübt. Am deutlichsten wurde diese Überzeugung in der Philosophie des Sensualismus (John Locke oder John St. Mill) vertreten. Nach diesen Autoren ist der Organismus zunächst eine *Tabula rasa*, die erst allmählich, durch Erfahrungen mit der Außenwelt, mit Inhalt angefüllt wird. Dieses Grundmodell findet sich heute in den Konditionierungstheorien von Pawlow bis Skinner. Danach lernt der Mensch, daß »auf ein Signal hin ein bestimmtes Ereignis folgt (Pawlows klassisches Konditionieren), das in einer spezifischen Situation ein bestimmtes Verhalten mit einer angebbaren Wahrscheinlichkeit ein positives oder negatives Ereignis nach sich zieht (Lernen am Erfolg), in einer etwas anderen Situation aber nicht (Unterscheidungslernen) usw.« (ebd., S. 26). Wenn die Umwelteinflüsse derart wichtig sind, dann müssen wir sie so arrangieren, daß sie das kleine Kind veranlassen, bestimmte Reaktionen auf von außen gesetzte *Stimuli* zu zeigen. Der Pawlowsche Hund hat bekanntlich gelernt, nicht nur – wie es »natürlich« ist – Speichel zu entwickeln, wenn der Futternapf in greifbarer Nähe ist, sondern auch dann, wenn ein Klingelzeichen ertönt, das so oft zum Futter gerufen hat, daß der Hund nun auch Speichel absondert, wenn er das Signal hört, ohne daß das reale Futter in greifbarer Nähe stehen muß. Er ist »konditioniert«, zwei Reize miteinander zu verbinden. Schnell könnten wir Beispiele finden, die sich auf Kinder übertragen lassen, etwa: Ein Kind wird in den dunklen Keller geschickt, und dabei wird es durch den Vater, der sich eine schwarze Kappe über den Kopf gezogen hat, erschreckt. Das Kind wird von nun an so »konditioniert« sein, daß es Angst hat, in den Keller zu gehen, ja, daß schon das Wort »Keller« in ihm Unbehagen und das Gefühl einer bestimmten Bedrohung hervorruft. Wichtige Möglichkeiten des Konditionierens sind auch *Lob* und *Strafe*. Wenn wir eine Handlung mit einem Geschenk »belohnen«, wird das Kind lernen, diese als erwünscht zu erfahren und darum gern zu wiederholen, weil damit eine angenehme Folge verbunden ist (ein Geschenk zu bekommen). Umgekehrt wird das Kind Verhaltensweisen fallenlassen oder einzuschränken suchen, die mit Strafe kombiniert werden, weil es das durch die Strafe verhängte Unbehagen mit der Sache, auf die Strafe sich bezieht, verbindet. – Dennoch, auch dieser theoretische Zugang kann grundsätzlich das Entwicklungsphänomen nicht erklären. Zum einen geben diese Theorien gar nicht an, welche Entwicklungsstufen welche Konditionierungen benötigen, im Gegenteil, nach ihnen kann ein Konditionieren unabhängig vom Alter erfolgen. Insofern können Entwicklungspsychologen mit exogenetischen Theorien dieser Art wenig anfangen, da sie nicht nur spezifisch auf Kinder zu beziehen sind. In einem allgemeinen Sinn arbeiten wir jedoch auch heute mit Annahmen, denen exogenetische Theorien zugrunde liegen. So meint die Sozialisationsforschung beispielsweise, daß bestimmte Sozialisationsbedingungen (autoritäre, demokratische oder alles ins

Beliebige stellende Erziehungsstile; Schichtzugehörigkeiten etc.) »Auswirkungen« auf das Aufwachsen von Kindern haben. Tatsächlich scheint in diesem allgemeinen Sinn die Umwelt Entwicklung zu beeinflussen – aber damit verbunden ist keineswegs die stillschweigende Voraussetzung, daß Kindern die von außen gesetzten Erfahrungen sozusagen wie auf einem weißen Blatt »eingeschrieben« werden. Wenn wir nach den Gründen für eine bestimmte Verhaltensreaktion fragen, dann sind diese offenbar vielfältiger. Zum ersten kann der Reiz oder die Situation eine Rolle spielen, die dem gezeigten Verhalten direkt vorausgingen und es provozierten. Sehen wir ein schluchzendes Kind, kann der *unmittelbare* Grund für seinen Kummer ein leichter Klaps wegen einer Lüge sein. Beschränken wir uns auf diese Interpretation, könnte das Weinen tatsächlich Resultat eines Konditionierungsprozesses sein: Das Kind hat durch »leichtes Klapsen« gelernt, daß Lügen diese Konsequenz haben, und es wird wegen dieser nun von ihm selbst erzeugten unangenehmen Folge weinen. Es könnte aber auch einen *lebensbiographisch-historischen Grund* für das Weinen geben, der in der häuslichen Erfahrungsgeschichte des Kindes beschlossen liegt (Mussen u. a. 1981, S. 43). Es weinen ja längst nicht alle Kinder, wenn sie einen »leichten Klaps« von der Mutter bekommen, so daß es andere Faktoren geben muß, die ausgerechnet dieses Kind zum Weinen gebracht haben. Vielleicht weint das Kind, weil es aufgrund früherer Erfahrungen argwöhnt, ihm werde nun die Liebe der Mutter entzogen (das hat es schon öfter beobachtet). Oder es weint, weil die Mutter bisher noch nie in dieser Weise reagiert hat, so daß das Kind die gar nicht so böse gemeinte Reaktion auf eine Unart als herbe Bestrafung erlebt, die für das Kind ungewohnt ist, und ist darum erheblich erschreckt. Das Weinen des Kindes kann aber auch einen *interaktiven* Grund haben. Während der unmittelbare und der historische Grund eher ein unwillkürliches, jedenfalls nicht zielgesteuertes Verhalten zeigen, kann ein Kind, das in kommunikativer Absicht weint, damit die Mitteilung an die Mutter verbinden, daß es leidet; das Weinen soll der Mutter dann signalisieren, sie möge die Bestrafung beenden und wieder tröstliche Zuneigung zeigen; umgekehrt kann die Mutter das Weinen als Erfolg ihrer Erziehungsabsicht, sein Lügen zu mißbilligen, deutlich machen. – Schließlich ist auch eine Erklärung des Weinens möglich, die aus dem *Kulturvergleich* resultiert. Warum weint dieses Kind, während ein anderes, wenn es von der Mutter einen »leichten Klaps« bekommt, spielerisch oder aggressiv »zurückschlägt«; warum läßt sich das Kind überhaupt »klapsen« und duckt sich nicht, wie bei Affenkindern beobachtet, einfach weg, so daß es von der Strafe gar nicht oder schwer erreicht werden kann? Hier zeigt sich, daß das Verhalten des Kindes in dem kulturellen Rahmen verstehbar wird, in dem ein bestimmtes Verhalten an den Tag gelegt wird. Kleine Kinder lernen bei uns früh, daß die Eltern über sie Erziehungsgewalt haben und ein »Zurückklapsen« nicht nur ungehörig wäre, sondern sich die Situation für sie deswegen auch erheblich verschärfen würde. Und sie haben auch gelernt, daß es nicht gewünscht und erlaubt ist, wenn sie bei einer kleinen Lüge ertappt werden, davonzulaufen oder sich wegzuducken. Denn die Strafe wird ja nach unseren Erziehungsvorstellungen als »gerecht« verhängt; kleine Kinder sollen lernen, zu sich und zu dem, was sie getan haben, zu stehen usw.

Zusammengenommen zeigen diese Argumente, daß es nicht angemessen ist, Umwelten als aktuellen Konditionierungszusammenhang zu interpretieren oder als Verursacher *gelernter* Konditionierungen, weil schon kleine Kinder die Zeitlichkeit ihres Lebens bewußt erfahren und kulturell wie individuell unterschiedliche Varianten haben, einer Situation zu begegnen. Sie lassen sich glücklicherweise nicht fehlerfrei derart konditionieren, daß sie auf bestimmte Reaktionen von Erwachsenen auf ihr Verhalten ihrerseits festgelegte Reaktionen vorweisen, die gleichsam das Ergebnis technisch-instrumenteller Wirkungsabsichten sind.

Konstruktivistische Stadientheorien

Diese Theorien sehen den Menschen in einem aktiven Austausch mit seiner Umwelt, auf die er handelnd einwirkt, die er erkennt und interpretiert. Die Umwelt bietet ihm Anregungen und Herausforderungen, die seine Entwicklung beeinflussen, aber nicht mechanisch, sondern immer vermittelt durch die Sicht der Umwelt, die der Mensch auf sie hat. Es ist der Mensch, der durch eigenes Erkennen und eigene Interpretationsleistungen der Umweltverhältnisse seine Lebenswirklichkeit »konstruiert«. Der Mensch braucht eine Umwelt, aber die Umwelt determiniert seine Entwicklung *nicht*, sie wird vielmehr durch den wahrnehmenden Organismus als inneres Modell konstruiert. Piaget betrachtet das Kind auf diese Weise. Für ihn ist die Umwelt wichtig, aber sie bleibt in gewisser Weise passiv, weil sie nur Angebote geben kann. Ob und wie diese Angebote verarbeitet werden, das richtet sich nach dem jeweiligen Entwicklungsstadium, das freilich nicht minutiös und mechanisch festgelegt werden kann. Dies ist schon deswegen nicht möglich, weil es offenbar unterschiedliche Stimulierungen durch unterschiedliche Umwelten gibt und diese die inneren Konstruktionen, die Kinder vornehmen, in wichtiger Weise beeinflussen. Nach Piaget steht im Mittelpunkt der *Erwerb von Operationen*. Und das innere Wachstum von Kindern besteht darin, daß sie Operationen *lernen*. Wichtig ist, daß Operationen als reversibel erkannt werden, weil das Kind erst dadurch intellektuelle Fortschritte macht. Beispiel: Eine Operation besteht in der Einsicht in die Tatsache, daß eine bestimmte Menge Wasser sich nicht ändert, wenn wir sie in einen anders geformten Behälter umfüllen. Wir wissen nämlich: Wenn wir das Wasser in das ursprüngliche Gefäß zurückgießen, können wir den Originalzustand wieder herstellen. Die Operation gestattet es also dem Kind, geistig dahin zurückzukehren, wo es begann, und dadurch erzielt es einen Erkenntnisfortschritt und meint nun nicht mehr, die Flüssigkeit in einem schmalen, hohen Gefäß sei »mehr geworden« beim Umgießen aus einem breiten, flachen Gefäß. Bei Piaget durchläuft das Kind beim Erlernen der verschiedenen Klassen von Operationen bestimmte Stufen. Zentrale Mechanismen, die das Fortschreiten ermöglichen, sind *Assimilation* und *Akkomodation*. Unter *Assimilation* wird das Einfügen eines neuen, bisher unbekannten Objektes oder Gedanken in einen bereits vorhandenen Gedanken oder ein *Schema* verstanden, das dem Kind bereits vertraut ist. Das Kind verfügt in jedem Alter über eine ganze Anzahl von Aktionen oder Operationen, denen nun neue Objekte und neue Ideen assimiliert werden. »Das einjährige Kind hat ein Schema für kleine Gegenstände erworben, zu dem das Schütteln und Beißen solcher Dinge gehört. Bekommt es ein neues Objekt, sagen wir einen Stabmagneten, so reagiert es darauf wie auf alle kleinen Objekte – es schüttelt ihn oder beißt darauf herum. Dieses Anwenden älterer Aktionsschemata auf eine neue Aktion ist Assimilation. Einfach formuliert: Assimilation ist das Anwenden alter Gedanken und Gewohnheiten auf neue Objekte und bedeutet, daß neue Ereignisse als ein Teil bestehender Schemata gesehen werden.« (Mussen u. a., S. 49) Im Gegensatz dazu besteht Akkomodation darin, sich an ein neues Objekt anzupassen, das erlernte Schema abzuändern oder zu erweitern, um sich so auf ein neues Objekt, eine neue Idee einzustellen. »Das Zweijährige, das noch nie mit einem neuen Magneten zu tun gehabt hat, mag ihn anfangs seinen älteren Schemata assimilieren und wie ein vertrautes Spielzeug behandeln. Es schlägt, hämmert, versucht damit Lärm zu machen und wirft ihn herum. Aber sobald es die besondere Eigenschaft des Magneten entdeckt, nämlich daß er Metall anzieht, wird es sich auf diese Eigenschaft einstellen und beginnen, den Magneten an verschiedenen Objekten auszuprobieren, um zu sehen, ob sie an ihm haften.« (Ebd., S. 49)

Das geistige Wachstum bestimmt sich durch das Lösen der Spannung zwischen Assimilation und Akkomodation. Menschliche Wesen werden eben nicht durch ihre Instinkte dirigiert, sondern sie müssen sich ständig neuen Situationen angleichen, um sie auf diese Weise bewältigend verstehen zu können. Noch einmal ein Beispiel: »Wenn der Vater das Kind im Spiel raten läßt: ›In welcher Hand habe ich das Spielzeug?‹, könnte das Kind eine feste Position beziehen und immer wieder auf Vaters rechte Hand tippen, wiewohl er den Gegenstand mal in der einen, mal in der anderen Hand hält. Schließlich akkomodiert sich das Kind dem Problem und begreift die Regel, die der Vater anwendet.« (Ebd., S. 49) Jede Akkomodationsleistung fördert die intellektuelle Entwicklung des Kindes, die in einer *Entwicklungsstufenreihe* besteht. Diese kann nicht umgekehrt werden, und es ist auch nicht möglich, daß ein Kind eine Stufe überspringt, weil es dann wichtige Operationen übergehen würde, die es beherrschen muß, will es sich auf die nächste Stufe hin weiterentwickeln. Die erste Phase wird vor allem bestimmt durch das *sensomotorische Koordinieren* und *Greifen*. Nach etwa fünf Lebensmonaten ist das Kind beispielsweise in der Lage, mit einem visuell gelenkten Greifen zu operieren. In den ersten zwei Lebensmonaten wird das Kind, bringt man einen Gegenstand in sein Sehfeld, diesen zwar anstarren, aber nicht versuchen, nach ihm zu greifen. Mit zweieinhalb Monaten wird das Kind nach dem Gegenstand schlagen, ihn jedoch verfehlen. Mit vier Monaten bringt das Kind die Hand in die Nähe des Objekts und läßt den Blick zwischen

Hand und Objekt wandern, vermindert auf diese Weise allmählich den Abstand zwischen beiden und berührt das Ding dann tatsächlich. Mit fünf Monaten oder etwas später greift das Kind nach dem Gegenstand und bekommt ihn auch zu fassen. Diese Fähigkeit kann genau wie das Laufen oder Stehen, die durchaus Standard-Reifungsphasen durchlaufen, durch das Erleben einer reicher gestalteten Umwelt befördert werden.»Wuchsen Kleinkinder in einer anregungslosen Institution auf, wo sie keine Objekte erhielten, denen sie sich widmen oder nach denen sie langen konnten, so kommen sie verspätet zu visuell gesteuerten Greiferfolgen. Rascher machen Kinder Fortschritte, denen Gelegenheit geboten wird, attraktive Objekte (z. B. Mobiles und andere Dinge, die in seine Reichweite gebracht werden können und die es handhaben kann) zu betrachten und nach ihnen zu greifen. Bei diesen Kindern tritt visuell-motorisches Greifverhalten schon im Alter von vier bis viereinhalb Monaten auf.« (Ebd., S. 173) – Die *präoperationalen* Stadien (etwa anderthalb bis sieben Jahre) setzen voraus, daß das Kind im Besitz von Sprache ist und es die Bedeutungen von Objekten und Ereignissen ebenso manipulieren kann wie tatsächliche Aktionen. Über die Sprache werden Schemata symbolisch: »Das Zweijährige wird einen Stock als eine Kerze behandeln und ausblasen wollen oder einen Holzklotz als ein Auto nehmen und umherbewegen, wobei das Kind ›Fahrgeräusche‹ macht. Dieses Vermögen, Objekte so zu behandeln, als seien sie für andere Dinge als sie ›eigentlich‹ sind symbolisch, ist ein wesentliches Merkmal des präoperationalen Stadiums.« (Ebd., S. 319) Aber noch sind trotz der symbolischen Organisation die Wörter und Vorstellungsbilder etwa eines Dreijährigen nicht notwendig in sicher artikulierten Begriffen und Regeln organisiert. Wenn es beispielsweise übereinstimmende Dinge (rote Bauklötze) in eine Gruppe zusammenstellt, ist dies für Piaget noch nicht ein Beweis für ein begrifflich gesteuertes Klassifizieren. Das präoperationelle Kind vermag es in der Regel nicht, sich Gesichtspunkte eines anderen Kindes oder Erwachsenen anzueignen. Es kann nur eingeschränkt antizipieren, wie ein Objekt vom Standpunkt einer anderen Person her betrachtet aussieht, und es hat Schwierigkeiten und kann oft nicht erkennen, daß eine Szene, die es erblickt, sich in den Augen eines anderen Menschen anders ausnimmt als in den eigenen. Diese egozentrische Perspektive wird erst im Stadium der *konkreten Operationen* (etwa sieben bis zwölf Jahre) überwunden. Ein zentraler Unterschied zwischen dem präoperationellen und dem operationellen Kind ist der, daß ersterem eine *geistige Vorstellung* von einer Handlungsreihe fehlt. Das Fünfjährige kann lernen, von seinem Zuhause ein paar Querstraßen bis zum nächsten Laden zu laufen, aber es kann nicht mit Bleistift und Papier am Tisch sitzen und sich seinen Weg aufzeichnen.« Es kann also die gesamte Aktionssequenz nach Piaget nicht geistig repräsentieren. Es hat noch kein Gesamtbild von dem beschrittenen Weg und damit einen geistigen Plan. Das präoperationelle Kind versteht auch relationale Begriffe wie »heller«, »kleiner«, »schöner« nicht. Es hat auch Schwierigkeiten zu erkennen, daß man Flüssigkeiten und feste Stoffe in eine andere Form bringen kann, ohne daß sich ihr Volumen oder ihre Masse ändern. Ein Beispiel: »Man zeigt einem fünfjährigen Kinde zwei Tonkugeln gleicher Masse und Gestalt. Es erkennt, daß sie beide aus der gleichen Menge Ton bestehen. Dann flacht der Experimentator die eine Tonkugel ab, so daß sie an einen Pfannkuchen erinnert, und fragt das Kind, welches der beiden Objekte mehr Ton enthalte, oder ob die Menge Ton bei beiden Massen gleich sei. Der typische Fünfjährige wird die Kugel und den ›Pfannkuchen‹ als Dinge von ungleicher Substanzmenge betrachten. Zwei Jahre später wird er wahrscheinlich darauf beharren, daß Kugel und ›Pfannkuchen‹ aus der gleichen Menge Ton bestehen, denn ›der Pfannkuchen ist dünner, dafür aber breiter‹. Dies verrät, daß er sich der kompensatorischen Dimension bewußt ist. Er kann auch sagen: ›Ich kann aus dem Pfannkuchen wieder eine Kugel machen.‹« (Ebd., S. 321)

Die Annahme, daß dem kindlichen Verhalten und Denken allgemeine Strukturen zugrunde liegen, die sich im Verlauf der Entwicklung ausdifferenzieren, ist inzwischen strittig. Zwar sind Piagets Annahmen über die stufenweise Entwicklung von Erkenntnis und damit von Operation durch eine Fülle empirischer Untersuchungen überprüft, differenziert und variiert worden. Insgesamt sind damit Einschätzungen entstanden, die sich nicht unmittelbar an Piagets Theorie binden lassen (zum folgenden: Keller 1989, S. 149ff.). Zum einen ist der Säugling kompetenter, als Piaget vermutet hat. So konnten verschiedene Studien entfernungsangepaßtes Greifverhalten nachweisen, bevor es Kindern möglich war, die »von Piaget als Vorbedingung für diese Leistung angesehenen Verhaltensweisen des gezielten Ergreifens von Gegenständen und der eigenständigen Fortbewegung im Raum durchzuführen«. Es gibt offenbar eine direkte Tiefenwahrnehmung, im Widerspruch zu der Annahme Piagets, daß »der Raum« oder »die Tiefe« erst durch die Aktivierung und praktische Koordination von Teilfähigkeiten konstruiert wird. Der Säugling ist auch sehr viel früher fähig, erste Vorstellungen auszubilden, bestimmte Gesten zu imitieren, die Identität von Objekten festzustellen, zeitliche Beziehungen zwischen Bewegungs- und Lautmustern zu erfassen und wahrscheinlich auch zwischen sich selbst und der äußeren Realität zu unterscheiden. Zum andern entwickeln sich zum Teil andere Fähigkeiten, als Piaget angenommen hat. Ein Beispiel: Die Fähigkeit zur internen Repräsentation eines nicht anwesenden Objekts leitet Piaget aus dem Suchverhalten ab, das ein Kind nach dem Verschwinden (Verstecken) eines Objekts ausführt. Er unterscheidet sechs Teilstadien des Suchverhaltens. Bis zum Alter von ca. vier Monaten zeigen Kinder beispielsweise keinerlei Suchverhalten, wenn ein Objekt vor ihren Augen mit einem Tuch verdeckt wird, denn sie haben noch keine Vorstellung von einem permanenten Objekt, und erst ab ca. 18 Monaten (Teilstadium sechs) suchen Kinder ein mit einem Tuch verdecktes Objekt, das in verdecktem Zustand, aber in ihrem Beisein, an einen anderen Ort verschoben wurde, sofort an diesem *zweiten* Ort, weil sie nun eine vollständige, fehlerfreie interne Repräsentation des Objekts entwickelt haben. »Genau in dieser Begründung liegt für Harris (1983) aber ein Problem; denn hier wird der Erfolg in einer komplexen Suchaufgabe mit dem Vorhandensein des Konzepts des ›permanenten Objekts‹ gleichgesetzt, obwohl zur Lösung der Suchaufgabe nach Harris zwei verschiedene Formen von Repräsentation, nämlich die Repräsentation der Identität oder Permanenz eines abwesenden Objekts und die Repräsentation der Orte, an denen man ein verschwundenes Objekt suchen sollte, vorausgesetzt werden müssen. Es gibt inzwischen eine Reihe von Studien, die zeigen, daß die Vorstellung eines identischen oder permanenten Objekts *vor* bzw. *unabhängig* von der Vorstellung der exakten Lokalisierung eines versteckten Objekts vorhanden sein kann.« (Ebd., S. 151) – Drittens gibt es offensichtlich keine einheitlichen streng »stufenweisen« Entwicklungsveränderungen über verschiedenste Inhaltsbereiche hinweg. Es gibt heute Hinweise darauf, daß es allgemeine bereichsübergreifende Entwicklungsstufen in der von Piaget angenommenen Weise nicht gibt und auch die stufenweise Veränderung im Sinne deutlich feststellbarer qualitativer Unterschiede zwischen der präoperationalen und der konkretoperationalen Phase in Frage steht. Die Piagetsche Charakterisierung des präoperationalen Denkens als egozentrisch, wahrnehmungsgebunden und unfähig zur Koordination zwischen Zuständen und Transformation wird inzwischen bezweifelt; es gibt Beispiele, nach denen präoperationale Kinder »durchaus den Standpunkt einer anderen Person berücksichtigen oder den Zusammenhang zwischen kausaler Einwirkung und den bewirkten Effekten genau erfassen und andererseits keineswegs durch Wahrnehmungseindrücke irregeführt werden (...). Zum anderen wird darauf verwiesen, daß den Kindern in der präoperationalen Phase abgesprochene Fähigkeiten keineswegs immer bei konkretoperationalen Kindern nachweisbar sind, da sich die Entwicklung und Vervollkommnung der konkreten Operationen oft über viele Jahre erstreckt.« (Ebd., S. 153) Wir neigen heute dazu, *die präoperationale Phase nicht als unvollkommene Vorstufe für konkrete Operationen aufzufassen, sondern ihr ein eigenes Recht und eine eigene Würde, eine selbständige Sichtweise der Kinder zuzusprechen*, beispielsweise dem Kleinkind im Alter von drei oder vier Jahren (oder noch früher) bereits reflexive Erkenntnisanstrengungen und reflexive Einsichten in Handlungszusammenhänge zuzugestehen. Offenbar spielt hier besonders das *spontane handlungsbegleitende Sprechen* eine wichtige Bedeutung. Indem ein Kind ihm wichtig erscheinende Teilaspekte eines Objekts oder auch seines Handelns durch Kommentierung, Wiederholung, Verneinung, Kontrastierung sprechend begleitet, entdeckt es Unterschiede und Gemeinsamkeiten zwischen verschiedenen Objekten und/oder Tätigkeiten. Wenn das Sprechen eine so wesentliche Strukturierungsfunktion hat, ist die Sprache der zentrale Ort, über den Kinder ihre kognitiven Entwicklungen forcieren (oder auch nicht). Allerdings hat auch Piaget darauf insistiert, daß der sich entwickelnde Mensch nicht von außen motiviert zu werden braucht, seine Erkenntnisinstrumente drängen vielmehr nach Erprobung und Anwendung: »Piaget warnt vor Eingriffen in den Prozeß der Selbstkonstruktion. Der sich entwickelnde Mensch ist aktiv, er erkundet, er strukturiert seine Umwelt, er sucht und verarbeitet Informationen.« (Oerter/Montada 1982, S. 28)

Interaktion zwischen Person und Umwelt

Soziale Interaktion meint die wechselseitige Beeinflussung von einzelnen oder mehreren. Eine soziale Interaktion findet dann statt, wenn sich zwei oder mehr Menschen in ihrem Handeln aufeinander beziehen, unabhängig davon, ob eine Wirkung stattfindet oder beobachtbar ist oder nicht. Theorieansätze dieser Gruppe beschäftigen sich nicht so sehr mit endogenen oder exogenen Faktoren, und sie stellen auch die konstruktivistischen Leistungen nicht in den Mittelpunkt ihrer Betrachtung; vielmehr gehen sie davon aus, daß kindliche Entwicklung und kindliches Wachstum dadurch erfolgen (und entsprechend am besten gefördert werden), daß Eltern sich sehr früh, am besten schon vor der Geburt »interaktionistisch« auf ihre Kinder einstellen. Dies bedeutet, daß Eltern auch dann zu den Kindern sprechen sollten, wenn diese das Gesprochene in grammatischer und semantischer Hinsicht noch gar nicht verstehen können. Sehr wohl aber erreicht sie das Sprechen in *pragmatischer* Hinsicht: Kinder erleben sprechende Eltern als ihnen zugewendet und werden dadurch ermuntert, auch diese Zuwendung zu erwidern (z. B. durch Lächeln oder, wenn sie die Zuwendung als lästig empfinden oder nicht verstehen, auch durch Sichabwenden oder Weinen).

Diese Theorieansätze sind insbesondere in einer *pädagogisch* orientierten Psychologie sehr zentral (vgl. Weidenmann/Krapp 1986, S. 363 ff.). Dies ist aus dem Umstand zu erklären, daß pädagogisches Handeln eben in der Zuwendung zu Kindern besteht und sich über *kommunikative Akte* mit ihnen verwirklicht. Ein Beispiel: »Eine Mutter und ihr vierjähriger Sohn sitzen am Tisch, und die Mutter, ein Journal lesend, verfolgt, wie ihr Bub ein Puzzle zusammensetzt. Er hat offensichtlich Probleme, schaut oft zur Mutter, und diese gibt ihm immer wieder mal einen Hinweis, wie er weiterkommt. Der Bub ist jeweils sichtlich froh um diese Hilfe. Er wird von den Eltern insgesamt als eher unselbständig wahrgenommen. In diesem Beispiel geht eine Mutter beiläufig auf das Spiel des Kindes ein. Das Kind löst durch sein Verhalten mehr oder weniger offen ein helfendes Eingreifen der Mutter aus. Diese wiederum bemerkt, daß ihre Hilfestellung von ihrem Buben durchaus geschätzt wird. Das Kind beeinflußt also die Mutter, und die Mutter beeinflußt das Kind, greift jedenfalls in sein Handeln ein.« (Ebd., S. 363) Indem wir auf diese Weise miteinander handeln, stellen wir unsere »Handlungslinien« aufeinander ein. Diese Versuche können schon das kleine Kind in der Weise fördern, daß es die Zuwendung der Mutter nicht nur durch entsprechende eigene Zuwendung *erwidert*, sondern diese Zuwendung auch als Ausdruck von Zugeneigtsein oder Liebe *versteht*. Obwohl die Mutter ein erwachsener Mensch ist und eine andere Sicht auf das Kind hat als das Kind auf die Mutter, haben beide eine Gemeinsamkeit, die sich in gegenseitiger Zuwendung ausdrückt und »ich habe dich lieb« oder »ich habe Interesse an dir« meint. Diese *Generalisierung* zwar nicht identischer, aber vergleichbarer Handlungsmuster (hier: Gesten der Zuwendung) führen dazu, daß das Kind emotional, später auch sozial die Position der Mutter versteht, ebenso, wie die Mutter dies gegenüber dem Kind tut. Gelingt eine Interaktion nicht (das Kind wendet sich der Mutter zu, diese wendet sich jedoch ab), wird dies verstanden als *mißlingende* Kommunikation, die das Kind auf sich selbst zurückwirft, auf diese Weise vereinzelt, vielleicht sogar vereinsamt und zutiefst enttäuscht. Findet diese Abwendung immer wieder statt, wird das Kind kommunikativen Akten mißtrauen, sie selbst nur noch eingeschränkt anwenden (wenn es nicht die Kraft findet, andere Kommunikationen mit anderen Menschen aufzubauen), und es wird auf diese Weise in seiner Entwicklung erheblich behindert.

Zusammenschau: Kontinuität und Plastizität

Entwicklungstheoretische Annahmen können sehr unterschiedlich sein, wie sich gezeigt hat. Dennoch neigen wir neuerdings immer stärker dazu – wenn wir nicht das Vertreten und Entwickeln einer bestimmten Theorie mit unserer wissenschaftlichen Existenz verbinden –, die unterschiedlichen theoretischen Zugänge *integrativ* und *aufeinander bezogen* zu betrachten, sie also in einem Ergänzungsverhältnis zu sehen, das das Konzept der Entwicklung *multiperspektivisch* zu erschließen erlaubt. So ist nicht zu bestreiten, daß es bestimmte Reifungsprozesse gibt, die dazu beitragen, den Säugling vom Kleinkind in bestimmten (mehr oder weniger entwickelten) Fähigkeiten zu unterscheiden, die das Kind gleichsam aus sich herauswirft, wenn es nicht behindert wird. Ohne Zweifel gibt es Umweltfaktoren, die das Aufwachsen von Kindern beeinflussen, wenn auch nicht determinieren. Es besteht auch kein Zweifel darüber, daß Kinder sich in allmählicher Abfolge ihre eigene Welt und die objektive Welt durch *Konstruktionen* über sie erschließen und in der Wechselbeziehung von Assimilation und Akkomodation schließlich Wirklichkeitskonstruktionen leisten, die in unserer Welt funktionieren. Schließlich ist nicht zu leugnen, daß die Interaktionen zwischen Erziehenden und Kindern, aber auch Kindern untereinander (die die Erwachsenen beobachten) und Erwachsenen untereinander (die die Kinder beobachten) eine entscheidende Basis dafür sind, wie Kinder in die soziale Welt eingelassen werden mit dem Ziel, über soziales Handeln auch ihre kognitiven Strukturen zu entwickeln.

Allen Entwicklungsvorstellungen liegt dabei die der *Kontinuität* zugrunde, die der *Diskontinuität* entgegengesetzt wird. Diskontinuität betont Veränderung und Wechsel, etwa einen signifikanten Anstieg in der Entwicklungsrate einer Variablen wie das plötzliche Auftreten von Drei-Wort-Sätzen bei einem Kind. Trotz solcher Ereignisse können wir Entwicklung als eine Reihe miteinander zusammenhängender Veränderungen betrachten, die sich im zeitlichen Kontinuum eines individuellen Lebenslaufs zuordnen (so schon Thomae 1959, S. 10). Es handelt sich also bei Entwicklung um eine Reihe von Veränderungen, die miteinander zusammenhängen. Freilich darf Kontinuität nicht im Sinne eines vorhersagbaren Musters von Zusammenhängen oder kausalen Beziehungen zwischen Ereignissen oder Erfahrungen während einer frühen Entwicklungsphase und einem zu definierenden psychologischen Ergebnis auf einer späteren Altersstufe verstanden werden (dazu: Keller 1989, S. 172). Zwar ist es wahrscheinlich, daß beispielsweise das Bindungspotential, das im ersten Lebensjahr »ausschließlich auf die Eltern ausgerichtet ist«, mit zunehmendem Alter auf mehrere Personen verteilt wird; es gibt auch Untersuchungen, die einen Zusammenhang zwischen frühen Sozialisationserfahrungen in Heimen mit dem späteren Beziehungs-Wahlverhalten verbinden: Heimfrauen »tendieren in hohem Maße dazu, einen Lebenspartner zu wählen, der seinerseits erhebliche Probleme aufwies (Drogen, Kriminalität), meist auf dem Hintergrund einer eigenen Heimkindheit. Aus dieser unglücklichen Partnerwahl resultiert eine hohe eheliche Unzufriedenheit, die ihrerseits wieder prädikativ war für die Qualität des Elternverhaltens.« (Ebd., S. 172) Trotzdem kann nicht behauptet werden, daß tatsächlich Erfahrungen in der frühen Kindheit sich derart »kontinuieren«, daß sich bestimmte Verhaltensvorhersagen machen lassen. Kontinuität in der Entwicklung wird in diesem Sinne als Regelmäßigkeit von Entwicklungsmustern oder Veränderungen verstanden. Aber: Es ist entschieden leichter, *retrospektiv*, also in der Rückschau, beispielsweise bei der Untersuchung der Lebenslinie psychotischer Erwachsener, zu finden, daß diese mehrheitlich auch schon als Kinder zu abnormem Verhalten neigten. Sehr viel schwieriger ist die *Prospektion*, also der Versuch, umgekehrt aus bestimmten Entwicklungen ein späteres Verhalten vorherzusagen. Dies wäre nur möglich, wenn die endogenetische oder die exogenetische Theorielinie allein richtig wäre, nach der (aus verschiedenen Gründen) menschliches Verhalten in der Entwicklung entweder als innerer Ablauf oder als determinierende Umweltbeeinflussung festgelegt worden wäre. Wenn aber gleichzeitig gilt, daß bereits Kinder ihre Wirklichkeit aktiv konstruieren bis zur Entwicklung reflexiver Muster und die Art und Weise von Interaktionen als dynamische Prozesse zwischen einzelnen und Gruppen wichtige Integrationsmuster in die reale Welt entwickeln helfen, dann müssen wir von einer hochgradigen *Plastizität* ausgehen, die in jede Form von Kontinuität eingelagert ist. Es gibt zwar Entwicklungen über die Lebensspanne, wie sie auch der psychoanalytischen Annahme zugrunde liegt, »wonach die Qualität der frühen Mutter-Kind-Beziehung über die Qualität späterer Beziehungen im Leben einer Person entscheidet«. Mütter »von sicher gebundenen Kindern« identifizieren sich »im Vergleich zu unsicher gebundenen Kindern ... mit ihren eigenen Müttern positiv« und erleben diese »gleichzeitig als stark, unterstützend und emotional verfügbar. Andere Studien kommen zu ähnlichen Ergebnissen und heben die Kontinuität in der Qualität innerfamilialer Beziehungen über mehrere Generationen hinweg hervor.« (Voss 1989, S. 218). Aber auch diese Aussagen über Kontinuität und Stabilität von Beziehungsmustern beruhen zumeist auf retrospektiven Berichten. Gerade pädagogisches Denken und Handeln ist darauf gerichtet, menschliches Leben und die in es eingebundene Entwicklung nicht als »Schicksal« bei sich stehenzulassen, sondern durch Prävention und Intervention auch in der Entwicklung angelegte Strukturen, wenn sie mißlingen, soweit es nur geht zu beeinflussen und verbessernd zu korrigieren. Inzwischen wissen wir auch aus (bisher wenigen) Longitudinalstudien, daß, pädagogisch herbeigeführt oder durch neue Lebenskonstellationen, sogar Brüche mit sozialisatorischen Vorerfahrungen häufig sind. Schüchterne Kinder werden durch ein sie bestärkendes Ereignis plötzlich selbstsicher; momentane Erfahrungen ebenso wie persönlicher Wille oder pädagogische Unterstützung bieten ein reiches Arsenal von immer neuen Lebensvarianten an, die die entwicklungslogisch angenommene Kontinuität als »*plastisch*« verstehbar machen. Diese Einsicht ist fundamental, wenn wir Entwicklungsschritte und Entwicklungsdimensionen betrachten: Diese sind mehr oder weniger determinierende Regelhaftigkeiten, ein *Angebot zu leben*.

Entwicklungsschritt 1: Die pränatale Phase

Das Leben eines Kindes beginnt nicht mit der Geburt, die »nur« eine, allerdings entscheidende, Transformation darstellt; man könnte auch mit guten Gründen behaupten, seine wichtigsten Elemente hätten schon vor dem Empfangen des Kindes durch die Vereinigung von Ei und Samenzelle im Leib der Mutter begonnen. Spermien des Mannes und Eizellen der Frau bestanden ja bereits vor ihrer Vereinigung und waren in ihrem eigenen zellulären Environment lebendig. Der »Lebensfunke«, aus dem die Existenz des Kindes geschlagen wird, ist keineswegs plötzlich da; selbst in den getrennten Spermien und Eizellen sind schon drei Milliarden Jahre menschlicher Entwicklung konzentriert und aufbewahrt. Der biochemische Stammbaum eines Kindes wurde Stück für Stück im Verlaufe von Milliarden Jahren ins Wachstum berufen und repräsentiert das Resultat allmählicher Tansformation des Lebens in die menschliche Form, die heute am ehesten geeignet ist zu überleben. Die Vitalstruktur jedes Individuums ist also tatsächlich eingelagert in eine Kette von Molekülen, die in der Lage sind, chemische Reaktionen mit der Umgebung auszutauschen, angeregt von der Energie der Sonne, und die Rest-Instinkte, die wir aus der Evolution bewahrt haben, bestimmten Reaktionen und Prozessen bei der Bildung des Fötus zuzuordnen, die interindividuell vergleichbar bleiben.

Die individuelle Unterschiedenheit, die das Kind von anderen unterscheidbar macht, ist freilich das Resultat der Vereinigung von Ei und Spermien in einem ganz bestimmten Leib unter Beteiligung eines anderen ganz bestimmten Leibes, der Persönlichkeitsträgern gehört, die wir in der Regel »Vater« und »Mutter« nennen. Aus dieser Vereinigung entsteht in allmählichem Wachstum das Individuum, das uns nach der Geburt als Säugling und Kleinkind entgegentritt, diesem Alter aber entwächst und später nach der Pubertät die Möglichkeit hat, selbst wieder nicht nur den Kreislauf des Lebens zu vertreten, sondern ihn weiterzugeben und zu verlängern.

Inzwischen sind wir ziemlich sicher, daß »Erfahrungen, die die künftige Entwicklung beeinflussen können, bereits im intrauterinen Leben zu lokalisieren« sind (Sollai 1989, S. 371). Beispielsweise ist offenbar die Fähigkeit, auf sensorische Stimuli zu reagieren, beim Fötus sehr früh entwickelt und setzt etwa im vierten bis fünften Schwangerschaftsmonat ein. So gibt es Stimulation, »die über plazentaren Austausch das vegetative Leben sowie die Reifung des fötalen Organismus direkt beeinflußt. Die glaubwürdigste fötale Reaktion auf diese Stimulation besteht in einer Art progressiver Anpassung mit dem Ziel der Homöostase. In der Tat kann ein hohes Angst- oder Streß-Niveau sowie die Ablehnung der Schwangerschaft durch die Mutter Entwicklungsveränderungen bewirken (vielleicht als Folge der Ausgleichsversuche), die in kritischen Fällen den Verlauf der Schwangerschaft beeinträchtigen können.« (Ebd., S. 377) Auch die zerebrale Reifung wird durch interne und externe Stimulationen (auditive Stimulierungen, Eigenbewegungen etc.) beeinflußt – bis zur Stimulation, die von den biologischen Rhythmen der Mutter ausgeht und auch die Entwicklung fötaler Rhythmen zu beeinflussen scheint. Wir wissen heute, daß der Fötus nicht einfach nur »passiv« reagiert, sondern selbst in einer Art interaktivem Austausch mit der Umwelt, sprich vor allem: von den Abläufen im Leib der Mutter (und den Beeinflussungen, die diese Abläufe von außen tangieren können) abhängig ist. Es gibt also offenbar komplexe Mutter-Kind-Interaktionen, die die alte Entgegensetzung von »angeboren« und »erworben« als einen Prozeß der Hin- und Her-Bewegung mit Tendenzen der Integration verstehen läßt. Besonders in den Mittelpunkt der Betrachtung gerückt sind dabei die besonderen Formen vorgeburtlichen Schlafes. Wir nehmen heute an, daß die neurophysiologischen Prozesse, die progressiv zur Stabilisierung aktiven Schlafes sowie zur Entwicklung eines ruhigen Schlafes führen, immer komplexer werden.«

Der Austausch von Informationen über die Synchronisation von rhythmischen Prozessen und gegenseitige Beeinflussungen (die z.B. durch die Stimulation vestibulärer Rezeptoren, die entweder durch die von den Herzschlägen hervorgerufenen Erschütterungen während der ersten Monate oder durch die verschiedenen Bewegungen, die der Fötus im Fruchtwasser ausführt, angeregt werden) führt zu einer früheren Reifung.

Diese ist ihrerseits abhängig vom Außen-System der Mutter, ihrer lebensweltlichen Einbindung ebenso wie ihrer biographischen Struktur und ihrem Alltagsablauf, in dem die Mutter ihre Leiblichkeit reguliert. Wir wissen heute zweifelsfrei, daß Streß der Mutter (vgl. Nissen, 1991, S. 26f.), vor allem durch Medikamente (ebd., S. 40ff.) und eine Fülle außeruteriner Einflüsse, die Entwicklung von Reflexen, Motorik, Sensorik, des REM-Schlafs, ja des Gedächtnisses negativ beeinflussen, wie umgekehrt eine biologisch ausgewogene Rhythmik auch des äußeren Lebens positive Resultate zeigt.

So gibt es ganz offenbar »pathoplastische Engramme« (Nissen, S. 10), die beispielsweise dazu führen, daß Mütter, die in der Nähe von Flugplätzen wohnen, Kinder gebären, die später besonders nervös sind und viel schreien. Kinder bringen also eine »intrauterine Vergangenheit« mit sich in die äußere Welt, in die sie hineingeboren werden. Welche Prozesse in der Zeit nach der Konzeption ablaufen, wie sich die biologischen Merkmale (Größe, Gewicht, Organentwicklungen) auf der einen Seite, physiologische und Verhaltensmerkmale auf der anderen Seite allmählich entwickeln und ausdifferenzieren, zeigt die Abbildung auf S. 114ff.

Daß pränatale Erfahrungen in die Psychodynamik unseres gesamten Lebens eingehen und wesentliche Elemente dieser Phase unser ganzes Leben bestimmen bzw. in ihm immer wiederkehren, hat beispielsweise S. Freud bereits in seiner »Einführung in die Psychoanalyse« festgestellt (zitiert nach Sollai, S. 379): »Unser Verhältnis zur Welt, in die wir so ungern gekommen sind, scheint es mit sich zu bringen, daß wir sie nicht ohne Unterbrechung aushalten. Wir ziehen uns darum zeitweise in den vorweltlichen Zustand zurück, in die Mutterleibs-

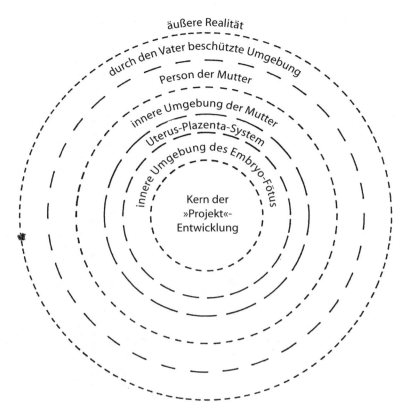

Abb. 3 Interaktion intra- und extrazellulärer Informationen nach: Sollai 1989, S. 374

existenz also. Wir schaffen uns wenigstens ganz ähnliche Verhältnisse, wie sie damals bestanden: Warm, dunkel und reizlos. Einige von uns rollen sich noch zu einem engen Paket zusammen und nehmen zum Schlafen eine ähnliche Körperhaltung wie im Mutterleibe ein. Es sieht so aus, als hätte die Welt auch uns Erwachsene nicht ganz, nur zu zwei Dritteln; zu einem Drittel sind wir überhaupt noch ungeboren.« Dennoch finden zahlreiche sensorische und motorische Aktivitäten, ein dauerndes Zirkulieren von Flüssigkeiten, ständige Modifikationen innerer Bedingungen statt, so daß es vollkommen richtig ist zu behaupten, unser Leben beginne vor der Geburt. Als Metapher für einen

Zeit nach Konzeption	biologische Merkmale		Organentwicklungen	physiologische und Verhaltensmerkmale
	Größe*	Gewicht		
Periode des Ovum: 2 Wochen			Morula, Blastula, Blastozyste, 3 Keimblätter	
3.–8. Woche	6–8 mm		Nach 2 Wochen Einnistung im Uterus, Herzschlag und Blut, Gehirnansatz, Niere, Leber, Verdauungstrakt, Corda, Kopffalte in ersten Ansätzen erkennbar.	Am Ende der Embryonalzeit gibt das Gehirn bereits Impulse, die die Funktion der anderen Organe koordinieren.
3. Monat	2 cm		Beginn der Organdifferenzierung, Kopf hat 50% der Gesamtgröße, Augen treten vor, Lidbildung, Ohren, Nase, Lippen, Zunge und Zahnknospen, Gliedmaßenknospen, Hände und Füße mit Ansätzen der Finger und Zehen sowie der Handlinien.	Herzschlag, Leber produziert Blutzellen, Niere entzieht Urin aus dem Blut; Endokrines System: Adrenalin, Androgen (aus den Testes des männlichen Fötus), isolierte Reflexe können ausgelöst werden.

Embryonalzeit (Organgenese)

* Scheitel-Steiß-Länge

4. Monat	9 cm	Erste Knochenzellen, Vorderhirn stark ausgeprägt, Augen geschlossen, Bildung der Stimmbänder, Knorpelbildung, Formung von Finger- und Zehennägeln, Geschlechtsorgane differenzieren sich so, daß Geschlecht erkannt werden kann.	Deutliche individuelle Merkmale, recht aktiv. Stoßen der Beine, Kopfdrehen, Schließen der Finger, Drehen des Handgelenks, Zwinkern, Stirn in Falten ziehen, Öffnen und Schließen des Mundes.
5. Monat	16 cm	100 g	Untere Extremitäten wachsen verstärkt, weitere Knorpelbildung.	Lebhaftere Reflexe, Bewegung von Mutter spürbar.
6. Monat	25 cm	400 g	Hautstruktur erhält endgültige Form, Talgdrüsen funktionieren, Finger- und Fußnägel formen sich, Knochenachse wird gestreckt und gerade.	Viel spontane Aktivität, Schlaf- und Wachzeiten wie beim Neugeborenen sowie Zustände der Betäubung, bevorzugte Lage und Schlafstellung, außerhalb des Uterus kurze Überlebensmöglichkeiten (aber Atmungsprobleme).
7. Monat	30 cm	700 g	Augenlider öffnen sich, Auge voll ausgebildet, viele Geschmacksknospen (mehr als später) auf Zunge und im Mund, Augenbrauen und Augenlider, Lanuga-Haar über dem ganzen Körper.	Augenbewegungen bei geöffnetem Auge, Greifreflex, kann (extrauterin) eigenes Gewicht durch Festhalten an Stange halten, leichte, unregelmäßige Atembewegungen, Schluckauf.

Embryonalzeit (Organgenese) — 4. Monat

Fötalzeit — 5.–7. Monat

Zeit nach Konzeption	biologische Merkmale			physiologische und Verhaltensmerkmale
	Größe*	Gewicht	Organentwicklungen	
8. Monat	35 cm	1200 g	Großhirn bedeckt fast das ganze Gehirn, Haarwuchs am Kopf, eine oder beide Testes (männlicher Fötus) sind ins Scrotum (Hodensack) gesunken.	Unabhängiges Überleben möglich, viele verschiedene spezialisierte Reaktionen möglich. Bei evtl. Geburt fähig zu Atmung, Schreien, Schlucken, sehr infektionsanfällig, temperaturinstabil.
9. Monat	45 cm	1500–2000 g	Unterhautfettbildung, Straffung der Haut, rascher Herzschlag, Gewichtszunahme ca. 1/2 Pfund pro Woche.	Sehr aktiv, aber eingekeilt.
Geburt nach ca. 270–280 Tagen	51–54 cm	3000 g u. mehr		Überlebensfähig von 180 bis 334 Tagen nach der Konzeption.

(Fötalzeit)

Abb. 4 Zeittafel der Embryonal- und Fötalentwicklung nach Munsinger 1971, S. 223–225 und Krone 1961, S. 12
Quelle: Oerter/Montada, S. 126/127

Zustand, in dem die Formen des Austauschs stark durch REM-Phasen des Schlafs bestimmt sind sowie durch Prozesse, die nicht wie später im Erwachsenenleben über die Individuation isolierter Existenzen ablaufen, ist die Kennzeichnung eines »vorweltlichen Zustands« einleuchtend. Aber die Geburt ist keine Grenze, vor der unser Bewußtsein ins Dunkel fällt.

Entwicklungsschritt 2: Die Geburt und danach

Die Geburt ist ein einschneidender Vorgang. In der Regel kommt das Kind ca. 266 Tage nach der Konzeption bzw. 280 Tage nach der letzten Regelblutung zur Welt. Die Mutter-Kind-Beziehung verändert sich nun vollständig. Der neugeborene Säugling ist nicht mehr ein Teil der Mutter, sondern es handelt sich um einen »externen Weltbürger« (D. de Raeymaecker 1989, S. 128). Zwar hat eine biologische Trennung stattgefunden, aber die Mutter identifiziert sich einerseits weiter mit dem Säugling; andererseits akzeptiert sie ihn nun als autonomes Wesen mit einer eigenen körperlichen Organisation, die sich nach eigenen Rhythmen und Gesetzen entwickelt. Die erste Mutter-Kind-Begegnung im Geburtszimmer »gilt seiner ›körperlichen Integrität und Unversehrtheit‹. Das Geschlecht des Kindes, seine Vitalität (der Geburtsschrei) sind ihre ersten Sorgen, gipfelnd in dem Augenblick, da sie ihr Baby sehen und festhalten kann und in der höchst intimen Begegnung kontrollieren kann, ob alles in Ordnung ist. Eine stille Träne, ein zufriedenes Lächeln und zärtlich ausgestreckte Arme krönen jene erste Begegnung.« (ebd., S. 128) »Nach der ersten Fütterung untersuchen Mütter oft den Körper ihres Säuglings, freuen sich über die kleinen Hände, über das zarte Atmen des Kindes und darüber, daß sein Mund reagiert, wenn man ihn mit dem Finger kitzelt: der Säugling ist offenbar gesund. Manche Mütter unterhalten sich sofort mit dem Neugeborenen, der ebenfalls einen wesentlichen Beitrag in diesen frühesten Interaktionen leistet: mit gezielten Bewegungen in Richtung Brustwarze (Orientierung), mit dem Festgreifen und Saugen. Dabei werden ganzheitliche Erfahrungen zum Teil sehr subtiler Art gemacht. Körperhaltung und Muskeltonus des Säuglings etwa werden intuitiv stark beachtet: der Tonus eines Säuglings kann geschmeidig und kräftig sein und über längere Zeit stabil, wie Hautfarbe und Atmung. Oder der Säugling weist Anzeichen von Dystonie auf; bald ist der Tonus schlaff, so daß uns das Baby zerbrechlich und wackelig erscheint, bald verwandelt es sich schlagartig ins Hypertone. Solche Säuglinge verkrampfen leicht, sind scheu, genießen das Baden weniger und schmiegen sich auf dem Schoß nicht an den mütterlichen Körper.« (Ebd., S. 129)

Sehen wir die Geburt nun von der Seite des Säuglings. Auch für ihn ist die Geburt kein ungefährlicher Vorgang (auf die ersten Stunden und Tage nach der Geburt entfallen die meisten Todesfälle bei Kindern). Daher wird das Kind unmittelbar nach der Geburt auf erkennbare Anomalien seiner Gliedmaße und auf seinen klinischen Zustand überprüft, gemessen und gewogen, und seine ersten Anpassungsleistungen werden genau beobachtet. Die Durchschnittsgröße liegt bei mitteleuropäischen Babys bei 51 bis 54 cm, das Durchschnittsgewicht bei 3,0 bis 3,5 kg. Kinder, die weniger als 2,5 kg wiegen, gelten nach internationaler Norm als untergewichtig und gefährdet.« (Rauh 1982, S. 125) Die eben genannten Beeinträchtigungsfaktoren bei der Mutter in der vorgeburtlichen Phase (Unter- oder Fehlernährung, Infektionskrankheiten, Alkohol, Rauchen, Drogen, Streß, negative Einstellung zum Kind) können als Frühwirkungen pränataler Schädigungen nun bereits zum Vorschein kommen, bevor sie als Spätwirkungen erfahrbar werden. Glücklicherweise sind solche Fälle nicht die Regel.

Das Neugeborene wendet sich, insbesondere beim Saugen, der Mutter zu, sucht bald auch Gesichtkontakt und ist insofern von Anfang an eine sich zuwendende Person. Freilich dürfen wir nicht übersehen, daß dies zunächst nur kleine Anteile sind und andere »Zustände« von zeitlich relativ dauerhafter Form kindliches Verhalten bestimmen, das zunächst in starken Anteilen eher bei sich bleibt. Dazu gehören vor allem sechs Zustände, nämlich

- der Schlaf ohne Augenbewegungen,
- der Schlaf mit schnellen Augenbewegungen (Rapid Eye Movements = REM-Schlaf, wenig Muskelaktivität, rasche Atmung und schwankende Amplitude der Atmung, leichter Schlaf),
- Dösen (»Rowsiness«),

– Wachsein (»Alertness«) mit offenen Augen und wiederholter eindeutiger Reaktion auf bestimmte Reize,
– Wachsein, mit offenen Augen und intensiven Bewegungen,
– intensives Weinen oder Schreien.

Wenn Messungen stimmen, nach denen in den ersten zwei Lebensjahren der REM-Schlaf einen hohen Anteil hat, der für Träumen typisch ist, würden Neugeborene in einem traumartigen Zustand verweilen und dies für große Zeiten ihres frühen Lebens, denn die Schlafperioden nehmen ca. 16 Stunden, verschiedene Wachheitsstunden ca. 8 Stunden am Tag ein (ebd., S. 132).

Neben der *direkten Zuwendung* und verschiedenen Formen allgemeiner *motorischer Aktivität* spielen in den Wachheitsperioden vor allem *Reaktionen* oder *Reflexe* eine erhebliche Rolle. Niesen, Schlukken, Schluckauf, Gähnen, Blinzeln sind Reflexe, die das ganze Leben lang erhalten bleiben und wichtigen Überlebensfunktionen dienen. Neben diesen *vegetativen Reflexen* gibt es aber auch eine Fülle komplexer *motorischer* Reaktionen (das Saugen, Suchreflex, Greifreflex und das Hochziehen in die Sitzstellung, Schrei- und Kriechreflex etc.). Auch ein Schwimmreflex ist vorhanden, so daß es sich für Säuglinge erübrigt, schwimmen zu lernen.

Eine weitere Verhaltensdimension erschließt sich über *Wahrnehmung* und *Lernen*. Gerade dieser Bereich hat zu der schon mehrfach formulierten Feststellung von frühen *Kompetenzen* des Kleinkindes, hier sogar des Säuglings, geführt. Schon Neugeborene unterscheiden bei mittlerer Helligkeit und ca. 20 cm Abstand etwa Striche von 3 mm Dicke von einer gleichhellen grauen Platte; sie bevorzugen Muster eines gewissen Komplexitätsgrades vor ungemusterten Stimuli; sie ziehen Gesichter und gesichtsähnliche Formen vor, können dann sogar Attrappen und Fotos vom realen Gesicht unterscheiden. Sie lernen schnell das Koordinieren von *Sehen* und *Hören*, von *Sehen* und *Greifen*. Schon in den ersten Lebenstagen reagieren gesunde Neugeborene auf bedeutsame Reize in für sie lebenswichtigen Situationen; dazu gehört nicht nur die Stillung des Hungers, sondern vor allem auch die Dimension von sozialem Kontakt und Kommunikation. Man unterscheidet die *proto-soziale Wahrnehmung* des Babys (das Kind beruhigt sich beispielsweise, wenn es aufgenommen und gewickelt wird, oder es lauscht quasi »automatisch« auf die menschliche Stimme); dann gibt es eher *sozialinterpretierbare Signale* des Babys (etwa der Kopfwendereflex, die Zuwendung zu einer Geräuschquelle, das Lauschen auf die menschliche Stimme, das Schauen und Verfolgen der Bewegung der Mutter mit den Augen, das Anschmiegen und Ankuscheln des Körpers und des Köpfchens); bald kommen *Interaktionen* und *Kommunikationsspiele* hinzu (es gibt Beobachtungen, daß Neugeborene Mundbewegungen nachahmen, z. B. die Zunge herausstrecken, oder das Neugeborene bereits nach wenigen Tagen menschliche Sprache mit synchronen Bewegungen begleiten). Diese Ausrichtung auf soziale Interaktion beim Neugeborenen ist wohl nicht nur als Bemühen um *soziale Zuwendung* zu interpretieren, sondern auch als *Lernneugier*, also eine vorbewußte Art der Ausrichtung auf Welteroberung zur Förderung und Steigerung eigener Autonomie. Dem entspricht physiologisch, daß Gehirn und Nervensystem sich in schnellfortschreitender Ausgestaltung und Differenzierung befinden (Nickel/ Schmidt: ca. 1976, S. 24f.). Daß sich vom ersten Lebenstag an die empfangenen Sinneseindrücke im Gehirn als Gefühls- und Lernerfahrungen niederschlagen, hängt ganz offenbar mit dem schnellen Gehirnwachstum, vor allem in den ersten Lebensjahren, zusammen. Es läßt damit sämtliche sonstigen Organe weit hinter sich. Das Gehirn erreicht in der Substanzzunahme bis zum Ende des ersten Lebensjahres einen Anteil von 50% und bis zum Ende des dritten Lebensjahres einen Anteil von etwa 80% des Zuwachses während des gesamten nachgeburtlichen Lebens. Dem entspricht, daß das Zentralnervensystem während dieser Zeit Sinneseindrücken gegenüber in anderer Weise offen ist als später, es reagiert »empfindlicher«, so daß deutlich wird: Lernen und Intelligenzsteigerung laufen über Wahrnehmungsprozesse, besonders bei Säuglingen.

Diese Tatsache stellt also in gewisser Weise die *kommunikative Interaktion* zwischen Kind und Umwelt stark in den Vordergrund und mißt ihr eine besondere, weit überdurchschnittliche Bedeutung zu. Räume, Klänge, Farben, Distanzen, Gerüche, Berührungen, Bewegungen – all dies wird nicht nur als geschlossene Substanz wahrgenommen, sondern differenziert sich aus, gliedert sich in Nuancen, wird feinsinnig angeeignet. Auf diese Weise entwickelt sich das Kind, wie René Spitz (1983, S. 276) es formuliert, als »kognitiver Niederschlag

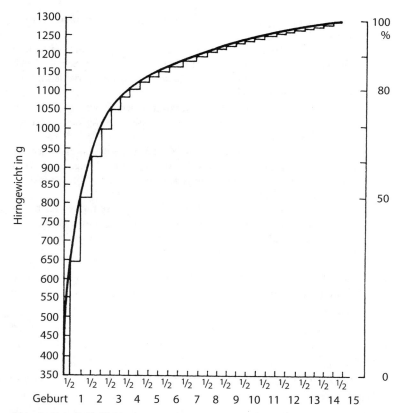

Abb. 5 Gunda Golf: Die ersten Lebensjahre, S. 18
Absolute Gewichtzunahme des Gehirns im Verlaufe der Kindheit.

alltäglicher Erfahrung«. Das Leben wird als Handeln erlebt. Spitz beschreibt die Entwicklungslinie zum »Selbst« mit folgenden Stadien:

- Um den dritten Lebensmonat herum wird dem Säugling, etwa durch Frustrationen in der Fütterungssituation deutlich, daß es etwas außerhalb seines Wesens gibt, die Befriedigung also nicht aus ihm selbst kommt, sondern von außen her. Die visuelle Wahrnehmung der Mutter als oft »dort, in der Ferne« wird nun unterschieden vom Bewußtsein »ich bin hier« (um den dritten Lebensmonat);
- experimentelle Bewegungen des Säuglings, der in spielerischer Weise seine Füßchen entdeckt und betastet, verlocken dazu, sich selbst in

melodischem Singsang zu imitieren etc. (um den fünften Lebensmonat);
- später zeigen sich zunehmend zielgerichtete Bewegungen, Greifen und Reichen geschehen mit großer Präzision, so daß der Säugling sich durch Selbstbeobachtung seines Verhaltens allmählich vervollkommnet (um den achten Lebensmonat);
- wenn das Kind im Stehen die Schwerkraft besiegt, beweist es Gleichgewichtsgefühl und Selbstkontrolle, eine große Leistung des Ich (nach dem achten Monat);
- beim freien Bewegen lernt das kleine Kind nun die Beschränkungen des eigenen Selbst kennen, wenn es sich stößt, weh tut, Dinge nicht erreichen kann, es macht Grenzerfahrungen und lernt, mit ihnen umzugehen, und schließlich
- im Übergang vom ersten zum zweiten Lebensjahr reift das Gesicht des Kindes: Blick und Miene sind gerichtet (die schweifenden Blicke nehmen ab), sie stabilisieren sich und sind fest. Formen der Weltreflexion widerspiegeln sich im Gesicht.

Bald nach der Geburt beginnt also die Ontogenese der Persönlichkeit des Säuglings, und diese setzt sich mit beachtlichen Erfolgen und in raschen Schritten fort.

Die Mutter, deren Kind-Zuwendung wir eingangs beschrieben haben, hat es also mit einem Wesen zu tun, das weit über Reflex- und Schlafverhalten hinaus seine Persönlichkeit in nachdrücklicher Weise ausbaut. Die frühe präverbale Abhängigkeit des Säuglings, die absolute Schutzlosigkeit und der vorherrschende Nahrungsreflex werden schnell abgelöst durch Reifungs- und Entwicklungsprozesse, die die Egofunktionen des Säuglings stärken (Greenacre 1960). Mit der motorischen Kompetenz wächst das Selbstvertrauen, ein »narzißtischer Spaß am Geschick und Können«, verbindet sich mit »Aggressionen«, die dem eigenen Wachsen dienstbar gemacht werden. Greenacre beschreibt die Lebensphase um fünf Monate (nach de Raeymaecker 1989, S. 39) so: »Allmählich eignet sich der Säugling eine richtige Sitzhaltung und gezieltes Greifvermögen an. Dann kommt etwas hinzu: eine auf- und niedergehende Bewegung auf dem Schoß der Mutter, wobei er die Füße gegen ihre Oberschenkel oder Bauch abstößt und sie ansieht; dies macht ihm Spaß. Er tanzt an ihrem Körper, freut sich und stößt sich deutlich ab (mit Kraft). Die Kombination von Freude und Koordination (des Körpers und anderer Glieder) und ein gewisser Grad von biologisch autonomem Sich-Widersetzen (gesunde Aggression der Mutter gegenüber) ist nun charakteristisch. Später wird der Säugling das, was er anfangs auf dem Schoß der Mutter machte, alleine am Laufgitter machen.« Auch nach Winnicott (1960) ist der Säugling einerseits sehr abhängig von mütterlicher Zuwendung und von der mütterlichen Pflege, aber es entwickelt sich auch schnell ein zentraler Kern der Person – »True Self« –, der in der eigenen Weise und im eigenen Tempo leben, spielen, schöpferisch tätig sein möchte. Das Angewiesensein auf die Mutter bleibt für den Säugling konstitutiv: »Halten« (ein körperliches Halten, damit das Baby sich sicher fühlt und Vertrauen entwickelt), Versorgen (Schutz vor Kälte und Hitze, Regelung von Geräuschen und Licht etc.) und Objektpräsentation (Darreichen eines Balles, eines Fingers, einer Rassel etc.): Darin sieht Winnicott zentrale Tätigkeiten der Mutter gegenüber dem Säugling, der diese dankbar erwidert, weil sein Selbst nun wachsen kann. Indem der Säugling sich allmählich von der Mutter »separiert«, entsteht »eine Beziehung zwischen zwei ganzen Personen: Über den Zustand der Verschmelzung und der absoluten Doppelabhängigkeit (sowohl körperlich als auch emotional) muß der Säugling hinauswachsen, damit er eine Einzelperson wird. Sobald diese Situation eingetreten ist, verwandelt sich die ›Good enough mother‹: Sie wird nicht länger gleichsam magisch-empathisch verstehen, was ihr Baby will oder wünscht, sondern sie wartet, bis es ein ›Zeichen von sich gibt‹, sich zu erkennen gibt.« (de Raeymaecker 1989, S. 141) Damit verhält sich der Säugling nicht mehr nur herausfordernd (durch Schreien, um die Mutter zum Darreichen von Nahrung zu bewegen) oder reagierend (auf die Stimuli der Umwelt und der Mutter), sondern er ist nun für sich selbst da und reguliert die Reaktionen der anderen und seine eigenen ein Stückweit autonom.

Dabei laufen zwischen Mutter und Kind offenbar hochdynamische Prozesse ab, die aus Abhängigkeit, enger Verbindung, allmählicher Loslösung, Wiederannäherung bestehen. So beobachtet M.S. Mahler (1983 S. 3 ff.) eine »Wieder-Annäherungs-Krise« zwischen dem sechzehnten und vierundzwanzigsten Monat: »Ging der Säugling oder besser gesagt das kleine Kind (...) noch entzückt der Welt entgegen, gleichsam die Mutter hinter sich vergessend, so hat es in dieser Phase das Bedürnis, ›emotional nachzufüllen‹, ›refueling‹. Es will seine Erfahrungen wieder mit der Mutter teilen und wendet sich an sie. Durch

Schädigung, durch Fallen und Aufstehen hat er seine Beschränkungen entdeckt und fühlt sich wieder verletzbar. In seinen Omnipotenzgefühlen ist ein Riß. Innerlich ist es zerrissen. Das kleine Kind sucht die Unterstützung der Mutter und kämpft trotzig für seine Freiheit. Es will ihr nah sein und zugleich seinen eigenen Weg gehen. Es will die Mutter erfreuen und bekämpft sie, erzürnt sie mit seiner Quengelei: eine sehr verletzliche Periode.« (Nach de Raeymaecker 1989, S. 137) Aber jetzt hat der Säugling sich selbst schon hinter sich gelassen, die vor- und nachgeburtliche Phase mit ihrer engen Umklammerung von Mutter und Kind in symbiotischem Angewiesensein ist zwar nicht vergessen, aber nun längst verlassen.

Entwicklungsschritt 3: Vom Säugling zum Kleinkind

Natürlich können wir die Verwandlung des Säuglings zum Kleinkind nicht genau angeben (weder zeitlich noch nach den Merkmalen), weil es sich nicht um abtrennbare »Stufen« der Entwicklung handelt, sondern Schritte, die in- und nebeneinander erfolgen. Doch eins könnten wir sagen: Während der Säugling seinen Bewegungsapparat nur eingeschränkt einsetzen kann und vollständig abhängig ist von der Mutter-Zuwendung, beginnt das Leben des Kleinkindes dann, wenn es sich aufrichten kann, selbständig Schritte machen kann und schließlich die Welt seines Zimmers so erobert hat, daß es nun viele Aktionen unternimmt, die völlig unabhängig von der Mutter oder anderen Bezugspersonen sind. Das Kleinkind verfügt über ein eigenes »Selbst«, das vor allem durch zwei Dinge konstituiert ist: zum einen durch *Grenzerfahrungen* (es kann – noch – nicht alles erreichen, kann beispielsweise durch noch so hohes Sich-Hinaufstrecken das Spielzeug auf der Kommode nicht erlangen), zum andern durch *Abgrenzerfahrungen* (der eigene Wille und der Wille der Mutter stimmen nicht immer miteinander überein; die Mutter ist nicht permanent aufmerksam und gegenwärtig, um zu helfen). Beide haben zur Voraussetzung die nun erlangte *Autonomie* des *Explorationsverhaltens* (zum folgenden: Keller/Boigs 1989, S. 443 ff.). Exploration wird zunächst verstanden als perzeptiv-motorische Untersuchung eines Objektes, einer Situation oder eines Ereignisses, die im Rahmen von genetisch festgelegten und angeborenen Verhaltensmöglichkeiten erfolgt. Das kleine Kind aber überwindet nun durch *Selektion* (unterschiedliche Arten von Zuwendungsinteressen) diese genetische Festlegung, und es ist auch zunehmend weniger an Reflexabläufe gebunden. Es entsteht vielmehr eine *Handlungskompetenz*, die damit die eher automatistische Form von Explorationsverhalten grundlegend verändert. Exploration der Umwelt, aber auch des Verhaltens anderer Menschen (der Mutter und anderer Bezugspersonen) fördert nun die kognitiven Fähigkeiten; die Selbst-Exploration der körperlichen Möglichkeiten und Kräfte führt zu physischer Fitneß, und insgesamt kann man heute sagen, daß schon das Kleinkind eine Verbindung herstellt zwischen *Selbstsozialisation* und *Fremdsozialisation*.

Während Exploration als eher zielgerichtet zu verstehen ist, entdeckt das Kind nun eine weitere Form des Sich-Verhaltens, die durch *Zweckfreiheit* bestimmt ist. Während die Exploration eher der Informationssuche und damit dem Lernen dient, dient das Spiel eher der Übung und dem Spaß. Freilich stimmt es wohl nicht, Explorationsphasen der kleinen Kinder als solche von erhöhter Aktivität und Spannung zu kennzeichnen, während Spielphasen eher durch Entspannung bestimmt seien. Vielmehr können auch Spiele dazu dienen, Neues zu »explorieren«. Im Objektbereich wäre ein Beispiel das Auftürmen von Bauklötzen bis zur kritischen Grenze, an der der Turm in sich zusammenfällt. Auf diese Weise wird spielerisch ermittelt, wie eine sichere Statik zu erlangen sei. Im sozialen Bereich sind Doktorspiele explorativ, weil sie am Körper des anderen vertraute oder unvertraute Merkmale des eigenen Körpers suchen. Das Kleinkind ist kompetent, weil es Exploration und Spiel als zwei Modalitäten der Welterkundung trennen, aber auch verbinden kann und weil es dies in Abstimmung und enger Verbindung zu Erwachsenen tut, aber gleichzeitig auch selbständig, für sich allein oder – die dritte Modalität – mit Gleichaltrigen. Denn das Kleinkind ist zwar noch stark von der Mutter-Kind-Beziehung bestimmt, aber es hat längst andere Modalitäten der Kontaktaufnahme gelernt, und dies mit anderen Menschen als der Mutter. Zwar hat es eine Zeitlang »gefremdelt«. Diese »Fremdenangst« tritt ungefähr im Alter von acht Monaten auf und ist offenbar überall, bei Kultur- wie Naturvölkern, in gleicher Weise zu beobachten. »Negative Erfahrungen mit Fremden sind nicht ausschlaggebend für dieses Verhaltensmuster. Es ist gekennzeichnet durch eine Ambivalenz von furchtsamer Abwendung mit Schutzsuchen bei der Bezugsperson und neugieriger Zuwendung zu dem Fremden. Scheu vor Fremden kennen wir auch bei Erwachsenen, und zwar auf individueller Ebene wie auf Gruppenebene. Auch hier sind in der Begegnung mit dem/den unbekannten, fremdartigen Menschen wieder Scheu und Angst auf der einen Seite und Neugier und freundliche Zuwendung auf der anderen Seite gemischt oder wechseln sich ab, und je nach Stimmungslage ist das eine oder das andere hervorstechend. Beim Kind tritt im ›Fremdelalter‹ explorierende Neugier gegenüber sozialen Objekten zum ersten Mal in Erscheinung, und das könnte die Ursache für das universale Verhaltenssyndrom der Fremdenangst sein, das wir gleichzeitig in diesem Alter erstmalig beobachten.« (Schleidt 1989, S. 19) Offenbar ist das kleine Kind in dieser Experimentierphase noch stark an die sichernde Rückbindung an Vertrautes, vor allem auch die tägliche Bezugsperson, gebunden, so daß neue Erfahrungen – mit fremden Menschen oder unbekannten Situationen –, obwohl sie Neugier auslösen, doch gleichzeitig auch mit Abwehr verbunden sind. Je sicherer sich das Kleinkind in der Mutterbeziehung fühlt und je selbständiger es dennoch seine Kompetenzen durch Explorieren und Spielen erproben darf, desto schneller überwindet es die Erfahrung von Ambivalenz und Unsicherheit auf dem Weg zu einem Selbst, das seiner selbst sicher ist, weil es der Welt um es her vertraut und dies nicht in einer global-ungefähren Weise, sondern mit der Fähigkeit zum *Diskriminieren*.

Wenn so viele Umwandlungs- und Entwicklungsprozesse im Säuglings- und Kleinkindalter stattfinden, dann nimmt es schon Wunder, daß pädagogisches Denken die ersten Lebensjahre selten umschließt. Pädagogik ist schulbezogene Pädagogik; so beginnt der »Bildungsgesamtplan« der Bundesrepublik 1973 mit dem Elementarbereich nach Vollendung des dritten Lebensjahres. Säuglinge und Kleinkinder sind außerhalb pädagogischer Reflexion, weil sie (so die falsche Annahme) nur der Pflege bedürfen und Entwicklungsprozesse durchmachen, für die allenfalls medizinisches und psychologisches Wissen notwendig sind. Dabei lernen gerade Säuglinge und Kleinkinder außerordentlich viel; sie brauchen Bezugspersonen, die richtig mit ihnen umgehen können, es findet also durchaus *Erziehung* statt.

Wahrscheinlich ist pädagogisches Denken stark an *pädagogische Institutionen* gebunden, und diese beginnen – nehmen wir die Familie aus – mit ihrem Handeln in der Regel vom dritten Lebensjahr ab, wenn die Kleinen in den Kindergarten kommen oder, einige Jahre später, eingeschult werden. Die Schule ist freilich das Ziel, an dem die frühe Kindheit ihr Ende findet, weil jetzt pädagogische Organisationen eingreifen, die neben die Förderung des Kindes auch seine Qualifizierung im Interesse gesamtgesellschaftlicher Überlegungen stellen und damit in institutioneller Überformung den freien Selbstbezug – in Hinsicht auf Entwicklung und Förderung – der Kindheit beenden.

Entwicklungsschritt 4: Vom Kleinkind zum Schulkind

In drei Hinsichten erwirbt das Kleinkind Kompetenzzuwachs: in Hinsicht auf seine *Beziehungspersonen,* in Hinsicht auf *Objekte* und in Hinsicht auf sich *selbst.* Daß die Beziehung zu anderen Menschen, zunächst der Mutter, an erster Stelle steht, ist nicht zufällig. In unterschiedlichen Interaktionsformen, an denen schon kleine Kinder aktiv teilhaben, wird ein großer Teil ihres Weltbildes ebenso geprägt wie ihre Anschauung über sich selbst. Wenn die eine Mutter mit einer friedliebenden Grundgesinnung ihrem Kind den Stock wegnimmt, mit dem es einen Spielgefährten bedroht, und versucht, es abzulenken, wird eine andere Mutter aus eher aggressiver Umgebung im gleichen Fall ihr Kind ermuntern, sich mutig zu verteidigen und zurückzuschlagen, ihm vielleicht sogar einen kräftigeren Stock reichen. Beide Verhaltensweisen sind nicht vorab gegeben, sondern sie werden von der Mutter an das Kind weitergereicht und insofern »sozial vererbt«. Da das Kind allmählich auch ein Selbst entwickelt, ist freilich durchaus denkbar, daß es die Verhaltensermunterungen der Mutter, wenn es älter wird, nicht einfach nachvollzieht, sondern auch Widerstand leistet. So außerordentlich wichtig also die Mutter als Modellfigur ist, so falsch wäre doch die Behauptung, ein Kleinkind wäre ihr Imitat und vollständig manipulierbar. Nur, wenn Manipulationen indoktrinierend und permanent geschehen, kann sich ein kleines Kind nicht wehren. Je älter es wird, desto mehr *Spielräume für Entscheidungen* stehen ihm offen. Was wir bei älteren Kindern und Jugendlichen für alltäglich und normal halten, ist also schon in der frühen Kindheit zu beachten: daß Kinder schon in den ersten Lebensjahren ihre Kompetenz, die sie ohne die Unterstützungsleistung der Mutter nie besäßen, auch ein Stückweit selbst ausbauen und entwickeln (aufgrund von Einflußfaktoren genetischer, stimulierender, motivierender u. a. Art, die wir längst nicht alle übersehen und deshalb – glücklicherweise – auch nie so vollständig auflisten können, daß daraus kindliches Verhalten und seine Lenkung ableitbar wäre).

Wir hatten gesehen, daß nach Piaget die sensomotorische Intelligenz (die Piaget selbst in sechs Unterphasen unterteilt) in die frühe Kindheit fällt, wobei vermutet wird, daß für jeden Inhaltsbereich (Objektpermanenz, Raumbeziehungen, Ursache-Wirkung, Mittel-Zweck-Beziehungen) eigens kognitive Strukturen aufgebaut werden. Neben der Ausdifferenzierung des Spielverhaltens finden wir bei Kleinkindern ein allmähliches Konzept von Objektpermanenz, das mit dem Sich-Erweitern des Wortschatzes einhergeht. Auf diese Weise wird das Kind fähig, mit Gegenständen in verschiedenen Perspektiven zu operieren, ohne ihre Identität aus dem Auge zu verlieren; es kann sie wiedererkennen und aufgrund dieser Beherrschung auch souveräner als bisher manipulieren.

Mit dieser Verselbständigung des Kindes werden die sozialen und interaktiven Elemente der häuslichen Lernumwelt immer wichtiger: Als erste Nahumgebung, in der ein Kind aufwächst, sofern es nicht in einem Heim leben muß, beeinflußt das Kind nun zunehmend die Konstitution seines Alltags. Es haben sich, wie im vorigen Kapitel aufgezeigt, neue Formen des Zusammenlebens entwickelt (unverheiratet zusammenlebende Paare, alleinerziehende Eltern, Wohngemeinschaften). Währen die sehr enge Bindung des Kindes an eine oder wenige Bezugspersonen in den ersten drei Lebensjahren den Einfluß der weiteren Umwelt noch weitgehend abschirmt, ändert sich dieses nun. Die sich durch Förderung im günstigen Fall positiv entwickelnden Reifungs- und Differenzierungsprozesse werden jetzt durch *Sozialisation* und *Erziehung* überlagert. Die Konstruktion der häuslichen Welt kann intellektuelle Fähigkeiten behindern oder fördern. Die elterlichen Anforderungen an Leistung, die Unterstützung kindlicher Aktivitäten (auch außerhalb der Wohnung), die Anforderungen an ein intellektuelles Fassungsvermögen sowie an Selbständigkeit und vor allem die besondere unterstützende Beachtung der sprachlichen Entwicklung sind wichtige Dimensionen des Lernens, die von sozialen Umweltkräften nun zunehmend beeinflußt werden (Marjoribanks 1973, S. 195 ff.). Diese Unterstützungen erfolgen jedoch nicht abstrakt, sondern bestimmt durch die unterschiedlichen Merkmale der häuslichen Umwelt. So wissen wir, daß die *dingliche* Umwelt für heranwachsende Kinder erhebliche Bedeutung hat. Schon Maria Montessori (1961) hat die Bedeutung guten Spielzeugs für die kognitive, motorische motivationale Förderung hervorgehoben. Auch die Verfügbarkeit von Bilderbüchern, der kontrollierte Gebrauch von Medien kann dienlich sein. Haushalte, in denen Laufställchen für die Kinder aufgestellt werden, sind Orte, an denen die Bewegungsfreiheit des Kindes und sein Erkundungsdrang behindert werden. Je größer die Wohnung ist, je mehr Räume das Kind durchqueren, nutzen und für sich erobern kann, desto stimulierender ist die Sachumwelt. Noch wichtiger als die dingliche Umwelt sind jedoch die sozialen Beziehungen. Geschwister werden nun als Spielkameraden, manchmal auch als Konkurrenten um die Liebe und Zuwendung der Eltern, immer zentraler. Entscheidend ist das psychosoziale Klima, das Erleben der häuslichen Umwelt, wie sie von den Eltern gestaltet wird. Wie Kinder den Zusammenhalt und die Beziehung zwischen Eltern und Geschwistern erleben, ob Gefühle offen geäußert werden können oder unterdrückt werden, das Austragen von Konflikten, insbesondere die Art der Orientierung (Förderung intellektuell-kultureller oder eher freizeitbezogenunterhaltender Interessen): All dies beeinflußt nun das kindliche Aufwachsen. Forschungen über schulische Lernleistungen im Vergleich mit der Lernförderung durch familiäre Umwelten zeigen, daß das Leistungsverhalten der Kinder durch die familialen Kontexte eher beeinflußt wird als durch die Schule (Weidenmann/Krapp 1986, S. 466 ff.).

Das drei- bis sechsjährige Kind verläßt nun den Schonraum der Familie, geht in den Kindergarten und spielt in der freien Zeit auch außerhalb mütterlicher Aufsicht im Nahbereich des Hauses oder der Wohnung (sofern dies möglich ist). Mit sechs Jahren wird dem Kind dann »Schulfähigkeit« zugesprochen. Bei diesem Konzept handelt es sich um eine soziokulturelle Entwicklungsnorm; es gibt keine durchschlagenden Gründe, die dazu berechtigen, gerade das Erreichen des sechsten Lebensjahres als Einschnitt für den Übergang von der familiären und außerfamiliären Erziehung in die Schule zu markieren. So zeigt sich, daß die Schulfähigkeit in verschiedenen Bundesländern unterschiedlich schwer zu erreichen ist. Als beispielsweise in Nordrhein-Westfalen das Einschulungsalter heraufgesetzt wurde, um mehr Kinder als schulfähig aufnehmen zu können, stieg die Zahl der Zurückgewiesenen schon ein Jahr später nach dieser Maßnahme wieder an. Es zeigte sich, daß sich Schulfähigkeit als Norm weniger nach dem »wirklichen« Leistungsstand als nach dem Prozentsatz der Einzuschulenden richtet. Nicht das absolute Entwicklungsniveau oder die individuellen Leistungsfortschritte eines Kindes sind maßgebend für die »Schulfähigkeit«, sondern vielmehr sein Rangplatz in einer Gruppe, »gemessen« an einer Norm, die sich während des Lernprozesses selbst verändert. Die gesellschaftlichen Kräfte, außerfamiliale Normierungen von Leistungsbereitschaft und Leistungsfähigkeit etwa, institutionelle Vorkehrungen und Funktionszuweisungen dominieren nun zunehmend über die direkten, insgesamt zweckfreien und nicht strikt zielgerichteten Interaktionsformen, wie sie das Kind in der Familie, aber auch noch im Kindergarten erfahren hat. Damit ist das Kleinkindalter zu Ende, es beginnt als »Schulkind« eine neue Epoche seines Lebens.

5. Entwicklungsdimensionen

Während im vorangehenden Kapitel die wichtigsten Entwicklungstheorien als Rahmenkonzepte dargestellt wurden sowie die »Entwicklungsschritte«, nach denen man die frühe Kindheit überblicksweise mit ihren Dynamiken beschreiben könnte, sollen nun in eher systematischer Perspektive wichtige Dimensionen frühkindlicher Entwicklung dargestellt werden. Auch hier wird sich zeigen, daß schon kleine Kinder über erhebliche Kompetenzen verfügen, die – angemessene Förderung vorausgesetzt – gar nicht überschätzt werden können.

Wahrnehmen und Wahrnehmung

Wahrnehmung ist für unsere alltäglichen Handlungen und unsere Orientierung in der Umwelt von grundlegender Bedeutung. »Sie ist Voraussetzung für jede koordinierte Bewegung, ob wir nun eine Straße überqueren wollen oder mit Messer und Gabel essen.« (Kebeck 1994, S. 12) Dabei scheint es so zu sein, daß die Sinnessysteme nur dann gut funktionieren, wenn wir uns über sie wenig Gedanken machen. Würden wir denken: »Ich sehe doch jetzt einen Ball auf mich zufliegen; er wirft einen bewegten Schatten auf die Erde, kommt sehr schnell auf mich zu, so daß ich meine beiden Arme jetzt erheben sollte«, dann würden wir den Ball nicht fangen können. Offenbar findet Wahrnehmung als grundlegender Prozeß der Weltorientierung vor allem Bemerken, Reflektieren und Zergliedern statt, obgleich sie doch auch für diese Tätigkeiten die entscheidende Grundlage bietet. Unterschiedliche *Wahrnehmungssysteme*, vom visuellen System (einschließlich Form-, Farb- und Raum- sowie Bewegungswahrnehmung) über das auditive System (von der auditiven Raumwahrnehmung bis zur Sprach- und Musikwahrnehmung) bis zu den übrigen Wahrnehmungssystemen (Geruchs- und Geschmackssinn, haptisch-taktile Wahrnehmung sowie Wahrnehmung des eigenen Körpers) orten wir uns auf diese Weise in der Welt. Wahrnehmung ist auch Voraussetzung für die Entwicklung von Vorstellungen sowie Kognitionen und Denken mit den Akten des Klassifizierens, Zusammenführens, Analysierens und Zerlegens etc.

Wir hatten schon gesehen, daß auch für Kinder gleich nach der Geburt subtile Wahrnehmungsprozesse von äußerster Bedeutung sind. Neugeborene können kognitiv gefordert werden, indem wir ihre Wahrnehmung der Sprechmelodik (etwa der Mutter) und ihre Bereitschaft, Gesten nachzuahmen, Figurationen zu verfolgen, beachten und fördern (vgl. Eggers 1984, S. 179). Auf diese Weise baut sich für die kleinen Kinder bereits eine Wirklichkeit auf, deren Reichweite durch jene Aspekte der Welt bestimmt wird, die als »bedeutend« in ihren Wahrnehmungshorizont treten oder getragen werden. Dies bedeutet: Wahrnehmung ist *aktiv*, und sie erfolgt selektiv. J. Gibson hat beispielsweise immer wieder darauf hingewiesen (1979, S. 303), daß es bei Wahrnehmung nicht um die Verarbeitung von Reizen allein geht, sondern Wahrnehmung aktiv und eng mit den Handlungsmöglichkeiten eines Individuums verbunden ist. Gegenüber der Standardmeinung, daß die Augen beim Sehen beispielsweise gleichsam Momentaufnahmen »knipsen«, analog einem fotografischen Schnappschuß, um so aus zahlreichen Fixierungen dann das Pattern eines Gesamtbildes zusammenzusetzen, geht er davon aus, daß ein »Flowing Array Observer« Ausgangspunkt ist, quasi eine ganzheitliche Raumerfassung, die dann zur analytischen »Zerlegung« führt. So bestände die Leistung eines Kindes, sich Information über seine Umwelt zu verschaffen, darin, in den räumlichen Stimulationen invariante, handlungsvariante Merkmale aufzuspüren und festzuhalten.

Unsere Sinnessysteme sind also in die gesamten Handlungssysteme des Menschen integriert; sie bestehen nicht nur aus Rezeptoroberflächen, sondern werden gezielt zur Informationssuche eingesetzt. Wir sehen nicht bloß strukturlos in die Welt, sondern wir *schauen* (und dies tun schon Säuglinge), »und dabei bewegen wir Augen und Kopf oder verändern unsere Stellung, um den richtigen Blickwinkel oder eine Vielfalt von Blickwinkeln zu erhalten, und manchmal nehmen wir gar eine Lupe oder ein Fernglas zu Hilfe. Gegenstände, die unseren Körper berühren, spüren wir nicht nur, sondern wir *betasten* sie und betrachten sie gleichzeitig. Wir hören nicht nur, sondern wir *horchen*

System	Reize	Rezeptororgan	Empfindung	funktional
Hautsinne	Druck, Vibration	Meissnersche Tastkörperchen	Berührung	8. SSW
	Temperaturdifferenz	Krausesche Körperchen	Wärme, Kälte	26.–40. SSW
	Intensive Reize	freie Nervenendigungen	Schmerz	26.–40. SSW
Kinästetischer, statischer und propriozeptiver Sinn	Lageveränderung, Bewegung	Vater-Pacini-Körperchen in tiefen Hautschichten	Eigenbewegung, Körperstellung, Raumlage	16. SSW
		Spannungsrezeptoren in Muskel- und Sehnenspindeln		
	Kopfbewegung	Vestibularapparat im Innenohr		
Chemische Sinne	Chemische Substanzen in wäßriger Lösung	Geschmacksknospen der Zunge	Geschmack	26.–40. SSW
	Chemische Substanzen in Gasform	Riechepithel im Nasendach	Geruch	26.–40. SSW
Gehör	Mechanische Vibration 20–20 000 Hz	Corti-Organ im Innenohr	Töne, Klänge, Geräusche	25. SSW
Gesichtssinn	Elektromagnetische Wellen 400–760 nm	Netzhaut im Auge	Licht, Farben, Muster	26.–40. SSW

Abb. 6 Überblick über die Sinnessysteme des Menschen aus: Keller 1989, S. 404

oder *lauschen* und begeben uns dazu in eine Position, in der das, was wir hören wollen, in optimaler Klarheit auf unsere Ohren auftrifft, und wir versuchen störende Geräuschquellen zu eliminieren.« (Kaufmann-Hayoz 1989, S. 405) Dies bedeutet, daß wir in unseren Wahrnehmungen selektiv vorgehen, also Dinge, auf die unsere momentane Aufmerksamkeit sich nicht richtet, *auszufiltern* lernen, um das, was unser Interesse erregt, um so besser organisieren und strukturieren zu können.

Alles, was hier gesagt wurde, gilt schon für die frühkindliche Phase. Dies ist eine relativ neue Einsicht. Der Psychologe William James (1890) sah die Wahrnehmungswelt des Neugeborenen noch als »Blooming Buzzing Confusion« (ein blühendes, summendes Durcheinander), und bis weit in die 30er Jahre dieses Jahrhunderts ging man davon aus, daß Tast-, Geschmacks- und Geruchssinn beispielsweise schon funktionierten, aber doch vor allem die »anspruchsvolleren« Sinne Hören und Sehen nur sehr rudimentär entwickelt seien. Erst in den 50er Jahren, als die systematische empirische Erforschung frühkindlicher Wahrnehmung zunahm, kam man zu neuen Einsichten (dazu: Cohen & Salapatek 1975). Jetzt sind wir aufgrund gründlicher Einzelstudien davon überzeugt, daß alle Sinnessysteme des Menschen bereits vor der Geburt und mit Sicherheit beim Neugeborenen grundsätzlich funktionsfähig sind. Die sensorischen Schwellen nähern sich innerhalb des ersten Lebensjahres bereits denen von Erwachsenen, wobei einige der strukturellen Reifungsprozesse nur dann erfolgreich sind, wenn die Sinnesorgane auch angemessen stimuliert werden. Natürlich hat ein menschliches Neugeborenes wenig Informationen über die Welt, in die es geraten ist. Aber seine Sinnessysteme haben es bestens dafür ausgerüstet, sich durch gezielten Einsatz Information über die Welt zu verschaffen: »Seine Augen richten sich bevorzugt auf jene Stellen im Gesichtsfeld, die potentiell informationshaltig sind (Kontraste, Bewegungen, relative Konturdichte, Neues). Sein Mund und später seine Hände ertasten Form und Material von Gegenständen, es reagiert mit einer Orientierungsreaktion auf bedeutsame auditive Reize, insbesondere menschliche Stimmen. Die aktive Informationssuche verbessert sich freilich noch bis weit in die Kindheit hinein, vielleicht während des ganzen Lebens: In Wechselwirkung mit dem Aufbau von Wissen, Gedächtnis, Sprache und motorischen Fertigkeiten wird dies systematischer, effizienter und zielgerichteter.« (Kaufmann-Hayoz, S. 410)

Ebenso sind kleine Kinder schnell in der Lage, Geschehnisse oder Ereignisse wahrzunehmen, also Veränderungen des Beziehungsgefüges innerhalb einer Struktur oder eines Musters in der Zeit. Schon junge Säuglinge (in den ersten drei Monaten) blicken länger auf bewegte als auf unbewegte Stimuli, und ebenso werden Objekte am Rande des Gesichtsfeldes rascher fixiert, wenn sie sich bewegen als wenn sie still stehen. Zeigt man Säuglingen Gegenstände, die sich auf einer Bahn bewegen, hinter Schirmen oder in Tunnels verschwinden und wieder zum Vorschein kommen, dann zeigen Kinder im zweiten Lebensmonat nach einigen Durchgängen, in denen der Gegenstand auf der anderen Seite wieder auftaucht, antizipierende Blickbewegungen genau zu dieser Stelle – ein Hinweis darauf, daß sie die Verlaufsstruktur eines Geschehens schon erfassen. Während Piaget noch der Meinung war, daß Kinder *Kausalität* nicht wahrnehmen können – diese werde vielmehr erst allmählich im Zuge aktiven Experimentierens begrifflich konstruiert –, gibt es Experimente, daß Kleinkinder Kausalbeziehungen innerhalb eines beobachteten Geschehens unmittelbar und selbst gegen besseres Wissen wahrnahmen. So wurden Reaktionen von anderthalb- und zweijährigen Kindern beim Spiel mit Bauklötzen beobachtet: Experimentell wurden Gesetze der Statik verletzt, indem ein tragendes Element eines aus Bauklötzen aufgerichteten Bauwerkes entfernt wurde, ohne daß das Gebäude daraufhin einstürzte. Die Kinder beider Altersstufen zeigten sich dann äußerst überrascht, haben also ein solches »Ergebnis« nach ihren eigenen Bauspielen nicht für möglich gehalten. Ein weiterer wichtiger Aspekt des Erkennens von Kausalbeziehungen ist die Fähigkeit, die Verursachung eines Effektes durch eigene Handlungen zu erkennen – für Piaget der Ursprung des Kausalitätsbegriffes insgesamt. Es gibt Experimente, in denen bei zwei bis drei Monate alten Säuglingen ein Mobile über dem Bettchen angebracht wurde, das mit einer dünnen Schnur mit dem Fußgelenk des Kindes verbunden war. Jedes Strampeln des Säuglings setzte also das Mobile in Bewegung. Beobachtungen ergaben, »daß die Säuglinge nicht nur die Frequenz ihrer Strampelbewegungen entsprechend einer Lernkurve erhöhten, sondern häufig auch in jenem Moment, in dem sie die Kontingenz zwischen ihrer eigenen Bewegung und der Bewegung des Mobiles zu entdecken schienen, lächelten und zu plaudern begannen« (ebd., S. 412f.).

Piaget ging davon aus, daß es sich bei Kleinkindern zunächst um getrennte Handlungsschemata handele, die erst allmählich aufeinander bezogen werden und ein konsistentes Resultat ergeben. Alltagsbeobachtungen an Säuglingen in den ersten Lebenswochen scheinen dies zu bestätigen: Nach einer Schallwelle schauen Kinder Dinge an, horchen, drehen aber den Kopf nicht oder selten, und wenn, dann scheinbar zufällig.

Sie umklammern einen in die Hand gegebenen Gegenstand, betrachten ihn aber nicht gleichzeitig. Inzwischen wurden die Beobachtungsmethoden systematisiert und verfeinert, und sie schränken Piagets Annahmen (im Sinne von J. J. Gibson) erheblich ein. Ein Beispiel für eine frühe visuell-propriozeptive Integration ist beispielsweise die Tatsache, daß Neugeborene unter günstigen Bedingungen bestimmte Mund- und Zungenbewegungen eines Modells imitieren; grundsätzlich kann das vier oder fünf Monate alte Kind bereits einen sich bewegenden Gegenstand ebenso zielsicher erfassen, wie einen still stehenden. Daraus ist zu folgern, »daß es die Armbewegung entsprechend der antizipierten Bewegungsbahn des Gegenstandes plant, so daß sich im Augenblick des Kontaktes Hand und Gegenstand am selben Ort befinden« (ebd., S. 414). Offenbar sind schon Säuglinge in der Lage, ihre Sinnessysteme so zu koordinieren, daß die Wahrnehmung einer zusammenhängenden Welt entsteht.

Wir hatten bereits angemerkt, daß Weltwahrnehmung und Handlungen untrennbar zusammenhängen. J. J. Gibson (1979) benutzte für die zur Verfügung stehenden *Handlungsmöglichkeiten* den Begriff »Affordance«. Dinge haben einen bestimmten Aufforderungscharakter (so in der Gestaltpsychologie). Nehmen wir ein Beispiel, wie es Kaufmann-Hayoz (ebd., S. 416) berichtet, über die Beobachtung der Art und Weise, wie ein Kleinkind mit Bauklötzen umgeht: »Mit vier bis fünf Monaten vermag es, ein Klötzchen gezielt mit einer oder beiden Händen zu ergreifen und bald einmal auch zum Mund zu führen. Einige Wochen später kann es den Gegenstand von einer Hand in die andere geben, noch später zwei Klötzchen gleichzeitig halten, mit jeder Hand eines. Wieder etwas später klopft es damit auf den Tisch oder Boden, dann schlägt es mit zwei Klötzchen gegeneinander. Mit etwa zehn Monaten ist es in der Lage, das Klötzchen bewußt wieder loszulassen und z. B. zu Boden zu werfen, und gegen Ende des ersten Lebensjahres kann es dieses auch gezielt in einen Behälter fallen lassen. Schließlich stellt das zwölf bis 15 Monate alte Kind zwei Klötzchen zu einem kleinen Turm aufeinander.« – An diesem Beispiel kann deutlich gemacht werden, daß die Beschreibung und Erklärung dieser Entwicklung theoretisch gelenkt ist und daher verschieden ausfallen kann. So könnte man annehmen, es veränderte sich die Reaktion auf einen gleichbleibenden Reiz (hier: die Klötzchen, die im Sinne konditionierten Operierens nach der klassischen Lerntheorie einen Reiz darstellen, der zunehmend erfolgreich bearbeitet wird). Es könnte auch sein, daß sich die Handlungsschemata des Kindes als Folge von ständigen Assimilations- und Akkomodationsprozessen differenzieren. Nach Gibson wäre hingegen anzunehmen, daß das Kind im Verlauf des aktiven Umgangs mit den Bauklötzen neue Handlungsmöglichkeiten entdeckt, indem es Aktivgeschehnisse herbeiführt, diese beobachtet, die Beobachtungen verarbeitet und so fort. Kaufmann-Hayoz versucht, Piaget und Gibson mit ihren Konzeptionen einander anzunähern mit der Vermutung, daß die invarianten Aspekte von Gegebenheiten, die an ein Schema assimiliert werden können, deren »Affordance« (nach Gibson) ausmachen. Obwohl in psychologischen Lehrbüchern unterschiedliche Kapitel über die »motorische Entwicklung« und die »Wahrnehmungsentwicklung« zu finden sind, kann doch angenommen werden, daß Differenzierung der Wahrnehmung und Differenzierung der Handlungsmöglichkeiten verbunden sind. Freilich, hier scheinen Übung und Erfahrung notwendig zu sein. In einer Serie von Experimenten wurde beobachtet, daß acht bis neun Monate alte Kinder visuell einen Behälter mit seinen Eigenschaften (er ist hohl, es kann etwas in ihn hineingetan werden) wahrnehmen können, während es weitere drei bis vier Monate dauert, bis sie einen Gegenstand in diesen Behälter hineingeben (können). Dabei durchlaufen sie eine Phase (etwa mit zehn Monaten), in der sie ihre Hand, die den Gegenstand umschlossen hält, in den Behälter hineinführen – aber sie lassen den Gegenstand nicht los. Ist das Kind zunächst unfähig, ein willkürliches Loslassen im richtigen Augenblick zu veranlassen, ist also, zeitlich betrachtet, die visuelle Wahrnehmung primär, während die Entwicklung der Handlung ihr erst mit Verspätung folgt?

Dann könnte es sein, daß verschiedene Arten von motorischer Ungeschicklichkeit bis zur Apraxi (Handlungsunfähigkeit) nicht nur als motorisches Problem zu betrachten sind, sondern als ein Problem der Verbindung von Wahrnehmung und Handeln, wobei die Wahrnehmungsprozesse der entscheidende Ausgangspunkt sind.

Es bleiben also manche Interpretationen möglich, viele Fragen offen. Dennoch scheint mir inzwischen unbestritten zu sein, daß Kleinkinder sehr früh eine hohes Maß an *Wahrnehmungskompetenz* besitzen, die freilich geübt und ausgearbeitet werden muß. Nicht jeder Handlungsablauf, vor allem wenn er höherwertiger ist, erfolgt reflexartig, im Gegenteil: Er ist auch durch angeborene oder ganz früh erworbene Schemata nicht zu antizipieren. Gerade darin, mit den Variabilitäten von Situationen umzugehen und in ihnen Wahrnehmung und Handeln anzunähern, besteht eine zentrale Lernaufgabe für das Kleinkind.

In diesem Zusammenhang möchte ich die Frage stellen, inwieweit Kleinkinder zum *ästhetischen Erleben* fähig sind (dazu: Brombach 1989). Sind sie offen für die Welt der Kunst, haben sie ein Schönheitskonzept, oder handelt es sich hier um spätere kulturelle Umweltmerkmale, die entsprechend erst im späteren Leben allmählich bemerkt werden und Gewicht gewinnen? Nun wissen wir zwar, daß schon Säuglinge *Präferenzreaktionen* zeigen, aber verfügen sie auch über auswählende, aktiv selektierende, sinnliche Wahrnehmung, wie eben beschrieben, also *ästhetische* Wahrnehmung? Daucher (1979) unterscheidet zwei formalisierende Betrachtungsebenen und sieht hier die vier Komponenten des Ästhetikbegriffs versammelt.

– Information (Originalität, Kreativität, Neuheit, Innovation) sowie
– Redundanz (Stil, Symmetrie, Ordnung, Proportionierung) und inhaltliche Fragerichtungen,
– Mimesis (nachahmende Darstellung und Abbildung der Natur in der Kunst) sowie
– Kommunikation (Symbole, Sprache, Interaktion).

Ihnen ordnet er *psychische Organisationsformen* vor, von denen die ersten beiden elementare menschliche Bedürfnisse umfassen, nämlich

– Exploration (Neugierverhalten, Erkundung) sowie
– Repetition (Wiederholung);

während die anderen beiden Bedingungen für die kognitive Entwicklung darstellen, nämlich

- Imitation (Nachahmung) sowie
- Symbolbildung (Setzen von Bedeutungsträgern).

Daucher sieht nun Zusammenhänge zwischen Information und Exploration, Redundanz und Repetition, Mimesis und Imitation sowie Kommunikation und Symbolbildung. Während Information, Redundanz, Mimesis und Kommunikation ästhetische Wirkungen hervorbringen, weil sie von vornherein zweckfrei sind und ihren Sinn in sich selbst enthalten, sind zwar Exploration, Repetition, Imitation und Symbolbildung eher auf Bedürfnisbefriedigung und kognitive Entwicklung bezogen, aber auch diese Aktivitäten haben einen Sinn und damit eine Befriedigung in sich selbst. Folgen wir diesen Überlegungen, dann sind Funktionen des ästhetischen Erlebens von hoher Bedeutung für den Menschen, denn sie spielen eine sinngebende Rolle. Sie enthalten Potentiale des Denkens und des sozialen Verhaltens, sind zwar in ihrer Zielrichtung offen, haben aber dennoch einen lebenspraktischen Sinn, etwa, wenn wir Symmetrie, Zusammenhänge und Wahrnehmungsgesetze entdecken. Folgen wir diesem Ansatz, dann haben ästhetische Phänomene nicht eine additive Funktion, sondern sie liegen konstitutiv in unseren alltagsbezogenen Wahrnehmungsprozessen beschlossen, und dies würde dann auch schon für das Kleinkind gelten. *Präferenzen*, die Kinder bald nach der Geburt zeigen (sie bevorzugen beispielsweise Gesicht und Stimme der Mutter gegenüber anderen Symbolträgern), haben damit eine über ihre praktische Funktion hinausgehende Bedeutung, die in den Bereich des Symbolischen und des Sinnstiftenden reicht. Es ist dann nicht so, daß Kleinkinder die Mutter lieben, weil sie ihnen eben Nahrung gibt oder weil sie sich an sie gewöhnt haben. Fürsorgende Zuwendung und Vertrautsein sind dann gleichzeitig und implizit ästhetische Prozesse, die eine evaluative Komponente haben. »Zuwendung« der Mutter und »Zuwendung« des Kleinkindes sind demnach nicht nur ein Reiz-Reaktions-Mechanismus qua Konditionierung, sondern sehr viel gehaltvoller. Es sind Anfänge der Kommunikation, die in den Sprach- und Symbolbereich einführt; es geht um Redundanz (das Wiedererkennen ist gleichzeitig ein Stück Lebensordnung, aber möglicherweise auch Ausdruck von Stil in einem kulturellen Ambiente); zu entdecken sind Informationen (die vertraute Wiederkehr kann gleichzeitig durch kleine variante Gesten Innovationen und Neuheiten anbieten), und die Ebene der Mimesis erlaubt Kindern, in der erwidernden Nachahmung von Lächeln oder Gurrlauten ein Stück kreatürlicher Ursprünglichkeit (Hunger) in eine kulturelle Form zu überführen. Ästhetisches Wahrnehmen und Erleben sind danach elementar und auf einer rudimentären, freilich noch nicht durch kulturelle Übung überformten Stufe sehr früh zugänglich. Auch die Welt von Kunst, Kultur und Geschmacksbildung bleibt nicht vor der Tür, wenn wir das Zimmer des Kleinkindes betreten.

Sich-Bewegen und Exploration

Wir hatten bei der Darstellung der Entwicklungsschritte schon gesehen, daß die *motorische Kompetenz* des Kleinkindes eine große Rolle spielt. Allmähliche Körperbeherrschung (vom Sich-Aufrichten bis zum Laufen-Können), die Ausbildung der Feinmotorik (von noch fahrig wirkenden Malbewegungen bis zum Schreibenlernen) – dies alles sind wichtige Eckpunkte auf dem Weg zur Selbständigkeit des Kindes (dazu: Nickel/Schmidt, S. 25 ff.). Das Sich-Bewegen des Säuglings ist zunächst eher auf den eigenen Körper gerichtet und entwickelt sich dann weiter im Körperkontakt mit der Mutter; erst allmählich richtet sich die Bewegung auch auf Objekte und den umgebenden Raum. Wir hatten das *Explorationsverhalten* genannt, Grundlage für die wachsenden Aktivitäten des Kindes und damit seine zunehmende Selbständigkeit. Kinder lernen durch Exploration und Spiel, ihr sensorisches Feld ständig zu erweitern. Während der Säugling eher Vertrautes bevorzugt, weil er es wiedererkennt (ein Erfolgserlebnis eigenständiger Art), beginnt er beim Übergang zum Kleinkind Interesse an neuer vertrauter Umgebung zu entwickeln, bis das Kind im Kindergartenalter dann auch fremde und unbekannte Terrains betritt – freilich nach Möglichkeit, wenn es sich bei den Eltern rückversichern kann (im wörtlichen Sinne: sie schützend im Rücken weiß).

Das Sich-Bewegen des Kindes ist damit keine isolierte Aktion, sondern verbindet sich mit anderen sensorischen Prozessen sowie mit Ausdrucksverhalten. Dies zeigt eine Längsschnittuntersuchung, die

Keller/Boigs (1989, S. 452 ff.) durchgeführt haben. Drei-, vier- und sechsjährige Kinder würden mit dreidimensionalen Objekten (Explorationskisten) konfrontiert mit der Aufgabe, deren Funktionsweisen herauszufinden. Den Kindern wurde jeweils gesagt: »Wir haben Dir eine Kiste mitgebracht. Du kannst alles damit machen, was Du möchtest.« Die mit Video aufgezeichneten Beobachtungen wurden anschließend ausgewertet und ergaben folgende Kategorien:

1. *Visuelle Exploration:* Das Kind betrachtet das Objekt, ohne sich ihm zu nähern oder sonstwie Bewegungen auszuführen.
2. *Taktile Exploration:* Das Kind berührt das Objekt und verbindet diese Berührung mit der Konzentration visueller Aufmerksamkeit auf diese Aktion.
3. *Manipulative Exploration:* Nun berührt das Kind das Objekt nicht nur, sondern es bewegt das Objekt bzw. dessen Teile, löst mögliche Funktionen aus und erprobt diese, während die Aufmerksamkeit auf diese Handlungen konzentriert ist.
4. *Verbale Exploration:* Das Kind stellt Fragen zum Objekt (an die Eltern oder die Versuchsleiter), äußert sich etc.

Es zeigt sich, daß zweijährige Kinder schwerpunktmäßig manipulativ explorieren; dreijährige Kinder verbinden visuelle und manipulative Exploration; vierjährige Kinder haben geringere visuelle und taktile

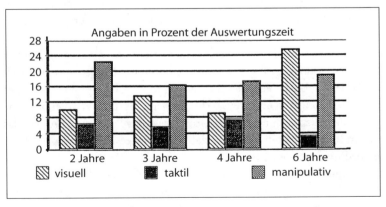

Abb. 7 zeigt die zeitlichen Anteile der Explorationsmodalitäten bei zwei-, drei-, vier- und sechsjährigen Kindern.
Quelle: Keller/Boigs 1989 S. 454

Anteile, aber wachsende manipulative; sechsjährige Kinder schließlich bevorzugen visuelles Verhalten. Es zeigt sich, daß insgesamt visuelle und manipulative Vorgehensweisen dominieren. Wenn insbesondere bei den sechsjährigen Kindern der visuelle Anteil überwiegt, könnte sich dies dadurch erklären, daß nun kognitiv-epistemische Komponenten eine größere Rolle spielen. Die Kinder müssen nicht mehr »ausprobieren« oder sich ein Objekt durch Berühren aneignen, sondern sie erfassen die Situation und die Aufgabe visuell und kommen entsprechend zu manipulativen Lösungen. Das Alter von zwei Jahren hingegen scheint besonders typisch für manipulative Exploration zu sein, während dreijährige ihre visuellen Kompetenzen verstärkt einsetzen, vierjährige alle drei Explorationsebenen (bis auf die verbale Exploration) benutzen. Die taktile und die manipulative Exploration sind mit Bewegungen und Erkundungen verbunden, die durch Berühren, das Objekt bewegen, in es eindringen etc. bestimmt sind. Insgesamt zeigt die Auswertung des Versuchs, daß die zunächst hohe Bedeutung manipulativer Exploration allmählich abnimmt und ein komplexeres epistemisches Verhalten in den Vordergrund tritt. Hinzu kommt, daß mit zunehmendem Alter die Explorationsdichte steigt, wobei gleichzeitig die Explorationszeiten verkürzt werden und eine effektivere und umfassendere Erkundung der Objekteigenschaften angetroffen wird. Die Kompetenz der Kinder, Lösungen nicht nur durch Berühren und Erproben zu finden, wächst also aufgrund zielgerichteter Handlungen, die schließlich auch mit anderen diskutiert werden können.

Was bedeuten diese Hinweise pädagogisch? Offenbar doch, daß wir beachten sollten, auf wie verschiedene Weise Kinder ihre Umwelt erkunden; daß das Sich-Bewegen des Kindes, vor allem aber auch der Einsatz einzelner Körperteile (Hände beim Berühren) offenbar eine große Rolle spielt und geübt wird; daß visuelle Wahrnehmung das Erkundungsverhalten begleitet; daß sechsjährige Kinder aufgrund des mehrdimensionalen Erkundungsverhaltens mit Hilfe visueller Wahrnehmung Situationen und Aufgaben schneller überschauen, offenbar, weil die Wahrnehmung nun Raumerfahrungs- und Bewegungsmuster erinnern läßt. Jeder weiß auch aus alltäglicher Erfahrung, daß gerade zwei- bis dreijährige Kinder (manchmal früher, manchmal auch später und länger) gern Dinge berühren, etwa Buchregale ausräumen, Gegenstände anfassen und verschieben oder mit sich nehmen usw. Kinder in diesem Alter bewegen sich durch den Raum und explorieren ihre Umgebung, nicht nur um Souveränität über ihren Körper zu gewinnen (Ebene der Motorik), sondern auch, um über die Selbstkontrolle hinaus, in steigender Weise ihre Umgebung und deren Gegenstände kennenzulernen, um sie sich vertraut zu machen. Wer Kinder dabei behindert, beeinträchtigt ihre Entwicklungschancen. Freilich, auch in den Objekten können Behinderungen verborgen sein, etwa, wenn sie zu schwer zu bewegen oder nicht erreichbar sind oder wenn sie sich nicht dem Willen des Kindes fügen. Wenn der Turm aus Bauklötzen immer wieder einstürzt, bekommen kleine Kinder oft Wutanfälle, werfen mit Klötzen um sich, beschuldigen ihre Spielkameraden, sie hätten etwas falsch gemacht, wenden sich vorwurfsvoll an die Eltern usw. Kinder erleben also bei ihren Erkundungen immer wieder *Frustrationen*, das heißt, sie gelangen nicht zum gewünschten Ziel, beherrschen eine Operation nur unvollkommen oder verlieren die Geduld – manchmal auch mit sich selbst, wenn sie bei Laufversuchen immer wieder hinfallen, so daß sie schließlich weinend aufgeben. Es besteht also eine Spannung zwischen *Kindzentrierung* und kindlicher *Selbständigkeit* (Nickel/Schmidt ca. 1976, S. 43ff.). Kinder brauchen Erwachsene, die ihre »Schritte ins Leben« (wie es in einer allgemeinen Wendung heißt) begleiten und Verläßlichkeit ausstrahlen, wenn ein Hindernis kommt. Sie sollten dies jedoch nicht übertreiben, denn das Kind braucht auch Selbständigkeit, und dazu gehören kalkulierte Risiken bei der Bewegung im Raum. Dennoch dürfen sie nicht alleingelassen werden, ihre Selbständigkeit ist also (schon, weil sie über ihre Körperbewegung noch nicht perfekt verfügen) eingeschränkt und immer wieder auf Hilfe angewiesen, vor allem, wenn sich frustrierende Situationen einstellen. Dann braucht das Kind zur Bewältigung die Hand des Erwachsenen.

Die Welt der Dinge

Auch hierzu war bei der Darstellung der Entwicklungstheorien (Piaget) und der kindlichen Entwicklung schon Wichtiges gesagt worden. In den ersten Lebensjahren widmet das Kind sich wesentlich der

Erkundung und Eroberung seiner gegenständlichen Umwelt, um auch auf diesem Wege seine Kompetenzen zu erweitern (Oerter/Montada 1982, S. 145 ff.).

Der erste Lernschritt dabei ist der zur Einsicht in eine *Objektpermanenz*. Für ein kleines Kind bis zu sechs Monaten scheint die Welt vor allem aus Sinneseindrücken und Gegenständen zu bestehen, die jedoch nur so lange für das Kind existieren, wie sie gesehen oder gehört werden können oder zur Verfügung stehen, so daß das Kind mit ihnen hantieren kann. Wenn sie aus dem Gesichtskreis geraten, hört ihre Existenz quasi auf. Kinder zwischen acht und zehn Monaten suchen dagegen aktiv gerade auch nach einem Gegenstand, der aus ihrem Blickfeld verschwunden ist. Offenbar haben sie nun die Einsicht gewonnen, daß Gegenstände auch dann vorhanden sind und andauern, wenn man sie nicht sieht, hört oder greift. Sie haben damit eine von der eigenen Handlung unabhängige Existenz. Die Einsicht in die Objektpermanenz wäre also mehr als ein Reflex von Erfahrungen, sondern eine geistige Konstruktion, ein begriffliches Schema: Objekte existieren und dauern über die Zeit an, unabhängig davon, ob das Kind sensorisch direkt und unmittelbar mit ihnen zu tun. Ganz offenbar geht dabei der Bildung der Objektpermanenz als Bedingung die Entwicklung des *Greif*vermögens voraus. Greifen ist nicht nur eine motorische Fähigkeit, die beim Menschen besonders differenziert ausgebildet ist, weil er Daumen und Zeigefinger gegenüberstellen kann. Greifen ist auch eine Erkenntnishaltung: Wir »begreifen« etwas und »erkennen« es dadurch besser. Gerade in Hinsicht auf den Umgang mit Dingen, der zum »Begreifen« von Welt wichtig ist, hatten wir die Positionen von Piaget und Bower schon gegenübergestellt. Während Piaget eine Entwicklung von einfachen Schemata zu komplexen Strukturen vorstellt (der kleine Säugling existiert für sich selbst noch nicht in einer einheitlichen Welt mit konkreten Gegenständen, sondern hat nur interessante Sinneseindrücke als Resultat seiner eigenen, unmittelbaren Handlungen, und erst allmählich kann er davon »abstrahieren«, etwa in Richtung auf Objektpermanenz), geht Bower davon aus, daß das Kind von Anbeginn globale Strukturen erfaßt, die im Laufe der Entwicklung dann aufgebrochen, differenziert und durch Lernen angereichert werden. Für Bower werden Informationen über unterschiedliche Sinneskanäle einheitlich repräsentiert, so daß Informationen aus unterschiedlichen Sinnen gegeneinander austauschbar sind. Was hörbar ist, ist auch greifbar, und was greifbar ist, ist auch sehbar, was sehbar ist, ist auch greifbar und so fort. Interessant ist die Einzelbeobachtung von Bower, daß Kinder, die nicht genügend Greiferfahrung mit Gegenständen haben, dies quasi durch einen Kompensationsmechanismus ausgleichen, der im Betrachten der eigenen Hände besteht. Dieses Betrachten der eigenen Hände tritt mit etwa zwölf Wochen verstärkt auf und scheint reifungsdeterminiert zu sein, da es auch bei blinden Kindern zu beobachten ist. Bei sehenden Kindern dient die eigene Hand als Seh- und Greifobjekt, nach dem das Kind mit seiner anderen Hand greift und schließlich zum gleichen Entwicklungsresultat kommt wie Kinder mit anderen Seh- und Greifobjekten, quasi nach Vorerprobungen des Greifens am eigenen Körper. Der Entwicklungsprozeß ist nach Bower also überdeterminiert, Reifung und Lernen führen über zum Teil verschiedene Pfade schließlich doch zum selben Entwicklungsergebnis.«So läßt sich erklären, daß die Umweltbedingungen zwar den Entwicklungsprozeß beschleunigen oder verlangsamen, ihn aber nicht prinzipiell verändern können, zumindest nicht in der frühen Kindheit.« (Ebd., S. 151)

Eine dritte Auffassung vertritt Bruner (1968). Für ihn geht der Weg von diffusen zu artikulierten und ausdifferenzierten Willenshandlungen. Bruner sieht, unter Berufung auf sowjetische Wissenschaftler, in der Greifbewegung die Entwicklung eines motorischen Handlungsmodells, das seinerseits ein Modell für spätere symbolisierte Handlungsmodelle bietet, die epistemisch organisiert sind (Denken). Ihn interessieren alle Formen zielgerichteten Handelns, die sich nicht aus Reflexen herleiten lassen. Zunächst greift das Kind sehr ungeschickt nach Gegenständen, ohne ein bestimmtes Programm zu haben, wie es die Handlungen am besten koordinieren kann. Dann folgen langsame Beuge- und Streckbewegungen, verbunden mit der Reduktion überflüssiger Bewegungen, die ein gezieltes Greifen leichter macht. »Hinzu kommt nun auch etwas, das Bruner ›Mundarbeit‹ des Kindes nennt. Sie hat offensichtlich die Aufgabe, den Abschluß der Handlung während des Handlungsablaufes im Sinne zu behalten; sie ist damit ein Vorläufer für Intentionalität. Auch die starr offene Hand (...) statt der geschlossenen Faust dient als übertriebene Handlung dazu, die Intention aufrechtzuerhalten, wenn die Erfüllung zeitlich etwas verzö-

Alter	Piaget (1936)/White (1970)	Bower (1979)	Bruner (1968)
Neugeborenes 0–4 Wochen	(Üben der angeborenen Reflexschemata bei ihrer Auslösung durch Stimuli)	*Phase IA:* Anblick eines Gegenstandes löst Armbewegung in Richtung des G. aus, mit ca. 40% Kontakterfolg; Strecken des Armes löst Handschließen aus; Berühren der Handinnenfläche löst Greifreflex aus, Streichen entlang der Hand dagegen Strecken der Finger. 1.–20. Woche: Geräuschobjekt löst Armbewegung in Richtung Geräuschquelle aus mit ca. 25% Kontakterfolg bei 18 Wochen, auch im Dunkeln.	
1–2 Monate	*Stufe 1:* Hören, Sehen, Greifen und Saugen sind nicht koordiniert. Hand greift nicht nach gesehenem Gegenstand, greift auch nicht nach dem Gegenstand, an dem gesaugt wird, schaut	Die Armbewegung nach einem Sehobjekt verschwindet aus dem Repertoire.	Kontaktberührung mit Objekt löst Greifreflex aus. Bei etwas entferntem Greifobjekt: Strecken von Zeigefinger und Daumen, später auch aller Finger.

	nicht nach ergriffenem Gegenstand oder nach Geräuschquelle. Mitunter wird die Hand zum Mund gebracht und daran gesaugt. D. h.: separate und nicht miteinander koordinierte Schemata.	Bei Anblick eines Objektes in Greifnähe (in aufrechter Haltung) Erhöhung der Muskelspannung in Armen und Schultern.
2–3 Monate	*Stufe 2:* Augen folgen der Bewegung der Hand, diese ist aber noch nicht unter der Kontrolle der Augen. Saugen am ergriffenen Gegenstand, aber kein Betrachten des ergriffenen Gegenstandes oder Ergreifen des gesehenen Gegenstandes. D. h.: beginnende Koordination von je 2 Schemata.	Bei Anblick von G. in Greifnähe: »Aufpumpen« von Armen, Schultern und Kopf, Fixieren des G. und aktive »Mundarbeit«. Bewegung der Arme bei geschlossener Faust, aber Überraschung (Blinzeln), wenn Faust Objekt berührt.
3–4 Monate	*Stufe 3:* Das Sehen scheint die Handbewegung zu beeinflussen, diese im Sehbereich zu halten und ihre Aktivität zu erhöhen. Hand greift nach Ge-	Betrachten der eigenen Hand: Kind verfolgt Hand mit Augen- und Kopfbewegungen (auch blinde Kinder). Allmählich wird Langsame Bewegung mit offener Hand auf das fixierte Objekt zu mit Mund- und Zungenaktivität. Bei bilateraler Armbewegung Zusam-

Alter	Piaget (1936)/White (1970)	Bower (1979)	Bruner (1968)
	genstand, an dem gesaugt wird; gerät aber der G. dabei zufällig in das Blickfeld, tritt eine Verzögerung ein, bevor daran gesaugt wird.		mentreffen der Arme in der Körpermittellinie. Handschließen nur bei Berühren des Objekts. Bei unilateraler Armbewegung hängt der andere Arm schlaff.
4–5 Monate	*Stufe 4:* Hand ergreift erstmals gesehenen Gegenstand, sofern Hand und Gegenstand gleichzeitig im Sehfeld sind.	*Phase Ib:* Wiederauftauchen der im 1. Monat beobachteten Arm- und Greifbewegung, ausgelöst durch Sehen von Gegenständen, aber in der Ausführung nicht gesteuert durch das Sehen. Keinerlei Ansatz einer Greifbewegung nach Geräuschobjekt im Dunkeln.	Klare Sequenz: Aktivierung, Armbewegung, Ergreifen, Heranholen zum Mund, in den Mund stecken. Auslösung der Bewegung durch Anblick von Gegenständen. Ausführung bis zum 7./8. Monat, häufig ohne visuelle Steuerung.
5–6 Monate	*Stufe 5:* Echtes, durch Sehen gesteuertes Greifen nach G. Nach Ergreifen: Betrachten des	*Phase II:* Sehen löst Transport der Hand in das Blickfeld und dann zum G. aus; Handführung ist also visuell ge-	

	Gegenstandes, danach Saugen am Gegenstand. Mit der Zeit verlängert sich die Betrachtungszeit, und das Saugen entfällt.	steuert und daher exakter (100% Kontakterfolg). Das Schließen der Hand dagegen erfolgt erst nach Berühren des Gegenstandes, ist also taktil gesteuert.
7 Monate		Direktes Zustoßen auf den Gegenstand.
14 Monate		Ausbreiten der Arme auf der Höhe des Gegenstandes, dann erst Schließen der Hände um den Gegenstand

Abb. 8 Entwicklung der Greifbewegung nach Piaget, Bower und Bluner.
Quelle: Oerter/Montada 1982, S. 147–149

gert ist.« (Ebd., S. 153) Solche intendierten Handlungen werden im Gehirn allmählich als *enaktive* Schemata repräsentiert. »Wenn das Kind dann nicht mehr direkt auf den Gegenstand zustößt, sondern die Greifhandlung zerlegt in ein Ausbreiten der Arme bis auf die Höhe des Gegenstandes und dann die Hände zusammenschließt, spricht dies dafür, daß es über eine weitere, eine ›*ikonische*‹ (bildhafte) Repräsentationsebene verfügt, auf der ein kartesischer Raum unabhängig von der Handlung existiert (ca. Ende des zweiten Lebensjahres).« (Ebd., S. 153) Bruner hat auch beobachtet, daß das Greifen die Vorstellung von Einzahl und Vielzahl vermitteln kann. Wenn man nämlich Kindern rasch nacheinander zwei oder drei Spielzeuge darreicht, lassen siebenmonatige Kinder das erste Spielzeug, das bereits auf dem Wege zum Mund ist, fallen, um nach dem zweiten zu greifen (die Anzahl ist durch den Mund definiert). Zwölfmonatige Kinder greifen das zweite Spielzeug mit der zweiten Hand, wird ein drittes gereicht, lassen sie eines der ersten beiden fallen. Achtzehnmonatige Kinder können mehr als zwei Gegenstände manipulieren; sie klemmen die ersten in die Armbeuge, um die Hände für die nächsten freizubekommen. Für die pädagogische Betrachtung mag diese Feinbeobachtung (die noch wesentlich differenziert werden kann) nicht sehr wichtig erscheinen. Sie ist es aber doch, weil sie zumindest ahnbar macht, daß jedes Greifen für ein Kleinkind ein Abenteuer in einer Nahwelt ist, die zwar für den erwachsenen Begleiter überschaubar ist, keineswegs aber für das Kind. Gerade im Umgang mit Objekten fördert es seine kognitive Entwicklung durch Differenzierungsfähigkeit bis zu dem Punkt (nach Piaget), daß es nicht nur eine *Objektpermanenz* attestiert, sondern auch eine *Objektkonstanz* (also in der Lage ist, die zunächst vertretene Fehlmeinung zu korrigieren, ein Objekt, auf verschiedenen Positionen, sei nicht das gleiche; oder bei den berühmten Umschüttungsversuchen einer farbigen Flüssigkeit von einem niedrigen in ein hohes Gefäß nun zu verstehen, daß sich trotz der anderen Anordnung der Flüssigkeit in verschieden geformten Gefäßen doch das gleiche Quantum erhält). Wichtig sind also Dinge, die Kinder greifen können, aber so, daß sie sie gleichzeitig sehen und, wenn möglich, auch hören. Eine Kinderrassel verbindet z. B. alle drei Eigenschaften und ist sicherlich auch deshalb so beliebt.

Ist das Kind älter geworden und mit der Welt der Dinge vertraut, wird es noch neue Dimensionen an ihnen entdecken. Die eine besteht darin, daß Kinder Dinge in der Regel nicht auf feste Funktionen festlegen. Für Erwachsene ist ein Stuhl primär zum Sitzen, sekundär vielleicht auch zum Ablegen von Dingen da. Kinder aber benutzen ihn beispielsweise zum Schieben (dann ist er eine Eisenbahn) oder zum Raumabgrenzen (dann markiert er die Wand eines imaginierten Hauses). Dinge haben also wechselnde, nicht konstante Bedeutungen (Eggers 1984, S. 237f.). Hier zeigt sich nicht nur die kindliche Phantasie, die sich insbesondere an den Dingen üben kann, sondern auch seine Suche nach Ordnung und Sinn. Später wird es bestimmte Dinge an bestimmte Plätze legen und penibel darauf achten, daß niemand sie berührt oder verschiebt. Die Motive dafür reichen vom Ordnen des Chaos bis zur Sicherstellung der Anfänge einer eigenen kindlichen Identität über die Dinge und ihre verläßliche Anordnung und Bedeutungszuweisung (Eggers, S. 244). – Eine andere Funktion haben die Dinge für Kinder, indem sie als *Sammelobjekte* funktionieren (Fatke, in: Eggers, S. 233ff.). Vorausgesetzt, daß die Gegenstände klein und für das Kind handhabbar sind, kann nun vieles gesammelt werden: von Kastanien über Maikäfer (die freilich keine Dinge sind, aber oft so erfahren werden, es sind quasi »krabbelnde Dinge«) bis zu Glaskugeln, Murmeln und schließlich (aber dann ist das Schulalter sicher erreicht) Briefmarken. Auch das Sammeln hat für das Kind verschiedene Bedeutungen: Neben der ästhetischen Freude an Gegenständen fordern diese auch auf, ihre Würde und Bedeutung durch Sammeln zu erhöhen; sie öffnen das Kind für die Erfahrung, daß es über etwas verfügt, dieses Etwas aber immer nur Teil eines materiellen Ganzen ist, das man zwar vermehren, aber nie (oder sehr schwer) vollständig haben kann. Wenn Kinder Kastanien sammeln und auf der Fensterbank anordnen, haben sie die Kontrolle über etwas, sind gleichsam Meister einer Situation. Erleben sie dann, daß die Kastanien, zunächst blank und glänzend, langsam eintrocknen und zu schrumpeln beginnen, erfahren sie oft eine tiefe Enttäuschung: daß auch Dinge, zunächst unverwechselbar, in ihrer Form unantastbar und schön, der Vergänglichkeit ausgesetzt sein können und damit ihren Wert verlieren oder verändern. Ein Kind, das sammelt, schafft sich über Dinge also einerseits einen begrenzten Verfügungsraum, lernt andererseits aber auch, sich wieder von etwas zu trennen und Abschied zu nehmen. Das kann mit Schmerz und Trauer verbunden sein, ebenso wie beim Abschied von Menschen.

Die Welt der Gefühle (Emotionen)

So grundlegend Emotionen für die Entwicklung einer Person sind, wie entscheidend in allen Dimensionen menschlichen Lebens – von persönlichen Beziehungen über Beruf und Arbeit bis zu Fragen ästhetischer Wahrnehmung und Sinnzuschreibungen –, so wenig wissen wir doch darüber. Sie sind offenbar einerseits so diffus, andererseits so allgegenwärtig, daß ihre systematische Erforschung immer noch sehr am Anfang steht. Dennoch, einiges läßt sich aussagen, insbesondere über Gefühle und ihren Ausdruck in der Kleinkindwelt.
Gehen wir davon aus, daß Kinder das Produkt einer großen Emotion sind, nämlich der Liebe ihrer Eltern. Wir wissen nicht, ob dies genetisch nachweisbar ist, aber alle Erfahrungen sprechen dafür, daß das Kind einer liebenden Vereinigung meist auch ein liebendes und geliebtes Kind ist. Emotionen sind demzufolge ein privates, persönliches und zugleich natürliches Phänomen, das (hoffentlich) in seiner positiven Variante gegeben ist; Emotionen kann man nicht lernen oder sozial verfügbar machen (dazu aber: Gerhards 1988).

Es könnte freilich auch anders sein. Das neugeborene Kind ist ein Produkt des Zufalls, vielleicht sogar einer Vergewaltigung. Werden die damit verbundenen negativen Emotionen sich ebenfalls fortpflanzen und dem Kind keine Chance geben? Daß dem nicht so ist, wissen wir inzwischen auch. Offenbar läßt sich also in der nachgeburtlichen Phase, wenn sie glücklich verläuft, manches von dem kompensieren, was vorgeburtlich problematisch ist.

Werfen wir einen Blick auf die empirische Forschung, läßt sich feststellen, daß, aufs Ganze gesehen, eine feste Partnerschaft (zumeist ausgedrückt über die Familie) Wohlbefinden und Glück eher sichert als andere Lebensformen; Familien wären dann auch der emotional günstigste Startort für ein neues Leben. Willson beschrieb einen glücklichen Menschen (1967) (nach Stroebe/Stroebe 1988, S. 155) als

»jung, gesund, gut-bezahlt, extrovertiert, optimistisch, sorgenfrei, religiös, verheiratet, mit hohem Selbstwertgefühl, hoher Arbeitsmoral, moderatem Ehrgeiz, entweder weiblich oder männlich und von einer weiten Streubreite intellektueller Fähigkeiten«. Beim Familienstand (verheiratet, nicht verheiratet, geschieden, verwitwet) handelt es sich dabei offenbar um die wichtigste Determinante subjektiven Wohlbefindens (hierzu und zum folgenden: Stroebe/Stroebe, S. 155 ff.). Verheiratete Personen haben die niedrigsten Depressionsraten von allen Familienstandskategorien und haben auch niedrigere Zahlen bei allen psychiatrischen und anderen Problemen. Verheiratete leiden weniger an physischen Erkrankungen als die Angehörigen anderer Familienstandskategorien, die vorzeitige Sterblichkeit ist ebenso geringer wie die Langlebigkeit überdurchschnittlich ist. Insgesamt wirkt sich die Ehe auf das subjektive Wohlbefinden und auf die psychische und physische Gesundheit positiv aus, noch entschiedener für Frauen als für Männer. Getrübt wird dieses positive Bild offenbar durch die *Gegenwart von Kindern*. Berücksichtigt man die Tatsache, daß die meisten Ehepartner Kinder wünschen, sind Befunde doch verwunderlich, die ganz offensichtlich machen, daß sich die Gegenwart von Kindern negativ auf das subjektive Wohlbefinden (amerikanischer) Eltern auswirkt, Ehepartner, die keine minderjährigen Kinder hatten, größeres subjektives Wohlbefinden berichteten als Ehepartner mit minderjährigen Kindern usw. (ebd., S. 160). Insbesondere besteht ein negativer Zusammenhang zwischen Zufriedenheit mit der Ehe und der Anzahl der Kinder und hier insbesondere minderjähriger Kinder. Im übrigen scheinen Frauen heute von der Ehe nur dann in nahezu gleichem Ausmaß wie die Männer zu profitieren, wenn sie die eheliche Rolle mit einer Berufstätigkeit verbinden können; allerdings »wirkt sich die Berufstätigkeit hauptsächlich dann positiv auf die Gesundheit von Ehefrauen aus, wenn sie keine kleinen Kinder haben oder wenn sich zumindest keine Schwierigkeiten bei der Versorgung der Kinder ergeben. Offensichtlich werden Frauen mit kleinen Kindern, denen niemand die Pflege der Kinder abnimmt, durch die Doppelbelastung von Kindererziehung und Beruf überfordert.« (Ebd., S. 164) Hier scheinen sich also Wandlungen anzudeuten (vgl. 3. Kapitel), die auch für das Aufwachsen von Kindern zu beachten sind. Ein emotional positives Ausgangsklima scheint in Familien immer dann zu bestehen, wenn die Ehe formal als sozial erwünscht, persönlich gewollt, Kinder ebenfalls als gewollt und andere Positionen der Lebensplanung nicht beeinträchtigend erfahren werden. Übernervöse Mütter, die neben einem Halbtagsberuf auch noch den Haushalt vollständig zu versorgen haben und sich um die Kinder kümmern müssen, können – dies liegt wohl auf der Hand – kein positiv-ausgeglichenes Familienklima herstellen, und sie werden sehr schnell gereizt schon auf Anforderungen des Säuglings reagieren. Es zeigt sich, daß das Familienmodell nur dann weiter eine gute Ausgangsbasis für positive Emotionen und Wohlbefinden garantiert, wenn die eben genannten Vorbedingungen eingehalten werden können. An diesem Beispiel wird klar, daß familienpolitische Maßnahmen – etwa die Bereitstellung von Horten für Kleinkinder, die Möglichkeit, Pflegemütter einen Teil der Verantwortung übernehmen zu lassen etc. –, obwohl zunächst eher gesellschaftlich-allgemein und »weitab«, direkt die emotionalen Dynamiken in Familien beeinflussen können.

Betrachten wir einen Säugling, der in eine emotional austarierte Familie hineingeboren wurde, können wir innerhalb der ersten zwei Lebensmonate als auffälligstes Ausdrucksverhalten ein »endogenes« Lächeln beobachten, das von raschen Augenbewegungen begleitet ist (Emde/König 1969). Säuglingsfotos dieser Zeit beurteilen wir in der Regel nach zwei emotionalen Dimensionen: Entweder beobachten wir beim Säugling eine hedonistische Stimmung (dann gefällt er uns), und ebenso gefällt es uns, wenn er sich in einem aktiviert-wachen Zustand zeigt. Ein verzogenes Gesicht, Weinen oder ein desaktivierter Zustand dagegen machen keinen so guten Eindruck. Nach den ersten beiden Lebensmonaten taucht dann ein Lächeln auf, das durch externe Reize provoziert wird und das als sozial gelten kann. Die Fähigkeit, Emotionen zu haben, ist also ebenso angeboren wie die Fähigkeit, die Motorik, das Bewegungs-, Beobachtungs- und Denkvermögen zu entwickeln, aber es sind die sozialen Situationen, die die emotionale Kompetenz in allen Richtungen ausarbeiten. Insbesondere Gewöhnungsexperimente zeigen uns, daß Säuglinge Vertrautheit brauchen (das Gesicht der Mutter und ihr Lächeln), um sich behaglich zu fühlen. Hinzu kommt natürlich die verläßliche Erfahrung, daß Hunger gestillt wird, Mißbehagen weggeräumt, die wichtigen Bezugspersonen in Krisenmomenten schnell zur Verfügung stehen. Eine leicht erhöhte menschliche Stimme (eine hellere Frauenstimme) scheint ab der dritten Woche ein besonders guter »Auslöser« für ein Lächeln zu sein. Ein volles Lächeln tritt vor allem als Reaktion auf das menschliche Gesicht um die fünfte bis achte Lebenswoche auf, und ab der zwanzigsten Lebenswoche kann das Kind insofern diskriminieren, als es nur vertrauten Personen zulächelt, nicht aber unvertrauten. Eine Beobachtung ist dabei wichtig. Es gibt zwischen den Kindern Unterschiede, die relativ stabil bleiben: Einige Kinder lächeln mehr als andere. Kinder, die in Institutionen nach Pflegeprogrammen aufwachsen, lächeln beispielsweise weniger als Kinder, die individuell betreut werden (beispielsweise in Familien). Ein herzhaftes Lachen finden wir dann mit vier Monaten. Es ist vor allem durch plötzliche, auf das Kind eindringende Reize (akustisch: »bum, bum, bum«, taktil: Bauch küssen, Kind kitzeln, Kniereiten), später auch auf weniger eindringliche visuelle und soziale Stimulationen (z. B. Maske vorm Gesicht, Mutter trinkt aus Babyflasche, Guck-Guck- und Versteckspiele, Zunge herausstrecken) auszulösen.

Betrachten wir das *Lächeln des Kindes* als emotionale Erst- und Urreaktion, wäre zu erklären, wieso es dies ist. Stimulus-Response-Modelle, also mechanistische Erklärungen, werden heute kaum noch vertreten. Auch das Lächeln ist ein Surplus, das beispielsweise nicht »automatisch« ausgelöst wird, wenn der Hunger gestillt wird oder ist. Lächeln ist mehr als eine instinktive soziale Reaktion und wird nicht, quasi automatisch und kaum veränderbar, durch Auslöse-Mechanismen hervorgerufen. Sicher ist es auch Ausdruck des Wohlbehagens nach der Befriedigung primärer Bedürfnisse (z. B. des Hungers), also einer Reduktion von Spannung. Man könnte meinen, daß eine solche Bedürfnisbefriedigung, weil sie mit dem Gesicht der nahen Mutter assoziiert wird, eine erlernte Reaktion ist. Empirische Befunde zeigen jedoch (vgl. Oerter/Montada 1982, S. 169 ff.), daß bereits Neugeborene eine deutliche Präferenz für gesichtsähnliche Stimuli aller Art zeigen. Was schon bei Affenbabys beobachtet wurde (mutterlos aufwachsende Affen kuschelten sich bei Angst an die Plüschattrappe, obgleich diese keine Milch gab und ließen die milchspendende Drahtattrappe unbeachtet), gilt auch bei menschlichen Babys: Neben der Bedürfnisbefriedigung (Hungerstillung) spielen farbenfrohe und formenreiche Gegenstände eine große Rolle, sowohl vor als auch nach dem Füttern. Es gibt also einen emotionalen Überhang, der als ästhetisches Wohlbehagen gedeutet werden darf. Andere Autoren (Kagan 1974) interpretieren das Lächeln, ebenfalls einfache Verursachungsmodelle überschreitend, als emotionale Abschlußphase eines *kognitiven Problemlöseprozesses*. Lächeln begleitet danach eine gelungene Assimilation eines diskrepanten Ereignisses. Die Tatsache, daß Kinder auf Gesichter hin lächeln, deutet Kagan in die Richtung, daß das Gesicht wahrscheinlich das erste kognitive Schema ist, das das Kind aufbaut. Genauso lächelt oder lacht das Kind bald auch, wenn es andere, nichtsoziale Diskrepanzen durchschaut, etwa ein Problem gelöst hat (das Greifen nach der Rassel war erfolgreich). Lächeln kann demnach andeuten, daß das Kind eine bestimmte Aufgabe, die sich ihm stellte, erfolgreich gelöst hat. Auch Bower (1979) drückt Lächeln als Ausdruck für ein geistiges Vergnügen aus. Das Kind hatte ein Problem, das zunächst einen Aktivitätssturm bei ihm auslöst, bis es den Zusammenhang durchschaut hat; dann lächelt es und stellt die Aktivität ein.

Bedürfnisbefriedigung und damit verbundenes Wohlbefinden; ästhetisches Wohlbefinden; kognitiv-geistiges Durchschauen einer Situation: Das Lächeln eine Kleinkindes differenziert sich in seinen Motiven schnell aus und enthält ein reichhaltiges Repertoire an Bekundungshintergründen. Nicht zu vergessen ist schließlich Lächeln als protosoziales Verhalten. Zunächst wird das Lächeln eines etwa zwei Monate alten Babys eher von der Außenseite, also etwa der Mutter, als sozial interpretiert, als Erwiderung auf ihr Lächeln. Erst mit einem intensiven Augenkontakt und dessen gezeigtem Lächeln entwickeln Mütter das Gefühl einer persönlichen und positiven Beziehung zu ihrem Kinde. Bald erwidert das Kind aber das Lächeln der Mutter, lächelt ihr beispielsweise entgegen, und dies auch dann, wenn es gerade gestillt worden ist und das Lächeln insofern keine auf Grundtriebe bezogene Bedürfnisbefriedigung mehr ausdrückt. Das Lächeln drückt vielmehr den Eintritt des Kindes in die Welt der sozialen Beziehungen aus, der immer auch ein Ausdruck von Gegenseitigkeit ist.

Aber Kinder lächeln nicht nur. Das *Fremdeln* wurde schon angesprochen. Es drückt sich aus durch Weinen, Abwenden des Kopfes, möglicherweise auch Schließen der Augen oder andere Ausdrucksmodalitäten von Angst und Abwehr. Auch hier reicht es aber nicht aus, Angstreaktionen, beispielsweise auf das Verlassen-Werden von

der Mutter (später Angstreaktionen auf einen Fremden), nur als eine Reaktion auf endogene, zum Teil auch sozial ausgearbeitete Sorgen anzusehen (Sorgen, daß bestimmte Bedürfnisbefriedigungen [Hungerstillung] nun vielleicht unsicher oder abgebrochen seien oder aber eine Person in das Leben eintrete, die offenbar »fremde«, keinesfalls aber Versorgungs- und Zuneigungsabsichten habe). Kagan (1980) sieht Fremdeln und die Ausdrucksreaktion Weinen zwar auch mit der fortschreitenden Gehirnreifung verbunden, aber vor allem bestimmt durch neue Möglichkeiten, die die bisherigen Lernerfahrungen des Kindes übersteigen. Das Kind hat nun ganz bestimmte Vorstellungsschemata entwickelt, die es auch aus der Erinnerung hervorholen kann, um sie mit einem neuen wahrgenommenen Stimulus zu vergleichen und auf diese Weise erste soziale *Klassifizierungen* vorzunehmen. Da das Gesicht vertrauter Personen ein ausdifferenziertes Vorstellungsschema ist, reagiert es eine Zeitlang auf andere Gesichter, die von diesem ausgebauten Schema abweichen, besonders heftig. Das Kind ist in dieser Phase vor allem bestrebt, konkrete und sichere Handlungsalternativen offenzulassen (räumliche Distanz als »Spielraum«, Nähe der Mutter als »Sicherungsraum«, Spielen mit der fremden Person als »Interaktionsraum« etc.). Schließlich könnte angenommen werden (Bower 1979), daß ein Kind fremdelt, weil es ein vorsprachliches Kommunikationsproblem noch nicht lösen kann. Zum fein ausgebauten vorsprachlichen Kommunikationssystem gehört beispielsweise das Lächeln und Gegenlächeln, das das Kind mit wenigen, aber ganz bestimmten und schnell erinnerten Personen ausführen kann. Tritt ein Fremder hinzu, wird er dadurch »abweichend«, daß er sich nicht mit dem Kind in der gewohnten und erwarteten Weise »unterhalten« kann. »Fremdenangst ist nach dieser Sicht ein Kommunikationszusammenbruch. Danach zeigen Kinder mit viel und enger Kommunikationserfahrung mit ihren Eltern mehr Fremdenangst (und früher als andere), da der Fremde zu sehr absticht. Weiterhin erzeugt ein aktiver Fremder mehr Angst als ein passiver Fremder (...); Fremden- und Trennungsangst sinken mit zunehmender Fähigkeit, sich sprachlich verständlich zu machen.« (Oerter/Montada 1982, S. 181)
Neben *Lächeln* und *Fremdeln* (Weinen) verfügen Kinder jedoch auch über das gesamte weitere Ausdrucksrepertoire, das mit Emotionen verbunden ist. Kleinkindängste aller Art (Nissen 1984^2, S. 56 ff.) kön-

nen sich auch mit *Wut* und *Zorn* verbinden (Nickel/Schmidt, S. 133). Angst-Weinen und wütendes Weinen sind also durchaus zu unterscheiden (und sind schon im Klangeffekt ja auch sehr verschieden). Schon Rousseau hat in seinem Erziehungsroman »Èmile« gezeigt, daß ein Erzieher dann den Zorn seines kleinen Zöglings auslöst, wenn er ihn in seinem Bewegungsdrang behindert und einschränkt (ebd., S. 135). Tatsächlich ist inzwischen belegt, daß Aggressionen von kleinen Kindern stark durch soziale Erfahrungen bestimmt sind. So gibt es eine Fülle von Belegen dafür, daß Aggression eine häufige Reaktion auf Frustration ist: »Im Kindergarten steigt die Häufigkeit von Konflikten unter den Kindern, wenn der Spielraum beschränkt ist und die Kinder demzufolge mehr gestört und frustriert werden. In Experimenten hat sich als wahrscheinlich erwiesen, daß frustrierte Kinder aggressiv reagieren werden, und dies ganz besonders in einer permissiven Situation, wo solche Reaktionen keine Strafe nach sich ziehen.« (Mussen u. a. 1981, S. 381). Aggressives Verhalten – körperliche Angriffe, Angriffe mit einem Gegenstand, Eindringen in das eigene, aufgebaute Territorium – wird von Kindern in der Mehrzahl der Fälle aggressiv erwidert. Sie sind freilich manchmal auch in der Lage, vor allem wenn sie furchtsam oder schüchtern sind, sozialen Frieden zu bevorzugen, sich aus einem Konflikt zurückzuziehen oder dem Aggressionspartner etwas zu geben (z. B. ein Spielzeug, einen Platz in ihrer Runde). Damit gestatten sie dem anderen, seinen Kopf durchzusetzen. Allerdings ist dieses Verhalten nicht die Regel, sondern muß, eher noch als der Ausdruck von Wut und Zorn, *sozial gelernt* werden. Hier haben Erwachsene eine wichtige Aufgabe. Sie dürfen auf keinen Fall den Kindern selbst Modelle für Aggressivität bieten, weil sie auf diese Weise deren Aggressivitätsbereitschaft aus der Latenz hervorrufen.

Umgekehrt können Kinder nicht nur aufgrund taktiler Stimulation weit über ein Lächeln hinausgehen und herzhaft lachen; sie können auch Humor zeigen (vgl. Corsaro, S. 209 ff.) und einen Sinn für Komik entwickeln. Die Beliebtheit von Zeichentrickfilmfiguren (Mickeymaus, Goofy etc.) bei Vorschulkindern verdankt sich sicherlich der Tatsache, daß sie die schrille Handlungskomik mit ihren unterhaltsamen Effekten genießen können und somit in der Lage sind, ein distanziertes Bild von der Welt zu entwickeln, in das die eigene Befindlichkeit (als bedroht oder sicher) nicht eingelassen ist, weil sie hier keine Rolle spielt.

Pädagogisch ist der Umgang mit negativen Emotionen schwieriger und anspruchsvoller als der mit positiven. Letztere scheinen sich quasi von selbst einzustellen und sind tatsächlich dann am ehesten vorzufinden, wenn das Wohlbefinden der Kinder durch Zufriedenheit mit ihrem Selbst, Sicherheit in ihrer räumlichen Umgebung, Verläßlichkeit in den Dingen, die sie umgeben und last but not least in der Bindung und Liebe an verläßliche Sozialpartner gesichert ist. Eine solche »positive Umgebung« läßt sich deshalb eigentlich leicht herstellen, weil sie ein *gemeinsames* Wohlbefinden auslöst, also Eltern wie Kinder von einer positiv gefärbten Situation profitieren. Anders ist es bei Furcht und Ängstlichkeit, deren Entstehung dunkler, deren Ausdrucksformen schwerer handhabbar sind. Fast jedes Kind entwickelt bestimmte Furchtzustände oder hat Ängstlichkeitsquellen (Mussen u. a. 1981, S. 399 ff.). Manche dienen der Selbsterhaltung im Sinne von Vermeidungsreaktionen (Autobahnen, wilde Tiere, gefährliches Werkzeug). Jedoch sind starke und häufige Furchtreaktionen wie Schreien, Zurückweichen, Sichzurückziehen, Zusammenfahren, Zittern, Protestieren (Aufbegehren), Bitten um Hilfe, Quengeln, Niederkauern, Anklammern an die Eltern kein Verhalten, das auf Dauer positiv erwidert werden kann. »Wenn das Kind zu einem angemessenen ausgeglichenen Gefühlsleben finden soll, müssen viele dieser Reaktionen durch Reife, zweckvollere Reaktionen auf zuvor furchterweckende Reize ersetzt werden. Die Furcht vor tatsächlich vorhandenen Objekten oder ungewöhnlichen Reizen wie unerwarteten Bewegungen, fremdartigen Gegenständen, Umgebungen oder Menschen sowie die Häufigkeit und Intensität der offenen Anzeichen von Furcht schwinden im Laufe der Vorschuljahre, je älter das Kind wird. Dagegen steigert sich die Furcht vor antizipierten, eingebildeten oder übernatürlichen Gefahren (z. B. vor der Möglichkeit von Unfällen, des Dunkelwerdens, von Träumen und Geistern). Anscheinend beeinflußt die kognitive Entwicklung des Kindes – sein sich mehrendes Weltverständnis und seine wachsende Verwendung von Repräsentationen und Symbolen – seine Gefühlsreaktionen.« (Ebd., S. 399) Ältere Vorschulkinder entwickeln, gerade auch infolge kognitiver Weiterentwicklung, eine Fülle von Phantasien, die Lust-, häufig aber auch Angstphantasien sein können. Schlechte

Träume können ebenso Auslöser sein wie unangenehme Gerüche, Dunkelheit, unüberschaubare Situationen, befremdliches Verhalten von Erwachsenen. Dabei sind die individuellen Unterschiede im Emotionsbereich markant. Das eine Kind kann außerordentlich ängstlich auf eine Beobachtung oder ein Ereignis reagieren, während das andere sich keineswegs beunruhigt zeigt oder im Grenzfall sogar amüsiert.

Emotionen sind also letztlich nicht steuer- und kontrollierbar, obwohl wir positive, wünschenswerte Emotionen unterstützende Bedingungen schaffen können. Zu Beginn dieses Unterkapitels war darauf hingewiesen, wie wenig wir über Emotionen wissen. Erst in letzter Zeit entdecken wir, daß Emotionen nicht nur unabdingbar vorhanden sind, sondern daß sie auch soziale Funktionen haben, die ebenso grundlegend sind wie das Denken und die kognitive Entwicklung, die wir meist als entscheidend für die Konstruktion von Wirklichkeit ansehen. Collins (1984), ein amerikanischer Soziologe, ist der Ansicht, daß ein rein kognitiv orientierter, mit Sprache aufgebauter Zugang zur Welt durch die Vermittlung von Symbolen eine Loslösung *vom Konkreten* ermöglicht und sogar beabsichtigt (Lernziel: Abstraktionsfähigkeit). Indem das Konkrete, Gegenwärtige, Situative durch Abstraktion in den Bereich des symbolischen und theoretischen Denkens transformiert wird, wird aber keine Wirklichkeitskonstruktion sichergestellt, weil Symbole immer andere Symbole aus sich entlassen, Theoriegebäude von anderen abgelöst werden können, etc. – ohne daß dies auf unsere unmittelbare Befindlichkeit und unser direktes In-der-Welt-Sein irgendwelche Auswirkungen hat. Mit der Entwicklung von Kognition, die sich zu sehr oder ausschließlich an Sprache bindet, eröffnet sich eine Produktion von zu vielen Möglichkeiten und Handlungsalternativen. Für das konkrete Leben brauchen wir aber eine Reduktion von Alternativen bzw. solche, die für uns entscheidbar sind. Hier nun greifen *Emotionen*, und dies in zweierlei Weise. Zum einen helfen sie, soziale Situationen durchsichtig zu machen, weil sie die Position von Personen im sozialen Raum durch Sympathie und Antipathie, Haß und Liebe, Angst und Vertrauen ordnen. Auf diese Weise werden Grenzen zwischen Nah und Fern, zwischen Ingroups und Outgroups, zwischen Freund und Feind erkennbar. Zum zweiten sind Emotionen aber auch *Ressourcen*, die zur Verhandlung stehen und getauscht werden können. Gefühle bilden wichtige Motivationen für soziales Handeln, etwa dafür, meine Handlungslinien mit denen eines anderen abzustimmen, wobei nicht nur die Sache, sondern auch Sympathie dies nahelegt. Während der kognitive Bereich eine Fülle von Möglichkeiten durchkonstruieren, aber auch phantasieren und verbinden läßt, kann die konkrete Situation über Gefühlsbahnen so strukturiert werden, daß zur Lösung eines anstehenden Problems nicht alle denkbaren abstrakten Möglichkeiten erörtert werden müssen, sondern dieser Weg quasi abgekürzt wird durch den Einsatz von Emotionen, die Beziehungen und Handlungen ausscheiden, die das Wohlbefinden beeinträchtigen und andere einbeziehen, die dies nicht tun. Insofern ist das Lächeln des Kindes und das Gegenlächeln der Mutter ein fundamentaler Modus sozialen Austauschs, über den Wirklichkeit aufgebaut wird. Die an das Begrenzte und Konkrete gebundenen Operationen des Kleinkindes sind dann gleichsam ein Modell für die Bedeutung von Emotionen, die ebenfalls nicht in einer allgemeinen Symbolik aufgehoben werden können, sondern sich immer im Hier und Jetzt entfalten und auslöschen lassen.

Spiele und Spielen

Auch über das Spielen war schon einiges gesagt im Zusammenhang kindlicher Entwicklung und kindlichen Explorationsverhaltens (vgl. 4. Kapitel). Wir wollen Spiele und Spielen jetzt noch als eigene Dimension kindlichen Seins betrachten, die, wie jeder weiß, eine erhebliche Bedeutung hat.

Während Explorationsverhalten, so war gesagt worden, in der Regel zielgerichtet ist, richtet sich das Spielen eher auf eine absichtslose Handlung, die gleichwohl welterschließend ist. Andere Auffassungen gehen davon aus, daß gerade das kleine Kind über das Spielen die Wirklichkeit assimiliert. Intuitiv wird Spielen von Arbeit, Sorge und öffentlichem Auftreten unterschieden und schon deshalb besonders kleinen Kindern zugewiesen, für die diese anderen Handlungszwecke noch keine Rolle spielen. (Nebenbei bemerkt: Spielen, etwa im öffentlich dargestellten Fußballspiel, ist längst auch zum Beruf geworden und damit öffentlichen Zwängen unterworfen. Davon soll hier nicht die Rede sein.)

Wieder ist es Piaget, der das Spielen als Bestandteil von Entwicklung deutet. Er berichtet von einem drei Monate und sechs Tage alten Säugling, der die am Himmel der Wiege aufgehängten Objekte hin und hier pendeln läßt, dieses Phänomen zunächst ohne Lächeln oder nur mit leichtem Lächeln betrachtet, »aber mit einer Mimik, die aufmerksames Interesse zeigt, als ob sie [der Säugling] das Phänomen studierte. In der Folge aber von ungefähr 0,4 an widmet sie sich dieser Tätigkeit, die bis etwa 0,8 und selbst noch länger andauerte, nun mit einem Ausdruck, der überschäumende Freude und Stolz über die eigene Leistungsfähigkeit anzeigt (...), d. h., das Phänomen wird nur noch benutzt aus der Freude am Handeln, und gerade darin besteht das Spiel.« (Piaget 1969, S. 123)

Wie auch sonst finden wir bei dieser Dimension kindlichen Erlebens und kindlicher Entwicklung wieder den Bezug *auf sich selbst*, den *Gegenstand* und den *sozialen Bezug*. Offenbar ist letzterer für das frühkindliche Spielen besonders bedeutsam. Freies Spielen, so Stern, ist die »reinste soziale Aktivität«, die zwischen Mutter und Säugling stattfinden kann (1974, S. 402). Viele Spiele (Call 1975, S. 175) finden auf der »Bühne des Mutterschoßes« statt. Hier ist es bequem, und gleichzeitig findet sich Unterstützung. Der Säugling gestikuliert, die Arme der Mutter fangen ihn auf, ihre Hände reichen ihm Spielzeug dar, so daß er nun schöpferischen Impulsen nachgehen kann. Mit solchen Spielgesten versetzt die Mutter den Säugling in einen »optimalen Zustand der Aufmerksamkeit«, der voller Emotionen ist und das Kind zum Lächeln und Vokalisieren veranlaßt. Das Ganze findet tatsächlich wie eine Szene auf einer Bühne statt, wir könnten von »Spielakten« sprechen, die durch den Blick der Mutter (Wecken der Aufmerksamkeit des Babys) eröffnet wird, durch das Abwenden des Blickes dann sein Ende findet. Wenn die Mutter sich dem Kind spielerisch zuwendet, dann nehmen Sprache und die Bewegung des Mienenspiels einen besonderen Ausdruck an: »Die Mutter spricht mit einer besonderen, melodischen Stimme: Die Vokale sind gedehnt, der Gesichsausdruck ist dramatisch überspitzt. Der Rhythmus ist prononcierter. Das Mienenspiel der Mutter verrät ebenfalls heftigere Intensitäten, nachdrücklicher, langsamer. Die Bewegungen der Mutter sind auffallend: Bald kommt sie ganz nah an das Gesicht oder die Nase des Babys heran (Annäherung in intimer Atmosphäre), bald entfernt sie sich weit von ihm. Eine Annäherung endet mit einem zusätzlichen Streicheln und einer zärtlichen Geste. Gesicht und Kopf der Mutter machen ausgeprägte Bewegungen. *Kommen und gehen, Gesichtsgestalt, Rhythmus und Geschwindigkeitsvariationen* werden so in spielerischer Weise eingeprägt.« (de Raeymaecker 1989, S. 143) – In der frühen Säuglingsphase ist also die Mutter in sozialen Beziehungen die Initiatorin des Spiels. Ihre Ausdrucksgebärden sind der Art, daß der Säugling ganz genau erkennt, daß jetzt ein besonderer Zustand des Seins erreicht wird, den wir eben Spiel nennen. Ob gespielt wird und in welcher Heiterkeit und Zuwendungsintensität das Spiel abläuft, hängt von der Stimmung der Mutter ab. Zeit haben, Gelassenheit, emotionale Zuwendung besonderer Art, eine gewisse freudige Erwartung sind Voraussetzung für die Offenheit des Spiels. Dabei ist die Mutter nicht nur Spielerin als Partnerin des Kindes, sondern sie ist es auch, die die Spielregeln überwacht und Anfang und Ende des Spiels bestimmen kann. Sie muß z. B. ihre Ausdrucksbewegungen *variieren*, damit das Spiel für den Säugling nicht langweilig wird, denn dann verliert er das Interesse und wendet den Blick ab. Aber sie darf die Diskrepanz zu vertrauten Aktionsschemata auch nicht zu groß und zu plötzlich werden lassen, denn dann könnte der Säugling erschrecken. Das Mutter-Kind-Spiel hängt schließlich nicht nur von der Gestimmtheit der Mutter ab, sondern auch von den Reaktionsmustern des Säuglings, die die Mutter genau beachtet und als Zeichen seiner Spielbereitschaft aufgrund seines Wohlbefindens deutet: »Die Glätte seines Gesichts und Körpers, der Glanz der Augen, die Melodie seiner Ausrufe, das herrliche Rundliche seiner Backen, der kräftige Muskeltonus sind für sie lebenswichtige Stimuli. Obendrein hat der Säugling über das Zu- und Wegschauen große Kontrolle über die Intensität der angebotenen Stimuli: Ist die mütterliche Dosis optimal, schaut er ruhig und aufmerksam zu: Allmählich kann dies zu einer Salve von Spiel und Freude eskalieren, nach der eine Ruhepause folgt. Ist aber die Reizdosis der Mutter zu hoch oder zu niedrig, lenkt sie die Aufmerksamkeit des Babys nicht auf sich: Es bleibt uninteressiert oder wendet sich sogar ab.« (Ebd., S. 143 f.)

In diese, auf eine gute Beziehung aufgebauten Spiele kann natürlich auch der Vater, können später Geschwister und andere Spielkameraden einbezogen werden. Während für den Säugling eher die »traditionellen« Spiele vorherrschend sind (»Guck, Guck – da kommt ein Mäuschen«), werden später die »erfundenen«, also selbst geschaffenen Spiele bedeutsamer (Frayberg 1974). Nach Frayberg dient das Spiel dabei einem »biologischen Kontrakt« zwischen Säugling und Eltern. Im Spiel ist der Säugling nämlich vor ihm schadenden Impulsen der Eltern bewahrt, alle Anforderungen, die gestellt werden, dienen nur der Spielsituation, und diese ist Basis und Produkt eines gemeinsamen Wohlbefindens.

Das bedeutet nicht, daß Spiele immer gelingen. Zwar erscheint das Spiel dem Erwachsenen als Hier- und Jetzt-Ereignis, als Quelle der Heiterkeit, eine besondere Form geselligen Tuns, auf das er sich gern einläßt. »Wenn die Kinder gar so spielen, wie er als Publikum es erwartet, dann ist ihm das Spiel die ihn entlastende sinnhafte Selbstbeschäftigung der Kinder. Folgt man aber den Alltagsbeobachtungen, Verbotsschildern und empirischen Studien (...), dann ist dem Erwachsenen das Kinderspiel mit seinem ungewissen Ausgang häufig schlicht ein Ärgernis. Die Kinder mißhandeln Spielpartner, teilen nicht miteinander. Die Ruhe ist dahin, wenn sich die agonalen, expressiven und motorischen Spielzüge steigern zu einem nicht endenden Klang- und Bewegungsteppich. Hinzu kommen die Szenarien, in denen die Kinder Spiele aushandeln, was nicht selten mißlingt.« (Wudtke 1989, S. 1436) Als Beispiel das Protokoll eines Spiels auf dem Hinterhof zwischen einem vierjährigen Mädchen (M), einem fünfjährigen Jungen (J) und ihrer Oma (O):

M: Komm, wir spielen Schule
J: Oh ja, ich bin der Lehrer. Hier ist mein Zeigestock
M: Das ist kein guter Stock
J: Doch
M: Nein, der ist doof
J: Der ist gut
M: Der ist doof, du Arschloch
J: (Haut zu)
M: (Schreit)

O: Ruhe da unten
M: Er hat mich gehauen
O: Dann schlag zurück, aber sei ruhig
(ebd., S. 36)

Der Junge verhindert die Entwicklung eines Spielplans, indem er gleich zu Beginn die attraktive Lehrerrolle übernimmt, indem er einen »Zeigestock« ergreift und damit die Situation eindeutig macht. Das Mädchen möchte aber so nicht mitspielen und drückt ihre Verweigerung über den Stock aus: »Das ist kein guter Stock.« Nun verwandelt sich der Zeigestock in einen Schlagstock, der er auch sein kann. Mit dem Jungen als »schlagendem Lehrer« ist das Spielprojekt endgültig zusammengebrochen und, für den Augenblick jedenfalls, nicht wieder herstellbar. Die Oma fühlt sich durch den Lärm und das Schreien der Kinder eher belästigt und gibt einen Ratschlag, der vor allem dazu dienen soll, sie »aus dem Spiel« zu lassen, das keines mehr ist: »Dann schlag zurück, aber sei ruhig.« So lernen die Kinder »spielend« inner- und außerhalb des Spiels etwas über Geschlechtsrollen und Altersrollen, erfahren, wie Streitgespräche eskalieren können, und das Mädchen erfährt durch seine Großmutter keine Hilfe, sondern eine paradoxe Verschreibung: Es soll so sein wie der Junge, den sie doch gerade kritisiert hat.

Vielleicht ist es deshalb wichtig, daß Kinder schon früh lernen (in der Lage sind), nicht nur auf die Spielimpulse von Erwachsenen oder gleichaltrigen Kameraden angewiesen zu sein, sondern auch selbst ein Stück ihrer Lebensordnung *spielerisch* so aufzubauen, daß Gefühle von Angst und Verlassensein außen vor bleiben. Kann das Kind erst einmal laufen und seine Motorik kontrollieren, ist es auch in der Lage, sich – wenn auch rudimentär – verständlich auszudrücken, dann wird es auch schon einmal im Wachzustand sich selbst überlassen. Freud beschreibt »jenseits des Lustprinzips« (1920) sehr anschaulich das Als-ob-Spiel eines eineinhalbjährigen Knaben. Dieser ließ eine Spule an einem Faden wegrollen, indem er ein lautes und lang sich dehnendes »Oooho« hören ließ, was wohl »fort« (weg von mir) bedeutete – und er zog sie dann wieder mit dem Ausruf »da« zu sich; das gleiche machte das Kind mit seinem Spiegelbild vor dem Schlafzimmerschrank der Mutter: Er war da, wenn er aufrecht stand, weil er sich nun sehen konnte; wenn er sich jedoch bückte und niederhockte, verschwand das Spiegelbild, und er war »weg«. Seine Mutter kam nach dem Einkaufen nach Hause zurück, und er erzählte ihr über seine Entdeckung (De Raeymaecker 1986, S. 205). – Dieses Spiel ist für Freud eine »kulturelle Leistung«. Das Kind akzeptiert ohne Protest, daß die Mutter kommt und geht und verzichtet damit auf ein Stück der eingeübten, bisher sehr starken libidinösen Bindung an sie. Er überbrückt diese Krisensituation, an die er sich künftig gewöhnen wird, indem er »Verschwinden und Rückkehr« *inszeniert*. Dabei tauscht er die Rollen. Im realen Geschehen ist er passiv und muß hinnehmen, daß die Mutter zum Einkaufen fortgeht und zu einem von ihm nicht bestimmbaren Zeitpunkt wiederkommt. Jetzt aber, im Spiel, ist er der aktive Regisseur der Situation. Gleichzeitig reagiert der Junge das Rachegefühl über das, was ihm angetan wurde (die Mutter geht weg, ohne ihn mitzunehmen), über die Spule ab; wenn er eine Aggression empfindet, gestaltet er sie über ein Spielzeug, richtet sie aber nicht gegen einen Menschen (die Mutter). So kommt das Kind über die symbolische Ordnung wieder mit seinem existenziellen Drama ins reine. Freud nennt dieses im Spiel symbolisch ausagierte Beherrschen eines dem Kind angetanen Geschehens »Bewältigungstrieb«. Er lokalisiert die erzählte Spielsituation in einen Lebensabschnitt (ca. 15 bis 18 Monate), der für manche Kleinkinder als problematische Phase erkannt wurde. »Falsche« Lösungen gegenüber der Tatsache, daß die Mutter nun größere Spielräume der Annäherung und Abwendung für sich in Anspruch nimmt, können auch im Entstehen einer *narzißtischen Überdistanz* liegen (das Kind tut so, wenn es ihm Schmerz bereitet, als sei ihm die Mutter ganz egal), oder es regrediert, klammert sich an die Mutter und läßt sich auch nicht beruhigen, wenn es dann heißt, »so benimmt sich doch ein Junge deines Alters nicht mehr, der ist vernünftig.« In Spielen können also Konflikte ausbrechen, die dann abrupt in die Wirklichkeit zurückführen; Spiele sind aber auch geeignet, die Wirklichkeit in verwandelter Form in sich hineinzunehmen, so daß die Rückkehr in den »Alltag« dann erträglicher wird oder sogar Anlaß gibt zu einem kommunikativen Austausch: In Freuds Geschichte erzählt der Junge seiner Mutter von sich aus und voll Freude, wie schön er eben gespielt hat.

Was der Junge in der eben beschriebenen Szene der Mutter erzählt hat, würde sie nicht wissen, wenn er nicht bereit gewesen wäre, selbst eine Brücke zu schlagen zwischen seinem ganz privaten Spiel und der Mutter. Tatsächlich aber spielen Kinder nicht immer nur das, was Pädagogen wünschenswert zu sein scheint. Es gibt Spiel-Kostbarkeiten wie Drachensteigen auf dem herbstlichen Stoppelfeld, die Inszenierung eines Puppenwaschtags, das Kasperlespiel, das Hinkelkasten-Hüpfen, das Kreisenspiel, auch Versteckspielen oder »Wer fürchtet sich vorm schwarzen Mann?«. Es gibt jedoch auch Erinnerungen an eher verbotene, zumindest heimliche Spiele: Allein-, Paar- und Haufenspiele mit Einschüben von Sexualität; Spielen mit analen Ausscheidungen (sich selbst beschmieren mit Kot), das Aufsuchen heimlicher, eher »unsauberer Trefforte« (sich niederhocken bei dem gluckernden Geräusch der Toilette), Doktorspiele, Schimpfkanonaden, kleine Diebstähle als Rollenspiel und spielerische Grenzüberschreitung von Regeln, Rangeleien, Kletterpartien, Austesten von Autoritäten, das Genießen riskanter Gefühlslagen: »In diesen anomischen Spielen gibt es keine Schein-Realität, hier wird die Probe aufs Exempel gemacht; sind sie nicht wichtiger Teil der Spielgeschichte der Kinder? Rousseau rief den jungen Lehrern zu: ›Nie wird es euch gelingen, einen Weisen zu schaffen, wenn ihr nicht zunächst einen Gassenjungen geschaffen habt!‹« (Wudtke 1989, S. 1437)

Schon im Kleinkindalter finden zunehmend Spiele nicht gerade dann und dort statt, wenn Pädagogen sie überwachen. Auf dem Land können sich spielende Kinder noch heute in Feld und Wald relativ frei bewegen; in den Städten müssen sie mit ständigen Verboten rechnen. Ein Blick in die Vergangenheit (Ariès 1975) macht deutlich, daß es immer schon eine bürgerliche Kinderfeindlichkeit oder auch ein Unverständnis gegenüber kindlichen Spielbedürfnissen gegeben hat, nicht zuletzt natürlich ein Mißtrauen, daß die Kinder im Spiel etwas tun, was den Erwachsenen nicht zugänglich ist. Schulordnungen des 15. Jahrhunderts zeigen, daß auch die damalige Öffentlichkeit bereits das Spielen der Kinder einengte und es auf den Kirchhof verbannte; so wurde 1738 in Straßburg das Drachensteigenlassen untersagt, weil es die öffentliche Ordnung zu stören schien.

Psychologische und pädagogische Bemühungen haben dem Spiel inzwischen seine Würde und Bedeutung für das Kind (zurück-)gegeben – freilich unter Ausschaltung jener Spiele, die insbesondere Pädagogen keinen kontrollierenden Zugang gewähren, sie außen vor lassen. Spiele werden nach Typen geordnet und für die kindliche Entwicklung unterschieden: vom *Einzelspiel*, das eher der Selbstbeschäftigung dient, über *Rollenspiele*, über die sich Kinder vorwegnehmend in Erwachsene und andere Kontexte einüben sollen, Spiele mit dem *Zentralelement* kreatives Gestalten (Bau eines Drachens und Fliegenlassen des Drachens) bis zu *Bewegungsspielen* im Freien und *Regelspielen* mit mehreren, die dann in Solidarität, Kommunikationsbereitschaft und Fairneß einführen sollen. Es gibt auch eine Fülle von Spielzeugen (dazu: Weber-Kellermann 1979, S. 76–79), die ebenfalls klassifiziert werden können: *Primäre* Spielzeuge (Drache, Kreisel, Murmel, Steckenpferd, Reifen: kindertypisch und kindertümlich) werden ergänzt durch *sekundäre* (Transportwägelchen, praktisch verwendbare Objekte, mit denen auch spielerisch Arbeit erledigt werden kann), *zufällige* Spielzeuge (eine Schweinsblase, erscheint als Spielzeug-Topos der Bauernkinder auf vielen Schlacht-Darstellungen vom Mittelalter bis zu Ludwig Richter), *lebendes* Spielzeug (ein angebundener Vogel, ein Hamster), *ideologisches* Spielzeug (Dinge, die dem magischen Schutz des Kindes dienen sollten (wie Glöckchen, Beiß-Amulette, Korallenrassel und Trinkhörnchen, mit denen das kleine Mädchen zum Schutz behängt war) etc. Heute bemüht sich eine breite Palette kinderspezifischer Werbung im Fernsehen, Mädchen wie Jungen Spielzeuge aller Art anzudienen und wünschenswert zu machen, von Barbie-Puppen bis zu Tele- und Computerspielen und einer Gameboykonsole.

Wir hatten gesehen, daß schon die Mutter beim zunächst über Handlungsräume nicht verfügenden Säugling Spiele anfängt und beendet; wir hatten freilich ebenfalls betont, daß auch das *Kind* mit seinem Lächeln die Mutter stimulieren kann, mit ihm ein Spiel zu wagen. Aber wenn sie es nicht tut, weil sie nicht »in Stimmung« ist? Wenn sie pädagogische Lehrbücher gelesen hat, wird sie vielleicht trotz ihres derzeitigen Desinteresses und mit dem guten Willen, das Kind auf diese Weise zu fördern, ein Schoßspiel mit ihm beginnen. Kinder sind jedoch sensibel und spüren sehr genau, ob die Mutter sich selbst in den Freiraum des Spiels hineinbegibt oder ob sie das Spiel mit »pädagogischen Absichten« betreibt, die außerhalb des Spiels liegen. Denn dies ist die schwer auflösbare Spannung zwischen Pädagogik und Spiel wie Spielen: Im Hintergrund wartet eine asymmetrische

Beziehung von Erwachsenem und Kind. Der Erwachsene versieht das Kind mit »gut ausgewähltem Spielzeug«, das das Kind fördern soll – nach den Absichten des Erwachsenen. »Das köstlichste Beispiel hat Fröbel mit den ersten Ballspielen gegeben; an der einen Seite des gefesselten Balles greift und jauchzt das Kind, an der anderen Seite zieht die Mutter am Faden, interpunktiert die Ereignisse und begleitet sie mit kosenden Sprachspielen (...). Das Dilemma nimmt seinen Weg. Trotz ihrer Interpretationstradition und entwickelten Spielpraxen wird den Pädagogen jenseits des Freispiels ihr Tun zum Rätsel. Flitner schreibt, ›es sei in der Sache selber noch fast alles zu leisten: das Spiel als eine theoretisch fundierte, praktische Kunst weiterzuentwickeln‹.« (Wudtke 1989, S. 1439) Schon für kleine Kinder droht das Spiel zum Mittel der Beschäftigung und Ablenkung zu werden, der Zerstreuung auch, des Lernens, der Diagnose und der Therapie schließlich. Jetzt wird Spielen verordnet: »Geh spielen«, oder »spiel schön«, oder »sei kein Spielverderber«. Die Erwachsenen holen die Kinder aus ihren Winkeln und Ecken ins Haus, sie holen sie von der Straße, schicken sie in den Kindergarten und schließlich in die Schule, und was hier pädagogisch-institutionell gespielt wird, hat natürlich hohen pädagogischen Rang, ist nicht unnütz oder gar gefährlich, sondern dient der Kinderförderung. Längst sind Spiel und Spielzeug eine ökonomische Wachstumsbranche von nicht unerheblichem Ausmaß geworden, und die Nützlichkeit des Spiels dient heute oft nur noch seinem Verkauf.

Was ist zu tun? Wir müssen darauf achten, daß gerade kleine Kinder nicht nur von Erwachsenen bestimmte und kontrollierte, sondern von den Kindern selbst geordnete »Spielräume« behalten. So ist ein »chaotisches« Kinderzimmer alles andere als eine Katastrophe, es ist vielfach »ein Zeichen kreativer Ordnung und hat mit Schmutz, Dreck und Schlampereien nichts gemeinsam. Ein im bürgerlichen Sinne ordentlicher Raum, in dem nichts vom Wirken der Kinder zu entdecken ist, ist zumindest verdächtig dahingehend, daß im Seelenhaushalt der Kinder und der Eltern womöglich etwas nicht stimmt.« (Görge 1989, S. 118) Wenn Kinder kein eigenes Zimmer für sich haben, dann sollten sie doch nicht zu enge »Gegenden« in der Wohnung/im Haus /im Garten haben, über die sie frei verfügen können. Zu bedenken ist auch, daß viele Spiele der Kinder nichts mit Tages- oder kurzfristigen Stundenabläufen zu tun haben. Sie werden oft über Tage weiterentwickelt und in einer Art »Workshop-Atmosphäre« variiert. »Wegräumen« würde hier den Spielfluß unterbrechen und der Phantasie das Weiterspinnen nicht ermöglichen. Görge (ebd., S. 116) berichtet: »Ich entwickelte für das Vorschulalter meiner drei ältesten Kinder großformatige Klotzbaukästen aus Holz, so groß, daß die Kinder in Sitz- und Hockhaltung auf dem Boden eigene Räume um sich herum bauen konnten. Diese kleine illusionäre Welt blieb oft tagelang stehen, der Einstieg in das gleiche Spiel war somit jederzeit möglich. Der Ordnungsdrang lag mehr im Bewahren des durch das Spiel erreichten Zustandes, nicht aber im immer wieder Aufräumen und Wegräumen. Derartiges Spiel braucht Platz. Es ist klar, daß ein kleiner Spieltisch hierzu nicht geeignet ist. Spielflächen von mindestens 2×2 m = 4 qm sind erforderlich. Natürlich sollten sie, wenn eben möglich, eher größer sein.« Wohnungen von heute, in denen kleine Kinder den Hauptteil ihres Lebens verbringen, sind mehrheitlich nicht kinderfreundlich. Es ist aber wenig wünschenswert, wenn sie ausschließlich in das eigene Kinderzimmer gebannt werden – ebenso wie eine ausschließliche Betätigung außerhalb des dem Kind eigenen Raumes nicht wünschenswert ist. Wenn ältere Kinder schon auf öffentlichen Plätzen nicht spielen dürfen, dann ist heute auch der private Raum, sind Kinder dem Säuglingsalter entwachsen, häufig nicht mehr spielgeeignet. Es bleiben dann die pädagogisch überwachten Spiel-Räume wie Kinderhort oder Kindergarten. Hier darf gespielt werden, aber daß solches Spielen Grenzen hat, ist wohl deutlich geworden: Verletzt es doch häufig (nicht immer) genau jene Grundfiguration, die allem Spielen zugrunde liegt – das von äußeren Zwecken nicht bestimmte, freie sich Hin- und Herbewegen in einer entlasteten, für ästhetische Begegnungen und Probehandeln offenen Situation, deren Fragilität schon allein dafür sorgt, daß das Spielen der Kinder nicht überhandnimmt, wie manche Erwachsene befürchten, die dann die Anweisung geben: »Hör auf zu spielen, arbeite lieber.«

Sprache und Sprechen

Zum kindlichen Spracherwerb gibt es nicht nur verschiedene psychologische und linguistische Theorien, sondern auch eine Fülle von empirischen Untersuchungen und Einzelbeobachtungen, die in eine vielschichtig strukturierte Denk-, Erklärungs- und Beobachtungslandschaft führen. Die Beschäftigung mit Sprache und Sprechen hat schon deshalb einen hohen Rang, weil beide gemeinhin als Voraussetzung und gleichzeitig entscheidender Bestandteil kognitiver Entwicklung (vgl. das folgende Unterkapitel) angesehen werden und insgesamt als Tor zur Welt, das sich früher oder später für jedes Kind öffnet und es so am Diskurs der Gesamtgesellschaft teilhaben und seine Lernfähigkeit bis in die Bereiche des abstrakten Denkens entscheidend mobilisieren läßt. Wir hatten zwar gesehen, daß *Emotionen*, aber auch *Spiele und Spielen* Dimensionen kindlichen Erlebens sind, die nicht (ausschließlich?) im Bereich kognitiver Entwicklung und Wahrnehmungsdifferenzierung aufgehen, sondern jenen Überhang am In-der-Welt-Sein anbieten, in dem sich in glücklichen Fällen ein intensives, freilich eher augenblickverhaftetes und jedenfalls nicht planbares, Wohlbefinden vorübergehend entfalten kann. Dennoch, auch in diesen Dimensionen spielen kommunikative Akte des Kindes mit seinem Selbst, mit Gegenständen und mit Sozialpartnern eine nicht unerhebliche Rolle, und wenn wir uns der Sprachbeherrschung als einer den Menschen besonders kennzeichnenden Form der Weltbewältigung annehmen können und müssen, dann ist freilich der frühkindliche Spracherwerb eine zentrale Dimension der Entwicklung.

Wie nun lernen Kinder allmählich sprechen und damit das System Sprache beherrschen, das in Syntax (grammatische Zusammenhänge), Semantik (inhaltliche Kontexte) und Pragmatik (Anwendungsbezug) komplexe Anforderungen stellt? Bemerkenswert ist, daß alle Kinder Sprechen lernen, und zwar die Sprache ihrer kulturellen Gruppe, die »Muttersprache«. Wie vollzieht sich der Übergang von ersten Vokalisationen, die eher mit »Stimmübungen« und ästhetischer Freude am Lautproduzieren zu tun haben als mit Sprechen, über das Plappern zu den ersten Worten einer Sprache (bekanntlich verfügen Kinder erst relativ spät über komplexe syntaktische Systeme und benutzen zunächst »Einwortsätze«)? Folgen wir der zusammenfassenden Darstellung von Bril (1989, S. 84 ff.): Zunächst wurde angenommen, zwischen dem Plappern und den ersten Sprachformen bestehe eigentlich kein Zusammenhang. Das Plappern sei eher eine Art artikulatorischer Vorübungen, habe aber mit Sprechen noch nichts zu tun. Jetzt sind wir eher überzeugt, daß das Plappern wichtige Gemeinsamkeiten mit der späteren Sprache des Kindes und sogar mit der des Erwachsenen aufweist. Beobachtungen haben gezeigt, daß die ersten verständlichen Sprechakte von Kindern die gleichen Besonderheiten fortführten, die bereits im Plappern dieser Kinder auffindbar waren (etwa: eine geringe Anzahl von Endkonsonanten, Verdoppelung von Konsonanten, Verschiebung der Halbvokale w und j durch Schwinglaute l und r oder das Ersetzen von aprikalen durch dorsale Laute). Aber die Beobachtung geht weiter: »Wenn die Vokalisation des Kindes den ›universellen‹ Charakteristika des verzögerten Plapperns der ersten Worte entspricht, dann zeigt die Analyse, daß bestimmte Unterschiede zwischen dem ›englischen‹ und dem ›französischen‹ Plappern bestehen; diese Unterschiede können den Besonderheiten der phonetischen Struktur der von der Gemeinschaft gesprochenen Sprache, der das Kind angehört (wie z. B. die unterschiedlichen Frequenzen der Reibelaute und Verschlußlaute im Französischen und Englischen oder der Nasalvokale) zugeschrieben werden.« (Ebd., S. 85)

Wie ist dies zu erklären? Hier gabelt sich der Weg, indem zwei Erklärungen zur Verfügung stehen, die einander zwar nicht vollständig ausschließen, aber gerade in der Phase des frühen Spracherwerbs dies doch tun (vgl. Miller 1976. S. 269 ff.). In der sich maßgeblich an Chomsky orientierenden Spracherwerbsforschung (McNeill 1970, 1971) verfügt der Mensch über angeborene primär-fundamentale syntaktische Kategorien und Relationen der Basiskomponenten einer generativen Syntax, über die der Spracherlerner von Anfang an, im Sinne angeborener Ideen und Prinzipien, latent verfügt. Damit ist viel erklärt, z. B. warum schon kleine Kinder sehr bald nicht nur vorgesprochene Worte »nachplappern« oder wiederholen, sondern bald auch eigene Worte »aufschnappen« und diese in unterschiedliche Kontexte einbetten, ohne dies von den Eltern »vorgeführt« bekommen zu haben. Damit ist jede Stimulus-Response-Theorie zurückgewiesen, die den Spracherwerb darauf zurückführt, daß Kinder das Sprechen (Stimmklang, Satzbaumuster, Vokabeln etc.) der Eltern übernehmen. Zwar werden sie durch diese angeregt (s. unten), aber doch nicht im Sinne einer starren Imitation, denn dann wären Kinder nur in der Lage, diejenigen Sätze und Bedeutungen sklavisch-imitatorisch nachzusprechen, die sie vorher als Reiz gelernt hätten. Schon kleine Kinder verfügen aber ganz offenbar über ein Arsenal von Möglichkeiten, Sätze mit Bedeutung unterschiedlicher Art zu benutzen, wenn sie einmal in das Reich des Sprechens eingetreten sind, ohne sie wörtlich zu zitieren. Folgen wir der Idee einer genetisch determinierten Kapazität für Sprache auf der Grundlage universeller Charakteristika, dann besteht Spracherwerb in der allmählichen Aktualisierung des quasi genetisch determinierten Potentials. Eine zweite Annahme hat sich inzwischen aufgrund hinreichender Beobachtungen durchgesetzt. Betont wird hier die Modulation des Plapperns, die in der Selektion bestimmter charakteristischer, von der Sprache der Umgebung bestimmter Eigenheiten besteht. Erwachsene können bei der Sprachproduktion von Kindern im Alter von acht Monaten unterscheiden, welches die Muttersprache (in Versuchen: arabisch oder schweizerdeutsch) dieser Kinder ist, während dies bei Kindern im Alter von sechs Jahren nur Phonetiker leisten. Daraus ist zu schließen, »daß das Plappern von Kindern mit acht Monaten gewisse Charakteristika der Muttersprache aufweist, wie z. B. Modalitäten des Einsatzes, Art der Stimmbildung oder Konturen des Tonfalls« (ebd., S. 86). Weiter: Mehrere Autoren haben bei Säuglingen im Alter von wenigen Wochen die Fähigkeit festgestellt, zwei phonetische Kontraste, die *nicht* ihrer linguistischen Umgebung angehören, als unterschiedlich wahrzunehmen, während es Erwachsenen nicht gelang, Veränderungen in einer Silbenfolge zu bemerken. Im Tschechischen gibt es beispielsweise die häufig vorkommenden phonetischen Kontraste »za« und »ra«, die es weder im Englischen noch im Französischen gibt. Mit Hilfe einer Methode, die sich auf das nicht mit Nahrungsaufnahme verbundene Saugen stützt und häufig bei Säuglingen angewendet wird, wurde gezeigt, daß kanadische Kinder im Alter von neun Wochen ohne Schwierigkeiten diesen Kontrast diskriminieren konnten, dem sie nie zuvor begegnet waren, während bei den erwachsenen Kanadiern eine häufige Konfusion zwischen den beiden Kontrastelementen zu beobachten war. Dies bedeutet, daß *linguistische Wahrnehmungskompetenzen* von Geburt an und ohne vorherige linguistische Erfahrung vorhanden sind, daß sie freilich verschwinden, wenn sie nicht in der betreffenden Sprache trainiert werden. Kinder von einem Jahr verlieren diese Disponibilität und stellen sich damit offenbar auf die durch kommunikative Akte in ihrer Umgebung »eingehörten« phonologischen Charakteristika der Muttersprache ein. Halten wir als Ergebnisse fest:

1. Die Sprache hat eine primäre Funktion als Mittel der Kommunikation und ist vom frühen Vokalisieren und Plappern nicht als eine eigene kognitive Seinsart kategorial abteilbar.
2. Die Muttersprache ist Modell und didaktisches Instrument für den frühen Spracherwerb.
3. Es gibt Wechselbeziehungen zwischen der elterlichen Sprache und den Säuglingslauten; trotz aller Unterschiede haben elterliche Sprechweise und frühe Säuglingslaute auffallende gemeinsame Merkmale (sie sind reich an musikalischen Ausdruckselementen).

»Die Auswertung von Melodik, Stimmlage und Stimmqualität, von Lautstärke und Betonung, Tempo und Rhythmus ist daher eine unersetzbare Grundlage für eine angemessene Beschreibung der stimmlichen Äußerungen beider Partner und für das Verständnis ihrer Wechselbeziehungen.« (Papousek/Papousek 1989, S. 469)

Schon vor dem Sprachbeginn gibt es also ein kommunikatives Handeln von Kindern, bis endlich ein bestimmtes Niveau der Sprachbeherrschung erreicht ist. Nach Piaget wird Sprache durch die Entwicklung der sensomotorischen Schemata als Ergebnissen von Wahrnehmungstätigkeiten und Handlungen vorbereitet. Diese Schemata werden durch die wachsende Erfahrung des Kindes gestützt oder auch verändert, wenn es sich mit seiner Umwelt handelnd auseinandersetzt. Mit der Zeit gelingt es dem Kind, das Denken in seinem Schema von der Handlung zu trennen, so daß seine Vorstellungen von Gegenständen und Ereignissen unabhängig von den auf sie bezogenen Handlungen werden. Sensomotorische Schemata werden also von unmittelbaren Raum- und Zeitbezügen abhängig, so daß die Vorstellung eines Gegenstandes nicht länger an einen spezifischen, ganz konkreten Kontext gebunden ist, sondern zunehmend kontextfrei wird. Sprache unterstützt und drückt zugleich diese Kontextfreiheit aus. Sprechen führt zur Sprache und damit zur Kontextfreiheit, und damit ist der Weg grundsätzlich freigegeben für die (freilich erst später, weit nach der frühen Kindheit erreichte) Abstraktionsfähigkeit. Wenig beachtet wird in dieser Auffassung freilich, daß kindliche Sprache nicht nur auf bestimmte Dinge gerichtet ist mit dem Entwicklungsziel, diese auch losgelöst von eigenen Verwendungszwecken und Handlungen »denken« zu können. Es gibt eine Fülle von Konversationen zwischen Erwachsenen, die auch das Kind verfolgen kann. Diese Konversationen unterliegen bestimmten Konventionen, die sehr basaler Art sind, etwa, daß sie den Punkt treffen, daß sie weder zuwenig noch zuviel Information für den Kontext geben und die Wahrheit sagen, wie die Sprecher sie sehen. Gleichzeitig gibt es Äußerungen in ironischer, humoristischer, manipulativer oder auch sachbezogener Absicht.»Das Kind im vorsprachlichen Stadium steht wahrscheinlich noch nicht unter dem Einfluß solcher Grundsätze, aber wir als seine Lehrer im Kommunizieren erfassen sehr schnell seine Art und Weise, sich zu äußern, und versuchen sehr früh, es an die der Erwachsenengemeinschaft anzupassen (...). Für gewöhnlich unterlegen Erwachsene den Äußerungen von Kindern meist unbewußt kommunikative Absichten, – Absichten, die alle Funktionen im Sinne Jakobsons umfassen [Funktion 1: expressiv, Emotionalität; Funktion 2: poetisch, Wirkungen einer Kunstform; Funktion 3: konativ, Ziel, ein gewünschtes Verhalten beim Empfänger hervorzurufen; Funktion 4: phatisch, Aufrechterhaltung eines Kommunikationskanals zwischen Sender und Empfänger; Funktion 5: metalinguistisch, Rede über das Reden; Funktion 6: referentiell, außersprachlicher Bezugspunkt einer Nachricht wird zum Thema].« (Bruner 1979, S. 23) Die Vielfalt der von Bruner herangezogenen Funktionen zeigt, daß Sprache und Sprechen bei Säuglingen und kleinen Kindern eine *kommunikative Basis* hat. So wissen wir, daß die Mütter den Schreien, Gesten, Ausdrucksweisen und Haltungen der Neugeborenen stets *Absichten* unterstellen. Mütter weisen also den Lauten und dem Plappern des Kindes, seinen Intonationen, nicht-zufällige Bedeutungen zu; dazu können auch Kriterien der Aufrichtigkeit (»er macht Unsinn, wenn er diese Töne von sich gibt«) oder Ausdruck von Beständigkeit (»kannst du dir nicht einmal darüber klarwerden, was du nun willst?«) gehören. So entstehen durch Gewohnheit stabilisierte Austauschprozesse, die eine Grundlage schaffen, um die kommunikativen Absichten von Mutter und Kind in ihren konkreten Bezügen interpretierbar zu machen. Ebenso wichtig wie der Selbstausdruck (Wünschen und Wollen des Kindes) ist die Referenz auf Gegenstände. Kinder lernen in frühen kommunikativen Akten, über Gesten, Verhaltensweisen und vokalische Ausdrucksäußerungen, die Aufmerksamkeit des Partners auf ein Objekt, eine Handlung oder einen Zustand zu lenken; sie zeigen darüber hinaus direkt auf ein Objekt oder eine Person *(Deixis)*, und sie führen schließlich *benennend* lexikalische Ausdrücke ein, die für außersprachliche Ereignisse in der gemeinsamen Welt von Kind und Bezugsperson gelten. Von der präverbalen stimmlichen Kommunikation in der Eltern-Kind-Kommunikation wird über Spiel und Kreativität im Umgang mit der Stimme, über die Kontrolle sprachlicher Silben, das Abwechseln von Zuhören und Lokalisieren, die Nachahmung von Lauten, die Verknüpfung von Lautwahrnehmung und Lautbildung, den instrumentellen Gebrauch von Lauten zum Beeinflussen des Partners, den kommunikativen Gebrauch von Lauten zur Mitteilung von Gefühlen, Bedürfnissen und Absichten, den assoziativen sowie den symbolischen Gebrauch von Lauten zum Benennen von Personen, Objekten oder Ereignissen im Kontext schließlich die elterliche Sprache in die eigenen Kommunikationsmodi und die in ihnen ausgearbeiteten Grundstrukturen integriert (Papousek/Papousek 1989, S. 470ff.).

Die pädagogischen Schlußfolgerungen sind bedeutsam, die aus solchen linguistischen Theoriebildungen, psychologischen Untersuchungen und Beobachtungen, die auf den ersten Blick nur von akademischem Interesse gelenkt zu sein scheinen, zu ziehen sind. Wenn es nämlich so ist, daß die Sprechkontexte, in denen das Kind aufwächst, seine Entwicklung vom Vokalisieren über das Plappern bis zum Spracherlernen über kommunikative Austauschprozesse stimulieren, dann sind die möglichst intensive *kommunikative Zuwendung* zum Kind und der *kommunikative Austausch* mit dem Kind ganz entscheidend. Es wäre dann falsch zu meinen, »das Kind kann ja doch nichts verstehen«, oder, »es hat keinen Zweck, mit dem Kind zu reden, denn es kann ja noch gar nicht antworten«. Sprechen beginnt gleichsam im präverbalen Raum und hat als Basis das aktive Beziehungshandeln beispielsweise zwischen Mutter und Kind. Schon Spitz (1983) hat vorgeschlagen, die besondere Beziehung zwischen dem Säugling und der Mutter als sich allmählich entwickelnden *Dialog* zwischen zwei lebendigen Personen aufzufassen. Diesen Dialog zwischen den Partnern Baby und Mutter kennzeichnet Spitz (1983, S. 128) mit *anaklitisch* und *diatrophisch*. Anaklitisch meint, daß der Säugling sich an die Mutter anlehnt, weil er in Nöten ist (Hunger hat, Schutz und Wärme braucht). Die Mutter kommt dem in einer *diatrophischen*, also unterstützenden Weise entgegen. Dieser Dialog ist ohne Stimme, läuft über Körperkontakt und -zuwendung. Dennoch sind dies entscheidend kommunikative Akte, in denen schon Grundregeln (»du willst mir etwas sagen – ich höre dir zu« oder »ich verstehe dich und will dir entgegenkommen«) enthalten sind. Das spätere Sprechverhalten korreliert mit der Qualität der Bindung, also der Intensität von Zuwendung. Untersuchungen haben gezeigt (Grossmann u. a. 1989, S. 46f.), daß bindungssichere Sechsjährige freien Zugang zu Affekten, dem Gedächtnis und den angebotenen Bindungsthemen haben, sei es im sprachlichen Gestalten, sei es im Dialog mit den Eltern oder sei es bei der Auseinandersetzung mit fiktiven bildungsrelevanten Situationen. Kinder, die im frühen Kindesalter in intensiven dialogischen Strukturen aufwuchsen – dies ist eine wichtige Dimension von Bindung –, konnten später einen »flüssigen« Dialog führen, indem sie auf Themenvorschläge eingingen, sich frei fühlten in der Wahl und Variation von Themen und produktiv waren bei der Entwicklung neuer Themen. Im Gegensatz dazu waren Eltern-Kind-Paare, die sich durch einen »restringierten« (eingeschränkten) Dialog auszeichneten, wenig aufmerksam gegenüber Initiativen. Ihre Themenwahl war eher unpersönlich, eingeengt auf sachbezogene Aktivitäten im Kontext und wenig phantasiereich. Dem gesellte sich fehlerhaftes Sprechen hinzu. Praktisch bedeutet dies:

1. Von Geburt an sind Kinder kommunikativ kompetente Lebewesen, die auf Anregungen durch Ansprechen früh zum Dialog aufgefordert werden können, selbst in Phasen, in denen sie die Sprache noch nicht beherrschen.
2. Alle Formen kommunikativer Zuwendung, von leibgebundenen Gebärden bis zum Sprechen, fordern und fördern das Kind und sollten ihm darum soviel wie möglich zukommen.
3. Kinder sind von Geburt an »sprachbegabt«, d.h., sie können sich ganz unterschiedlichen Sprachkulturen öffnen, entscheiden sich aber schließlich für die Sprache, die in ihrem Kontext vorherrscht und gesprochen wird (»Muttersprache«). Diese ist jedoch nicht angeboren, sondern wird erworben, und zwar durch *Einschränkung* sprachlicher Verlautbarungen gegenüber grundsätzlichem Offensein.

4. Sprache und Sprechen führen mit allmählicher Ausarbeitung und Differenzierung in die anspruchsvollen komplexen Anforderungen der Abstraktion und Kontextfreiheit ein; die ersten Gründe aber haben sie in kontextgebundenem Sprechen und vorab in möglichst reichhaltigen Formen kommunikativer Zuwendungen.

Denken und Intelligenz

Im Gegensatz zu den Gefühlen hat die kognitive Entwicklung des Kindes seit jeher große Beachtung gefunden. Ein Hauptgrund ist sicherlich der, daß diese Dimension eine starke Entwicklungsrichtung auf den Erwachsenen hin anzeigt, auf die Erfüllung des Menschen als »animal rationale«, dessen phylogenetische Selbstbehauptung durch intelligentes Anwenden von erworbenem Wissen zum Sieg der Spezies geführt hat, in der sich darum auch heute nur der behaupten kann, der ihren Lernanforderungen genügt.

Auch die Intelligenzentwicklung muß als ein aktiver Prozeß eines mit Erkenntnisfunktionen ausgestatteten Subjekts gesehen werden; durch die aktive Auseinandersetzung mit der Umwelt baut dieses Subjekt fortschreitende Erkenntnisse auf. Wir gehen davon aus, daß alles Handeln entscheidend von Denkvorgängen begleitet wird und nicht ausschließlich von den Begebenheiten der Situation oder von Verhaltensgewohnheiten bestimmt ist. Informationen, die in einer Situation gegeben werden, erfüllen nur dann eine Funktion für das Subjekt, wenn dieses die Informationen in irgendeiner Form assimilieren kann; dabei hängt die Art, in der die betreffende Information assimiliert wird, von den individuell gegebenen kognitiven Strukturen ab. Nur so ist es zu erklären, daß Kinder Verhaltensweisen zeigen, für die es in ihrer Umwelt kein Vorbild gibt und die bei ihnen nicht durch die Umwelt verstärkt worden sind. Zwischen Umweltereignisse (Reize) und Verhalten (Reaktionen auf die Reize) treten als Vermittlungsglieder fortschreitend aufgebaute *kognitive Repräsentationen* der Außenwelt. Das heißt: Die nicht unmittelbar an die Wahrnehmung gebundene Kodierung und Integration der Information von Umweltreizen in ein System von Symbolen, Vorstellungen, Bedeutungen und Regeln ist das, was wir als »Denken« bezeichnen und als eine Leistung der

Intelligenz verstehen (Mandler 1983). Der gleiche Informationsinhalt kann dabei auf verschiedenen Informationskanälen und verschiedenen Abstraktionsniveaus innerhalb eines Informationskanals verarbeitet werden: »So kann etwa das Aufdutzen eines Tischtennisballs optisch (Inhalt) oder akustisch (Informationskanal) vermittelt werden. Darüber hinaus kann die kognitive Repräsentation dieses Vorgangs bildhaft sein, in Form von gedanklich oder tatsächlich vollzogenen Bewegungen ablaufen oder sprachlich repräsentiert sein (Art der Repräsentation).« (Trautner 1991, 2, S. 156) Bruner unterscheidet die verschiedenen Arten der kognitiven Repräsentation dreifach: *iconic* (bildhaft), *enactive* (handlungsbezogen) und *symbolic* (sprachlich). In der Reihenfolge von *enactive representation, iconic representation* und *symbolic representation* stellen sie drei aufeinanderfolgende Entwicklungsstufen der Umweltpräsentation dar (Bruner u. a. 1966).

Der bis heute bedeutendste Vertreter einer kognitiven Entwicklungstheorie ist Jean Piaget (1896–1980), dessen Phaseneinteilung der Intelligenz schon kurz vorgestellt wurde (im 4. Kapitel). Im funktionalen Wechsel von *Assimilation* (Einbindung von Umwelterfahrungen in schon aufgebaute Schemata) und *Akkomodation* (Anpassung aufgebauter Schemata an neue Umwelterfahrungen) entsteht in der Aktivität des Kindes, das sich mit der Umwelt auseinandersetzt, ein dynamisches (mobiles) Gleichgewicht *(Äquilibration)*, und zwar im aktuellen Prozeß der Ausbalancierung von Assimilation und Akkomodation, aber auch im Prozeß der Konsolidierung innerhalb einer Entwicklungsstufe mit dem Ziel, die höchste Entwicklungsstufe zu erreichen. Am Beispiel der *Mengenkonstanz* kann der von ihm gemeinte Äquilibrationsprozeß gut veranschaulicht werden:

Bevor ein Kind kognitiv erfaßt, daß eine Flüssigkeitsmenge trotz Variation der Form der Gefäße, in die sie hineingeschüttet wird, konstant bleibt, durchläuft es eine Entwicklungsstufe (die vorbegriffliche Stufe), in der es nur jeweils *einen* Aspekt der Form des Gefäßes bei seinem Urteil über die Flüssigkeitsmenge berücksichtigt: die Höhe *oder* (seltener) die Breite. Solange sich zwei Gefäße nur in einer der beiden Dimensionen unterscheiden, kommen die Kinder mit diesem Schema als Grundlage ihres Urteils gut zurecht. »Irgendwann (spätestens wenn es an einem entsprechenden Piaget-Versuch teilnimmt) macht das Kind jedoch die Erfahrung, daß sich zwei Gefäße in der Höhe *und* in der Breite unterscheiden. Nehmen wir an, das Ausmaß der Veränderung in der einen Dimension wird vom Ausmaß der Veränderung in der anderen Dimension kompensiert, d. h., das Fassungsvermögen eines zweiten Gefäßes ist gleich dem des ersten, insofern als seine Zunahme/Abnahme an Höhe von einer entsprechenden Abnahme/Zunahme in der Breite ausgeglichen wird. Solange diese gegenseitige Beziehung von Höhe und Breite nicht erkannt wird, kommt es zu einem kognitiven Konflikt; jedenfalls in einem Übergangsstadium, in dem das Kind zwar nicht beide Dimensionen gleichzeitig berücksichtigen kann, jedoch nacheinander jede der beiden Dimensionen für sich. Achtet das Kind nur auf den Anstieg in der Höhe, ist die Flüssigkeit mehr geworden. Achtet es hingegen nur auf die entsprechende Abnahme in der Breite, ist die Flüssigkeitsmenge weniger geworden. Aufgrund dieser sich widersprechenden Urteile ist ein inneres Ungleichgewicht gegeben. Dies führt zu einer immer schnelleren Abfolge des Wechsels der Beachtung der Höhe und der Breite der Gefäße. Sehr schnelle Oszillationen führen schließlich irgendwann zur simultanen Berücksichtigung von Höhe *und* Breite. An diesem Beispiel läßt sich zeigen, daß sowohl die Entstehung eines Ungleichgewichts als auch die Wiederherstellung eines Gleichgewichts von der Aktivität des Kindes ausgehen und nicht von ›außen‹ stammen. Der Konflikt ist ja nur entstanden, weil die vom Kind in die Situation eingebrachten kognitiven Strukturen (die Zentrierung auf die Höhe *oder* die Breite bzw. deren sukzessive Beachtung) keine Assimilation der gegebenen Aufgabenstellung ermöglichen. Die Wiederherstellung des Gleichgewichts kommt dadurch zustande, daß das Kind seine Aufmerksamkeit immer schneller abwechselnd auf die eine und die andere Dimension richtet, bis es in der Lage ist, beide Dimensionen gleichzeitig zu berücksichtigen. Auch dies ist ein interner Prozeß.« (Trautner, S. 172f.)

Dieses von Piaget selbst entwickelte und durchgeführte Versuchsbeispiel zeigt sehr deutlich, daß sich für Piaget das Voranschreiten in der Intelligenzentwicklung als spontanes strukturierendes Lernen in ständiger Auseinandersetzung mit der Umwelt ereignet. Soziale Unterweisung und Anleitung von Lernprozessen, etwa eine gezielte pädagogische Förderung, sind für Piaget an dem schrittweisen Aufbau kognitiver Strukturen nicht steuernd beteiligt; das Eintreten von Entwicklungsstufen kann auf diese Weise allenfalls helfend beschleunigt werden. Piaget nimmt eine sachimmanente Entfaltungslogik kognitiven Wachstums beim Kind an, das durchaus gefördert werden kann, jedoch nicht in seinen Resultaten von außen willkürlich beeinflußt wird. Entsprechend ist die generelle *Motivation* zur Auseinandersetzung mit der Umwelt von Anfang an als vorhanden vorausgesetzt, wird also nicht erst allmählich von außen erworben. Grundlage für diese *intrinsische*, von äußeren Verstärkungen und innerer Triebreduktion weitgehend unabhängige Motivation scheint die mittlere *Abweichung vom Vertrauten* (Assimilierbaren) zu sein. Solche mittleren Abweichungen werden *dosierte Diskrepanzen* oder *Inkongruenzen* genannt, die für ein Kind so interessant sind, daß sie zur Beseitigung des durch sie entstandenen Ungleichgewichts motivieren. Heckhausen (1980, S. 125) unterscheidet vier Fälle dosierter Diskrepanzen:

1. Inkongruenz zwischen aufeinanderfolgenden Wahrnehmungen (vertraute Reize werden durch unvertraute abgelöst, eine »Neuigkeit« wird wahrgenommen).
2. Inkongruenz zwischen Erwartungen und gegenwärtigen Wahrnehmungen (dies löst Überraschung aus, weil ein Reiz, den man nicht erwartet hat, einem gegenübertritt und als fremd erscheint).
3. Inkongruenz zwischen verschiedenen Teilen des gegenwärtigen Erlebnisfeldes, die sich in der Komplexität unterscheiden (Reizkomplexität), Vertrautes mischt sich mit Fremdem (eine Aufgabe ist zum Teil leicht handhabbar und macht plötzlich Schwierigkeiten).
4. Inkongruenz zwischen miteinander konkurrierenden Erwartungen oder Tendenzen (Ungewißheit oder Konflikte entstehen, die gelöst werden müssen). »Dosiert« sollten die neuen, Lernen hervorrufenden Reize sein, weil sie nur dann als interessant und zugleich lösbar erscheinen. Sind die Aufgaben zu schwer, verzagt das Kind; sind sie zu leicht, hat es kein Interesse – in beiden Fällen entzieht sich die intrinsische Motivation.

Piaget hat ein Entwicklungsphasenmodell entwickelt. Die für eine Entwicklungsphase oder Entwicklungsstufe charakteristischen Verhaltensweisen und kognitiven Fähigkeiten markieren dabei jeweils die obere Leistungsgrenze der betreffenden Stufe. Die von Piaget gegebenen Altersangaben sind ungefähre mittlere Werte.

1. *Phase der sensomotorischen Intelligenz (null bis zwei Jahre).* Kognitive Entwicklung findet weitgehend auf der Ebene von Wahrnehmung und Motorik und deren gegenseitiger Koordination statt. Erste Vorformen des Denkens bilden sich heraus. Erkannt wird eine relative Geschiedenheit von Ich und Objekten, und es entstehen kognitive Repräsentationen von Gegenständen, die unabhängig von der unmittelbaren Wahrnehmung sind und ein verinnerlichtes Handeln erlauben. Erste Ansätze von Imitation und Spiel finden sich ebenfalls. Im einzelnen untergliedert Piaget diese Phase noch einmal in sechs aufeinander aufbauende Organisationsstufen: einfache Reflexhandlungen, null bis vier Wochen; einfache Gewohnheiten, primäre Kreisreaktionen, ein bis vier Monate; aktive Wiederholung von Handlungsfolgen, sekundäre Kreisreaktionen, vier bis acht Monate; Koordinierung sekundärer Kreisreaktionen und ihrer Anwendung auf neue Situationen, acht bis zwölf Monate; aktives Experimentieren, tertiäre Kreisreaktionen, zwölf bis achtzehn Monate; Erfinden von neuen Handlungsmustern durch verinnerlichtes Handeln, achtzehn bis vierundzwanzig Monate; vgl. nebenstehende Abbildung.

2. *Phase der vorbegrifflichen (präoperationalen) Intelligenz (zwei bis sieben Jahre).* Hier findet sich eine Unterteilung in die Stufe des *symbolischen Denkens* und die Stufe des *anschaulichen Denkens.* Diese Strukturen des symbolischen Denkens sind beim kleinen Kind noch ungefestigt. Das vorbegriffliche Denken zeichnet sich u. a. aus durch *Animismus* (allem, was sich bewegt, wird Bewußtsein und Absicht zugeschrieben, also Leben), *Egozentrismus* (Tendenz, alles auf die eigene Person bezogen wahrzunehmen und zu beurteilen) und *Irreversibilität* (nicht Umkehrbarkeit beobachteter Abläufe). Mit vier Jahren beginnt das *anschauliche Denken*, verstanden als eine wachsende Verbegrifflichung. Die Begriffe sind aber an Anschauung gebunden, das Denken erfolgt in Bildern.

Die weiteren Phasen (konkrete Operationen, sieben bis elf Jahre) und formale Operationen (ab zwölf Jahre) sollen hier nicht diskutiert werden. (Dazu: Piaget 1972, 1973, 1974, 1976, 1983; Piaget/Inhelder 1969, 1974, 1977.)

Individuelle, angeborene
Reflexschemata (Stufe 1).

Modifikation dieser Schemata (der Stufe 1)
in Abhängigkeit von Erfahrung und ihrer
graduellen Koordination miteinander, einschließlich der Koordination visueller und
manueller Aktivitäten (Stufe 2).

Entwicklung einer Vielfalt von
Schemata (die gewöhnlich die
genannte Koordination von visuellen
und manuellen Schemata einschließen),
die interessante Umwelteffekte
hervorbringen; dementsprechend sind
sie stärker nach außen gerichtet,
kognitiv stärker »extravertiert«
als die Schemata der vorangegangenen
Stufe (Stufe 3).

Koordination der Schemata der Stufe 3
in intentionale, »intelligent« aus-
sehende Mittel-Zweck-Verbindungen,
wobei eines der Schemata der Stufe 3
einem anderen als Mittel dient (Stufe 4).

Versuch und Irrtum als Verfahren;
Modifikationen der Schemata der Stufe 3,
was oft zum Entdecken neuer Mittel
zu einem bestimmten Zweck (in der Art
von Stufe 4) führt, was eine noch
auffallendere akkommodative, nach außen
gerichtete Anstrengung für ein Kennenlernen der Umwelt darstellt (Stufe 5).

Erfindung solcher neuen Mittel, aber mit
Hilfe von inneren, geistigen Kombinationen
von symbolisch repräsentierten Schemata;
allgemeiner noch der Übergang von einer
sensomotorischen zu einer symbolischen Art
der kognitiven Handlung (Stufe 6).

Abb. 9 Schematische Darstellung von Piagets sensomotorischen Entwicklungsstufen. Quelle: H. Flavell, Kognitive Entwicklung, 1979, S. 54

Die Kritik am Piagetschen Stufenmodell wurde schon vorgetragen (vgl. 4. Kapitel); aber es kann erhalten bleiben, wenn man es als *Prozeßmodell* versteht (Schmid-Schönbein 1989, S. 148 ff.). Andere Untersuchungen, wonach Kinder nach wiederholter Aufgabenpräsentation ihre praktischen Lösungsversuche sprachlich kommentieren (spontanes handlungsbegleitendes Sprechen) und auf diese Weise über die Strukturierungsfunktionen des Sprechens eine reflexive Objektivierung praktisch realisierter Handlungszusammenhänge vollbringen, zeigen beispielsweise deutlich, daß kognitive Entwicklung und sprachliche Fähigkeiten durchaus zusammengehören (ebd., S. 161). Wir hatten im vorangehenden Kapitel gesehen, daß der Spracherwerb eine Basis im kommunikativen Bereich hat, der grundsätzlich im stimulierenden Austausch zwischen Mutter und Kind, zwischen Kind und anderen sprechenden Personen besteht. Gilt dies, ist kognitive Entwicklung vor allem dadurch zu fördern, daß mit dem Kind auch in dieser Dimension seiner Entwicklung *gesprochen* wird: Das Kind kann Fragen stellen, die geduldig beantwortet werden; Konstruktionsvorgänge werden mit erklärenden Worten begleitet, so daß das Kind nicht nur sieht, was geschieht, sondern sich auch der erklärenden Begleitung von Sprache bedienen kann – es gibt eine Fülle von Möglichkeiten, Sprach- und Denkförderung zu verbinden.

Leistungsmotivation

In den 60er Jahren wirbelte Bloom (1964: Untersuchung zum Verlauf der Intelligenzentwicklung) erheblichen Staub auf. Nach ihm ist die Endauslegung der Intelligenz sehr früh definiert; mit fünf Jahren sind etwa 50% der endgültigen Intelligenzhöhe, mit acht Jahren 80% der individuellen Intelligenz festgelegt. Diese Feststellungen lösten in den USA, später auch in Deutschland die *Vorschulbewegung* aus; man glaubte, durch Intelligenzförderung die kognitive Entwicklung positiv beeinflussen und die Leistungsbereitschaft von Kindern erhöhen zu können. Auch wenn Blooms Angaben inzwischen korrigiert sind, stimmt doch, daß sich gerade in den ersten zehn Lebensjahren eine erhebliche Schnelligkeit in der Ausdifferenzierung von Intelligenzleistungen feststellen läßt, die später abnimmt und ersetzt wird durch eine wachsende Stabilität der Intelligenz.

Auffällig ist, daß die Diskussion über Leistungsbereitschaft und Leistungsfähigkeit vor allem an Fragen der Intelligenzentwicklung gekoppelt ist, obwohl Leistung in fast allen Feldern menschlichen Lebens eine Rolle spielt, in der Fähigkeit zu sozialen Kontakten ebenso wie in der Offenheit für ästhetische Eindrücke, im Bereich kreativer Einfälle, bis zu den Kultivierungsformen von Erotik und Sexualität. Auch mit Gefühlen angemessen umgehen zu können ist eine Leistungsdimension. Wenn wir Leistung und Intelligenz besonders eng zusammenkoppeln, zeigt sich auch hier, welchen Stellenwert die Entwicklungspsychologie, aber auch die Pädagogik diesem Bereich zuschreibt, soll doch das Kind auf ein Schulsystem vorbereitet werden, in dem die Dimension »Leistung« häufig über Erfolg und Mißerfolg, Wohl- oder Mißbehagen im schulischen Leben selbst, aber auch für die Zeit danach entscheidet. »Gute Leistungen« qualifizieren in der Regel, zumindest formal, für eine anspruchsvollere und besser bezahlte Berufslaufbahn. Ein Kind, dessen Leistungsbereitschaft früh gefördert wurde, hat damit allgemeine Lebenschancen, die weit mehr umfassen als ein augenblickliches Kindsein.

Heute wird die Entwicklung des Leistungsmotivs nicht mehr so einseitig als die Entwicklung der kognitiven Strukturen konzipiert, die vor allem rationales Handeln in Leistungssituationen ermöglichen sollen. Die Leistungsmotivationsforschung hat die lange vernachlässigte *emotionale* Komponente des motivationalen Regulierungsgeschehens wiederentdeckt und beschäftigt sich mit den Ursprüngen der spezifischen leistungsthematischen Emotionen (Trudewind u. a. 1989, S. 492). Wiederentdeckt werden motivationale und emotionale Komponenten frühkindlicher Anpassungsleistungen an Umweltgegebenheiten, die wir *Kompetenzmotivation* nennen. »Schon Säuglinge zeigen Aktivitäten, die dazu dienen, die Kompetenz zu steigern, und dies schon in den ersten Lebenswochen. Sie explorieren die unmittelbare Umgebung durch Sehen, Hören und Betasten und bewegen die eigenen Gliedmaßen. Später beginnen sie zu krabbeln und zu gehen, erkunden neue Objekte und Orte. Alle diese Verhaltensweisen sind gerichtet, selektiv und beharrlich und haben eine gemeinsame Funktion: Sie sind Teil eines Prozesses, bei dem das Lebewesen lernt, effektiv mit der Umwelt zu interagieren.« (Ebd., S. 493) Diese Aktivitäten unternimmt das Kind nicht, wie früher angenommen wurde, um primäre Bedürfnisse zu befriedigen (etwa bei Hunger, dem Wunsch nach Befriedigung Durchsetzung zu verschaffen). Es scheint schon beim kleinen Kind vielmehr eine unabhängige Motivation zu geben, die darin besteht, kompetent zu werden, unabhängig von organismischen Bedürfnissen. Man spricht von einem Gefühl der Wirksamkeit – *feeling of efficacy* –: Hat ein Kind eine Veränderung in der Umwelt erfolgreich bewirkt oder eine neue sensorische Stimulation erfahren, erlebt es dadurch ein Gefühl von Wirksamkeit, das so positiv besetzt ist, daß das Kind dieses Verhalten wiederzeigt. Hunt (1965, S. 204) hat für einen Zeitraum der sensomotorischen Entwicklung, für die ersten achtzehn bis vierundzwanzig Lebensmonate, drei Stufen in der Entwicklung einer »der Informationsverarbeitung innewohnenden Motivation« beschrieben:

1. Zunächst reagiert der Säugling auf Veränderungen im sensorischen Input mit Aufmerksamkeit, Zuwendung und Erregung.
2. Gegenstände, Personen oder Orte können wiedererkannt werden und wirken, weil sie nun vertraut sind, auch motivational anziehend; dies führt zu Bemühungen, den Kontakt aufrechtzuerhalten oder wiederzuerlangen.
3. Schließlich entwickelt das Kind Interesse am Neuen, weil die Situationen ansonsten nun vertraut sind. Kleinkinder machen also ständig Bewältigungsversuche in Situationen und stellen sich dabei Aufgaben, die sie nach bestimmten Handlungsstandards erledigen. Dieses Bestreben ist sowohl die Grundlage für Neugier als auch für Leistungsmotivation. Neben der Neugier auf neue Stimuli gibt es auch eine Bewältigung um der Kompetenz willen und eine Bevorzugung von herausfordernden Aufgaben. Ab 1½ Jahren beginnen die Kinder, Ergebnisse ihrer Tätigkeit zu beachten und gegen Störungen der eigenen »Handlungsentwürfe« zu protestieren. Sie entwickeln ein *Selbstkonzept*, das zwei Formen hat. Das *existentielle* Selbst sieht das Selbst als individualisiertes Subjekt, das von anderen und auch von der Welt unterschieden ist und sich als Zusammenhang versteht und erlebt; das *kategoriale* Selbst besteht in dem Bewußtsein, daß dem Selbst quasi als Objekt Merkmale zukommen

wie Geschlecht, Größe, Aussehen, später auch Einstellungen und Fähigkeitszuschreibungen (Trudewind u. a., ebd., S. 497ff.).

Schon vor Abschluß des ersten Lebensjahres, etwa im letzten Quartal, hat der Säugling in der Regel Objektpermanenz und *Personenpermanenz* gewonnen, kann also Objekte wiedererkennen und sich selbst als ihnen gegenüberstehend, sie manipulierend, ihnen ausweichend etc. Über das *kategoriale* Selbst definiert sich das Kind gegenüber der sozialen Umwelt. Hier spielt das *visuelle Erkennen* eine große Rolle. Kinder im Alter zwischen fünf und acht Monaten zeigen Interesse an ihrem Spiegelbild, berühren es oder lächeln es an. Die Reaktionen auf das eigene Bild unterscheiden sich jedoch nicht von den eigenen Reaktionen auf die Präsentation anderer Kinder im Spiegelbild. Im letzten Quartal des ersten Lebensjahres finden sich erste Anzeichen dafür, daß das Kind sich aktiv handelnd erlebt, also den Zusammenhang zwischen eigenen Körperbewegungen und den Körperbewegungen des visuellen Bildes im Spiegel durchschaut. Von einem Jahr ab können Kinder den Spiegel benutzen, um Personen und auch Objekte im Raum zu lokalisieren. Sie wenden sich nun den Personen und Objekten direkt zu, nicht deren Bild im Spiegel, in dem sie diese vielleicht entdeckt haben. Damit demonstrieren sie eine Selbst-Andere-Unterscheidung hinsichtlich der Verursachung. Mit 1½ Jahren wird das Selbst dann zum Objekt des eigenen Wissens, die Kinder erkennen sich selbst aufgrund äußerer Merkmale, und sie reagieren unterschiedlich mit Sympathie, Zuneigung oder Abwehr (auf Darstellung des eigenen Bildes und das der anderen Kinder). Erst mit 2½ Jahren beherrschen Kinder auch die reflexive Komponente in Hinsicht auf das Verhältnis zwischen Selbst und eigenen Aktivitäten, und sie geben sich Attribute wie »ich *kann* das«. Es lassen sich also nun selbstbewertende Emotionen beobachten, wenn eine Handlung gelingt oder mißlingt. Kinder erleben sich nicht nur in eine Handlung einbezogen, sondern sie betrachten sich jetzt auch als *handelnder Akteur*: Sie wissen, daß sie eine Handlung begonnen haben, sie beachten, ob sie sie erfolgreich beendet haben oder nicht, und sie wiederholen die Handlung manchmal so oft, bis sie endlich gelungen ist. Eine derart befriedigende Leistung wird dann oft mit einem Lächeln oder sogar lautem Lachen sowie mit der Zuwendung zum erwachsenen Bezugspartner abgeschlossen. Hier ist die Emotion »stolz auf eine Leistung« vorherrschend. Es gibt aber auch andere selbstbezogene und selbstbewertende Emotionen, je nach den Ergebnissen ihres Handelns (Erfolg oder Mißerfolg). Bei Mißerfolg stellt sich oft »Scham« ein – eine »reife« Leistungsemotion, die freilich erst recht spät in der Entwicklung des Leistungsverhaltens von Vorschulkindern auftritt. Eher stellt sich Scham ein, wenn die Überschreitung von Verhaltensverboten bemerkt wird. Aber auch Leistung wird ganz offensichtlich von Emotionen begleitet. Schon im frühen Alter zeigen Kinder negative Selbstbewertungen, etwa, wenn ein gebauter Turm zusammengestürzt ist und sie seine alte Form nicht wieder aufbauen können. So wechseln sich oft Stolz- und Beschämungsreaktionen ab: Nach der Theorie leistungsmotivierten Handelns »sollte die positive Emotion nach einem Erfolg um so höher sein, je schwieriger die Aufgabe von der handelnden Person erlebt wurde, analog dazu sollte die negative Emotion bei einem Mißerfolg um so größer sein, je leichter die Aufgabe angesehen wurde« (ebd., S. 506).

Bemerkenswert scheint mir zu sein, daß kleine Kinder sich bei der Entwicklung von Leistungskompetenz vor allem mit ihrem Selbst auseinandersetzen (in Hinsicht auf die über Objekte gestellte Aufgabe). Sie sind in gewisser Weise egozentrisch und können noch nicht im Wettbewerb handeln, sie sind nicht beschämt, wenn sie eine Leistung langsamer oder unvollkommener vollbringen als ein anderes Kind neben ihnen. Noch Fünfjährige haben ein geringeres Interesse an einem sozialen Vergleich als Grundschulkinder, obwohl sie nun schon neugierig sind zu sehen, wie weit ein Partner bei der gleichen Aufgabe gekommen ist. Wird Vorschulkindern eine anschauliche Information geboten, und sie können beobachten, wie in einer Videodarstellung Kinder ihres Alters entweder mit einer Aufgabe gut oder schlecht zurechtkommen, orientieren sie sich bei der Beurteilung der Schwierigkeit dieser Aufgabe durchaus an den Ergebnissen, die andere Kinder schneller oder langsamer, mit mehr oder weniger Anstrengung erzielen. Offenbar sind sie aber noch nicht fähig oder interessiert an einem Rückschluß aus dem sozialen Vergleich auf die eigene Tüchtigkeit im Vergleich mit anderen. *Es sieht so aus, als ob erst die vergleichende Bewertung im Schulsystem das Interesse an einem sozialen Vergleich wachsen läßt, das Vorschulkinder noch nicht zeigen.*

Im Gegensatz zu diesem Desinteresse der Vorschulkinder beachten die Wissenschaftler, die in der Kinderforschung tätig sind (ebenso wie später in bezug auf die Schulkinder), durchaus die Dimensionen individueller Unterschiede im Leistungsmotiv. So finden sich individuelle Unterschiede in der *Intensität*, mit der die Situation als angenehm oder unangenehm, als lustvoll oder widerwillig erlebt wird. Dies entscheidet über die weiteren Verarbeitungs-, Bewertungs- und Handlungsschritte, und hier können sich Kinder dann je nach der emotionalen Basis, die sie in die Situation einbringen und nach der sie die Situation erleben, unterscheiden. Eine zweite Dimension des Unterschieds ist die *Breite* der Leistungsmotivation. Offenbar unterscheiden sich die kleinen Kinder in der Sensibilität für die Wahrnehmung der situativen Hinweisreize, die eine Situation als leistungsthematisch strukturierbar erscheinen lassen (Trudewind 1975). Eine dritte Dimension, die im affektiven Bewertungssystem begründete Motivunterschiede zeigt, besteht in der *Qualität* der emotionalen Reaktionen. Sowohl affektive *Situationsbewertungen* als auch antizipierte und erlebte *Selbstbewertungsemotionen* lassen sich nach ihrer positiven oder negativen Valenz (angenehm–unangenehm, erfreulich–ärgerlich, zufrieden–unzufrieden, stolz–beschämt) klassifizieren. Das Leistungssteuerungssystem unterscheidet sich dann je danach, wie sich eine stabilisierte Reaktionstendenz für die positive oder negative Emotionsklasse herausbildet. Es wäre also anzustreben, Leistungskompetenz durchaus auf die Entwicklung *positiver Affekte* zu gründen, um Leistungsbereitschaft zu steigern. Bei kleinen Kindern in der Familie haben hier Mütter eine wichtige Aufgabe. Ihre emotional-positive Beteiligung am kindlichen Spiel korreliert beispielsweise signifikant positiv mit der Ausdauer des Kindes im Objektspiel (dreizehn Monate). Positive Verstärkungen, unterstützendes Verhalten der Bezugsperson der Kinder können die Breite von deren Leistungsmotivation ebenso fördern wie die positiven Qualitäten der affektiven Reaktion.

Später, etwa vom zweiten Lebensjahr ab, streben Kinder schon danach, ohne mütterliche Begleitung eine Leistung zu vollbringen. Wichtiger als die mütterliche Unterstützung ist nun die Förderung kindlicher Autonomie und Unabhängigkeit, die Eröffnung von Handlungsräumen und die Respektierung der kindlichen Entscheidungen als wichtige Bestandteile der *Selbständigkeitserziehung* von

Vorschulkindern: »Eine solche Erziehungseinstellung und -praxis stellt insbesondere in der Vorschulperiode günstige Bedingungen her, unter denen die bei der Auseinandersetzung mit der Umwelt erlebte Freude über erzielte Effekte, die Befriedigung über gelungene Manipulationen und die Erfahrung von Selbstbehauptung und eigener Kompetenz in das Selbstbewertungs- und Selbstbekräftigungssystem integriert werden können. Die Einschränkung dieser Erfahrungsmöglichkeiten durch eine verzögerte Selbständigkeitsgewährung könnte diesen Prozeß blockieren. Die Folge wäre eine geringe intrinsische Motivierung zu leistungsthematischen Auseinandersetzungen, da der unmittelbare positive Anreiz von Leistungssituationen nicht antizipiert wird.« (Trudewind u. a., ebd., S. 514)

Es gibt drei entscheidende Voraussetzungen, um nicht nur die Autonomie des Kindes zu fördern, sondern um ihm auch zu ermöglichen, Gütekriterien und -maßstäbe für das, was es »leistet« zu entdecken und allmählich anzuwenden: zum einen das Ausmaß der Möglichkeiten des Kindes, auf die Dinge der Umwelt einzuwirken und sich als selbständig Handelnden zu erleben; des weiteren eine für das Kind interessante, also stimulierende, physische und soziale Umwelt und schließlich Hilfe und Unterstützung (ohne Aufdringlichkeit und vorschnelles Eingreifen in kindliches Handeln). Je früher Eltern ihren Kindern Autonomie und Entscheidungsfreiheit gewähren, desto eher sinkt die *Mißerfolgsfurcht*.

Es kommen also mehrere Faktoren zusammen, die eine positive Emotionalität, verbunden mit einem positiven Leistungsstreben, also eine Erhöhung der Leistungskompetenz, ermöglichen. Wichtig ist zum einen die Anregung, die beispielsweise vom Umgang mit Spielzeugen und Malgeräten ausgeht. Je mehr Materialien die Kinder zur Verfügung haben, an denen sie üben und ihre Kreativität entwickeln können, desto förderlicher ist dies für sie. Hinzu kommt ein positives Gesamtklima des Raumes, und schließlich ist die Begleitung durch nicht überfordernde, aber leistungsunterstützende Erwachsene wesentlich. Eine günstige Wirkung intensiven Spielens hat sich vor allem bei Kindern gezeigt, deren Väter sich in hohem Maße beteiligten und dabei Spiele bevorzugten, bei denen die Kinder etwas lernen konnten (ebd., S. 516f.).

Beim Eintritt in die Grundschule verändert sich die Leistungssituation in vielen Punkten entscheidend.

1. Das Kind kann den Zeitpunkt seiner Leistungsbemühungen nun nicht mehr selbst bestimmen; die Leistungsbereiche und -inhalte werden ihm vorgegeben. Die Schwierigkeitsgrade der zu bearbeitenden Aufgaben werden vom Lehrer festgelegt und können nicht vom Kind selbst verfügt werden.
2. Das Kind hat nun für die Bewertung seiner Handlungsergebnisse oft nicht die angemessenen Gütekriterien (etwa bei der Bewertung seiner Schrift).
3. Anstelle selbstgesteckter Leistungsziele werden nun kontinuierliche Leistungsbemühungen und vorgegebene Gütestandards verlangt, deren Erreichen oder Verfehlen häufig durch Belohnungen oder Bestrafungen sanktioniert werden. Die schulische Lernsituation ersetzt damit die *intrinsische* Motivation häufig durch eine *extrinsische* Motivation, die nicht mehr von der Sache bestimmt wird, sondern beispielsweise davon, ob für eine Leistung Lob oder Tadel zu erwarten ist. Wir wissen aber, daß weder Belohnungen noch Bestrafungen das Lernverhalten wesentlich fördern, häufig eher beeinträchtigen. – Kinder erleben einen »Schock«, denn nicht nur die Bedingungen für Leistungen, auch die Festlegung der Qualitätsstandards, die Verfügung über die Situation haben sich geändert, so daß eine positive *emotionale Souveränität*, die Kinder im Vorschulalter entwickelt haben, nun beeinträchtigt werden kann. Es ist wichtig, daß die Eltern ihre Kinder bei diesem »Umbruch« begleiten und Mißerfolge nicht gleich negativ sanktionieren. Denn positiv besetzte emotionale Komponenten (Interesse an der Umwelt und am Lernen, positiv besetzte Anstrengungsbereitschaft, Freude über ein Ergebnis) sind entscheidende Komponenten des Wohlbefindens, das wiederum Grundlage für ein selbständiges Leistungsverhalten in allen wichtigen Dimensionen des menschlichen Lebens ist.

Moralisch urteilen, werten und handeln

Unabhängig davon, welche inhaltliche Moral jemand vertritt: Es besteht eine Übereinkunft darüber, daß die Orientierung an ethischen Grundhaltungen sowohl positiv zu bewerten ist als auch notwendig für das Zusammenleben von Menschen in der Gesellschaft. Darum legen die meisten Eltern auch Wert darauf, daß ihre Kinder ein Sensorium für Recht und Unrecht entwickeln und sich dementsprechend verhalten. So ist die Beziehung zu »richtigem« Urteilen und Handeln nicht nur auf kognitive Bestände gerichtet, sondern als *Werturteil* auch wichtig für soziales Handeln miteinander, für gegenseitige Akzeptanz. Freilich leben wir heute in einer Gesellschaft, in der auch im Erziehungsbereich die Übereinkünfte darüber, was als »verbindlich« gelten soll, weit auseinandergehen. Das muß solange kein Mangel sein, wie bei allen möglichen Meinungsverschiedenheiten in manchen Wertfragen ein *Grundkonsens* darüber besteht, daß Gesetze und Regeln von gegenseitiger Fairneß, Sinn für Gerechtigkeit, Bereitschaft zu großzügigem Handeln anderen gegenüber, Verständnis für andere, besonders auch für fremde Kulturen trotz aller Differenzerfahrungen, Ehrlichkeit statt Lüge, Freundlichkeit statt Streitsucht, Kooperationsbereitschaft statt persönlicher Egoismus wichtig sind, wenn eine Gesellschaft funktionieren soll. Insofern wachsen Kinder nicht nur in eine moralische Ordnung hinein, sondern indem sie qua Geburt Mitglieder der Gesellschaft sind, bestimmen sie diese auch mit, weil auch sie schon kleine moralische Persönlichkeiten sind. Doch gilt natürlich auch hier, daß von Kindern noch nicht die »Leistungen« verlangt werden können, die wir in späteren Entwicklungsphasen erwarten. Wie sieht überhaupt die Moral von Kindern aus, sind sie tatsächlich schon »moralische Wesen«?

Ausgehend von der klassischen Dreiteilung *Denken, Fühlen, Handeln* kann die Moralentwicklung unter drei Aspekten betrachtet werden:

1. Unter *kognitivem* Vorzeichen geht es um die Entwicklung moralischen *Denkens* und *Urteilens.*
2. Unter *emotionalem* (affektivem) Vorzeichen geht es um die Entwicklung moralischer *Gefühle* und *Wertorientierungen.*
3. Unter dem *Handlungsaspekt* geht es um die Entwicklung moralischen *Handelns*, also die Umsetzung von Denken und Urteilen, Gefühlen und Werthaltungen ins soziale Beieinander des alltäglichen Lebens.

Betrachten wir zunächst den kognitiven Aspekt moralischen Denkens und Urteilens (Oerter/Montada 1982, S. 633 ff.; Nickel/Schmidt ca.

1976, S. 151 ff.; Trautner 1991, S. 415 ff.). Auch hier sind die Untersuchungen und Überlegungen Piagets ein wichtiger Ausgangspunkt. Für Moralentwicklung in kognitivem Kontext heißt es, zwischen der Beurteilung einer Person als »gut« oder »böse« und der diesem Urteil zugrundeliegenden Begründung zu trennen. Für Piaget beinhaltet die moralische Entwicklung auch das Durchlaufen einer universellen, gerichteten, sachlogisch begründeten Abfolge qualitativer Veränderungen des Denkens und Urteilens über moralische Gegenstände. Es liegt auf der Hand, daß kognitive Begrenzungen, wie wir sie beim Kleinkind im Überwiegen der Assimilation (Egozentrismus) und in der Unfähigkeit zu komplexen logischen Operationen finden, auch Qualität und insgesamt die Art und Weise moralischen Urteilens mitbestimmen.

Piagets Untersuchungen zu diesem Gebiet beschäftigten sich zunächst mit der Entwicklung des *Regelverständnisses* sowie der *Einhaltung von Regeln*. Piaget beobachtete Kinder beim Murmelspiel und fragte sie nach den Spielregeln: Wer hat die Regeln gemacht? Wie wurde dieses Spiel früher gespielt? Wie spielen andere Kinder dieses Spiel? Kann man die Regeln ändern? Piaget wählte das Murmelspiel, weil es meistens ohne Eingriff von Erwachsenen stattfindet, also die Kinder ihre Angelegenheiten selbst regeln. Wie bei vielen anderen kindlichen Spielen werden beim Murmelspiel Gleichheit (wer fängt an), Wechselseitigkeit (abwechselnd drankommen) und Gerechtigkeit (Verteilen von gewonnenen und verlorenen Kugeln) zum Thema (Zur Oeveste 1982). Piaget fand insgesamt vier Stufen heraus:

Stufe 1 (bis zwei Jahre): Die Kinder spielen entsprechend ihren individuell entwickelten motorischen Gewohnheiten; irgendwelche feste Regeln werden noch gar nicht wahrgenommen. Kinder lassen die Kugeln rollen und freuen sich daran, aber sie tun dies aus Freude an der Bewegung, in der Wiederholung eingeübter und erprobter Bewegungsarten, ohne eine Vorstellung von »Zusammenspielen« oder gar Regeln, die hinter diesem Zusammenspielen stehen, zu besitzen.

Stufe 2 (drei bis sechs Jahre): Nun wird die Art des Spiels wesentlich durch die Nachahmung anderer, meist älterer Kinder bestimmt. Wenn diese Regeln formulieren oder vorgeben, werden diese nachgeahmt bzw. übernommen; es kommt jedoch noch nicht zu einem sozialen Zusammenspiel nach gemeinsamen Regeln, die den Kindern auch bewußt sind, auf deren Einhaltung sie achten und für deren Respektierung sie sich verantwortlich fühlen.

Erst mit der Stufe 3 (sieben bis zehn Jahre) wird das Spiel im eigentlichen Sinn sozial, indem die Kinder nun nach gemeinsamen Regeln miteinander in Wettstreit treten. Vor allem die Änderbarkeit der Regeln kommt ihnen aber nicht in den Sinn.

Und erst auf Stufe 4 (ab elf Jahren) sind Kinder in der Lage, alle möglichen, nicht nur die Routine-Fälle der sozialen Interaktion beim Spielen vorauszusehen und dafür (auch neue) Regeln festzulegen; außerdem gewinnt die Vereinbarung und Festlegung von Regeln, die, je komplizierter sie sind, um so mehr Gefallen finden, einen Wert an sich.

Auch die Entwicklung des *Regelverständnisses* unterteilte Piaget in drei Stufen, die sich mit den kurz skizzierten Stufen der Regelpraxis teilweise überschneiden. Kinder bis zu drei Jahren unterscheiden noch nicht individuelle und soziale Normen, es gibt kein Empfinden einer sozialen Verpflichtung zur Einhaltung von Regeln (Stufe 1); die vier- bis achtjährigen Kinder betrachten die allmählich in ihrem sozialen Ursprung erkannten Regeln als absolut gültig und unantastbar (Stufe 2); Kinder ab neun Jahre erkennen, daß Regeln das Ergebnis gegenseitiger Übereinkünfte zwischen Gleichen sind und auch Regeländerungen vorstellbar sind, wenn die Spielpartner dem zustimmen (ab neun Jahren) (Piaget 1954).

Interessant sind auch Piagets Untersuchungen zum Konflikt zwischen der Bewertung der objektiven Größe eines Schadens *(Handlungsfolge)* und der Bewertung der subjektiven Motivation *(Handlungsabsicht)*. Solche Unterschiede sind Kleinkindern noch gar nicht zugänglich, so daß sie Piaget erst bei Kindern zwischen fünf und dreizehn Jahren erfragte, etwa in dem Geschichtenpaar von Hans und Heinz (Piaget 1954, S. 134): »Ein kleiner Junge namens Hans ist in seinem Zimmer. Man ruft ihn zum Essen. Er geht ins Speisezimmer. Aber hinter der Tür stand ein Stuhl. Auf dem Stuhl war ein Tablett, und auf dem Tablett standen fünfzehn Tassen. Hans konnte nicht wissen, daß all dies hinter der Tür war. Er tritt ein: die Tür stößt an das Tablett und bums, die fünfzehn Tassen sind zerbrochen.« (Geschichte A). – »Es war einmal ein kleiner Junge, der hieß Heinz. Eines Tages war seine Mama nicht da, und er wollte Marmelade aus dem Schrank nehmen. Er stieg auf einen Stuhl und streckte den Arm aus. Aber die Marmelade war zu hoch, und er konnte nicht darankommen. Als er doch versuchte, daranzukommen, stieß er an eine Tasse. Die Tasse ist heruntergefallen und zerbrochen.« (Geschichte B).

Die Kinder sollten die Frage beantworten, ob Hans (Geschichte A) und Heinz (Geschichte B) gleich *schlimm* seien oder eines von den beiden Kindern *schlimmer*. Dann sollte angegeben werden, welches von beiden Kindern schlimmer sei und warum. Vorschulkinder erfassen nicht immer eine mögliche Differenz von »schlimm« und »schlimmer«; obwohl Hans gehorsam ist (er folgt dem Ruf zum Essen) und nicht wissen konnte, daß die fünfzehn Tassen hinter der Tür standen, also völlig unabsichtlich handelte, wird er doch von vielen Kindern als »schlimmer« beurteilt als Heinz, der nur *eine* Tasse zerbrach, wobei erst ältere Kinder beachten konnten, daß das Zerbrechen der Tasse bei Heinz mit einer bestimmten Handlung in Zusammenhang steht, die ihm vielleicht nicht zustehen mochte. – Sehen wir davon ab, daß Piaget von vier möglichen Kombinationen guter und schlechter Absichten mit geringem und großem Schaden in seinen Geschichten nur die beiden Kombinationen (1) gute Absicht mit großem Schaden und (2) schlechte Absicht mit geringem Schaden verwendete, Absichten und Folgen also konfundierte, seine Versuche also kritisierbar sind und inzwischen korrigiert bzw. weitergeführt (vgl. Trautner, S. 421 f.), hat er doch eine auch heute noch interessante Gegenüberstellung von *heteronomer* (von außen bestimmter, nicht selbst verantworteter) und *autonomer* (selbstverantworteter) Moral gegenübergestellt.

Je kleiner die Kinder sind, desto eher bevorzugen sie Züge der heteronomen Moral, die Maßstäbe autonomer Moral erreichen erst ältere Schulkinder.

Interessant, weil anschaulich, ist die Untersuchung von Berndt (1975) an vier- bis elfjährigen Kindern. Ihnen wurden kurze Videofilme gezeigt und Geschichten vorgelesen, in denen jeweils ein etwa siebenjähriger Junge (Chris) einen anderen, etwa gleichaltrigen Jungen (Ricky) absichtlich oder unabsichtlich verletzt, und zwar entweder aus einem unmittelbar ersichtlichen Motiv (nahes Motiv) oder aus einem auf eine zeitlich entfernte Handlung bezogenen Motiv (fernes Motiv).

Heteronome Moral	Autonome Moral
Absolute moralische Perspektive (Verabsolutierung des eigenen Standpunktes)	Erkennen und Berücksichtigen unterschiedlicher Standpunkte
Vorstellung der Nichtveränderbarkeit von Regeln und Normen	Sicht von Regeln und Normen als veränderbar durch (neue) Vereinbarungen
Glaube an die Zwangsläufigkeit der Bestrafung von Vergehen	Wahrnehmung der Kontingenz von Vergehen und Bestrafung (austeilende Gerechtigkeit)
Objektive Verantwortlichkeit (Beurteilung nach den sichtbaren Folgen einer Handlung)	Subjektive Verantwortlichkeit (Beurteilung nach den erschlossenen Handlungsabsichten und Motiven)
Definition einer Verfehlung auf der Basis des Verbotenen und Bestraften	Definition einer Verfehlung nach der Verletzung wechselseitiger Beziehungen (Vertrauensverhältnis)
Vertreten einer Sühnestrafe ohne inneren Zusammenhang zwischen Art des Vorgehens und Art der Strafe	Vertreten von Strafen im Sinne der Wiedergutmachung, die einen inneren Zusammenhang zur Tat aufweisen
Bevorzugung einer Bestrafung durch Autoritäten	Bevorzugung einer Bestrafung durch das Opfer der Verfehlung selbst
Unterstützung willkürlicher Belohnungen und Strafen und ungleicher Verteilung von Gütern, sofern durch Autoritäten (Autoritätsabhängigkeit)	Bestehen auf einer gerechten bzw. gleichen Verteilung von Gütern
Pflicht ist definiert als Gehorsam gegenüber Autoritäten	Pflicht ist definiert als den Prinzipien der Gleichheit und des Wohlergehens anderer gehorchend

Abb. 10 Charakteristika der heteronomen Moral und der autonomen Moral.
Quelle: Trautner 1991, S. 419

Herausgefunden werden sollte, wie das kindliche Verständnis von Motiven und der Intentionalität von Handlungen und ihrer Berücksichtigung im moralischen Urteil beschaffen ist. Die erste Situation sah beispielsweise so aus:

Instrumentelle Aggression. Chris möchte von Ricky ein Flugzeug haben (nahes Motiv), um mit einem anderen Jungen auf dem Flughafen zu spielen (fernes Motiv). Weil Ricky ihm das Flugzeug nicht geben will, reißt er es ihm aus der Hand und stößt Ricky zu Boden. In einer zweiten Geschichte handelt es sich um eine *unbeabsichtigte Aggression*: Chris möchte von der Lehrerin ein Flugzeug haben; als er es sich bei der Lehrerin holt, stößt er Ricky, der im Wege steht, unbeabsichtigt zu Boden. Eine dritte Variante enthält eine *verschobene* Aggression: Chris wird von der Lehrerin gezwungen, sein Flugzeug einem anderen Jungen zu geben (fernes Motiv). Er ist frustriert und ärgerlich (nahes Motiv), und als er an Ricky vorbeikommt, stößt er Ricky, ohne etwas zu sagen, zu Boden. Die vierte Variante ist die des *Altruismus*: Chris hat bemerkt, daß Ricky von der Lehrerin aufgefordert worden ist, mit Spielen aufzuhören und aufzuräumen (fernes Motiv). Ricky möchte aber gerne weiterspielen. Um ihm eine Freude zu machen (nahes Motiv), bietet Chris ihm sein Flugzeug an. Als Ricky sich dieses von ihm holen will, stolpert er und fällt zu Boden.

Die Kinder gaben anschließend Antworten auf unterschiedliche Fragen. So wurde das Konzept der Absichtlichkeit erfragt, das von der Mehrheit der Kinder verstanden wurde; allerdings hatten die jüngsten Kinder (Vorschulkinder) teilweise Schwierigkeiten, die *Unabsichtlichkeit* einer Handlungsfolge zu erkennen. Auf allen Altersstufen wurde die moralische Bewertung der Charaktere durch die *Motive* beeinflußt. Schon im Vorschulalter verstehen Kinder, daß Handeln durch Motive beeinflußt wird und daß Handlungsfolgen absichtlich oder unabsichtlich zustande kommen können. Danach richtet sich dann das moralische Urteil. Eine unbeabsichtigte Aggression wird also nicht so verurteilt wie eine instrumentelle oder eine verschobene Aggression. *Altruistische* Haltungen und Handlungen werden von der Mehrzahl der Kinder positiv diskriminiert. Piagets Schüler, Laurence Kohlberg, hat Piagets Fragen, wie schlecht oder gut eine Person ist, die sich in einer vorgegebenen Situation in einer bestimmten Art und Weise verhält, erweitert um die Fragen, wie sich eine Person in einer be-

Niveau und Stadium	Inhalt des Stadiums		Soziale Perspektive des Stadiums
	Was rechtens ist	Gründe, das Rechte zu tun	
Niveau 1 – Präkonventionell *Stadium 1 – Heteronome Moralität*	Regeln einzuhalten, deren Übertretung mit Strafe bedroht ist; Gehorsam als Selbstwert; Personen oder Sachen keinen physischen Schaden zuzufügen.	Vermeiden von Bestrafung und die überlegene Macht der Autoritäten.	*Egozentrischer Gesichtspunkt.* Der Handelnde berücksichtigt die Interessen anderer nicht oder erkennt nicht, daß sie von den seinen verschieden sind, oder er setzt zwei verschiedene Gesichtspunkte nicht miteinander in Beziehung. Handlungen werden rein nach dem äußeren Erscheinungsbild beurteilt und nicht nach den dahinter stehenden Intentionen. Die eigene und die Perspektive der Autorität werden miteinander verwechselt.
Stadium 2 – Individualismus, Zielbewußtsein und Austausch	Regeln zu befolgen; aber nur dann, wenn es irgend jemandes unmittelbaren Interessen dient; die eigenen Interessen und Bedürfnisse zu befriedigen und andere dasselbe tun zu lassen. Gerecht ist auch, was fair ist, was ein gleichwertiger Aus-	Um die eigenen Bedürfnisse und Interessen zu befriedigen, wobei anerkannt wird, daß auch andere Menschen bestimmte Interessen haben.	*Konkret individualistische Perspektive.* Einsicht, daß die verschiedenen individuellen Interessen miteinander im Konflikt liegen, so daß Gerechtigkeit (im konkret-individualistischen Sinne) relativ ist.

tausch, ein Handel oder ein Übereinkommen ist.

Niveau II – Konventionell *Stadium 3 – Wechselseitige Erwartungen, Beziehungen und interpersonelle Konformität*	Den Erwartungen zu entsprechen, die nahestehende Menschen oder Menschen überhaupt an mich als den Träger einer bestimmten Rolle (Sohn, bruder, Freund usw.) richten. »Gut zu sein« ist wichtig und bedeutet, ehrenwerte Absichten zu haben und sich um andere zu sorgen. Es bedeutet auch, daß man Beziehungen pflegt und Vertrauen, Loyalität, Wertschätzung und Dankbarkeit empfindet.	1. Das Verlangen, in den eigenen Augen und in denen anderer Menschen als »guter Kerl« zu erscheinen; 2. die Zuneigung zu anderen; 3. der Glaube an die goldene Regel; 4. der Wunsch, die Regeln und die Autorität zu erhalten, die ein stereotypes »gutes« Verhalten rechtfertigen.	*Perspektive des Individuums, das in Beziehung zu anderen Individuen steht.* Der Handelnde ist sich gemeinsamer Gefühle, Übereinkünfte und Erwartungen bewußt, die den Vorrang vor individuellen Interessen erhalten. Mittels der »konkreten goldenen Regel« bringt er unterschiedliche Standpunkte miteinander in Beziehung, indem er sich in die Lage des jeweils anderen versetzt. Die verallgemeinerte »System«-Perspektive bleibt noch außer Betracht.
Stadium 4 – Soziales System und Gewissen	Die Pflichten zu erfüllen, die man übernommen hat. Gesetze sind zu befolgen, ausgenommen in jenen extremen Fällen, in denen sie anderen	Um das Funktionieren der Institution zu gewährleisten, um einen Zusammenbruch des Systems zu vermeiden, »wenn jeder es täte«, oder um dem	*Macht einen Unterschied zwischen dem gesellschaftlichen Standpunkt und der interpersonalen Übereinkunft bzw. den auf einzelne Individuen gerichteten Motiven.* Übernimmt den Standpunkt des

Niveau und Stadium	Inhalt des Stadiums		Gründe, das Rechte zu tun	Soziale Perspektive des Stadiums
	Was rechtens ist			
	festgelegten sozialen Verpflichtungen widersprechen. Das Recht steht auch im Dienste der Gesellschaft, der Gruppe oder der Institution.		Gewissen Genüge zu tun, das an die selbstübernommenen Verpflichtungen mahnt (leicht zu verwechseln mit dem für das Stadium 3 charakteristischen Glauben an Regeln und Autoritäten; s. Text).	Systems, das Rollen und Regeln festlegt. Betrachtet individuelle Beziehungen als Relationen zwischen Systemteilen.
Niveau III – Postkonventionell oder Prinzipiengeleitet *Stadium 5 – Das Stadium des sozialen Kontrakts bzw. der gesellschaftlichen Nützlichkeit; zugleich das Stadium individueller Rechte*	Der Tatsache bewußt, daß unter den Menschen eine Vielzahl von Werten und Meinungen vertreten wird und daß die meisten Werte und Normen gruppenspezifisch sind. Diese »relativen« Regeln sollten im allgemeinen befolgt werden, jedoch im Interesse der Gerechtigkeit und weil sie den sozialen Kontrakt ausmachen. Doch gewisse absolute Werte und		1. Ein Gefühl der Verpflichtung gegenüber dem Gesetz aufgrund der im Gesellschaftsvertrag niedergelegten Vereinbarung, zum Wohle und zum Schutze der Rechte aller Menschen Gesetze zu schaffen und sich an sie zu halten; 2. ein Gefühl der freiwilligen vertraglichen Bindung an Familie, Freundschaft, Vertrauen und Arbeitsverpflichtungen; 3. Interesse daran, daß Rechte und Pflichten gemäß	*Der Gesellschaft vorgeordnete Perspektive.* Perspektive eines rationalen Individuums, das sich der Existenz von Werten und Rechten bewußt ist, die sozialen Bindungen und Verträgen vorgeordnet sind. Integriert unterschiedliche Perspektiven durch die formalen Mechanismen der Übereinkunft, des Vertrags, der Vorurteilslosigkeit und der angemessenen Veränderung. Zieht sowohl moralische wie legale Gesichtspunkte in Betracht, anerkennt, daß sie gelegentlich in Widerspruch geraten, und ist imstande, sie zu integrieren.

		der rationalen Kalkulation eines Gesamtnutzens verteilt werden, nach der Devise: »Der größtmögliche Nutzen für die größtmögliche Zahl«.	
	Rechte wie Leben und Freiheit müssen in jeder Gesellschaft und unabhängig von der Meinung der Mehrheit respektiert werden.		
Stadium 6 – Das Stadium der universalen ethischen Prinzipien	Selbstgewählten ethischen Prinzipien zu folgen. Spezielle Gesetze oder gesellschaftliche Übereinkünfte sind im allgemeinen deshalb gültig, weil sie auf diesen Prinzipien beruhen. Wenn Gesetze gegen diese Prinzipien verstoßen, dann handelt man in Übereinstimmung mit dem Prinzip. Bei den erwähnten Prinzipien handelt es sich um universale Prinzipien der Gerechtigkeit: alle Menschen haben gleiche Rechte, und die Würde des Einzelwesens ist zu achten.	Der Glaube einer rationalen Person an die Gültigkeit universaler moralischer Prinzipien und ein Gefühl persönlicher Verpflichtung ihnen gegenüber.	*Perspektive eines »moralischen Standpunktes«*, von dem sich gesellschaftliche Ordnungen herleiten. Es ist dies die Perspektive eines jeden rationalen Individuums, das das Wesen der Moralität anerkennt bzw. anerkennt, daß jeder Mensch seinen (End-)Zweck in sich selbst trägt und entsprechend behandelt werden muß.

Abb. 11 Die ersten drei Stufen der Entwicklung des moralischen Urteils nach Kohlberg.
Quelle: Trautner 1991, S. 432

stimmten Situation verhalten *sollte* und warum sie sich so verhalten sollte. Kohlbergs Analyse der Moralentwicklung geht wie Piaget davon aus, daß Entwicklungsprozesse universelle, gerichtete und nicht umkehrbare Transformationen kognitiver Strukturen sind. Moral ist in ihrem Kern nicht durch die Übernahme kulturell vorherrschender Normen definiert, sondern durch grundlegende Orientierungen und Maßstäbe der Beurteilung moralischer Sachverhalte, die in ihrer höchstentwickelten Form Prinzipien sozialer Gerechtigkeit folgen. Wie Piaget hinsichtlich der kognitiven Entwicklung legte Kohlberg als Ergebnis seiner Studien die geordnete Abfolge von sechs Entwicklungsstufen vor, die sich drei Entwicklungsniveaus zuordnen lassen: *präkonventionell* (das Kind urteilt kontextgebunden und ohne Beachtung allgemein verpflichtender Regeln), *konventionell* (das Schulkind hält sich an Regeln, erkennt Gesetz und Ordnung an und erachtet sie für alle Menschen gleich gültig) sowie *postkonventionell* (der Jugendliche fühlt sich vor allem seinem Gewissen verpflichtet und universalen Regeln, für die er auch eintreten würde, wenn er damit gegen – moralisch nicht derart gerechtfertigte – Konventionen verstößt). Die konventionelle und postkonventionelle Stufe sollen hier nicht vorgeführt und besprochen werden (dies ist geschehen in »Die 6- bis 12jährigen« S. 182 ff.). Auf den vorhergehenden Seiten (Abb. 11) sollen vor allem die beiden präkonventionellen Stadien sowie das erste Stadium der konventionellen Entwicklung vergegenwärtigt werden (präkonventionell: Vorschulalter; erste Stufe von Konventionalität: Primarstufe).

Die Ergebnisse stimmen mit dem, was wir über die kognitive und emotionale Entwicklung von Kindern wissen, gut überein. Kleinkinder unterwerfen sich noch ohne Rückfragen der Autorität der Erwachsenen (darum werden Regeln eingehalten, wenn Strafe droht; Gehorsam ist für sich etwas wert etc.); sie unterwerfen sich der Autorität und haben ansonsten eher eine egozentrische Perspektive, sie assimilieren also Handlungen anderer in den Kontext ihrer Interessen. Unsichtbare Intentionen können noch nicht gewürdigt werden. Etwas ältere Kinder halten Regeln nicht ein, weil sie »verhängt« sind; ausschlaggebend für die Gültigkeit von Regeln sind Interessen und gegenseitiger Austausch, wobei die eigenen Bedürfnisse und Interessen leitend sind. Immerhin respektieren die Kinder schon, daß auch andere Menschen bestimmte Interessen haben können, und sie werden, vor allem bei geliebten

Menschen, auch respektiert. Dies setzt sich auf der ersten Stufe des konventionellen Stadiums durch: Das Kind möchte nun Erwartungen entsprechen, die ihm nahestehende Menschen an es richten. Dies ist das Alter, in dem Vertrauen, Loyalität, Ausdruck von Wertschätzung und Dankbarkeit wichtig sind. Auf diese Weise ist man »gut«, gewinnt die Zuneigung der anderen; die individualistische Perspektive wird erweitert in eine Beziehungsperspektive: Die Situation des anderen wird mit erwogen, freilich immer nur in konkreten Kontexten, nicht als ein Systeme-übergreifendes Ordnungsgefüge.

Festzuhalten ist beim moralischen Urteil, daß es kognitive Operationen voraussetzt, zu denen Kinder nur begrenzt in der Lage sind. Sie entwickeln sich aber, und neuere Untersuchungen zeigen, daß Kinder in mancher Hinsicht unterschätzt werden und wir möglicherweise die diskriminierende Einschätzung, sie könnten nur unzureichend moralisch urteilen, revidieren müssen.

Diese Korrektur einer Unterschätzung kindlicher Moral wird vor allem deutlich, wenn wir den *affektiven Aspekt* betrachten, also Gefühle und Werthaltungen der Kinder in unsere Überlegungen einbeziehen und das moralische Urteil aus einer gewissen kognitiven Isolation befreien. Es gibt interessante Hinweise darauf, daß *prosoziales Verhalten* (als eine wichtige Dimension von Moralität) auch kleinen Kindern dann zugänglich und affektiv akzeptierbar ist, wenn keine Machtausübung dahintersteht, Kinder also etwas Freundliches ohne Zwang oder Strafandrohung tun können. Kindergartenkinder, die häufiger einen Hinweis auf die Konsequenzen des eigenen Handelns für andere (Induktion) bekommen hatten, zeigten mitleidige Reaktionen bei Schwierigkeiten anderer und Hilfsbereitschaft (Altruismus). Dabei ist der Grad der Machtausübung offenbar wichtig. Kinder sind um so altruistischer, je eher Mütter Macht ausübende Maßnahmen vermeiden (Oerter/Montada 1982, S. 671 f.). Wieder zeigt sich die Wichtigkeit der Anordnung einer unterstützenden, Kinder von vornherein einbeziehenden kommunikativen Offenheit. Machtausübende Techniken, Befehle, Strafen, auch Liebesentzug führen eher zu einer *externen* moralischen Orientierung, wie sie Kohlberg für die erste Stufe konstatiert hat: Furcht vor Strafe und Entdeckung führen zu regelkonformem Handeln. Sogenannte induktive Erziehungsmaßnahmen aber, vor allem solche, die auf die Konsequenzen eigenen Tuns für andere hinweisen, führen eher zu internalen Orientierungen: Kinder entwickeln Schuldgefühle, wenn sie jemandem nicht geholfen haben, und ein Gefühl für Verantwortlichkeit.

Stimmen diese Hinweise, hat dies für die Einschätzung der moralischen Dimension bei Kindern erhebliche Folgen. Zum einen wird deutlich, daß das moralische Urteil keineswegs direkt mit moralischen Handlungen verbunden ist. Die Dimension der Emotionalität scheint hier eine entscheidend Brücke zu bieten. Tatsächlich ist Kohlbergs Moraltheorie insofern sehr streng, fast »lieblos«, als es nur um Fragen der Gerechtigkeit geht. Aber ist ein Handeln aus Liebe zu einem anderen Menschen (ihn schützen, verteidigen, trösten etc.) nicht auch eine moralische Handlung von hohem Wert? Ist nicht gerade die alltägliche Moral viel eher in diesen Bereichen anzutreffen, da wir in direktem Umgang mit anderen, die uns nahestehen, und in bekannten Kontexten überschaubarer Reichweite anständig, gut und freundlich sein können oder auch bösartig, egoistisch, verständnislos? Offenbar sind Affekte ebenso Brücken zu unserem moralischen Verhalten wie unser moralisches Urteil. Dabei sind Kinder moralisch um so kompetenter, je mehr wir ihnen (natürlich in angemessener Weise und ohne Überforderung) Selbständigkeit und Autonomie zusprechen und ihnen die Chance eröffnen, beispielsweise in Rollenspielen, durch Erzählungen etc. Erlebnisweisen und Perspektiven anderer Kinder oder älterer Personen kennenzulernen und einzuschätzen. Gerade Kinder scheinen ein sehr feines Gespür für moralische Angemessenheit in dem Sinne zu haben, daß sie Freundlichkeit und Altruismus gern zeigen, werden ihnen solche Verhaltenseigenschaften und Haltungen ebenfalls glaubwürdig entgegengebracht. Würden wir diese Erziehungshaltungen ihnen gegenüber noch ausdrücklicher und eindrucksvoller vertreten, müßten vielleicht die Stufen- und Stadienlehren moralischen Urteils auch in Hinsicht auf Kinder in entscheidenden Elementen neu gefaßt werden.

Das Geschlecht: Mädchen, Junge

Die Differenzierung in *männlich* und *weiblich*, die sich in der Geschichte der menschlichen Phylogenese herausgebildet hat, wiederholt und entwickelt sich bei jedem Neugeborenen aufs neue in seiner individuellen Ontogenese. Zwar sagen wir »das Baby«, »das Kleinkind«, »das Vorschulkind«; dabei darf jedoch die Tatsache nicht übersehen werden, daß von Geburt an (und bereits bei der Empfängnis festgelegt) eine Trennung nach Geschlechtern stattfindet. Ob es der Vorname ist, die Eintragung im Paß, die Anrede in allen möglichen sozialen Kontexten: Immer werden wir auf unseren Geschlechtscharakter hingewiesen.

Dieser ist zum einen *biologisch* vorbestimmt. In den *Geschlechtschromosomen* (XX = weiblich; XY = männlich) ist die primäre Determination unseres Geschlechts festgelegt. Diese biologisch vorgegebene Differenzierung der Geschlechter zeigt sich beim Menschen in geschlechtsspezifischen Merkmalen sowohl anatomischer wie physiologischer Natur. Geschlechtsreife Frauen haben im Regelfall weibliche innere und äußere Geschlechtsorgane, Brüste, sie menstruieren, können schwanger werden und gebären und können ein Baby nähren. Männer hingegen haben in der Regel männliche innere und äußere Geschlechtsorgane, sie besitzen Bartwuchs, ejakulieren und können eine Frau befruchten. Weitere Geschlechtsunterschiede, etwa in *intellektuellen Fähigkeiten* und in *Persönlichkeitsmerkmalen* sind schon weniger grundlegend und eindeutig (Maccoby 1966; Überblick hierzu und zum folgenden: Trautner 1991, S. 328ff.). Eine Zusammenstellung der Forschung zu Geschlechtsunterschieden (Maccoby & Jacklin 1974) ergibt insgesamt bei Jungen bzw. Männern höhere Werte in mathematischen, visuell-räumlichen Fähigkeiten sowie in der Aggressivität und höhere Werte bei Mädchen bzw. Frauen in den Dimensionen verbaler Fähigkeiten. Keine konsistenten Geschlechtsunterschiede wurden gefunden in analytischen Fähigkeiten, in der Leistungsmotivation, der Selbstwertschätzung, der Bereitschaft zur Konformität und sozialem Interesse. Tendenziell meinen Maccoby & Jacklin, Geschlechtsunterschiede seien nicht so signifikant feststellbar wie oft behauptet; vor allem im Bereich der Aktivität, der Wettbewerbsorientierung, des Dominanzstrebens, der Nachgiebigkeit, der Fürsorglichkeit, der Schüchternheit, der Furcht und der Ängstlichkeit konnten sie zwischen den Geschlechtern keine Unterschiede finden. Neuere Übersichtsarbeiten, die vorliegende Untersuchungen gründlicher nicht nur zusammengestellt und ausgewertet, sondern die in den Untersuchungen vorliegenden Daten *noch einmal* analysiert haben, kommen mit anderen Einzeluntersuchungen insgesamt zu der Schlußfolgerung, »daß das Ausmaß der Geschlechtsunterschiede im Vergleich zu den unabhängig vom Geschlecht auftretenden interindividuellen Differenzen als relativ gering einzuschätzen ist. Dies gilt auch für variable Bereiche, in denen konsistente Geschlechtsunterschiede nachgewiesen werden konnten, wie z. B. in räumlichen und verbalen Fähigkeiten.« (Trautner, S. 329)

Wir werden also als Mädchen oder Junge geboren, sehen wir jedoch von den biologisch determinierten Merkmalen ab, ist es offenbar nicht ganz einfach, den »typischen Jungen« von einem »typischen Mädchen« zu unterscheiden oder grundlegend zu generalisierende Differenzen herauszufinden, auf die hin dann zu fragen wäre, welche *Verursachung* sie haben und wie sie sich *auswirken*. Letzteres freilich läßt sich eher sagen. Die Frage nach dem Geschlechtscharakter ist in den letzten Jahrzehnten ja nicht zuletzt deshalb so wichtig geworden, weil wir sensibel geworden sind gegenüber Geschlechtsideologien und die Benachteiligung von Mädchen, später Frauen, trotz aller ausgerufenen Gleichberechtigung auch in demokratischen Gesellschaften notorisch ist. Jeder weiß schon aus Alltagszuschreibungen, daß, jedenfalls spontan, ein Neugeborenes oft freudiger akzeptiert wird, wenn es sich um einen Jungen handelt, der dann als »Stammhalter« tituliert wird (wurde?), während ein Mädchen nur dann besonders beifällig begrüßt wird, wenn es sich um »progressive« Eltern handelt, die die Bewertung von Geschlechtszugehörigkeit nicht mehr derart in den Vordergrund stellen wollen. Deutlich ist, daß Geschlechtsunterschiede, über ihre biologische Konstituierung hinaus, vor allem *sozial* beeinflußt, teilweise sogar produziert werden.

In dieser Hinsicht empfiehlt es sich, zwischen geschlechts*typischen* und geschlechts*spezifischen* Merkmalen einen Unterschied zu machen. »Geschlechtsspezifisch« ist ein Merkmal nur dann, wenn es *ausschließlich* bei einem Geschlecht vorkommt, und in diesem Sinne trifft Geschlechtsspezifität nur auf wenige, direkt mit der Fortpflanzungsfunktion verbundene Merkmale zu. »Geschlechtstypik« dagegen umfaßt Merkmale, die *relativ* häufiger oder intensiver bei einem Geschlecht angetroffen werden, also zwischen den Geschlechtern deutlich stärker variieren als innerhalb eines einzelnen Geschlechts. Ob jemand sich als »männlich« oder »weiblich« ausarbeitet, hängt von seinem (natürlich

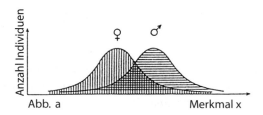

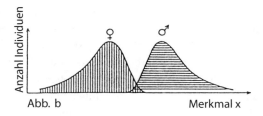

Abb. 12 Psychische Realität (a), soziales Stereotyp (b) und soziale Bewertung (c) von Geschlechtsunterschieden.
Quelle: Trautner 1991, S. 327

biologisch gesteuerten) Selbstkonzept ab, und in der psychischen Realität mischen sich oft männliche und weibliche Verhaltensmerkmale und -eigenschaften; in der sozialen Einschätzung hingegen werden sie als einander (fast) ausschließend charakterisiert, und in der Bewertung kommen die männlichen Wesen zugeschriebenen Charakteristika entschieden besser weg.

Auch außerhalb von Berufsrollen (Männer: Soldaten oder Flugzeugpiloten, Frauen: vor allem Schreibkräfte oder Kinderbetreuerinnen) werden Frauen im Mittel als etwas stärker an der Pflege des Nachwuchses orientiert eingeschätzt, Männer etwas ausgeprägter interessiert an außerfamiliären Dingen. Diese auch im Alltag registrierbaren Unterschiede werden freilich oft ideologisch in der Weise überhöht, daß gefordert wird, Frauen sollten sich nur der Nachwuchspflege widmen, während die Männer eher für den Bereich von Beruf und Öffentlichkeit zuständig seien. Psychische Realität und soziales Stereotyp weichen also stark voneinander ab.

Betreten wir den Boden der *theoretischen* Ansätze, die sich mit der Geschlechterdifferenzierung beschäftigt haben, sind – trotz der Umstrittenheit vieler Thesen – Siegmund Freud und die Psychoanalyse weitaus am bekanntesten außerhalb der wissenschaftlichen Debatten. Sicherlich liegt dies daran, daß er einen ganzheitlichen Ansatz vorgelegt hat, der zwar viele Elemente besitzt, die nicht nachgewiesen oder gar widerlegt sind, aber dennoch einen gewissen Grad von *Plausibilität* besitzen und insbesondere auch soviel Anschaulichkeit (etwa über Fallgeschichten), daß auch die pädagogische Diskussion an diesem Autor nicht vorbeikommt (zum folgenden: Freud 1905, 1924, 1925; überblicksweise: Trautner, S. 367 ff.; Nickel/Schmidt ca. 1976, S. 137 ff.).

Die Entwicklung des Kindes ist nach Freud eine reifungsabhängige Abfolge der Ausarbeitung sexueller Triebenergie, die in verschiedenen erogenen Zonen zutage tritt. Geschlechtstypisierung ist für Freud Übernahme der Geschlechtsrolle und Festlegung der in der Regel heterosexuellen Orientierung. Beides, Geschlechtsrollenfixierung und sexuelle Orientierung, soll während der sogenannten phallischen Phase (ca. 3 bis 6 Jahre) erfolgen, einer Phase, in der die Genitalien nach *oral* und *anal* bestimmter Kindheitsepoche zur wichtigsten Quelle von Triebbefriedigung werden. Bei Freud entdeckt das Kind die anatomischen Geschlechtsunterschiede durch Beachtung der Genitalien. Für Mädchen erscheint ihre Penislosigkeit in diesem Alter als Folge einer Kastration, und dies führt bei Jungen und Mädchen zu unterschiedlicher Geschlechtsrollenübernahme: Wichtig ist nun, daß Freud zwar biologische Faktoren ins Spiel bringt, aber die Entwicklung der Geschlechtstypisierung in ihrer Ausprägung und in ihrer Ge- oder Mißlungenheit entscheidend von der emotionalen Eltern-Kind-Beziehung abhängig macht und den Sozialisationserfahrungen, die Kinder vor allem im Umgang mit ihren Eltern in diesem Alter machen. Bei Jungen richten sich die sexuellen (phallisch-genitalen)

Triebe auf die Mutter, während der Vater als Rivale erlebt wird, der den Jungen mit Kastration wegen seiner unerlaubten Begehrlichkeit gegenüber der Mutter bestrafen könnte. Diese spannungsreiche Beziehungskonstellation, die nach Freud in jeder Familie mit kleinen Kindern vorkommt, belegte Freud mit dem berühmt gewordenen Begriff *Ödipuskomplex* (Ödipus hatte einst in der griechischen Sage unwissend seinen Vater erschlagen und, ebenso unwissend, seine Mutter geheiratet). Die Kastrationsangst bewältigt der kleine Junge, indem er sich mit den Forderungen des als Aggressor wahrgenommenen Vaters identifiziert. Dies hat zur Folge, daß er seine begehrlichen Impulse gegenüber der Mutter aufgibt und in Zärtlichkeit verwandelt. In der Pubertät mit Aufnahme sexueller Beziehungen zum anderen Geschlecht manifestiert sich die auf diese Art in früher Kindheit aufgebaute heterosexuelle Orientierung. Zu Störungen und damit homosexuellen Neigungen der Geschlechtsidentität kommt es dann, wenn der Vater für den Jungen kein maskulines Modellverhalten abgibt, häufig abwesend ist oder auch nicht bedrohlich genug erscheint, um eine starke Identifikation mit ihm (quasi als Unterwerfungshandlung) zu vollziehen. – Komplizierter ist die Entwicklung bei kleinen *Mädchen*. Bei ihnen richten sich die Triebwünsche, geschlechtsspezifisch konsequent, auf den Vater, so daß die Mutter als Rivalin erfahren wird. Das Mädchen hat keinen Penis und braucht deswegen keine Kastrationsangst zu entwickeln. Statt dessen empfindet es jedoch *Penisneid* und wirft diesen Mangel der Mutter vor. Das kleine Mädchen möchte, um dem Mangel abzuhelfen, den Penis des Vaters besitzen, wobei dann später der Wunsch aufkommt, vom Vater ein Kind zu bekommen. Weil das Mädchen sich aber gleichzeitig mit der Mutter identifiziert (beide haben keinen Penis), hat das kleine Mädchen gleichzeitig Angst vor Liebesverlust und Strafe von seiten der Mutter. Schließlich identifiziert sich das Mädchen wie der Junge mit dem gleichgeschlechtlichen Elternteil, in diesem Fall der Mutter (eine analogisierende Deutung, die übrigens in keiner Weise zwingend ist; vgl. Lamb, Owen & Chase-Landsdale 1979). Auch für ein Mädchen gilt: Sollte es sich mangelhaft mit seiner Geschlechtsrolle identifizieren, hat dies seinen Grund darin, daß die Mutter kein angemessenes feminines Modell abgab; es kann auch sein, daß sich das Mädchen mit dem Vater überidentifiziert hat. Grundlage der Geschlechtsrollenübernahme beider Geschlechter ist also die Identifikation mit dem gleichgeschlechtlichen Elternteil als Ergebnis der Verarbeitung des Ödipuskomplexes.

Freuds Annahmen sind inzwischen größtenteils umstritten, so daß nur oben genannte Gründe erklären können, warum sie dennoch so intensiv diskutiert werden (bis heute). Die pädagogisch einsichtigen Folgerungen sind freilich auch relativ einfach. Folgen wir Freuds Voraussetzungen, müssen die Eltern die Identifikationsprozesse mit dem eigenen Geschlecht dadurch, daß sie selbst diese Geschlechtseigenschaften gegenüber den kleinen Kindern in den Vordergrund bringen, deutlich herausarbeiten. Eine *geschlechtsspezifische Erziehung* wäre dann also dringend notwendig. Aber: Auch für Freud sollen sich Jungen und Mädchen nicht nur mit dem gleich-, sondern auch mit ihrem gegengeschlechtlichen Elternteil identifizieren. Außerdem kommt der Mutter vor allem in den ersten drei Lebensjahren eine Sonderstellung zu, weil sie in den ersten beiden Entwicklungsphasen (oral, anal) für beide Geschlechter das primäre Liebesobjekt war. Wenn die Identifikation über den Geschlechtscharakter geht, erhebt sich dann die Frage, *wie* und *in welchem Maße* die Mutter- bzw. Vater-Identifikation erfolgen soll, ohne die Grenzlinie der geschlechtsspezifischen Grundorientierung zu übertreten? – Weitere Fragen drängen sich auf. Mit der Übernahme einer Geschlechtsrolle werden grundlegende Normen und Moralvorstellungen der Gesellschaft gleichzeitig internalisiert. Da die gesellschaftlichen Normen eher durch den Vater als durch die Mutter repräsentiert werden, bei Mädchen der Ödipuskomplex nie vollständig aufgelöst wurde, wird die Stärke des weiblichen Über-Ichs (des Gewissens als internalisierter Außenkontrolle) als eher gering angesehen, eine doch eher ebenfalls problematische These. Weiter ist die Annahme einer konstitutionellen Bisexualität aller Kinder, die Freud zur Voraussetzung seiner Theoriebildung nahm (polymorph-pervers), durch das heutige Wissen über physiologische und biochemische Prozesse während der frühgeburtlichen Entwicklung weitgehend überholt. Wir wissen inzwischen auch, daß kleine Kinder sich nicht primär an der Genitalität orientieren, sondern an anderen *geschlechtstypischen* Merkmalen wie etwa Haartracht, Kleidung, Stimmlage oder Größe. Dann gilt, daß eine »im Vorschulalter wahrgenommene Penislosigkeit nicht als so bedrohlich erlebt werden« könnte, »da nur wenige Kinder in diesem Alter ein Verständnis für die genitale

Grundlage der Geschlechtskonstanz zeigen« (Trautner u. a. 1989). Weiter: Offenbar ist die Identifikation des Kindes mit dem gleichgeschlechtlichen Elternteil, unter Berücksichtigung der Identifikationsbzw. Imitationsprozesse, die sich auf andere gleichgeschlechtliche Modelle beziehen, nicht von so großer Bedeutung für die Geschlechtsrollenentwicklung. Schließlich: Kinder haben nach dem jetzigen Wissensstand schon früher, d.h. schon vor dem vierten/fünften Lebensjahr eine feste Geschlechtsidentität, sie verfügen auch früher über Konzepte der Geschlechtsrollendifferenzierung, sie zeigen bereits ab dem dritten Lebensjahr Geschlechtsrollenpräferenzen.

Ebenso beachtet wie Freuds Theorie zur Genese und Ausarbeitung der Geschlechtsdifferenz sind die von den *kognitiv* orientierten Entwicklungspsychologen vorgelegten Konzepte. Nach Kohlberg (1966) vollzieht sich der Prozeß einer typisierenden Geschlechtsorientierung in drei Schritten. Der erste Schritt besteht im Erkennen der eigenen Geschlechtszugehörigkeit oder Geschlechtsidentität (»ich bin ein Junge«, »ich bin ein Mädchen«), dies erfolgt zwischen zwei und drei Jahren. Es handelt sich also um eine *Selbstkategorisierung*. Diese erfolgt auf der Basis der wahrgenommenen Ähnlichkeit zwischen Merkmalen der eigenen Person und geschlechtstypischen Merkmalen anderer Personen (»Ich habe ein Kleid an wie die Kathi«). Die Kategorisierung männlich-weiblich orientiert sich in diesem frühen Stadium also an Merkmalen der äußeren Erscheinung (Kleidung, Haartracht, Stimme), während anatomische Unterschiede der Genitalien noch keine Rolle spielen. In einem zweiten Entwicklungsschritt bilden sich geschlechtsbezogene Bewertungssysteme und Einstellungen heraus. Im Regelfall geht dies einher mit einer höheren Bewertung und positiven Einstellung gegenüber der eigenen Geschlechtsgruppe *(samesex bias)*. Gleichzeitig findet eine zunehmende Stabilisierung der Geschlechtsidentität (Geschlechtskonstanz) statt. Die Kinder verstehen nun, daß ihre Geschlechtszugehörigkeit über die Zeit invariant ist und auch unabhängig bleibt von zufälligen Veränderungen. Wenn sich ein Junge beispielsweise zum Fasching verkleidet, einmal mit Puppen spielt u. ä., dann nimmt er jetzt nicht mehr an, er sei möglicherweise ein Mädchen. (Nach Kohlberg entwickelt sich ein volles Geschlechtskonstanzverständnis parallel zum Erwerb anderer Varianzbegriffe im Objektbereich und wird erst mit dem Erreichen der Stufe konkreter Denkoperationen nach Piaget vollkommen, dies wäre der dritte Schritt.) Für Kohlberg ist als grundlegender Organisator des Aufbaus einer Geschlechtstypisierung bei einem kleinen Kind die Fähigkeit entscheidend, die Konstanz des eigenen Geschlechts zu erkennen. Dies führt dazu, daß das Kind *motiviert* wird, weitere Informationen über geschlechtsbezogene Merkmale zu suchen (»Wie sieht ein Junge aus, was tut Karl, der ein Junge ist, anderes als ich?«); die wahrgenommene Geschlechtsdifferenzierung wird positiv bewertet (ein wichtiger Akt der Selbstakzeptanz); vor allem gewinnt nun die Übereinstimmung mit den geschlechtsangemessenen Verhaltenstandards eine hohe Bedeutung. Diese Akzeptanz des eigenen Geschlechts in sich führt dann in einem dritten Entwicklungsschritt zur Bindung an den gleichgeschlechtlichen Elternteil oder andere gleichgeschlechtliche Verhaltensmodelle.

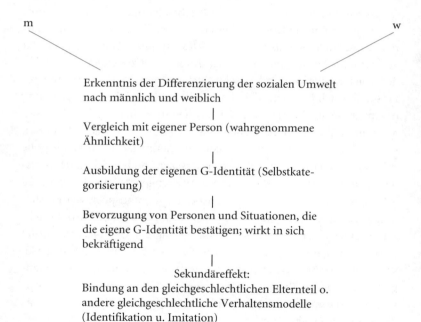

Abb. 13 Schematische Darstellung von Kohlbergs Theorie der Geschlechtertypisierung.
Quelle: Trautner 1991, S. 385

Daß auch Kohlbergs »entwicklungslogisches« Konzept eine solche Beachtung findet, liegt sicherlich darin begründet, daß für ihn die Entwicklung der Geschlechtstypisierung ausschließlich in den Altersbereich des Vorschul- und frühesten Schulalters fällt, ein Bereich, der insbesondere für *pädagogisches Handeln* nicht unwichtig ist. Freilich scheint sich die Geschlechtstypisierung, folgen wir der kognitiven Theorie Kohlbergs, weithin *selbstsozialisatorisch* auszubilden. Die Kinder lernen entscheidende Eigenschaften und die Ausdifferenzierung ihrer Geschlechtscharaktere durch Beobachten, Imitieren und Abgrenzen – Prozesse, deren Ergebnisse schließlich im Geschlechtlichen selbst des jeweiligen Kindes verankert werden. Wichtig ist also die Erkenntnis der eigenen Geschlechtsidentität; diese organisiert aufgrund des Bedürfnisses nach *kognitiver Konsistenz* das Verhalten in Richtung einer Übereinstimmung mit sich selbst, verstanden als die eigene Geschlechtsidentität. Ein Aussehen zu besitzen oder Dinge zu tun, die mit dem eigenen Geschlecht übereinstimmen, ist eine selbstbekräftigende Aktion, die in ihrer informatorischen Rückmeldungsfunktion gesehen wird und nicht so sehr als Funktion der Bedürfnisbefriedigung. Diese spielte jedoch eine Rolle, wenn wir von einem primären Bedürfnis nach Belohnung ausgingen. Auch eine solche Annahme ist ja nicht unverständlich: Nicht nur im moralischen Bereich orientieren sich Kinder an Belohnung und Strafe, und da geschlechtstypisches Verhalten eher Belohnung erfährt, verhalten sich Kinder geschlechtstypisch, um eben belohnt zu werden.

Allerdings sind auch Kohlbergs Annahmen diskussionswürdig (Trautner 1991, S. 391f.). So schildert Kohlberg nur allgemeine kognitive Voraussetzungen und Begleitprozesse der Geschlechtstypisierung, beschreibt aber nicht, wie die inhaltliche Ausfüllung im einzelnen geschieht. Außerdem wird die individuelle Umwelt mit ihren möglichen Varianten wenig beachtet, weil geschlechtstypische Merkmale als weitgehend universell angenommen werden. Wir wissen inzwischen, daß es zum Teil erhebliche Varianten der Geschlechtstypisierung gibt und diese Varianten durch *soziokulturelle Differenzen* entschieden mitbestimmt werden, sprich: Der Geschlechtscharakter eines Mädchens oder eines Jungen bestimmt sich nicht ausschließlich nach nur begrenzt beeinflußbaren Entwicklungslogiken, sondern unterscheidet sich je nach sozialem Umfeld und der Vielzahl von mög-

Maskulinität	Femininität
aggressiv, aktiv, dominant, ehrgeizig, erfolgreich, grob, kompetent, leistungsorientiert, mutig, rational, selbständig, selbstsicher, sorglos, stark, unternehmungslustig	ängstlich, beeinflußbar, emotional, empfindsam, freundlich, passiv, redefreudig, sozial orientiert, schüchtern, schwach, submissiv, unselbständig, verträumt, warmherzig, zärtlich

Abb. 14 Typische Beschreibungsmerkmale von »männlich« und »weiblich«. Quelle: Trautner 1991, S. 325

lichen Stimulanzien, die hier angeboten oder vorenthalten werden können.

Wenden wir uns einer übergreifenden Diskussion der Geschlechtszugehörigkeit zu, verbreiten sich heute Auffassungen, die einen anderen Untersuchungsansatz vertreten, basierend auf einem grundlegend anderen Ausgangspunkt des Gedankenganges. In der Regel gibt es typische Beschreibungsmerkmale von »männlich« und »weiblich«.

Diese *polarisierende* Typik wird heute von dem Standpunkt abgelöst, daß gerade Maskulinität und Femininität als *aufeinander eng bezogene* Dimensionen aufzufassen sind, so daß Menschen gleichzeitig sowohl männliche als auch weibliche Eigenschaften besitzen können. Eine solche Vereinigung positiver maskuliner und femininer Eigenschaften in einer Person (»psychische Androgynität«, z. B. Bem 1974; Bierhoff-Alfermann 1989) wird heute sogar als wünschenswert und positiv gesehen. Zur Diskussion steht, ob die Loslösung der Selbst- und Fremdwahrnehmung vom Kriterium der Geschlechtsbezogenheit nicht ein erstrebenswertes Entwicklungsziel sei, das dann auch erzieherisch gestützt werden müßte. Solche Argumente werden vor allem in der feministischen Theoriebildung vertreten, aber auch in neuen Überlegungen zur psychischen Benachteiligung von Männern. Mädchen mit *auch* männlichen Charaktereigenschaften sind vielleicht eher in der Lage – so die Hoffnung –, sich nicht durch geschlechtstypische Verhaltensweisen bannen zu lassen und damit Aspirationen zu entwickeln, die sie nicht auf die Hausfrau- und Mutterdomäne restringieren. Umgekehrt wird zunehmend als problematisch angesehen, daß kleine Jungen bereits unter starkem »Männlichkeitszwang« stehen, der sie oft unter Streß setzt und sie dazu bringt, Eigenschaften nach außen hervorzukehren (zu »externalisieren«), die sie eigentlich gar nicht als wesentlich und Glück bringend für ihr »Selbst« empfinden können. Sie bezahlen den auf diese Weise über Durchsetzungsfähigkeit und Härte programmierten männlichen Erfolg in der beruflichen Zukunft mit psychischen Verkümmerungen und Leiden, die vor allem darin bestehen, eigene Gefühle nicht ausdrücken und zeigen zu dürfen. Dann wären gerade für kleine Jungen die Gestaltungsspielräume des Selbst stark eingeschränkt (dazu: Böhnisch/Winter 1993). Würde dies gelten – und nichts spricht dagegen –, dann sollten schon Kleinkinder nicht über Erfahrungen nach »typisch männlich« und »typisch weiblich« geleitet werden, sondern vom Spielzeug bis zu den Spielarten von Verhaltensweisen und Identifikationen restriktionsfrei aufwachsen.

Blicken wir noch einmal in die Forschung, ist das Aufwachsen von Kindern in der Familie derzeit offensichtlich anders organisiert. Auf die Stufen der Geschlechtskonstanz-Entwicklung war schon hingewiesen. Danach durchlaufen alle Kinder bis zum Grundschulalter folgende Phasen des Geschlechtskonstanz-Verständnisses in unserer Gesellschaft:

1. Mit zwei bis drei Jahren beginnen sie, sich selbst und andere Personen zuverlässig dem eigenen Geschlecht zuzuordnen (Geschlechts*identität*).
2. Sodann wird die zeitliche Konstanz des Geschlechts in Vergangenheit und Zukunft erkannt (Geschlechts*stabilität*). Dennoch glauben einige Kinder in dieser Phase noch, daß der Wunsch, dem anderen Geschlecht anzugehören, erfüllbar sei; sie sind sich auch noch nicht sicher, ob sie bei der Übernahme von Attributen des anderen Geschlechts (Verkleidungen, Rollenspiel) das ursprüngliche Geschlecht beibehalten werden.
3. Erst in einem letzten Schritt erkennen die Kinder die *Invarianz* des Geschlechts (Geschlechts*konstanz*).

Neuere Untersuchungen bestätigen diese Kohlbergsche Sequenzannahme nur teilweise (Trautner 1985, 1989a); dies betrifft z. B. die Schnelligkeit, mit der Kinder die Stufen durchlaufen. Offenbar spielen hier kognitive Voraussetzungen eine nicht unwesentliche Rolle. Diese sind aber nicht, wie von Piaget und vor allem dann Kohlberg angenommen, parallel zur Entwicklung des physikalischen Invarianzkonzepts zu deuten. Es liegt auf der Hand, daß zwischen Geschlechts- und Mengen- oder Gewichtskonstanz ein wesentlicher Unterschied besteht. »Während das Gleichbleiben der Flüssigkeitsmenge oder des Gewichts eines Gegenstandes logisch erschlossen und daher kaum anders definiert werden kann, handelt es sich bei der Festlegung der Geschlechtszugehörigkeit und ihrer Konstanz auf der Grundlage der invarianten biologischen Ausstattung mit XX- oder XY-Chromosomen und den daraus hervorgehenden inneren und äußeren Geschlechtsorganen, um eine soziale Bestimmungsleistung (...) und nicht um eine unmittelbar logisch ableitbare Tatsache.« (Trautner 1991, S. 338)

Dies wird deutlich, wenn wir die Untersuchungen betrachten, die zur Entwicklung von *Geschlechterdifferenzierung* und zu *Geschlechtsrollen-Stereotypen* vorliegen. Die Geschlechterdifferenzierung über Geschlechtsrollen-Stereotypen bildet sich nach vorliegenden Untersuchungen bereits im Alter von etwa zwei bis drei Jahren aus, und bis zum Beginn des Grundschulalters haben sich die Geschlechtszuordnungen von Kindern hinsichtlich Spielzeugen, Aktivitäten und Berufsrollen den kulturellen Geschlechtsrollenstandards weitgehend angenähert. Sehr früh läßt sich beobachten, daß Kinder bei ihren Aktivitäten – etwa bei der Auswahl der Spielzeuge – sehr früh geschlechtsrollenspezifische Zuordnungen praktizieren. Dies liegt nicht nur daran, daß die Eltern Kindern häufig geschlechtstypisches Spielzeug schenken (Junge: Auto, Mädchen: Puppe), sondern auch daran, daß schon kleine Kinder sich – wie wir oben gesehen haben – am Aussehen und dem Verhaltensmuster Gleichaltriger (denen sie spätestens im Kindergarten begegnen) orientieren. Dabei ist interessant zu fragen, ob als Grundlage für Geschlechtsunterschiede eher unterschiedliche Fähigkeiten, eine unterschiedliche Motivation oder soziale Normen angegeben werden. Trautner u. a. (1985, 1989) fanden dazu heraus: »Kinder im Vorschulalter stellten hauptsächlich den normativen Aspekt und den Fähigkeitsaspekt heraus. Mit zunehmendem Alter wurde dann stärker die eigene Motivation herangezogen. Dabei waren allerdings auffällige Unterschiede der Argumentation zu beobachten, je nachdem, ob es um die Erklärung fehlender maskuliner Eigenschaften bei Mädchen und Frauen oder um die Erklärung fehlender femininer

Eigenschaften bei Jungen und Männern ging. Jungen und Mädchen begründeten ihre Antworten im ersten Fall eher mit mangelnden Fähigkeiten, im zweiten Fall hingegen mit fehlender Motivation. Diese Antwortkonstellation kann als Ausdruck einer Höherbewertung und größeren Attraktivität der männlichen Rolle in unserer Gesellschaft interpretiert werden.« (1991, S. 344) Immer wieder wird tatsächlich bestätigt, daß schon kleine Mädchen im Vorschulalter ihr Rollenrepertoire als eingeschränkt und nicht so attraktiv wie das der kleinen Jungen erleben, und umgekehrt: Manches Mädchen möchte ein Junge sein, aber ein Junge möchte normalerweise so gut wie nie mit einem Mädchen die Rollen tauschen.

Hier zeigt sich, daß nicht nur festliegende Entwicklungsprozesse, sondern innerhalb von diesen auch soziale Akzeptanz und Unterstützung von geschlechtstypischen Rollen ganz erheblich ins Gewicht fallen. Angesichts der sozialen Bedeutung der Geschlechtszugehörigkeit ist es nicht verwunderlich, daß bereits im Alter von zwei bis drei Jahren Geschlechtsrollen-Stereotype ausgebildet werden. Nach einer anfänglichen relativen Unsicherheit über die Geltung von Geschlechtsmerkmalen wird von gut vier Jahren ab mit dem Höhepunkt von sechs Jahren eine relativ *rigide* Stereotypisierung festgestellt; gleichzeitig nimmt eine flexiblere Stereotypisierung, die ebenfalls im Alter von vier Jahren gezeigt wird, wieder ab, steigt aber später erheblich an (vgl. Abbildung 15).

Eine rigide Stereotypisierung nach der Möglichkeit, Geschlechtskonstanz zu erkennen, ist erklärlich daraus, daß die soziale Umwelt, unabhängig vom kognitiven Selbstverordnungspotential, eben doch stereotypisierend eingreift. Kinder, machtlos und am Verhalten der anderen und Älteren (vor allem der Eltern) ganz natürlich orientiert, werden darum die vorgelebten und vorgefundenen Geschlechtsrollencharaktere aufgreifen. Neuere Untersuchungen zur Kinderwerbung im Fernsehen bestätigen darüber hinaus, daß gerade auf Kinder bezogene Werbung stark mit Geschlechtsstereotypen arbeitet (Baacke u. a. 1999). Dem widerspricht nicht der Zuwachs am kognitiven Potential, im Gegenteil: Zunächst werden die kognitiven Raster dazu benutzt, vorgefundene Modelle nach einer vorwiegenden Phase der Assimilierung nun zu akkommodieren; Kinder um die Einschulung herum werden also aus einer gewissen sozialen, kognitiven Funktionslust ihr

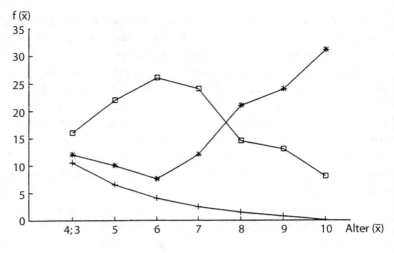

- –□– rigide Stereotypisierung (Antwortkategorie 5)
- –*– flexible Stereotypisierung (Antwortkategorien 4 + 3)
- –+– gegenstereotype Zuordnung (Antwortkategorien 1 + 2)

Abb. 15 Häufigkeiten rigider und gegenstereotyper Geschlechtszuordnungen bei 4- bis 10jährigen Kindern.
Quelle: Trautner 1991, S. 342

Erkenntnispotential auch auf Geschlechtsrollenstereotype ausdehnen, um mit ihnen hantieren zu können. Gerade das kognitive Wachstum erlaubt dann wieder eine vollständige Einordnung in vorhandene Raster zumindest zu relativieren, so daß Jungen sich später durchaus vorstellen können, auch einmal zu weinen, oder Mädchen, auch auf Bäume zu klettern. Es sind diese soziokulturell überformten Dynamiken, in denen, neben den biologisch-genitalen Reifungsprozessen, Entwicklungsschritte und ein soziales Sich-Zurecht-Finden und Sich-Definieren *gemeinsam* eine komplexe Kompetenzleistung von Kindern verlangen. *Diese sind durchaus bereit und grundsätzlich auch fähig, Geschlechtstypiken souverän zu handhaben, wenn es ihnen denn möglich ist und von der sozialen Umgebung nahegelegt wird.*

Fazit: Das kompetente Kind

Überblicken wir Daten, Interpretationen und Tendenzen des Heranwachsens von 0- bis 5jährigen, beziehen wir auch theoretische Überlegungen und in ihrem Rahmen gewonnene Daten mit ein, beschreiten wir ein weites, stellenweise auch recht unübersichtliches Feld. Die Unübersichtlichkeit verdankt sich zum einen der Tatsache, daß ganz unterschiedliche Theorieansätze im Hinblick auf kindliches Leben und sein Wachstum miteinander konkurrieren, zum anderen dem Umstand, daß die empirische Datenlage teils unvollständig, teils widersprüchlich, manchmal allerdings auch konsistent ist. Abgesehen von der Forderung, daß weitere Forschung auch in bezug auf das frühkindliche Alter notwendig ist, wendet sich das *pädagogische* Interesse dann doch der Frage zu, ob etwas »Greifbares« als Resultat übrigbleibt, an dem wir unsere heutigen Vorstellungen vom Kinde orientieren können. Ich meine, daß diese Chance durchaus besteht. Es hat sich beim Durchgang durch die Dimensionen der Entwicklung gezeigt, daß es – abgesehen von allen Differenzierungen und theoretischen Differenzen – eine Reihe von Einsichten gibt, an denen wir festhalten sollten. Es läßt sich beobachten, daß gerade in letzter Zeit »synkretistische Tendenzen« zu beobachten sind. »Synkretistisch« hat dabei einen doppelten Sinn: Zum einen ist damit gemeint, daß unterschiedliche Theoriestränge und die in ihnen gewonnenen Beobachtungen »zusammenwachsen«, zum anderen steht hinter diesem Zusammenwachsen die Bereitschaft, das Gemeinsame *vor* das Trennende zu stellen. PädagogInnen, die mit Kindern umgehen, sind besonders daran interessiert, Hilfen zu finden, die die (glücklicherweise) meist spontanen Interaktionen mit dem Kind doch ein Stückweit konzeptionell steuern. Damit ist mehr gemeint als einzelne Erziehungsratschläge (für die es genügend Ratgeber gibt), vielmehr ein *Bild vom Kind*, das heutigen Lebensansprüchen und unseren Überzeugungen von der Würde des Subjekts genügt.

Abb. 16 versucht gleichsam im distanten Überflug, in dem die Details verschwinden, ein nach heutigem Stand der Diskussion plausibles Bild vom Kind vorzulegen. Daß kein Kind erscheint, sondern abstrakte Begriffe, muß hingenommen werden.

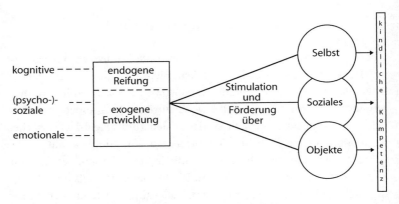

Abb. 16 Zuordnung wichtiger Elemente des Entwicklungsprozesses.

Kurzerläuterung:
Endogene Reifungsprozesse und *exogene* Entwicklungsprozesse sind unterscheidbar und müssen unterschieden werden, aber die gestrichelte Linie im Kasten deutet an, daß sie nicht als getrennte Dimensionen kindlichen Wachstums zu sehen sind, sondern ineinandergreifen. Daß der exogenen Entwicklung mehr Platz im Kasten gelassen wird, soll andeuten, daß sie zunehmend wichtig wird und vor Reifungsprozessen zunehmend an Gewicht gewinnt. Reifung, vor allem Entwicklung, erfolgt über kognitive (psychosoziale und emotionale) Dimensionen, die freilich zusammenhängen. Besonders deutlich wurde das bei der Diskussion der moralischen Entwicklung. Kohlbergs kognitiv orientierte Theorie ist inzwischen durch die Einsicht ergänzt, daß auch das moralische Urteil beim Kind emotional und sozial gesteuert erscheint. Andererseits gibt es nie »pure« Emotionalität, auch diese ist an Wahrnehmungen gebunden, die strukturierend wirken und die frühere Auffassung von Emotionalität als einem internen, kaum entwicklungsfähigen Chaos, einem quasi sich selbst aufkochenden Gefühlsbrei nicht mehr aufrechterhalten lassen. Die so (sicher noch unzureichend) dimensionierten Entwicklungsprozesse bedürfen nun der Stimulation und Förderung, nach der Regel: Je mehr Stimulation und allgemeine Förderung desto besser verläuft die Entwicklung, je weniger Stimulation und allgemeine Förderung, desto behinderter ist die Entwicklung. Die Bereiche, über die Stimulation und

Förderung erfolgen, sind Objekte, der Bereich des Sozialen und das kindliche Selbst. Wir hatten gesehen, daß gerade Objekte für Kleinkinder (für kognitive, aber auch emotionale Prozesse) wichtig sind. Die Art und Weise der Objekte (ruhend oder in Bewegung, still oder tönend, unauffällig oder farbig) spielt dabei eine erhebliche Rolle. Daß kindliche Interaktion über Soziales gefördert wird, wurde besonders beim Spracherwerb deutlich, der schon im – linguistisch betrachtet – vorsprachlichen Bereich beginnt, sofern beispielsweise Eltern mit dem noch sprachlosen Kinde sprechen und so seine Sprechchancen zunächst vorgrammatisch, aber immer weiter ausdifferenziert, »zur Sprache bringen«. Wesentlich und meist zuwenig beachtet ist das *Selbst* des Kindes. Wir hatten immer wieder gesehen, daß trotz aller Sorgfalt bei der Beobachtung von Kindern das unmittelbare Verhalten unterschiedlich entwickelt und damit auch deutbar erscheint. Das Selbst, so formuliere ich, ist die *Selbstverfügung des Kindes*, die schon elementar gegeben ist und bedeutet, daß *das kindliche Subjekt* im Gemisch von genetischen Dispositionen, dadurch veranlaßten Reifungs- und Entwicklungsprozessen, die ihrerseits durch Objekte, Soziales und das schon vorhandene Selbst des Kindes stimuliert und gefördert werden, seinen Weg derart geht, daß perfekte Prognosen über kindliche Entwicklung ebensowenig möglich sind wie eine letzthin moralische oder pädagogische Einschätzung des Weges, den schon ein kleines Kind zu gehen sich anschickt. Die Überschneidung der Kreise (Objekte, Soziales, Selbst) soll andeuten, daß auch hier keine Trennungen vorliegen, sondern diese Dimensionen nur schwer definitorisch voneinander abgrenzbar sind, auch wenn es sich um eindeutig unterschiedliche Ausgangspunkte handelt. Während Objekte und Soziales eher extern-räumlich zu finden sind, ist das kindliche Selbst das, was wir auch »Personhaftigkeit des Kindes« nennen und als *kindliche Kompetenz* bezeichnet haben. Wir sind davon ausgegangen – und haben es bestätigt gefunden –, daß Kinder entschieden kompetenter sind als angenommen wurde. Wichtig ist freilich, daß wir diese Kompetenz *nicht* an den Vorstellungen messen können, wie ein Erwachsener auszusehen, welche Aufgaben er zu erledigen hat und wie darum eine gesellschaftlich verfügte, in Hinsicht auf gesellschaftliches Funktionieren angelegte und ausgebildete Persönlichkeit sich innerlich und äußerlich darzustellen habe. Kinder, indem sie aufwachsen und allmählich zu älteren Kindern, dann zu Jugendlichen werden, haben natürlich Zielpunkte der Entwicklung, die nicht in ihrem Kindlichsein selbst beschlossen liegen, sondern entschieden darüber hinausgreifen. Wir dürfen aber nicht vergessen, daß es oft von gesellschaftlichen Interessen geleitete Vorstellungen sind, nach denen wir mit Kindern umgehen. Jede alltägliche Beobachtung zeigt dies: Wir freuen uns, wenn ein Kind zählen oder lesen kann, bevor es in die Schule geht; wenn ein Kind zeichnet oder malt, entdecken wir einen möglichen künftigen Künstler (und machen uns beim »Zuviel-Malen« schon Sorge, ob die Überakzentuierung künstlerischer Tätigkeit nicht auf Abwege führt); wir streben danach, dem Kind möglichst bald Geschlechtstypiken zu vermitteln (durchaus mit der guten Absicht, ihm Schwierigkeiten zu ersparen und sexuelle Lust zu ermöglichen) usw. Man könnte viele Strategien gerade einer kinderbezogenen Pädagogik dadurch charakterisieren, daß sie darauf aus ist, unter Anerkennung von »Kindlichkeit« diese überwinden zu helfen.

Da wir im Zentrum unserer *Vorstellungen vom Kinde* sind, soll dies noch einmal an einem Beispiel verdeutlicht werden, das Anlass zur Kritik gibt. »Einige Meilensteine der Ich-Entwicklung« werden von Jane Loevinger (1977, S. 136 ff.; vgl. Abb. 17) so dargestellt:

Das Baby ist vorsozial, es lebt noch in Symbiose mit der Mutter, kann also das Ich noch gar nicht vom Nicht-Ich unterscheiden. Es ist vorwiegend mit sich selbst beschäftigt und sieht die Welt nur ausschnitthaft und auf sich bezogen. Die Kleinkindphase ist impulsabhängig: »Das Kind versichert sich der Unabhängigkeit von der Mutter durch Ausübung seines eigenen Willens. Impulskontrolle fehlt oder ist unzuverlässig. Regeln werden nicht als solche zur Kenntnis genommen; Handlungen sind ›schlecht‹, weil sie bestraft werden. Zwischenmenschliche Beziehungen basieren auf Ausnutzung oder Abhängigkeit, wobei die Abhängigkeit jedoch nicht als solche erkannt wird. Menschen werden als Quellen der Versorgung wahrgenommen. Sexuelle und aggressive Triebe dringen häufig und unrestringiert in das Bewußtsein vor. Unkontrolliertes Ausagieren von sexuellen und aggressiven Trieben weist zumindest bei Frauen und Mädchen auf Fehlentwicklungen in diesem Stadium hin. Einige Verhaltenserscheinungen dieses Stadiums, wie z. B. Wutanfälle, erhalten sich unverändert durch den gesamten Lebenszyklus, sind also nicht altersspezifisch. Die

Stadium	Impulskontrolle und Charakterentwicklung	Stil interpersoneller Beziehungen	Bewußte Thematiken
1 vorsozial, symbiotisch		autistisch, symbiotisch	Selbst vs. Nichtselbst
2 impulsabhängig	impulsabhängig, Angst vor Vergeltung	ausbeutend, abhängig	Körpergefühle, bes. sexuelle und aggressive
3 opportunistisch	instrumentell, Angst vor Erwischtwerden	ausbeutend, manipulativ, Nullsummenspiel	Vorteil, Kontrolle
4 konformistisch	Konformität gegenüber externen Regeln, Scham	reziprok, oberflächlich	materielle Dinge, äußere Erscheinung, Ansehen
5 gewissensorientiert	internalisierte Regeln, Schuld	intensiv, verantwortungsbewußt	differenzierte innere Gefühle, Leistung, Charakterzüge
6 autonom	Auseinandersetzung mit inneren Konflikten, Toleranz gegenüber individuellen Verschiedenheiten	intensiv, Anerkennung von Autonomiebedürfnissen	wie oben, Rollendifferenzierung, Entwicklung, Selbstverwirklichung
7 integriert	Auflösung innerer Konflikte, Verzicht auf Unerreichbares	wie oben, Hochschätzung von Individualität	wie oben, Identität

Abb. 17 Einige Meilensteine der Ich-Entwicklung.
Quelle: Loevinger 1977, S. 156

Beschäftigung mit Körperfunktionen hingegen verändert typischerweise ihr Erscheinungsbild je nach Alter. Ein Dreijähriger macht scherzhafte Bemerkungen über ›A-a-machen‹ während der Jugendliche, der dieses Stadium nicht überwunden hat, nicht nur zeigt, daß ihn Sexualität stark beschäftigt, sondern daß Sex für ihn ausschließlich eine Körperfunktion und keine soziale Beziehung darstellt.« (Ebd., S. 157) Es ist schon erschreckend, wie kleine Kinder hier dargestellt werden. Die Impulsivität des Kindes ist »unzuverlässig«, primitive Straforientierung ist leitend, Zwischenmenschlichkeit wird bestimmt durch »Ausnutzung« oder »Abhängigkeit«, Menschen (die Muter vor allem) sind »Quellen der Versorgung«, Aggressivität und Sexualität wird »unkontrolliert ausagiert«, insbesondere bei Mädchen und Frauen scheinen hier gerade im frühkindlichen Stadium oft Mißerfolge im Entwickeln vorzuliegen, die sich später negativ darstellen. Jugendliche, die sich mit genitaler Sexualität beschäftigen (und wer tut das nicht?) haben jetzt wenig Chancen, akzeptiert zu werden. Auch sie sind nicht ganz auf dem richtigen Weg einer akzeptablen Ich-Entwicklung. Nehmen wir solche bewertenden Beschreibungen, sind Kinder eigentlich kleine Unholde, ohne jede soziale Ader, in moralischem Sinn ebenso »primitiv« wir in ihren Lebensäußerungen und Interessen. Sie sind nach dieser Beschreibung absolut restringierte Lebewesen, die einen schweren Weg der Ich-Entwicklung vor sich haben aufgrund entwicklungsspezifischer Eigenheiten, denen entgegenzusteuern ist.

Einem solchen Bild vom Kind wird hier nicht gefolgt. Die Beschreibung der »Entwicklung des Ich« stammt aus den 70er Jahren. Sie faßt in der aufgeführten Tabelle noch einmal wichtige Ergebnisse zusammen, verrät aber, daß diese Ergebnisse *instrumentalisiert* werden in Hinsicht auf Entwicklungsziele, die zum einen völlig außerhalb des Kindes liegen, zum anderen Kinder in ihren »sozialen, emotionalen und kognitiven Unfertigkeiten«, gemessen am Maßstab des Ichentwickelten Erwachsenen, diskriminieren. Kindliche Welterfahrung hat vor allem die Funktion, durch das Erreichen reiferer Stadien überwunden zu werden, da es, an diesen gemessen, nur als »mangelhaft« beschrieben werden kann. Kinder sind aber keine Mängelwesen, sondern in Hinsicht auf ihr kindliches Selbst äußerst kompetent; frühkindliche Lebensphasen werden intensiv durchlebt, sie sind voller Emotionen, Intensitäten, und es wäre eine restringierte

Erklärung, wollten wir die Umarmung, die Kinder Erwachsenen zukommen lassen, nur als Unterwerfung unter deren Macht deuten oder als vorbewußte Strategie, auf diese Weise Liebesentzug zuvorzukommen oder unerfüllte Bedürfnisse befriedigt zu erhalten (»Mutti, gib mir doch ein Stück Schokolade, ich bin dann auch ganz lieb«). Nicht nur jede Wachstumsstufe hat ihr eigenes Recht und ihre eigene Würde; gerade Babys und Kleinkinder und Kinder im Vorschulalter haben erhebliche Dynamiken zu durchleben und bringen außerordentliche Leistungen der Selbstkonzeption von erstaunlicher Eindringlichkeit zustande. Die im zweiten Kapitel dieses Buches zusammengestellten »Geschichten von Kindern« machen deutlich, wie *komplex* kindliches Erleben ist, wie *variantenreich* und wie wenig vorhersagbar. Auch, wenn es sich um sprachliche Reproduktionen einer vergangenen Phase handelt, deuten sie doch zumindest an, daß es einen autonomen *Kosmos kindlichen Erlebens und Handelns* gibt, den auszumessen keine Kinderpsychologie oder Kinderpädagogik je vermag. Es ist nämlich ein *Kompetenzraum*, der den Kindern zusteht, von ihnen gestaltet, ausgeschritten und beherrscht wird. Wir können nur Gäste sein, die diesen Kompetenzraum mit Bewunderung und Ehrfurcht betreten und von Kindern positiv empfundene Zustände im *Echo unseres Erwachsenseins* bergen; die den Kompetenzraum *schützen* vor unbotmäßigen Eingriffen (von sexueller Gewalt bis zu pädagogischer Funktionalisierung) und gleichzeitig durch *ermunterndes Freilassen* die Kinder in neue Entdeckungszusammenhänge leiten mit einer Erweiterung ihrer Kompetenzen.

In einem etwas gewagten Vergleich könnte man die Kindheitswelt vergleichen mit der Weltanschauung geschlossener traditioneller Gruppen mit stabiler Identität. K.E. Müller, ein Ethnologe, hat das »magische Universum der Identität« über Elementarformen sozialen Verhaltens beschrieben (1987) und den Veränderungsprozeß thematisiert, wie er durch geschichtlichen Wandel erzwungen wird, auch gegen das Interesse von geschlossenen traditionellen Gruppen, die sich, solange es geht, dem Modernisierungsprozeß verweigern. In einem bestimmten Punkt sind diese »modernisierungsresistenten« Kulturen der Kleinkindsphäre vergleichbar. Wir müssen freilich die Beschreibungspunkte, die wir aus der Ethnologie nehmen, für unseren Bereich »umschreiben«: Nach Müller unterscheiden traditionelle

Kulturen – und sie unterscheiden sich hier nicht von Kleinkindern – zwischen einer eigenweltlichen *Endosphäre* sowie einer fremdweltlichen *Exosphäre*. Auch für Kinder ist die Welt zunächst dort zu Ende, wo ihre Wahrnehmung nicht weiterkommt. Der Raum um sie herum, die unmittelbaren Bezugspersonen, schaffen eine Eigenwelt, die als »Endosphäre« in sich ruht und die fremdweltliche »Exosphäre« zunächst gar nicht bemerkt, dann auch abwehrt und nur schrittweise hereinläßt. – Zur Erhaltung der eigenweltlichen Endosphäre gibt es vier »Erhaltungsmechanismen«:

1. Traditionelle Kulturen entwickeln, so Müller, *Rationalisierungs- und Begründungsmechanismen*. Das, was kulturell gegeben und vererbt ist, wird als plausibel begründet und gültig erachtet. Die Daseinsordnung des Stammes wird beispielsweise durch Ahnen gesichert, die auch nach dem Tode über den Stamm wachen. Auch Kinder entwickeln ihre Rationalisierungen und Begründungen, die keineswegs modernem Wissen standhalten, an ihm freilich auch gar nicht zu messen sind. Ihre Rationalisierungen laufen über *Assimilierung*, also die Aneignung von neuer Welt in ihre primär schon entwickelten Schemata.

2. *Ritualisierungen* sollen die Veränderung sozialer Ordnung verhindern. Nicht nur von außen, sondern gerade auch von innen drohen ständig Gefahren, die das kulturelle Äquilibrium ins Ungleichgewicht geraten lassen können. Räumliche Übergänge (Organisation von Begegnungen) werden ebenso ritualisiert wie zeitliche Übergänge (Pubertät, Heirat etc.). Auch die Kinderwelt ist voller Ritualisierungsmechanismen, die sich hier als Wiederholungen, als Festhalten am schon Bekannten, am manchmal zwanghaften Absichern des Bewußten darbieten (Beispiel: Kinder lassen sich gern Märchen oder Geschichten vorlesen und achten penibel darauf, daß die einmal bekannte Geschichte nicht plötzlich anders erzählt wird, wobei sogar Wortwahl und Wortgebrauch kontrolliert werden).

3. Ein *Verabsolutierungsmechanismus* dient dazu, die eigene Kultur als die beste zu interpretieren, als im Zentrum der Welt befindlich. Diese ethnozentrische Einstellung garantiert eine stabile Identität. Kindern wird zwar »Identität« noch nicht zugeschrieben, aber auch sie stabilisieren ihr Selbst dadurch, daß sie zunächst die Welt, in der sie leben, gegen alles verteidigen, das fremd ist oder von außen kommt. Im Gefolge der Entwicklungsschritte verändern sich ihre Reaktions-

weisen, aber die grundlegende Haltung bleibt: Kinder können sich andere Welten als die, in der sie leben, in der Regel nicht vorstellen. Ihre Wohnstube ist das »Zentrum der Welt«, und außerhalb von Vater und Mutter spielt kaum jemand eine Rolle.

4. Alles, was aus der fremdweltlichen Exosphäre stammt und symbolisch als von dort kommend wahrgenommen wird, ist mit einem *Negativismusmechanismus* belastet, wird also abgewertet, diskriminiert, nicht angenommen. Auch Kinder assimilieren eher als daß sie akkommodieren (erst mit dem Schulalter verändern sich die Proportionen erheblich).

Die Darstellung nach K. E. Müller zielt auf *einen* Vergleichspunkt: Kinderwelten sind die traditionellen Kulturen, weil auch sie sich zunächst gegenüber von außen kommenden Einflüssen und Überformungen behaupten wollen und *müssen*. Sie sind traditionellen Kulturen darin vergleichbar, daß auch sie *Bewahrungsmechanismen* entwickelt haben, die ihren Wert nach innen und außen dokumentieren und immer wieder erfahrbar machen. Auf diese Weise sichern sie die Elemente einer eigenen Kultur ab, und das erfordert viel Kompetenz. In anderen Punkten unterscheiden sich Kinderwelten von traditionellen Gesellschaften allerdings ganz erheblich, und hier ist –im *Kontrast* zu traditionalen Gesellschaften – von besonderer Bedeutung, welche Eigenschaften Kinder haben, sich Welten zu erschließen. Denn sie sind zum einen ständig bereit und auch fähig, indem sie nicht nur assimilieren, sondern auch akkommodieren, die Enge einmal entwickelter Rationalisierungen durch weitere Entwicklung und Ausarbeitung von Schemata zu überwinden. Dies gilt auch für Ritualisierungen: So wichtig sie für die kindliche Welt sind, so emotional absichernd (manchmal auch belastend) sie sein können, so schnell werden sie doch auch vergessen, wenn sie ihre Funktion der Absicherung kindlicher Gefühle verloren haben. Zum anderen sind Kinder, wie wir gesehen haben, *flexible* Lebewesen. Das Zentrum der Welt ist da, wo sie sich befinden; befinden sie sich woanders (durch eine Reise, einen Umzug), sind sie freilich in der Lage, nach einer Krise sich in die neuen Kontexte einzuleben. Kinder können, wie wir wissen, schnell (neue) Sprachen lernen, sie sind neugierig auf alles Neue und bleiben in Bewegung. Dies liegt sicher daran, daß sie im Gegensatz zu traditionalen Kulturen in der Zeitlichkeit ihrer Existenz eine andere Zeitlinie haben. Traditionale Gesellschaften sind rekursiv auf das Alte und das Alter bezogen, während Kinder ihre Lebenslinie präkursiv nach vorne auslegen. In der Dialektik von *Bewahren* und *Verändern* besteht also die Struktur frühkindlicher Lebenswelten. Was bewahrt, was verändert wird, darüber entscheiden soziale und andere Kontexte der Exosphäre erheblich mit, wie wir wissen. Jedoch dürfen sie die Kinderwelt nicht so beeinträchtigen, daß diese ihre Stabilitäten und Traditionen nicht ausbauen kann, um sie dann zu überwinden. Es ist das kindliche Selbst, das sich in dieser Spannung von starkem Stabilitätsbedürfnis und neugieriger Welterkundung wie auf einer dauernden Grenzlinie bewegt, deren Durchschneidung, Verlagerung oder gar Verschwinden Kinder stark verunsichern würde. Es gilt also, ihr kompetentes Selbst auf einer Entwicklungslinie zu halten, die ihre Maßstäbe zunächst aus sich selbst nimmt, weil nur dann, wenn überhaupt Maßstäbe gelebt und erfahren wurden, auch andere Maßstäbe übernommen, verarbeitet und angeeignet werden können. Die Maßstäbe erwachsener Kognition sind hier nicht nur fehl am Platze, weil sie »später« kommen, sondern vor allem, weil sie Würde und Eigenart kindlicher Welterfahrung funktionalisieren und damit beeinträchtigen würden.

6. Kleine Kinder und ihre Lebenswelten

Im vorangegangenen Kapitel haben wir die Entwicklung des Babys über das Kleinkind und Vorschulkind bis zum Schulkind (wir fassen diese Gruppe jetzt als »kleine Kinder« zusammen) unter dem Aspekt von Zeit und Zeitlichkeit betrachtet, in deren Rahmen jede menschliche Existenz ihren Beginn und ihren Abschluß findet. Aber jedes Entwicklungskonzept und seine Interpretationen bleiben »leer«, wenn Zeit ohne den Raum als zweite umgreifende Kategorie gesehen wird, in dem sich Menschen erlebend und handelnd befinden. Jeder noch so kleine Entwicklungsschritt ist an materielle Substrate, an die Konkretionen einer faß- und beobachtbaren Umgebung (welcher Art auch immer) gebunden – abgesehen davon, daß nicht jede Lebensäußerung als »in Entwicklung«, also ihren zeitlichen Platz verlassend, interpretiert werden kann. Wir wiederholen Handlungen auch, festigen sie auf diese Weise (dies gilt besonders für kleine Kinder), und für all dies stellt der Raum, stellen Umwelt und Umweltfaktoren als »Kontext/ Kontexte« jenen »Lebensraum« dar, in den Kinder nach dem Verlassen des Leibes ihrer Mutter hineinwachsen, in dem sie sich aufhalten, in dem sie sich verändern.

Im folgenden wird Raum sozialökologisch dargestellt und gedeutet (unter Einbeziehung psychischer Prozesse) und in seiner Systematik ein Stückweit für kleine Kinder versteh- und handhabbar gemacht. Dann folgen, als noch einmal zunehmende Konkretisierung, Daten, Beschreibungen und Deutungen kindlichen Aufwachsens, die zusammenfassend »Lebenswelten« genannt werden. Der Begriff, aus der phänomenologisch-interaktionistischen Soziologie stammend (Schütz), wird hier unprätentiös benutzt, und in umschreibender Doppelung könnten wir sagen, »Lebenswelt« ist die Welt, in der Kinder leben, und wenn es »Welten« sind, dann ist die Geschlossenheit der Lebens»welt« offenbar pluralisiert (aufgesplittert) in Lebens-»welten«. Etwas analytischer kann formuliert werden: »Lebenswelt« meint den durch die gesellschaftliche Aneignung und Gestaltung von natürlicher Umwelt geschaffenen sozialkulturellen, durch Objekte

(z. B. Häuser), Verbindungen zwischen Objekten (z. B. Straßen) und Institutionen (z. B. Kindergarten) gegliederten Handlungs- und Erlebensraum von Menschen, in den sie hineinwachsen, in dem sie sich bewegen und den sie sich auf diese Weise aneignen, aber auch durch mögliche Handlungen verändern. In der Lebenswelt begegnen wir Objekten, wir bauen unsere sozialen Beziehungen in ihr auf, und wir präsentieren uns und anderen unser Selbst als Figurationspunkt eines Ichs, das sich von anderen unterschieden weiß, diese Unterscheidung aber auch an Identitätspunkte außer sich heften muß, die wir »unsere reale soziale Umwelt« nennen. Diese Umwelt umfaßt unsere Individualität (das auf sein Selbst gestellte kleine Kind), unsere unmittelbare Sozialität in Gruppen (Beziehungen zwischen Eltern und ihrem kleinen Kind, zwischen Kindern untereinander) und in Institutionen (z. B. Kindergarten).

Zur Sozialökologie des Aufwachsens

Alle Aktivitäten kleiner Kinder sind in soziale Kontexte eingelagert, einschließlich des kindlichen Sprachgebrauchs und seiner Fähigkeiten, Situationen in Umwelten zu interpretieren. Das Kind beginnt sein Leben als soziales Wesen in einem beschreibbaren sozialen Netzwerk von Räumen und Beziehungen, die durch das Wachstum von kommunikativen Fähigkeiten und Symbolisierungshandlungen mit persönlichem und von anderen verfügtem Sinn erfüllt werden. Durch Interaktionen mit Objekten, mit sich selbst und vor allem mit anderen Menschen konstruiert sich das kleine Kind seine Welt, nicht als ein endgültiges Gebäude, sondern vorstellbar eher als ein Gelände, auf dem fortwährende Bautätigkeit (Erweiterungen, Umstrukturierungen, Abgrenzungen etc.) zu beobachten ist.

Wir fassen heute physische, psychische und soziale Aspekte der Mensch-Umwelt-Interaktionen zusammen. Ob wir die hier gemeinten Prozesse Umweltpsychologie, ökologische Psychologie, ökologische Soziologie oder noch anders nennen, sei hier dahingestellt (hier beginnen die Wissenschaften wieder mit ihren Abgrenzungen und Zugängen); hier soll vielmehr der übergreifende Begriff *Sozialökologie* gewählt werden. Die Räume, in denen Menschen leben, sind zusammengesetzte Einheiten, also *systemisch vernetzt*. Schon kleine Kinder sind Teil dieses Ökosystems, erfahren direkt und verstehen angemessen zunächst und bis auf weiteres nur ein systemisches *Zentrum*, nämlich das der Familie. Wichtig ist, das soziale Ökosystem von einem Biosystem zu unterscheiden. Soziale Eigenschaften eines Menschen determinieren sein Verhalten nicht; wir passen uns nicht nur der Umwelt an, sondern formen sie auch stark um; außerdem leben Menschen nicht in natürlichen Lebensräumen, sondern vorwiegend in einer künstlichen, selbstgeschaffenen Umwelt, kurz: »Biologische Ökosysteme werden geleitet durch den stofflichen und energetischen Austausch, während soziale Ökosysteme bestimmt werden durch den Austausch von Informationen und sozialer Interaktion, die nach bestimmten Beziehungsmustern abläuft, und allgemeinen Regeln, die das System ordnen und seine Teile voneinander abgrenzbar machen. In den 40er Jahren dieses Jahrhunderts haben in Kansas/USA Barker und seine Mitarbeiter die ›Midwest Psychological Field Stations‹ aufgebaut, um die relevanten Variablen in der Umwelt nicht experimentell oder klinisch, sondern in Alltagssituationen zu untersuchen.« (Saup 1983) Diese gliederten sie nach »Behavior Settings« auf. Die Säuglingsstation im Krankenhaus, die von einer Gemeinde eingerichtete Kinderkrippe, der Spielplatz in der Nähe der Wohnung sind beispielsweise grundlegende Behavior Settings, in denen wir kleine Kinder finden. Jeder dieser Behavior Settings hat bestimmte Aufgaben (die Säuglingsstation ist für Geburt und Erstpflege zuständig, der Kinderspielplatz für das – möglichst selbständige – Spielen von Kindern jenseits des Säuglingsalters etc.). Alle diese »Behavior Settings« sind Bestandteile einer Kommune, in der noch viele andere Behavior Settings eine Rolle spielen, freilich nicht durchweg für kleine Kinder (z. B. Banken, Restaurants, Volkshochschulen).

Jedes dieser Behavior Settings hat eine Reihe von Angeboten (›*affordances*‹ nach J. J. Gibson 1982, S. 137) als etwas, das sie den Lebewesen anbietet *(offers)*, zur Verfügung stellt *(provides)* oder gewährt *(furniches)*. Insgesamt stellen die von einem Behavior Setting zusammengestellten Angebote Umweltmerkmale dar, die Kinder nutzen oder potentiell nutzen können: in einer Vielzahl sozialökologischer *Nahräume* und *Ausschnitte* (s. u.).

Mit Hilfe des Affordance-Konzeptes läßt sich eine Entwicklungsdimension für die Mensch-Umwelt-Beziehung einführen und plausibel machen (vgl. Leyendecker 1989, S. 105f): »Die gleiche objektiv vorhandene Umwelt verändert ihre ›Affordances‹ für das heranwachsende Kind: Ein Regal z. B. stellt für ein acht Monate altes Kind die ›Affordance‹ dar, sich hochzuziehen oder sich unter dem untersten Brett zu verstecken. Sechs Monate später paßt es nicht mehr unter das unterste Brett, und die Aufstehhilfe ist auch nicht mehr nötig, dafür bietet das Regal jetzt die ›Affordance‹ des Kletterns, es als eine Art Leiter zu benutzen. Dieses Konzept, verknüpft mit dem Augenmerk auf Umweltreize als Feedback-Quelle für ein Kind, hat seine besondere Bedeutung für das *Design von Spielplätzen*. Welche Angebote die Umwelt bereithält, variiert nach Interesse, Aufmerksamkeit und Wahrnehmungsfähigkeit. Die Angebote unserer sozialen Umwelt sind also immer mit einem Aufforderungscharakter für uns verbunden, den sie hat oder nicht. Die Brust der Mutter, für den Mann vor allem (vielleicht) ein erotisches Signal, ermöglicht dem Säugling das Trinken und ist daher für ihn in ganz anderer Weise bedeutsam; väterliche Knie bieten dem Kleinkind die ›Affordance‹, auf ihnen zu sitzen und zu reiten. ›Affordances‹ sind also real vorhanden, werden aber definiert durch ihre subjektiven Bedeutungen. Diese können sich für das heranwachsende Kind verändern, wie die Veränderung der Bedeutung eines Regals eben als Beispiel gezeigt hat. Kleine Kinder nehmen also ihre Umwelt in wesentlichen Punkten unter anderen Selektionskriterien wahr als Erwachsene. Ein Sonnenstrahl an der Wand kann für ein Baby ein erregendes Faszinosum sein, während es vom müde heimkehrenden Vater gar nicht beachtet wird. Dieser greift vielmehr nach der Zeitung, die auf dem Boden liegt, in Sicht- und Greifweite des Babys, dessen Schlafstätte sich dicht daneben befindet. Aber für das Baby ist die Zeitung von keinerlei Interesse, die der Vater nun ergreift, um sie im Sessel sitzend zu lesen. Für das kleine Kind wird der Sessel des Vaters weniger eine Sitzgelegenheit sein als eine große Herausforderung, die Sitzfläche zu erklettern. Vielleicht hat es auch Angst vor ihm, denn der schwarze Lederbezug, selbst dunkel, wirft früh dunkle Schatten und macht den Umraum unheimlich. Ganz anders stellt sich der Sessel dar, wenn der Vater in ihm sitzt, das kleine Kind emporhebt und nun auf seinen Knien reiten läßt: Jetzt ist der Sessel Ort des höchsten Vergnügens, wie es für ältere Kinder der größere Raum einer Kirmes bieten kann.«

Gerade für kleine Kinder ist die Umwelt eine Quelle von Stimulationen. Es gibt Beobachtungen, daß Kinder zunächst entschieden mehr Zeit in der Interaktion mit der physischen als mit der sozialen Umwelt verbringen – eine plausible Beobachtung, weil Kinder an Objekten nicht nur die Orientierung im Raum, Nähe und Ferne, Perspektivenveränderung lernen, sondern schließlich auch Objektkonstanz, deren Erkennen ein wichtiger Entwicklungsschritt in einer späteren Phase, etwa im Schulreifealter, darstellt. Wenn die physische Umwelt, insbesondere auch Objekte, für Kinder so wichtig sind, sollten wir ihre Bedeutung *für* und Nutzung *durch* Kinder beachten. Auf diese Weise können wir manche Ursachen für Ängste, aber auch für Freude, Neugierde, Experimentierlust usw. erkennen oder auch verstehen und den Kindern auf diese Weise helfen, ihre Umwelt zur Wirklichkeitsaneignung zu benutzen. Wenn Objekte der Umwelt derart stimulierende Bedeutung gerade für kleine Kinder haben, versteht sich aus diesem Zusammenhang auch, warum *Spielzeug* für Kinder so wichtig ist. Sie können, vor allem vor dem Alter des eher *sozialen* Spiels, sich in stiller Selbst- und Sachzuwendung mit unterschiedlichen Spielzeugen beschäftigen, die als Umweltstimulation gleichzeitig ihre motorische Beherrschung wie kognitive Operationen fördern.

Jeder, der mit kleinen Kindern umgeht, kann Beobachtungen über das Umweltwissen von Kindern machen, das z. T. erstaunlich ist und oft außerordentlich selbständig verarbeitet wird. So gewinnt er ein differenzierteres und alltagsnahes Bild über kindliche Umweltwahrnehmung und -erfahrung. Leyendecker (1989, S. 425) gibt dafür ein schönes Beispiel durch die Wiedergabe eines Comics, der, auf die Frage, wo die Post sei, in den Antworten des kleinen Jungen sehr deutlich dessen Relevanzsysteme deutlich macht. Für ihn ist die Straße, jedenfalls was die Selbstnutzung angeht, kein Ort des Autoverkehrs, sondern des Zufußgehens, des Spielens (die lose Platte wurde vielleicht beim Hinkekastenspielen entdeckt) und oraler Vergnügungen (Kaugummi-Automat).

Abb. 18 Comic aus: »Ästhetik und Kommunikation«, Kindermedien, H. 27, April 1977
Quelle: Leyendecker 1989, S. 425

Vier sozialökologische Zonen

Auf den *systemischen* Charakter der sozialökologischen Lebensordnung war eben hingewiesen. Die mehrfache Schichtung der sozialen Umwelt hat vor allem Bronfenbrenner (1980) zum Thema gemacht. Dieser Autor geht davon aus, daß unmittelbare Umwelterfahrungen sich ihrerseits anderen Umweltbedingungen verdanken, die nicht immer unmittelbar oder gar sichtbar gegenwärtig sind. So beeinflußt eine Umgebung die Eltern von kleinen Kindern (etwa: Eltern, die in Slumgegenden leben und in engen Wohnungen, haben eine andere Haltung zum eigenen Leben, agieren aber auch ein anderes Erziehungskonzept aus als Eltern, die jedem ihrer Kinder ein eigenes Zimmer anbieten können etc.). Solche Erfahrungen, die Eltern außerhalb des direkten Umgangs mit ihren Kindern aufgrund der sozialökologisch-konkreten Einbettung ihres Wohnens machen, gehen in ihre Meinungen, Überzeugungen und auch Handlungsabsichten ein. Das so entwickelte Selbstverständnis wirkt sich wiederum auf die kleinen Kinder aus (Beispiel: Eltern in engen Wohnungen werden schnell nervös, fühlen sich durch Kinder belästigt, während Eltern in geräumigen Quartieren Kinder eher als unabhängige Partner erleben). In diesem Sinn faßt Bronfenbrenner Umwelten als abgrenzbare Systeme auf, von denen er vier unterscheidet (1980, S. 38ff.).

1. *Mikrosystem*: Dieses ist der konkrete Aktions- und Erlebnisbereich des kleinen Kindes mit all seinen möglichen Tätigkeiten und Aktivitäten, zwischenmenschlichen Beziehungen und Objekten.

2. *Mesosystem*: Wechselbeziehungen zwischen verschiedenen Lebensbereichen, an denen kleine Kinder aktiv beteiligt sind, etwa das Elternhaus und die Erzieherinnen sowie die anderen Kinder im Kindergarten (auch Menschen in der Nachbarschaft).

3. *Exosystem*: Dieses System liegt, wie der Begriff sagt, »außen« (»ex«), es sind Räume, in denen Ereignisse stattfinden, die Einfluß haben, was im Lebensbereich der kleinen Kinder geschieht (wenn der Mutter gekündigt wurde, hat sie einerseits mehr Zeit für ihr Kind, ist aber andererseits in ihrer eigenen biographischen Struktur möglicherweise beschädigt, und dies bekommt dann auch das Kind zu spüren, obgleich es mit dem Arbeitsplatz der Mutter selbst gar nichts zu tun hat).

4. *Makrosystem*: Der Umraum einer ganzen Kultur oder Gesellschaftsordnung mit ihren Weltanschauungen, Ideologien und allgemeinen gesetzlichen Regelungen, die für alle Untersysteme gelten und insofern einerseits unspezifisch sind, andererseits aber auch als Rahmen der anderen Handlungsordnungen zu gelten haben (es besteht ein gesellschaftlich gewachsener Konsens darüber, daß kleine Kinder nicht geschlagen werden dürfen; oder: Es gibt eine neue Regelung des Staates, nach der Kindergeld nur noch an besonders bedürftige Familien gezahlt wird – dies hat Auswirkungen auf Stimmung, ökonomische Situation und möglicherweise direktes Verhalten der betroffenen Familienmitglieder).

Bronfenbrenners Systematisierung erschließt, wie kompliziert heutige Lebensverhältnisse auch in ihrem sozialökologischen Kontext sind. Nicht nur, daß diese Kontexte in gewisser Weise hierarchisch geschichtet sind (vom unmittelbaren Lebensraum bis zur gesellschaftlichen Ordnung, die diesen Lebensraum umschließt, begrenzt und bestimmt), sondern auch in dem Sinn, daß die realen Erfahrungen, die wir miteinander machen, von Erfahrungen in »Ökosystemen« bestimmt sind, die uns nicht in jedem Falle unmittelbar zugänglich, einsichtig verfügbar sind. Diese Komplexität ist *ein* Grund dafür, daß pädagogisches Handeln mit kleinen Kindern, so unmittelbar und direkt es als personale Interaktion zwischen Mutter und Kind sein mag, stets Bedingungen unterliegt, die ihrerseits pädagogisch nicht direkt beeinflußt werden können. Wird die Mutter geschieden, verfügt sie über weniger Haushaltsgeld (wegen Wegfall des Kindergeldes), so mag dies ihr Erziehungsverhalten beeinträchtigen, ohne daß dies pädagogisch aufzuarbeiten ist. Hier kommt vielmehr die *Sozialpolitik* zum Zuge, die *für das Kind* Bedingungen herstellen sollte, die (unser Beispiel) sein familiales Aufwachsen nicht beschädigen. Solche sozialpolitischen Maßnahmen müssen sich nicht auf das Kind selbst beziehen (Bereitstellung von Kindergartenplätzen), sondern können auch die Eltern oder die Familien als gesamtes »System« betreffen.

Für kleine Kinder unmittelbar erfahrbar und zu betreten sind das Mikrosystem und das Mesosystem (nach Bronfenbrenners Terminologie). Der Autor hat nun versucht, diese beiden Systeme als überschaubare, vorhandene Erfahrungsräume zu figurieren und schlägt eine Gliederung der kindlichen Umwelt in vier sozialökologische

Zonen vor. Diese lassen sich modellhaft darstellen als vier konzentrische Ringe (die auf Bronfenbrenners eben knapp erläuterte Systemdifferenzierung zu beziehen sind), so daß wir eine systemtypologische Ordnung mit einer handlungskreistypologischen Ordnung verbinden (vgl. das Schaubild unten).

Diese Figur sei knapp erläutert (ausführlich dazu: Baacke 1995, S. 88 ff.):

1. Das sozialökologische *Zentrum* ist die Familie, der Ort, an dem sich die kleinen Kinder und ihre unmittelbaren Bezugspersonen vorwiegend tagsüber und nachts aufhalten; es ist »Privatbereich«, der gegen außen abgeschirmt ist (bei Singles oder Alleinerziehenden wäre statt von »Familie« besser von »Haushalt« oder »Wohnung« o. ä. zu sprechen).

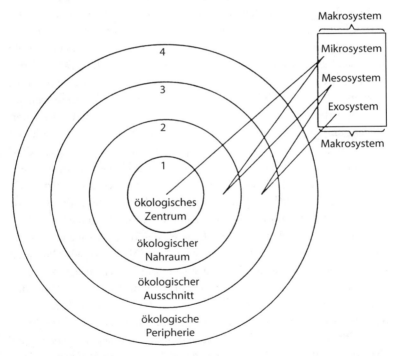

Abb. 19 Schematische Zuordnung vier sozialökologischer Zonen unter Einbeziehung von Bronfenbrenners Systemkategorien.
Quelle: Baacke 1995, S. 88

2. Der sozialökologische *Nahraum* ist die eine Familie umgebende Nachbarschaft, der Stadtteil, das Wohnviertel, die Wohngegend, manchmal auch (bei überschaubaren Einheiten) das Dorf – also der Ort, an dem das Kind erste Außenbeziehungen aufnimmt, Kontakte zu funktionsspezifischen Behavior Settings gestaltet (die Mutter beim Einkaufen begleitet, mit den Eltern am Heiligabend den Kirchgang zur Christmette unternimmt, die Straße oder den nahen Park bzw. Spielplatz als Treffpunkt von ersten Spielgefährten nutzt, die Wegstrecke, die mit der Mutter zum Kindergarten zurückgelegt wird, als aufregende Wanderung etc.).

3. Sozialökologische *Ausschnitte* sind Behavior Settings mit bestimmten, eingeschränkten Funktionen, die auch die Formen und Inhalte der Interaktionen auf bestimmte Zwecke einschränken, in gesteigertem Maße Rollenorientierung verlangen und Beachtung von Regeln, die nicht unmittelbar beeinflußt werden können (der Kindergarten ist für kleine Kinder der erste Ort, an dem sie mit einer Institution pädagogischer Art in Kontakt kommen – später wird es die Schule sein; dazu gehören aber auch der Supermarkt, der dem Einkaufen – nicht aber dem Spielen – dient; der Sportplatz, auf dem herumgetobt werden darf, aber nach Regeln des Sports unter Aufsicht eines Trainers oder Sportlehrers; das Kino, das kleine Kinder noch nicht besuchen dürfen und dessen Vorräume darum besonders attraktiv sind; die Durchgangsstraße, die schnell überquert werden muß, weil sie dem schnellen Durchfahren von Autos dient, so daß kleine Kinder sie allein gar nicht betreten dürfen und nur in Begleitung Erwachsener, die sich strikt an die Verkehrsregeln halten, um den Kindern deutlich zu machen, daß man nur bei »Grün« über die Straße gehen darf etc.

4. Die sozialökologische *Peripherie* ist der Bereich eher gelegentlicher, oft zufälliger, meist zusätzlicher und nicht immer planbarer Begegnungen jenseits der Lebensroutine, die in den anderen Zonen erworben wird (die zweimal im Jahr erfolgende Fahrt zum Haus der Großeltern in einer anderen Stadt und das Haus der Großeltern selbst, das mit seinem großen Garten und Obstbäumen ganz andere Spielmöglichkeiten bietet als die eigene Wohnung in einer dicht bebauten Großstadtstraße; das Zurückholen des Balls aus dem Vorgarten einer »bösen« Nachbarin, die die Kinder stets anschreit, weil sie soviel Lärm machen und ihr Grundstück betreten etc.).

Diese *handlungskreistypologische Ordnung* erlaubt es uns, das räumliche Aufwachsen von Kindern insgesamt als eine *Erweiterung von Kontexten* aufzufassen: vom sozialökologischen Zentrum über den Nahraum hinein in die an Zahl, Bedeutung und Komplexität zunehmenden Ausschnitte mit ständigen Durchbrechungen der sozialökologischen Ordnung an den Rand alltäglicher Routine in jenen »peripheren« Raum mit seinen nicht in den Alltag eingelassenen Abenteuern und Erfahrungen. Auch für kleine Kinder wächst die Welt auf diese Weise allmählich. Der Säugling kennt nur das *Zentrum* und selbst von diesem nur einen Ausschnitt. Eine moderne Wohnung besteht ja aus verschiedenen Zimmern und Funktionsräumen wie Bad, Küche, Keller (von der Wohnung getrennt) etc. Der Säugling kennt zunächst nur das Zimmer, in dem sein Bettchen steht, und er wird alle Ereignisse, von Licht und Schatten über Stimmen und Gesichter bis zu Geräuschen, als aus dem unmittelbaren Umraum, zunächst des Bettchens, dann allmählich des ganzen Zimmers kommend, erfahren und erfassen. Im Krabbelalter wird das Kleinkind dann allmählich die Wohnung »erobern« und dies noch weitergehend tun, wenn es das Laufställchen endgültig verlassen hat (sofern man es in einen Laufstall verbannt hat); nun wird es Bücherregale erkunden, Tischdecken vom Tisch ziehen und so die ganze Wohnung »unsicher« machen – um sich selbst in ihr sicherer zu fühlen. Die Auseinandersetzung mit Objekten, mit wichtigen Bezugspersonen, auch das erste Wachstum des Selbst erfolgt im Zentrum, das für die 0- bis 5jährigen eben deswegen derart »zentral« ist, weil der Rest der Welt zunächst als Exosphäre erscheint, gegen die die Endosphäre, ist sie einmal als sicherer Umraum aufgebaut, verteidigt werden muß. Nachbarn und Nachbarschaft spielen ebensowenig eine Rolle wie Kontexte, in die Eltern sich begeben, während der Säugling unter der Aufsicht eines »Babysitters« verweilt oder später das Vorschulkind, nur für eine Stunde allein gelassen, sich leise ängstigt. Mit Bronfenbrenners Begriff handelt es sich beim *Zentrum* um das *Mikrosystem*, dem verständlicherweise unsere besondere Aufmerksamkeit in diesem Buche gilt. Aber auch die Lebenswelt von Kindern erweitert sich. Während sie zunächst, als Säugling, den ökologischen Nahraum aus dem Kinderwagen heraus kaum beachtet haben, werden sie ihn später, im Buggy sitzend, schon neugierig beäugen; noch später, etwa mit drei Jahren, werden sie ihn an der Hand der Mutter durchqueren und in ihm auch die ersten kleineren Ausschnitte, also funktionsspezifische Zonen kennenlernen (Einkaufsladen, Eisbude, Zeitungskiosk). Wenn sie in den Kindergarten kommen, verlassen sie das Zentrum und den Nahraum, weil sie nun eine pädagogische Institution betreten, die als sozialökologischer *Ausschnitt* zwar im Gegensatz zur Schule noch viele Verhaltensmöglichkeiten offenläßt (spielen, ruhen, essen, Abenteuer erleben, lernen), aber doch zum ersten Mal die Kinder mit professionellen PädagogInnen und »fremden« Kindern zusammenführt, die nicht aus dem Zentrum, oft nicht einmal aus dem Nahraum vertraut sind. Ein radikaler Wechsel findet dann bei der *Einschulung* statt, denn die Schule definiert nun Kinder nicht mehr in ihrer Ganzheitlichkeit, sondern eben als »Schulkinder« und schränkt sie damit mit ihren bisher diffusen, offengestellten Handlungsmöglichkeiten erheblich ein (die Schule ist zum Lernen da; die Lehrer sind nicht die Kameraden der Kinder und übernehmen auch nicht Elternfunktionen, sondern sollen – auf didaktisch angemessene Weise und die Lernfähigkeiten von Kindern berücksichtigend – ihnen etwas beibringen, das die Kinder später zum Übergang in weiterführende Schulen und nach dem Verlassen des Schulsystems für weiteres Lernen oder bestimmte Berufe qualifiziert). Kinder bewegen sich nun nicht mehr ausschließlich im Mikrosystem, sondern im Mesosystem, das unterschiedliche Systemrationalitäten miteinander verbindet. Das Exosystem bleibt ihnen verschlossen und wirkt sich meist erst aus, wenn sie Jugendliche sind. Als solche, etwa mit fünfzehn Jahren, werden sie Erfahrungen, die sie in einer Clique machen, und Meinungen, die sie damit erwerben, in die Familie, das Zentrum, zurücktragen und damit möglicherweise den Konfliktstoff erhöhen (sie möchten eine Party besuchen und deswegen später nach Hause kommen; sie interessieren sich für das Rauchen, das zu Hause streng untersagt ist; haben einen Freund oder eine Freundin, der/die nach Meinung der Eltern nicht »der rechte Umgang« für ihr Kind ist, das sich zum Jugendlichen entwickelt hat etc.).

Die Welt wächst, und: Kinder wachsen in der Welt – es sind die nicht in wilder Ordnung frei kreisenden, sondern kulturell für das Aufwachsen in unseren modernen Gesellschaften relativ präzise angeordnete *Zonen*, die unterschiedliche *Behavior Settings* darstellen und mit ihrer soziokulturellen Überformung den Ordnungsrahmen bilden, in den kindliche Reifung und Entwicklung eingebettet sind.

Im Vergleich zur Lebenswelt von Erwachsenen, aber auch von Jugendlichen und Schulkindern, ist die kleiner Kinder noch relativ eingeschränkt, deshalb überschaubar und eher durch Nähe und Spontaneität gekennzeichnet denn durch Rollenregeln und Regularitäten. Aber auch kleine Kinder machen im Durchschreiten von Zentrum und Nahraum beeindruckende Erfahrungen, die ihr noch kurzes Leben stark bestimmen und ihre Entwicklungsperspektiven beeinflussen (ebenso wie Exosystem und Makrosystem, die aber nicht zugänglich sind und auch kognitiv daher lange Zeit unerkannt und unverstanden bleiben). Schon ein Säugling durchquert viele *Settings* der ersten beiden Zonen. Nehmen wir ein Beispiel: Die achtwöchige Helen erwacht in ihrem Bettchen und beschäftigt sich mit den Gitterstäben, die ihr Interesse wecken; sie wird hochgenommen und im Badezimmer trockengelegt; im Wohnraum legt die Mutter sie an die Brust; später ist sie wieder in ihrem Bettchen und schläft. Weil sie hustet, packt die Mutter sie Stunden später in den Kinderwagen um und fährt, die Straßenbahn benutzend, zum Arzt (Wartezimmer, Sprechzimmer mit seinen Gerüchen, Menschen in weißen Kitteln etc.); Rückkehr ins vertraute Bettchen; wieder hochnehmen und die gleichen Prozeduren, die sich mehrmals am Tag wiederholen, mit Raumwechseln im Zentrum; Hinzukommen des Vaters, der sein Baby in die Höhe stemmt und über sich schweben läßt, so daß es erst vor Vergnügen jubelt, dann ängstlich werdend (weil der Vater eine Fratze geschnitten hat) zu weinen beginnt, nicht zuletzt wegen der ganz anderen Perspektive, in der das vertraute Kinderzimmer mit seinem Bettchen nun von oben erscheint. Der Vaters nimmt sie mit in den Garten, mit seiner abendlichen frischen Luft und Fremdheit; schließlich Nachtruhe im Bettchen, Lichtschimmer unter der Tür, sich zurückziehen von Geräuschen . . .

Sozialökologisch entschieden gesättigter ist dann das Leben eines fünfjährigen Kindes; nehmen wir Alexander: Er wacht sehr früh, es wird gerade hell, in seinem Bettchen auf; das Morgendämmern ist ihm unheimlich, aber er weiß, daß die Schlafzimmertür der Eltern offensteht; er durchquert sein Zimmer, den Flur und betritt das Schlafzimmer der Eltern, klettert über sie hinüber, wird unter die warme Decke genommen und schläft zwischen ihnen wieder ein; zwei Stunden später wird er geweckt; Alexander kann sich längst selbst die Zähne putzen, die Hände waschen, kann auf die Toilette gehen, wird also im Bad alleingelassen; er macht sich fertig, zieht sich an, besucht zwischendurch die Mutter, weil er seinen blauen Pullover nicht findet, den er gern tragen möchte; in der Küche gibt es Müsli und Früchtetee, das Radio spielt, auch der Fernseher läuft bereits; dann geht es eilig zur Garage und ins Auto, denn die Mutter fährt Alexander nun zum Kindergarten, der etwas entfernt in einem anderen Stadtteil liegt; an der Tür des Kindergartens verläßt die Mutter Alexander, der keinen Wert darauf legt, daß sie mit ihm kommt; er tritt allein ein, begrüßt die SpielkameradInnen und die Leiterin. Heute wird ein Ausflug in den Zoo gemacht, der Alexander besonders beeindruckt (vor allem das Nashorn und die Äffchen); er muß in der Kindergruppe Hand in Hand gehen, was ihm eigentlich nicht gefällt, aber er weiß und sieht, wie gefährlich die Straßen sind, die sie durchqueren müssen. Wenn die Kindergartenzeit abgelaufen ist, kommt diesmal der Vater, der Alexander, vom Büro heimkehrend, abholt; nun sind alle zusammen zu Hause; Alexander geht ins Bad, schaut dann der Mutter beim Bügeln zu, besucht den Vater, der auf dem Balkon die Blumen gießt, und telefoniert – die Nummernfolge beherrscht er längst – mit seinem Freund Axel, den er übermorgen zum Geburtstag einladen möchte. Die Mutter hat keine Lust zu kochen, so daß Alexander mit seinen Eltern »zum Italiener« geht, was Alexander freut, denn er mag Pizzen gern und freut sich über den wuscheligen Pudel, der im Gastraum – obwohl das eigentlich nicht zulässig ist – an den Tischen entlangschnuppert. Alexander hat seine beliebte Comic-Sendung versäumt und bittet die Eltern, dafür am Abend noch ein wenig mit ihnen fernsehen zu dürfen, was ihm auch gestattet wird, als Ausnahme; es werden doch zwei Fernsehstunden mit einem für Alexander sehr aufregenden Film, weil in eine offenbar glückliche Familie Trauer einzieht, als die Mutter stirbt und die Kinder soviel allein gelassen werden; Alexander wird ins Bett gebracht und schläft spät ein, in seinen Träumen vermischen sich Erinnerungen an den Zoobesuch mit Bilderfetzen aus dem im Fernsehen gesehenen Film, überlagern sich und lassen ihn unruhig schlafen ...

Kinderzonen, Zwischenräume

Nach den Untersuchungen Philippe Ariés' (1975) ist nicht nur die Kindheit eine moderne Erfindung, sondern damit einhergehend auch das Bestreben, Kinder von Erwachsenen zu trennen. Im Mittelalter und lange danach gab es keine geordnete Schullaufbahn, sondern die Kinder lernten durch das Leben, beim Nachbarn oder indem sie in frühen Jahren zu einem Zunftgenossen gegeben wurden; sie spielten die gleichen Spiele wie die Erwachsenen, hatten keine spezielle Kinderkleidung, waren von der Beobachtung von Sexualität nicht ausgeschlossen, kurz: weder die Familie noch die gesellschaftliche Ordnung selbst sahen spezielle Vorkehrungen vor, die dem Aufwachsen von Kindern dienen sollten. Nach Ariés' Einschätzung kannte man die Vorstellung nicht, daß ein Kind bereits eine vollständige menschliche Persönlichkeit verkörpert, wie wir heute glauben. Daher gab man sich keine Mühe, es psychologisch zu verstehen – die meisten Kinder starben sowieso gleich nach der Geburt oder in frühen Jahren, so daß sich eine besondere emotionale Beziehung zwischen Kindern und Eltern zunächst gar nicht entwickeln konnte (was nicht heißt, daß es keine Kinder- und Elternliebe gab). Erst allmählich, vorsichtig beginnend im 16. Jahrhundert, kamen zwei neue Vorstellungen auf, die sich als sehr wirkungsvoll erwiesen: zum einen die Vorstellung von der Gebrechlichkeit der Kinder und zum andern die Vorstellung von der moralischen Verantwortung der Lehrer (und später anderer Pädagogen) für die Kinder. Dies hatte nicht nur zur Folge, daß sich ein Schulsystem entwickelte, das die Kinder auch in den Lernpausen unter Aufsicht stellte und sich, organisiert vom Staat, auch außerhalb der Schulzeiten dann verantwortlich fühlte, wenn die Eltern oder die Familie ihre Aufsichtsfunktionen nicht wahrnahmen. Gleichzeitig zog sich das Leben von der Straße in den Intimraum der Wohnung zurück.»Wie heute in den arabischen Städten, so war die Straße damals der Ort, an dem die verschiedenen Geschäfte abgewickelt wurden, das Berufsleben sich abspielte, zugleich auch ein Ort der Geselligkeit, wo man einen Schwatz halten, ein Gespräch führen konnte und wo allerlei Spektakel und Spiele stattfanden. Außerhalb jedes Bereichs des Privatlebens (...) spielte sich alles auf der Straße ab (...). Es ist gut möglich, daß sich das Privatleben ebensosehr oder mehr noch auf der Straße abspielte als im Haus.« (Ebd., S. 472) Nun beginnt man sich bevorzugt für die Intimität des Privatlebens zu interessieren, insbesondere auch im Bereich der darstellenden Kunst, die uns wichtige Dokumente früherer Lebensweisen übermittelt. Im 17. Jahrhundert werden die Interieurs immer zahlreicher und origineller; das im Mittelalter zurückgedrängte Privatleben hält besonders im 17. Jahrhundert seinen Einzug in die Ikonographie, insbesondere in die westliche Malerei und Gravur. Dieses Interesse für das Privatleben und seine Räume, wie es die holländische und flämische Malerei mit ihren Vorlieben für Stilleben und häusliche Szenen dokumentiert, verdeutlicht eine neue Empfindungsweise. Eine Flut von Familienbildern belegt, wie wichtig diese Lebensform jetzt war, und Kinder gehörten notwendig zu ihr. Ariés weist auf zahlreiche Bilder hin, in denen die Familie um den Tisch sitzt und das kleine Kind mit fromm gefalteten Händen das Gebet aufsagt: »Das Aufsagen des Tischgebets durch das Kind ist nicht länger ein Zeichen für gesittete Umgangsformen. Man hat diesen Vorgang gern dargestellt, weil man diesem einst ganz alltäglichen Gebet eine neue Bedeutung zuerkannte. Das ikonographische Thema evozierte und verband drei verschiedene Gefühlsregungen: die Frömmigkeit, das Interesse an der Kindheit (in Gestalt des kleinsten Kindes) und das Familiengefühl (das sich in der Familienversammlung bei Tisch ausdrückt). Das Tischgebet ist zum Modell des von der Familie gemeinsam gesprochenen Gebetes geworden. Früher hatte es keine privaten Andachten gegeben.« (Ebd., S. 496)

Zunehmend werden, ausgehend von der bürgerlichen Familie, den Kindern eigene Räume zugeteilt, gleichzeitig große Teile des Erwachsenenlebens von ihnen abgetrennt. Ein Beispiel ist die *Kinderstube* oder, so später häufiger, das *Kinderzimmer* oder *Spielzimmer*. Als besonders ausgestattete Einrichtung kam das Kinderzimmer freilich erst seit dem 19. Jahrhunderts auf. Jetzt begannen Bürgerfamilien, den Kindern einen eigenen Wohnbereich einzuräumen, mit eigenen Möbeln und Spielgelegenheiten (hierzu und zum folgenden: Weber-Kellermann 1979, S. 138 ff.). Ein gutes Beispiel für das damalige neue Lebensgefühl ist die biedermeierliche Kinderstube des Johann Michael Voltz (1784–1858) (vgl. Abb. 20).

In der Ecke steht der gußeiserne Ofen und wärmt Kaffee oder Kakao in den Kannen und die Tassen auf. Eine Frau, wahrscheinlich

Abb. 20 J. M. Voltz: Kinderstube um 1825.
Quelle: Weber-Kellermann, S. 138

die Mutter, bringt einen Napfkuchen herein, den die Kinder gleich essen werden, und dazu werden sie ihren Kakao trinken. Im Kinderzimmer verteilt, sehen wir fünf Mädchen verschiedenen Alters; alle sind mit Puppen beschäftigt, für die sie Wiegen und Wägelchen besitzen. Das Zimmer ist auch mit kleinen Möbeln ausgestattet, Tischen, Bänken und Hockern, die der Körpergröße der Kinder angemessen sind, und es gibt eine Puppenküche, mit der gespielt werden kann. Eine Dame (Hausdame, Erzieherin, vielleicht auch ältere Schwester der Mutter) sieht nach dem Rechten, kümmert sich um die Kinder, die in ihrem eigenen Zimmer sich doch nicht selbst überlassen bleiben. – Weber-Kellermann vermutet, daß Voltz eher ein »liebevolles Idealbild gezeichnet hat«. Später, in einer Welt voller Plüschportieren und Schnitzwerketageren war ein so praktisch-funktionales Kinderzimmer, wie es Voltz abbildet, kaum vorzustellen. Die Traulichkeit der biedermeierlichen Kinderstuben wich nun einer gewissen Kühle, die »Innigkeit der Mutter-Kind-Beziehung erstarrte im Zeremoniell der Bourgeoisie, indem sich zwischen Eltern und Kinder das Kindermädchen schob. Zu ihm fühlten die Kinder oft eine natürlichere Freundschaft als zu ihrer Mutter, die sich in der Rolle der *Gnädigen Frau* mehr und mehr von ihnen entfernte.« (Ebd., S. 140) Das Kinderzimmer wurde immer mehr zu einem Schlafzimmer als zu einem Spiel- und Aufenthaltsraum mit genügend Platz. Im Zeitalter der Familienintimität wird die Kinderstube zunehmend auch zu einem Raum der Aufsicht, der auch geeignet ist, die Kinder *von der Straße* zu halten. Abgesehen davon, daß (eigentlich bis heute) nur die gehobene Bürgerschicht eine eigene Kinderstube hatte, im übrigen die Wohnstube der gemeinsame Aufenthaltsraum wurde, »wo der Vater auf dem Sofa sitzend die Zeitung las, die Mutter sich mit Näharbeiten beschäftigte, die Tochter Klavier übte oder mit ihren Puppen spielte und der Sohn sich mit dem Steinbaukasten beschäftigte, der bis zum Abendbrot wieder aufgeräumt sein mußte«. So wurde das Kinderzimmer, ursprünglich ein Ort, in dem die Kindlichkeit des Kindes gepflegt und geschützt werden sollte, zunehmend zu einem Kontrollbezirk, in dem sich in der Forderung nach Artig-Sein und Folgsamkeit die Anpassung an die von Erwachsenen gesetzten Normen und streng getrennten Geschlechterrollen ausdrückte. Das galt in noch verschärftem Maße für die Kinder des reich gewordenen Großbürgertums. Bei den Gesellschaften der Eltern durften sie höchstens die Gäste begrüßen, der Sohn im blauen Matrosenanzug seinen Diener machen, die Tochter im weißen Mullkleidchen ihren Knicks. Dann führte sie das Kinderfräulein zurück in ihre Kinderstube, wo sie – fest abgeschirmt von der Außenwelt – ihren erlaubten Spielen und Beschäftigungen nachgehen durften. Höchstens durch die Dienstboten erfuhren sie, was körperliche Arbeit ist, und die Welt der sozialen Bewegungen blieb ihnen gänzlich verborgen. Die Kinderzimmer waren also im allgemeinen keine Spielparadiese.« (Ebd., S. 143)

Heute müssen sich meist mehrere Geschwister, sofern vorhanden, ein Zimmer teilen. Allerdings haben wir im Verständnis moderner Erziehung dem »eigenen Zimmer« der Kinder eine neue Funktion gegeben, die ihnen wieder stärker dienlich ist. Zum einen (besonders für den Säugling) sollen sie einen Schutzraum darstellen, in dem leise, frische Luftzufuhr jederzeit möglich und Rauchen verboten ist. Später können sich die Kinder nicht nur Bett- und Bettzeug selbst auswählen, sondern in der Regel auch über die anderen Teile der Einrichtung verfügen: Das »Kinderzimmer« ist heute *auch* ein Raum des Rückzugs, des Entzugs von der Erwachsenenaufsicht, wobei diese auch entlastet werden, den oft geräuschreichen Interessen der kleinen Kinder beizuwohnen. Gleichzeitig ist eine Aufsicht relativ leicht, so daß Kinderzimmer heute die Spannung zwischen Beschützt-Sein und Spielraum-Haben besser ausdrücken als noch vor 50 Jahren.

Ariés (1975, S. 125) macht deutlich, daß die Sonderstellung, die man der Kindheit einräumte, vor allem Jungen vorbehalten blieb, Mädchen also erst später in den erzieherischen Schutzraum der Familie gerieten. Auch waren die beschriebenen Entwicklungen »ausschließlich den Kindern bürgerlicher und adeliger Familien vorbehalten (...). Die Kinder des Volkes, der Bauern, der Handwerker, diejenigen, die auf der dörflichen Promenade, in den Straßen der Städte, in den Werkstätten der Handwerker, den Schänken, den Küchen spielten, tragen immer noch die Kleidung der Erwachsenen: niemals werden sie im Kleid, mit falschen Ärmeln dargestellt. Sie konservieren die alte Lebensweise, bei der die Kinder weder hinsichtlich der Kleidung noch bei der Arbeit oder beim Spiel von den Erwachsenen getrennt waren.« Diese größere Freiheit und Offenheit kann nur deshalb nicht als Vorsprung gedeutet werden, weil die nichtbürgerlichen Kreise gar keine Kindheit, die schützenswert sei, kannten, wie die Geschichte der Kinderarbeit eindeutig belegt. Inzwischen hat sich, unabhängig von sozialen Milieus, die Meinung durchgesetzt, daß insbesondere die kleinen Kinder schützenswert seien; dieser Schutz ihnen durch eine starke Familienbindung in besonderer Weise zuteil werde, und vor allem: daß sie darum zumindest in den ersten Lebensjahren in der Familie gehalten werden sollten. Erst allmählich erfolgt eine schrittweise und vorsichtige Freigabe, vom Kindergarten über die Schule bis zu den Ablösungsschritten des Jugendlichen und seinem denkbar gewordenen Auszug aus dem Elternhaus.

Allerdings, wenn wir heute Kinder in ihren ersten Lebensjahren an das ökologische Zentrum binden, nur eingeschränkt in den Nahraum entlassen, hat dies seinen Grund. Die Unwirtlichkeit des öffentlichen Raums und seine Kinderunfreundlichkeit sind längst notorisch geworden. »Die Straße«, einst (nach der Schilderung von Ariés) Raum der Begegnung mit Nachbarn, des Schwatzens, des Beobachtens, Spielens und Kontaktaufnehmens, ist inzwischen meist zu einer Verkehrszone degradiert, die dem schnellen Durchgang dient und nur funktionale Bedeutung zum Erreichen sozialökologischer Ausschnitte hat. Sie ist ein Raum der Durchquerung mit entsprechenden Gefahren, nicht des kommunikativen Austauschs und der Geselligkeit. Auch hier haben wir inzwischen Vorkehrungen getroffen, die Kinder nicht nur im Intimraum der Familie, sondern auch im öffentlichen Raum auszugliedern: in denen wir ihnen *Spielplätze* zuweisen, die manchmal (vor allem für ältere Jungen) zu *Abenteuerspielplätzen* erweitert werden. Hier bauen wir für die Kleineren Sandkisten, für die Älteren Klettergerüste und stellen Bänke für die Mütter auf, die kleinere Kinder beaufsichtigen. So ist der Spielplatz die ins Öffentliche gewendete Kinderstube geworden, freilich mit dem Unterschied, daß hier Kinder aus der Nachbarschaft getroffen werden können, also ein geselliger Austausch unter Kindern möglich ist. Vielleicht liegt in der Nähe eine *Kindertagesstätte,* direkt benachbart ein *Kindergarten,* und die *Grundschule* ist auch nicht weit entfernt: weitere pädagogische Vorkehrungen, Kinder »von der Straße« zu holen und sie in Schutzräume zu geleiten, wo sie zugleich pädagogisch beaufsichtigt und betreut werden können.

Auf diese Weise sind heute spezielle *Kinderzonen* geschaffen worden, ohne die gerade die kleinen Kinder in einer wenig behaglichen öffentlichen Welt verloren und völlig ungeschützt wären (vor allem, wenn man bedenkt, daß die Eltern oft ihren Berufen nachgehen wollen und/oder müssen).

Die Wohnung ist der häufigste Spielort von Kindern im Vorschulalter (vgl. Mundt 1980, S. 67 ff.). Dann sind es die außerhalb der Wohnung kleinen Kindern vorbehaltenen *Kinderzonen,* zunächst im sozialökologischen Nahraum, später zunehmend durch eine Ausdifferenzierung in sozialökologische Ausschnitte bestimmt. Außerdem gibt es *Zwischenräume,* die am ausgedehntesten sind und Kinder ausschließen. Auf den Straßen, aber auch in Supermärkten, in Vorgärten, Ziergärten, auf zwischen den Wohnungen liegenden öffentlichen Fluren, in Treppenhäusern oder Böden, in Kellern oder Lagerräumen haben Kinder nichts zu suchen. Zwar ist die häufig benutzte Wendung von der »Verinselung des Lebensraums« inzwischen etwas zum wohlfeil benutzten Slogan verkommen; dennoch enthält sie eine tendenziell richtige Einsicht: Die *Kinderzonen* sind wie »Inseln«, die umgeben sind von »Zwischenräumen«, die dazu dienen, die einzelnen Inseln zu verbinden. Ein alltägliches Beispiel ist die Mutter, die das Kind zum Kindergarten bringt, das vielleicht anschließend mit zu einer Freundin in der Nachbarschaft geht, von der das Kind am Abend wieder abgeholt wird (manchmal, vor allem wenn die Eltern Schwierigkeiten mit der Beaufsichtigung oder dem Abholen haben, dürfen die Kinder dann auch bei ihrer Spielkameradin schlafen, als abenteuerliche, aber genossene Ausnahme, die wiederum auch die Eltern – allerdings nicht die des Gastkindes – entlastet). Erinnern wir uns an Ariés' Darstellung und Einschätzung des privaten wie öffentlichen Aufwachsens von Kindern, ist insofern ein *Verlust* festzustellen, als wir Kinder zwar heute in bestimmten für sie vorbereiteten und eingerichteten Arealen versammeln, ihnen aber einen großen Teil der sie umgebenden Welt unzugänglich machen. Beginnend in der Wohnung, in der Kinder das Elternschlafzimmer und die »gute Stube« zeitweise nicht oder überhaupt nicht betreten dürfen, über Treppenhäuser und Eingänge, die schnell zu verlassen sind, bis zum öffentlichen Raum mit seinen zahlreichen, unterschiedlichen Funktionen vorbehaltenen Behavior Settings erleben Kinder von früh an den Ausschluß aus einem öffentlichen und allgemeinen Leben. Zwar ist die Welt auch für Jugendliche nicht zusammenhängender, aber sie haben mehr Freiheiten, sich in den unterschiedlichen ökologischen Zonen zu bewegen und so auf dem Wege der Selbstsozialisation sich ein Stück erweiterter Wirklichkeit anzueignen. Kinder hingegen bleiben von vielem ausgeschlossen, und dies dient nicht nur ihrem Schutz; der wahre Grund ist oft ein anderer: Sie sind einfach vergessen worden; für sie zu sorgen wäre zu kostspielig; die Hoffnung, die Familie werde ihre Erziehungsaufgabe angemessen erfüllen, entlastet vom Engagement der öffentlichen Hand. Hinzu kommt ein weiteres Problem. Die Kinderzonen sind nicht aufeinander abbildbar, nicht räumlich durchlässig und füreinander zugänglich. Erfahrungen, die Kinder in der Familie machen, sind oft ganz anders als Erfahrungen, die ihnen dann im Kindergarten vermittelt werden; der Erfahrungsraum Spielplatz mag wieder nach ganz anderen Regeln geordnet werden; geraten Kinder einmal um des Abenteuers, Spaßes willen oder aus Zufall an die sozialökologische Peripherie, betreten sie auch hier Weltausschnitte, die nicht notwendig mit anderen kompatibel sind. Die Sozialökologie des Aufwachsens ist nicht nur durch die Abschottung von Kinderzonen und Zwischenräumen bestimmt, sondern auch durch eine Pluralität und Widersprüchlichkeit von Erfahrungswelten, die nicht mehr durch gemeinsame Bräuche, Traditionen oder Erwartungen zusammengehalten werden. Um dieses allgemeine Urteil zu substantiieren, vielleicht auch zu revidieren, zumindest zu detaillieren, sollen im folgenden zwei für kleine Kinder wichtige Interaktionskreise (Eltern/Gleichaltrige), eine zentrale pädagogische Einrichtung (Kindergarten) sowie die neu intervenierende und alle Zonen durchquerende Struktur der Medienwelten genauer dargestellt, eingeschätzt und pädagogisch betrachtet werden.

Die Grundfiguration: Kind–Mutter–Vater (Eltern)

Die Familie ist das *sozialökologische Zentrum* und umfaßt insbesondere für kleine Kinder, vom Säugling bis zur Einschulung, mehr oder weniger die »ganze Welt«. Zwar ändert sich die Bindung an bestimmte Personen in Ausmaß und Intensität mit dem Aufwachsen; die Zahl der Personen, mit denen eine enge persönliche Bindung eingegangen wird oder die doch dem Kind im Alltag begegnen und mindestens bekannt sind, wächst erheblich, wie Abb. 21 zeigt.

Die Figur, die Forschungsergebnisse von Takahashi (1986) zusammenfaßt, zeigt exemplarisch sehr deutlich, daß für das einjährige Kind fast ausschließlich die Mutter maßgeblich ist und die Umgebung der Familie, in dem sich Kind und Mutter begegnen. Der Vater kommt hier erst bei vierjährigen Kindern stärker zum Zuge, gewinnt an Bedeutung, erreicht schließlich die Bedeutung der Mutter (acht/zehn Jahre), freilich immer in Verbindung mit der Mutter (»Eltern«), wobei die Geschwister als eigenständige Personen, also nicht als Bestandteile eines umfassenden Familienklimas, erst recht spät eine gewisse Beachtung erfahren. Abgesehen von Nuancen (andere Untersuchungen könnten hier zwischen den Anteilen von Vater, Geschwistern, Familie andere Relationen finden), ist eine Tendenz doch überdeutlich: Während für das kleine Kind bis zur Einschulung die Mutter (im familiären Binnenfeld) von ausschlaggebender Bedeutung ist, sind es sechs Jahre später »die Anderen«, Personen also, die nicht der Familie ange-

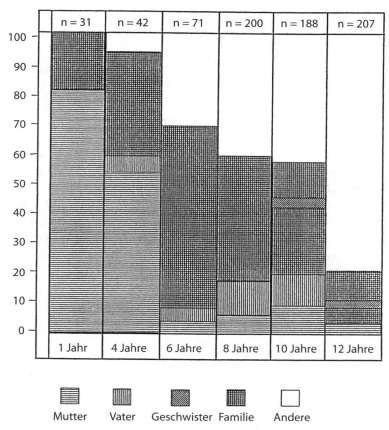

Abb. 21 Entwicklungsbedingte Veränderungen im Bindungsverhalten.
Quelle: H. Keller 1989, S. 173

hören, für die älter werdenden Kinder beim Übergang zum Jugendlichen aber von ganz erheblichem Gewicht sind.

Für das kleine Kind ist die Mutter also die entscheidende Bezugsperson. Daß dies so ist, gilt spätestens seit dem Aufkommen der bürgerlichen Familie, die in ihrer Stabilisierung und in ihren Formen im Verlauf des 19. Jahrhunderts ihre besondere, bis heute gültige Kontur erhält. Die Rolle der Mutter für die Familie, speziell ihre Bedeutung für das kleine Kind, war schnell eine nicht mehr bestreitbare soziale Übereinkunft. Dies zeigt sich gerade an den Fällen und Beispielen, in denen die Mutter nicht uneingeschränkt für ihr Kind zur Verfügung stehen konnte. Schwierigkeiten mit dem mütterorientierten Familienkonzept hatten beispielsweise die Industriearbeiterinnen (vgl. Erning u. a. 1987, S. 248 ff.). Die Spannung zwischen dem Außer-Haus-Sein der Mutter und ihrer Bedeutung für die kleinen Kinder finden wir beispielhaft in einer Schrift aus dem Jahr 1803 mit dem Titel »Vorschlag, eine Pariser Mode nach Detmold zu verpflanzen?«, verfaßt von der regierenden Fürstin Pauline von Lippe-Detmold: »Wie manches bedrängte Weib wäre ihrer peinlichsten Sorgen entlastet, könnte den Ihrigen durch fleißige Arbeit und unermüdete Geschäftigkeit zu weiterem Emporkommen recht viel sein, wenn die Pflege ihrer Kinder bis zum vierten und fünften Jahre es nicht hinderte; wie manche muß die Kleinen verlassen und bebt nun im Kampf zwischen Brotsorgen und der Angst, wie es ihren armen Kindern ergehen wird, während sie fern ist. Wie manche bis dahin ziemlich Bemittelte beginnt zu verarmen, sobald der Himmel ihre Ehe reichlich segnet, und betrachtet dann das schönste Geschenk Gottes, gesunde, zahlreiche Nachkommenschaft als Bürde, als Unglück; wie manche endlich verleugnet das Mutterherz und vernachlässigt, verwahrlost ganz, was der Vater der Liebe ihr anvertraute.« (Zitiert nach: Erning u. a., S. 249) – Gerade in der familienzyklischen Phase, in der die Kinder noch klein sind, droht wegen der Einschränkung der mütterlichen Tätigkeit auf das Kinderbewahren die Armut. »Ganz für das Kind dasein«, das bedeutete für die Familie oft eine Herabsetzung des Lebensstandards. Wie dieses Dilemma lösen? In einem anderen Dokument setzt sich Joseph Wertheimer, er übersetzte 1826 eine Schrift des Engländers S. Wilderspin, mit dem Lösungsvorschlag auseinander, die Mutter solle das Kind doch mitnehmen in ihre beruflichen Tätigkeiten: »Einige, welche mit dem Kopfe durch die Mauer brechen wollen, haben gesagt, die Mutter könne das Kind mit sich nehmen, und es sogar während des Betriebs ihres Geschäftes unterrichten. Wird sie das? Kann sie das? Kann es die Bäuerin, die oft kleine Tagreisen machen muß, oder auf entfernten Feldern und hohen Weinbergen unter sengender Sonnenhitze zu arbeiten hat? Kann es die Taglöhnerin, die bei Bauten beschäftiget ist?, die Wasserträgerin?, die Badfrau?, die Krankenwärterin?, die Hebamme?, die Dienstmagd?, die in Spinn-, Näh-, Strickanstalten, in Fabriken und Manufakturen ihren Unterhalt erwerben?, die den ganzen Tag auf der Straße zubringen müssen wie die Hausiererinnen?, Oebstlerinnen, Gemüsehändelerinnen? oder die, deren Beschäftigung außer dem Hause für das Kind nachtheilig ist, wie die Wäscherinnen, Färberinnen, Fisch- und Fleischverkäuferinnen? etc. etc.« (Zitiert bei: Erning, S. 249f.) Hier zeigt sich, daß gerade Armut »schlechte Mütter« zu machen droht: Überdeutlich wird an der Vielfalt der aufgezählten Frauenberufe, welche Tätigkeiten außer Haus auch Müttern als normal zugemutet wurden, freilich um den Preis des geschilderten Dilemmas: Was soll aus den kleinen Kindern werden? So mußte schon damals die öffentliche Erziehung einspringen; *Kleinkinderschulen* sollten die Mütter entlasten – freilich weniger, um den Müttern Gelegenheit zu geben, für die ganze Familie und nicht nur für das kleine Kind sorgen zu müssen, sondern vor allem, um die kleinen Kinder unter Kontrolle zu haben, als »kräftigste Mittel« gegen sittliche Rohheit, gegen Lasterhaftigkeit und den Pauperismus. Die öffentlich veranstaltete Kleinkindererziehung hatte also keineswegs primär caritative Absichten oder diente dazu, das Kind in einer befriedigenden Bindung und in emotionaler Sicherheit aufwachsen zu lassen; es ging eher darum, es zur »Sittsamkeit« zu erziehen, zur Bereitschaft, den Armenstand anzunehmen, in den es hineingeboren wurde und so die öffentliche Ordnung aufrechtzuerhalten. Wenn wir heute die Mutter-Kind-Bindung derart feiern, zeigt ein kurzer Blick in die Geschichte schon, daß diese keineswegs, betrachtet man die äußeren Bedingungen zu ihrer Absicherung, selbstverständlich ist und die Möglichkeit von Müttern, sich ihren kleinen Kindern zu widmen, eine sehr spätneuzeitliche Errungenschaft ist. Daß Mütter eigentlich primär für die Kinder da sein sollten, war freilich schon im »allgemeinen Landrecht für die preußischen Staaten« von 1794, einem wichtigen Rechtsvorläufer des Bürgerlichen Gesetzbuches (1900) festgehalten; dort heißt es beispielsweise: »§ 66. Körperliche Pflege und Wartung, solange die Kinder deren bedürfen, muß die Mutter selbst oder unter ihrer Aufsicht besorgen. – § 67. Eine gesunde Mutter ist ihr Kind selbst zu säugen verpflichtet. – § 68. Wie lange sie aber dem Kinde die Brust reichen solle, hängt von der Bestimmung des Vaters ab. – § 70. Vor zurückgelegtem Vierten Jahre kann der Vater das Kind, wider den Willen der Mutter, ihre Aufsicht und Pflege nicht entziehen.«

Den Müttern wurde es also primär aufgegeben, die ersten Lebensjahre ihrer Kinder zu begleiten. Dies war eine Errungenschaft, die mühsam als Einsicht erworben und sozialpolitisch gesichert werden mußte. Noch im 18. Jahrhundert gaben sogar wohlhabende Leute ihre Kinder manchmal bis zum dritten Lebensjahr in das Haus einer Säugamme, und wenn sie das Kleinkind dann wieder zurückholten, überließen sie es häufig der Obhut häuslicher Bediensteter (deMause 1977, S. 55 ff.). Die oft herbeigezogenen Säugammen waren ihrerseits alles andere als ein Muster für liebevolles Interesse an den kleinen Kindern, die ihnen anvertraut waren. Sie stopften sie oft mit Alkohol und Opiaten voll, damit sie sich ruhig verhielten; »bekannt ist das leinene Lutschbeutelchen mit Mohn, das die Babys in eine Dauerschläfrigkeit versetzten und auf dem Lande bis weit in die Gegenwart benutzt wurde (...). Da wurde das unruhige Kind mit Branntwein eingerieben oder mit einer Abkochung von Mohnköpfen getränkt (...). Etwa ein Jahr lang stillte die Amme die ihr anvertrauten Kinder recht und schlecht; wenn dann vier Zähne durchgebrochen waren, erhielten sie feste Nahrung, vor allem Brot. Daß bei solcher Behandlungsweise, zu der man sich die mangelnde Hygiene, die Unkenntnis von infektiösen Kinderkrankheiten und den törichten Aberglauben hinzudenken muß, die Säuglingssterblichkeit große Ausmaße erreichte, kann nicht verwundern. Die Auswahl einer Kindermagd oder Säugamme war also eine Sache auf Leben und Tod. Dazu kamen die fragwürdigen Schlafgelegenheiten für die kleinen Kinder. Oft wurden sie einfach zu den Erwachsenen ins Bett gesteckt, zumindest bei nächtlicher Stilltätigkeit, wobei viele durch Ersticken oder Erdrücken im Schlafe den Tod fanden. Gerade beim nächtlichen Stillen schlief die Amme offenbar häufig ein und legte sich, ohne es zu merken, über das hilflose Kind.« (Weber-Kellermann 1979, S. 44 f.).

Heute ist die frühe Mutter-Kind-Bindung sozialpolitisch geschützt (Schwangerschaftsurlaub, Erziehungsurlaub, Kindergeld etc.), und dem entspricht die allgemein geteilte Überzeugung, daß die (leibliche oder eine sonst in das Bindungsverhältnis eintretende) Mutter entscheidend sei für das Aufwachsen des kleinen Kindes. Es war wohl die Psychoanalyse, die die Bedeutung frühkindlichen Erlebens für die Bildung der gesamten Persönlichkeit als erste betonte. Gerade Sigmund Freud war beim Umgang mit erwachsenen Patienten, die er von ihren psychisch bedingten Leiden befreien wollte, darauf gestoßen, daß Störungen in der frühen Kindheit entscheidende Ursachen später seelischer Konflikte und Fehlentwicklungen sind. Die Wiener Entwicklungspsychologinnen Charlotte Bühler (1969) und Hildegard Hetzer erforschten als erste die Mutter-Kind-Beziehungen; später prägte René Spitz, ein Schüler Sigmund Freuds, den Begriff Hospitalismus, mit dem er die durch einen Heimaufenthalt entstehenden Entwicklungsschäden kleiner Kinder bezeichnete (1967). Inzwischen sind so viele Veröffentlichungen zum Bindungsverhalten und zur Mutter-Kind-Beziehung in den frühen Jahren erschienen, daß es schwer ist, den Überblick zu behalten (vgl. die Übersicht bei Nissen 1984[2], S. 69f.). Zunächst wurden einige bisher gültige Annahmen zurückgewiesen. S. Freud hatte gemeint, der Säugling verlange nach der Mutter, weil er aus Erfahrung wisse, daß sie alle seine Bedürfnisse sofort befriedige; so entstehe die Liebe zwischen Mutter und Kind in Annäherung an das befriedigte Nahrungsbedürnis; andere Autoren meinten, als Resultat des Gefüttert- und Ernährt-werdens durch die Mutter lerne das Kind, mit anderen Menschen zusammenzusein und damit die Basis für Gesellschaftlichkeit kennen (referiert bei Bowlby 1973, S. 200f.). Inzwischen sind sich alle Autoren in *einem* Punkt einig: Wichtig ist für das kleine Kind die Mutterbindung, weil sie *erfüllende Sicherheit* gewährt und dem Kind über einen engen und intensiven Kontakt optimale Stimuli vermittelt, die seine Wahrnehmungsfähigkeit fördern und schärfen, also grundlegend sind für die kindliche Entwicklung (ebd., S. 78f.).

Der eben schon zitierte John Bowlby, ein englischer Psychoanalytiker, hat als erster die neuere Bindungstheorie formuliert und ausgearbeitet. Bindung, *Attachment,* ist der Ausdruck für die besondere Beziehung, die ein Kleinkind zu seinen Eltern oder ständigen Betreuungspersonen hat, insbesondere zur Mutter. Inzwischen sind in diese Theorie auch entwicklungspsychologisches und klinisch-analytisches Wissen, verbunden mit evolutionsbiologischem Denken, eingegangen. »Die Bindungstheorie ist eine sehr umfassende Konzeption der emotionalen Entwicklung des Menschen als Kern seiner lebensnotwendigen sozialkulturellen Erfahrungen. Eine sichere Bindung legt die Grundlagen für die Integration auch widersprüchlicher Gefühle, im Einklang mit der Wirklichkeit. Eine unsichere Bindung dagegen kann dazu führen, daß die Gefühlserlebnisse den Tatsachen nicht entsprechen. Die Entscheidung darüber, wie die Verinnerlichung der Gefühle eines erwachsenen

Individuums aussehen wird, hängt mit der emotionalen Organisationsstruktur der frühkindlichen Bindungserlebnisse zusammen. Wenn, so wird angenommen, Gefühle und Gefühlskonflikte untragbar werden, so werden sie durch psychische Prozesse verändert, und der Einklang von Gefühlen und Wirklichkeit ist in der Folge bedroht. Erfährt das Kleinkind dagegen bei Leid zuverlässig Trost und Geborgenheit, so entwickelt sich bei ihm Zuversicht auch dann, wenn widersprüchliche Gefühle eine widersprüchliche (soziale) Wirklichkeit unmittelbar im Erleben widerspiegeln.« (K. E. Grossmann u. a. 1989, S. 31 f.)

Die Bindung an die Mutter gilt als basal. Sie beginnt gleich nach der Geburt; die Mutter, in der Regel auf die Geburt lange vorbereitet, hat dabei ihre Bindungsbereitschaft bereits aufgebaut und wendet sich von Anfang an auf dieser Grundlage dem Kinde zu, während das Neugeborene seinerseits erst einige Wochen braucht, um ein verläßlicher Bindungspartner zu werden. So richtet das Neugeborene die Aufmerksamkeit zunächst eher auf Teilaspekte der Mutter, etwa ihren Geruch, ihr Gesichtsschema, den Klang ihrer Stimme. Darum kann der kleine Säugling, wenn die leibliche Mutter nicht zur Verfügung steht, seine Bindungsbereitschaft schnell auf eine Ersatzmutter richten, während die Mutter den vielleicht durch äußere Umstände erzwungenen teilweisen Abschied vom Kinde als Trennungsleiden erlebt. Entscheidend dabei ist die Funktion der Mutter als Spenderin von *Schutz* und *Sicherheit*. Wie wurde diese Erkenntnis gewonnen? Ausgangspunkt war die Bedeutung des Körperkontaktes von Mutter und Kind in Tierexperimenten. Berühmt geworden und allenthalben zitiert ist die Darstellung der Bedeutung körperlicher Berührung bei dem amerikanischen Psychologen Harlow, der deren Bedeutung in einem schon fast populär gewordenen Experiment mit Affenkindern nachwies (die folgende Darstellung nach Nickel/Schmidt ca. 1976, S. 124 ff.). Junge Äffchen wurden von ihren Müttern getrennt und zusammen mit zwei *künstlichen* Mutterfiguren aufgezogen. Die eine bestand aus einem Drahtgestell, versehen mit einer Trinkvorrichtung; die andere spendete keine Milch, war aber mit einem weichen pelzartigen Stoff überzogen (Ersatz für das Fell einer richtigen Affenmutter). Die Affenkinder hielten sich bei der Stoffmutter auf und wandten sich nur an die Drahtmutter, wenn sie trinken wollten. Vor allem, wenn Gefahr im Käfig auftauchte, hervorgerufen durch ein Furchtobjekt, wandten sie sich immer an die Stoffmutter als Zufluchtsstätte. Sie war ganz offensichtlich Ausgangspunkt für Erkundungsstreifzüge, denn nur sie schien die dafür notwendige Sicherheit zu gewähren und das erforderliche Selbstvertrauen zu vermitteln. Dennoch: Keine der Ersatzmütter, auch nicht die »Pelzmutter«, konnte schwerwiegende Beeinträchtigungen in der Entwicklung des Sozialverhaltens verhindern. Die Äffchen, die mit Ersatzmüttern aufwuchsen, blieben einzelgängerisch und ungesellig. Auch nach Eintreten der Paarungszeit gelang es ihnen kaum, Beziehungen zum anderen Geschlecht aufzunehmen. Es fehlten ihnen ganz offensichtlich zur Ausbildung sozialer Verhaltensweisen entscheidende Lernerfahrungen, die die Mutterattrappen beider Art nicht vermitteln konnten. Es genügt also nicht, die Mutter nur als Schutz- und Bergungsort zu betrachten. Ganz offensichtlich kommt als zweites Element und als ebenso bedeutend die *kommunikative Beziehung zwischen Mutter und Kind* hinzu. Wenn die Mutter das Verhalten des Kindes durch freundliche Worte oder Zuwendung bekräftigt und darüber hinaus ihrerseits eigene Kontaktimpulse über sprachliche Zuwendung und freundliches Lächeln dem Kind zukommen läßt, dann ist dies neben der Schutzfunktion für die weitere soziale Entwicklung im Vorschul- und Schulkindalter von entscheidender Bedeutung. *Schutz* und *kommunikative Stimulation* sind also die beiden zentralen Faktoren, die die Mutter-Kind-Bindung bestimmen.

Inzwischen sind diese grundlegenden Einsichten über die Bedeutung von Bindung quasi im »Bauchraum der Familie« recht eingehend erforscht worden. Ainsworth u. a. (1978) entwickelten beispielsweise das übergreifende Konzept *mütterlicher Feinfühligkeit* in der Beobachtung von Verhaltenskomplexen wie

– Flexibilität der Mutter beim Füttern,
– zärtliches oder soziales Spiel zwischen Mutter und Kind,
– Qualität und Häufigkeit der Körperkontakte mit dem Baby,
– Reaktionen der Mutter auf kindliches Weinen,
– die richtige Interpretation der Äußerungen ihres Säuglings aus seiner Lage und nicht nach ihren Bedürfnissen,
– die Angemessenheit der Reaktion, die nicht mehr beachtet, was vom Säugling formal erwartet wurde, sondern die im Einklang mit seinen Entwicklungsprozessen steht.

Ainsworth führte seine Untersuchungen in Baltimore durch; sie wurden inzwischen von K. E. Grossmann und seinen Mitarbeitern in Bielefeld wiederholt und bestätigt. Auch in der Bielefelder Untersuchung »stand mütterliche Feinfühligkeit in enger Beziehung zu vielen positiven Verhaltensweisen der Säuglinge. Die sechs bis neun Monate alten Babys feinfühliger Mütter weinten seltener, zeigten eine ausgewogene und harmonische Balance zwischen selbständigem Spiel und Freude am Kontakt mit der Mutter, suchten ihre Nähe bei Leid, aber lösten sich auch wieder von ihr, wenn sie getröstet waren (...). Sie äußerten wenig Ärger, Aggression oder Ängstlichkeit in Interaktionen mit ihrer Mutter. Sie hatten Vertrauen in die Verfügbarkeit und Hilfsbereitschaft der Mutter und benutzten sie als Sicherheitsbasis, von der aus sie zuversichtlich ihre Umwelt explorierten. Sie waren auch eher bereit, auf die Ge- und Verbote ihrer Mutter einzugehen, d. h. die Kooperationsbereitschaft der Mutter fand schon zum Ende des ersten Lebensjahres eine positive ›Gegenleistung‹ in der Einwilligungsbereitschaft des Krabbelkindes in mütterlicher Anweisung. Die Krabbelkinder weniger feinfühliger Mütter zeigten entweder eine außergewöhnliche Unabhängigkeit von ihren Müttern, vermischt mit einzelnen Episoden unvermittelten Ärgers, oder eine gesteigerte Ängstlichkeit und Unzufriedenheit, so daß sie sich weder von ihrer Mutter weg hin zum Spiel entfernen konnten noch in ihrer Nähe ausreichend Beruhigung empfingen. Sie kümmerten sich auch seltener um die Verbote ihrer Mutter.« (Grossmann u. a. 1989, S. 40f.; K. Grossmann u. a. 1985) Bestätigt wurde auch die Bedeutung der vorsprachlichen Kommunikation. Kinder von Müttern, die sich ihren Säuglingen einfühlsam zuwandten, äußerten sich mit sechs und zehn Monaten in mehr und differenzierteren Lauten oder fröhlicherem Plappern als Säuglinge von Müttern, die kommunikativ verschlossener waren oder in der Kommunikation nicht die angemessene Feinfühligkeit zeigten: ein weiteres beachtenswertes Resultat der genannten Studien.»Feinfühligkeit« bedeutet also keineswegs, daß die Mütter sich in übertriebener »überbehütender« *(overprotection)* Weise den Kindern zuwenden, sondern impliziert ein *angemessenes Maß*. Die Angemessenheit dieses Maßes zeigt sich in Reaktionen auf den Säugling sowie Stimulationen, die ihn nicht überfordern, andererseits auch nicht zu sehr einschränken, ihm vielmehr auch eigene Ausdrucksspielräume lassen oder die Möglichkeit, sich auch einmal abzuwenden und das Spiel zu beenden. Wichtig ist also die Akzeptanz des Kindes als eigenständige Person und die Fähigkeit der Mutter, mit dem Baby zu kooperieren, also ihre Handlungspläne mit seinen Bedürfnissen in Einklang zu bringen. Verfehlt ist es, wenn die Mutter ihre Pläne (jetzt soll das Kind gesäugt werden; jetzt möchte sie das Kind zum Lachen bringen etc.) gegenüber dem Kinde durchsetzt, ohne »feinfühlig« dessen Gemütszustand im Binnenklima ihrer Beziehung möglichst genau zu erfassen.

Ebensowichtig wie der Aufbau einer starken Bindung ist deren *Lockerung*, die bereits im Alter von zwei bis drei Jahren beginnen sollte. »Bei Naturvölkern ist das auch gewöhnlich die Zeit des Abstillens. An die Dynamik der Mutter-Kind-Beziehung werden in dieser Phase hohe Anforderungen gestellt, die selbst bei Naturvölkern mit ihrer engen Einbindung in eine Gruppe (Verwandte, Geschwister, Kinderspielgruppen stehen dauernd zur Verfügung) nicht gering sind. Beide Partner müssen zu dieser Zeit den anderen freigeben. Nicht nur das Kind widerstrebt manchmal einer Veränderung der Bindung, auch Mütter können sich oft nicht lösen und halten zu lange eine sehr enge Bindung aufrecht.« (Schleidt 1989, S. 20) So wichtig also einerseits die große Enge des psychischen Kontaktes und der leiblichen Nähe ist (so hat die Mutter ein Bedürfnis, ihr Kind an ihrem Körper zu tragen, dem auf der Seite des Kindes durchaus das Bedürfnis entspricht, getragen zu werden, so daß zwischen beiden eine ausgeglichene emotionale Stimmungslage zu finden ist), damit ein Urvertrauen des Kindes in die umgebende Welt entsteht, so wesentlich ist auch die dynamische Gestaltung dieser Bindungsbeziehung zwischen den beiden Partnern, und dazu gehört, im zeitlichen Längsschnitt betrachtet, auch das Finden neuer Formen und Ausdrucksmodalitäten bis eben zu ersten Trennungen, die freilich zunächst nur sehr kurzzeitig sein dürfen.

In der Untersuchung der Bindungsmuster von sechsjährigen Kindern hat sich in zwei Längsschnittstudien gezeigt, daß eine gelungene dyadische Bindung über die Zeit eine hohe Stabilität aufrechterhält. Ainsworth hat in seiner schon genannten Untersuchung *fremde Situationen* beobachtet, wie sie beispielsweise entstehen, wenn Kinder von ihren Müttern getrennt werden. Die sechsjährigen Kinder stimmten hier in ihrem Verhalten mit dem überein, das sie bereits mit zwölf und achtzehn Monaten gezeigt hatten. Nach einstündiger Trennung von der Mutter zeigten sie trotzdem Sicherheit und Vertrauen, wandten sich der Mutter wieder zu, ohne vorher übertrieben (wegen ihrer Abwesenheit) nach ihr verlangt zu haben. Wenn Kinder also in Interaktion mit der Mutter im frühen Kindesalter Bindungssicherheit erlangt haben, dann zeigen sie diese auch in späteren Jahren. Sie sind emotional offen, können etwa über Angst und Trauer eines von Trennung betroffenen Kindes mit verstehender Beteiligung sprechen, und sie suchten häufiger konstruktive Perspektiven, wie man die Trennung überbrücken könnte (K. E. Grossmann u. a. 1989, S. 44f.).

Offenbar überdauern positive (und natürlich auch negative) Bindungserfahrungen das Kindesalter. Collegestudenten gaben Interviews über ihre Kindheitserinnerungen (Kobak & Sceery 1988). Es ergaben sich drei Typen von Bindungen:

1. *Dismissing*, die Abwertung von Bindung,
2. *secure*, die Wertschätzung von Bindung,
3. *preoccupied*, die Überbewertung von Bindung.

Andere Studenten wurden dann befragt, wie sie die derart typisierten Kommilitonen beurteilten. Es zeigte sich, daß Studenten, die eine sichere Bindung erinnerten, geistig flexibel, kaum ängstlich und wenig feindselig erschienen. Es waren die Studenten, die über wenig Dis-Streß und viel soziale Unterstützung berichteten. Ganz anders diejenigen, die Bindungen abgewertet hatten. Sie wurden von ihren Mit-Studierenden als etwas starrsinnig und unbeweglich und feindseliger beurteilt. Diese Studenten berichteten selbst auch über weniger Wärme in ihren Beziehungen und vermißten soziale Unterstützungen in ihren Familien. Schließlich die Studenten, die ihre Bindungen überbewertet hatten. Sie wurden von den Mit-Studierenden als weniger flexibel und ängstlicher beurteilt. Die Studenten selbst berichteten über viel Dis-Streß, mehr Krankheiten, freilich auch über viel Unterstützung von ihren Familien. Offenbar gibt es also eine innere Repräsentanz unterschiedlicher Bindungsqualitäten, die von der frühen Kindheit übernommen wird und das psychische wie soziale Verhalten, wenn nicht steuert, doch entschieden beeinflußt. Auch dies ist eine Bestätigung dafür, daß das Bindungsthema eine hohe Beachtung erhalten hat und entsprechend auch die frühe

Mutter-Kind-Bindung im Fokus kinderpsychologischer Forschung stand und steht.

Eine letzte Bestätigung findet sich in Arbeiten, die sich mit der inneren Repräsentation von Bindung oder den Einstellungen zu Bindungen bei *Müttern* beschäftigen (zusammenfassend K. E. Grossmann u. a., S. 48 f.). »Eine ›sicher organisierte innere Repräsentation von Bindung‹ zeichnete sich vor allem durch Offenheit gegenüber bindungsrelevanten Themen aus, die dargestellten Bindungspersonen wurden durch berichtete Einzelheiten lebendig, die Erinnerungen mußten aber nicht nur unterstützende Beziehungen beschreiben. In einigen Fällen berichten die Mütter auch von problematischen, wenig hilfreichen Eltern-Kind-Beziehungen. Wenn sie aber Bindungsthemen gegenüber genauso offen waren wie die Mütter mit vorwiegend unterstützenden Erfahrungen und das Zurückweisen des Elternverhaltens realistisch einschätzen konnten, so konnte auch ihnen eine sicher organisierte innere Bindungsrepräsentanz zuerkannt werden. Andere Mütter, die auch von zurückweisenden Erlebnissen mit den Eltern berichteten, aber diesem entweder keine Bedeutung beimaßen oder trotzdem das Verhalten ihrer Eltern idealisierten, vermieden auch deutlich bindungsrelevante Aspekte im Interview und zeigten sich distanziert. Diesen Müttern wurde eine ›unsicher organisierte innere Bindungsrepräsentation‹ zuerkannt. Für 80% der 65 bisher ausgewerteten Mutter-Kind-Paare entspricht die Bindungshaltung der Mutter der Bindungsqualität des eigenen Kindes, die in der ›fremden Situation‹ fünf Jahre zuvor erfaßt worden war.« Ganz offensichtlich pflanzt sich Bindungsverhalten – je nachdem als positive oder negative Erfahrung – also nicht nur in den einzelnen Individuen fort, sondern auch *intergenerativ*. Mütter, die überbehütende oder auch im Gegenteil dazu gleichgültige Eltern hatten, haben ganz offensichtlich größere Schwierigkeiten, ihre eigene »Bindungsbiographie« darzustellen oder akzeptierend zu bewerten, und dies ist ein Ausdruck dafür, daß sie (nicht mit Sicherheit, aber Wahrscheinlichkeit) in ihrem Bindungsverhalten gegenüber eigenen Kindern auch wieder unsicher sind. Versuchen wir, die Spielformen des Bindungsverhaltens zusammenfassend und auf der Suche nach pädagogischer Bewertung darzustellen, so könnten wir die entscheidenden Verhaltenskonzepte in einem Quadranten so als zweifache Paarung jeweils gegenüberstellen:

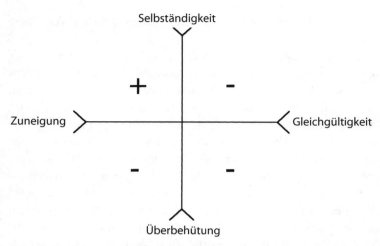

Abb. 22 Modalitäten des Bindungsverhaltens von Müttern.

»Zuneigung« versus »Gleichgültigkeit«, »Selbständigkeit« versus »Überbehütung«: Damit sind akzentuierend Möglichkeiten des Verhaltens von Müttern bezeichnet. Zuneigung umschließt Feinfühligkeit und drückt sich in sensibel ausgewichteten Reaktionen gegenüber Babys und Kleinkindern aus. Gleichgültigkeit hingegen, die bis zur Ablehnung gehen kann, drückt emotionale Ferne aus, die sich in einem rigiden Planungsverhalten gegenüber dem Baby zeigen kann (strenges Einhalten des Mahlzeitenrhythmus auch dann, wenn das Baby dagegen protestiert, als Beispiel). Selbständigkeit bedeutet, daß die Bindung zwar eng und intensiv ist, aber zugleich darin eine »Freigabe« beschlossen liegt, die ebenfalls durch feinfühlendes Reagieren auf kindliche Verhaltensweisen bestimmt ist. Überbehütung schließlich ist immer dann gegeben, wenn die Mutter das Kind mit ihrer Zuwendung fast erdrückt und es auch dann, wenn es eigene Erkundungen wagen will, nicht (wie es umgangssprachlich-anschaulich heißt) »aus den Fängen« läßt. – Unterschiedliche Kombinationen dieser Verhaltensmodalitäten sind denkbar. Die Verbindung von Selbständigkeit/Gleichgültigkeit ist für das Kind nicht nützlich: Die Mutter überläßt das Kind weitgehend sich selbst, so daß zwar freie Erkundungen stattfinden können. Da jedoch niemand an ihnen Anteil nimmt, kommunikative Rückkoppelungen nicht möglich sind, vereinsamt das Kind, und seine Seelenlandschaft wird emotional dürr. Auch die Kombination von Gleichgültigkeit/Überbehütung ist denkbar. Sie findet sich in den Fällen, in denen Mütter eigentlich ihr Kind nicht mögen, weil es ihnen lästig ist, etwa ihre eigenen biographischen Freiheiten im außerhäuslichen Bereich durchkreuzt; sie kompensieren dies über Schuldgefühle dadurch, daß sie in besonders penetranter Weise, aber nicht im Interesse des Kindes, sondern um das eigene Gewissen zu beschwichtigen, das Kind über die Maßen verwöhnen und, angeleitet durch Erziehungsratgeber, penibel »alles richtig machen« wollen. Sie erdrücken damit das Kind durch zu viele pädagogische Maßnahmen und setzen es einer Doppelbindungssituation aus: Das kleine Kind spürt, daß die Mutter es eher als lästige Pflicht ansieht, sich um es zu kümmern; dies überspielt sie jedoch und läßt es nicht sichtbar werden. Ihr Verhalten ist untadelig, obgleich ihre Gesten, ihre gesamte Gefühlsausstrahlung nicht das offiziell verkündete »komm her, du gehörst zu mir« ausdrücken, sondern »geh weg, du störst mich«. Das Kind bekommt in diesem Fall also zwei Botschaften zugleich, wird verwirrt und kann sich nicht entscheiden. Denn wenn es sich abwendet, um die unausgesprochenen Wünsche der Mutter zu befriedigen, könnte es Anlaß zu sorgenvoller Überbehütung geben; läßt es sich in den Schoß der Mutter fallen, muß es zugleich spüren, daß es das Falsche auch hier getan hat, denn die Mutter möchte doch eigentlich, daß es fortgeht. – Die Verbindung von Zuneigung/Überbehütung ist häufig zu finden; wir hatten oben gesehen, daß auch diese Verhaltenskombination nicht glücklich ist und dem Kind eher schadet. Zwar stimmen Verhaltensgesten und Verhaltensmotivationen hier überein, aber das Kind bekommt zugleich stets das Signal: »Daß du mich bloß nicht verläßt« oder »wenn du fortgehst und zuviel riskierst, wirst du scheitern, also bleib bei mir«. In der Mehrzahl der Fälle wird das noch machtlose Kind sich dem Willen der Mutter unterwerfen und im Dampfkessel von zuviel ausagierter Mutterliebe keinen eigenen Weg finden, die ersten Schritte (zusammen mit der Mutter) zur Neugestaltung der Bindung zu machen. – Anders die Kombination Zuneigung/Selbständigkeit: Sie ist die einzige, die dem Kinde angemessen ist und gleichzeitig auch die Mutter wirklich befriedigen kann. In diesem Fall wird die Bindung feinfühlig sein, so daß sie als schützendes und zugleich stimulierendes Grundklima einer sehr postitiven

Beziehung erfahren wird; dennoch gibt es keine abwehrenden Nebenzeichen oder gar strafende Rückrufe, wenn Schritte in die Selbständigkeit unternommen werden; diese werden vielmehr ebenfalls kommunikativ-beifällig begleitet, bis das Kind erste Momente ohne die Mutter aushält.

Es zeigt sich, wie leicht Mutter-Kind-Beziehungen mißlingen können, wie gefährdet also das Äquilibrium einer angestrebten (und in der Regel als quasi natürlich erlebten) Bindung ist. Eine Anpassung von Mutter und Baby ergibt sich dabei, wenn eine grundsätzliche gegenseitige Akzeptanz entsteht, sehr schnell. Sie folgen dann gemeinsam einem Rhythmus aus wechselseitigem Engagement und nachfolgender Zurücknahme: »Sie erregen sich gegenseitig in einem Spiel, wobei sie eine aufsteigende Kurve beschreiben, dann beruhigen sie sich und nehmen schließlich voneinander Abstand. Wenn man diese Zyklen graphisch darstellt, erhält man wellenförmig steigende und fallende Kurven. Dies macht deutlich, daß sich ein Rhythmus eingestellt hat und daß sich – für jedes Mutter-Kind-Paar – eine charakteristische, sich wiederholende Interaktionsform abzeichnet. Es ist, als seien sie in einem Tanz gefangen, in dem jeder Partner die Bewegungen des anderen vorwegnimmt, und beide sich nach einem gemeinsamen Rhythmus und der durch die Musik gegebenen Vorhersagbarkeit richten.« (Cramer 1991, S. 50) Kinder sind also von Anfang an nicht abhängige Kreaturen, sondern kompetente Interaktionspartner. Schon bald nach ihrer Geburt sind sie für die von der Mutter ausgesandten Botschaften sowie die Art und Weise der von ihr eingeleiteten Interaktionen empfänglich. Früh sind sie in der Lage, sich den Erfordernissen des Austausches anzupassen und sich in den charakteristischen Rhythmus jeweiliger Interaktionsfolgen einzufügen. Cramer (ebd., S. 52) spricht von einem »Vertrag«, den Baby und Mutter miteinander abschließen: »Das Baby lernt, welche Bedingungen es respektieren muß, um die Beziehung zu einer Mutter aufrechtzuerhalten. Dieser Vertrag ist bindend, denn das Baby braucht zu jedem Zeitpunkt den Beweis für die Zufriedenheit der Mutter in ihrem Blick, ihrem Gesichtsausdruck oder im Klang ihrer Stimme. Es ist, als wenn es mit Radarantennen ausgestattet wäre: Es ist pausenlos darum bemüht, im Gesicht seiner Mutter die Bestätigung dafür zu finden, daß sie es liebt und von ihm begeistert ist. Und die Suche nach dieser Anerkennung ist so stark, daß es ständig von dem Wunsch getrieben wird, die Zeichen dafür zu erkennen.« Wieder können wie zurückverweisen auf die schon mehrfach belegte These vom kompetenten Kind. Auch im Bindungsverhalten ist es von Geburt an in der Lage, *emotionale Resonanz* zu geben, und zwar nicht nur passiv-reagierend, sondern aktiv-mitgestaltend. Freilich kommt seine kommunikative Kompetenz, die kognitive wie emotionale Partien umfaßt, nur dann zum Zuge und damit zur Entwicklung, wenn die Mutter in der Kombination von Zuneigung und Selbständigkeitsförderung dem Kind den Raum erschließt, sein kindliches Selbst in der Gestalt von Freude machenden und stimulierenden Objekt- wie Sozialbeziehungen zu finden und allmählich auszudifferenzieren. Vermittelt durch Botschaften, die durch äußere Regungen transportiert werden, werden *psychische Inhalte* weitergegeben. Durch ihr Verhalten »sagt« die Mutter ihrem Baby, was sie von ihm erwartet, was es tun und was es lassen soll, was Vergnügen und was Unbehagen bereitet.»Indem das Baby diese Botschaften seiner Mutter internalisiert, lernt es, was es mit ihr teilen kann und was es nicht mit ihr teilen darf, in welchem Fall es zur Einsamkeit der Nicht-Kommunizierbarkeit verdammt ist. Ausgehend von diesem inneren Bild entwickelt das Baby das Bild von sich selbst und trägt zur Entstehung seiner Person bei: ›Das bin ich‹« (ebd., S. 57)

Ergänzung: Mutter-Kind-Bindung und Sexualität

Wir hatten am Eingang dieses Unterkapitels auf die Entdeckung der Bedeutung früher Kindheit durch S. Freud hingewiesen und in diesem Zusammenhang auch darauf, wie wichtig die Erfahrung menschlicher Beziehungen gerade in den Anfangsphasen des Lebens sei. Später war einschränkend angemerkt worden, daß Freuds Annahme, Kinder folgten einem Triebschicksal und seien vor allem durch die Befriedigung libidinöser Bedürfnisse bestimmt, heute so nicht mehr für richtig gehalten wird, sondern daß die Mutter-Kind-Bindung, von außen betrachtet, vielmehr die Funktion von bergendem Schutz und zugleich stimulierender Kommunikation habe. Dennoch soll noch einmal auf Freud zurückgegriffen werden, weil er in sehr einfühlsamer Weise Beobachtungen zu einem Konzept verdichtet hat, das sich in die bisherigen Darlegungen sehr gut einfügt, weil es ebenfalls die Bedeutung der Mutter-Kind-Beziehung für das spätere Leben deutlich macht, und zwar in Hinsicht auf die sexuelle Entwicklung (nach: De Raeymaecker 1989, S. 125). In den »drei Abhandlungen zur Sexualtheorie« (1905) weist Freud darauf hin, wie wichtig der »wohlgefällige Stolz« sei, mit dem die Mutter ihr Kind betrachte, für die Vitalität und Lebenslust des Säuglings und für das wichtige Gefühl in der menschlichen Person: Ich bedeute etwas, ich bin »liebenswürdig«. Freud greift, wenn er die Veränderungen in der Pubertät und das Finden eines sexuellen Partners als Aufgabe der nach Erwachsensein strebenden Person bespricht, auf die ursprüngliche Mutter-Kind-Beziehung zurück: »Nicht ohne guten Grund ist das Saugen des Kindes an der Brust der Mutter vorbildlich für jede Liebesbeziehung geworden.« (1905, S. 91) Diese »orale« Beziehung gilt für Jungen wie für Mädchen, ist also geschlechtsunspezifisch und hat nichts zu tun mit den von Freud beschriebenen späteren Dynamiken der Mutter- oder Vater-Identifikation. Das Finden eines Partners ist für Freud ein »Wiederfinden« einer ganz früh erfahrenen glückhaften Zusammengehörigkeit, verbunden mit starkem physischem Wohlbefinden. Es ist eine Anlehnung an die »frühinfantilen Vorbilder«. So wird die frühe Mutter-Kind-Beziehung zur »ersten und wichtigsten aller sexuellen Beziehungen«. Freud erklärt, wie die Mutter über ihr Sorgen, ihr Küssen, Streicheln und Wiegen zärtliche Reaktionen bei ihrem Kind herausfordert; damit wird die Fähigkeit für ein glückliches späteres Liebesleben gleichsam vorerfahren und eingeübt. Auf diese Weise macht die Mutter nach Freud »aus ihrem Kind einen kräftigen, energetischen Menschen für die Zukunft« (ebd., S. 92). Auch die Kompetenz der Eltern (vor allem der Mutter) profitiert in späteren Entwicklungsphasen des Kindes von dieser Ur-Beziehung; denn ist es der Mutter gelungen, ihr Kind zärtlich an sich zu binden, ohne frühzeitige sexuelle Überstimulierung, so könne sie nach der Pubertät ihre Aufgabe erfüllen, ihr Kind im vollen Reifeprozeß bei der Wahl eines sexuellen Objekts zu begleiten. – Diese Überlegungen Freuds sind als eine Art Nachtrag angefügt, weil sie auf keine anderen Belege verweisen können als die Plausibilität eines Zusammenhangs zwischen erster interaktiver und positiver Körpererfahrung und späterer Fähigkeit, einen Menschen glücklich zu umfangen. In dieser Figuration finden wir noch einmal 1. einen Hinweis auf die Bedeutung der Mutter-Kind-Bindung, 2. eine Hervorhebung der Tatsache, daß frühkindliche Erfahrungen mit der Mutter Bedeutung haben *für* und *im* späteren Leben, und vor allem 3.: eine Bestätigung der Wichtigkeit eines transgenerativen Fortpflanzungsprozesses über gelungene (oder mißlungene) Bindungen von einer Generation in die nächste.

Der Vater

Wo blieb die ganze Zeit der Vater? Hat das Kind nicht »Eltern«? Folgen wir der Bindungstheorie, geht es zunächst nur um die »Mutter« und, natürlich, um das Kind. Untersuchungen über die Entwicklungsbedingungen von Kleinkindern in ihren Familien zeigen jedoch deutlich, daß die meisten Kinder mehr als eine Bindungsperson haben, neben der Mutter den Vater, die Großmutter, eine Verwandte, die bei der Familie wohnt, oder auch ihre Kinderfrau (Schaffer & Emerson 1964). Das Kind wendet sich anderen Bindungspersonen zu, wenn die Hauptbindungsperson nicht verfügbar ist. Wenn das Erkunden vorherrscht, das Kind also vor allem spielen und lernen möchte, haben sie sogar eine vorherrschende Bedeutung. Dennoch meint die Kindheitsforschung, daß die »Bindungsqualität des Kindes zur Mutter eine größere Bedeutung« habe »als die Bindungsqualität zum Vater« (Grossmann u. a. 1989, S. 41). Dies wird verstärkt durch Daten und Beobachtungen zur *Vaterabwesenheit* (Fthenakis 1, 1985, S. 326ff.). Zwar wird ein vaterloses Kind von anderen ebenso leicht stigmatisiert wie ein mutterloses Kind (S. 359), und die Vaterabwesenheit retardiert moralisches Verhalten und die Fähigkeit, Mißgeschicke produktiv zu bearbeiten (S. 346). Die Abwesenheit des Vaters wirkt sich um so negativer aus, je früher sie im Leben eines Kindes einsetzt (S. 329). Insofern stimmt die Wendung von der »vaterlosen Gesellschaft« (Mitscherlich) nicht, wenn Väter auch keineswegs im Fokus der Kindheitsforschung stehen, weil sie zwar *auch* eine Bezugsperson darstellen, aber eben doch nur eine in der zweiten Reihe.

Diese Vermutung wird verstärkt durch die Aspekte, unter denen die Bedeutung des Vaters für das frühkindliche Aufwachsen betrachtet *wird*.

1. Im Vergleich von Müttern und Vätern schneiden Väter in der Regel schlecht ab. Sogar, wenn die Frauen in einer Partnerschaft ebenso berufstätig sind wie die Männer, kümmern sie sich mehr um das Kind und stecken größere Energien in die Erziehung; sie haben sehr viel mehr Kontakte mit dem kleinen Kind, sind für die Sprach- und Sprechförderung entschieden wichtiger, und auch wenn es um die Mitarbeit in außerfamilialen Einrichtungen geht, etwa das Engagement im Kindergarten, dann ist dies vorwiegend eine Sache der Mütter etc. (Mundt 1977, S. 100 ff.).

2. Zwar wurde bei der Einführung des Bürgerlichen Gesetzbuches (BGB) um die Jahrhundertwende die »elterliche Gewalt« zunächst auf den Vater übertragen und erst 1953 – wegen Verstoßes gegen den Gleichheitsgrundsatz – außer Kraft gesetzt und 1957 zugunsten der gemeinsamen elterlichen Sorge rechtlich neu gefaßt; die Zurückdrängung patriarchalischer Besitzansprüche am Kind, die zunehmend größer werdende Bedeutung mütterlicher Versorgung und Fürsorge auch in der Gesetzgebung und die Verankerung von Kindesinteressen in der Rechtsprechung bestätigen dann aber nur, daß es auch ein Fehler wäre, wenn man dem Vater allzuviel Beachtung schenkte und vor allem als Bezugsperson für das Kind der Mutter gleichstellt. Der Vater ist eher Repräsentant nach außen, und lange Zeit wurde ihm die Funktion zugewiesen, als »Verdiener« im feindlichen Leben außerhalb der Familie zu bestehen, als in der Familie selbst einen aktiven Beitrag für das gemeinsame Leben zu leisten.

3. Dies belegt auch die Tatsache, daß der Vater vor allem in der soziologischen Rollentheorie eine spezifische Bedeutung hatte. Eine wichtige Unterscheidung der geschlechtsbezogenen Rollenaufteilung in der Familie (aber auch in sozialen Gruppen sonst) ist die Aufteilung in *instrumentelle* und *expressive* Rollen. Beide Rollen ergänzen sich zu einem Set; dabei übernimmt der Vater die »instrumentelle«, die Mutter die »expressive« Rolle. Instrumentell ist die Funktion des Vaters deshalb, weil er gesellschaftliche Belange und Bedürfnisse in der Familie zu vertreten hat. Er ist gleichsam Stellvertreter der Gesellschaft innerhalb der Familie. Umgekehrt aber muß er auch die Familie in die Gesellschaft einbringen und einbinden. Geeignet für diese Aufgaben ist er, weil er eben überwiegend außer Haus arbeitet und relativ freigestellt ist von Funktionen, die mit der Kindererziehung und -pflege

verbunden sind. Dafür ist er stärker engagiert in politischen Angelegenheiten der Gemeinde und des Staates. Der Vater steht mit mehr Menschen in Kontakt als seine Frau, und auch deswegen ist sein Votum bei wichtigen Entscheidungen in der Familie das Maßgebliche. Die Mutter hingegen verwaltet die inneren Angelegenheiten der Familie, steht vorwiegend für die Erziehung der Kinder bereit, wirkt ausgleichend, wenn Spannungen zwischen Familienmitgliedern, insbesondere Vater und Kindern auftreten – sie ist zuständig für Emotionalität und Zusammenhalt der Familie. Erst diese »Arbeitsteilung« der beiden Ehepartner macht die Familie zu einem funktionierenden System, das intern im Gleichgewicht ist und extern die Anbindung an gesellschaftliche Entwicklungsprozesse nicht verliert. Inzwischen wissen wir sogar, daß eine derart rigide Rollentrennung weder vorgeprägt noch notwendig ist.

4. In Hinsicht auf seine Kinder wird der Vater vor allem unter *geschlechtsspezifischen Gesichtspunkten* gesehen; er ist wesentlich an der Ausarbeitung der Geschlechtstypik »Mädchen« und »Junge« beteiligt. Wir hatten das psychoanalytische Konzept S. Freuds schon dargestellt, in dem der Ödipuskonflikt über die Vater-Kind-Beziehung psychodynamisch eingeführt und gestaltet wird. Der Junge muß sich mit dem Vater identifizieren, um auf diese Weise den Ödipuskonflikt zu überstehen und maskulines Verhalten an den Tag zu legen. »Generell läßt sich das von der Psychoanalyse vermittelte Vaterbild als strafend und bedrohlich charakterisieren, was als wichtige Vorbedingung für die Entwicklung männlicher Eigenschaften bei Jungen angesehen wird.« (Fthenakis 1, 1985, S. 309) Entsprechend meinte auch Parsons in seiner Rollentheorie, daß der Junge sich mit der Person identifiziere, die ihn am meisten belohne und bestrafe, und dies ist der Vater. Er verfügt also eher über Erziehungs*techniken* als über *expressive* Fähigkeiten, die eine Domäne der Mutter sind. In diese Auffassung gehören auch Daten, wonach Väter eher eine Vorliebe für Jungen haben. Väter, die eine Tochter besaßen, sagten am ehesten, daß sie keine besondere Vorliebe gehabt hätten – auch dies kann als eine gewisse Enttäuschung gedeutet werden, daß es kein Junge geworden ist (ebd., S. 143). Nach vorliegenden Untersuchungen hegen Väter stärker als Mütter »traditionelle geschlechtstypische Erwartungen und Einstellungen, die wiederum die Erziehungsziele ihrer Frauen mitbestimmen können.

Zudem liegen Hinweise dafür vor, daß das Interesse des Vaters am geschlechtsspezifischen Verhalten seiner Kinder mit dem Alter zunimmt.« (Ebd., S. 319)

5. Daß der Vater eher im Schatten steht, ist sicherlich auch durch die psychoanalytische Betrachtung der Vaterrolle mit veranlaßt. Die Psychoanalytiker konzentrieren ihr Forschungsinteresse am Vater nämlich in erster Linie auf die phallische Entwicklungsstufe in der psychosexuellen Entwicklung des Kindes, während sie die in den vorödipalen Entwicklungsstufen stattfindenden Prozesse, die die intrapsychische Grundlage für das spätere Entstehen des Ödipuskomplexes liefern, erst viel später zu untersuchen begannen. Die Bedeutung des Vaters *vor* dem vierten Lebensjahr des Kindes blieb in der psychoanalytischen Forschung relativ lange unbeachtet; auch Anna Freud und Dorothy Berlingham (1944) vertraten die Auffassung, daß die Vater-Kind-Beziehung erst ab dem zweiten Lebensjahr einen wichtigen Bestandteil des emotionalen Lebens des Kleinkindes bilde. Wenn der Vater in dieser Weise in seiner Bedeutung für die frühkindliche Phase zunächst hintangestellt wird, dann ist verständlich, daß seine emotionale und erzieherische Bedeutung eher gering geachtet wurde (und oft wird).

In den letzten Jahrzehnten läßt sich nun eine Veränderung der Meinungen und (in geringerem Maße) der Praktiken beobachten: Die Bedeutung des Vaters wird wiederentdeckt. Eine Mehrheit glaubt, die Erziehung der Kinder während der ersten drei Lebensjahre obliege ebenso dem Vater wie der Mutter; zahlreiche junge Väter kümmern sich um ihre kleinen Kinder, und der kinderwagenschiebende Mann wird nicht mehr belächelt wie einst (Segalen 1990, S. 242). In der Überbetonung der Mutter-Kind-Beziehung ist der Vater in der Kinderforschung bisher zu wenig berücksichtigt worden. Man hat ihn auch hier, bei der Ermittlung von Daten und beim Erstellen von Theorien über die Familie, in den Schatten gestellt; sehr deutlich wird das an einer zusammenstellenden Fokussierung von Untersuchungen, die der Beteiligung des Vaters an der Kleinkindpflege gelten. (Fthenakis, 1, S. 200): Die Vergleichbarkeit der Studien väterlicher Beteiligung wird dadurch erheblich eingeschränkt, daß die Forscher unterschiedliche Konzepte der Beteiligung angewandt haben. In Studien zur Erfassung väterlicher Partizipation »wird typischerweise eine kleine Auswahl väterlicher Tätigkeiten getroffen, die alle mit der Beteiligung des Vaters bei der Kinder*pflege* zu tun haben (z. B. Füttern, Baden, Windelwechseln, Beruhigen eines weinenden Babys, Aufstehen in der Nacht wegen des Kindes u. ä. m.). Die mangelnde Brauchbarkeit eines solchen quantitativen Ansatzes als einzigem Index väterlicher Partizipation wird deutlich, wenn man versuchen wollte, auf diese Weise ›Mutterschaft‹ zu ›messen‹. Künftige Forschungsarbeiten sind auf die Entwicklung viel feinerer und komplexerer Indizes angewiesen, in die neben direkten auch indirekte Aspekte der Kinderpflege eingehen. Darüber hinaus sollten Spielaktivitäten, Daten über affektive Zuwendung, allgemeine Verfügbarkeit des Vaters, das Ausmaß der Verantwortung für die Versorgung des Kindes und nicht zuletzt der Grad der Beteiligung am familiären Entscheidungsprozeß im Kontext bedingender Variablen berücksichtigt werden. Einige Forscher empfehlen, auch soziale Aktivitäten (Spazierengehen mit dem Kind) und schließlich die Anwesenheit des Vaters bei der Geburt und die Versorgung von Frau und Kind während und kurz nach der Geburt mit einzubeziehen, und die Erfragung von Einstellungen und Gefühlen der Väter bezüglich der Rolle als Ernährer der Familie sollte ebenso beachtet werden. Bowlbys Hervorheben der primären Bezugsperson Mutter hatte ein Exklusivitätspostulat der Mutter-Kind-Bindung zur Folge und führte bis zu einem gewissen Grad zu einer ›wissenschaftlichen‹ Rechtfertigung der herrschenden ›tender years-doctrin‹.« (Ebd., S. 218) Am Beispiel des Vaters wird also sehr schön deutlich, wie wissenschaftliche Annahmen und Schwerpunktbildungen ein mögliches Bild der Wirklichkeit verzerren können bzw. Veränderungen und Weiterentwicklungen nicht zulassen, weil Forschungsergebnisse nicht in den Strom der Zeit gesetzt und damit in ihrer möglichen Relativität erkannt werden. Solange man annahm, daß Bindungen vor allem über die *Pflege* des Kleinkindes entstehen (hier ist am ehesten Zuwendung und Aufmerksamkeit gegenseitiger Art zu erwarten), also nicht hinreichend wahrnahm oder einbezog, daß auch emotionaler Schutz und kommunikative Erkundungen ein komplexes Insgesamt von Beziehungsmöglichkeiten erschließt, konnte das Beiseitestehen des Vaters mühelos gerechtfertigt werden, zumal Alltagsbeobachtungen und Annahmen über die Rolle des Vaters in der Familie alle Vorannahmen bestätigten. So verschwand der

Vater aus dem Gesichtskreis bis hin zum Mythos einer vaterlosen Gesellschaft.

Nun ist es nicht so, daß die Aussagen über die Mutter-Kind-Bindung – von der Darstellung ihrer Ausgestaltung bis zur Einschätzung ihrer Bedeutsamkeit – zurückgenommen werden müßten. Aber sie müssen *ganz erheblich erweitert* werden, indem wir die tatsächliche Bedeutung und Beteiligung des Vaters stärker ins Licht rücken und unsere Forschungsbemühungen ebenfalls danach richten. Dann sehen wir, daß wir den Vater nicht nur über die Mutter in seiner Bedeutung für die Familie erreichen, sondern daß er als Partner der Mutter an ihrer Seite steht *und auch für das Kind als an ihrer Seite stehend gesehen werden muß*.

Der Übergang zur Vaterschaft, der Weg von der Partnerschaft zur Elternschaft, ist für beide Ehepartner zunächst nicht einfach. Man spricht auch von der Erweiterung einer Dyade (Zweierbeziehung) zu einer Tryade (Dreierbeziehung). Wie die Mutter drei Beziehungen aufbauen mußte, zum Kind, zum Ehepartner und zu sich selbst, so muß dies auch der Vater tun. Aber auch künftige Väter sind in der Lage, ihr Rollenkonzept zu erweitern und zu verändern, wenngleich die Aufgabe nicht einfach ist, eine sich erweiternde Zahl von Lebensbereichen miteinander zu verbinden (Partnerschaft und häuslicher Bereich; Schwangerschaft, Geburt und Kind; die berufliche Sphäre; die Freizeit in der Familie und mit anderen sowie weitere Formen sozialer Kontakte). Trotz der grundsätzlichen »Gleichstellung« von Vater und Mutter hinsichtlich der Problembewältigung, wenn ein kleines Kind geboren wird, ist es bisher tendenziell so, daß die Mütter aktiver und offener Bewältigungsstrategien anwenden, also Schwangerschaft und Geburt als positives Ereignis annehmen, erleben und verarbeiten, während die Väter häufig Mechanismen anwenden, die dazu dienen sollen, »die Bewältigung der Anforderungen zu umgehen oder aufzuschieben, insbesondere was die Bereiche ›Partner‹ und ›Kind‹ betrifft« (Fthenakis, 1, S. 130). Neuere Beobachtungen zeigen jedoch, daß auch werdende Väter die Schwangerschaft ihrer Frau und die Geburt eines Kindes immer weniger als problematische »Krise« erleben, sondern auch als eine Chance, Fragen der Lebensgestaltung aktiv zu bearbeiten und Antworten neu zu justieren.

Ein nicht unbedeutendes Beispiel dafür ist die immer häufigere Anwesenheit des Vaters bei der Geburt. Diese war früher auch durch das Argument zurückgewiesen worden, daß die Hygiene gefährdet sei und die Ansteckungsgefahr durch die Anwesenheit des Vaters vergrößert worden wäre. Diese (stets unbegründete) Meinung wird heute nicht mehr vertreten (ebd., S. 131f.). Es gibt heute in manchen Kliniken Versuche, die Rolle des Vaters neu zu konzipieren, beispielsweise in Richtung auf stärkeres und aktiveres Engagement bis hin zur Übernahme der Rolle eines aktiven Geburtshelfers. Der Vater kann Kontakt zwischen der Mutter und dem medizinischen Personal halten und gleichsam als Puffer zwischen Klinikangehörigen und Mutter fungieren; er kann der Mutter kontinuierlich Zuwendung und Ermutigung zuteil werden lassen, indem er Angst und Aufregung mit ihr teilt; er kann der Mutter helfen, sich zu entspannen, und ihr auf diese Weise die Wehen erleichtern und so insgesamt durch seinen Beistand das emotionale Geburtserlebnis der Mutter steigern (ebd., S. 135f.). Wenn der Vater auch selbst nicht gebären kann – dieser biologische Unterschied ist unaufhebbar –, so kann er doch an der Verwandlung seiner Frau und Geliebten zur Mutter aktiv teilnehmen und dabei seine eigene Verwandlung zum Vater positiv erleben. Es ist sehr wichtig, daß gerade die Geburtserfahrungen geteilt werden, weil auf diese Weise das emotionale Band gefestigt wird und eine Solidarität zwischen den Ehepartnern entsteht, die dem Kind in gleicher Weise zugute kommt. Auch die vorangehende Schwangerschaft muß so nicht nur als ein physiologisches Ereignis angesehen werden, sondern als eine Zeit der Vorbereitung auf neue Anforderungen. Inzwischen zeigt sich immer öfter, daß auch eine ungeplante Schwangerschaft keineswegs immer als unerwünscht eingestuft werden muß (ebd., S. 109), so daß die Beziehungsqualität der Ehepartner nicht beeinträchtigt wird. Offenbar ist es auch hier so, daß die Einschätzung der Schwangerschaft von beiden Partnern in etwa gleich erfolgt und nicht vom Geschlecht abhängig ist, vielmehr von sozialen Milieus.»Traditionelle Paare mit stärkerer religiöser Bindung und einer ausgeprägten geschlechtsspezifischen Rollenaufteilung der häuslichen Pflichten, die über ein umfassendes familiär begründetes soziales Netzwerk verfügen, genießen normalerweise die Schwangerschaft als besonderes, sozialbefürwortendes Ereignis. Moderne, stärker gleichberechtigte Paare hingegen zeigen keine gleichgeartete Befriedigung.« (Ebd., S. 111) Mit dem zunehmenden Auflösen von Milieubindungen wird auch diese Gegenüberstellung in der Weise heute nicht mehr auffindbar sein (die Daten stammen aus den 70er Jahren), aber sie belegen die Möglichkeit und die Tatsächlichkeit einer Vater-Beteiligung, die nicht als geringer und weniger wichtig einzuschätzen ist als die der Mutter.

Auch bei der *Kleinkindpflege* ist der Vater heute kein Zaungast mehr (Fthenakis, 1, S. 152 ff.); dabei beschäftigten sich die Väter noch in den späten 50er Jahren in erster Linie so mit den Kindern, daß sie sich auf leichtere und saubere Aktivitäten beschränkten (mit den Kindern spielen, dem Kind zu trinken geben oder es ins Bett bringen), während Windeln wechseln oder füttern eher gemieden wurde. Hier hat sich vor allem in nichttraditionellen Familien, die die Rollenteilung zwischen Vater und Mutter nach eher instrumenteller und expressiver Orientierung nicht einhalten, einiges geändert. Vergleicht man jedoch berufstätige Männer und Frauen miteinander, dann zeigt ein internationaler Vergleich von zwölf Nationen (ebd., S. 158), daß berufstätige Männer durchschnittlich etwa eine Stunde pro Werktag im Haushalt arbeiten und zwölf Minuten für Kinderversorgung und -pflege aufwenden; an freien Tagen verlängert sich die Zeit auf 2 bis 3 Stunden im Haushalt und zwanzig Minuten für die Kinder. Im Vergleich dazu arbeiten berufstätige Frauen an Werktagen zusätzlich noch drei Stunden und zwanzig Minuten im Haushalt und an Feiertagen etwas mehr als fünf Stunden, und für die mit Kindern zusammenhängenden Arbeiten wird doppelt soviel Zeit aufgewendet wie bei berufstätigen Männern. Auch Väter in nichttraditionellen Familien, die sich an einem neuen Vater-Image orientieren, beschäftigen sich nicht so lange und so vielseitig im Haushalt und mit den Kindern wie die Mutter. Dennoch hat sich in Familien mit nicht-geschlechtstypischer Rollenaufteilung manches bemerkenswert verschoben. Väter, die mindestens einen Monat bei den Kindern bleiben wollen und Elternschaft hoch, berufliche Karriere aber niedriger bewerten, könnten als »nichttraditionell orientiert« bezeichnet werden. Hinzu kommt, daß ein Teil dieser Väter sich für einige Zeit nach der Geburt eines Kindes beurlauben ließ, während die Mutter schon wieder berufstätig war. Es gibt Untersuchungen, vor allem in den USA, daß in diesen Familien der Vater etwa 46% (also fast die Hälfte) der Aufgaben, die mit Erziehung und Betreuung der Kinder direkt zusammenhängen, übernommen hatte (ebd., S. 173). *Daß* sich etwas verändert hat, zeigt die Abbildung 23: Zwischen 1959 und 1979 hat die väterliche Beteiligung beim Windeln wechseln, Baden des Kindes, beim Aufstehen in der Nacht wegen des Kindes und bei der Versorgung von Mutter und Kind nach der Geburt ganz erheblich zugenommen.

Natürlich kann die tendenzielle Angleichung von Vater- und Mutterrolle auch zu Schwierigkeiten führen. Der Vater kann sich in seiner Karriere behindert sehen, die Mütter die Nähe zum Kind vermissen und den Vater als (leichte) Konkurrenz betrachten. Auch Konflikte wegen Haushalt und Kindererziehung sind eher wahrscheinlich, wenn beide Ehepartner sich diese Aufgaben teilen. Dennoch scheinen nach vorliegenden Daten die positiven Auswirkungen einer Gleichberechti-

Art der Aktivität	traditionelle Familie		nichttraditionelle Familie	
	Väter	Mütter	Väter	Mütter
Kinderversorgung	2	20	9	11
Spielaktivitäten	10	23	18	16

Art der Aktivität	1959		1979	
	ja	nein	ja	nein
Windelwechseln	57%	43%	89%	11%
Baden des Kindes	39%	61%	54%	46%
In der Nacht wegen des Kindes aufstehen	49%	51%	78%	12%
Mutter und Kind nach der Geburt versorgen	30%	70%	95%	5%

Abb. 23 Veränderungen im Ausmaß väterlicher Beteiligung (Längsschnittstudie in England, 1982)
Quelle: Fthenakis 1, 1985, S. 174

gung von Vater und Mutter in den familiären Tätigkeiten selten die Regel zu sein, und nach anderen Untersuchungen ist die überwiegende Mehrzahl der Eltern mit einer gleichmäßigeren innerfamiliären Arbeitsteilung sehr zufrieden.

Gibt es nun Auswirkungen stärkerer väterlicher Partizipation innerhalb der Familie auf die kindliche Entwicklung? Auch hierzu liegen Untersuchungen vor, die – übrigens plausibel – folgende Tendenzen signalisieren: Kind-engagierte Väter bemühen sich generell erfolgreich um eine kognitive Förderung ihrer Kinder, indem sie von ihnen höhere Leistungen verlangen und eine höhere Selbständigkeit (auch von der Mutter) unterstützen. Verbale Intelligenztests (vor allem: Radin 1982) zeigen, daß die väterliche Beteiligung die Sprech- und Sprachentwicklung von kleinen Kindern erheblich fördert. Bemerkenswert ist, daß die Väter, die im Gegensatz zum traditionellen Verhalten ihre Töchter auf kognitivem Niveau mehr stimulieren und auch höhere Erwartungen an deren Karriere haben, doch mit Söhnen anders umgehen. Direkte Lehr-Aktivitäten richten sich eher an die Söhne, von denen sie noch mehr fordern, und dies auf direkte Weise. Dies gibt den Hinweis darauf, daß es immer noch geschlechtsspezifische Umgangsformen mit Söhnen oder Töchtern gibt (über die wir freilich in Hinsicht auf kleine Kinder recht wenig wissen). Dennoch sind einige Ergebnisse eindeutig (ebd., S. 182): Väter, die sich innerhalb der Familie und vor allem in der Kinderpflege und -erziehung engagieren, haben in der Regel ein erhöhtes Selbstwertgefühl, eine größere Zufriedenheit und ein größeres Selbstvertrauen; sie schätzen ihre Kinder mehr und kümmern sich um deren Wohlergehen. In der Regel bedauern sie auch nicht, daß sie mit einer verstärkten Zuwendung zu ihren Kindern männliche Rollen aufgeben, sondern sie betrachten die familiären Funktionen vielmehr als auch persönlichen Gewinn.

Vor allem infolge der in den letzten Jahren steigenden Scheidungsraten steigt die Anzahl *alleinerziehender* Väter erheblich an. Im Mai 1982 zählte man in der Bundesrepublik Deutschland beispielsweise 145.000 alleinerziehende Väter (im Vergleich: im Jahr 1971 betrug deren Zahl noch 69.000), und die Zahl der von ihnen betreuten minderjährigen Kinder war 197.000. Damit waren 16% der Einelternfamilien durch Väter bestimmt. Von diesen Vätern übten etwa 86% das Sorgerecht nach einer Trennung bzw. Scheidung von ihrem Ehepartner aus (Fthenakis 2, 1985, S. 12ff.). Sehen wir einmal von den Problemen ab, die sich solchen Vätern stellen – vor allem dann, wenn sie ihren Beruf weiter ausüben wollen oder müssen (ebd., S. 92ff.) –, und fragen wir mehr nach dem Wohlergehen der Kinder alleinerziehender Väter, so gelingt es diesen durchaus, ihre Kinder emotional und kognitiv zu fördern. Nach einer ganzen Reihe von Studien zeigen alleinerziehende Väter überwiegend einen demokratischen Erziehungsstil; dies wirkt sich insbesondere auf die kognitive Förderung (mehr von Söhnen als von Töchtern) aus. Hier zeigt sich, daß die oben beschriebene Sichtweise des Vaters als Modell von Geschlechtsrollenzuweisungen zu eng und inzwischen auch überholt ist. Die früher oft geäußerte Befürchtung, daß die Söhne »verweiblichen« würden, wenn sie entweder nur von einer Mutter großgezogen werden oder einen Vater haben, der die Mutterrolle übernimmt, ist inzwischen widerlegt. Ebenso wenig »vermännlichen« Töchter, wenn sie in einer Familie mit einem alleinerziehenden Vater leben. Wichtig ist, daß Vater (wie die Mutter) ihre Geschlechtsrolle souverän handhaben, unabhängig davon, welche »weiblichen« und »männlichen« Anteile sich bei ihnen durchmischen. Übrigens scheint ein alleinerziehender Vater – ebenso wie eine alleinerziehende Mutter – auch auf die Geschlechtsidentität der Kinder kaum Einfluß zu haben, so daß die Theorie Freuds über die sexuelle Bedeutsamkeit frühkindlicher Erziehung nicht mehr gelten würde. Mehr als bisher angenommen sind schon kleine Kinder, was ihre Geschlechtsidentität angeht, *Selbstsozialisierer*, und elterliche Verhaltensweisen haben schon nach dem dritten Lebensjahr, wenn dem Kind durch vergleichende Wahrnehmung konstitutioneller Gegebenheiten seine Geschlechtszugehörigkeit bewußt ist, wenig Einfluß auf diesen Prozeß.

Gibt es also die »neuen Väter«? Mitscherlichs These, daß die gesellschaftlichen Prozesse die Väterkultur mehr und mehr funktionslos gemacht haben, ist wohl nur zum Teil richtig. Seehausen (1989, S. 106) pointiert: »Wir haben heute nicht eine ›vaterlose Gesellschaft‹, weil die Väter in den Abstrakten und Familienfernen der Großgesellschaft aufgehen und den Müttern das ›Heimspiel‹ überlassen, sondern weil das patriarchalische Bild des Vaters als ›Ernährer‹ und ›Autorität‹ zwar in vielen Familien noch aufrechterhalten wird, aber nicht mehr den gültigen Standard abgibt.« Ohne die Schwierigkeiten, die in der

Aufgabe traditioneller Rollen auftreten, zu gering einschätzen zu wollen, gerade in einer »Leistungsgesellschaft«, die Väter und Mütter immer stärker fordert, scheint doch die Gegengabe von mehr Wärme und Geborgenheit, mit Spontaneität und Offenheit, die die Familie mit kleinen Kindern geben kann, verlockend genug zu sein, um dem Vater im Familienspiel seine verstärkte Position zuzuweisen. Inzwischen gibt es eine Vielzahl von Konzepten »aktiver Vaterschaft« als Teil einer »aktiven Elternschaft« (vgl. Fthenakis, 2, S. 216 ff.).

Ökologisches Zentrum Familie

Gerade die sozialökologische Perspektive erlaubt es eigentlich von vornherein nicht, nur die Mutter-Kind- oder Vater-Kind-Beziehung in Augenschein zu nehmen. »Bindung« ist allzu lange als Mutter-Kind-Dynamik gesehen worden, quasi außerhalb der Welt, die eher als »fremde Situation« erfaßt wurde. Dabei lebte das Kind natürlich von Anfang an mit Objekten, die auch ohne Vermittlung von Mutter oder Vater *unmittelbar* Eindrücke auf es haben, und nach allem, was wir wissen, wächst ein Kind am besten auf – und zwar sowohl in der Dimension Schutz/Geborgenheit als auch in der Dimension Stimulierung/Selbständigkeit –, wenn ihm Mutter und Vater prinzipiell gleich nahe sind. Allerdings: »Die Interaktionsmuster zwischen einem Kind und den Personen, mit denen es im alltäglichen Leben Kontakt hat, variieren erheblich. Während Mütter relativ viel Zeit mit der Versorgung ihres Kindes verbringen (füttern, anziehen etc.), spielen Väter einen hohen Anteil ihrer Zeit mit den Kindern; absolut betrachtet spielen jedoch die Mütter die meiste Zeit mit ihren Kindern (...). Neben den quantitativen gibt es auch erhebliche qualitative Unterschiede, so daß hier nicht nur die Anzahl und grobe Richtung (spielen, füttern, gemeinsame Betrachtungen u. a. m.) bedeutsam sind, sondern auch die höchst unterschiedlichen, vielfältigen Interaktionsmuster, in die ein Kind durch unterschiedliche Personen einbezogen wird.« (Leyendecker 1989, S. 98) Dieser Hinweis Leyendeckers enthält sowohl eine Einschränkung als auch eine Erweiterung. Einschränkend ist der Hinweis in Hinsicht auf die *quantitative* Mutterzuwendung zum

Kind, die scheinbar so schnell von keiner anderen Person eingeholt werden kann, und insofern ist eine ausführliche und intensive Betrachtung der Mutter-Kind-Dyade, wie wir sie auch vorgenommen haben, gerechtfertigt. Eine Erweiterung enthält der Hinweis freilich auch, vor allem in sozialökologischer Perspektive. Wenn wir nicht nur personale Interaktionen gleichsam *ausschnittweise* vergrößert betrachten, sondern im Rahmen eines systemischen Ansatzes das Verhalten eines Individuums im Rahmen eines konkreten Kontextes, der aus institutioneller Überformung, Rollen, unterschiedlichen Personen und zwischen ihnen entstehenden Dynamiken besteht, dann werden die Bindungen und Beziehungen zu Müttern, Vätern, Geschwistern, Verwandten (z. B. Großeltern) und Betreuungspersonal (z. B. Tagesmüttern) und deren *Interdependenzen* in den Blickpunkt gerückt. Dann wäre nicht nur die *direkte Zuwendung* zum Kind zu beachten, sondern (nach Lewis 1987) auch Interaktionssets, die nicht die Anwesenheit einer Person voraussetzen (so wirkt sich die emotionale Unterstützung der Mutter durch den Vater sozusagen verlängernd auf das Kind aus) oder Handlungen, die zwar in Anwesenheit einer Person geschehen, aber sich nicht auf sie richten und sie nicht einbeziehen (Unterhaltungen zwischen Vater und Mutter oder zwischen der Mutter und älteren Geschwistern beziehen das kleine Kind nicht ein, können aber seinen Spracherwerb dennoch fördern). Auch Bronfenbrenner (s. dort) hatte ja darauf aufmerksam gemacht, daß das Exosystem sowie das Makrosystem (Erfahrungen, die der Vater im Beruf macht, trägt er indirekt in die Familie hinein; gesellschaftliche Regelungen wirken sich ebenfalls als Bedingungsrahmen auf Familieninteraktionen aus) aktiv an der Konstituierung von Umwelt beteiligt sind. Hinzu kommt, daß die Familie, betrachtet als öko-systemisches Modell, nicht *statisch* ist, sondern sich ständig verändert. Das gilt von den Beziehungen zwischen den Personen bis zur Einrichtung und Öffnung oder Schließung der Familie nach außen. So verlieren die ursprünglichen Bindungsobjekte der Kindheit an Attraktivität; die Tendenz zeigt deutlich, daß sowohl die Mutter-Kind-Dyade wie die Eltern-Kind-Dyade (die dann auch als »Triade« gesehen werden kann, wenn man die Eltern als Einzelperson auffaßt) allmählich in ihrer Bedeutung für das Kind zurückgeht, während fremde Personen außerhalb der Familie zunehmend wichtig werden. Nicht nur der Familienverband verändert sich ständig durch das Hinzukommen neuer Mitglieder (z. B. Geburt), das Verlassen des Familienverbandes durch Mitglieder (Tod) oder teilweise oder gänzliche Auflösung des Familienverbandes (Scheidung). Gleichzeitig regelt der Familienverband ständig seine Dynamiken nach außen neu (Hinzukommen von Freundinnen und Freunden, Entstehen neuer Bekanntschaften, berufliche Kontakte etc.). Lewis (1987) unterscheidet ein *epigenetisches Modell* von einem *Social Network System*. Nach dem epigenetischen Modell ist die Beziehung Mutter-Kind der wichtigste Aspekt für die gesamte folgende Entwicklung und alle späteren Beziehungen, die das Kind aufbaut. Anders das *Social Network System*, das das soziale Verhalten und die Entwicklung in seiner Struktur als soziales System beeinflußt. Daß die beiden Modelle einen unterschiedlichen Blickwinkel ermöglichen, zeigt ihre Anwendung auf die *Bindungstheorie*. Nach der Bindungstheorie (Attachment) Bowlbys (1973) ist es für das Kind ein lebensbedrohendes Ereignis, wenn es während des Aufbauens der Bindung oder auch nach deren Ausbau die Mutter verliert. Betrachtet man die Familie als ein Social Network System, ist der Tod der Mutter für einen Säugling nur dann einschneidend, wenn sie die ausschließliche Bezugsperson darstellte. Wenn das Kind jedoch mit anderen Personen zugleich zusammenlebt, ist der Verlust der Mutter zwar immer noch ein signifikantes Ereignis, aber nicht unbedingt lebensbedrohend und die Entwicklung bis in die Erwachsenenzeit behindernd. – Meiner Meinung nach müssen sich beide Aspekte keineswegs ausschließen. Dann wäre nicht von vornherein auszumachen, welche Bedeutung der Verlust der Mutter jeweils hat oder ob nicht bestimmte Personen durchaus austauschbar sind, solange die systemischen Leistungen (für Kleinkinder: Schutz, Geborgenheit sowie Stimulation und Freigabe) von Personen übernommen werden, die »ihren Auftrag« gegenüber dem Kind mit gleicher Hingabe ausagieren. Es könnte sein, daß bestimmte ausfallende Leistungen auch von anderen Personen außerhalb der Familie übernommen werden können; wir wissen inzwischen, daß schon Freundschaften unter kleinen Kindern für diese eine erhebliche Bedeutung haben können und damit manchmal fehlendes emotionales Engagement der Eltern kompensieren. Wir sollten also das Aufwachsen von kleinen Kindern möglichst konkret, differenziert und fallbezogen betrachten, also nicht nach allgemeinen Regeln der Art, die

Mutter sei am wichtigsten oder die Eltern zusammen oder die Großmutter könne die Eltern ersetzen etc.; vielmehr ist im Einzelfall zu entscheiden, wie im Gesamtsystem der Familie fördernde oder hindernde Faktoren entstehen können und sich auswirken.

H. G. Voss (1989, S. 221 ff.) hat die soeben dargestellte Erweiterung der Perspektive auf die Familie als »System« in einer leicht überschaubaren Figur erfaßt, die die Vielzahl von dynamischen Wechselwirkungen, die zwischen Kind, Eltern und Familie als Gesamtsystem vorkommen können, überschaubar macht.

Interpersonelle Beziehungen werden unterschieden nach 1. *dispositionell*, 2. *dyadisch* und 3. *kontextuell*. Die Beziehungen zwischen Personen organisieren und regulieren das dynamische Zusammenspiel dieser drei Bereiche unter den sich ständig neu justierenden Kontexten, unter sich verändernden Bedingungen der sozialen und physikalischen Umwelt. *Dispositionelle* Faktoren umfassen die »Persönlich-

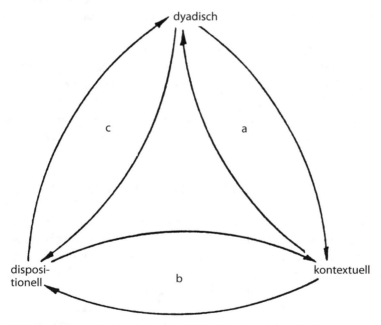

Abb. 24 Die drei Aspekte der Erforschung von Beziehungsmustern (Wechselwirkungen a b c).
Quelle: H. G. Voss 1989, S. 222

keitsausstattung« einer Person (z. B. Ich-Stärke, Dominanzstreben, Kontrollüberzeugung, Aggressionsneigung, soziale Ängstlichkeit, Leistungsmotivation, Belastbarkeit etc.). *Dyadische* Faktoren umfassen interpersonelle Handlungssysteme und »Arbeitsmodelle«, die als Niederschlag vorausgegangener Interaktionserfahrung zu sehen sind (Ausmaß der Zuwendung, körperliche Berührungen, Repertoire der Ausdrucksmuster, Sprechverhalten, gestisches Repertoire wie Lächeln, die Stirn krausziehen etc. – um nur die dyadische Beziehung Mutter/Kind als Beispiel zu nehmen). *Kontextuelle* Faktoren schließlich lassen sich als (kognitive) Schemata über Struktur, Funktion und Dynamik von Umweltgegebenheiten betrachten, in die personale und dyadische Systeme eingebettet sind (z. B. Familienklima, Raumausstattung und -aufteilung, »fremde Personen« etc.) Die Figur läßt deutlich werden, daß die Lösung von »Familienentwicklungsaufgaben« jeweils eine Reorganisation der Beziehungsmuster in der Familie erfordert: »Dies kann z. B. im Falle der Geburt eines zweiten Kindes (Veränderungen im Kontext) zu einer ›Anpassung‹ von dyadischen Systemkomponenten (z. B. Herabsetzung der Interaktionshäufigkeit mit dem erstgeborenen Kind) führen, die wiederum eng mit Persönlichkeitsfaktoren der Mutter (z. B. Erziehungs-Überzeugung, Belastbarkeit u. ä.) korrespondieren (...). In ähnlicher Weise ließen sich Veränderungen in Struktur und Qualität der Partnerbeziehung (...) oder der Vater-Kind-Beziehung (...) beschreiben und deren Interdependenz im Familiensystem erklären.« (Ebd., S. 222)

Neue sozialökologische Kontexte

Gerade Kleinkinder erleben die Familie als einen sozialökologisch zunehmend offenen Kontext. Sie werden mit den Persönlichkeitsausstattungen (zunächst) ihrer Eltern konfrontiert, assimilieren diese oder akkommodieren sie (indem sie sich nach abweisenden Blicken der Mutter sofort abwenden). Aber auch dispositionelle Faktoren sind nicht festgeschrieben. Übernimmt die Mutter eine Teilzeitbeschäftigung, ist der Vater vielleicht länger zu Hause als bisher, so daß sich die dyadischen Strukturen verändern und neu aufeinander einstellen. Der Vater wird jetzt ebenso wichtig wie die Mutter, vielleicht auch ein älteres Geschwister, das eine Zeitlang außer Haus war und sich nun um das kleine Kind kümmert. Wie die Dyade sich neu einstellt, sich vielleicht auch zu einer Mehrzahl von dyadischen Beziehungen ausweitet oder als Triade erlebt wird, wird auch durch die kontextuellen Faktoren mitbestimmt, die ihrerseits wieder Reaktionen auf die Neueinstellung dyadischer und dispositioneller Faktoren darstellen. Während das Familienklima insgesamt vielleicht belastet war, weil die Mutter ständig eine gewisse Unzufriedenheit mit sich trug, aus dem Berufsleben ausgeschieden zu sein, ändert sich die Gesamtstimmung, nachdem sie eine Teilzeitarbeit aufgenommen hat. Sie ist zwar weniger anwesend, dann aber ausgeglichener und freundlicher, während der Vater seine neue Bedeutung für das Kind als Bereicherung erfährt und das Spielen mit ihm sogar neue Kreativitätspotentiale erschließt. An die Stelle von »Ursache« und »Wirkung« tritt ein Regelkreis dynamischer Faktoren, die sich gegenseitig bestimmen.

Damit ergeben sich auch *pädagogische* Konsequenzen.

1. Entschieden wichtig ist nicht nur die Sensibilität in der Mutter-Kind-Dyade, sondern deren Erweiterung zur Triade durch Einbeziehung des Vaters.

2. Stimmungen und Schwierigkeiten, aber auch Fortschritte und ein gutes Familienklima können nicht einer Person und ihren Dispositionen, aber auch nicht einer dyadischen Beziehung zugeschrieben werden; ebenso wichtig ist der Kontext, der auf Dispositionen und Dyaden einwirkt und sie verändern kann – ebenso, wie Dispositionen Kontexte beeinflussen können (z. B. wird ein neugieriges Kind nach kurzer Zeit aus dem einschränkenden Laufstall entlassen und krabbelt nun durch die ganze Wohnung, weil die Türen dafür offengelassen werden).

3. Kinder werden als aktive »Mitspieler« gesehen und nicht als reaktive Wesen, die sich den Dispositionen anderer und deren Kontextgestaltung unterzuordnen haben. Diese Vorstellung würde Kinder in der Entwicklung ihres Ausdrucksrepertoires beschränken und ihr Verhalten nach den Planungswünschen »der anderen« lenken, eine – wie mehrfach betont – erhebliche Einschränkung einer positiven Entwicklung. Auch kleine Kinder leisten bereits *gestaltende* Beiträge zum Familienklima (Kontext), sie erweitern ihr Zuwendungsrepertoire, beziehen neue Personen ein (Veränderung der Dyade), und sie verän-

dern auch ihre zunächst eingeschränkte Weltsicht durch neue Erfahrungen (Disposition).

4. Eine *Sentimentalisierung* insbesondere der Mutter-Kind-Beziehung muß vermieden werden, weil sie letztlich alle Beteiligten nur belastet. (Amerikanische Spielfilme wie »Cramer gegen Cramer«, eine Scheidungsgeschichte, zeigen die lebenswichtige Bedeutung von Kindern für die Eltern und deren Unfähigkeit, Trennungen zu ertragen, oft auf übersteigerte Weise und zeichnen so das Bild einer ausschließlich über Affekte durchsentimentalisierten Kleinfamilie von hoher Störanfälligkeit und Brüchigkeit.)

5. Offenbar stellt das Zusammentreffen mit Fremden (Freunde des Vaters, Freundinnen der Mutter, Spielgefährten der Geschwister etc.) in unserer Kultur, die vor allem aus *Kleinfamilien* besteht, eine häufige Situation dar, an die sich das Kind darum früher und schneller gewöhnt – im Vergleich zu großfamilialen Strukturen wie etwa in der afrikanischen Kultur. Dort kommen Kinder von Geburt an mit einer großen Anzahl bekannter Personen in Berührung, so daß die Kategorie des »Fremden« zunächst gar nicht für sie existiert: Statt dessen erfahren sie von Geburt an, daß unterschiedliche Bezugspersonen für sie zuständig sein können. Später, wenn »neue Fremde« hinzukommen, werden sie freilich auch länger brauchen, sich an diese zu gewöhnen, weil ihr Kontakt-Universum schon reich genug und damit ausgefüllt erschien. Deutlich wird, daß das Aufeinander-Angewiesensein durchaus unterschiedlich regulierbar ist und keineswegs der emotionalen Diktatur der Mutter-Kind-Dyade allein unterliegt. Jeder Tag im Kontext ist gleichsam eine neue Chance, Gesamtsituationen zu verbessern und so zu der Grundfiguration Kind-Mutter-Vater vielfache Varianten hinzuzufügen, die dann für das Kind sogar förderlich sein können.

6. Während das Kleinstkind noch ganz an das sozialökologische Zentrum gebunden ist, macht schon das Kleinkind (ab etwa einem Jahr) erste Erfahrungen mit der Umwelt außerhalb der vertrauten Wohnung; das Vorschulkind betritt dann im Kindergarten die erste pädagogische Institution. Kleine Kinder müssen sich also mit immer neuen Gegebenheiten vertraut machen, denn die Aneignung von Umgebung bedeutet eine dauernde Auseinandersetzung mit Neuem und Unbekanntem. Im ersten Lebensjahr ist die Mutter meist die primäre

Bezugsperson; sie ist gleichsam die sozialökologische Basis (auf dem Boden einer sicheren Bindung), von der aus die Umgebung allmählich weiter erkundet wird. Auf diese Weise reichert sich das Entwicklungspotential des Kindes immer mehr an, so daß das zu explorierende Terrain immer weiter gesteckt wird: »Aus der Sichtweite zur Mutter wird Rufweite.« (Keller u. a. 1989, S. 175) Diese »Rufweite« gewinnt an Bedeutung, wenn das Kind auf dem Spielplatz mit anderen Kindern zusammen ist und die Mutter auf einer Bank in der Nähe sitzt oder das Geschehen sogar vom Haus aus beobachtet. Der außerhäusliche Bereich wird immer wichtiger. Das Kind entwickelt jetzt eine Ortsidentität als Beziehung zur geographisch-physikalischen Umwelt, die für das Selbstkonzept mitzählt (Tuan 1980; Keller 1988). Die Fähigkeit des kleinen Kindes, sich in der erweiterten Umwelt zurechtzufinden, wächst allmählich, und damit ist ein Gefühl für verstärkte Kompetenz verbunden. Die Sinnesorgane (Sehen, Greifen, Tasten, Hören) werden eingesetzt, um neue Objekte zu manipulieren (z. B. Spielgeräte), neue Räume, Ecken und Winkel werden durch Laufen erobert und »besetzt«. Kinder, denen gestattet wurde, sich allein in bestimmten räumlichen Situationen aufzuhalten, haben dabei mehr Informationen über die Umgebung aufgenommen als Kinder, die sehr streng beaufsichtigt wurden und in neue Umgebungen an der Hand eines Erwachsenen geführt wurden. Dies gilt schon für zehn Monate alte Kinder; »diejenigen, denen erlaubt wurde, selbständig durch den Raum zu krabbeln, fanden ein verstecktes Objekt besser als diejenigen, die durch den Raum getragen wurden. Dieser Zusammenhang scheint an die motorische Tätigkeit gebunden zu sein. So zeigt sich, daß Vorschulkinder räumliche Beziehungen besser erinnern, wenn sie durch eine räumliche Situation gehen, anstatt durchzufahren oder sie lediglich zu betrachten.« (Keller 1989, S. 577) Kinder, die viel von ihren Eltern im Auto transportiert werden oder später im Schulbus zur Schule fahren, zeigen oft ein hohes Ausmaß an Orientierungslosigkeit und sind unfähig oder darin behindert, sich selbst aktiv neue Räume zu erschließen. Wahrnehmung genügt also nicht, Bewegung muß hinzukommen, denn erst in dieser Verbindung kann das Kind aktiv sein Raumerleben ausweiten. Wichtig sind dabei optische Bezugspunkte *(landmarks)*, die für das Kind die nähere Umgebung strukturieren und ein Sich-Zurechtfinden erheblich erleichtern. »Landmarks«

können eine Bank, ein Pfahl oder Pfosten sein, ein Hauseingang, aber auch ein lockerer Pflasterstein. Kinder bauen sich im Laufe der Zeit eine Vielzahl solcher Bezugspunkte auf, die sie nach ihrer *Handlungsrelevanz* auswählen. Da Kinder andere Relevanzen haben als Erwachsene (diese betrachten die Straße als Durchfahrgelegenheit, während Kinder sie als Spielplatz sehen und, wenn möglich, auch nutzen), ist es nur begrenzt möglich, solche Orientierungen beispielsweise durch eine durchstrukturierte Spielplatzplanung anzubieten und festzulegen. Im Gegenteil: Gerade Spielplätze, die zu sehr »durchgeplant« sind, bleiben oft leer, werden also von den Kindern nicht angenommen und benutzt; viel wichtiger sind also offene Spielbereiche, die nicht allzu ghettoartig aus der Umgebung herausgegliedert und von ihr abgetrennt werden. Kinder halten sich vorzugsweise an *Randmarkierungen* auf, also Plätzen, die die Möglichkeit zum Rückzug oder Versteck bieten, und sie mögen *erhöhte Positionen*, die ihnen einen Überblick über den Platz geben. Orte mit Rückzugscharakter wie abgeschlossene und nicht einsehbare Räume werden bevorzugt; deswegen versammeln sich Kinder gern unter Gebüschen oder hinter einer Brandmauer, die einen Abstellplatz von der Straße trennt.

Die Gleichaltrigen

Aber nicht nur der Ort als physikalische Gegebenheit und/oder als soziokulturell überformtes Behavior Setting stellt für kleine Kinder eine Herausforderung dar; die wichtigste ist die *Begegnung mit Gleichaltrigen*. Sie ist deshalb so einschneidend, weil die bisher aufgebauten Bindungen des Familiensystems zwar immer noch Sicherheit und Rückzug anbieten, aber die Bewegung, auch des kleinen Kindes, geht nicht mehr nur in den Raum, sondern auch auf *andere zu*. Diese Expansion des kindlichen Lebensraums und vor allem in *neue* Sozialbeziehungen gewinnt spätestens vom dritten Lebensjahr an erheblich an Bedeutung. Jetzt sind andere Kinder manchmal wichtiger als die Eltern, die (vorübergehend) in einer Situation vergessen werden können. Das ist neu, denn in den ersten beiden Lebensjahren sind die Reaktionen auf andere Kinder eher *egozentrisch*. Das Kind bezieht sich in den meisten Reaktionen auf sich selbst und die eigenen Aktivitäten;

wenn es mit anderen Kindern interagiert, tut es das vereinzelt, eher zufällig und zusammenhanglos. Es kann also auf einen gleichaltrigen Spielkameraden zugehen, ihm die Puppe oder den Teddybär zeigen, sich ihm direkt zuwenden. Im nächsten Augenblick jedoch scheint dies vergessen zu sein; Puppe und Teddybär werden weggerissen, und das Kind läuft zur Mutter zurück. Andere Kinder werden noch nicht als eigenständige Persönlichkeiten eigenen Rechts gesehen, sondern werden eher behandelt wie unpersönliche Objekte oder Spielzeug: »Viele seiner anfänglichen Reaktionen sind negativer Art und drehen sich um Besitzkonflikte, jedoch ist die in dieser Situation aufkommende Aggression ebenfalls vorwiegend unpersönlich. Das Kind reagiert auf das störende andere Kind eher wie auf einen frustrierenden Gegenstand als wie auf ein feindliches Individuum. Gegen Ende dieser Periode nehmen die positiven sozialen Reaktionen zu. Sie werden gleichzeitig persönlicher und mehr mit Spielzeug in Zusammenhang gebracht.« (Ausubel 1974, S. 341) Es gibt eine ganze Reihe von zusätzlichen Faktoren, die erklärbar und verstehbar machen, warum die ersten Beziehungen zu Altersgenossen *nach* der Elternbindung schwierig sind, aber auch eine wachsende Bedeutung bekommen. Zunächst zu den Schwierigkeiten:

1. Zum einen sind die Kinder in unserer Gesellschaft in den ersten Lebensjahren in der Regel ausschließlich an Erwachsene (die Eltern) gebunden; gerade Kleinstkinder und Kleinkinder erwerben also ihr erstes Orientierungswissen über *altersheterogene* Beziehungen. Diese sind durch ein Machtgefälle bestimmt, denn meist bestimmen die Eltern, was das Kind zu tun habe, wie lange und womit es spielen darf etc. Dennoch handelt es sich auch um eine lohnende Beziehung, denn hier werden ebenso die ersten Zeichen der Zuneigung erprobt und erfahren, wie Schutz und Sicherheit gewährt wird. Die Entwicklung von Beziehungen zu Gleichaltrigen ist dadurch zunächst erschwert.

2. Das Kleinstkind kann auch wegen seiner mangelnden motorischen Fähigkeiten manuell noch nicht an gemeinsamen Spielen teilnehmen. Hinzu kommt eine im Vergleich zu älteren Kindern kognitive Unterentwicklung, die es noch nicht ermöglicht, die Bedürfnisse und Gefühle anderer Gleichaltriger ausreichend zu erkennen und zu akzeptieren. So haben Kleinkinder Schwierigkeiten, »Gruppenziele

und -erwartungen wahrzunehmen, allgemeine Perspektiven zu teilen und differenzierte Rollen zu übernehmen« (ebd., S. 340).

3. Eine Gruppeninteraktion unter Kindern ist auch deswegen erschwert oder unmöglich, weil die Verfügung über Kommunikationsmittel (Sprache) noch sehr eingeschränkt ist. Sogar, wenn die kleinen Kinder über eine ausreichende Sprechfähigkeit verfügen, um anderen gegenüber auszudrücken, was sie möchten, kommt es noch nicht zu einer wirklichen Kommunikation zwischen Gleichaltrigen, denn jedes Kind ist mit seinen eigenen Interessen beschäftigt, wobei es stillschweigend annimmt, daß andere Zuhörer Zugang zu seinen Gedanken haben und also keine Erklärungen benötigen (Flavell u. a. 1968).

4. Das Kleinkind kann noch nicht an Gruppenunternehmungen teilnehmen, die Kontinuität und anhaltende Konzentration erfordern. Es wird plötzlich »abspringen«, seine Aufmerksamkeit anderen Gegenständen zuwenden und für die Mitspieler ein für sie unerklärbares und für das gemeinsame Handeln unbrauchbares, völlig vom Zufall bestimmtes Verhaltensmuster darstellen, das sozial nicht einbindbar ist.

5. Bis zu zwei Jahren verfügen Kinder noch nicht über die Techniken des Teilens; sie kennen nicht die Regel, wie Eigentum an Spielzeug begründet und anderen gegenüber vertreten wird; gleichzeitig respektieren sie das Eigentum anderer nicht, indem sie es als »nicht mir gehörend« von dem eigenen trennen. Schließlich sind sie in der Regel nicht in der Lage, Spielregeln überhaupt zu verstehen, im eigenen Handeln einzuhalten und damit anzuerkennen. So entstehen gerade zwischen Kleinkindern oft unnötige Konflikte, die gleichzeitig zu einem vorzeitigen Ende einer gerade begonnenen Zuwendung führen. – Der Zustand der Ich-Organisation ist insgesamt noch zu stark, so könnten wir zusammenfassen, durch das Vorherrschen von *Assimilation* bestimmt. Das Kind unterwirft auch neue Kontakte eigenen Bedürfnissen sowie Aktivitäten und erkennt Handlungsmotive noch nicht aus der Perspektive eines anderen. Das Kind trägt eine solche *Egozentrik* auch in die Beziehungen mit Gleichaltrigen, die aber anders sind als die erlernten sozialen Beziehungen zu den Eltern. In Hinsicht auf diese ist das Kind gewöhnt, auf der empfangenden Seite einer fürsorgenden Beziehung zu stehen; es steht stets im Fokus besonderer Aufmerksamkeit, wird liebevoll bevorzugt. Es ist verständlich, daß das

Kleinkind sich dagegen wehrt, eine solche privilegierte Stellung aufzugeben – sogar, wenn es dazu in der Lage wäre. Auch dies muß sozial in unserer Gesellschaft gelernt werden. Daß Kinder auch anders reagieren können, zeigen Untersuchungen über gemeinsam aufgezogene Waisenkinder oder Kibbuz-Kinder; diese zeigten weniger Geschwisterrivalität, nahmen früher aufeinander Rücksicht und waren sogar in der Lage, aus der Perspektive eines anderen zu denken und zu handeln (Swift 1964). Die kindliche Egozentrik und anfängliche Unfähigkeit, Gruppenbeziehungen aufzunehmen, ist also nicht nur seinem noch wenig ausgebildeten kognitiven, sozialen und emotionalen Status zu verdanken, sondern dieser wird verstärkt durch die heutige soziokulturell bestimmte Situation, daß Kinder als Einzelkinder oder mit wenigen (meist einem) Geschwister(n) aufwachsen, meist in einer Kernfamilie, also einer kleinen Welt, die überschaubar und durch affektive Nähe und ständige Beachtung gekennzeichnet ist. Die Schwierigkeiten, die Kleinkinder mit Gleichaltrigen haben, sind also ein Produkt des Aufwachsens in modernen Gesellschaften, die die *altersheterogene* Beziehung zwischen Eltern und Kind (Kindern) als entscheidende Basis für deren gedeihliches Aufwachsen zugrunde legt.

Nun zur Bedeutung *altershomogener* Kontakte: Abgesehen davon, daß auch kleine Kinder prinzipiell durchaus in der Lage sind und sogar danach streben, Beziehungen zu Gleichaltrigen aufzunehmen, haben diese auch wichtige Funktionen, denn sie erschließen neue Weltsichten, sie geben dem kindlichen Selbst die Chance, seine bisher erworbenen Einschätzungen zu überprüfen, teilweise zu erweitern und selbständiger zu vertreten. Zwar ist es die altersheterogene Beziehung zu den Eltern, die dem Kind das Repertoire sozialer Kontakte (lächeln, die Hand entgegenstrecken etc.) sowie seine Sprechfähigkeit vermittelt hat, aber jetzt wird diese von den Eltern gelegte Basis für einen anderen Kontext genutzt (vgl. Eggers 1984, S. 207 ff.). Ob die Kulturen primitiv oder – wie die unsere – komplex sind: Wo immer Kinder und Jugendliche eine bestimmte Zeitlang zusammen sind und ihre eigenen Ziele verfolgen können, bildet sich eine Subkultur Gleichaltriger (Tryon 1944). Offenbar kann der Mensch als soziales Wesen »nur in einem System von Beziehungen zu festen Gruppen seine eigene Individualität ganz erfahren, entwickeln und ausdrücken oder einen biosozialen Status genießen« (Ausubel, S. 334). In der Gruppe der Gleichaltrigen muß das Kind lernen, Status- und Rollenbeziehungen neuer Art kennenzulernen und handelnd mit ihnen umzugehen. Diese Regelung von Distanzen und Hierarchien mit und unter anderen hat das Kind zunächst in der Familie geübt; dort hat es die ersten Erfahrungen mit einer, vor allen Dingen noch sehr eingeschränkten, autonomen sozialen Identität machen können. Wenn mehrere Geschwister vorhanden sind, kann dabei schon in der Familie die Gemeinschaft mit ungefähr Gleichaltrigen erfahren werden. Sonst geschieht dies im sozioökologischen Nahraum, später auch in pädagogischen Institutionen (Kindergarten, Schule).»Dennoch kann keine dieser Institutionen das Bedürfnis des Kindes nach Identifikation mit Personen, die gleichen Status besitzen, befriedigen (...). Im Schatten der übergeordneten Erwachsenen kann es nur in einer abhängigen und untergeordneten Rolle Anerkennung finden, differenzierte Rollen spielen, soziale Fähigkeiten ausüben oder mit anderen Menschen interagieren. Auch die Gleichaltrigengruppe könnte natürlich weder primären noch abgeleiteten Status verleihen, wenn sie nicht ein übergeordneter Körper wäre. Jedoch gründet sich ihre Autorität im Gegensatz zu der der Eltern, Lehrer und Erwachsenengemeinschaft auf die Überordnung von Gleichen, nicht von Überlegenen.« (Ebd., S. 334) Diese Figuration kann das kleine Kind freilich erst dann wirklich ausspielen und teilweise selbst entwerfen, wenn das Anlehnungs- und Schutzbedürfnis, das sehr stark in die altersheterogenen Beziehungen eingegangen ist, nun von einem neuen Bedürfnis, wenn nicht abgelöst, so doch zunehmend begleitet und dann ersetzt wird: sich in neuen sozialen Umräumen zurechtzufinden und vor allem: zu behaupten. Eine Kindergruppe ist eine Gruppe von Gleichgestellten, die unter sich ausmachen müssen, wie sie mit dieser grundsätzlichen »Gleichheit« umgehen. Dabei wird das Kind schnell erfahren, daß es zwar mit anderen zu tun hat, die ihm im Alter und/oder Geschlecht ähnlich sind, aber im Gegensatz zu der Beziehung mit den Eltern, die es als gegeben und vorbestimmt erlebt, muß erst im Aushandeln mit den anderen seine Rolle (als Freund, Führer, beliebtes Kind, manchmal auch Außenseiter) und damit sein Status *erworben* werden. Damit erweitert und differenziert sich sein Selbstkonzept, weil das Kind sich nun in anderen und neuen Rollen erfährt und nicht nur als »Kind meiner Eltern«. Das Kind lernt damit ein neues »Wir-Gefühl« in der Gruppe, wenn es von dieser an-

und aufgenommen wurde. Das setzt voraus, daß es in der Lage ist, sich den Gruppeninteressen unterzuordnen, um zugleich für alles, was es tut, die Zustimmung einer Mehrheit in der Gruppe zu erlangen. Hier gibt es ein breites Repertoire, das angewendet werden kann, von Freundlichkeit und Hilfsbereitschaft bis zu Bestimmtheit, Besserwissen, Durchsetzungsfähigkeit oder dem Willen zu herrschen. So wird die Gleichaltrigengruppe zu einer wichtigen »Enkulturations- und Trainingsinstitution. Hier lernt das Kind viel für sein Auftreten gegenüber Personen außerhalb des engen Familienkreises, erwirbt anerkannte Methoden der Soziabilität, der Selbstbehauptung, der Zusammenarbeit und des Wettbewerbs und entwickelt Sensibilität für die Anzeichen der Erwartungen, Kritik und Zustimmung der Gruppe. In der Interaktion mit seinen Altersgenossen erfährt das Kind die funktionelle und reziproke Grundlage von Regeln und Verpflichtungen, wie es differenzierte Rollen spielen und wie es seine eigenen Interessen den Gruppenzielen unterordnen kann (...). Nur die Gleichaltrigengruppe bietet dem Kind geeignete Modelle und Gelegenheiten, jene sozialen Fertigkeiten und Verhaltensweisen wahrzunehmen und zu praktizieren, die es kennen muß, um die seinem Alter und Geschlecht angemessene Rolle in der Subkultur und in der weiteren Kultur zu spielen. Sie ist das Übungsfeld, auf dem das Kind die Brauchbarkeit anders beobachteter Technik erproben kann. Diese Erfahrung ist eine Art Lehre für das soziale Leben als Erwachsener.« (Ebd., S. 337)

Steigende Bedeutung der Peers

Die Redewendung »Gleich und Gleich gesellt sich gern« gilt also in Hinsicht auf das Alter (übrigens auch das Geschlecht, wie wir noch sehen werden) schon für die kleinen Kinder. In Abb. 21 (S. 251) wurde deutlich gemacht, daß die außerhäuslichen, nicht familiär gebundenen Kontakte an Umfang und Bedeutung für den heranwachsenden Menschen zunehmen. Blicken wir an dieser Stelle einmal auf das Jugendalter voraus, läßt sich sogar sagen, daß es heute die Gleichaltrigen (Peers) geworden sind, die *neben* der Familie für den Jugendlichen einen zentralen Sozialisationsraum darstellen, auf den hin er nicht nur die allmähliche Ablösung von seiner Familie betreibt, sondern auch bisher stark oder ausschließlich an die Familie gebundene Verhaltensdimensionen wie Liebe, Zuwendung und Affekte überträgt. Dies ist eine Entwicklung, die sich nachweisbar in der Zeit nach dem Zweiten Weltkrieg angebahnt hat und jetzt ganz deutlich geworden ist. Es gibt, so Zinnecker (1987, S. 277) eine »wachsende Verfügbarkeit über Menschen, mit denen man nach eigenem Eindruck alles besprechen kann«, und diese ist keinesfalls auf das Jugendalter beschränkt, denn »eine ganz ähnliche Entwicklung können wir zwischen den 50er und 80er Jahren auch bei der erwachsenen Bevölkerung beobachten«. Es gibt heute ein stark ausgeweitetes, die Familie übergreifendes soziales Netzwerk, das z. B. immer dann aktiviert wird, wenn problematische Lebenssituationen auftreten und ein erhöhter *Beratungsbedarf* besteht. In einem Vergleich von Jugendsurveys von 1954, 1964, 1985 und 1991 hat Schröder (1995, S. 128) verglichen, inwiefern Eltern, Peers, Verwandte, Kollegen (Personen aus Arbeits- und Ausbildungszusammenhängen) sowie professionelle Berater eine Rolle spielen hinsichtlich der Problembereiche

- Ausbildungs-/Schul-/Berufsprobleme;
- finanzielle Probleme;
- Probleme mit den Eltern;
- Beziehungsprobleme mit dem Partner/der Partnerin;
- Probleme in den Beziehungen zu Freunden/anderen Menschen;
- Fragen/Probleme im Bereich von Sexualität/Liebe;
- starke psychische/seelische Konflikte.

	1954		1964		1985		1991	
	R	%	R	%	R	%	R	%
Eltern	1	54	1	63	2	41	2	29
Peers	2	18	2	25	1	106	1	38
Verwandte	3	3	3	9	3	13	3	9
Kollegen	3	3	4	3	4	4	4	3
prof. Berater	5	2	5	2	5	1	5	1
Summe		80		102		165		80

Abb. 25 Netzwerke in problematischen Lebenssituationen 1954, 1991 (Angaben in %; r = »Rang«).
Quelle: Schröder 1995, S. 128

Es zeigt sich ganz deutlich, daß sich auf dem Feld der Berater im Laufe der 80er und 90er Jahre im Vergleich zu den 50er und 60er Jahren ein Bedeutungswandel vollzogen hat. Heute wird die Beratungsfunktion am stärksten von den Gleichaltrigen gewährt, den zweiten Rang nehmen dann Eltern ein. Das war Mitte der 50er und 60er Jahre noch genau umgekehrt: damals dominierten die Eltern eindeutig vor der Gruppe der Gleichaltrigen. Verwandte und andere Personengruppen fallen demgegenüber zu allen Zeiten stark ab; dennoch ist bemerkenswert, daß die Verwandten – von denen man sagt, sie spielten für die heutigen Familien-Netzwerke kaum eine Rolle – immerhin noch den dritten Platz halten, und dies über Jahrzehnte hinweg. Natürlich ist es eine Binsenwahrheit und seit langem bekannt, daß unterschiedliche Themenbereiche nicht von ein und derselben Personengruppe bearbeitet werden, sondern hier Verteilungen vorliegen. Schon Kleinkinder lösen sich sobald wie möglich von der zu stark isolierenden Einzelbeziehung Mutter-Kind und nehmen andere Personen in ihren Aufmerksamkeitshorizont auf. Schnell ist unter den Eltern eine Art Arbeitsteilung üblich: Die Mutter besorgt das Trokkenlegen und Windeln und kümmert sich um die Nahrungszufuhr; der Vater spricht und spielt mit dem Kind, beruhigt es, trägt es herum und verläßt mit ihm auch einmal das Zimmer, etc.

Die Peers begegnen dann später auch in Familienkontexten, aber iher Kontakte wachsen schnell auch in den Nahraum der Nachbarschaften hinein (Spielplatz, Straßenecke, Garten) und vom dritten Lebensjahr auch in die sozialökologischen Ausschnitte (Kindergarten), die aber, im Gegensatz zur Jugendzeit, noch stark pädagogischbewahrend bestimmt sind.

Insgesamt ergeben sich bei der Betrachtung der die Familienablösung beschleunigenden Peer-Gesellungsformen eine *Einsicht* und eine *Frage*.

1. Deutlich wird, daß Kontakte und Interaktionen aller Art, je nach Inhalten, sich über ein relativ ausdifferenziertes *Beziehungsmuster* verteilen. Aber es gilt auch, daß unterschiedliche Interaktionstypen und Themendimensionen innerhalb derselben Beziehung sich gegenseitig beeinflussen können. Dies gilt schon für das Kleinkind. Eine Mutter, die ihr Kind, weil es weint, nachts häufig beruhigen muß, wird am Tage um so weniger Lust haben, mit dem Kind zu spielen. Hier

beeinflussen sich die Interaktionen »Beruhigen« und »Spielen«, in dem die eine (Beruhigen) die andere (Spielen) beeinträchtigt. Mit dem Heranwachsen ist es offenbar so, daß sich die Interaktionen, die sich zunächst *innerhalb* einer dyadischen Beziehung abspielen, zunehmend ausdifferenzieren, pluralisieren und auf unterschiedliche Partner übertragen werden, wobei die Peers heute neben den Eltern eine zentrale Rolle spielen. Es verlagern sich Themen aus dem Familiensystem heraus und in die Peer-Beziehungen hinein, und gleichzeitig wachsen der Familie neue Themenbereiche zu (etwa die Berufsfrage). Es handelt sich also insgesamt um dynamische Hin- und Herbewegungen in einem komplexen sozialen Netzwerk, in dem die Familie dann zunehmend einen Knotenpunkt unter anderen darstellt.

2. Es erhebt sich die Frage, *wann* im Laufe der Entwicklung heute die Zuwendung zu den Gleichaltrigen beginnt. Spielen diese nicht nur eine größere Rolle, sondern sind sie auch früher als etwa um die Jahrhundertwende für das Aufwachsen von Kindern und Jugendlichen wichtig geworden? Alles, was wir wissen, deutet darauf hin, daß die Kinder- und Jugendzeit sich tatsächlich – wie wir sagen – entstrukturiert«: Beispielsweise ist es immer schwieriger zu sagen, wann jemand ein »Jugendlicher« ist, wann demnach das »Kindsein« aufhört. Die Vorverlagerung der Geschlechtsreife (Baacke 1994[7], S. 99) ist dafür ebenso ein Indiz wie die Tatsache, daß viele Elemente der Welt des Kindes und der Welt der Jugendlichen sich zunehmend angleichen. Ein markantes Beispiel ist die Pop- und Rockmusik, die schnell an die Stelle von Kinderliedern tritt; populäre Boygroups sind heute für 8- bis 14jährige ein emotionaler Anziehungspunkt ersten Ranges; ebenso zeigt sich, daß Jugendsender, die Videoclips ausstrahlen, wie VIVA und MTV auch schon von Grundschulkindern bevorzugt werden, ebenso wie Radioprogramme, die Popmusik bringen; ähnliches läßt sich auch für andere Programmbereiche feststellen. Aber nicht nur die Medien sorgen dafür, daß die Kinder die kindliche Welt, die wir ihnen früher zubereitet haben, eher verlassen als zu anderen Zeiten. Sicher trägt dazu auch bei, daß Kinder mehr als zu anderen Zeiten öffentlich-pädagogische Einrichtungen wie den Kindergarten besuchen, also sehr früh – trotz fehlender Geschwister – an eine außerfamiliale Peer-Orientierung gewöhnt werden und damit ihre Fähigkeiten zur Beziehungsaufnahme außerhalb von Familien erheblich verstärken.

Wann aber beginnt diese »Verjugendlichung« des Kindesalters; ist die früheste Gruppe, sind unsere 0- bis 5jährigen davon bereits getroffen? Zunächst erscheint dies als eher unwahrscheinlich, auch nach der bisherigen Darstellung in diesem Buch. Ausführlich wurde gezeigt, welche Bedeutung das Familiensystem, welche die Mutter-Kind-Dyade für die ersten Lebensjahre hat. Die Familie ist für das Kleinstkind die ganze Welt, und sonst gibt es nichts. Aber schon mit dem »Kindergartenalter« verschiebt sich diese zentrale Stellung. Denken wir an geschiedene Ehen, Ein-Eltern-Familien und die Bewegung, die auch die Familiensysteme erreicht hat, dann könnte es durchaus sein, daß die Familie – trotz gleichbleibender Bedeutung bis heute – ihre Erziehungsaufgabe nicht allein ausführt, sondern an ein sozialökologisches Netzwerk abgibt, das sie umgibt und das gerade von aktiven, offenen, kontaktsuchenden Familien auch genutzt wird. So selbstverständlich es ist, daß vor allem kleine Kinder die Familie als ökologisches Zentrum brauchen, so deutlich wird doch, daß sie in den Netzwerken moderner Gesellschaften keinen quasi fundamentalen, auf jeden Fall keinen isolierten Status hat. Deutlich ist auch, daß der Einbruch der Außenwelt etwa durch das Fernsehen und das Internet, auch schon von kleinen Kindern wahrgenommen wird, so daß sie Beobachtungen machen, Kenntnisse sammeln und kulturellen Bedarf entwickeln können, der früher ausschließlich über den »Filter« Vater oder Mutter an sie gelangt ist. Pointiert: Die Entwicklung der kindlichen Persönlichkeit ist stark im Kontext von *Beziehungen*, die Kinder aufnehmen, zu sehen, und es sind diese Beziehungen, auf die sich auch die unterschiedlichen Interaktionsmodalitäten verteilen: »Kinder verhalten sich unterschiedlich, je nachdem, mit wem sie zusammen sind (...). Ihre Leistung in Testsituationen wird beeinflußt von der Beziehung zu dem Versuchsleiter (...); jede kognitive Entwicklung teilweise von den Beziehungen zu ihrer Mutter (...) und zu Gleichaltrigen (...), und die kognitiven Stratgien, die sie zur Lösung spezieller Probleme einsetzen, hängen von der sozialen Situation ab.« (Hinde 1989, S. 256)

Daß die eben beschriebene Entwicklung und steigende Komplexität in Situationen des Aufwachsens kleiner Kinder, pädagogisch betrachtet, eher als hilfreich denn als problematisch anzusehen ist, kann etwa folgendes Beispiel verdeutlichen: Es hat sich gezeigt, daß »launenhafte«

Kinder, also solche, deren Verhalten eher als »schwierig« klassifiziert wird, weil sie keine stabilen Stimmungen und Zuwendungsmodalitäten an den Tag legen, nach der Einschulung häufig mit Gleichaltrigen in der Schule interagieren, also eine starke Peer-Zuwendung zeigen (ebd., S. 262 f.), und in diesem für sie neu gewonnenen Kontext müssen sie dann, um in der Gruppe aufgenommen zu werden, manche ihrer Verhaltensweisen »abschleifen«. Es zeigte sich, daß die Herkunft des Verhaltens solcher Kinder in doppelter Weise zu erklären ist: zum einen durch eine spezifische kindliche Charaktereigenschaft (hohes Temperament, Aktivität und damit verbundene Launenhaftigkeit), also eine Konstruktion des Selbst, die gleichsam aus dem Kind kommt und von ihm selbst aktiv betrieben wird; zum andern durch die spannungsgeladene Mutter-Kind-Beziehung. Letztere ist wieder Folge der Art und Weise, wie sich das Kind gegenüber der Mutter verhält – ebenso, wie das distanziertere Verhalten der Mutter gegenüber einem »schwierigen« Kind dessen launenhafte Verhaltensweisen verstärkt. Dieser Regelkreis kann dann am ehesten durchbrochen werden, wenn andere soziale Instanzen (Kindergarten, Schule) eingreifen, so daß die alltägliche Wiederholung von Spannungen zwischen Mutter und Kind »von außen« aufgebrochen werden kann. Die Verlagerung in die Peer-Interaktion gibt die Möglichkeit, hier Nähe oder sogar Wärme zu suchen, die das Kind befriedigen und seine Launenhaftigkeit herabsetzen. Dies entlastet auch wieder die Mutter zu Hause, so daß sich auch die Mutter-Kind-Interaktion verbessern kann. Vorausgesetzt ist freilich, daß die Peers tatsächlich dieses Beziehungsproblem auffangen können. Dies hängt wieder von zahlreichen Konstellationen ab. Kleinere Kinder um die drei Jahre etwa sind zunächst mehr mit sich beschäftigt und wenden sich am ehesten noch an die Erzieherin; sie entdecken Bedeutung und persönliche Eigenart ihrer Altersgenossen erst allmählich, und erst mit größerem Alter gehen sie auf sie zu, mit dem Interesse und der damit verbundenen Möglichkeit, eine neue Bindung einzugehen und Beziehungsdesiderate in der Familie zu kompensieren. Es gibt also eine Reihe von Faktoren zu beachten, unter denen gerade bei kleinen Kindern das *Alterswachstum* eine erhebliche Rolle spielt. Übrigens kann das »Kompensationsgeschäft« natürlich auch mißlingen. Wenn die ohnehin angespannten Kinder in eine aggressiv gestimmte Gruppe mit einer wenig zugewandten, unfreundlichen

Leiterin geraten, dann kann sich das Beziehungs-Mishap von zu Hause noch verstärken, sich bestätigt finden, und dann ist gar nichts gerettet. Hier sind also genaue Abstimmungen vonnöten, und dazu gehört dann auch eine enge Zusammenarbeit und Abstimmung der Netzknotenpunkte Familie/Eltern und Kindergarten/pädagogische MitarbeiterInnen. – Dennoch: Es liegt auf der Hand, daß, je zahlreicher die Knotenpunkte eines sozialen Netzes sind, es desto leichter ist, Defizite zu kompensieren, die sonst in einer einzigen Beziehungsstruktur festgefahren wären. In diesem Sinn hat die Gruppe der Altersgleichen insbesondere in der Form der Peers (als freie, nicht nur pädagogisch »überwachte« Gesellungsform) auch für kleine Kinder schon eine erhebliche Funktion, die sich entlastend auf den Familienkontext auswirken kann.

Beziehungsdynamiken unter gleichaltrigen Kindern

Es war schon darauf hingewiesen worden, daß Kinder, die in eine Gleichaltrigengruppe kommen, hier ihren Status erst *erwerben* müssen, während sie als »Kind von Vater und Mutter« von Geburt an definiert und angenommen waren. Dieses Aushandeln der Gruppenzugehörigkeit erfordert einiges an Aktivität und sozialen Fähigkeiten, die – darauf wurde mehrfach hingewiesen – sich erst allmählich entwickeln und erst nach vier/fünf Jahren zur ersten Entfaltung kommen. Während die Mutter-Kind-Beziehung durch Echohaftigkeit und gegenseitige Annahme bestimmt war, die allgemeine Beziehung zwischen Kind und Erwachsenen durch Unterschiede im Alter, Fremdheit und zugleich auch Vertrauen, konstituiert die Beziehung zwischen Kindern und Kindern eine eigene Kinderwelt mit eigenen Zugehörigkeitsregeln, und das alles zusammen macht heute Sozialisation aus. Die Gleichaltrigen sind dabei, vom Aufwachsen und Alter her gesehen, erst der zweite Schritt in die menschliche Sozialität. Es handelt sich um einen Prozeß *allmählicher Annäherung*. Anfang des zweiten Lebensjahres entstehen zwischen etwa gleichaltrigen Kleinkindern häufig Streitereien, etwa wegen eines bestimmten Spielzeugs, das beide haben möchten. Es kann auch sein, daß ein Kind dem anderen etwas »schenkt«, aber im nächsten Moment wieder zurückhaben möchte, weil es sich eben um kein sozial stiftendes Geschenk handelte, sondern um eine Spontangeste, die das Kind für sich selbst gemacht hat, nicht aber für den Spielpartner. Erst allmählich lernt das Kind, daß es nicht immer auf der Erfüllung eigener Wünsche bestehen kann und es genötigt ist, sich mit dem Spielpartner zu einigen. Tatsächlich gelingt dies in der Regel, so daß die häufigen Auseinandersetzungen zwischen gleichaltrigen kleinen Kindern vom Ende des zweiten Lebensjahres an allmählich abnehmen.

Die Entwicklung der sozialen Beziehung zu Gleichaltrigen läßt sich am Beispiel des *Spielverhaltens* in der Kindergruppe darstellen (Nickel/Schmidt 1978, S. 129). Kinder bis zum Alter von drei Jahren spielen entweder überwiegend allein oder, wenn andere Kinder im Raum sind, doch häufig parallel zu den anderen; ihre Zuwendungen erscheinen eher spontan, unregelmäßig und jedenfalls nicht durch das soziale Bedürfnis nach Kontakt gelenkt. Sie beteiligen die anderen nicht an den Dingen, die sie tun. Kontakte bestehen im gelegentlichen Hinschauen, was der andere tut; es gibt auch Streit um einen Spielgegenstand, den verschiedene Kinder begehren usw. Vom vierten Lebensjahr an nimmt das *kooperative Spiel* dann sprunghaft zu. Kinder sind plötzlich in der Lage, sich aufeinander einzustellen und Regeln, wenn sie »übersichtlich und anschaulich sind«, einzuhalten. »Vorschulkinder spielen nicht mehr nur nebeneinander her, sondern ihre Aktivitäten sind aufeinander bezogen, sie haben ein gemeinsames Ziel, z. B. zusammen ein Haus zu bauen oder ein Rollenspiel durchzuführen. Mit fortschreitendem Alter nehmen also die sozialen Kontakte und das Zusammenspiel in der Gruppe zu.« (Ebd., S. 129)

Neben dem Entwicklungsverlauf spielt aber auch die Art und Weise, in der die Beziehungen zwischen Eltern und Kind zu Hause ausgestaltet wurden, eine ganz erhebliche Rolle für die Fähigkeit oder Unfähigkeit, in Gleichaltrigengruppen erfolgreich zu interagieren. Das Verhalten erwachsener Bezugspersonen übt vor allem auf das Verhalten kleiner Kinder einen großen Einfluß aus, und dieser Einfluß wird nicht sofort »ausgelöscht«, wenn Kinder mit anderen Personen, etwa Gleichaltrigen, etwas unternehmen. Vielmehr pflanzen sich die eingeübten Verhaltenspatterns zunächst in die neuen sozialen Konstellationen fort. Ein Kind, dessen selbständiges Verhalten bekräftigt und unterstützt wurde, nimmt sehr viel leichter soziale Beziehungen zu

Gleichaltrigen auf als ein Kind, das eher zu abwartendem oder zurückgezogenem Verhalten erzogen wurde. Eine stark bindende Mutter-Kind-Dyade hat ebenfalls Auswirkungen auf das soziale Verhalten des Vorschulkindes, das die Mutterbindung zunächst (?) nicht entbehren kann und darum andere Beziehungsangebote eher abwehrt bzw. ablehnt. Es wird sich lieber Erwachsenen zuwenden, sich von den Gleichaltrigen isolieren und dadurch sozial wiederum benachteiligt werden. Es hängt hier sehr viel vom Verhalten der Erzieherin ab, ob sie die Abhängigkeit zu Erwachsenen weiter verstärkt oder verringert. Sie muß also die Ansätze zu Kontaktaufnahmen mit Gleichaltrigen bekräftigen. Nickel/Schmidt (ebd., S. 130) berichten von einer Studie, in der ein vierjähriges zurückgezogenes Mädchen von der Erzieherin systematisch jedesmal verstärkt wurde, »wenn sie sich anderen Kindern zuwandte. Die Verstärkungen bestanden in sprachlich geäußertem Lob, freundlichem Anlächeln, Streicheln und Helfen. Annäherungen an einen Erwachsenen wurden dagegen nicht beachtet. Bereits nach sechs Tagen zeigte sich eine deutliche Zunahme der Kontakte zu Gleichaltrigen und eine entsprechende Abnahme der Kontakte zu Erwachsenen.«

Die Anlässe, Kontakte zu Gleichaltrigen aufzunehmen, können sehr verschieden sein. Sehr häufig geht es darum, ein Spielzeug zu teilen, also entweder einem anderen das eigene Spielzeug ebenfalls zur Verfügung zu stellen, wenn er »mit mir spielt«, oder, umgekehrt, von dem anderen einbezogen zu werden und mit ihm spielen zu können, wofür der andere dann auch sein Spielzeug zur Verfügung stellt. Über solches *Spielzeugteilen* bahnen sich sehr häufig kindliche soziale Kontakte an. Überhaupt ist der Bereich des *Spiels* zentral für frühkindliche Peerbeziehungen. Von besonderer Bedeutung ist das *Rollenspiel*, das kleine Kinder früh fasziniert. Sie schlüpfen in die Rolle von Mutter oder Vater, spielen sich selbst als »kleines Kind«, während ein anderes die Mutter spielt usw. Beliebt ist es auch, die Rolle eines Haustiers zu übernehmen (Hund oder Katze). Freilich sind solche Entscheidungen in gewisser Weise risikoreich. Wählt ein Kind die Baby-Rolle, so kann es eigentlich nur quäken oder schreien (wenn es »echt« sein will), und damit ist sein Ausdrucksrepertoire recht begrenzt. Wichtiger noch ist die Tatsache, daß es in dieser Rolle wenig Chancen hat, die Richtung des gemeinsamen Spiels zu bestimmen. Das kann ein Kind, das »Mutter« spielt, entschieden eher, weil es beispielsweise entscheiden kann, daß nun eingekauft wird, daß es Zeit zum Essen ist oder daß nun Schlafenszeit sei. In diesen Rollenspielen machen Kinder erste Erfahrungen damit, daß *Status* im spielerischen Aushandeln von Rollen und deren Ausagieren zur Debatte steht und erworben oder verloren wird (vgl. Corsaro 1985, S. 100 ff.). Beobachtungen beim Mutter-Kind-Spiel haben gezeigt, daß sich der Sprechstil von übergeordnetem Rollenträger (Mutter) und untergeordnetem Rollenträger (kleines Kind) erheblich unterscheidet. Wurden Kinder in der Familie sprachlich gefördert, besitzen sie inzwischen ein breites Repertoire, Kommunikationen aufzunehmen und bestimmte Intentionen sprachlich auszudrücken, wie etwa

Imperative: Sie dienen der Kontrolle anderer Mitspieler (weisen sie zurecht, geben an, was zu tun sei etc.);

informative Statements: Sie geben die Regeln an, nach denen gespielt werden soll, zu ihnen gehört aber auch der Ausdruck persönlicher Gefühle gegenüber Mitspielern oder dem Spiel selbst (kognitive und emotionale Aspekte);

bitten, etwas zu tun: (»Laß uns doch bitte jetzt shopping gehen, Mutti«);

Antworten: Über sie werden Reaktionen auf Imperative anderer Kinder austariert, wobei sie die Möglichkeit geben, über Zustimmung oder Verweigerung den eigenen Status zu sichern oder zu verbessern (»Ich kann jetzt nicht einkaufen gehen, ich bin zu müde.«);

Handlungsaufforderung in Frageform: Hier handelt es sich um eine diplomatische Art, seinen Wunsch oder Willen durchzusetzen, die gleichzeitig dem Spielkameraden signalisiert, daß er voll respektiert wird (»Kannst du so lieb sein und mir die Puppe herüberreichen, damit ich sie ins Bett legen kann?«);

deklarierende Fragen (tag questions): Auch hier wird imperatives Sprechen vermieden, sondern auf geschickte Weise Zustimmung gesucht (»Wir machen jetzt das Kinderzimmer sauber, nicht wahr?«);

Informationsfragen: Sie beziehen sich häufig auf Situationen im laufenden Spiel, die nicht aus dem Gleichgewicht geraten dürfen; das Kind deutet über sie an, daß es kein Spielverderber sein will, sondern seine Handlungslinien mit den anderen Spielpartnern abzustimmen

sucht (»Wollen wir, wenn wir unser Kiddy ins Bett gebracht haben, das Vater-Mutter-Kind-Spiel beenden und uns Bilderbücher angukken, oder wollen wir noch weitermachen?«);
nachgeahmte Laute: Diese haben vor allem bei Baby- und Tierrollen eine Bedeutung und bereiten Kindern das Vergnügen, sprachlich zu regredieren (»goo-goo«, »mäh«, »grrr«).

Gerade das Miteinander-Spielen erlaubt, ja erfordert eine große Bandbreite unterschiedlicher Redeformen, die hier ausgearbeitet werden (ebd., S. 181). Neben dem kognitiven Sprech- und Sprachtraining geht es besonders um die *Regelung von Beziehungen*. Freundlichkeit oder befehlendes Verhalten deuten den Spielpartnern an, wie man sich selbst fühlt, welche Wünsche man an sie hat und wie vor allem die Über- und Unterordnung zu regeln sei. Corsaro hat beobachtet (und steht damit im Einklang mit vielen anderen Untersuchungen), daß Kinder miteinander erproben, welcher Rang ihnen in einer Spielgruppe zukommen könnte. Aktive und lebhafte Kinder werden schnell eine Führerrolle beanspruchen, während eher schüchterne sich ein- und unterordnen. Es hängt entscheidend von ihnen selbst ab, in welche Position sie geraten. Es handelt sich hier also um diffizile, aber möglicherweise folgenreiche Aushandlungsprozesse zwischen Peers, die – ganz anders als bei Jugendlichen – pädagogisches Beobachten und erzieherisches Eingreifen notwendig machen. So ist darauf zu achten, daß Kinder sich in ihren Rollen nicht festlegen. Besonders Kinder, die untergeordnete Rollen immer wieder übernehmen, verlernen es gleichsam, andere Ansprüche zu stellen und können dadurch einen Teil ihres zu Hause stabil aufgebauten Selbst unfreiwillig demontieren.

Eine weniger kognitiv bestimmte Dynamik, die aber auch wichtige Lernsequenzen miteinander verbindet, ist das *Zulassen zum Spiel* oder *Abweisen* von Gleichaltrigen, mit denen nicht von Anfang an eine Interaktion (hier: miteinander spielen) verabredet war. Häufig kommt es vor, daß zwei Kinder ruhig miteinander spielen, ein drittes, das sich langweilt oder ausgeschlossen fühlt und Anschluß sucht, sich an sie wendet und damit den Bannkreis der geschlossenen Interaktionsdyade zwischen den beiden durchbricht mit der Frage »Darf ich mitspielen?«. Kinder fühlen sich (oft verständlich) dann leicht gestört und weisen den zudringlichen Frager ab. Sie haben für ihn keine Rolle vorgesehen; sie fühlen sich in ihrer geglückten Interaktion mit den »zugelassenen«

Spielern gestört oder sogar bedroht; sie wollen dem hinzukommenden Kind zeigen, daß sie es nicht brauchen können, weil es das Spiel nicht spielen kann oder insgesamt nichts wert und wenig sympathisch ist; sie können sogar Feindschaft ausdrücken wollen und mit der Abweisung eine Demütigung verbinden (ebd., S. 134f.). Es gibt ganz verschiedene Möglichkeiten, hier zu agieren. Der Spielkamerad kann einbezogen werden – dann hat sich das Problem erledigt (es kann freilich während des Spiels wiederkommen, wenn sich zeigt, daß der Spielkamerad nicht die Kompetenz hat, die schon eingeübten und erprobten Regeln schnell zu erlernen und zu beherrschen). Oft wird er aber auch abgewiesen, denn Kinder sind sich sehr bewußt, wie *zerbrechlich* das Äquilibrium ihres Spiels ist, wie *störanfällig* die soziale Situation. Eine Bandbreite von Möglichkeiten ist beobachtet worden, wie

- das Partnerangebot zurückzuweisen, weil keine Rollen mehr zur Verfügung ständen;
- (oft willkürlich) eine Regel zu erfinden, die das Mitmachen weiterer Personen nicht zuläßt;
- das Befragen des einbezogenen Spielpartners mit dem Unterton, daß dieser die Abweisung aussprechen möge (indirekte Veranlassung);
- das Verschieben auf einen anderen Tag (morgen kannst du mitspielen) in der Hoffnung, daß sich das Problem damit zunächst erledigt;
- das Übersehen des »Eindringlings« und »so tun, als sei nichts passiert« . . .

Die Beispiele zeigen, daß nicht nur soziale Interaktionen einstudiert und das Repertoire von Möglichkeiten, eine Situation zu beherrschen, erprobt werden, sondern es auch wieder um das Aushandeln von *Nähe* und *Ferne* zueinander sowie von *oben* und *unten* geht. Wer nicht aufgefordert wird mitzuspielen, muß sich einen Spielpartner suchen; wird er abgewiesen, kann ihn dies sehr verletzen. Auch hier lernen Kinder eine Fülle von Interaktionsdynamiken, wie

- sich einen anderen Spielpartner suchen,
- den Abweisenden aggressiv angehen (anschreien, schlagen),
- sich zurückziehen und ein Stillspiel in der Ecke machen,
- sich bei der Erzieherin beschweren,

- laut Vorschläge machen, was nun *alle* Kinder zusammen tun sollten,
- Geschenke oder Freundschaft anbieten, um über diese Verstärkung doch noch in den geschlossenen Spielkreis einzudringen, etc.

Eine kaum aufzählbare Fülle von Interaktions- und Beziehungsmodalitäten begegnet Kindern unter Gleichaltrigen, mit der umzugehen erhebliche Kompetenz erfordert und die Bereitschaft, soziale Risiken einzugehen. Während die Mutter-Kind-Dyade eher Geborgenheit auf der Basis eines Urvertrauens anbot, geht es nun um Kompetenzerweiterung durch soziales Entdecken, Erleben von Positions- und Hierarchieunterschieden, dies alles mit stark affektiv besetzten Einlagerungen. Neben der kognitiven und emotionalen Kompetenzerweiterung sowie der Erfahrung von Status machen Kinder unter Gleichaltrigen noch zwei weitere Erfahrungen.

1. Sie lernen, sich in die anderen Kinder hineinzuversetzen, also Mitleid mit ihnen zu empfinden, wenn sie sich wehgetan haben oder gar krank sind. So lernen die Kinder, *Empathie* für andere zu haben und dies auch auszudrücken. Auf diese Weise erfahren und teilen sie mit anderen Grundelemente von Solidarität und Zusammengehörigkeit, und dies ist »clearly a feature of peer culture« (ebd., S. 179).

2. Indem Kinder mit anderen zusammen sind und miteinander über das Spielen »Beziehungsarbeit« leisten, machen sie die Erfahrung, daß sie in einer besonderen Gleichaltrigenkultur leben, die nicht mit der Welt der Erwachsenen zu verwechseln ist; nur über Rollenspielen ist diese, quasi imitativ, anzupeilen. Kinder unterscheiden jetzt zwischen Erwachsenen und Kindern, und sie unterscheiden zwischen der Erwachsenenwelt und ihrer eigenen »peerworld« (ebd., S. 255). Sie wissen z. B., daß sie »jünger« sind als Erwachsene und nicht verantwortlich wie diese. Das zeigt sich z. B. darin, daß es die älteren sind, die die Spielbereiche und das Spielmaterial bereitstellen und verwahren; sie erleben es an den Ge- und Verboten, die Erwachsene aussprechen (Kinder dürfen nicht mit Steinen werfen; Kinder dürfen keine »schlechten Ausdrücke« benutzen etc.). Kinder sind so umkreist von Regelungen, die die

Exosphäre der Erwachsenen an sie heranträgt; aber Kinder merken nun auch, daß dies alles zu ihrem Schutz dient und ihre Gleichaltrigenwelt nur auf diese Weise die interne Dynamik weiterentwickeln kann. Wenn sie über das Kleinkindalter hinauswachsen, werden sie dann beginnen, die ihnen von außen gesetzten Regeln kritisch zu überprüfen und zwischen ihnen auszuwählen. Als Jugendliche entwickeln sie eigene Maßstäbe und streben danach, auch in der Gestaltung ihrer Lebenssituationen, die dann weit über das Spiel hinausgehen, Autonomie zu bewahren und ihr Selbst mit einer eigenständigen Identität auszustatten, die ihnen persönliche Würde und Wichtigkeit sichert. Freilich, bis dahin ist es ein langer Weg, und er beginnt im Kleinkindalter, in dem schon die gleichaltrigen Kinder einander wichtige Entwicklungshilfen gewähren. Über Akzeptanz und Anlehnung (Ausubel 1974, S. 357 ff.); Wettbewerb und Kooperation (ebd., S. 353 ff.); Konflikt, Streit und Zuneigung, Versöhnung (ebd., S. 348 ff.) wächst die soziale Wahrnehmungsfähigkeit. Es hat den Anschein, als beginne dieser Prozeß früher als in Zeiten, als Kinder noch programmatisch in einer pädagogischen Provinz unmündig gehalten und von allen Realitäten abgeschirmt wurden.

Kinderfreundschaften

Erst seit kurzem wissen wir, daß auch kleine Kinder bereits zu Freundschaft, Treue und Liebe fähig sind, Dimensionen, von denen man früher meinte, sie spielten gar keine Rolle oder seien doch eher marginal, auch in ihrer Bedeutung für das Kind. Wir wissen nun, daß die Gleichaltrigen nicht nur austauschbare Spielkameraden sind (das oft auch), sondern zwischen ihnen auch engere Beziehungen entstehen können. Daß Kinder Nähe suchen, schon, um sich in den Gleichaltrigen zu spiegeln und in dieser Spiegelung stärker zu werden, zeigt sich etwa darin, daß die Leistung von Kameraden, die in der Gruppe einen hohen Status genießen, in der Regel überbewertet wird. »Das Bedürfnis, etwas Gemeinsames mit Individuen zu haben, die es mag, läßt das Kind die bevorzugten Gruppenmitglieder als ihm selbst ähnlicher als sie wirklich sind, und als Gruppenmitglieder, die es weniger mag, wahrnehmen (...). Entsprechend der Vorliebe für das eigene Geschlecht nimmt das Kind bei der gleichgeschlechtlichen Gruppe günstigere Persönlichkeitsmerkmale und positivere soziale Rollen wahr als bei der gemischt-geschlechtlichen Gruppe.« (Ausubel 1974, S. 348) Nähe entsteht bei kleinen Kindern also vor allem über das *Prinzip der Ähnlichkeit*, durch den Wunsch einer Art zwillingshaften Verdoppelung, um so das eigene Ich auf eine breitere Basis zu stellen und es für sich selbst, indem wichtige Züge sich im anderen widerspiegeln, glaubwürdiger und akzeptierbar zu machen (hier schwingt eine narzißtische Komponente mit). So entstehen Freundschaften unter Gleichaltrigen als enge, affektive Beziehungen. Diese sind dadurch ausgezeichnet, daß die beiden Kinder hier vollständig gleichberechtigt sein können und damit ermuntert werden, mehr über sich selbst zu lernen. Diese Freundschaftsfähigkeit ist freilich eine Kompetenz, die sich auch entwickeln muß, die also nicht automatisch gegeben ist. Beziehungen mit Gleichaltrigen befriedigen das Bedürfnis nach *differenzierten*, »mit vorherrschenden Persönlichkeitszügen eines Kindes am meisten zu vereinbarenden sozialen Beziehungen. Unter den besten Bedingungen, unter denen eine Wahl stattfinden kann, wählen sich Kinder Freunde, deren Qualitäten eine Grundlage für die gegenseitige Befriedigung der interpersonalen Bedürfnisse bilden. Gewöhnlich bedeutet dies, daß die Freunde, die sie aussuchen, ihnen entweder ähneln oder sie ergänzen, in der Weise, daß eine größtmögliche Übereinstimmung erzielt wird. Oft jedoch müssen sie sich mit irgend jemand arrangieren, der gerade da ist. Schon in der Vorschulperiode kommen bei der Auswahl der Spielkameraden Präferenzen zum Ausdruck. (...) Die Anzeichen der Freundschaft nehmen in diesen Jahren zu, zuerst in der Anzahl der Individuen, mit denen das Kind spielt, und später (wenn es allmählich lernt, daß bestimmte Beziehungen befriedigender sind als andere) in der selektiven Betonung besonderer Bindungen.« (Ebd., S. 361) Im Gegensatz zu Corsaro, der meint, »to be the best friend« sei für *Preschool-Mates* keine Kategorie (S. 162 ff.), behaupten wir also, daß Kinder *persönliche* Bindungen (etwa ab dem dritten/vierten Lebensjahr) eingehen können, die ihnen psychosozial äußerst wichtig sind. Eigentlich darf dieses Phänomen nicht verwundern. Schließlich haben die Kleinstkinder in der Familien-Triade enge Vertrautheit und schützendes Sich-umeinander-

Kümmern als Wert- und Verhaltensmodell erlernt (das bedeutet freilich, daß zu Hause wenig behütete, oft alleingelassene Kinder hier eher Defizite haben und nicht freundschaftsfähig sind). Hinde (1989, S. 260) resümiert: »In der Eltern-Kind-Beziehung ergibt sich eine Bindung mehr oder weniger unausweichlich. Bindung kann in Kinderfreundschaften sehr früh zum wichtigen Faktor werden. Bemerkungen wie ›Gabi sagte, sie sei meine beste Freundin, aber sie spielte mit Maria‹ zeigen, daß Treue sogar für Vorschulkinder wichtig ist.«

Grossmann (1987, S. 50) weist unter dem Stichwort »Kinderfreundschaft« darauf hin, daß Kinder häufig intensive Freundschaften eingehen, »deren erotischer Charakter oft nicht zu übersehen« sei. Sie zitiert Beobachtungen von Nelly Wolffheim (freilich aus dem Jahr 1930), die hier ebenfalls wiedergegeben werden sollen, weil sich im Anschluß an diese Beobachtungen eine Frage stellt, die nicht unwichtig ist: »Peter (5 Jahre) war ein besonders intelligenter Junge, der sicher und bestimmt auftrat. Er hörte aber auf, im Kindergarten als selbständige Persönlichkeit hervorzutreten, nachdem sich Paul seiner in Freundschaft bemächtigte. Die beiden zogen sich von den anderen zurück, spielten nur allein – möglichst in einer Nische, in der man sie nicht sah –, und Paul suchte Peter zu onanistischen Spielereien zu verführen.

Günther (4. bis 6. Jahr) hatte eine Freundin Gerda (ungefähr gleich alt) außerhalb des Kindergartens, die ihn beherrschte und der er ganz ergeben war. Er – der sonst absolut nicht bescheiden war – fühlte sich neben ihr klein und unbedeutend. Er ließ von ihr mit sich machen, was sie wollte. So hörte die Mutter im Nebenzimmer, wie Gerda mehrfach wiederholte: ›Der Zipfel muß ab, wozu ist der denn da?‹ Und als die Mutter hineinging, sah sie, daß Gerda dem Jungen strähnenweise Haar abschnitt. Die Handlung muß symbolisch verstanden werden. Das passive Verhalten Günthers zeigt, daß er seine Männlichkeit seiner Liebe opferte (...). Gerda wirkte dem Kindergarten entgegen. Eines Tages wollte Günther nicht mehr in den Kindergarten gehen; es ergab sich, daß Gerda den Kindergarten ›doof‹ fand und es ihm auch gesagt hatte, er solle lieber bei ihr bleiben (...). Erst nach zwei Jahren etwa befreundete er sich intensiver mit einem Jungen, spielte aber außerdem mit den meisten anderen Kindern. Dies war zu einer

Zeit, als sich auch aus äußeren Gründen die Freundschaft mit Gerda gelöst hatte.«

Die Frage, die sich hier stellt, liegt auf der Hand: Da pädagogische Aufsicht und erzieherisches Eingreifen im Kleinkindalter selbstverständlich sind, muß es sich auch auf Kinderfreundschaften erstrecken, insbesondere dann, wenn sie in irgendeiner Weise als gefährdend gelten und die soziale Entwicklung stören könnten. Der eben zitierte Passus Wolffheims macht den Autor dieses Buches (also mich) allerdings unwillig. Es ist ein beobachtender Blick »von außen«, der den Kindern jedes Eigenrecht auf Selbstbestimmung ihrer Situation nimmt, und dies mit Interpretationselementen, die keineswegs aus der Kinderwelt genommen sind, sondern aus (schnell angewandten) Theorien mit zweifelhafter Geltung hergeholt zu sein scheinen. Die »onanistischen Spielereien« Pauls und Peters sind für fünfjährige Jungen nichts Außergewöhnliches und (in der Regel und meistens) in keiner Weise »sittlich gefährdend«. Natürlich greift hier die *Verführungstheorie*, nach der »falsche Spielgefährten« (aus einem anderen, untergeordneten Milieu o. ä.) die »falschen Freunde« für Kinder seien; man müsse daher den Umgang mit ihnen verbieten oder zumindest strikt überwachen. Es ist die Frage, ob diese Maxime heute noch gelten darf (auch Grossmann scheint sie zu vertreten, vgl. S. 100). Günther und Gerda gelten als weiteres Beispiel einer »gefährlichen Freundschaft«: Gerda macht Günther von sich abhängig, und in einer symbolischen Kastrationsszene bedroht sie sein »männliches« Ich und fordert von ihm schließlich auch soziale Abkapselung – in einer Weise, wie wir sie in dieser Dramatik eigentlich nur unter Erwachsenen finden. Abgesehen von einem vielleicht »schiefen« Blick auf diese Kinderbeziehung und einer übertreibenden Interpretation – also einer möglicherweise falschen Wiedergabe der Beziehung aus dem besorgten Blick eines erwachsenen Menschen – stellt sich hier die Frage, welchen Gewinn Günther und Gerda von ihrer Beziehung haben könnten. Das wird gar nicht erwogen. Im übrigen ist darauf hinzuweisen, daß Kinderfreundschaften, so eng sie sind, doch nicht derart stabil sind, daß sie gleichsam in die biographische Struktur unauslöschlich eingelassen sind. Kinder lösen sich auch wieder voneinander, und sie tun das um so öfter, je jünger sie sind. Denn sie sind ja gerade dabei, ihren Lebenskreis zu erweitern, und würden ihren Interaktionsradius einseitig einschränken, wenn sie die Mutter-Kind-Dyade sofort mit einer weiteren andere ausschließenden Freundschaftsdyade fortsetzen würden. Kinder haben hier eine erstaunliche *selbstsozialisatorische Kompetenz*. Wenn sie Freundschaften eingehen, dann tun sie dies mit vergleichbaren emotionalen Intensitäten wie Erwachsene, und sie sollten darum nicht gestört, irritiert oder verunsichert werden. Alle Kinderfreundschaften entstehen im übrigen im Sozialkreis der Gleichaltrigen, sind also eingelagert in umgebende Interaktionsformen, meist auch, zumindest teilweise, gebunden an pädagogische Institutionen, so daß eine »soziale Isolierung durch Freundschaft« eigentlich nicht zu erwarten ist. Nehmen wir Kinder ernst, müssen wir ihre Kinderfreundschaften ebenso akzeptieren wie die Beziehungen zu Gleichaltrigen, die zwar anders geartet sein mögen als die Bindungen, die später Jugendliche und Erwachsene eingehen, aber diese Art und Weise bezieht sich allenfalls auf Inhalte und Verhaltensrepertoires, nicht aber auf ihre grundsätzliche Bedeutung für ein glückliches und gesundes Aufwachsen.

7. Außerfamiliale pädagogische Einrichtungen

Bisher hatten wir die Lebenswelt der Kinder im Rahmen ihres Ausgangs- und Rückkehrpunktes »Familie« (sozialökologisches Zentrum) betrachtet und die Gleichaltrigen (im Zentrum und im »Nahraum«) als zweites wichtiges soziales Bindungsfeld hinzugenommen. Dabei wurde die Sozialökologie der Familie allmählich entfaltet und von den Mutter-Kind-Beziehungen über die Väter in eine familiensystemische Betrachtung überführt. Es wurde deutlich, daß auch schon Kleinkinder nicht nur die Eltern als Bezugspersonen haben und brauchen, sondern daß neben Geschwistern auch andere Kinder eine Rolle spielen. Sie begegnen ihnen auf Spielplätzen, in Parks, auf der Straße, zunächst begleitet von der Mutter und anderen Aufsichtspersonen, jedoch ständig autonomer werdend. Schon angemerkt wurde, daß Kinder heute die meisten Gleichaltrigen in pädagogischen Einrichtungen außerhalb der Familie treffen, vor allem im Kindergarten. Dieser ist *nach* und *neben* der Familie die bekannteste, allerdings längst nicht mehr einzige pädagogische Angebotsmaßnahme. Freilich, wir geraten damit notwendig auf das Feld der »sozialökologischen Ausschnitte«, weil alle pädagogischen Einrichtungen, in denen sich Kleinstkinder bis zu Schulkindern aufhalten, bis auf wenige Ausnahmen mehr oder weniger *institutionell verankert* sind. Es handelt sich um meist durch Gesetze und Vorschriften ermöglichte und in ihren Spiel- und Handlungsräumen bestimmte und begrenzte Einrichtungen öffentlicher oder privater *Träger*, die mit der »öffentlichen Erziehung« jenseits des Familienbinnenraums und der institutionell ungestalteten Außenwelt (Wohngegend, Quartier) besondere Aufgaben der pädagogischen Bewahrung und Förderung übernommen haben bzw. übernehmen. Die pädagogisch in diesen Einrichtungen tätigen Personen sind in der Regel nicht wie die Eltern pädagogische Laienkräfte, sondern (mehr oder weniger) für ihren Beruf ausgebildet – es handelt sich also um Personen mit *pädagogischer Professionalität*. Pädagogik wird zum Beruf. Die Kinder, die in diese Welt eintreten, verlassen damit die diffusoffenen Beziehungen, wie sie in der Familie vorherrschend sind und betreten bzw. geraten in neue Kontexte, in denen sie vorübergehend außerhalb der Familie leben (meist Teile des Tags oder tagsüber), in die sie freilich zurückkehren als Alltagsbasis ihrer Existenz.

Eine breite Fachdiskussion hat sich inzwischen über Jahrzehnte hin mit Funktion, Zielen, Arbeitsformen, Personal, Kooperationsinstanzen und nicht zuletzt der Qualität der pädagogisch-erzieherischen Ergebnisse dieser Einrichtungen beschäftigt. Ihre Notwendigkeit ist auf den ersten Blick evident und muß nicht umständlich begründet werden: Unvollständige Familien können den Erziehungsauftrag an Kindern oft nicht hinreichend bewältigen; vor allem die Arbeitstätigkeit außer Haus, der heute auch zunehmend Mütter nachgehen, erfordert Einrichtungen, die Mütter in ihrer Aufsichts- und Erziehungstätigkeit entlasten; und schließlich sind wir inzwischen auch davon überzeugt, daß das Zusammensein mit Gleichaltrigen außerhalb der Familie für Kinder nützlich und förderlich ist. Wie nun sieht die organisierte Erziehung in früher Kindheit aus und vor allem: Inwiefern und unter welchen Bedingungen nützt sie den Kindern?

Zur Geschichte der öffentlichen Kleinkindererziehung in Deutschland

Angebote zur außerfamilialen Versorgung und Erziehung von Kleinkindern gibt es in einer bis heute verfolgbaren Form etwa seit Beginn des letzten Jahrhunderts. Allerdings gab es davor schon Vorformen, wie *Spiel- und Warteschulen*, die der außerfamilialen Betreuung kleinerer Kinder dienten. Grund für ihre Einrichtung war die Erwerbstätigkeit beider Elternteile außer Haus, meist als Tagelöhner oder Arbeiter, und die Notwendigkeit, Kinder in Heimarbeiterfamilien aus dem meist engen häuslichen Arbeitsbereich herauszuhalten, da sie den geordneten Wirtschaftsablauf als »Störenfriede« eher zu behindern drohten. Es waren also ganz praktische, nicht aus der Lebenssicht der kleinen Kinder gewonnene Gründe, die am Anfang der öffentlichen frühkindlichen Erziehung stehen. Daß ein weiteres Motiv von Anfang an eine Rolle spielte (bis heute), zeigt ein Dokument aus dem Jahre

1792 zu Funktionen und Aufgaben der sogenannten Spielschulen (Erning u. a. 1987, I, S. 16): »Sobald ein Kind laufen kann, wird es in eine sogenannte Spielschule geschickt; eine Art von Institut, das, seiner Nützlichkeit wegen, allenthalben nachgeahmt zu werden verdient. Wittwen und andere bejahrte Frauenzimmer sind gemeiniglich die Aufseherinnen in diesen Schulen. Hier werden zehn, zwanzig und mehrere Kinder von gleichem Alter und Stande mit kleinen Beschäftigungen, vorzüglich aber mit ihnen angemessenen Zeitvertreiben unterhalten; hier lernen sie spielend buchstabieren, lesen, kleine moralische und geistliche Lieder, Stricken u. d. gl. Spielen bleibt indessen immer ihre Hauptbeschäftigung – der vorzüglichste Nutzen dieser Anstalten besteht ausgemacht darinne, daß auch die Kinder der gemeinsten Leute, unter einer beständigen Aufsicht stehen, sich mit ihres Gleichen weit besser vergnügen, als außerdem möglich wäre, und nicht in Gefahr kommen, auf allerhand Ausschweifungen zu gerathen, deren Einfluß auf Sitten und Gesundheit auf den ganzen Lauf des Lebens hindurch empfunden wird. Noch unendlich mehr Nutzen ließe sich von diesen Spielschulen erwarten, wenn die Obrigkeit allenfalls auch die Geistlichkeit, die Aufsicht darüber hätte, keine anderen Subjekte zu Schulfrauen wählte, als solche, die sich durch ihren gebildeten Verstand und sanften Karakter auszeichneten, ihnen gute Kinderschriften zum Unterricht vorschrieben und darauf sähen, daß die Schulstuben geräumig genug wären und nicht der schwarzen Höhle glichen, wie leider bis jetzt nur allzu oft der Fall ist, u. d. gl.«

Hier finden sich durchaus *pädagogische* Argumente, aber sie sind von besonderer Art: Zum einen sollen die Spielschulen schon die kleinen Kinder vor allem *beaufsichtigen*, damit sie nicht »auf allerhand Ausschweifungen geraten« und ihre Sitten und ihre Gesundheit nicht beeinträchtigt werden. Notwendig ist solche Aufsicht vor allem für die »Kinder der gemeinsten Leute«: Die Spielschulen stellen damit die Kinder und deren Familien unter öffentliche Aufsicht und sind damit eine günstige Kontrollmöglichkeit der öffentlichen Hand oder des Staates, durch ständige Überwachung jeder Form von Ordnungswidrigkeit zuvorzukommen. Das *Aufsichtsproblem* stellt sich vollständig vor die Frage, welchen persönlichen Nutzen kleine Kinder vom Aufenthalt in den Spielschulen haben könnten. Nur einer ist wenigstens angedeutet: Zwar bleiben Stricken und Spielen die Hauptbeschäftigung der kleinen Kinder, aber sie lernen dabei doch auch buchstabieren und lesen sowie kleine moralische und geistliche Lieder. Die Einrichtung dient also des weiteren dazu, die Kinder auf das spätere Lernen und die Ansprüche eines außerkindlichen Lebens vorzubereiten. Kulturtechniken gehören ebenso dazu wie (damals) Frömmigkeit und Disziplinierung durch »kleine moralische und geistliche Lieder«. Schon in den ersten Lebensjahren also beginnt sich der Qualifikationsanspruch zukünftigen Lebens bemerkbar zu machen. Die Diskussion dauert bis heute, inwieweit man Kindern den ihrer Entwicklung gemäßen Spielraum zubilligen solle oder doch immer schon ihre Lebens- und Lernverhältnisse so regulieren müsse, daß sie auf die nächsten Schritte in das zukünftige Leben rechtzeitig vorbereitet werden. – Ein dritter Problemkreis, der bis heute ebenfalls nicht erledigt ist, wird angesprochen: Neben der Entlastungs-, Aufsichts- und Vorbereitungsfunktion ist wichtig, welche Personen diese Funktionen innerhalb der Institution zu erfüllen helfen. Damals waren es »Wittwen und andere bejahrte Frauenzimmer«, also Personen, die *außerhalb* des Berufslebens standen und, da der Mann gestorben war und die Kinder aus dem Haus, nun Zeit genug hatten, ihre Familien-Erfahrungen an Kinder aus anderen Familien (meist problematischer Natur) weiterzugeben. Gewünscht wird von ihnen »gebildeter Verstand« und ein »sanfter Karakter«, aber offenbar war dies nicht immer gegeben. Damit deutet sich an, was heute formell gelöst ist: Wer in solchen Einrichtungen tätig ist, sollte schon geeignet sein, mit Kindern umzugehen und damit besondere Eigenschaften und Kenntnisse mitbringen. Ein letzter Punkt wird ebenfalls angesprochen: Es soll sich um möglichst »geräumige« Schulstuben handeln und nicht um »schwarze Höhlen« wie zumeist. Dies weist darauf hin, daß auch pädagogische Früherziehungsinstitutionen wie Familien ein *architektonisches Innenbild* haben, das als räumliches Gefüge oft Bedingung bzw. Voraussetzung ist für ein erfolgreiches pädagogisches Handeln.

Zu Beginn des 19. Jahrhunderts war man sich in den eben angesprochenen grundsätzlichen Leitpunkten einig. Vor allem eine frühe Belehrung der Kinder ist ein häufig zu findendes Thema in den Erörterungen über die Beschäftigungspläne öffentlicher Kleinkindererziehung. Die unterschiedlichen Ausprägungen, die sich im Verlauf des 19. Jahrhunderts fanden, lassen sich nach Erning u. a. (ebd., S. 29) als

1. *Bewahranstalt,* 2. *Kleinkinderschule* und 3. *Kindergarten* typisierend zusammenfassen und auch programmatisch abgrenzen.

1. Es war Johann Georg Wirth, der seine praktischen Erfahrungen als Leiter von Bewahranstalten in mehreren Publikationen Mitte des letzten Jahrhunderts veröffentlichte. Dabei gelang es ihm, die bloße Kinderverwahrung und eine verschulende Pedanterie zu vermeiden und die Kindlichkeit seiner Schützlinge durchaus zu respektieren. Er sprach sich für eine Auflockerung des sich sonst ständig wiederholenden und damit gleichförmigen Wochenplanes aus (»Unterricht«, »Arbeit« und »Spiel«); individuell wichtige Ereignisse wie Geburts- und Namenstage der Kinder, aber auch das Eingehen auf Krankheits- und Sterbefälle in der Familie des Kindes zeigen, daß Wirth versuchte, die Kinder in den »Bewahranstalten« nicht zu isolieren, sondern die Institution an ihre Lebenswelt anzubinden.

2. Theodor Fliedner, ein evangelischer Pfarrer (1800–1864), hatte in England die englischen Kleinkinderschulen kennengelernt und trug dieses Konzept nun in den deutschen Sprachraum, eröffnete beispielsweise 1835 die erste Kleinkinderschule in Kaiserswerth. Neben dem Aufziehen »in der Zucht und Vermahnung des Herrn« soll vor allem der kindliche Wille zur Ordnung, Reinlichkeit und einem pünktlichen Gehorsam« gefördert werden (zitiert nach Erning I, S. 33). Ausgeschlossen sein sollen »Roheit, Zügellosigkeit, Faulheit, Unreinlichkeit und Unsittlichkeit«. Wichtig war Fliedner aber auch die Beschwichtigung der Kinder durch Aufsicht, um dadurch »den Vulcan der socialen Revolution, auf dem wir stehen, zu schließen«. Hier taucht das eben schon genannte Motiv der sozialpädagogischen Beaufsichtigung sonst auffällig-störender Kinder und Familien wieder auf; auch ist es hier Sache der Kirche und des Staates, auf Abhilfe zu sinnen, um die Bevölkerung zu beschwichtigen und jeder Form von sozialer Aufsässigkeit zuvorzukommen.

3. Eine Ablösung vom schulischen Vorbild und ein stärkeres Eingehen auf die Lebensweise kleiner Kinder vertrat eindeutig erst Friedrich Fröbel (1782–1852). Fröbel ging nicht von familienfürsorgerischen Betreuungsnotwendigkeiten aus, sondern sein Interesse war, unabhängig von jeder sekundären standes- oder milieupolitischen Zwecksetzung, die *Bildung des Menschen,* die schon beim Säugling und kleinen Kind beginnt. (Hierzu und zum folgenden: ebd., S. 37ff.) Er

entdeckte das *Spiel* als die spezifische kindliche Aneignungs- und Durchdringungsweise der Wirklichkeit und entwickelte eine Ordnung von »Spielgaben«, vom Ball über Kugel, Walze und den mehrfach geteilten Würfel bis zur Fläche, der Linie und dem Punkt. In der Verbindung von lebenspraktischen, ästhetischen und mathematischen Kategorien sollte das Kind sich »ahnend« die Welt aufschließen, unter Anleitung und Mittun der Mutter. Von Fröbel stammt der »Kindergarten«, zu dessen Gründung er 1840 aufrief. Unterstützung oder Ergänzung der »bei Hoch und Niedrig so ganz unvollkommenen häuslichen Erziehung der noch nicht schulpflichtigen Kinder durch öffentliche Anstalten« war nun das Ziel: Der Kindergarten sollte für *alle* da sein, weil ihn alle brauchen. Nach der Zerschlagung der demokratischen Revolutionsversuche in Deutschland in den Jahren 1848/49 verbot die preußische Regierung 1851 die Fröbelschen Kindergärten, weil sie Teil seines »sozialistischen Systems, das auf Heranbildung der Jugend zum Atheismus berechnet ist« seien – ein Verbot, das bis 1860 währte, aber eher dazu beitrug, die Kindergartenidee und Spieltheorie Fröbels noch stärker in die Diskussion zu bringen. Bemerkenswert ist, daß im 19. Jahrhundert der Staat wenig in der frühkindlichen Erziehung aktiv wurde, es eher (teilweise bis heute) Initiativen der Kirchen, Wohlfahrtsverbände oder einzelner Individuen waren, die aktiv wurden. Doch die Überzeugung, daß die Familie der eigentliche Erziehungsort sei, sowie die Tatsache, daß es noch keine demokratische Ordnung gab, die eine (auch finanzielle und institutionelle) Beteiligung des Staates an der frühkindlichen Erziehung einfordern und durchsetzen konnte, führte dazu, daß dieser Bereich – im Gegensatz zur *Schule* – in gewisser Weise marginalisiert blieb.

Erst nach der Gründung des Deutschen Kaiserreichs (Verfassung, 25 Bundesstaaten mit eigenen Befugnissen, z. B. in Kulturangelegenheiten) und die dadurch erfolgende Festigung des Staatsgefüges führte zur sozialstaatlichen Intervention Ende des letzten und Anfang unseres Jahrhunderts. Im Gesamtrahmen einer Sozial- und Jugendfürsorgepolitik sollten insbesondere die sozialen Probleme und Spannungen, »die der Industriekapitalismus im Gefolge hatte, die massenhafte körperliche und geistige Verwahrlosung der Kinder, in Sonderheit auch der von der organisierten Arbeiterbewegung in Richtung Sozialreform ausgehende Druck« gestaltet werden. Auch ein in den 80er Jahren mit Besorgnis beobachteter Geburtenrückgang führte zu Bestrebungen, die Mutter-, Säuglings- und Kleinkinderfürsorge zu verbessern. »Sozialhygiene« war ein bestimmendes Stichwort, denn um 1900 starben durchschnittlich knapp 20 von 100 Säuglingen im ersten Lebensjahr. Der nun propagierte »Volkskindergarten« nahm Fröbels Gedanken auf; deren Versöhnung mit den Kirchen war schon vorher konzeptionell erfolgt. Die Ausbildung von Kindergärtnerinnen und Kleinkinderlehrerinnen wurde nun ebenfalls zum Thema, und immer mehr Seminare Fröbelscher Prägung erwarben die staatliche Anerkennung. »Öffentliche Kleinkindererziehung war nun am Vorabend des I. Weltkrieges als sozialpädagogische Nothilfeeinrichtung fest etabliert. Kindergärten, Kleinkinderschulen und auch Krippen und Horte sind nun eindeutig der Kinder- und Familienfürsorge zuzuordnen. Nur jene Kinder, deren Familien und insbesondere deren Mütter an der Pflege und Erziehung des Kindes gehindert waren, sollten die Einrichtungen zum Zwecke der Vorbeugung von Verwahrlosung besuchen.« (Ebd., S. 62) Zwar gab es inzwischen eine allgemeine Überzeugung, auch das Kleinkind bedürfe einer eigenständigen Pädagogik; praktisch gesehen jedoch wurde die *Sozialpädagogisierung* des Kindergartens mit Nachdruck eingeleitet, indem Prävention vor Verwahrlosung zum leitenden Gesichtspunkt wurde.

Nach dem Ersten Weltkrieg wurde mit noch mehr Nachdruck auf eine einheitliche gesetzliche Regelung des gesamten Kinder- und Jugendfürsorgebereiches gedrungen und daran gedacht, eine zentrale Instanz dafür zuständig zu machen. Es entstanden ein reichseinheitliches Jugendfürsorge- bzw. Jugendwohlfahrtsgesetz sowie Jugendfürsorge- bzw. Jugendwohlfahrtsbehörden, die die vielfältigen Aktivitäten und Organisationen der Säuglings-, Kinder-, Jugend- und Mütterfürsorge koordinieren, planen und steuern sollten. Der Kindergarten wurde als Teil der Jugendhilfe im Reichsjugendwohlfahrtsgesetz (RJWG von 1922) verankert. Freilich trat der sozialfürsorgerische Aspekt wieder stark in den Vordergrund, so daß der Kindergarten – wie in zeitgemäßen Kritiken formuliert – zu einer »Auslese besonders benachteiligter Kinder«, zu einer Bewahranstalt für »aufsichtsbedürftige Kleinkinder« und zu einer »Straf- und Armeleuteanstalt« wurde (nach Grossmann 1987, S. 42).

Dennoch, *erziehungspolitisch* hatte sich die Situation doch geändert. Staatliche Instanzen engagierten sich nun, indem sie vermehrt öffentliche Trägerschaften übernahmen und die finanzielle Beteiligung der öffentlichen Hand erheblich ausweiteten; die Erzieherinnenausbildung wurde ebenso geregelt wie die Festlegung einer Mindestausstattung der Einrichtungen; und es gab die Forderung nach einer pädagogisch-psychologischen Grundlagenforschung unter Einschluß von »Modellkindergärten«. Leitendes Stichwort war nun »kindgemäß«, und dies bedeutete nicht nur, daß einem dringenden Notstand abzuhelfen sei, sondern auch, daß die Lebenswelt des Kindes und die Reichweite seiner kognitiven und emotionalen Fähigkeiten beachtet werden sollte. Es entstand der *Vormittagskindergarten* als ein »Grundtypus« (so die Pädagogin Elisabeth Blochmann; 1928, S. 76), »der als pädagogische Lebensform grundsätzlich für die Kinder aller Stände da ist und eine selbständige Bedeutung neben der Familie hat«. Dem entsprach, daß sich das Trägerspektrum erweiterte, neben private traten öffentlich-kommunale Einrichtungen, neben traditionelle Träger traten neue Organisationen (»Rotes Kreuz«, »Arbeiterwohlfahrt«); gleichzeitig organisierten sich die Träger stärker verbandsförmig (Wohlfahrtsverbände, Kirchen etc.).

Die grundsätzliche Anerkennung des organisierten frühkindlichen Erziehungsbereichs führte auch theoretisch zu einer *breiteren* Ausdifferenzierung der Argumente und erzieherischen Strategien. Die Entwicklungspsychologie, aber auch die Psychoanalyse und eine wissenschaftlich-experimentelle Pädagogik führten zu Neuansätzen in der Wissenschaft vom Kleinkind. Besonders wichtig waren die Theorie- und Praxisanregungen Maria Montessoris (1870–1952). Sie richtete als italienische Ärztin 1907 in einem Arbeitervorort Roms ein Kinderhaus ein – Casa di Bambini – und entwickelte, ausgehend von medizinisch-psychiatrischen Erfahrungen mit geistig Behinderten, eine ausgesprochen wissenschaftsorientierte Kleinkindpädagogik, die das *Lernen durch Selbsttätigkeit* betonte. Montessoris Materialien führten in der Kleinkindpädagogik zu dem Ausdruck »Montessori-System«, das dem »Fröbel-System« gegenübergestellt wurde, so daß eine lebhafte Diskussion unter dem Namen »Fröbel-Montessori-Problem« entstand. – Auch Rudolf Steiners (1861–1925) *anthroposophische* Kleinkindpädagogik, vor allem die Einrichtung erster *Waldorfkinder-*

gärten belebte die Diskussion. Schließlich hatte die *Psychoanalyse* S. Freuds, in der die kindliche Frühentwicklung zum Baustein der späteren Persönlichkeit erklärt wird, inzwischen ihren Siegeszug angetreten und wurde immer stärker gerade auch in der Kleinkindpädagogik beachtet. *Jugendämter* erhielten seitdem zur Aufgabe (vgl. damals in der Formulierung § 4 RJWG),»Einrichtungen und Veranstaltungen anzuregen, zu fördern und gegebenenfalls zu schaffen für (...) Mutterschutz vor und nach der Geburt; Wohlfahrt der Säuglinge; Wohlfahrt der Kleinkinder (...)«. Diese Akzentuierung zeigt übrigens, daß neben der pädagogischen Diskussion immer wieder *bevölkerungspolitische* und *sozialhygienische* Motive zum Zuge kamen, die sich bis heute in die Diskussion einflechten. Die Einrichtungen werden auf diese Weise immer wieder als Sicherung von Notfällen und Problemsituationen verstanden; dem entspricht, daß es auch in der Weimarer Republik nicht gelang, den Kindergarten in das Bildungssystem mit einer eigenen Funktion einzugliedern. Vielmehr bestimmte Artikel 146 der Reichsverfassung:»Auf einer für alle gemeinsamen Grundschule baut das mittlere und höhere Schulwesen auf.« (Erning u. a. I, S. 71) Der Kindergarten lag davor und außerhalb, und es gab damit auch keine Verbindlichkeit, das Kindergartensystem auszubauen und allen Bevölkerungskreisen zugänglich zu machen.

Die Zeit des Nationalsozialismus führte zur Gleichschaltung der Wohlfahrtsverbände (etwa Übernahme der»Arbeiterwohlfahrt« in die »Deutsche Arbeitsfront«, Gleichschaltung des»Paritätischen Wohlfahrtsverbandes« und des»Roten Kreuzes« und Übernahme der Einrichtungen durch die»Nationalsozialistische Volkswohlfahrt«); die Zeitschrift»Kindergarten« wurde ebenso ein Organ der NSV, wie die Berufsorganisation der Kindergärtnerinnen, Hortnerinnen und Jugendleiterinnen, die im»Nationalsozialistischen Lehrerbund« eingegliedert wurde; die Montessori-Kinderhäuser und die Waldorfkindergärten wurden geschlossen. Die nationalsozialistische Erziehungsideologie drang nun auch in den Kindergarten ein, wenngleich es wegen des Kriegsausbruchs dann nicht gelang, alle Einrichtungen zu übernehmen und sich die konfessionellen Trägerorganisationen zum Teil in organisiertem Widerstand wehrten. Dennoch, insgesamt gesehen,»hatte die Umgestaltung des Kindergartenwesens in der Zeit des Nationalsozialismus, nicht zuletzt auch aufgrund der Infiltration der

Praxis und der Ausbildungsstätten mit Parteigenossen und -genossinnen der NSDAP, ein Ausmaß erreicht, daß nach Kriegsende ein weitgehend zerstörtes Kindergartenwesen zurückblieb« (ebd., S. 81).

Nach 1945 wurde als unmittelbar geltendes Grundrecht (Artikel 1 III GG) im Grundgesetz für die Bundesrepublik Deutschland als Ausgangspunkt der öffentlichen Kleinkindererziehung im Nachkriegsdeutschland festgelegt: »Pflege und Erziehung der Kinder sind das natürliche Recht der Eltern und die zuvörderst ihnen obliegende Pflicht. Über ihre Betätigung wacht die staatliche Gemeinschaft.« Damit ist dem Kindergarten vor allem die Aufgabe zugewiesen, die Familie zu ergänzen, und er ist ein *freiwillig* anzusehendes Erziehungs- und Bildungsangebot der Jugendhilfe – im Gegensatz etwa zur Schulpflicht (Artikel 7 GG). Angeschlossen wird also an die überlieferte Traditionslinie einer Legitimation als *familienfürsorgerische Einrichtungsform*, »dergegenüber bildungspolitische und pädagogische Zielsetzungen in den Hintergrund treten« (ebd., S. 86). Zu erklären ist dieser Rückbezug auf alte Traditionslinien damit, daß die »Nachkriegsnot« (auseinandergerissene Familien, zerstörte Städte, keine Arbeitsplätze) sozialpolitische Maßnahmen der skizzierten Art als dringlich erscheinen ließ. So wurde an das – wie es hieß – »Altbewährte« angeknüpft: eine bürgerlich-traditionelle, konfessionell ausgerichtete Programmatik der Kleinkindererziehung (ebd., S. 90). Kleinkinderpädagogik in institutioneller Form hatte *familienergänzend* zu sein, sich aber beispielsweise nicht auf das Bildungswesen zu beziehen, dem im Aufbau des zerstörten Deutschlands – ebenfalls im Anschluß an die Weimarer Republik – zentrale Funktionen zugeschrieben wurde.

Die DDR strebte zwar an, die öffentliche Kleinkindererziehung in das staatliche Schul- und Bildungssystem einzugliedern, es kam jedoch nicht zu einer obligatorischen Kindergartenpflicht, weil die finanziellen Ressourcen dafür nicht ausreichten.

Empirische Bestandsaufnahmen über die tatsächliche Erziehungsarbeit in vorschulischen Institutionen zeigen, daß zwar eine Pädagogik des freien Wachsenlassens und eine Freisetzung der spontanen Entwicklung des Kindes in einer kindgemäß gestalteten Umwelt vertreten wurde, aber der organisatorische Ablauf in der Praxis anders aussah: »Der Vormittag begann in der Regel mit einer ein- bis zweistündigen

Freispielphase im Gruppenraum. Dann folgte eine Phase des Aufräumens, der sich zumeist ein gemeinsamer Gang in den Waschraum bzw. auf die Toilette anschloß. Nach gemeinsamem Frühstück, eingeleitet durch Liedersingen oder Gebet, wurde eine etwa einstündige gelenkte Spielphase angeboten. ›Während der gelenkten Spielphasen wurden zwar eine Vielzahl verschiedener Aktivitäten beobachtet, es dominierten aber Sing-, Kreis- und Fingerspiele, Lieder singen und Lieder lernen, während systematisch durchgeführte Sprach- und Denkübungen, kurze Lehrgespräche oder auch Rollenspiele, rhythmische Bewegungs- und verkehrserzieherische Übungen ebenso selten Ereignisse waren wie Besichtigungen von Betrieben, Bauwerken, gesellschaftlichen Institutionen und das Bekanntmachen mit deren Funktionen.‹ In der sozialen Erziehung wurden erhebliche Anpassungsvorleistungen an die Verhaltensnormen des späteren Schulalltags erbracht im Sinne traditioneller erzieherischer Wertorientierungen: Bravsein, Ruhigsein, Gehorsam, gute Manieren und die Fähigkeit des Sich-Einfügens in eine fremdbestimmte Ordnung.« (Barres 1978, S. 247f.) Auch, wenn in der *Einschätzung* zwei typische Forderungen (»Besichtigungen von Betrieben, Bauwerken, gesellschaftlichen Institutionen und das Bekanntwerden mit ihren Funktionen«) deutlich werden, zeigt der darstellende und zusammenfassende *Bericht* doch deutlich, daß noch in den 70er Jahren wirklich neue Impulse in der Kleinkindererziehung kaum eine Rolle spielten – man setzte damals ganz auf die Mutter-Kind-Beziehung und die Geborgenheit im familialen Gefüge. Aber gleichzeitig begannen sich Konzepte durchzusetzen, die in den heutigen Diskussionsstand hineinreichen und nicht nur die Kindergartenpraxis, sondern auch die institutionellen Vorkehrungen im frühkindlichen Bereich veränderten und die vor allem die ungeklärte Frage zwischen Familienzuständigkeit und öffentlicher Erziehung im Bereich der Kleinkindpädagogik wieder aufgriffen, aber auch weiterführten.

Neue Verbindungslinien: Der »Situationsansatz«

Die öffentliche Erziehung hat inzwischen erheblich an Gewicht und Terrain gewonnen. Das Argument, die Familienbande seien gefährdet, eine Entfremdung des kleinen Kindes von der Familie fände statt

(Erning u. a. 1987, II, S. 258 ff.), wird nicht mehr mit solchem Nachdruck vertreten. Auch das Argument, auf diese Weise würde eine »Entpflichtung« der Familien und insbesondere Mütter von ihrer eigentlichen Aufgabe der Kinderbetreuung und -erziehung betrieben, wird kaum noch vorgebracht. Ging man fast zwei Jahrhunderte vom Vorrang der Kleinkindererziehung in der familialen Lebenswelt aus, wird heute deren *Ergänzungsbedürftigkeit* gerade auch in erzieherischer Hinsicht betont. Es gibt strukturelle Schwächen der modernen Kleinfamilie, die nicht zu übersehen sind. Dazu gehören eine *zunehmende Anzahl von Einzelkindern* ebenso wie eine stärkere Inanspruchnahme der Mutter durch Berufstätigkeit. Insgesamt verändern sich die familialen Lebensformen derart, daß es zunehmend empfehlenswert erscheint, auch den kleinen Kindern einen weiteren Ort erzieherischen Einflusses zuzuweisen. Der Kindergarten wird immer weniger als »Notbehelf« angesehen, sondern als ein kindgemäßer Lebensraum, der nicht *gegen* die Familie steht, sondern sie in mancher Hinsicht ergänzt. In der Novellierung des Reichsjugendwohlfahrtsgesetzes im Jahr 1961 wird in das Jugendwohlfahrtsgesetz ein neuer Paragraph (§ 3) aufgenommen, in dessen Absatz 1 es heißt: »Die öffentliche Jugendhilfe soll die in der Familie des Kindes begonnene Erziehung unterstützen und ergänzen. Die von den Personensorgeberechtigten bestimmte Grundrichtung der Erziehung ist bei allen Maßnahmen der öffentlichen Jugendhilfe zu beachten, sofern hierdurch das Wohl des Kindes nicht gefährdet wird. Ihr Recht, die religiöse Erziehung zu bestimmen, ist (...) stets zu beachten.« Auch im neuen Kinder- und Jugendhilfegesetz aus dem Jahre 1991 ist dieser Aspekt – bei deutlicher Betonung der Bedeutsamkeit der Familie – beibehalten.

Strukturell hat der Kindergarten nun die Aufgabe, anhand eines geordneten und regelmäßigen Angebotes gleichsam Ruhe und Übersicht in das Leben des Kindes zu bringen. Denn die modernen Familien mit den zahlreichen Beanspruchungen außerhalb des Familienlebens, den vollen Terminkalendern und zusätzlichen Medieneinwirkungen sind oft gar nicht in der Lage, Kindern noch einen regelmäßigen Tagesrhythmus anzubieten: »Verfolgen wir die Tagesabläufe von drei- bis sechsjährigen Kindern (deren Mütter als Hausfrau tätig bzw. wo beide Elternteile berufstätig sind), so stellen wir fest, daß diese Kinder zunehmend mindestens in vier bis fünf Lebenskreisen leben:

für einen immer größer werdenden Zeitraum befinden sie sich in einer Einrichtung öffentlicher Erziehung; einen anderen Teil ihres Tages leben sie mit der Mutter allein bzw. den Geschwistern; in einem anderen Abschnitt bewegen sie sich in Peergroups – und zwar nicht nur auf der Straße, sondern in Sportvereinen, in Gemeindegruppen, im Jugendhaus; einen vierten Kreis bilden die Medien wie Fernsehen, Kassettenrekorder, ›Hefte‹ und Radio; einen weiteren Teil des Tages leben sie mit dem Vater zusammen, wobei diese Zeit am Werktag sehr gering ist. Auf den ersten Blick handelt es sich hier nicht um ein besonderes Phänomen, denn zu allen Zeiten wechselten Kinder zwischen den verschiedensten Aktivitäten (z. B. Spielen auf der Dorfstraße, Holzholen). Zum Problem wird es durch den Rhythmus, in dem es abläuft. Solange der Rhythmus zwischen den verschiedenen Lebenskreisen in etwa gleich bleibt, also an jedem Tag dieselben Kreise aufeinanderfolgen, werden keine sehr großen Schwierigkeiten auftauchen. Ungleichgewichte entstehen dort, wo sich der kindliche Grundrhythmus (Wachen, Schlafen, Essen, Reinlichkeit, Spiel) nun an verschiedenen Orten vollzieht. Mal hier und mal dort zu sein – die damit verbundenen Diskontinuitäten müssen untersucht werden.« (Seehausen 1989, S. 122f.) Unter den verschiedenen sozialökologischen Lebenskreisen und Nischen, in die Kinder heute sehr früh geraten, spielt der Kindergarten als »Einrichtung öffentlicher Erziehung« insofern eine besondere Rolle, als er heute durch die Regelmäßigkeit sowie Verläßlichkeit seines Angebotes geradezu einen zuverlässigen Rahmen erzwingt und dem Kind zumindest für einen halben Tag, oft auch länger, die Möglichkeit gibt, in vertrauten Räumen und mit vertrauten Personen Sozialisationserfahrungen nachzuholen und auch zu ordnen, die anderswo nicht vermittelt oder »durcheinander«gebracht werden. Brüche im Tagesablauf sind für Kinder offensichtlich schwer zu verkraften; in einer modernen Familie sind sie jedoch häufig an der Tagesordnung und oft auch gar nicht zu vermeiden; hier das Zeugnis einer Mutter, die als Industriearbeiterin tätig und alleinstehend ist: »Das Schlimmste sind die kurzfristig angesetzten Überstunden, die alles an Planung über den Haufen werfen. Vor allem muß ich dann wieder einen Babysitter organisieren. Dem Kind ist dies natürlich kaum verständlich zu machen. Nur was damit alles an Schwierigkeiten auftaucht – darüber denkt ja im Betrieb und auch im Kindergarten keiner nach. Der Junge zeigt dann eine sehr ablehnende Haltung, wirkt extrem aggressiv, schreit mich an und will ständig fernsehen. Auch die Nachbarin, die ihn betreut, beklagt sich über ihn.« (Ebd., S. 123 f.) Die durch Termine und Verpflichtungen zersplitterte Existenz des Erwachsenen betrifft auch das Kind, das im Kindergarten als strukturellem Gegenpol einen Ort vorfindet, in dem alles, was geschieht, sich grundsätzlich an seinen Interessen und Bedürfnissen orientiert und damit »pädagogische Antworten« gibt, »die sich an Strategien der Regelhaftigkeit, Verläßlichkeit und Ermunterung orientieren« (Seehausen 1989, S. 161).

Wie hat die Kindergarten-Pädagogik auf diese Entwicklungen *inhaltlich* und *konzeptionell* reagiert? In relativ kurzer Zeit haben sich verschiedene Schwerpunkte abgelöst. Ende der 60er und Anfang der 70er Jahre wurde vor allem ein *funktionsorientierter Ansatz* vertreten mit Versuchen, »durch Trainingsprogramme und Übungsmaterialien eine Verbesserung des kindlichen Leistungs- und Entwicklungsstandes in den verschiedenen Persönlichkeitsbereichen zu erreichen« (Retter 1978, S. 138). Psychologische Forschungen hatten belegt, daß Kinder schon früher als bisher angenommen kognitiv-differenzierte Fähigkeiten entwickeln und zum Beispiel das Lesen oder Grundelemente der Kulturtechnik Rechnen lernen können. Man wollte das Kind nun rechtzeitig und gezielt fördern, um es nicht zu unterfordern. Hinzu kam Anfang der 60er Jahre der »Sputnik-Schock«, also die Sorge, daß sich die Bundesrepublik Deutschland als wirtschaftlicher Standort nicht behaupten könne, wenn sie im »Wettkampf der Systeme«, wie es damals hieß, nicht Schritt hielte. Neben den zentralen Auswirkungen dieser Überlegungen auf das Schulsystem wurde auch der Kindergarten als eine Art propädeutischer Stufe für schulisches Lernen einbezogen und stärker an die Schule gebunden. Eine intensivierte frühkindliche Begabungs- und Bildungsförderung im Zuge einer »Frühlesebewegung«, der Entwicklung von »idealen Lernspielzeugen«, »Trainingsmappen«, »pädagogisch wertvollen didaktischen Lernspielen«, »didaktischen Spielen und Arbeitsmaterialien« war die Folge. Eine Verstärkung dieses Konzepts fand die Orientierung an einem *wissenschaftsorientierten Curriculum*; für die Altersstufe der 5- bis 6jährigen wurde eine »Vorklasse« konzipiert; Belser (1972) entwickelte für die Hamburger Eingangsstufen zum Beispiel »allgemeine Lern- und

Aktivitätsfelder« (Leben in sozialen Bezügen/Gesprächsförderung/ Spielen) und »spezielle Lern- und Aktivitätsfelder« (Lernbereich Natur und Sachwelt/Lernbereich Mathematik/Lernbereich Musik/ästhetische Erziehung/Lernbereich Sport). Auch »wenn sie in vereinfachender Form dargeboten und erworben werden«, so Belser (ebd., S. 109), müssen die Lernprozesse elementarer Art wissenschaftlich richtig sein. Obwohl das Spiel einbezogen wird, übernimmt dieser Ansatz viele Aspekte des schulischen Lernens, das sozusagen auf die Kindergartenpädagogik hin verlängert wird.

Diese *Über*akzentuierung kindlichen Lernens mit einer Folie aus Wissenschaftsorientierung, Grundschulorientierung und Zukunftsorientierung wurde nicht aufrechterhalten. Es zeigte sich, daß in den meisten Fällen Kinder, sind sie einmal eingeschult, sehr schnell die notwendigen Kulturtechniken erwerben, auch wenn sie vorher kaum mit ihnen in Berührung gekommen sind. Hinzu kam, daß die Traditionen Fröbels doch lebendig blieben, die (in welcher Form auch immer) die *Kindgemäßheit* des Kindergartens in den Mittelpunkt stellen und das Recht des Kindes auf sein jetziges und augenblickliches Leben, das nicht schon in den ersten Lebensjahren seiner möglichen beruflichen Zukunft, im Rahmen von bildungspolitisch gelenkten Qualifizierungsprozessen, geopfert werden dürfe.

Der *situationsorientierte Ansatz* zieht daraus Konsequenzen. Hier spricht man häufig vom »situationsorientierten Curriculum« und hält damit den Gedanken aufrecht, daß Lernerfahrungen nicht ausschließlich spontan, sondern in einer gewissen Anordnung gemacht werden sollten. Die Arbeitsgruppe Vorschulerziehung am Deutschen Jugendinstitut München entwickelte diesen Ansatz für die Elementarerziehung. Im Mittelpunkt stand die Entwicklung des Curriculums »soziales Lernen«; dort heißt es, die pädagogische Arbeit stehe »unter dem Ziel, Kinder verschiedener sozialer Herkunft und mit unterschiedlicher Lerngeschichte zu befähigen, in Situationen ihres gegenwärtigen und künftigen Lebens möglichst autonom und kompetent denken und handeln zu können« (AG Vorschulerziehung 1976, S. 15). Im Mittelpunkt stehen für Kinder relevante »Lebenssituationen«. Der experimentell erprobte und in seinen Grundzügen bestätigte Ansatz läßt dabei acht Charakteristika, die als »Standards reformierter Kindergärten« gelten können, erkennen (Zimmer 1985, S. 22 ff.):

1. Die Lebenssituationen von Kindern stehen im Mittelpunkt. Alle Lern- und Erfahrungsprozesse sollen sich darauf beziehen (dies bedeutet, nebenbei bemerkt, daß an wissenschaftlichen Strukturen ausgerichtete Lern-Curricula für Vorschulkinder nicht mehr vorgesehen sind).

2. *Soziales Lernen* steht an erster Stelle. So sollen in den Vorschuleinrichtungen nach Möglichkeit Kinder verschiedener sozialer Herkunft gefördert werden, damit sie von früh auf die Erfahrung kultureller Unterschiede machen und lernen, damit umzugehen. *Sachbezogenes Lernen*, also der Erwerb von Kenntnissen und Fähigkeiten, wird diesem sozialen Lernen untergeordnet; wenn es stattfindet, soll es auf soziale Zusammenhänge bezogen werden. (Beispiel: Kinder lernen ein Gericht kochen und dabei Gewürze aus verschiedenen Ländern kennen; bei dieser Gelegenheit können sie auch etwas über diese Länder erfahren.)

3. Die Arbeit in der *altersheterogenen* Gruppe wird dem Lernen in *altershomogenen* Gruppen vorgezogen. Durch die Altersmischung können sich Kinder mit unterschiedlichen Erfahrungen austauschen und so gegenseitig anregen und fördern; gleichzeitig können sie dabei lernen, hierarchische Lehr-/Lernverhältnisse abzubauen (dazu: Krappmann 1983, S. 154 ff.; Wagner 1983, S. 461).

4. Da Eltern von vielen Situationen ihrer Kinder mitbetroffen sind, sollten sie wie andere Erwachsene, die den Kindern nahestehen, sich *an der Arbeit des Kindergartens* beteiligen. Sie können ihre »lebenspraktische Kompetenz« bei der Planung und Durchführung pädagogischer Aktivitäten einbringen und gleichzeitig mit den Kindern lernen und etwas über sie erfahren; außerdem werden sie ihre Kinder auf diese Weise besser verstehen können.

5. Auch Kinder sollen sich an der *Planung* dessen, was pädagogisch geschieht, nach Möglichkeit *beteiligen*; angestrebt wird ein von den Erzieherinnen und Kindern gemeinsam getragener Erfahrungs- und Kommunikationsprozeß, »in dem die Beteiligten Lehrende und Lernende sein können und Erzieher nicht mehr die allein Sachverständigenrolle innehaben«. (Zimmer 1995, S. 22 f.)

6. Handlungsfelder *außerhalb* des Kindergartens sollen einbezogen werden, weil Kinder nicht nur im Kindergarten leben. Auf diese Weise wird die Diskontinuität unterschiedlicher Umgebungen, wenn nicht

aufgehoben, so doch durch Einbeziehung in den vom Kindergarten angeleiteten Lernprozeß erträglicher, im glücklichen Fall sogar ausgeglichen. Lernorte im Gemeinwesen und Erwachsene aus dem sozialen Umfeld des Kindergartens sollen eine verstärkte Rolle spielen. Wenn sich reformierte Kindergärten im Ansatz zu Gemeinde- oder Stadtteilzentren entwickelten, dann wären die Kindergärten in andere Kultur- und Aktivitätsfelder eingelagert und würden auf diese Weise ihren pädagogischen Ghettocharakter überwinden.

7. Die *Tageseinteilung* soll sich nicht nach festem Muster gestalten (Freispiel/gemeinsames Frühstück/Beschäftigungsphase/Mittagessen/ Mittagsschlaf/Freispiel); auch hier sollen die jeweiligen Situationen beachtet werden, und statt der Großgruppe soll in kleinen Gruppen gelebt und gearbeitet werden.

8. Ebenso wie Klassen mit offenem Unterricht die traditionellen Sitzbankanordnungen durch flexible Lösungen ersetzen, sollen auch reformierte Kindergärten anregungsreicher und stärker in *Eigeninitiative* gestaltet sein; dazu gehört, daß *Funktionstrennungen* teilweise aufgehoben werden können, also etwa Verkehrs- in Nutzflächen verwandelt werden.

In diesem Zusammenhang ist die Rede von einer »Entritualisierung im Kindergarten« (Krug 1985). Die Vorstellung des »Kindgemäßen«, aus dem 19. Jahrhundert übernommen, wird nun kritisch verstanden als »Konstruktion einer Pseudowirklichkeit zur Verdrängung kinderfeindlicher Realität«. In der Ablehnung einer, wie die am Situationsansatz sich orientierenden Pädagogen glauben, falschen Pflege von Kindlichkeit, die in einer technologisch geprägten Umwelt und mit frühen Medienerfahrungen nicht mehr aufrechterhalten werden kann, sollen die Lebenssituationen moderner Kindheit erschlossen werden. Zwar sollen Kinder nicht gemäß schulischer Curricula in wissenschaftliche Disziplinen eingeführt werden; dennoch läßt sich in einem von Wissenschaft bestimmten Zeitalter durchaus immer wieder eine Möglichkeit vorstellen, auch Kinder schon an Denk- und Wissensbeständen zu beteiligen, die zum modernen Leben gehören. Kinder tun dies oft auch selbst, indem sie etwa die Tastatur eines Computer bedienen und sich so spielend in die zunächst fremde Welt des Bildschirms einloggen. Bestimmte Inhalte würden, so die Kritik am »Kindgemäßen«, immer noch für geeigneter als andere gehalten, in das Situationskonzept eines Kindergartens einzugehen, selbst dann, »wenn die Realität von Kindern täglich das Zurechtkommen mit eben solchen ›nicht kindgemäßen‹ Zuständen verlangt. Die Kinder scheinen sich schon daran gewöhnt zu haben, daß bestimmte Dinge im Kindergarten anders verhandelt werden, als sie diese tatsächlich erleben, daß manches ›zum Kindergarten gehört‹ – Bilderbücher, Familienszenen im Kinderfernsehen wie auch die Art und Weise, in der familiäres Zusammenleben im Kindergarten zur Sprache kommt, bringen meist unrealistische, normierende Bilder eines harmonischen, von wirtschaftlichen Sorgen, Zeitnöten und persönlichen Konflikten bereinigten Familienlebens. Meist bleibt es den Kindern überlassen, Diskrepanzen zur erlebten Familienwirklichkeit zu verdauen und damit fertig zu werden, daß das Thema Familie von Erwachsenen für Kinder in ganz bestimmter Richtung inszeniert wird. Existentiell bedeutsame Themen wie Tod, Krankheit, Krieg, deren Verarbeitung auch bei Erwachsenen Hilflosigkeit auslöst, sind Tabubereiche für Kinder.« (Ebd., S. 66f.) Eine dritte Kritik an der Ideologie des »Kindgemäßen« macht sich an der Ausstattung von Kindergärten fest. Die Kataloge von Kindergarten-Vertriebsfirmen bieten eine oft sehr kostspielige »Als-ob-Welt« an, die eine bestimmte Ästhetik mit sich bringt. Das Ideal einer unverdorbenen, naturnahen Kindheit findet sich wieder im Angebot von naturbelassenem Hartholzspielzeug mit reinen Formen und Farben, »wie es die Romantiker mit ihrer universalistisch verklärenden Sichtweise von Kindern zugrunde legen« (ebd., S. 67). Neben solcher romantisierenden Naturbelassenheit von Spielzeug finden sich dann Billigpreisspielzeug und technizistische oder auf andere Weise werbewirksam vermittelte »Einübungsutensilien in die Massen- und Konsumgesellschaft (Barbie-Puppe als Beispiel)« (ebd.). Kinder haben jedoch eine eigene Vorstellung vom »Kindgemäßen«; sie spielen auch mit Plastik, sie mögen Medien aller Art, sie mögen nicht nur das Kinderlied, sondern Popmusik etc. Die Kinder sollen also nicht mehr nostalgischen Rückerinnerungen von Erwachsenen an die eigene Kinderzeit unterworfen werden, sondern *ihre* »Situationen« so leben und gestalten können, wie sie sie lebensweltlich erfahren.

Zu fragen ist freilich, ob ein solcher Kindergartenstil, der flexibel auf die Bedürfnisse des Kindes eingeht, immer umgesetzt werden kann. Viele Elemente gutgemeinter pädagogischer Programme scheitern an der Praxis. So kann beispielsweise ein sich an den Bedürfnissen der Kinder orientiertes Erziehungskonzept nur dann realisiert werden, wenn der Kindergarten in der *Raumgestaltung* die Möglichkeit gibt, den Wünschen und Vorstellungen der Kinder nachzukommen. Die Ordnung des täglichen Zeitablaufs wird oft nicht nur von den Interessen und Bedürfnissen des Kindes bestimmt, sondern von Faktoren, die nicht pädagogisch abgeleitet sind, aber in der lebensweltlichen Wirklichkeit der Familien eine Rolle spielen. Dazu gehören Arbeitszeiten der Eltern, die Entfernung zwischen Kindertagesstätte und Arbeitsplatz, die Arbeitszeit der Erzieherinnen, also eine Reihe von gesellschaftlichen Rahmenbedingungen, die die Realisierung einer »kinderfreundlichen Familie« ebenso einschränken wie die Reformbemühungen in Vorschuleinrichtungen. Um dies Argument anschaulich zu machen, soll der Zehnstundentag der $3^1/_2$jährigen Anette, Kind einer alleinstehenden berufstätigen Mutter, wiedergegeben werden:

»6.30 Uhr:
Anette wird von ihrer Mutter im Kindergarten abgegeben. Sie wird von Beate begrüßt und ins Bett gelegt, obwohl sie um 5 Uhr aufgestanden und inzwischen völlig munter ist ...
7 Uhr:
Die zweite Kraft, Cilly, kommt, sie übernimmt die Schlafwache. Beate verläßt mit den Schulkindern den Raum, um in den Hort zu gehen.
8 Uhr:
Die Kinder dürfen aufstehen. Betten werden weggeräumt, Kinder angezogen. Doris, die neu hinzukommt, verläßt mit der Hälfte der Kinder den Raum. Anette ist mit dabei. Die Kinder dürfen jetzt spielen.
9 Uhr:
Endlich kommt Uschi, Anettes Gruppenleiterin. Alle 50 Kinder der Kindergartenabteilung versammeln sich im großen Raum zum Morgenkreis (es wird gesungen und gespielt) ...
9.15 Uhr:
Anettes Gruppe geht zum ersten Mal gemeinsam auf die Toilette. Die Kinder waschen sich die Hände ...
9.35 Uhr:
Frühstück ...
10 Uhr:
Die folgenden eindreiviertel Stunden sind der längste Zeitraum, innerhalb dessen die Kinder kontinuierlich spielen können. Je nach Wetterlage bestehen drei Möglichkeiten zur Gestaltung:

a) gutes Wetter: Anettes Gruppe geht mit Doris spazieren ...
b) gutes Wetter: Alle Kinder verbringen den Vormittag auf dem Spielplatz des Kindergartens ...
c) schlechtes Wetter: die Gruppe spielt im Gruppenraum ...
11.45 Uhr:
Erneuter gemeinsamer Toilettenbesuch, Händewaschen etc., anschließend Mittagessen.
12.30 Uhr:
Toilette etc., Ausziehen der Kinder.
13 Uhr:
Mittagsschlaf.
15 Uhr:
Aufstehen, anziehen, Betten wegräumen, Toilette etc.
15.30 Uhr:
Kaffeetrinken. Die ersten Kinder werden abgeholt.
16 Uhr:
Cilly hat Dienstschluß. Sie übergibt je eine Hälfte ihrer Gruppe an Doris und Uschi.
Durch das allmähliche Abholen der Kinder herrscht große Unruhe. Anette verliert ständig ihre Spielpartner und kommt zu keinem intensiven Spielen mehr. Die Auswahl des Spielmaterials ist beschränkt, um das Einräumen zu vereinfachen. Die Kindergärtnerin wird öfter von Eltern angesprochen. Sie kann sich den Kindern nicht mehr mit der notwendigen Aufmerksamkeit widmen.
17 Uhr:
Zu Anettes Gruppe kommen die Kinder von Doris, die inzwischen Dienstschluß hat.
Kurz darauf wird Anette von ihrer Mutter abgeholt.« (Zitiert nach Grossmann 1987, S. 126f.)

Neben ihrer Mutter hat Anette im Kindergarten vier weitere Bezugspersonen: Beate, Cilly, Doris und Uschi. Diese Erzieherinnen kommen und gehen, wie der Dienstplan es vorschreibt; Anette muß sich immer wieder auf neue Erziehungspartnerinnen einstellen. Der Zeitablauf kann auch nicht auf jedes einzelne Kind und seine Disposition Rücksicht nehmen; Anette ist eigentlich ausgeschlafen, muß sich nun aber wieder ins Bett legen; die »Schlafwache« ist eine wichtige Aufgabe für die Erzieherinnen. Alltagsverrichtungen (auf die Toilette gehen, Mittagessen, Schlafen) nehmen einen großen Teil des Tages ein. Die Abholzeiten der Kinder sind nicht genau festzulegen, weil die Eltern selbst zu unterschiedlichen Zeiten Dienstschluß haben, manchmal auch mehr oder weniger pünktlich eintreffen, weil es Verkehrsbehinderungen gab etc. So kann Anette ab 16 Uhr keinen verläßlichen Spielpartner mehr antreffen; immer, wenn sich eine Situation aufgebaut hat, wird der Partner von den Eltern abgeholt. Gleichzeitig wird die Kindergärtnerin nun von den Eltern beansprucht, so daß sie sich kaum noch um die Kinder kümmern kann. Schließlich wird Anettes Gruppe durch die Kinder von Doris, die inzwischen Dienstschluß hat, erweitert, und Anette muß sich wieder umstellen auf ein neues Sozialgefüge. – Bestätigt wird dadurch eine Grundeinsicht, die Seehausen (1989, S. 51) so formuliert: »Es ist eine Tatsache, daß die ökonomischsozialen, politischen und kulturellen Entwicklungsbedingungen das situative Netz affektiver, emotionaler und kognitiver Beziehungsverhältnisse zutiefst beeinflussen.« Dies bedeutet auch, daß der Situationsansatz nicht nur von seinen pädagogischen Zielen her verstanden werden kann, denn jede »Situation«, wie ein Kind sie erlebt, wird nicht nur durch die angestrebten Lernziele bestimmt, sondern auch durch die eigene subjekthafte Wahrnehmung des Augenblicks. So sollen Kinder aus sozialen Konfliktfeldern lernen, bestimmte Situationen möglichst selbständig und wenig angstbesetzt zu bewältigen, zum Beispiel: Mutter und Vater kommen abgespannt und müde von der Arbeit nach Hause/das Kind verläuft sich in seinem Stadtviertel/ Streitigkeiten in der Kindergruppe/Rivalität von Geschwistern/Gastarbeiterkinder und Außenseiter stehen am Rande der Gruppe/ Konflikte beim Essen/Aufräumen/Alleinsein/Vorbereitung auf Schule und Krankenhausaufenthalt. So etwas wird meist im Rollenspiel gelernt, das die Erzieherinnen anregen. Aber für das drei- bis sechsjährige Kind steht die jeweils *gegenwärtige* Lebenssituation im Vordergrund, also die Kindergruppe und der Kindergarten. Dies bedeutet, daß das Bewußtsein des Kindes beherrscht wird »von den situativen Beziehungsaspekten, in denen es mit unterschiedlichen Erwartungen konfrontiert wird (z. B. in seinem Verhältnis zu anderen Kindern, zur Erzieherin, getrennt Sein von den Eltern). Die Wahrnehmung des Kindes ist situationsverhaftet. Es lebt auf Situationen und Gegenwart hin; das Kind ist in und von der jeweiligen Situation eingefangen; diese Situation ist nicht nur die des vorgeschlagenen Rollenspiels, sondern die seines Stellenwertes in den sozialen Beziehungen des Kindergartens.« (Ebd., S. 157) Die pädagogische Absicht muß also mit der kindlichen Situationsfixierung der momentanen Konkretheit seines Erlebens abgeglichen werden. Der Situationsansatz verfehlt oft sein Ziel, wenn er nur das pädagogische Projekt zum Thema macht, aber nicht den Entwicklungsstand und die auf den Augenblick fixierten Interessen der Kinder, die sich keineswegs ohne weiteres in ein pädagogisches Projekt – und sei es noch so gut gemeint und didaktisch entsprechend vorbereitet – einfügen können. Wenn dies mitbedacht wird, ist der Situationsansatz wohl geeignet, einer Vielzahl von Kindern in manchmal nicht vergleichbaren Lebenssituationen Förderung angedeihen zu lassen; in diesem Sinn resümiert L. Krappmann (1985, S. 53): Es sei zu vermuten, »daß die kind- und situationsbezogene Arbeitsweise nicht nur das ohnehin neugierige und aktive Kind anspricht, sondern auch besonders geeignet ist, zurückgezogene, in ihren sozialen Beziehungen vorsichtige, schnell verstört reagierende Kinder hervorzulocken. Das kind- und situationsorientierte Vorgehen zeigt nämlich einige Ähnlichkeiten mit Ansätzen, verhaltensauffälligen Kindern zu helfen. Gesprächs- und spieltherapeutische Richtungen wie die Individualpsychologie betonen ebenfalls, daß man sich dem Kind mit seinen Sinnvorstellungen unter Berücksichtigung seiner Lebenssituation zuwenden muß, um sein ›gestörtes‹ Verhalten zu verstehen und ihm andere Verhaltensweisen als sinnvoll nahezubringen. Es könnte sich folglich herausstellen, daß diese situationsorientierten Bildungsangebote zugleich sehr günstige Auswirkungen auf problembelastete Kinder im vortherapeutischen Bereich zeigen.«

Die Träger, die Ausbildung pädagogischer Fachkräfte

Daß die pädagogische Arbeit im Kindergarten keineswegs schon hinreichend beschrieben ist, wenn die *Kinderperspektive*, wie eben abschließend gefordert, berücksichtigt wird, wird schnell deutlich, wenn wir uns vergegenwärtigen, daß Kindergärten ganz unterschiedliche *Träger* haben können, die ihrerseits wieder in *Trägerverbänden* (Kirchen, Wohlfahrtsverbände etc.) organisiert sind. Diese Träger sind für das pädagogische Konzept, die Einstellung der Mitarbeiter, die Organisation und Planung der Arbeit bis zu den Öffnungszeiten verantwortlich. Neben öffentlichen Trägern (Gemeinden, Gemeindeverbände und Kreise) spielen eine besondere Rolle die Spitzenverbände der freien kleinen Wohlfahrtspflege mit ihren Untergliederungen: Arbeiterwohlfahrt, Bundesverband e. V. (mit 11 Landesverbänden), das Diakonische Werk (mit 29 Landesverbänden und Hauptbüros), der Deutsche Caritasverband (mit 22 Diezösan-Caritasverbänden), der Deutsche Paritätische Wohlfahrtsverband (mit 11 Landesverbänden) und die Zentrale Wohlfahrtsstelle der Juden in Deutschland. Zwar haben Jugendämter und Landesjugendämter *generell* die Aufsichtspflicht über alle Einrichtungen der Jugendhilfe; jedoch gilt, daß die Jugendämter nicht die Selbständigkeit der freien Träger beschneiden dürfen. Der Kindergarten steht so in einem sozialen Gefüge, das in Abbildung 26 wiedergegeben ist.

1. Der *Träger* bestimmt die Konzeption des Kindergartens und wählt die Mitarbeiter aus; 2. der Träger ist einem *Trägerverband* angeschlossen, der den Träger berät; der Trägerverband kann seine Fachbe-

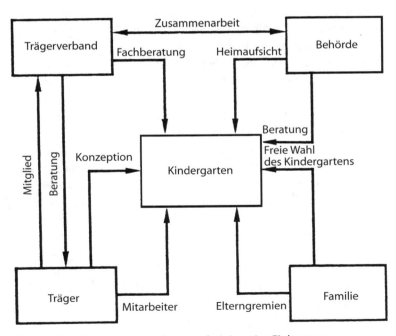

Abb. 26 Der Kindergarten und seine administrative Einlagerung.
Quelle: Grossmann 1987, S. 161

ratung auch direkt dem Kindergarten zugute kommen lassen; 3. sodann gibt es die (meist kommunale) *Behörde* (Jugendamt), die ebenfalls den Kindergarten beraten kann sowie die Heimaufsicht hat; 4. die *Familie* schließlich, frei in der Wahl des Kindergartens, nimmt Beziehung zu dem ausgewählten Kindergarten auf und ist in seinem Elterngremium vertreten.

In Abb. 26 wird nur der unmittelbare Bezug des Kindergartens zu umgebenden Behörden und Trägern dargestellt, die gleichsam auf der einen Seite stehen, während die Familie, die ihr Kind schickt, die eigentliche Basis der Arbeit bereitstellt. Aber unsichtbar ist ein *Exosystem* von Trägern, Behörden und Gesetzgebern tätig, das deutlich macht, wie auch Bundesministerien und Bundespolitik neben der Landespolitik bis auf die kommunale Ebene der Träger, des Jugendwohlfahrtausschusses, des lokalen Jugendamtes, den Kindergarten als systemische Ordnung umgeben:

Dieser noch erweiterte Blick zeigt, daß gerade öffentliche Erziehung nicht nur aus Interaktionen zwischen Personen besteht, die frei über ihre »Situationen« verfügen; vielmehr wirkt eine Vielzahl gesellschaftlicher Kräfte mit, die sich an der Vorschulerziehung nach Maßgabe ihrer jeweiligen Zuständigkeit beteiligen. Der Kindergarten ist so aus einer mehr oder weniger spontanen Gründung mit zunächst stark sozial- und ordnungspolitischen Motiven zu einem wichtigen Bestandteil des gesamten Erziehungssystems geworden, dem er als »Elementarbereich« angegliedert ist (es schließen sich *der Primarbereich* der Grundschule, die *Sekundarstufe* I und II, die Mittel- und Oberstufe weiterführender Schulen an, während der *Quartärbereich* neben Teilen der Berufsausbildung die Erwachsenen- und Weiterbildung sowie die Hochschulen umfaßt). Auch der pädagogische Alltag im Kindergarten ist Bildungs- und Erziehungszielen unterworfen, die politisch weiterentwickelt, behördlich überprüft und von ErzieherInnen vertreten werden.

Deren *Ausbildung* ist ein weiterer Beteiligungsfaktor, der das pädagogische Geschehen im Kindergarten beeinflußt. Im Gegensatz zu den Eltern handelt es sich um *Berufserzieher*, deren Berufsbild zwischen »Mütterlichkeit, Expertentum und dialogischem Berufskonzept« schwankt (Colberg-Schrader 1985, S. 157). Ursprünglich war der Erzieherberuf *caritativ* geprägt, wurde verstanden als »Hilfe am Nächsten«, als

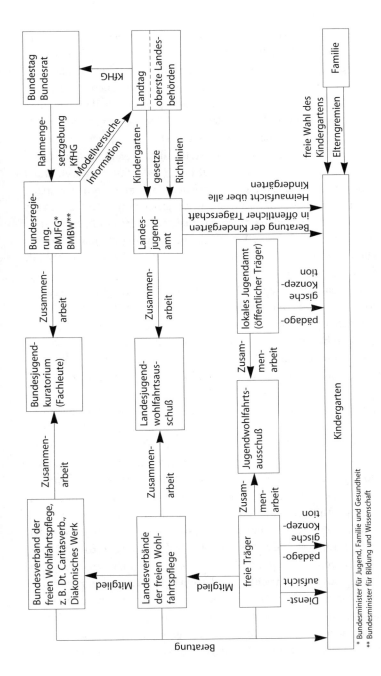

Abb. 27 Bezugsgeflecht von Trägern, Behörden und Gesetzgebern.
Quelle: Herzberg/Lülf 1985, S. 104

* Bundesminister für Jugend, Familie und Gesundheit
** Bundesminister für Bildung und Wissenschaft

sozialer Dienst in christlicher Liebe. Daher erklärt es sich, daß ursprünglich vor allem christliche Bürgerfrauen und Töchter aus wohlhabenden Familien sowie Ordensfrauen in Kindergärten arbeiteten; für diese Gruppe war die geringe Entlohnung keine Existenzbedrohung. Die Arbeit im Kindergarten war einer der ersten sozialen Berufe für Frauen, so daß sich mit dem Bild der »selbstlosen Hingabe« emanzipatorische Aspekte mischen, weil hier eine Erziehungstätigkeit angeboten wurde und wird, die außerhalb der Familie stattfindet. Unverändert bis heute sind fast nur Frauen im Erzieherberuf tätig (1982: fast 97%, vgl. Stingl 1983). So ist die Entwicklung des Erzieherberufs nicht von der ersten deutschen Frauenbewegung zu trennen, die gleiche Bildungschancen für Mädchen schaffen und den Frauen qualifizierte Berufe eröffnen wollte.

Inzwischen hat sich das Berufsbild in Richtung *Professionalität* – spezielle Ausbildung, (halb)akademischer Abschluß, festes Berufsbild, Berufskarriere, Berufsverband – weiterentwickelt. So sind neuerdings auch mehr männliche Sozialarbeiter und Diplompädagogen am Erzieherberuf interessiert (nicht zuletzt angesichts der Stellenknappheit auf dem pädagogischen Berufsmarkt insgesamt). Das Stichwort »Expertentum« beschreibt die neue Tendenz, die den Kindergarten als Arbeitsplatz verstehen läßt, für den eine besondere *Ausbildung* notwendig ist. Zunächst erfolgte die Ausbildung zur Kindergärtnerin, zur Hortnerin und zum/zur Heimerzieher(in) in unterschiedlichen Ausbildungsgängen, und erst 1928 wurden die beiden Ausbildungsgänge zur Kindergärtnerin und zur Hortnerin zusammengelegt. Die Ausbildung zum Heimerzieher blieb zunächst als eigener Beruf bestehen. In den Jahren 1962 bis 1972 erfolgte dann allmählich eine Integration der Ausbildung zum Heimerzieher in die Kindergärtnerin/Hortnerin-Ausbildung. Diese wurde auf drei Jahre verlängert und schließt seither mit der staatlichen Anerkennung zum/zur Erzieher(in) ab (vgl. Grossmann 1987, S. 163). Für die Zulassung zur Ausbildung ist in der Regel ein mittlerer Bildungsabschluß (Realschulabschluß) und eine mindestens einjährige praktische Tätigkeit in einer sozialen oder sozialpädagogischen Einrichtung oder eine abgeschlossene Berufsausbildung Voraussetzung. In den meisten Bundesländern dauert die Ausbildung drei Jahre, wobei ein *Praxisjahr* integriert ist. Didaktik und Methodik; Kunst-, Werk-, Musikerziehung sowie Spiel-, Bewegungs- und Sporterziehung; zusätzlich Pädagogik, Psychologie, Jugendliteratur,

Sozialhygiene und Recht: heute wird eine breite *sozialpädagogische Grundqualifikation* vermittelt, damit die berufliche *Mobilität* der AbsolventInnen gesichert ist. Beklagt wird oft eine zunehmende *Verschulung der Ausbildung*, die das allgemeine Ziel zu erreichen erschwert, den Erzieher zu einem selbständigen Lernen und Handeln zu befähigen. – Eine Stufe niedriger in der Berufshierarchie sind die *Kinderpflegerinnen*, die an Berufsfachschulen ausgebildet werden; hier ist Aufnahmevoraussetzung der Hauptschulabschluß oder eine als gleichwertig anerkannte Schulbildung. Einige Bundesländer verlangen einschlägige hauswirtschaftliche oder pflegerische Vorerfahrungen, dann dauert die Ausbildung ein Jahr, sonst zwei Jahre. Der Einsatz von Kinderpflegerinnen in Kindergärten wird als »helfende Tätigkeit« klassifiziert und unterscheidet sich von der Qualifizierung der Erzieherinnen in »pädagogisch verantwortlicher Tätigkeit«. Inzwischen werden wachsende Qualifikationsanforderungen an die pädagogische Arbeit in Kindertagesstätten und Kindergärten gestellt; man strebt danach, die Kinderpflegerinnenausbildung als unzulänglich abzubauen (ebd., S. 165 f.). *Erzieherische Professionalität* erscheint heute als unabdingbar.

Die Gefahr dieser Entwicklung in ein pädagogisches »Expertentum« liegt auf der Hand: Die Ansätze »zu einer reflektierten und zielbewußten Arbeitsweise« dürfen das Lernen im Kindergarten »nicht als eine den Erfahrungen, der Spontaneität und den Selbstlernprozessen der Kinder entgegengesetzte Vorgehensweise« organisieren; vielmehr liegen »vielfältige Lern- und Erfahrungsmöglichkeiten im Zusammenleben von Kindern und Erwachsenen innerhalb und außerhalb des Kindergartens« (Colberg-Schrader, S. 161) im zentralen Aufgabenbereich. Eine angemessene Qualifizierung von Erziehern wird heute darin gesehen, daß sie aus dem Ghetto des Expertentums durch eine neue Verbindung von praktischem Handeln und Lernen wieder herausgeholt werden. Entwickelt wurde ein »alltagsorientiertes« Berufskonzept, das die Kindergartenarbeit nicht allzu abgehoben betrachten sollte. So wurden Erzieher in vielfältige kommunikative Arbeitsprozesse eingebunden: Teamarbeit, trägerübergreifende regionale Arbeitstreffen, Fortbildungsangebote, trägerunabhängige Beratungsformen, Zusammenarbeit mit Eltern, mit der Grundschule und anderen Institutionen und Personen im Einzugsbereich. Die Arbeit der Erzieher war somit nicht mehr nur Arbeit mit Kindern, es wurde Zeit für Vorbereitung, Planung und Zusammenarbeit mit anderen Fachkräften und Laien eingeräumt. Damit wurde den Erziehern einerseits die Möglichkeit gegeben, ihr umfangreiches Erfahrungswissen aufzuarbeiten und in Zusammenhänge zu bringen, andererseits konnten sie sich kritisch mit der eigenen Arbeitssituation auseinandersetzen, ein Bewußtsein der eigenen Rolle gewinnen und Ansätze zur sinnvollen Gestaltung von Arbeitsweise und -bedingungen finden.« (Ebd., S. 162)

Pluralisierung und Ausdifferenzierung

Bisher war vor allem vom Kindergarten die Rede. Der sogenannte Elementarbereich ist aber inzwischen institutionell breit aufgefächert und ausdifferenziert. Öffentliche Erziehung in allen möglichen Arten wird nicht nur Drei- bis Fünfjährigen zuteil; auch Säuglinge und Kleinstkinder haben ihre Einrichtungen, die nach dem Übergang vom Kindergarten in die Schule beim *Hort* enden. Daneben gab es immer wieder Kritik an pädagogischen Einrichtungen, und seit dem verstärkten Aufkommen von *Selbsthilfegruppen* sind auch Eltern dabei, die Erziehung ihrer Kinder außerhalb der Familie nicht »Professionellen« allein zu überlassen, sondern selbst – beharrend auf dem Elternrecht, für das leibliche und seelische Wohl des Kindes zu sorgen – Einrichtungen und Organisationsformen auszudenken und zu erproben, die eine stärkere *Selbstbestimmung* in den pädagogischen Absichten und Praxen zulassen. Folgen wir der Spur dieser *institutionalisierten Ausdifferenzierung*, dann lassen sich, beim Säugling beginnend, folgende Einrichtungen und »Maßnahmen« in Pflege, Fürsorge und Erziehung für 0- bis 5jährige ausmachen.

1. Säuglingsheime

Säuglinge und Kleinstkinder kommen in der Jugend- und Sozialpolitik nur marginal vor; der »Bildungsgesamtplan« aus dem Jahre 1973 beispielsweise beginnt mit dem Elementarbereich und dieser mit der Vollendung des dritten Lebensjahres: »Säuglinge und Kleinkinder waren auch im Denken und Planen der Pädagogen selbst lange Zeit so gut wie gar nicht präsent.« (Mehringer 1985, S.10) Säuglingsheime sind Einrichtungen für sogenannte *Sozialwaisen*, vor allem Neugeborene, deren Mutter verstorben ist und deren Vater sich nicht weiter um sie kümmerte etc. Mit der Verbesserung des Adoptions- und Pflegestellenwesens wurden viele Säuglingsheime im Zuge der Reform der Heimerziehung schon in den 60er Jahren aufgelöst; der Bedarf an diesen Einrichtungen ist auch deshalb zurückgegangen, weil es mehr Empfängnisverhütung und mehr Schwangerschaftsunterbrechungen gibt. Säuglingsheime als durchorganisierte »Anstalten«, in denen Schwestern, Oberschwestern und Ärzte das Sagen haben, sind heute nicht mehr denkbar – warum? Diese Frage ist leicht zu beantworten, wenn man Mehringers Schilderung liest (ebd., S. 19f.):»Da waren zunächst die ganz jungen Säuglinge, Bett an Bett in den großen Sälen, wie in jenen alten Krankenhäusern, in denen man es als Erwachsener notgedrungen kaum länger als ein paar Wochen aushält. Der Mangel war hier nicht sofort zu erkennen. Alles schien in bester Ordnung zu sein. Hygienisch, pflegerisch schien nichts zu fehlen. Erst wenn man länger hinschaute, verweilte und dann verglich, wurde man der Verlassenheit dieser Kinder gewahr. Um mit dem Füttern der Säuglinge zeitlich zurechtzukommen, wurde den Kindern die Flasche schräg ins Bett gelegt und mit dem Sauger an den Mund gehalten. Die Schwester entfernte sich wieder. Das kleine Wesen mußte selbst damit zurechtkommen – und ich staunte, wie ihm der Saugreflex als mitgebrachter Urtrieb sichtlich zu Hilfe kam. Bei ungeschickt reagierenden Kindern mußte die Schwester oder das Mädchen noch einmal nachhelfen. Was durchwegs fehlte: Das Anschauen und Angeschautwerden, der Blickkontakt zwischen dem nahrungsgebenden Menschen und dem kleinen Kind, wenigstens einige Minuten lang. Ich verglich mit dem Stillen und Füttern zu Hause bei eigenen Kindern. Im Heim nahm sich niemand die Zeit, zu dem Kinde in Augen-Zwiesprache zärtlich zu sein. – Bei späteren und anderen Besuchen in diesen Heimen erkundigte ich mich im Saal der sehr jungen Säuglinge (bis zum Alter von 3 bis 4 Monaten) immer wieder nach einem mir besonders wichtig erscheinenden Ereignis: nach dem ersten Lächeln des Kindes – normalerweise ein Vorgang, den sich keine Mutter entgehen läßt, weil da schlagartig etwas unsagbar Beglückendes, etwas unheimlich Tiefes, Metaphysisches zum Ausdruck kommt. Die Antwort der Schwester war durchweg eine Art von Fehlanzeige. Es fehlte das dem Kind innig zugewandte Gesicht der Mutter, ein Hervorholen des Lächelns durch Zulächeln – dann fehlte eben auch die Antwort, das Zurücklächeln, ein erstes Mal und dann immer wieder, im gewissen Sinn ein Leben lang.« Es liegt auf der Hand nach dem, was über die »Grundfigurationen« gesagt wurde (vgl. Abb. 16, S. 220), daß eine Heimerziehung, ohnehin problematisch, gerade für Säuglinge und Kleinstkinder schädlich und völlig unangemessen ist, weil sie sie zwar pflegerisch und hygienisch betreut, aber psychisch verwahrlosen läßt.

2. Krippe

Bei den Krippen handelt es sich um Einrichtungen der Jugendhilfe für die Altersgruppe der Kleinstkinder bis zu drei Jahren; sie dienen der *familienergänzenden Tagesbetreuung*, vor allem während der elterlichen Berufstätigkeit. Aber es gibt auch *pädagogische* Gründe für die Einrichtung von Krippen (Doormann 1981). Sie werden als familienergänzendes Angebot zur Gruppenerziehung aufgefaßt, also als Gelegenheit, die soziale Entwicklung von Kleinstkindern durch den Kontakt mit anderen Kindern zu fördern und dadurch die Anregungsumwelt des Kleinstkindes zu erweitern und anzureichern. Die Ein- und Zweikindfamilie und die wachsende Isolation der Kleinfamilie legt nahe, die Familie auch frühzeitig für das Kleinstkind auf eine ihm sonst vorenthaltene Umwelt zu öffnen. Der Kontakt *zu* und Freundschaften *zwischen* Kindern (Robin 1981, S. 20 ff.) und gleichzeitig Erfahrungen mit *mehreren* erwachsenen Bezugspersonen, früher von der Familie angeboten, muß seit der zunehmenden Vereinzelung in den Lebensformen der Industriegesellschaft durch pädagogische Arrangements sozusagen »künstlich« produziert werden. Insbesondere die Trennung von Arbeiten und Wohnen und die zunehmende Berufstätigkeit von Müttern legt nahe, die häusliche Betreuungsumwelt um eine außerhäusliche zu ergänzen (Reyer 1979, S. 36 ff.). Die Krippen unterscheiden sich dabei von der eben beschriebenen Heimerziehung, die gerade sozialen Kontakt und sensorische Anregungen vorenthält. »Einwände gegen die familienergänzende Gruppenerziehung von Kindern unter drei Jahren in Krippen wurden insbesondere aus kinderärztlicher und psychoanalytischer Sicht formuliert. Sie fußen auf

Entwicklungsstörungen und -behinderungen, die an Kleinstkindern beobachtet wurden, die unter Bedingungen der Massenpflege in Heimen aufwuchsen – also sich auf von ihren Eltern getrennte Kinder bezogen.« (Schock 1985, S. 164) Die Krippen von heute bieten ein pädagogisches Programm an, in dem soziale Stimulation durch Gruppenerziehung im Mittelpunkt steht. Zunehmend gibt es Eltern, vor allem wenn sie pädagogisch informiert sind, die Babygruppen oder Spieletreffs organisieren, um selbst die Begrenzungen familialer Erziehung zu überwinden (vgl. auch unten: Elterngruppen). Die Befürchtung, die Kleinstkinder würden aus Mangel an Bindung oder wegen zu vieler Bezugspersonen bindungsunfähig, ist inzwischen wohl widerlegt. Das wäre nur dann der Fall, wenn die Krippen als »Kleinstkinderaufbewahrungsanstalten« fungierten und nicht als pädagogisch qualifizierte Einrichtungen. Wenn Kleinstkinder in Krippen vertrauensvolle Beziehungen zu PädagogInnen und Freundschaften oder Spielbeziehungen zu gleichaltrigen (oder etwas älteren) Kindern aufbauen können, dann ist dies nicht nur für das soziale, sondern auch für das kognitive und emotionale Lernen vorteilhaft. Wichtig ist, daß die Bezugspersonen »ein warmes, den Kleinstkindern zugewandtes, sie ermutigendes, ihnen Sicherheit und Geborgenheit vermittelndes soziales Klima« herstellen; daß sie eine sensorisch vielfältig anregende und auf die kindlichen Entwicklungsschritte und -notwendigkeiten hin differenziert abgestimmte Betreuungsumwelt schaffen; daß sie schließlich die Krippe »als Drehscheibe« nutzen zum Austausch elterlicher Erfahrungen, zur Beratung der Eltern durch die pädagogischen Mitarbeiter, die hierfür fachlich und über ihre Erfahrung qualifiziert sind.« (Ebd., S. 368) Die Zusammenarbeit mit den Eltern ist gerade für die Entwicklung von Kleinstkindern aus sozial schlecht gestellten und benachteiligten Milieus wichtig. Darum sollten die Krippen nicht nur *intern* die soziale Entwicklung des Kindes fördern, sondern *extern* der Mutter dadurch helfen, daß sie sieht, wie sie die Entwicklung des Kindes positiv beeinflussen kann, was wiederum ihr Selbstbild verbessert und ihre Überzeugung festigt, daß sie Nützliches für ihr Kind tun kann. Interventionen in der Kleinstkindpädagogik werden heute als ein notwendiges Angebot betrachtet, zumal nach allen vorliegenden Untersuchungen Krippenkinder weder eine schwächere noch eine unsicherere Bindung zur Mutter als Nicht-

Krippenkinder haben, die ausschließlich in der Familie betreut werden (Beller 1985, S. 218).

3. Andere familienergänzende Tagesbetreuungseinrichtungen

Neben Krippen und Krabbelstuben gibt es Kleinstkindabteilungen in Kindertagesstätten (s. dort); Tagespflegestellen und Tagesmütterstellen; Eltern-Kind-Gruppen (s. dort), Baby-Gruppen, Kinderhäuser und Selbsthilfeorganisationen von Eltern; Spielgruppen und Baby-Parks als gelegentliches Betreuungsangebot von Kirchengemeinden oder Wohlfahrtsverbänden (Martin/Pettinger 1985, S. 240).

In dieser Vielfalt von Einrichtungen spiegelt sich nicht nur die Tatsache, daß sie ganz offensichtlich benötigt werden, sondern auch die Überzeugung, daß Kinder schon im frühen Alter in pädagogisch-organisierten und überwachten Kontexten, jedenfalls zeitweise, aufwachsen sollten (und oft ja auch müssen). Bowlby (1951) hat aufgrund von klinischen Fallberichten noch gefordert, Kleinkinder brauchten die ununterbrochene Fürsorge ihrer Mütter, wenn sie sich gesund entwickeln sollten; die Deprivation von der Mutter hingegen produziere psychopathische, jedenfalls in ihren Affekten kalte Persönlichkeiten, weit über die Kindheit hinaus. Das wird, wie schon ausgeführt, heute nicht mehr so gesehen, freilich unter einer Voraussetzung: daß die außerhäusliche Betreuung von hoher pädagogischer Qualität ist. Wichtig ist, um dieses noch einmal hervorzuheben, daß »außerhäuslich betreute Kinder bindungsähnliche Beziehungen zu ihren Betreuern entwickeln und, falls das zutrifft, (...) sich diese Bedingungen vergleichen lassen mit Beziehungen zwischen Mutter und Kind« (Lamb/Sternberg 1989, S. 591). Damit ist nicht automatisch gegeben, daß die Mutter als primäre Bindungsperson der Kinder durch die pädagogischen Betreuer ersetzt wird. Dennoch können Kleinkinder »bedeutungsvolle Beziehungen zu ihren vertrauten Betreuern« ausbilden, wie beispielsweise Forschungen über Bindungen zwischen Kleinkind und Betreuern im israelischen Kibbuz belegen (ebd., S. 592). Kinder mit außerhäuslichen Betreuungserfahrungen können also durchaus sichere Beziehungen zu ihren Eltern beibehalten und ziehen diese den Lehrern und Betreuern weiterhin vor.

Offenbar spielt dabei das *Alter* der 0- bis 5jährigen Kinder eine Rolle. In einer Studie (Scarr/Hall 1984) wurde festgestellt, »daß Kinder, die vor dem zweiten Lebensjahr in eine Kinderkrippe gegeben wurden, hinterher aggressiver und weniger kooperativ und intellektuell kompetent erschienen als Kinder, die nach dem zweiten Lebensjahr in die Kinderkrippe kamen. Es gab jedoch keine Unterschiede zwischen zu Hause betreuten Kindern und solchen, die vor dem zweiten Lebensjahr in der Familie, aber nicht von der Mutter betreut wurden. Außerdem erzielten Kinder, die zwischen dem dritten und vierten Lebensjahr in Tagesbetreuung waren, günstigere Beurteilungen als diejenigen, die mit ihren Müttern zu Hause waren. Offenbar erweisen sich die Curricula der Tagesbetreuungszentren um so vorteilhafter, je älter die Kinder sind. Beziehungen zwischen der Art der Betreuung und dem Alter des Kindes müssen offensichtlich beachtet werden, will man die zahlreichen Wege verstehen, auf denen alternative Betreuungssituationen die Entwicklung von Kindern beeinflussen.« (Nach: Lamb/Sternberg, S. 592) Als Faustregel kann dabei gelten: Säuglinge und Kleinstkinder können, wenn die pädagogische Betreuung stimmt (Sensitivität, Feinfühligkeit, stabile Zuwendung, geringe Zahl von Bezugspersonen), außerhäuslich aufwachsen, ohne Schaden zu nehmen, aber sie *müssen* dies nicht unbedingt; Kleinkinder hingegen (vom zweiten Lebensjahr ab) profitieren in ihrer Entwicklung durchaus in (ebenfalls gut geführten) Einrichtungen, zumal, wenn die pädagogische Betreuung intensiv ist und das Lernen und Erfahren in altersgemischten Gruppen (zwischen Drei- und Fünfjährigen) stattfindet. In dieser sensiblen Phase der Entwicklung muß eine pädagogisch hervorragende Qualität gewährleistet werden, weil sonst außerhäusliche Einrichtungen nur dann mit der Familie konkurrieren können, wenn diese selbst aus Mangel an Zeit, Erfahrung, aber auch wegen Armut, psychischer Verelendung der Eltern (durch Drogen, Arbeitslosigkeit etc.) ein gedeihliches Aufwachsen nicht sicherstellen kann. »Aufwachsen in der Familie« und »Aufenthalt in familienergänzenden Maßnahmen« (der Tagesbetreuung) stehen nur in einem Punkt in ausschließender Konkurrenz: in der *Qualität* der Betreuung. Mütterliche wie nichtmütterliche Betreuungserfahrungen müssen dabei immer im Kontext mit anderen Ereignissen und Erfahrungen im Leben der Kinder betrachtet werden, um ihre fördernde oder nichtfördernde Wirkung einschätzen zu können. Neben der Qualität der häuslichen Betreuung und der Fremdbetreuung spielen auch das Geschlecht des Kindes, die Unterstützung des sozialen Netzwerkes insgesamt, die soziale Reife des Kindes etc. eine wesentliche Rolle. Nach der neuesten Erhebung (31. 12. 1994, sich erstreckend auf die alten und neuen Bundesländer) gibt es derzeit 856 *Kinderkrippen*, 29.757 *Kindergärten* und 3.657 *Horte*. Zusammenfassend handelt es sich um *Kindertageseinrichtungen*, die in unterschiedlichen Kombinationsformen auffindbar sind: So können Tageseinrichtungen mit *alterseinheitlichen* Gruppen (4.702 Einrichtungen: für Krippen- und Kindergartenkinder; für Krippen- und Hortkinder; für Kindergarten- und Hortkinder; für Krippen-, Kindergarten- und Hortkinder) unterschieden werden von Tageseinrichtungen mit *altersgemischten* Gruppen (4.675 Einrichtungen: für Kinder bis zum Schuleintritt; für Kinder ab 3 Jahren; für Kinder aller Altersklassen; in unterschiedlicher Alterszusammensetzung). Schließlich gibt es auch Mischformen von Tageseinrichtungen mit alterseinheitlichen *und* altersgemischten Gruppen (2.976 Einrichtungen). Unterschieden werden dabei *Öffentliche Träger* (insgesamt 46.523 Einrichtungen) und *Freie Träger* (24.515 Einrichtungen, vor allem: Arbeiterwohlfahrt, Deutscher Paritätischer Wohlfahrtsverband, Deutsches Rotes Kreuz, Diakonisches Werk u. a. der EKD angeschlossene Träger, Caritasverband und andere katholische Träger). Die Ausdifferenzierung von Träger- und Organisationsformen ist beeindruckend; dennoch fehlt es in *allen* Einrichtungen an Plätzen und Mitarbeiterinnen. So waren beispielsweise 1981 nur 7% der Kinder erwerbstätiger Mütter durch die öffentliche Jugendhilfe betreut; auch wenn hier inzwischen (nach Bundesländern sehr verschieden) ausgebaut wurde, ist der Gedanke, für jedes Kind einen Kindergartenplatz zur Verfügung zu halten, bis auf weiteres nicht realisierbar. So wird immer wieder nach Möglichkeiten gesucht, andere Einsatzformen für frühkindliche Betreuungsverhältnisse zu finden.

Tagespflegestellen

Ein Beispiel sind die *Tagespflegestellen*. Sie finden sich in der Regel dort, wo der Bedarf für die Einrichtung von Institutionen nicht so groß ist, etwa in Landkreisen. Dort leben die Kinder über große Gebiete verstreut, so daß es nicht zweckmäßig ist, sie in eine mehr oder weniger zentrale Einrichtung zu bringen (lange An- und Abfahrtswege); hier werden dann *Tagesmütter* eingesetzt. Sie sind immer dann empfehlenswert, wenn sie in räumlicher Nähe zum Elternhaus liegen; neben ihrer Organisation durch das Jugendamt können sie sich auch aus Nachbarschaftskontakten ergeben – die pädagogische Professionalität spielt hier eine relativ geringe Rolle. Der Vorteil von Tagespflegestellen ist, daß sie in privaten Familienwohnungen eingerichtet werden können, so daß nicht zusätzliche Einrichtungen geschaffen werden müssen. Begleituntersuchungen, etwa zum Modell »Tagesmütter«, haben den Nachweis erbracht, »daß familienergänzende Tagesbetreuung für die Entwicklung von Kleinkindern nicht nachteilig ist, sofern nur bestimmte qualitative Standards gewährleistet sind« (Martin/ Pettinger 1985, S. 243). Krippen, die räumlich beengt sind, keinen eigenen Spielplatz anbieten, nur unzureichend ausgestattet sind, etwa zu wenig Spiel- und Beschäftigungsmaterial haben, sind sicherlich weniger empfehlenswert als der Aufenthalt des Kindes in einer Familien-Tagespflege, sofern diese dem Kind Spielräume, Freiräume und über die Kinder der »Tagesmutter« auch soziale Kontakte gewähren kann. Die *Familienähnlichkeit* des Tagesmütter-Modells hat also Vorteile, wenn genügend Spielkameraden, Spielmaterial, Bewegung und Freiraum, Entdeckungsmöglichkeiten, vor allem viel Zuwendung und Anregung von seiten der erwachsenen Betreuungspersonen gewährleistet sind (ebd., S. 244). Im Gegensatz zu anderen Einrichtungen kann man bei der *Familien-Tagespflege* annehmen, daß die Pflegemutter während der gesamten täglichen Betreuungszeit für das Kind zur Verfügung steht, während sich bei einer zehn- bis zwölfstündigen Öffnungszeit der Krippe ein Schichtdienst mit sich überschneidender Anwesenheit der Betreuungspersonen ergibt. In diesen Fällen ist eine »Tagesmutter« vorzuziehen. Tagespflegekinder wachsen häufig in einer Kindergruppe von zwei, drei Kindern auf (das Pflegekind und ein bis zwei Kinder der Tagespflegemutter) statt als Einzelkind zu Hause, sind quasi das jüngste Kind in einer Geschwisterreihe. Pflegemütter, die eigene Kinder haben, beziehen auch die Pflegekinder in ihre Beziehungen zu ihren eigenen Kindern ein; dies fördert die Entwicklung von Sprache und Denken (durch häufige Anrede etc.), und die Tatsache, daß häufig Kinder unterschiedlicher Altersstufen zusammentreffen (im Gegensatz zur Krippe, in der meist Kinder einer gleichen Altersstufe zusammengefaßt sind), kann besonders die jüngeren Kinder, indem sie sich am Modell der älteren orientieren, in ihrer Entwicklung nach vorne bringen und das soziale Verantwortungsgefühl der älteren Kinder gegenüber jüngeren Kindern stärken.

Kindertagesstätten

Oft werden *Kinderkrippen* (für Säuglinge bis zu einem Jahr), *Krabbelstuben* (für Kleinkinder von ein bis drei Jahren), *Kindergärten* (für Kinder von drei Jahren bis zum Beginn der Schulpflicht) und *Horte* (für Schüler von sechs bis fünfzehn, manchmal auch zwölf Jahren) zusammengefaßt. Häufig finden sich Kindergarten und Hort, aber auch Kinderkrippe, Krabbelstube und Kindergarten unter einem Dach. Tagesstätten *integrieren* die unterschiedlichen Einrichtungen, die damit zu Teil-Einrichtungen werden, so daß in ihnen alle Kinder bis zum zwölften oder fünfzehnten Lebensjahr betreut werden können. Neben einfacherer Verwaltung und finanziell-ökonomischer Zweckmäßigkeit können Kindertageseinrichtungen auch aus *pädagogischen* Gründen durchaus Vorteile haben. Übergänge zwischen den einzelnen Abteilungen sind möglich, so daß Kinder je nach Entwicklungsstand leichter wechseln können, und entsprechend arbeiten fast alle Einrichtungen »unter einem Dach« in altersgemischten Gruppen.

Für solche »zusammengefaßten« Einrichtungen gilt freilich verstärkt, was auch sonst eine wichtige Rolle spielt: Die Inhalte, aber auch die Zeiten und Rhythmen familialer und öffentlicher Erziehung dürfen nicht auseinanderfallen; die Mütter müssen die Möglichkeit haben, ihrer Berufstätigkeit ebenso gerecht zu werden wie den Bedürfnissen ihrer Kinder (Seehausen 1989, S. 81). Solche »Rhythmusstörungen« finden sich häufig, etwa wenn Kinder regelmäßig morgens aus dem Schlaf gerissen werden, weil der Arbeitsbeginn für Mutter und/oder Vater dies erfordert; wenn Kinder nach dem Aufenthalt in der pädagogischen Institution keine Möglichkeit des Zusammenseins und der Kontaktpflege mit den Eltern haben; wenn Eltern mit jungen Kindern Schichtdienst haben, so daß die Kinder Woche für Woche einem anderen, ihrem eigenen Lebensrhythmus nicht entsprechenden Tagesablauf ausgesetzt sind; wenn Kinder sich ganztägig in Kindertagesstätten aufhalten müssen, so daß sie quasi kaserniert leben müssen (ebd., S. 80). Auch hier zeigt sich wieder, daß die Abstimmung mit den Eltern äußerst wichtig ist; und natürlich kostet es Geld, Einrichtungen zu unterhalten, die den Bedürfnissen der Eltern *und* der Kinder entgegenkommen, ohne die ErzieherInnen unangemessen zu belasten.

Kinderläden, Kitas

Im Rahmen der Studentenbewegung 1967/68 entstand die Bewegung einer *antiautoritären Erziehung* als Kampfansage an die autoritäre patriarchalische Gesellschaft mit ihren Ein- und Unterordnungsritualen. Auch pädagogische Institutionen erschienen als unter die Autorität ihrer Träger gebeugt, vom Staat kontrolliert und überdies durch eine bourgeoise Bewahrpädagogik gekennzeichnet, die den freien Willen der Kinder nicht respektieren konnte. Daß Kinder aber von früh auf Persönlichkeiten sind, die ein Recht auf Autonomie und Sexualität haben, war nun gemeinsame Überzeugung.

So entstanden 1968 in Berlin die ersten *Kinderläden*, initiiert vom »Aktionsrat zur Befreiung der Frau«. Politisch engagierte Frauen strebten nun eine *kollektive* Erziehung ihrer Kinder an und wollten sich zudem teilweise von ihren Hausfrauen- und Mutterpflichten freisetzen: Die Mütteremanzipation war eine Kinderemanzipation und umgekehrt. An Kinderläden beteiligten sich vor allem Eltern der gebildeten Mittelschicht, zumeist Studenten, Lehrer und Sozialpädagogen (hierzu: Grossmann 1987, S. 89ff.). Psychoanalytische Theorien und sozialistische Pädagogen (z.B. Siegfried Bernfeld, Wilhelm Reich) fanden verstärkte Beachtung: Gerade im frühkindlichen Alter erschien es notwendig, jede Art von »Verdrängung« nicht zuzulassen, also den Kindern ein freies Ausleben ihrer Bedürfnisse zu ermöglichen, um auf diese Weise ihr *Ich* zu stärken und es nicht dem *Über-Ich* eines autoritären Vaters oder Staates zu unterwerfen. Man war überzeugt, daß die kindlichen Bedürfnisse auf allen Lebensgebieten (essen, schlafen, Sexualität, Sozialverhalten, spielen, lernen usw.) durch *Selbstregulierung* gesteuert würden, so daß ein erwachsen-pädagogischer Eingriff nicht notwendig zu sein schien. Alle diese Konzepte wurden organisatorisch in der Gründung proletarischer Kinder- und Schülerläden umgesetzt. Sie waren eine Art Selbsthilfeprojekt und auf das aktive Engagement der Eltern angewiesen. Der Modellversuch »Kita 3000« in Frankfurt am Main gehört in diesen Zusammenhang; auch hier gab es weit gesteckte Reformziele, beeinflußt von der Kinderladenbewegung und dem Arbeitskreis Kritische Sozialarbeit (ebd., S. 98 ff.). Im Zeitraum von 1972 bis 1974 wurden 27 neue Gebäude für Kindertagesstätten fertiggestellt; 18 neue Kindertagesstätten wurden eröffnet und arbeiteten nach dem neuen Modell als »Kitas«. Die Ziele einer antiautoritären und sozialistischen Erziehung, die auch in den Kitas verwirklicht werden solle, wurden beispielsweise so formuliert (nach ebd., S. 102): »(...) die Ziele der Arbeit in den sozialistischen Kinderkollektiven [definieren sich] 1. an den Bedürfnissen der Kinder nach freier Triebbefriedigung sowie nach intensiver sinnlicher und intellektueller Erfahrung und Auseinandersetzung mit ihrer Umwelt, 2. an den Bedürfnissen der Eltern, die Isolierung zu durchbrechen und in Elternkollektiven theoretisch und praktisch die Erziehung ihrer Kinder selbsttätig zu organisieren, und 3. an der Notwendigkeit, Kinder heranzuziehen, die fähig sind, die Widersprüche dieser Gesellschaft ohne neurotische Charakterdeformationen auszuhalten und kollektiv die Verhältnisse im aktiven Widerstand zu verändern.« Die Erwachsenen müßten sich verändern, damit die Kinder sich verändern könnten; das bedeutete, daß sie »repressionsfrei« mit Kindern umgehen wollten. Erreicht werden sollte dies durch die ständige Reflexion des eigenen Verhaltens im Elternkollektiv. Gleichzeitig sollten die Einrichtungen mit Eltern und Mitarbeitern *basisdemokratische* Ideale umsetzen. Vorgesehen war eine »kollektive Leitung der Kindertagesstätten«, die aus einem »Erzieherrat« bestand, der alle organisatorischen Angelegenheiten zu entscheiden hatte, z. B. auch die Abrechnung und die Vertretung gegenüber Institutionen; dem »Kindertagesstättenkollektiv«, bestehend aus den Erzieherinnen, den Vertretern der Kindergruppen und der Eltern, dem Wirtschaftspersonal und einem Vertreter des Trägers, und der »Tagesstättenvollversammlung«, die sich aus dem Tagesstättenkollektiv und allen Eltern zusammensetzte.

Dieser radikale Versuch geriet in den kommunalpolitischen Streit, der die Kita-Teams ebenso belastete wie das ganze Reformmodell. Der Status der Kitas ließ sie als »Reforminseln« erscheinen, die mit dem wirklichen Leben in der Umgebung nichts gemein hatten. Die Freiheit, alle spontanen Bedürfnisse kundzutun, erschien als nicht vereinbar mit der Zukunft der Kinder, in der sie auch Geduld, Einordnungsbereitschaft und Disziplin als Eigenschaften zeigen mußten (z. B. nach der

Einschulung). Außerdem scheiterte der Versuch, »Hierarchien in den Kintertagesstätten abzubauen und an ihre Stelle neue Arbeitsformen mit Selbstorganisation der Mitarbeiter zu setzen« (ebd., S. 106). Der Anteil der erziehenden Männer (er war in Frankfurt auf 17% angewachsen) ging wieder zurück; viele Erzieherinnen, Sozialpädagogen und Sozialarbeiter zogen sich resigniert ins Private oder in Therapiegruppen zurück. Trotz des Scheiterns wurden durch diese Bewegungen bestimmte Entwicklungsrückstände aufgeholt: Veraltete Organisations- und Arbeitsformen wurden modernisiert, das Engagement für den Kleinkindbereich wurde verstärkt; das Qualifikationsniveau der in den Kindertagesstätten Beschäftigten wurde erheblich verbessert, so daß Standards entstanden, die bis heute gelten (Siepe 1985, S. 3f.). Zwar war die Reformbewegung in ihrem Ziel, eine *sozialistische* Gesellschaftsordnung über die Früherziehung vorzubereiten, gescheitert, aber wichtige Erfahrungen und Einrichtungen sind bis heute »aufbewahrt« und in veränderter Form zum Teil auch weiterentwickelt worden.

Der Hort
Mit dem *Hort* wurde eine Institution geschaffen, die den Übergang vom Kindergarten zur Schule erleichtert. Es handelt sich um eine Tagesstätte, »die Schulkinder während der unterrichtsfreien Vor- und Nachmittagszeit betreut. Neben der Versorgung der Kinder mit einem warmen Mittagessen und der Betreuung der Kinder bei der Erledigung ihrer Schulaufgaben ist es Aufgabe des Horts, den Kindern Anregungen und Möglichkeiten zu ihrer Freizeitgestaltung zu geben. Horte sind in aller Regel Bestandteile von Kindertagesstätten, werden also in Kombination mit Kindergärten geführt. Demgegenüber ist die Zahl der Horte, die selbständige Einheiten oder mit Jugendfreizeitstätten, betreuten Spielplätzen oder Schulen verbunden sind, verschwindend gering.« (Geist 1985, S. 322)

Vorläufer dieser Kinderhorte sind die *Industrieschulen*, die seit dem Ende des 18. Jahrhunderts die Arbeitsfähigkeit der Kinder entwickeln sollten und in denen Kinder als Lohnarbeiter mit für den Unterhalt ihrer Familien sorgten. Mit der Durchsetzung der Schulpflicht und nach dem Verbot der Kinderarbeit war die erwerbsmäßige Arbeit aus dem Hort verbannt. Lange Zeit war er vorrangig Familienersatz für

Arbeiterkinder, deren Eltern aushäusig erwerbstätig waren; heute werden Horte ebenfalls vorrangig von Eltern genutzt, die alleinstehend oder berufstätig sind. Damit erscheinen Hortkinder häufig als Problemkinder – wohl zu Unrecht, weil *Hortplätze* heute in steigendem Maße gebraucht werden. Das hängt nicht nur mit dem häuslichen »Erziehungsnotstand« zusammen; die Berufstätigkeit vieler Mütter, die Gefährlichkeit vieler Straßen in Städten als Spielplätze, die Notwendigkeit ergänzender Betreuung bei Schularbeiten etc. lassen Horte als zunehmend wichtige Einrichtungen erscheinen, deren es noch viel zu wenige gibt. So wird der Hort zunehmend zu einer eigenständigen pädagogischen Einrichtung neben Elternhaus und Schule, die den Kindern Hilfen, Anregungen und Möglichkeiten anbieten soll, die von Lehrern und Eltern nicht gegeben werden (können). Der Hort konzentriert sich heute auf die Altersgruppe der Sechs- bis Zehnjährigen und schließt damit organisatorisch die Lücke ganztägiger Erziehung zwischen den Kindergärten als Tagesstätte und den weiterführenden Schulen (Sekundarstufe I), die verstärkt zu Ganztagsschulen ausgebaut werden sollen. Dagegen werden die Grundschulen auch in Zukunft fast ausschließlich als Halbtagsschulen geführt, so daß die Kinder am Mittag pädagogisch »aufgefangen« werden müssen.

In Nordrhein-Westfalen wird der Hort zum *Schulkinder-Haus* weiterentwickelt. Es handelt sich hier um eine Tageseinrichtung für Schulkinder, die sich vom *Hort* dadurch unterscheidet, daß sie, obwohl eine Einrichtung der Jugendhilfe, näher an die Schule herangerückt ist. Die Räume des »Schulkinder-Hauses« befinden sich im Schulgebäude oder in enger räumlicher Anbindung an dieses; sie werden von den Kindern der jeweiligen Grundschule besucht; zusätzlich zu eigenen Räumen kann das Schulkinder-Haus räumliche Möglichkeiten der Grundschule (Turnhalle, Werk-, Theater-, Klassenräume, Schulhof) mitnutzen. Die Kinder müssen so nicht zusätzliche lange und unter Umständen gefährliche Wege zu einer weiteren pädagogischen Einrichtung (nach der Schule) gehen; die enge Zusammenarbeit von Schulkinder-Haus und Schule soll die Eltern entlasten. Ganztägige Öffnung, ein Mittagessen, eine darauffolgende Hausaufgabenbetreuung, Freizeitgestaltung und ein Ferienprogramm außerhalb der Schulzeit sollen dafür sorgen, daß Kinder Schulangst abbauen, Leistungsfreude empfinden und vor allem einen Erlebniszusammenhang zwischen Schule, Schulkinder-Haus, Umgebung und Familie aufbauen (Sozialpädagogisches Institut NRW 1997).

Eltern-Kind-Gruppen
Gerade im Elementarbereich, der im Gegensatz zur Schule (noch?) nicht institutionell festgelegt (um nicht zu sagen: verkrustet) ist, gibt es immer noch viele Gestaltungsspielräume für *pädagogische Phantasie*, die auch den kleinen Kindern zugute kommen kann. So ist neben der institutionalisierten Erziehung mit ihren Einrichtungs-Gefügen eine zunehmende Bereitschaft vieler Eltern zu beobachten, sich in Nachbarschaften für ihre Kinder zusammenzutun und selbst eine Kinderbetreuung aufzubauen und zu verantworten. Es gibt eine erhebliche Formenvielfalt, wie die Beschreibung im »Bericht der Sachverständigenkommission« zum Achten Jugendbericht aus dem Jahr 1990 deutlich macht (nach Reyer/Müller 1992, S. 11 f.): »Gegenwärtig entstehen an vielen Orten Elterninitiativen zur gemeinsamen Erziehung jüngerer Kinder. In manchen Fällen bieten arbeitslose SozialpädagogInnen auf privater Basis Gruppen für Kleinkinder an und stoßen auf Interesse bei den Eltern. Solche Privaten Lösungen werden zumeist voll von den Eltern finanziert, teilweise werden öffentliche Mittel – falls von der jeweiligen Landespolitik gefördert – in Anspruch genommen (›Neue Träger‹ in der Jugendhilfe). Gerade das wachsende Feld der Initiativen und Selbsthilfe ist ein Signal dafür, daß es bei der Suche nach Kindergruppen nicht nur um die Betreuung der Kinder bei zeitweiliger Abwesenheit der Eltern geht, sondern die Eltern zunehmend auf die bereichernden Erfahrungen und das soziale Lernen in Kindergruppen Wert legen. Selbstorganisierte Kindergruppen weisen eine Formenvielfalt auf, die von gelegentlichen Mutter-Kind-Treffs bis zu krippenähnlichen Arrangements reicht.«

Insgesamt steht also die Selbstorganisation von Bedürfnissen und Lebenslagen von Kindern und Eltern bzw. Müttern und Vätern im Mittelpunkt. Es handelt sich um relativ neue »Strukturalternativen« (ebd., S. 24) zur halb-modernisierten bürgerlichen Kleinfamilie, vor allem vorfindbar in den sozialen Mittelschichten, zudem bleibt die »Orientierung am kleinfamilialen Grundmuster« (ebd., S. 126) durchweg deutlich.

8. Die Medienwelten der kleinen Kinder

Von der Kinderwahrnehmung in die Medienwelten

Wir hatten (im 6. Kapitel) die Lebenswelten der kleinen Kinder, ausgehend von einer »Sozialökologie des Aufwachsens« besprochen: Ausgehend von der Grundfiguration Kind-Mutter(-Vater) und dem ökologischen Zentrum der Familie wurden die neuen sozialökologischen Kontexte, insbesondere die wachsende Bedeutung der Gleichaltrigen (Peers) ebenso betrachtet wie die pädagogischen Einrichtungen der Kleinkinderziehung. Alle diese Bereiche unterliegen beständigem *sozialem Wandel*, so daß kindliche Lebenswelten keineswegs als festgefügte und überdauernde Einheiten erscheinen. – Dies wird überdeutlich, wenn wir uns im letzten Kapitel dieser lebensweltlichen Über- und Einblicke den *Medienwelten* kleiner Kinder zuwenden: von Gesängen und Liedern (»live« von Vater, Mutter oder anderen nahestehenden Personen dargeboten oder auch über Tonkassetten, Radio, CD-Player verfügbar gemacht) über Bilder und Bilderbücher, Hörspiele und TV-Vorschulsendungen bis zur Gameboy-Konsole (auch kleinen Kindern schon zugänglich) oder dem an das Internet angeschlossenen Computer, der kleinen Kindern ebenfalls zum zunehmend alltäglichen Geheimnis wird. Das Besondere aller dieser alten und neuen Medien besteht darin, daß sie über Hören, Sehen oder in audiovisueller Kombination vielfach verbundene Symbolsysteme komplexer Art bereitstellen, die quer zu allen räumlichen lebensweltlichen Fügungen grundsätzlich generell als allgegenwärtig erscheinen. Medien durchdringen die Zimmer der Familie, begleiten das kleine Kind beim Alleinsein ebenso wie im Spielen mit anderen Kindern; längst sind Vorschuleinrichtungen medienpädagogisch augerüstet, und so gibt es grundsätzlich keinen Ort, an dem die Medien nicht mit ihren unterschiedlichen Zeichensystemen auch schon kleine Kinder in ihrer ständigen Gegenwärtigkeit beanspruchen und herausfordern. Vielleicht ist dieser Einzug der Medienwelten in alle Kinderzimmer hinein die größte soziale und kulturelle Errungenschaft und zugleich Herausforderung überhaupt und bezeichnet damit eine Speerspitze sozialen Wandels, dessen Modernisierungsfolgen derzeit noch gar nicht recht einzuschätzen sind.

Erinnern wir uns: Schon in der Phase der vorsprachlichen Entwicklung zeigen Kleinkinder ein hohes Maß an Kommunikationsbereitschaft und Weltneugier, eine notwendige Form der Weltbewältigung (Bruner 1987, S. 17). Schon ein wenige Wochen alter Säugling reagiert mit seinen ersten Versuchen des *Lächelns* auf den Gesichtsausdruck der Mutter und stellt so jene *Reziprozität* von Mutter und Kind her, die zu immer umfassenderen und komplexeren sozialen Reaktionen und Äußerungsversuchen führt. Kinder sind schon vor der Vollendung des ersten Lebensjahres fähig, der Blickrichtung von jemand anderem zu folgen; auf diese Weise können sie feststellen, welchem Objekt die Aufmerksamkeit eines anderen gilt – Zeichen dafür, daß es offenbar eine grundlegende und *vorsprachliche* Bereitschaft zur Intersubjektivität gibt. Kleine Kinder sind sozusagen, noch bevor sie sprechen können, auf der Suche nach einigermaßen stabiler Eindeutigkeit vorsprachlicher und sprachlicher Referenzen; sie wollen ein Stück Verläßlichkeit in der Welt, indem sie Bedeutungen und Zeichen um sich herum einigermaßen wiedererkennbar und damit verläßlich deuten können, so daß sie ständig Anstrengungen zur *Disambiguisierung* (zur Aufhebung von Uneindeutigkeiten) unternehmen, und dies nicht nur in dialogischen Situationen, sondern auch, wenn Kinder in einsamen »Einschlafmonologen«, im Vor-sich-hin-Murmeln, ein Stück Konsistenz und Festigkeit suchen. Die allmähliche Fähigkeit und Erfahrung des Kleinkindes, sich in der Welt zurechtzufinden, wird dabei durch die Unterstellung der Mutter (oder anderer wichtiger Bezugspersonen) unterstützt, das Kleinkind besitze bereits Sprech- und Ausdrucksabsichten in allen kindlichen Äußerungsformen. Ganz offenbar deuten Mütter die Artikulationsversuche von Kindern als funktional absichtsvoll (vgl. Ninio/Bruner 1978), d. h.: Obwohl Kinder »tatsächlich« noch gar nicht alles verstehen, was ihnen gesagt wird, tun die Mütter doch so, als wäre dies der Fall und antizipieren damit die künftigen Fähigkeiten des Kindes, sich in der Welt zurechtzufinden. Die eben genannte Fallstudie zeigt beispielsweise eine wachsende Stabilität der Dialogstruktur beim *Vorlesen* über einen Zeitraum von elf

Monaten, in dem das Kind aufgrund der eben genannten »Unterstellung« rapide Fortschritte macht. Angefangen bei dem Versuch, eine Bilderbuchseite aufzuessen, bis schließlich zum selbständigen, artikulierten Teilnehmen an einem Vorlesegespräch ist das Kind in kurzer Zeit durch die Unterstützung der Mutter in diesem Entwicklungsprozeß, indem sie jede Äußerung des Kindes als Gesprächsbeitrag ernst nimmt und gleichzeitig ihre an das Kind gerichteten verbalen Anforderungen dessen Fortschreiten der Entwicklung anpaßt, zu einem ernstzunehmenden Dialogpartner geworden. Vor einem zielgerichteten, eher prä-verbalen Wahrnehmen ohne die Fähigkeit, verläßliche Dechiffrierungsleistungen zu erbringen, werden die Kinder in einer Art Überforderung (die freilich gar keine ist) quasi dazu angehalten, dem unterstellten Verstehen und Auffassen eines Bildes oder eines gesprochenen Textes immer schon ein Stück weit voraus zu sein – bis sie schließlich die unterstellte Leistung einholen und in ihr eigenes Artikulationsrepertoire einbinden.

Zu dieser Wahrnehmungsfähigkeit gehört auch eine sich erstaunlich schnell souverän entwickelnde Fähigkeit im *Textverstehen*. Dazu bringt Petra Wieler (1997, S. 87f.) ein Beispiel aus ihrer eigenen Vorlesepraxis, die zwischen dem vierten und sechsten Lebensjahr an den eigenen Kindern erprobt wurde. Eine bei vielen Kindern gern gelesene »Lieblings-Geschichte«, »Piro und die Feuerwehr«, die durch ihre farbsymbolischen Illustrationen von düsteren Grautönen bis zu leuchtendem Rot auffällt, erzählt die Geschichte eines Jungen, der Feuerwehrhauptmann werden möchte und sich als Ersatz für seine »Stofftier-Spielgefährten« einen »lebendigen« Hund wünscht. Kleinere Episoden markieren den Spannungsbogen der erzählten Geschichte, in der Piro bei einem abenteuerlichen Feuerwehreinsatz einen kleinen Hund rettet und zur Belohnung behalten darf; etwas später heißt es dann in der Mitte des Textes:

> »Piro hatte von seinem Vater Geld bekommen, weil er den Gartenzaun anstreichen sollte. Nun ging er zum Händler und kaufte feuerrote Farbe. Als der Vater abends nach Hause kam, erschrak er. Der ganze Zaun prangte in feuerroter Farbe, und sogar das Hundehaus war rot. ›Du bist verrückt!‹ sagte der Vater und runzelte die Stirn. ›Ich möchte so gern zur Feuerwehr‹, schluchzte Piro. Da mußte der Vater lachen. ›Warte bis du größer bist‹, sagte er. ›Gehen wir erst einmal tüchtig essen!‹ «

Am Ende des Textes heißt es:

»Am anderen Tag malte Piro die Hundehütte grün an. ›Grün paßt eigentlich besser‹, sagte er zum Hund. Der Hund schaute ihm zu und wedelte mit dem Schwanz.«

Die vier und fünf Jahre alten Kinder mochten diesen Text und verstanden die Geschichte und ihren Ablauf auch sehr schnell. Freilich gab es auch Grenzen. So zeigten sie eher Ratlosigkeit, wenn sie die Frage beantworten sollten, warum Piro die Hundehütte zunächst »rot« und schließlich »grün« anstreicht. Auch die Betonung passender Textstellen – »ich möchte so gern zur Feuerwehr« – zeigte kaum Wirkung; die Kinder meinten vielmehr zur Erklärung: »Der streicht das feuerrot an, das darf der gar nicht« und »grün paßt besser«. Die Kinder waren offensichtlich noch nicht in der Lage, die Perspektive Piros einzunehmen (er wollte einmal ein Feuerwehrhauptmann werden, und dies wurde auch gesagt), sondern sie begnügten sich mit der Ebene konventionell-moralischen Urteilens (»Das darf der gar nicht«). Erst sieben bis acht Jahre alte zufällige Teilnehmer bei der Bilderbuch-Rezeption des jüngeren Bruders nahmen Piros Zaunanstrich *amüsiert* zur Kenntnis, obwohl »Piro und die Feuerwehr« nun gar nicht mehr zur allzu vertrauten Lieblingslektüre zählte. Erst jetzt konnten die Kinder *wirklich* verstehen, und zwar in der der Geschichte angemessenen Form, *warum* Piro den Zaun zunächst rot angestrichen hatte: Er wollte Feuerwehrmann werden und liebte darum die Farbe »Rot«, lernte aber auch bald, daß es sich lohnt, »zu warten, bis du älter bist«. Eine ebenso komplizierte Lernleistung ist es, bei der Wahrnehmung Fiktion und Realität zu unterscheiden. Kinder in den ersten Lebensjahren machen hier kaum Unterschiede; ebenso, wie Knochen in Autos verwandelt werden können, sind diese zugleich lebensvolle Bestandteile der eigenen Erfahrungssituation. Sehr lange halten sich beispielsweise solche Urängste, wenn Kinder in einem TV-Film ein »Monster« gesehen haben und nun fürchten, es liege unter ihrem Bett (obwohl sie doch eigentlich wissen müßten, daß es sich um einen Film handelt). Allmählich jedoch, und bei frühem Training schon in den ersten Lebensjahren, entwickeln Kinder unterschiedliche Strategien in der Rezeptionssteuerung. Charlton/Neumann (1992) unterscheiden zwischen den beiden Rezeptionsmodi der *In-lusion* und der *Illusion*.

Bei der In-lusion nimmt der Rezipient Abstand zum Medieninhalt und ist sich des illusionären Charakters des Gezeigten bewußt, während er beim *illusiven* Rezipieren der Medieninhalte in die gezeigte Handlung eintaucht und keine Distanz zum Rezipierten mehr bewahrt. Auch hier lernen Kinder – gerade auch dann, wenn sie mit dem Fernsehen umgehen – sehr bald, eher in-lusiv zu rezipieren, also fiktive Geschichten von der selbst erlebten und erfahrenen Wirklichkeit zu unterscheiden. Überwiegend setzen sie sich reflexiv und distanziert mit Inhalten der Medien auseinander und verfügen zudem über Möglichkeiten, während des Medienkonsums direkt auf die Rezeptionssituation einzuwirken. Beobachtungen haben gezeigt, daß schon dreijährige Kinder bestimmte Knöpfe der Fernbedienung oder des Fernsehapparates in ihrer Funktion durchschauen. Kinder schalten z. B. bei beunruhigenden, Angst einflößenden Fernsehinhalten einfach in ein anderes Programm, regulieren die Lautstärke am Fernsehgerät oder entziehen sich selbst der unangenehmen Situation, indem sie den Raum verlassen. Der Umgang mit den elektronischen Geräten führt also zu einer sehr frühen, wachsend kompetenten Teilnahme an Rezeptionssituationen. Wie beim Vorlese-Akt ist es nun wichtig, daß die Kinder die erzählten Botschaften (am besten auch durch Wiederholung) auffassen können und bei Bedarf erklärt bekommen. Dabei unterscheiden die Kinder durchaus die Relevanz von Medieninhalten; »erst indem ein konkretes Kind einer Sendung, einem Thema oder einem Helden eine Bedeutung zuweist, werden diese für das Kind bedeutsam« (Rogge 1990, S. 56). Hier ist zu beachten, daß kleine Kinder nicht unbedingt über die gleichen Interpretations-Patterns wie die Erwachsenen verfügen. Rogge ließ über 500 Kinderbilder zum Thema »Fernsehängste« malen. Es stellte sich heraus, daß die kleineren Kinder weniger Angst vor dramaturgisch in Szene gesetztem Tod, Schmerz oder vor Verletzungen hatten als vielmehr vor visuellen Reizen wie Monstern, Ungeheuern und Gespenstern oder lauten Geräuschen. Die »realen« Erfahrungen vom Tod sind noch nicht in der Reichweite der Kinder, wohingegen »Monster«, zwar Erfindungen der Fernsehwelt, über vorhandene Puppen möglicherweise Anknüpfungsängste finden können. Offenbar scheinen Kinder trotz aller Abwehr doch immer wieder Gefallen daran zu finden, sich furchterregenden Szenen auszusetzen. Es gibt eine Art *Angstlust*, durch die schon kleine Kinder erfahren, welche Spannungen sie aushalten können. Allerdings müssen sie sich diesen Situationen freiwillig aussetzen, die Ursache der Gefahr muß deutlich auszumachen sein, und die Kinder müssen das positive Ende der Geschichte bereits kennen (ebd., S. 99). Dennoch, gerade bei kleineren Kindern können auch solche Erfahrungsregeln leicht wieder umgestoßen werden. Dinge, die wir selbst als eher harmlos empfinden, können bei Kindern, finden sie nur Anknüpfungspunkte in ihrer Lebensgeschichte, starke emotionale Erlebnisse hervorrufen. Ein Psychologe erzählt von der Beobachtung seiner Tochter, als sie einen Film gesehen hatte, »in der ein Fahrradfahrer, es war spaßig gemeint, einen Berg herunterfuhr. Er hatte vorne eine Puppe in einem Körbchen. Er rutschte aus und fiel frontal in den Schlamm. Als er hochkam, das Gesicht war voller Schlamm, fing meine Tochter, ich glaub sie war damals knapp drei Jahre alt, furchtbar an zu heulen. Das ist eine Reaktion, mit der man niemals rechnen würde. Der Produzent hat das wahrscheinlich als ganz lustige Einlage betrachtet. Sie war nur sehr schwer zu beruhigen. Was war der Grund für die starke Reaktion? Sie fährt mit mir ab und zu Fahrrad, und das ist wohl das, was bei ihr mit Angst besetzt war, daß sie so hinfallen könnte, wie sie das im Fernsehen gesehen hat. Entscheidend ist die Frage, welcher emotionale Prozeß läuft tatsächlich beim Kind ab.« (Müller 1990, S. 61)

Was können wir aus diesen Überlegungen in einem ersten Zwischenfazit folgern:

1. Medien, hier als gewählte Beispiele: Vorlesen aus einem Bilderbuch, Sehen von Filmen bzw. Filmausschnitten im Fernsehen, gehen heute von frühauf in Wahrnehmungsprozesse ein und verbinden sich mit Wirklichkeitsbildern.

2. Kinder lernen bei entsprechender Übung und Förderung relativ rasch, Verstehenspraktiken ebenso zu aktivieren wie auch Beziehungen zu eigenen Erfahrungen herzustellen. Dabei gibt es eine Entwicklung von einem eher »wörtlich nehmen« der Mediengeschichten zu einer eher reflexiv-distanzierten Haltung, die bis zu überlegenem Amüsement reichen kann. Die Unterschiede zwischen In-lusion und Illusion sind Kindern früh zugänglich.

3. Entscheidend ist die antizipierende Förderung von Medienwahrnehmungen über die Mutter, den Vater und andere wichtige Personen. Auch wenn Kinder Sprachzeichen noch nicht vollständig

verstehen, Bilder in ihrem Zusammenhang nicht fehlerfrei deuten, Fernsehgeschichten nicht in dem gemeinten Sinn des Produzenten auffassen können: Indem wir kleinen Kindern Zusammenhänge erklären und *antizipierend* bereits Verstehen (von Sprachzeichen, Bildern etc.) unterstellen, fördern wir kleine Kinder in der Fähigkeit, Wahrnehmungswelten auch über die vielfältigen Stimuli der Medien derart auszubauen, daß die Rede, Kinder säßen vor der »Glotze«, so nicht hingenommen werden kann. Bei entsprechender Wahrnehmungsstimulierung machen schon kleine Kinder wichtige Wahrnehmensprozesse durch.

4. Beachtet werden muß jedoch, daß die Welt der kleinen Kinder und die Welt der Erwachsenen in den Deutungsebenen schon deshalb verschieden sind, weil Kinder sich unmittelbar auf eigene Erfahrungen und Gefühle beziehen, während Erwachsene von sich absehen können, indem sie sich beispielsweise von problematischen Medien-Emissionen distanzieren oder sie als Kunsterlebnis verstehen, das nicht wörtlich in den Alltag zu übertragen ist.

Ganz offensichtlich ist es so, daß das eben noch einmal in Erinnerung gerufene Lernen über Wahrnehmung heute durch die kindlichen Medienwelten intensiviert wird mit der Vermutung, daß die Vielfalt der Wahrnehmungsstimuli möglicherweise auch zu einer früheren Verstehensleistung führt, deren Grenze erst bei nicht beeinflußbaren Reifungsprozessen zu liegen scheint. Jedenfalls sind schon kleine Kinder heute nicht nur mit Spielsachen, ihrem Bettchen und wichtigen Bezugspersonen umgeben, sondern auch mit Bilderbüchern, einem Kassettenrekorder, dem Radio und dem Fernsehgerät (im eigenen Kinderzimmer oder im Wohnzimmer, manchmal auch an beiden Orten), Poster hängen an den Wänden, Zeitschriften mit bunten Bildern liegen herum, kurz: *Kinderzimmer sind heute zugleich und vor allem Medienzimmer.* Da der öffentliche Raum außerhalb des Hauses oft, u. a. wegen des Verkehrs, gefährlich ist, bietet der Aufenthalt in Privatwohnungen (und Vorschuleinrichtungen) insbesondere kleineren Kindern häufig Gelegenheit, mit Medien zusammenzutreffen. Während es vor Jahren noch Versuche gab, die Vorschuleinrichtungen vom Fernsehen »freizuhalten«, ist deren Durchdringung und Bedeutung inzwischen derart gewichtig, daß auch Kindergärten sich mit diesem Erlebnisbereich befassen müssen: Es gibt keinen »medienfreien« Ort mehr, und vor allem: Schon kleine Kinder wollen ihn auch gar nicht. Gerade kleine Kinder vertreiben sich mit Medien weniger die Langeweile als daß sie, ursprünglich neugierig und auf Welterfahrung aus, die häusliche Medienerfahrung als dramatisch-intensiviert erleben. Dies verdanken sie den medial inszenierten Geschichten von der »Roten Zora« bis »Knight Rider«, von »Dumbo« über »Fury«, von den »Geschichten mit der Maus« bis zu den »Masters of the Universe«. Zusätzlich stehen alle Geschichten heute *multimedial* zur Verfügung: als mehrteilige Fernseh-Serie oder als Film im Kinderkino, als Hörkassette oder sonntagnachmittags als Theaterstück im Kindertheater. So wird der Alltag heutiger Kinder von »Dramen« besetzt und als dramatisches Material aufbereitet: »Die häuslichen Medienerfahrungen der Kinder sind Teil der Realerfahrungen, die Kinder als ›kulturelles Kapital‹ von zu Hause mit in den Kindergarten bringen. Inwieweit Kinder ihre häuslichen Medien- und Alltagserfahrungen (als ›privaten Bereich‹) im Kindergarten zu Ausdruck bringen (und somit ›öffentlich‹ machen), hängt davon ab, inwieweit sie ›Bühnen‹ finden, um ihre Erfahrungen ›inszenieren‹ bzw. darstellen können.« (Barthelmes u. a. 1991, S. 184) Insgesamt haben die Medien das Wahrnehmungsrepertoire entschieden erweitert, und Kinder lernen von frühauf ganz unterschiedliche Codierungen – von Bildern, Buchstabentexten bis zu bewegten Bildern und komplexen Soundtracks – kennen und als Bestandteil ihrer symbolisierten Umwelt zu bearbeiten.

Medienwelten: Von Büchern bis zum Internet

Bücher und Vorlesen

Vergessen wir nicht: Bücher gehören immer noch zu den kulturell wichtigsten und in der Form von Bilderbüchern auch zentralen Medien in Kinderzimmern. So verwundert es nicht, daß Bilderbücher, mit einer Ausstattungsquote von 97,3%, das am meisten genutzte Medium sind: 74% der Kinder betrachten Bilderbücher fast täglich, 20,7% mehrmals pro Woche und nur 5% seltener. Lediglich 0,3% der Kinder nutzen Bilderbücher nie. Während sich vor allem die Dreijährigen zu 86% täglich mit Bilderbüchern befassen, nimmt die Nutzung mit zunehmendem Alter ab, so daß sich nur etwas mehr als die Hälfte der Sechsjährigen noch fast täglich mit Bilderbüchern beschäftigt: Während sich die Dreijährigen 41 und die Vierjährigen noch 40 Minuten täglich mit Bilderbüchern befassen, sind es bei den Fünfjährigen noch 30 Minuten. Erst bei den Grundschülern erfolgt wieder eine stärkere Nutzung, wohl wegen der Bedeutung erster Leseerfahrungen, die das Augenmerk der Kinder stärker auf Comics und altersadäquat bebilderte Printmedien richten. – Schaut man genauer hin, differenziert sich die Bilderbuchnutzung nach sozialer Schichtzugehörigkeit: 90% der Oberschichtkinder greifen fast täglich zum Bilderbuch, die tägliche Nutzungshäufigkeit verringert sich bei Kindern aus der oberen und unteren Mittelschicht um ein Drittel, während in der Unterschicht nur noch die Hälfte der Kinder täglich mit Bilderbüchern umgeht; entsprechend verringert sich die Nutzungsdauer von 43 Minuten bei den Oberschichtkindern auf 33 Minuten bei den Unterschichtkindern (Grüninger/Lindemann 1998).

Die vorgelegten Daten machen eins überdeutlich: Ganz offensichtlich kommt es darauf an, mit welchem Bildungsinteresse die Eltern selbst den Kindern Vorleseerfahrung vermitteln. Ein unterschiedlicher Bildungshintergrund scheint sich allzu deutlich abzubilden, und wir dürfen hier bereits auch für alle anderen Medien schlußfolgern: Die entscheidende Förderung im Umgang mit Medien erfolgt gerade bei kleinen Kindern im aktiven Kommunizieren mit Eltern und anderen Bezugspersonen, wie oben beschrieben. (Wieler 1997, S. 112f.) faßt die Analyse familialer Erzählsituationen in verschiedenen sozialen Milieus so zusammen: Schon in den ersten Familien-Gesprächen mit Vierjährigen unterscheiden sich die kommunikativen Anforderungen, Bewertungen und strukturellen Hilfeleistungen grundlegend; dies zeigt sich insbesondere in der »unterschiedlichen Reaktion der Erziehenden auf die imaginativen Komponenten des kindlichen Erzählens, der jeweils geleisteten Unterstützung, die den Kindern bei ihrer Schilderung alltäglicher Erlebnisse – im Spannungsfeld zwischen Realität und phantasiegeleiteter Projektion – zuteil wurde. Die Einsicht in die milieuspezifische Normativität familialer Erzählsituationen steht in einem direkten Bezug zur festgestellten Variation von Vorlese-Formaten, abhängig von der sozialen Schichtzugehörigkeit der Familie. Wie sehr die familiale Gesprächs-Kultur, in die das Kind hineinwächst und in der es sich behaupten muß, als Weichenstellung für die spätere Bewältigung kommunikativer und verstehensorientierter Leistungsanforderungen in institutionellen Lehr-Lernkontexten fungiert, zeichnete sich bereits in der rekonstruktiven Analyse von Vorlese- und Erzählaktivitäten innerhalb des Kindergartens ab. Denn das in diesem pädagogisch strukturierten Kontext beobachtete dominante Handlungsmuster des kontextstiftenden Querverweisens zwischen fiktionaler und alltäglicher Wirklichkeit knüpft vorzugsweise an die familiale Vorlese- und Erzählerfahrung von Kindern aus dem sozialen Milieu der Mittelschicht an.«

In diesem Kontext spielt das *Vorlesen* eine offenbar entscheidende Rolle. Es stellt eine kulturelle Praxis dar, die am Beispiel dieses Mediums genauer analysieren hilft, inwieweit sich die Aussage präzisieren läßt, Kinder nähmen Stoffe aus den Medien in ihren Alltag auf, indem sie diese bearbeiteten. Entscheidend ist nämlich die Frage, wie diese Umsetzung von Medien-Stoffen in den Alltag tatsächlich erfolgt.

Es lohnt sich wegen der grundsätzlichen Einsichten, hier einen kurzen Blick auf die Diskussion der Forschung zu werfen, die sich mit Medienwahrnehmung und -verarbeitung beschäftigt. Charlton/Neumann (1992) gehen von der Textförmigkeit sozialer Wirklichkeit aus und fassen die kindliche Wahrnehmungs- und Rezeptionsform vor dem Hintergrund der Annahme, daß Kinder sprachliche Regeln als sinnstrukturierende Grundeinheit sozialen Handelns erlernen und dann auch anwenden. Ein Beispiel ist Maurice Sendaks Bilderbuch »Wo die wilden Kerle wohnen«: Es erzählt die Geschichte des kleinen Max, der von der Mutter als »wilder Kerl« ausgescholten und ohne Abendessen zu Bett geschickt wird. Darauf verwandelt sich sein Zimmer in einen Zauberwald, Max macht sich auf in ein Traumland, »wo die wilden Kerle wohnen«; hier tobt und tanzt er mit ihnen, zähmt sie aber schließlich und wird ihr König; danach kehrt er zurück in sein Zimmer, wo das Abendessen noch warm ist und auf ihn wartet. – Diese Geschichte kann psychoanalytisch als Bewältigung von »wilden« Phantasie und Träumen gedeutet werden mit einer schließlichen »Rückkehr zum Realitätsprinzip«; die Autoren (ebd., S. 47) erläutern die zu erwartende Interpretation des sechsjährigen Christians in den eigenen Lebenskontext seiner Entwicklung und seiner Situation so: »Die Regression in die Phantasiewelt wird von ihm genutzt, um sich mit seinen abgespaltenen, ›wilden‹ Anteilen wieder zu identifizieren. Max und die wilden Kerle tanzen auf dem Höhepunkt der Geschichte ihren ausgelassenen ›Rumpus‹ [Text im englischen Original] ohne alle Gewissensbisse. Max erfährt, daß er keine Angst vor der Wildheit haben muß, er kann sie beherrschen, nach seinen Wünschen lenken und ihr auch ein ›Nein‹ entgegensetzen, wenn sie ihn von der mütterlichen Zuneigung und Fürsorge zu isolieren droht. Am Ende der Geschichte steht die angedeutete Aussöhnung mit der Mutter, die Max niemals wirklich verstoßen hat.« Genaue teilnehmende Beobachtungen zweier Psychologinnen des Teams führen zu subtilen Einsichten in die Familiendynamik von Christians Familienalltag, und sie diagnostizieren die für Christian zentralen Themen so: »Christian hatte zu seinem 6. Geburtstag von den Beobachterinnen das Buch ›Wo die wilden Kerle wohnen‹ geschenkt bekommen. Wie die meisten Geschenke war auch dieses Buch vom Team so ausgesucht worden, daß es möglichst die Thematik des Kindes (...) ansprechen sollte. Im vorliegenden Fall wurden die Untersucher von der Hypothese geleitet, daß Christians häufig auftretende Ängste mit seinen abgewehrten aggressiven Impulsen und seinen Bemühungen um Loslösung von der versorgenden Mutter in Verbindung stehen könnten. Das Buchgeschenk sollte Christian Gelegenheit bieten, zu einem weniger angstbesetzten Umgang mit seinen Phantasien zu finden.« Mit Recht weist Wieler (1997, S. 122 f.) in ihrer kritischen Analyse dieses Vorgehens darauf hin, daß die beiden Psychologinnen damit schon in der Vorauswahl des Buchgeschenkes eine bestimmte, quasi vorab festgelegte Theorie verfolgen, indem sie von der »Regelförmigkeit sozialer Interaktionen« ausgehen, da Deutungsintentionen folgen, die darin bestehen, Christian zu veranlassen, die eigenen Angstphantasien nicht, wie bisher vermutet, weiter abzuwehren, sondern über den Bilderbuchtext abzuarbeiten. Allerdings müssen die beiden Beobachterinnen dann vor, während und nach der Aufforderung, sich das Bilderbuch »Wo die wilden Kerle wohnen« anzusehen, erleben, daß Christian nur begrenztes Interesse für dieses Buch zeigt, öfters ausweicht und eher aus Höflichkeit sich in das Vorlese-Gespräch einläßt – mit der dann naheliegenden Deutung, daß Christian sich auf den offenbar noch angstbesetzten Text nicht hinreichend verstehend einlassen könnte, sondern mit Abwehrhaltungen reagiert. Könnte aber nicht – und dies ist die entscheidende Frage bzw. der interessante Einwand – möglicherweise ein übergreifendes theoretisches Konzept des Medienhandelns und seiner sprachlichen Regelhaftigkeit *vorab* Interpretationen produzieren, die möglicherweise Christians Interessen und seine reale Situation (trotz der genauen Familienbeobachtungen) *doch verfehlen?*

Vermittelt wird der Eindruck,»daß sich die dominante Thematik der familialen Sozialisation eines Vorschulkindes in der symbolischen Struktur von Text und Illustration eines einzelnen Kinderbuchs widerspiegelt. Unberücksichtigt bleiben hingegen der Stellenwert des Vorlesens in der alltäglichen Interaktion der beobachteten Familie, die Funktion des Vorlesens und andere Aktivitäten des Mediengebrauchs für die Stabilisierung und Neudefinition familialer Beziehungsmuster – all diese Struktur- und Prozeßelemente der kindlichen Medienrezeption, die das vorgestellte Modell zu integrieren beansprucht. Charakteristisch für die Ausblendung der sozialen Struktur der Familie ist, daß das wiedergegebene Material nicht Eltern-Kind-Gespräche, sondern Interaktionen zwischen Kind und Versuchsleitern (Psychologinnen) dokumentiert.« Hergestellt wird also eine Untersuchungspraxis,»in der genau diese Beobachter als die einzigen Ansprechpartner im Prozeß der kindlichen Rezeption und Verarbeitung von Mediengeschichten agieren«. Wieler setzt ein anderes, der kindlichen Situation näherliegendes Verfahren dagegen, das bestimmt wird »als ein durch den Dialog mit dem Erwachsenen strukturiertes Verfahren hinter subjektiver Bedeutungskonstitution. Der mögliche Beitrag des Vorlesens für die Lebensbewältigung des Kindes bestimmt sich dieser Konzeption zufolge im Spannungsfeld zwischen den im Zuge der Rezeption konkret artikulierten Fragen und Probleme des Kindes und den Steuerungsaktivitäten des Vorlesenden, d.h. ihren jeweiligen Reaktionen, aber auch ihrer Antizipation der kindlichen Verstehensprobleme und Verständigungsbedürfnisse.« (Ebd., S. 128) Dies ist tatsächlich ein konstitutiv anderes Vorgehen als das, das Charlton/Neumann vorgeschlagen haben, denn jetzt steht die *reale Situation*, das Vorlesen zwischen Eltern und Kindern und die sich *daraus ergebenden* Gespräche im Vordergrund, aber nicht das (versteckt) anleitende Eingreifen zweier Psychologinnen, die aufgrund vorgewußter theoretischer Elemente schon Deutungskontexte in die Situation hineinbringen. So zeigt sich in diesem Fall, daß

Christian aus verschiedenen Gründen, vor allem aber, weil er das Bilderbuch schon kennt, nicht so aufmerksam wie von den Psychologinnen gewünscht sich auf das Leseerlebnis einläßt, so daß die Unterstellung, hier sei »Angstabwehr« der Grund, sich als verfehlt erweist.

Was hat diese Diskussion erbracht? Sie macht deutlich, daß gerade die Perspektive kleiner Kinder nicht durch übergreifende theoretische Annahmen erreicht wird, sondern eher durch *situationsnahe, familiär gegebene* und insofern *unauffällig-alltägliche Bedeutungskontexte*, in denen das Vorlesen zwischen Eltern und Kindern (beispielsweise) stattfindet. *Vor* der Deutung wird also erst einmal das Sprechen und Interagieren des Kindes mit der Mutter bzw. dem vorlesenden Erwachsenen in den Mittelpunkt gestellt, um auf diese Weise herauszufinden, was Thema der Gespräche sein könnte. Diese Perspektive liegt auch deshalb nahe, weil schon zu Beginn dieses Kapitels – unter Rückverweis auf Bruner u. a. – noch einmal deutlich gemacht wurde, daß die subtilen Wahrnehmungsprozesse und die kommunikativen Handlungen zwischen nahestehenden Personen und Kindern zunächst die entscheidenden Ausgangspunkte für Weltwahrnehmung und Weltkonstruktion sind. Nur so aber erreichen wir (dies ist die Behauptung) eine *Kinderperspektive*, die diesen Namen wirklich verdient, weil die Konkretheit des Vorleseerlebnisses und des Austauschs darüber mit der Mutter dann Erfahrungen einbringt, Gedanken lenkt, Erwartungen stimuliert (oder auch nicht). – Auf diese Weise läßt sich ein weiterer Aspekt erklären: Charlton/Neumann übertragen die theoretisch angenommene These einer textuellen Regelstruktur mit psychischen Elementen konsequent *auf alle Medien*, auch auf das Fernsehen. Wielers Ansatz hingegen würde zunächst nahelegen, die Vorlese-Situation, die Rolle des Vorlesenden (der Mutter) und Christians (des Kindes) zu betrachten, also die literarische Sozialisation durch text- oder sprechbegleitende *Bilderbücher* einzufangen. Ob sich diese spezifische Situation dann auf andere Medien, etwa das Ansehen eines kleinen Spielfilms, übertragen ließe, muß dann dahingestellt bleiben, weil nicht nur die nicht diskursiv-narrative, sondern audiovisuelle Darbietungsstruktur und die damit verbundene andere Art und Weise, in der die Kinder möglicherweise fernsehen, auch die Interaktionserfahrungen unterschiedlich prägt. Während Wieler in ihrer

Untersuchung zum kindlichen Lesen/Vorlesen interessante Ergebnisse über die Bedeutung kindlicher Kommunikationen und Interaktionen vorgelegt hat, gibt es derzeit trotz vieler Beobachtungen nicht eine entsprechend genaue Analyse der *Fernseh*situation kleiner Kinder. Hier sind ja Varianten zu vermuten: Nicht nur die ästhetische Struktur der *audiovisuellen* Botschaft ist anders und führt vielleicht auch zu anderen Äußerungsformen; zu vermuten ist außerdem, daß die Mutter das Vorlesen aus Kinderbüchern stärker als beim Sehen von Filmen unterbrechend begleitet; des weiteren könnte es sein, daß schon die Sitzarrangements (einander gegenüber Sitzen oder Sich-Anschmiegen) andere Effekte bewirkt etc.

Um abschließend auf das Vorlesen zurückzukommen: Hier handelt es sich offensichtlich – auch wegen des »alten«, etwa 200 Jahre erprobten Mediums – um eine in kulturellen Traditionen gesicherte Form des Umgangs mit Printmedien. Daß die Qualität des dialogischen Umgangs mit den Bildungserfahrungen der Eltern steigt, ist ein weiteres Zeichen dafür, daß das *Vorlesen* eine relativ gefestigte kulturelle Tradition mit hoher interaktiver Bedeutung ist, die Kinder bis heute fesselt. Zwar ist das Vorhandensein von Vorlesebüchern, wie wir sie gesehen hatten, in den meisten Haushalten selbstverständlich, und auch die Praxis des Vorlesens ist längst nicht verdrängt und spielt gerade bei *kleinen* Kindern eine wesentliche Rolle; dennoch sind es das Fernsehen (als Tätigkeit) und das Fernsehgerät (als technisch-elektronisches Instrument), die bereits bei kleinen Kindern zunehmende Beachtung auf sich ziehen.

Fernsehen: Daten und Tendenzen

In den 50er Jahren verglich die englische Medienforscherin Himmelweit (u. a. 1958) in ihrer Wirkungsstudie »Television and the Child« die Lebensläufe von Kindern mit und ohne Fernsehen sowie vor und nach dem Kauf eines Fernsehgerätes in der Familie. Eine solche Untersuchung ließe sich heute nicht wiederholen. Zum einen gab es in den 50er Jahren nur einen Teil Haushalte, in denen Fernsehgeräte zu finden waren, so daß ein Vergleich zwischen Fernsehhaushalten und Nicht-Fernsehhaushalten überhaupt möglich war, und zum anderen ist auch ein Vergleich in Haushalten, die eine Zeitlang ohne Fernsehen lebten und dann ein Fernsehgerät anschafften, nicht mehr möglich. Denn heute haben wir eine Sättigungsgrenze gegen 100% erreicht, d. h.: Fernsehen ist derart alltäglich, daß nur noch ausgegrenzte Eliten (oder ganz arme Menschen) ohne Fernsehgerät leben. Hinzu kommt eine Vervielfachung von anderen Medien in privaten Haushalten (vom eben besprochenen Bilderbuch bis zu Kassettenrekordern, CD-Playern und Computern), so daß erhebliche Veränderungen im Vergleich zu den 50er Jahren zu vermuten sind. Neben eine schriftliche tritt nun eine visuelle Kultur der Medien. An die Stelle gemeinsamer Medienerlebnisse (Fernsehabend) tritt zunehmend ein schon früh segmentiertes Publikum, und die Empfangsorientierung (»Massenmedium«) wird zunehmend durch das interaktive Medium (Computer) ersetzt. Trotz solcher Medien-Konkurrenz, so eine Untersuchung auf Himmelweits Spuren Ende der 90er Jahre in England (Livingstone u. a. 1997), hat das Fernsehen nichts von seiner Faszinationskraft verloren: 90% der (britischen) Kinder sehen nahezu täglich fern; auf die Frage, welches Medium am stärksten vermißt werden würde, steht das Fernsehen an erster Stelle, und es steht auch an erster Stelle bei den Gesprächsthemen mit Freunden. Schließlich ist für Eltern das Fernsehen die häufigste Aktivität, die sie mit ihrem Kind teilen. Im Vergleich zu den 50er Jahren sind zwei wichtige Dinge gleichgeblieben: Einst wie heute folgen die Kinder den Sehgewohnheiten der Eltern und bestimmen durch Modellverhalten das Ausmaß des Fernsehens mit, und: Damals wie heute ermuntern Eltern ihre Kinder fernzusehen, um sich selbst ein bißchen Ruhe zu gönnen (Fernsehen als »Babysitter«).

Was ergeben Analysen der Fernsehnutzung (neueste Daten in dieser Auflage: 1997) in Deutschland (Feierabend/Klingler 1997, S. 167ff.)? Die Altersgruppe der 3- bis 13jährigen wird dabei oft zusammengefaßt, bei einzelnen Fragen aber auch aufgesplittet.

1. Generell kann nicht von einer einheitlichen Fernsehnutzung der Kinder gesprochen werden. Seh- und Verweildauer variieren nach Alter, Geschlecht, geographischer Herkunft, so daß alle zusammenfassenden Querschnittsdaten nur als grobe Richtlinien zu sehen sind. Diese Einsicht ist voranzustellen, weil sie die Notwendigkeit differen-

zierter Beobachtungen, wie sie auch am Beispiel des Vorlesens erläutert wurde, bestätigt: Fassen wir Daten zusammen, können wir nur von ungefähren »Trends« sprechen und müssen dann im einzelnen die differenzierten Familienklimata mit ihren unterschiedlichen Interaktionsstilen genauer ins Auge fassen.

2. Für Fernsehkritiker mag tröstlich sein, daß der Nettokonsum der Kinder im Alter von 3 bis 13 Jahren an einem durchschnittlichen Wochentag des Jahres 1997 im Vergleich zum Vorjahr um 2 Prozentpunkte zurückgegangen ist und nun bei 59% liegt – trotz vermehrter Angebote und zwei zusätzlicher Kinderprogramme. Aus der Gruppe der 3- bis 5jährigen war gut jedes zweite Kind an einem Durchschnittstag (zumindest kurz) vor dem Fernsehgerät anzutreffen (54%). Bei den 6- bis 9jährigen wuchs der Anteil auf 59%, bei den 10- bis 13jährigen betrug er 64%. Fazit: Je älter die Kinder sind, desto eher und mehr schauen sie fern (die Fernsehnutzung bei Personen ab 14 Jahren liegt für einen Durchschnittstag im gleichen Jahr bei 73%). Diesen Daten entspricht die durchschnittliche *Sehdauer*: Bei den 3- bis 5jährigen umfaßte sie 76 Minuten, bei den 6- bis 9jährigen 91 Minuten und bei den 10- bis 13jährigen kamen noch einmal 22 Minuten hinzu (insgesamt 113 Minuten). Fazit: Kleine Kinder sehen nicht nur seltener, sondern auch kürzer fern. Die Differenz zwischen der jüngsten und der ältesten Gruppe beträgt mehr als eine halbe Stunde.

3. Es wäre jedoch ein Fehlurteil aus diesen Daten zu schließen, daß kleine Kinder offensichtlich eine weniger zu beachtende Zuschauergruppe darstellen. Ermittelt man nämlich die Altersgruppe der 3- bis 5jährigen, so zeigt diese jüngste Altersgruppe einen kontinuierlichen *Anstieg der Sehdauer* seit 1992: Lag die Sehdauer im Jahr 1992 in dieser Altersgruppe noch bei durchschnittlich 66 Minuten, kamen im Laufe der Jahre bis 1997 10 Minuten hinzu. Da sich der Fernsehmarkt hinsichtlich des Angebots gerade für junge Zuschauer erheblich verändert hat, hat dies ganz offensichtlich Auswirkungen auch auf das Fernsehverhalten der jüngsten Altersgruppe. Zwar betrug bei den 3- bis 5jährigen die Verweildauer 141 Minuten, während sie bei den 6- bis 9jährigen um 13 Minuten auf 154 Minuten anstieg, bei den älteren Kindern sogar auf 178 Minuten, also bei fast drei Stunden lag, jedoch zeigt ein Rückblick auf die vergangenen drei Jahre, daß eine Angleichung der Nutzungswerte zu verzeichnen ist.

4. Obwohl kleine Kinder inzwischen dank eines größeren Angebots »aufholen«, läßt sich doch über die Jahre hinweg eine auffällige Stabilität der kindlichen Fernsehnutzung feststellen, die kritische Fernsehnutzer beruhigen könnte. Bei gleichbleibendem Umfang wird offenbar das Fernsehangebot auch entsprechend stärker *ausgewählt* und nicht *ausgeweitet*.

5. Betrachten wir einmal am Beispiel die unterschiedlichen Nutzungsmengen bzw. Verweildauerintervalle: Im Jahr 1997 sahen 1,3% aller 3- bis 13jährigen (dies sind rund 120.000 Kinder) an einem durchschnittlichen Tag weniger als 5 Minuten fern; 3% (etwa 270.000 Kinder) sahen 5 bis 15 Minuten fern, weitere 6,4% (ca. 580.000 Kinder) zwischen 15 und 30 Minuten: Jedes neunte Kind kann zu den Wenigsehern gezählt werden, deren Fernsehkonsum unter einer halben Stunde am Tag liegt. Der Vielseheranteil, also jene Kinder, die mehr als drei Stunden am Tag vor dem Fernsehgerät zubringen, umfaßt etwa 6%. Zu dieser Gruppe gehören insgesamt mehr ältere als jüngere Kinder und mehr Jungen als Mädchen.

6. Für alle Altersgruppen ist der wichtigste Fernsehtag der Woche, rein quantitativ betrachtet, der Samstag, dann folgt der Sonntag.

Fassen wir die Daten der Fernsehnutzung von Kindern und Erwachsenen im Tagesverlauf noch einmal in einer Altersgruppenübersicht zusammen, um auch die Fernsehzuwendung in der Verteilung auf den Tagesablauf zu beobachten, ergibt sich folgendes Bild:

Aufs Ganze gesehen entsprechen sich die Ablaufkurven im Tagesverlauf durchaus, wenn auch auf verschiedenem Altersniveau. Auf den ersten Blick wird beispielsweise deutlich, daß Erwachsene ab 14 Jahren die höchsten Fernsehnutzungswerte haben, während die 3 bis 5 Jahre alten Kinder die niedrigsten Werte haben. Für diese Gruppe gilt auch, daß die Tagesablaufskurve nach 18.00/19.00 Uhr stark bergab geht – obwohl nicht gegen Null; dies zeigt, daß kleinere Kinder (meist in Begleitung ihrer Eltern) auch noch zu späteren Stunden vor dem Fernsehgerät vorzufinden sind. Schließlich zeigt sich deutlich, daß die »Großen« in höherwertiger Form vormachen, was die Kleinen im Tagesrhythmus nachahmen – ein weiterer Beleg für die schon wiederholt formulierte Tatsache, daß Eltern entscheidende Modelle für Kleinkinder sind.

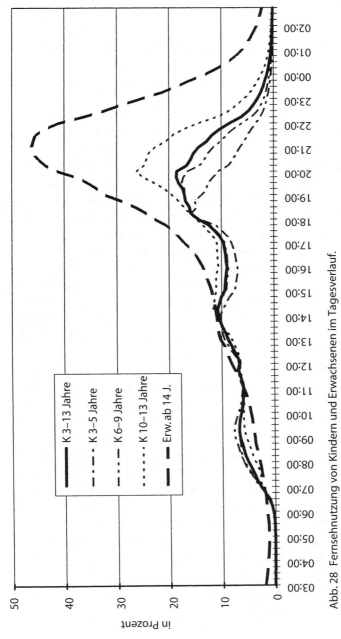

Abb. 28 Fernsehnutzung von Kindern und Erwachsenen im Tagesverlauf.
Quelle: GfK-Fernsehforschung, nach: Feierabend/Klingler 1997, S. 173

Werfen wir nun einen Blick auf die *Fernsehinhalte* und Programmpräferenzen, so ist insbesondere für die kleinen Kinder der Start des öffentlich rechtlichen Kinderkanals von ARD und ZDF mit gewalt- und werbefreiem Programmangebot ein wichtiges Medienereignis. Der Kinderkanal Nickelodeon (inzwischen wieder eingestellt) hatte schon vorher sein Programm aufgenommen. Dieses Angebot aus Unterhaltung und Information in kindgerechter Ansprache findet bei jungen Fernsehzuschauern großen Anklang: »Zeichentrickserien wie beispielsweise ›Flitz, das Bienenkind‹ oder ›Isnogud‹, Serien wie ›Sprechstunde bei Dr. Frankenstein‹ oder ›Amanda & Betsy‹ sind Klassiker; die ›Augsburger Puppenkiste‹ sowie Spielfilme stehen für Unterhaltung, ›Die Sendung mit der Maus‹, ›Logo‹ oder die ›Sesamstraße‹ sind hingegen für die kindgerechte Information zuständig. Somit konnte das Anliegen des Kinderkanals, der stetig anwachsenden Kinderprogrammflut eine qualitativ hohe Alternative entgegenzusetzen, erfolgreich umgesetzt werden.« (Ebd., S. 173) Die *erfolgreichsten* Sender bei Kindern sind jedoch wie in den Vorjahren PRO 7, RTL, Super RTL und RTL 2. Der Kinderkanal erreichte im Jahresdurchschnitt einen Marktanteil von 5,6%, das ZDF kam auf 5,2%, Nickelodeon auf 3,8% – im Vergleich: PRO 7 hat einen Marktanteil von 5,4%, RTL 15,3%, Super RTL 13,0 % und RTL 2 9,4%. Bei den 3- bis 5jährigen ist Super RTL der Marktführer, und der Kinderkanal erreicht bei den Kleinen rund 10%. Hier zeigt sich insofern eine deutliche Schneise, weil die kleinen Kinder ganz offensichtlich eher an speziellen Kinderprogrammen orientiert sind und der »Run« auf die Privaten erst bei den schulpflichtigen Kindern in steigendem Maße zum Zuge kommt.

Kleine Kinder weisen eine vergleichsweise geringe Fernsehzuwendungsrate auf – aber diese ist im Anstieg begriffen. Allerdings haben wir noch keine »japanischen Verhältnisse«, wonach bereits viermonatige Babys auf den Bildschirm schauen, wenn dort ein Programm sichtbar wird. Nach Groebel (1990, S. 11 f.) zeigt sich die »Konkurrenz« zwischen Medien- und direkten Umwelteindrücken hier schon sehr früh. Ab dem siebten Monat beginnt – wenn die Möglichkeit besteht – bereits das Spiel mit der Fernbedienung; mit acht Monaten klatschen Kinder nach, wenn dies ihnen auf dem Bildschirm vorgemacht wird; Einjährige schließlich imitieren Mimik und Gestik von Fernsehdarstellern, und mit anderthalb Jahren werden Fernsehmelodien nachgesummt. Diese frühe Zuwendungsrate in Japan erklärt sich wohl auch daraus, daß dort in 75% aller Haushalte mit 2- bis 3jährigen im Kinderzimmer ein Fernsehapparat steht; berichtet wird entsprechend, daß von 80% der japanischen 1- bis 3jährigen mehr als zwei Stunden täglich ferngesehen wird und 10% der gleichen Altersgruppe sogar schon mehr als acht Stunden vor dem Bildschirm verbringen. Hier liegen die Werte in Europa, vor allem auch in Deutschland, deutlich niedriger – beeinflußt vom Modellverhalten der Eltern und der Verfügbarkeit eines Gerätes in der unmittelbaren Kinder-Umgebung. Ein Fernsehapparat schon im Kleinkinderzimmer würde hier sicherlich schnell manches ändern.

Beobachtungen zum *Aufmerksamkeitsverlauf* beim Fernsehen geben einige interessante Hinweise, die sich gut in das bisher Gesagte einordnen (ebd., S. 14ff.), einige bedenkenswerte Ergebnisse sollen hier daher mitgeteilt werden:

1. Untersucht wurde, welche Reize besonders stark die Aufmerksamkeit von Kindern binden können. Um dies herauszufinden, wurden Kinder in ein Zimmer gebracht, in dem sie spielen durften, während im Hintergrund ein Fernsehgerät lief. Manchmal wurden plötzlich laute Geräusche über den Fernsehapparat produziert, außerdem wurden plötzlich schnell wechselnde und farbige Bilder auf den Bildschirm gebracht. Im Vergleich wurde deutlich, daß zunächst einmal die akustischen Reize ein viel stärker Aufmerksamkeit erzeugendes Potential haben als optische Reize. Laute Schüsse oder andere laute Geräusche fesselten die Kinder am ehesten. In der »Konkurrenz« findet also die erste Aufmerksamkeitsbindung über Geräusche statt – vorausgesetzt freilich, daß diese laut genug sind, um von Bildern abzulenken.

2. Kleine Kinder richten die Aufmerksamkeit nicht in erster Linie auf den Bildschirm – wenn das Fernsehgerät läuft –, sondern Umgebungsreize werden gleichzeitig wahrgenommen. Kleine Kinder schauen nicht permanent hin, bedienen sich vielmehr des *schweifenden Blicks*, und nur bei sehr stark beanspruchenden Reizen erfolgt eine Dauerbeachtung. Wie wichtig das Modellverhalten ist, zeigen Beobachtungen, wonach die kindliche Aufmerksamkeit sofort anstieg, wenn die Eltern den Kindern vermitteln sollten, daß sie sich das nächste Programm genau anschauen möchten.

3. Kleine Kinder sehen noch nicht »programmkonzeptgemäß«, sondern sie stellen sich ihr Programm insofern selbst zusammen, als daß sie vor allem auf Reize reagieren, die in ihren eigenen Alltag und in ihre Erfahrungen eingebunden sind. Dies entspricht der Feststellung, daß insbesondere kleine Kinder zunächst die *Assimiliation* (das Angleichen des Wahrgenommenen in die eigenen Konzepte) gegenüber der *Akkommodation* (dem Einfügen des Wahrgenommenen in vorgefundene Wahrnehmungsbestandteile) bevorzugen.

4. Bemerkenswert ist schließlich ein Bindungseffekt, der sich einstellt, wenn es den Programmen gelungen ist, Kinder länger als 10 Sekunden an das Gerät zu fesseln. Es entsteht dann – wie übrigens auch bei Erwachsenen – eine Art »Sogwirkung«, in der die Umweltreize zunehmend ausgeklammert werden.

5. Kinder achten noch nicht auf den gesamten Handlungskontext und sind oft auch nicht in der Lage (oder haben kein Interesse), eine längere narrative Sequenz geschlossen zu verfolgen. Das bedeutet, daß einzelne Bilder oder Szenen für Kinder sehr viel stärker eigenständig wahrgenommen werden und einen eigenen Deutungscharakter gewinnen. Groebel (ebd., S. 16): »Von daher ist nicht verwunderlich, daß gerade auch Nachmittagstrailer, die auf Erwachsenenprogramme zum Teil brutalen Inhalts im Abendprogramm hinweisen sollen, bei Kindern mit äußerst starken Angstreaktionen verbunden sind. Das Einzelbild, die einzelne Szene hat hier gewirkt und nicht der gesamte Handlungskontext.«

Es gibt auch erste Versuche, *Verlaufsmuster* des Fernseh-Rezeptionsprozesses einzuholen. Sie können deshalb nicht mit einer (wie oben beschrieben) Vorlesesituation verglichen werden, weil letztere eine viel engere, *gerichtetere* Dyade darstellt, während die Fernsehzuwendung sehr früh auf ein offenes Verhaltensfeld vorwegweist. Dennoch gibt es bestimmte Ablaufmuster. Dazu gehört, daß Kinder sich gezielt Medieninhalten zuwenden, die ihre eigene Thematik ansprechen und daß sie diese Selbst-Auseinandersetzung (»Identitätsthema«) auch nach dem Fernsehkonsum fortsetzen. Daß das Kind manchmal pausiert und die Medienrezeption vorübergehend abbricht, widerspricht dieser Tatsache nicht; denn oft folgt ein weiterer Rezeptionszyklus mit gleichem thematischen Bezug, quasi nach einer Erholungspause. – Folgen wir der Übersicht (80 Rezep-

1. **Thema unmittelbar vor der Rezeption**

    In der ganz überwiegenden Zahl der Fälle hat sich das Kind mit seinem derzeitigen Identitätsthema auseinandergesetzt, bevor es sich dem Medium bzw. der speziellen Mediengeschichte zuwandte.

    Beispiel: Gudrun spielt mit dem Scenokasten und entwirft ein Familienszenario. Sie versucht, die Prinzessin, mit der sie sich deutlich identifiziert, dazuzustellen und ärgert sich, daß diese immer wieder umfällt. Sie will sich nun vorlesen lassen.

2. **Auswahl des Medienthemas**

    In vier von fünf Fällen hat das Kinds selbst das Medium bzw. die Geschichte ausgewählt.

Beispiel: Felix spielt mit dem Beobachter Schach, dringt aber darauf, parallel zum Spiel eine Hörspielkassette (»Benjamin Blümchen«) anhören zu dürfen. Im Wechsel zwischen Zuhören und Spielen kann er seine Gefühle bei Gewinn und Niederlage kontrollieren. Schließlich ermöglicht ihm das Geschrei des Medienhelden den Übergang vom Schachspiel zum Toben und Kämpfen.

3. **Thematische Steuerung bei Rezeptionsbeginn**

    In drei von vier Fällen wurde mit der Mediengeschichte dasjenige Thema fortgesetzt, mit dem sich das Kind bereits vorher beschäftigt hatte.

Beispiel: Dieter hat zur Zeit soziale Probleme in der Schule. Am Beobachtungsnachmittag hat er sich eine Ritterrüstung gebastelt, die ihn vor allen Angriffen schützen soll. Mit der Rezeption einer »Bussi Bär«-Geschichte führt er nun das Thema »sich gegen Gefahr wappnen« fort.

4. **Medienthema aus objektiver Perspektive**

    In etwa der Hälfte der Fälle entsprach die Mediengeschichte aus objektiver Perspektive dem kindlichen Identitätsthema, in einem weiteren Viertel fanden sich gewisse Übereinstimmungen zwischen kindlichem und medialem Thema.

Beispiel: Christian findet in der Janosch-Geschichte »Löwenzahn und Seidenpfote« seine Themen »Aufbruch und Männlichkeit« in alltagsnaher Darstellung wieder; insbesondere spiegelt die Geschichte genau die für Christians Familie spezifische Umdefinition der Geschlechtsrollen.

5. **Medienthema aus subjektiver Perspektive**

Dieselben Mediengeschichten entsprachen aus der subjektiven Perspektive des Kindes in drei Viertel aller Fälle seinem Identitätsthema. Der Bezug von thematisch weniger geeigneten Geschichten zum eigenen Thema wurde erreicht, indem die Kinder objektiv nicht gerechtfertigte Lesearten zu den betreffenden Geschichten entwickelten.

Beispiel: Sanne nutzt die Kassette vom »glücklichen Löwen« zur Auseinandersetzung mit eigener Animalität und Wildheit. An der Rückkehr des Löwen zum friedlichen Familienleben (Domestizierung) ist sie nicht interessiert, sie greift vor allem das wilde Löwengebrüll heraus.

6. **Thematische Steuerung bei Beendigung der Rezeption**

Unmittelbar nach dem Ende der Medienrezeption wurde in knapp der Hälfte aller Fälle das bislang vorherrschende Thema fortgeführt. Allerdings gab es auch einen bedeutsamen Prozentsatz von Situationen (mehr als ein Drittel der Fälle), in welchem nach Beendigung der Rezeption ein neues Thema eingeführt bzw. das bislang vorherrschende Thema unterbrochen wurde.

Beispiel: (für die 2. Variante): Paul hat sich anhand des Buches »Wo die wilden Kerle wohnen« mit dem Thema »Angstträume« auseinandergesetzt. Er distanziert sich nun vom Inhalt, indem er den Text buchstabiert und zeigt, wie gut er schon lesen kann. Erst einige Zeit später wird Paul das Thema wieder aufgreifen: Er phantasiert eine Geschichte vom Schlafwandeln und erzählt dabei von seinen eigenen Angstträumen.

7. **Medienthema und nachfolgendes Spiel**

Im weiteren Verlauf des Spielnachmittags wurde von den Kindern in mehr als zwei Drittel aller Fälle das subjektiv wahrgenommene Medienthema wieder aufgegriffen.

Beispiel: Die Beobachter haben das Märchen von »Hänsel und Gretel« vorgelesen, das bekanntlich mit der glücklichen Rückkehr der Kinder ins Elternhaus endet. Anschließend initiiert Esther ein Rollenspiel, in dem zunächst ein Baby versorgt und dann bei einer Puppen-Geburtstagsfeier Harmonie und gegenseitige Zuneigung in der Familie thematisiert wird.

Abb. 29 LfR Dokumentation Bd. 6, S. 36 und 37.
Quelle: Groebel 1991, S. 36 f.

tionssituationen im Rahmen einer Längsschnittuntersuchung an Vorschulkindern), ergibt sich folgende thematische Steuerung vor, während und nach der Rezeption von Massenmedien durch Vorschulkinder:
Aufs Ganze gesehen, bestätigt sich relativ stabil eine (wenn auch grobe) Gesamteinschätzung: Medien-Geschichten sind dann wichtig für Kinder, wenn diese Anknüpfungspunkte in ihrem alltäglichen Leben, in ihren Phantasien und Träumen finden. Insofern »brauchen Kinder Medien«; dabei bleibt offen, ob dies besser Bilderbücher, Fernsehgeschichten, Hörspielkassetten oder andere Darbietungen sind. Zwar ist Groebel zuzustimmen, daß »Fernsehgeschichten nicht von vornherein weniger geeignet für eine identitätsstiftende Auseinandersetzung als Geschichten in Büchern« seien; dennoch könnte erst eine Fein-Interaktionsanalyse (wie am Beispiel des Vorlesens vorgeführt) zeigen, *welche Medien* in *welchen Kontexten* die emotionale, soziale und kognitive Förderung besonders nachdrücklich leisten. So können wir bis heute die These nicht belegen, daß Kinder durchs *Fernsehen* emotional gebundener seien, während *erzählte Geschichten*, Bilderbuchgeschichten in stärkerer Weise auch *diskursiv-kognitive* Elemente enthielten, die besonders zur sozialen und kognitiven Kompetenzerweiterung beitragen. Dies müßte auch nicht notwendig von der Verschiedenartigkeit der Medien abhängen, sondern könnte auch durch Faktoren der Zuwendungssituation bedingt sein, unabhängig davon, ob es ums Vorlesen oder um das Fernsehen geht.

In diesem Zusammenhang gibt jedoch ein Ergebnis Anlaß zum Nachdenken: Wir hatten schon berichtet, daß Vorlesen bei Kindern mit höherem »Bildungsquotienten« aufgrund einer entsprechend stärkeren Bildungszuwendung der Eltern/der Mutter möglicherweise eine anspruchsvollere kommunikative Förderung darstellen könnte als das Fernsehen. Dies ist für die Altersgruppe der Kleinkinder inzwischen durch eine Studie belegt (Grüninger/Lindemann 1997). Danach gelten folgende Zusammenhänge:
Je niedriger die soziale Schicht der Kinder,

– desto häufiger wird ferngesehen,
– desto länger schauen die Kinder pro Tag fern,
– desto häufiger sehen diese am Nachmittag fern,
– desto häufiger lassen Eltern ihre Kinder unbeaufsichtigt fernsehen,

- desto häufiger wird das Fernsehverbot als erzieherische Maßnahme eingesetzt,
- desto indifferenter ist die Grundeinstellung der Eltern gegenüber den konsumierten Fernsehinhalten.

Je stärker die Fernsehzuwendung ist, desto geringer ist die Zuwendung zum Medium Bilderbuch und auch zu Hörspiel- und Musikkassetten. So problematisch der »Schicht«-Indikator heute ist, korreliert er doch in jedem Fall mit höherem bzw. mittlerem oder niedrigem Bildungsverhalten und entsprechenden Bildungsansprüchen. Kurz: Aufs Ganze gesehen, kann zuviel Fernsehen andere Medien verdrängen und so die Vielschichtigkeit und Multidimensionalität von Medien-Geschichten aller Art beeinträchtigen. Diese Feststellung geht freilich von einer Wertung aus: daß nämlich ein Umgang mit verschiedenen Medien – von Bilderbüchern über Hörspielkassetten bis zum Fernsehen und zu CD-Liedern – wünschenswert sei und eine einseitige Fernseh-Bevorzugung kleine Kinder möglicherweise weniger fördere. Diese Vermutung erscheint nicht unplausibel, ist aber bisher nicht hinreichend belegt. Eine Diskriminierung des Fernsehens kleiner Kinder ist also keineswegs angebracht, sehr wohl aber der Hinweis, daß die Nutzung einer breiteren Medien-Palette insofern förderlich sein könnte, weil unterschiedliche Codierungsstrategien (Hören, Sehen, Hören *und* Sehen oder in genaueren Tätigkeitsmodalitäten: Zuhören, Nachfragen, Anschauen, Zurückblättern, Vorblättern, Sich-Anschmiegen etc.) mehr Ausdrucks- und Gestaltungsmöglichkeiten für kleine Kinder bereitstellen, die in ihrer multiplen Breite insgesamt förderlich sind.

Medien (Fernsehen) in der Kinder(garten)welt

Gehen wir nun der Frage nach, inwieweit nicht nur Rede-, sondern auch *Spiel*situationen, die sich auf Medien beziehen, in den Alltag der Kinder eingehen, zeigt sich hier schnell, daß dies tatsächlich der Fall ist: Es gibt medienbezogene (besonders natürlich fernsehbezogene) Spiele, die zu Hause und in der Familie, vor allem heute aber auch im *Kindergarten* von Bedeutung sind. Dazu gibt es eine relativ detaillierte Untersuchung von J. Barthelmes u. a. (1991). Zu berücksichtigen ist als Ausgangspunkt, daß die Häufigkeit von medienbezogenen Spielen von der Kindergruppe, räumlichen und materiellen Verhältnissen, ausgebildeten »Spieltraditionen« und vor allem der »sozialen Atmosphäre« abhängt, die den Kindern erlaubt, sich zurückziehen und ohne Kontrolle und Lenkung zu spielen. Vor allem Rollenspiele und Spiele mit Spielmitteln (auch aus dem Medienverbund), weniger Imaginations- und Regelspiele lassen einen Medienbezug erkennen – nicht verwunderlich, weil auch in den erzählten und gezeigten Medien-Narrationen Spiel*figuren* eine Bedeutung haben, die zur Nachahmung auffordern. Rollenspiele gehören meisten in die Kategorie Abenteuer und Action und sind mit typischen Mediengeräuschen, -ausdrücken und -gesten verbunden. Sich jagen, verfolgen, flüchten, kämpfen, andere Kinder überfallen, sich zufunken und anschießen, »gefährliche« Sprünge wagen; gerade bei Jungen spielen solche Fang-, Renn-, Tobe- und Springspiele eine Rolle. Früh zeigt sich hier »die Faszination durch Waffen und omnipotente Technik mit magischem Charakter; die Übernahme von Heldenrollen; die Austauschbarkeit der Helden und ihrer Symbole; gemeinsame Elemente von ›Action‹ und ›markigen Ausdrücken‹ in den verschiedenen Genres des Abenteuerspiels. Die Rolle des Helden vereint verschiedene Themen und Wünsche der Kinder: narzißtische Größenphantasien, Geschlechtsidentität, Gut und Böse, Freundschaft. Die Medienhelden dienen den Jungen auch zur Verarbeitung der Diskrepanz zwischen ihrer faktischen Schwäche und ihrem Wunsch nach Stärke, zur Entwicklung von Selbstvertrauen und zur Angstverarbeitung. Die Aggression ist in den meisten der Abenteuer- und Actionspiele gespielt, ein unter den Kindern verabredeter ›Kampf‹; die gespielte Kampfsituation und die faktische soziale Situation sind nicht identisch. Wenn Konflikte auftreten, sind es solche um Besitz, ums Mitspielen und um die Rollenverteilung. Nur in wenigen dieser Spiele wurde Aggression symbolisch ausgedrückt und die Medienrolle als Vorwand für tatsächliche Aggression benützt.« (Ebd., S. 95)

Noch gründlicher hat Paus-Haase (1998, S. 262 ff.) »Medienhandlungstypen« untersucht und nach verschiedenen Merkmalen (Alter, Geschlecht der Kinder, sozialer Hintergrund, erwähnte Medienfiguren, Sendungen, Charakterisierung der Figuren, aufgegriffene Szenen und typische Verarbeitungsweisen) systematisiert. Obwohl eine

»Typisierung« immer schon eine Vereinfachung und Akzentsetzung darstellt, zeigen doch die zehn Typen, welche vielfältigen Möglichkeiten kindlichen Medienhandelns in dieser Untersuchung beobachtet wurden (vgl. folgende Tabelle).
Natürlich können Kinder auch mehrere Fernsehfavoriten für unterschiedliches Medienhandeln einsetzen. Dennoch zeigt sich bei Barthelmes u. a., daß Jungen bereits typische, geschlechtsspezifische Rollen ausagieren, besonders die Inszenierung von Überlegenheitsphantasien oder, quasi im Gegenzug, die Inszenierung von Beschützerphantasien. Welche Medien-Themen sich ein Kind auswählt, wird natürlich auch durch den Familienzusammenhang mitbestimmt, und zunehmend spielen auch Kindergartengruppen, Peer-Groups im Freizeitbereich sowie Freundschaftsbeziehungen eine Rolle (ebd., S. 267 ff). Vor allem Familien scheinen Anlaß für Projektionen und Inszenierungen von »innerer Realität« anzubieten. Fernsehsendungen zeigen dabei ein breites Spektrum an Anknüpfungspunkten: Von der immer noch weithin anerkannten und beliebten »Sendung mit der Maus« bis zu Serien und Cartoons meist amerikanischer Herkunft, »Ducktales«, »Alf«, »die Schlümpfe«, Li-La-Laune Bär«, »Hi-Man« oder »Airwolf«. Eine breite Palette von Sendungen stammt dabei aus dem Angebotsfundus der privaten Sender (darauf wurde schon verwiesen, und auch diese Untersuchung hat diese Feststellung bestätigt). Paus-Haase (ebd., S. 127 f.): Je älter die Kinder sind, desto weniger zeigen sie sich an »kindgerechten« Sendungen interessiert: »Sesamstraße«, erklärt der 6jährige Michael, »habe ich mir schon lange abgewöhnt.« Lediglich die Kindergartenkinder favorisieren – neben den Angeboten des »heimlichen« Kinderprogramms – noch »klassische« Kindersendungen, wie z. B. die »Sesamstraße«. Die Grundschulkinder hingegen bevorzugen action-orientierte Serien und Cartoons wie »Night-Rider«, »A-Team« und »Airwolf«. Die in der Untersuchung befragten 182 Kinder nannten übrigens insgesamt 1.500 verschiedene (!) Sendungen – dies ist für Vorschulkinder eine außerordentlich breite Programmkenntnis. Das wiederum setzt voraus, daß sie auch die Programmanbieter und die Sendeplätze ihrer Favoritenangebote kennen – sie können die Schaltknöpfe des Fernsehgeräts bedienen und kennen auch die Kanalnummern, die es einzustellen gilt. Wichtig ist, daß der Beitrag einen »guten Ausgang« anbietet und entweder spannend oder

Typ 1: Inszenierung von Überlegenheitsphantasien

Alter: *Mädchen:* jüngere Kinder, *Jungen:* unterschiedlich
Geschlecht: unterschiedlich, vorwiegend Jungen
Sozialer Hintergrund: Kinder bekommen in der Familie/in Freundschaften/in der Peer-Group/in der Kindergartengruppe eine untergeordnete Rolle zugewiesen.
Erwähnte Medienfiguren/Sendungen: *Mädchen:* Superboy, Ivy, Pippi Langstrumpf; *Jungen:* Prinz Artus, Bat Man, Bugs Bunny, Sonic, Disney-Eichhörnchen, Ivy
Charakterisierung der Figuren: *Mädchen:* kann fliegen, kämpft, kann Zeit anhalten, setzt sich durch; *Jungen:* kämpft, gewinnt, trickst andere aus, kann Zeit anhalten
Aufgegriffene Szenen: Kampfszenen/Szenen, in denen die Held/inn/en Persönlichkeitsstärke bzw. geistige Überlegenheit zeigen
Verarbeitungsweisen der Medieninhalte: Übernahme der entsprechenden Rollen im Rollenspiel; virtuelle Übernahme der entsprechenden Rollen
Verwandtschaft zu anderen Typen: Typ 2 (Differenz: die Helden haben keine Beschützerrolle inne), Typ 4 (Differenz: der Gegner des Helden ist zweitrangig), Typ 5 (Differenz: Fluchtmotiv fehlt), Typ 6 (Differenz: Kinder sind in der Realität in einer untergeordneten Position)

Typ 2: Inszenierung von Beschützerphantasien

Alter: unterschiedlich
Geschlecht: Jungen
Sozialer Hintergrund: Kinder sehen sich bzw. die eigene Familie von außen bedroht, äußern den Wunsch, Angehörige zu beschützen oder setzen sich konkret für sie ein.
Erwähnte Medienfiguren/Sendungen: Prinz Artus, Robin Hood, Zorro
Charakterisierung der Figuren: hilft anderen aus der Gefahr, ist stark, besitzt überlegene Waffen/Schutzvorrichtungen, gewinnt
Aufgegriffene Szenen: Kampfszenen, vor allem Verteidigungsszenen
Verarbeitungsweisen der Medieninhalte: virtuelle Rollenübernahme; Übernahme der Rolle im Rollenspiel
Verwandtschaft zu anderen Typen: Typ 1, Typ 4, Typ 6 (Differenz: Beschützerrolle der Helden/realer familiärer Hintergrund)

Typ 3: Projektion von Helferphantasien

Alter: ältere Kinder
Geschlecht: unterschiedlich, vorwiegend Mädchen

Sozialer Hintergrund: Kinder sehen sich in ihrer Familie/in der Kindergartengruppe in einer Helferrolle und versuchen, sich für andere einzusetzen, soweit es ihre Fähigkeiten zulassen.
Erwähnte Medienfiguren/Sendungen: weibliche, reale Figuren, z.B. aus der ›Sesamstraße‹; Bibi Blocksberg, Chip und Chap
Aufgegriffene Szenen: Szenen, in denen sich die entsprechenden Personen für andere einsetzen
Verarbeitungsweisen der Medieninhalte: virtuelle Rollenübernahme
Verwandtschaft zu anderen Typen: Typ 10 (Differenz: Beschränkung auf altruistischen Aspekt/Kongruenz des Themas mit realen Verhaltensmustern der Kinder)

Typ 4: Projektion von inneren und äußeren Konflikten

Alter: unterschiedlich
Geschlecht: fast ausschließlich Jungen
Sozialer Hintergrund: Kinder sind mit einem ungelösten Konflikt in der Familie/in einer Freundschaft/in der Peer-Group konfrontiert; fühlen sich offenbar unterlegen.
Erwähnte Medienfiguren/Sendungen: Schlümpfe/Gargamel, Gummibären/ Exon, Bat Man/Gegenspieler, Simba/Scar, Power Ranger/realer Partner, Fuchs/Narbengesicht
Charakterisierung der Figuren: *Böse Figur:* unsympathisch, will gute Figur fangen/töten; *gute Figur:* kämpft, ist stark, gewinnt
Aufgegriffene Szenen: Angriffe der bösen Figur; Kampfszenen
Verarbeitungsweisen der Medieninhalte: virtuelle Rollenübernahme der guten Figur
Verwandtschaft zu anderen Typen: Typ 1 (Differenz: Konfliktorientiertheit; Held und Gegenspieler werden als ›feindliches Paar‹ gleichermaßen beachtet), Typ 2 (Differenz: Konfliktorientiertheit/Held hat keine Beschützerrolle), Typ 6 (Differenz: Konfliktorientiertheit/Kind hat in der Realität zumeist eine untergeordnete Position inne)

Typ 5: Projektion von Fluchtphantasien

Alter: unterschiedlich
Geschlecht: unterschiedlich
Sozialer Hintergrund: Kinder sind im überdurchschnittlichen Maße in der Familie/in der Peer-Group Druck ausgesetzt.
Erwähnte Medienfiguren/Sendungen: *Mädchen:* Pippi Langstrumpf; *Jungen:* Bat Man, Superman
Charakterisierung der Figuren: kann fliegen, setzt sich durch

Aufgegriffene Szenen: Flugszenen; in Verbindung damit häufig Kampfszenen

Verarbeitungsweisen der Medieninhalte: virtuelle Rollenübernahme, seltener Rollenübernahme im Rollenspiel

Verwandtschaft zu anderen Typen: Typ 1 (Differenz: Fluchtmotiv), Typ 2 (Differenz: Fluchtmotiv/Helden haben keine Beschützerrolle), Typ 6 (Differenz: Fluchtmotiv/Kinder haben nicht [unbedingt] eine dominante Position inne)

Typ 6: Bekräftigung einer überlegenen Position

Alter: unterschiedlich

Geschlecht: unterschiedlich

Sozialer Hintergrund: *Mädchen:* Kinder nehmen eine dominante Position in einer Freundschaftsbeziehung ein. *Jungen:* Kinder nehmen eine dominante Position in einer Peer-Group ein.

Erwähnte Medienfiguren/Sendungen: *Mädchen:* Cartoon-Figuren (Simba, Nala, Penny) Pippi Langstrumpf; *Jungen:* Power Rangers, Bar Man, Käpt'n Hook

Charakterisierung der Figuren: *Mädchen:* hat privilegierte Position inne; *Jungen:* ist stark, hat Muskeln, kämpft, gewinnt

Aufgegriffene Szenen: *Mädchen:* Abenteuerreisen, Familienszenen; *Jungen:* Kampfszenen

Verarbeitungsweisen der Medieninhalte: Übernahme der entsprechenden Rollen im Rollenspiel, verbunden damit Positionierung als Spielführer; Selbstinszenierung durch Verkleidung als entsprechende Figur, medienbezogene Gespräche, Präsentation medienbezogenen Spielzeugs

Verwandtschaft zu anderen Typen: Typ 1 (Differenz: Kinder haben in der Realität eine dominante Position inne), Typ 2 (Differenz: Helden haben keine Beschützerrolle), Typ 4 (Differenz: keine unbedingte Konfliktorientierung), Typ 5 (Differenz: Fluchtmotiv fehlt), Typ 8 (Differenz: Beziehung ist stark asymmetrisch)

Typ 7: Stabilisierung einer asymmetrischen Beziehung

Alter: unterschiedlich

Geschlecht: unterschiedlich, vorwiegend Jungen

Sozialer Hintergrund: Kinder bemühen sich um einen höher positionierten/dominanten, zumeist männlichen Spielpartner; vorwiegend im Peer-Group-Zusammenhang, seltener in Freundschaftsbeziehungen oder in der Familie.

Erwähnte Medienfiguren/Sendungen: *bei männlichem Partner:* ›Robin Hood‹, ›Power Rangers‹, ›Bat Man‹; *bei weiblichem Partner:* ›König der Löwen‹
Charakterisierung der Figuren: unbekannt
Aufgegriffene Szenen: unterschiedlich
Verarbeitungsweisen der Medieninhalte: Übernahme der untergeordneten Rollen im Rollenspiel, während der Partner die dominante Rolle besetzt und gleichzeitig die Spielführung übernimmt (vgl. Typ 4), medienbezogene Gespräche
Verwandtschaft zu anderen Typen: Typ 8 (Differenz: Beziehung ist stark asymmetrisch)

Typ 8: *Harmonisierung einer (konfliktträchtigen) Beziehung*

Alter: unterschiedlich
Geschlecht: unterschiedlich, vorwiegend Jungen
Sozialer Hintergrund: Kinder stehen in einer (konfliktträchtigen) Beziehung mit ausgeglichenen oder wechselnden Kräfteverhältnissen.
Erwähnte Medienfiguren/Sendungen: Superman, Prinz Artus, Power Rangers, Bat Man
Charakterisierung der Figuren: unbekannt
Aufgegriffene Szenen: unterschiedlich
Verarbeitungsweisen der Medieninhalte: Übernahme von Rollen im Rollenspiel, wobei dem Partner eine (scheinbar) attraktive Rolle offeriert wird, Austausch von medienbezogenem Spielzeug, medienbezogene Gespräche
Verwandtschaft zu anderen Typen: Typ 6, Typ 7 (Differenz: eher ausgeglichenes Kräfteverhältnis in der Beziehung/Kooperationsorientierung)

Typ 9: *Ersatz für fehlende Beziehungen*

Alter: unterschiedlich
Geschlecht: unterschiedlich, vorwiegend Mädchen
Sozialer Hintergrund: Kinder sind bzw. fühlen sich in der Familie und/oder in der Kindergartengruppe isoliert.
Erwähnte Medienfiguren/Sendungen: Ernie/Bert, Zwillinge, Maus/Elefant
Charakterisierung der Figuren: unbekannt
Aufgegriffene Szenen: unbekannt
Verarbeitungsweisen der Medieninhalte: virtuelle Rollenübernahme, Spiel mit Puppen
Verwandschaft zu anderen Typen: keine

Typ 10: Ersatz für (noch) nicht gelebte Erfahrung

Alter: unterschiedlich
Geschlecht: Mädchen
Sozialer Hintergrund: unterschiedlich
Erwähnte Medienfiguren/Sendungen: reale, vorwiegend weibliche Personen aus ›Sesamstraße‹, ›Glücksrad‹, ›Gute Zeiten, schlechte Zeiten‹
Charakterisierung der Figuren: unterschiedlich
Aufgegriffene Szenen: unterschiedlich
Verarbeitungsweisen der Medieninhalte: virtuelle Rollennahme; wahrscheinlich Übernahme von Rollenäquivalenten im nicht-medienbezogenen Rollenspiel
Verwandtschaft zu anderen Typen: Typ 3 (Differenz: keine Beschränkung auf den altruistischen Aspekt)

Abb. 30 Typen der Fernsehzuwendung.
Quelle: Paus-Haase 1997, S. 262 ff.

lustig ist. Dabei nehmen kleine Kinder die Seriengeschichten noch bitterernst und loben etwa die kämpferischen Stärken »Batmans«. Erst ältere Kinder können die realitätsfernen Konstruktionen und die ironische Grundstruktur der Action-Serie durchschauen (eine in anderen Kontexten wiederholte Beobachtung). Dies bedeutet nicht, daß Grundschulkinder dann Fähigkeiten ironischer Distanzierung in Programmvorlieben umsetzen, im Gegenteil: In diesem Alter mögen sie eher realistisch anmutende Geschichten mit dichter Spannung und hohen Handlungsreizen – ein möglicher Hinweis darauf, daß *Fernseh*-Kinder im Vergleich zu *Vorlese*- und später *Lese*-Kindern möglicherweise eher monotone und nicht so differenzierte Ansprüche entwickeln.

Darauf hinzuweisen ist, daß Kinder, wenn sie Medienelemente (Figuren, Situationen) in ihr Aufmerksamkeits- und Spielrepertoire aufnehmen, diese keineswegs persönlich kennen müssen. Vielmehr ist es ganz offensichtlich so, daß Kinder immer mehr Mediensituationen nicht aus direkter Angebots-Kenntnis, sondern von altersgleichen Peers lernen. Diese immer häufiger zu findende Beobachtung soll durch das Interesse an *typischen Mediengeräuschen* erläutert werden. Ein Beispiel dafür ist die Nachahmung amerikanischer Polizeisirenen. Die Kinder imitieren diese Sirenen durch ein rhythmisches, helles, in der Kehle produziertes Geräusch (selten wurde das Geräusch deutscher Polizeisirenen mit »Tatüü Tataa« nachgeahmt). Gerade hier zeigt sich, daß auch solche elementaren Geräusche leicht voneinander gelernt, sozusagen »abgehört« werden: Die Tatsache, daß sie es fast alle imitieren, bedeutet also keinesfalls, daß fast alle Kinder amerikanische Vorabendserien sehen. Ein Beobachtungsbeispiel (Barthelmes u. a. 1991, S. 81): »Ein ca. vierjähriges Mädchen sitzt mit der Beobachterin am Tisch. Sie hört den Jungen, die amerikanische Sirenen imitieren, zu und ahmt diese erst leise und zögernd nach. Als sie den richtigen Ton trifft, produziert sie das Geräusch mit wachsendem Vergnügen immer lauter. Die Beobachterin fragt das Mädchen, ob es weiß, *was* das für ein Geräusch ist. Das Mädchen verneint.« Ebenso werden markige Sprüche vor allem von Jungen gern nachgeahmt und nicht über Medien, sondern auf dem Zweistufenweg der Kommunikation *zwischen* den Gruppenteilnehmern übertragen, etwa Ausdrücke wie »Hey Baby!«, »Scheiß, Mann!«, »Los, Mann!«, »Vorwärts, Männer!«, »Erste Alarmstufe!«, »Im Namen des Gesetzes!«, »Hey, Leute, wir haben keine Zeit zu verlieren!«. In das so geartete Übertragungsrepertoire gehören schließlich typische Mediengesten wie eine Pistole aus der Deckung heraus in Anschlag bringen, das Hi-Man-Schwert ziehen, nach Indianerart anschleichen, Karate-Gesten mit den Beinen vollführen, Angriffsposen mit geballten Fäusten: Eine Fülle von Medienvorlagen, die dadurch, daß sie ins Sprech- und Spielrepertoire übergehen, zugleich auch abgearbeitet und in ihrem unmittelbaren Ernstcharakter gefedert werden.

Weitere Medien: Kassetten, Computer, Internet

Auch wenn das Bilderbuch das älteste und »vornehmste« Medium ist und das Fernsehen Kinder in starkem Maße fasziniert: Wie eingangs gesagt, spielen zusätzlich alle anderen Medien in komplexen *Medienensembles* eine Rolle. Neben Bilderbüchern und Fernsehprogrammen (die von »erzieherisch anspruchsvollen Eltern« weniger gern geduldet werden) haben auch Hörspiel- und Musikkassetten eine große Bedeutung im Kinderzimmer. Kinder, die sich *mehrmals* pro Woche mit Hörspielkassetten beschäftigen, sehen dabei ca. 55 Minuten täglich fern, während Kinder, die seltener Hörspielkassetten abhören, länger fernsehen, ca. 68

Minuten. Ein ähnlicher Zusammenhang findet sich bei den Musikkassetten: Wer sie gerne hört, schaut ca. 58 Minuten täglich fern; Kinder, die seltener dieses Medium benutzen und das Fernsehen bevorzugen, haben einen höheren Fernsehkonsum (ca. 69,5 Minuten). Entsprechend sieht die Zuwendung aus, wenn man Videospiele und Videofilme einbezieht. Kinder, die viel Zeit mit dem Fernsehen verbringen, bevorzugen eher Videofilme und Videospiele als Kinder, die Hörspiel- und Musikkassetten sowie Bilderbücher bevorzugen (vgl. Grüninger/Lindemann 1997). Bestätigt sich diese These, könnten hier zwei medien-kulturelle Polaritätsprofile entstehen, in der Weise, daß zwar zunehmend alle Kinder alle Medien in irgendeiner Weise schon im Vorschulalter benutzen, aber eine eher print- und hörorientierte Gruppe einer eher videospiel- und videofilm-orientierten Gruppe gegenübersteht, oder noch pointierter: daß kindliche Wahrnehmungskulturen sich kulturell ein Stück weit ausdifferenzieren, indem sie unterschiedliche Präferenzgruppen bilden.

Dennoch gilt gleichzeitig: *Hörspielkassetten* sind für Vorschulkinder wichtig; sie rangieren hinter den Bilderbüchern und dem Fernseher auf dem dritten Platz. 38,8% der Kinder integrieren den Hörspielgenuß täglich und 31,4% der Kinder mehrmals pro Woche in ihren Alltag; die durchschnittliche tägliche Verweildauer beträgt immerhin 36,6 Minuten (ebd., S. 8). Auch *Musikkassetten* werden gerne gehört, sind aber wie das Radio eher Medien des Nebenbeihörens, weil während der Rezeption genug Aufmerksamkeit für das Betrachten von Bilderbüchern und das gemeinsame Spiel von Freunden bleibt. Nutzungsdauer und Nutzungsfrequenz sind etwas geringer: 26,7% der Kinder hören fast täglich, 34,8% mehrmals pro Woche und 32,3% seltener Musikkassetten. Wie Hörkassetten werden auch Musikkassetten dabei mehr von Mädchen als von Jungen genutzt. Das *Radio*, mit einer Ausstattungsquote von 85% vor allen anderen auditiven Medien liegend, rangiert in der Hörergunst und der aufgewendeten Zeit unter den eben genannten Medien. Das durchschnittliche tägliche Zeitbudget fürs Radiohören liegt bei ca. 13 Minuten; vermutet wird eine »tendenzielle Umverteilung der Zeit für Hörmedien weg vom Radio, hin zu den Tonträgern Schallplatte, Kassette und CD« (Klingler 1996, S. 20). – Auch *Videofilme* sind wie Hörspielkassetten Teil des Mediensystems. Sendungen, ursprünglich für das Fernsehen produziert, wie etwa »Pumuckl« oder »Pippi Langstrumpf«, werden anschließend häufig als Videokassetten erworben oder liegen zur Ausleihe in Videotheken und Bibliotheken vor. Der Vorteil liegt darin, daß Eltern eine gezielte und altersgerechte Vorauswahl treffen können und die Rezeptionsdauer besser dosierbar ist, zumal die kinderrelevanten Sendungen aufgezeichnet werden und zu passender Zeit, möglichst gemeinsam, angeschaut werden können (Grüninger/Lindemann 1997). Obwohl der Videorekorder vorrangig Instrument der Eltern ist, kennen schon 17% der Vorschulkinder die Funktionsweisen, die es ihnen erlauben, den Rekorder ein- und auszuschalten. Solche Kinder, die also den Videorekorder ohne fremde Hilfe in Gang setzen können, schauen 40 Minuten und damit deutlich mehr fern als ihre Altersgenossen (25 Minuten), die auf die Hilfe ihrer Eltern angewiesen sind. *Videospiele* – Spiele, die mit einer Konsole an den Fernseher angeschlossen werden können – bieten nach ersten Anfängen heute (z. B. bei den Produkten von Nintendo oder Sega) graphisch und technisch ausgefeilte Programmangebote und Projektionsflächen sowie Phantasiewelten, in die Kinder eintauchen können. Ihre tragbaren Ableger, Gameboys, die von der Definition eigentlich schon zu den Computerspielen zu rechnen sind, sind klein und preiswert, technisch und graphisch weniger gut entwickelt, fordern aber dem kindlichen Spieler genügend Geschicklichkeit ab. Da eine gewisse motorische Geschicklichkeit Voraussetzung ist, sind es eher die Vorschulkinder, die sich mit Videospielen beschäftigen, wobei die Nutzungsfrequenz und die Nutzungsdauer mit steigendem Alter zunehmen. – Computer werden als Arbeits- und Kommunikations-Instrumente immer wichtiger und dienen zunehmend auch der Regelung von Alltagsabläufen (Homebanking als Beispiel). Vorschulkinder sind die professionellen Anwender von morgen. Inzwischen gibt es schon Angebote für Kinder im Vorschulalter, die den Computer über einen Netzanschluß (Internet) ansprechen, etwa den »Kids Club« oder das »kindernetz« des bisherigen Südwestfunks; diese können durch das Anklicken von Symbolen aktiviert werden und setzen diese Fähigkeit nicht voraus. Auch kommerzielle Computerspiele und Lernspielcomputer (Eschenauer 1994, S. 412 ff.) sind für kleine Kinder erhältlich, erfordern freilich kognitive und sensomotorische Fähigkeiten, die erst von älteren Vorschulkindern erbracht werden können. Immerhin stellen sich hier mindestens vier Spielanforderungen, die einerseits erfüllt sein müssen, andererseits aber auch immer frühzeitiger geübt und gelernt werden können, liegt hinreichende Motivation vor: Dazu gehören

1. sensomotorische Synchronisierung (Erweiterung des Körperschemas auf den »elektrischen Stellvertreter«);
2. die Bedeutungsübertragung (Erfassung der Inhalte und Darstellungen im Spiel);
3. die Regelkompetenz (Regeln verstehen und angemessen nach ihnen handeln);
4. Selbstbezug (einen Bezug zum Spiel herstellen, eigene Handlungsimpulse und Interessen umsetzen) (vgl. Fritz/Fehr 1995, S. 22).

Fazit: Schon kleine Kinder wachsen in komplexen Medienwelten auf, die alle Räume als Querstruktur durchdringen und einschneidende Veränderungen auf den Wahrnehmungs-, Kommunikations- und Lernachsen verursachen: Dies wurde eingangs angemerkt und ist mit vorhandenen Daten und beobachteten Trends nunmehr wohl hinreichend deutlich geworden.

Früher Abschied von der Kindheit?

Wohin der Medien-Wandel die Kinder und ihre Eltern, also die verschiedenen Medien-Generationen, schließlich führt, ist noch nicht deutlich auszumachen. Sicher resultiert daher die pädagogische Abwehr (z. B. im Erziehungs- und Kindergartenbereich) gegenüber Medien, obwohl sie andererseits vorhanden sind und auch zunehmend benutzt werden (müssen). Das Fernsehgerät ist ein alltäglicher Begleiter, und ohne den Computer wird zukünftig niemand mehr auskommen, will er sich im modernen Leben behaupten. Für Kinder ist dies von Geburt an alltäglich geworden, und sie werden damit leben müssen.

Unsere Darstellung hat gezeigt, daß übergroße Ängste unbegründet sind. Vielmehr sieht es so aus, daß die Phantasie- und Selbsterprobungsfähigkeit der Kinder durch unterschiedliche Medienangebote in der Regel eher gefördert werden. Das wurde beim klassischen Vorlesen ebenso deutlich wie bei einer Fernsehnutzung, die ins Spielrepertoire eingeht und damit die Alltagsscripts direkter Handlungen zwischen Mutter und Kind erweitert. Es dringt mehr Welt in die Kinderzimmer ein, und das muß keinesfalls von Nachteil sein. Die Kinder selbst hegen am wenigsten Befürchtungen. Im Gegenteil, sie wenden sich allen neuen Medien begierig und neugierig zu und zeigen keinerlei Berührungsängste. Eine anthropologisch zu begründende »Unvertrautheit« mit Technik, die sich von biologischen Grundlagen entfernt und nach der Geburt erst allmählich überwunden werden muß, ist nicht aufzuspüren. Ebenso gibt es kaum Hinweise darauf, daß Kinder sich – jedenfalls in der überwiegenden Mehrzahl – nur einem Medium allzeitig zuwenden oder ihre Freundschaften und Peer-Gruppen vernachlässigen. Im Gegenteil: Vielleicht sind es gerade die Medien mit ihren welterschließenden Botschaften, die mit ihren Inhalten weit über Familie und Kinderzimmer hinausdringen und Kindern damit neue Begegnungsmöglichkeiten und Kontaktwelten erschließen. Jedenfalls wird es immer schwieriger sein, schon bei den 0- bis 5jährigen eine frühkindliche Welt in einer Art medienfreier Provinz zu garantieren, in der sich alles nur um die Mutter-Kind-Beziehung dreht. Raum und Reichweite der Bilder, Sehnsüchte und Hoffnungen, freilich auch Ängste haben ein Repertoire entstehen lassen, das in die Bedeutungsfigurationen der sozialen Beziehungen, aber auch der Objektwelt eindringt und Kindern einem Symbolreichtum gegenüberstellt, der herausfordernd und vielseitig ist, freilich auch verarbeitet werden muß.

Wir hatten auf bedenkliche oder ungeklärte Punkte aufmerksam gemacht. Dazu können gehören

- ein allmähliches Verdrängen der (Vor-)Lesekultur besonders bei Jungen,
- eine Medienwahrnehmungen zunehmend polarisierende Alltagskultur zwischen Lesen, Hören und audiovisuellen Botschaften, die in ihren Wahrnehmungsansprüchen verschieden sind,
- eine Überstimulierung, die sich auch durch Spielen und alltäglichen Umgang, quasi als Medien-Überdosis, nicht bewältigen läßt,
- eine latente Überforderung durch Schnelligkeit der Bilder mit steigender, innerer Unruhe und mangelnder Gelassenheit,
- eine nicht hinreichend geordnete und gestufte Hinführung auf eine in ihrer plötzlichen Gleichzeitigkeit unterschiedlicher Reize chaotische Welt, die nachträglich zu ordnen schwierig und oft nicht mehr möglich ist.

Diese und ähnliche Befürchtungen werden häufig laut, oft mit kulturkritischem Charakter, meist ohne wirklich handfeste Belege. Denn eines ist inzwischen unbestritten und kann als sicheres Wissen weitergegeben werden: *Unterschiede* im Umgang mit Medien schon im Kleinkind- und Vorschulalter hängen von vielen Faktoren ab, die beachtet werden müssen; entscheidend jedoch ist die Art und Weise, wie Mutter, Vater und andere wichtige Beziehungspersonen mit den Kindern umgehen. Die »Medienwelten« stehen ja nicht draußen vor der Tür, sondern sind schon immer anwesend, nicht nur in den Köpfen und Gefühlssphären der Kinder, sondern ebenfalls bei den Eltern. Wenn diese einsehen, daß die Medien keine einzige Minute Zeit sparen (also als »Babysitter« ebenso ungeeignet sind wie als Belohnungs- oder Bestrafungsinstrument), vielmehr noch einen höheren Grad an kommunikativer und liebender Zuwendung erfordern, dann wären die alten wie neuen Medien, in welchen Varianten auch immer, kein Problem. Was Mütter im Umgang mit Kleinstkindern bereits praktizieren – das antizipierende Vorwegnehmen mit Gesprächen, die Kinder noch gar nicht verstehen können und sie gerade darum voranbringen –, *muß Prinzip für den Medienumgang im Kleinkindbereich sein*: Vom Vorlesen bis zum Fernsehen, vom Computerspielen bis zum Netzsurfen, vom Musikhören bis zum gemeinsamen Liedersingen – *alle* Kommunikationsspiele müssen gelernt, geübt und in emotionale Dichte verwandelt werden. Würde dieser einfache, aber anspruchsvolle Grundsatz beherzigt, gäbe es kein »Medienproblem« im Kleinstkind- und Vorschulalter, im Gegenteil. Freilich: Da Kinder die Medien nicht gemacht, auch nicht gekauft haben, sind es die Älteren der Mediengeneration, die hier ihre Verantwortung wahrnehmen müssen. Und damit wird das Kinderproblem zum Elternproblem, das sich etwa in der Frage stellt, welche Art der Erziehung Kindern eigentlich zugemutet werden kann, welche vernünftig, kinderfreundlich und damit wohl begründet ist, und schließlich: welche »Bildungs-Voraussetzungen« wir in uns selbst vorfinden bzw. aufbauen, um nicht nur uns selbst, sondern auch den Kindern gewachsen zu sein.

9. Pädagogisches Nachdenken: Zwischen Selbstironie und Liebe

Vorbemerkung

Kinder, eingeschränkter auch Jugendliche, sind eine von der Pädagogik in den Mittelpunkt des Räsonnements und der aufmerksamen Beobachtung gestellte Altersgruppe. Viel geringer ist das psychologische und pädagogische Interesse an Altersstufen jenseits der Zwanzig; auch die Erwachsenen- und Weiterbildung oder die Zuwendung zur »neuen« Generation der Alten hat daran nichts geändert. Erwachsene müssen allenfalls noch etwas dazulernen; die zugrundeliegenden Strukturen aber – von Grundfertigkeiten über zugestandene Moral und Verhaltenslehren bis zu neuen Aufgaben, die im Lichte des sozialen Wandels zu lösen sind – werden vorwiegend im Zentrum von Kindern und Jugendlichen mit den ihnen zugeschriebenen Prozessen der Sozialisation, der Erziehung und Bildung geschaffen, jenen pädagogischen Basishandlungen also, die dem Fach seine Grundierung geben. Inzwischen entdecken wir in dieser verständlichen, aber oft allzu heftigen Zuwendung zu den jüngeren Altersgruppen auch bestimmte Schattenseiten oder Nebenwirkungen. So wird in »Die 6- bis 12jährigen« vor dem »pädagogischen Blick« gewarnt, »der uns die Kinder häufig nicht genauer sehen läßt, sondern durch die Brille des Vorverständnisses, daß Kinder auf jeden Fall und in jeder Situation soviel wie möglich zu erziehen seien« (Baacke 1992, S. 323): Eine zu vollständige und rigide *Durchpädagogisierung des Alltags* übergeht häufig die Frage nach Maß und Zweck von Erziehung. Ambivalenzen sind tatsächlich nicht zu übersehen. Dem Bedürfnis nach Liebe und Geborgenheit steht die Suche nach neuen Erfahrungen gegenüber; das Suchen nach Lob und Anerkennung reicht nicht aus, wenn nicht Verantwortung und Selbständigkeit schon der Kinder hinzukommen. So notwendig pädagogische Begleitung ist, so wichtig ist doch auch die Einsicht in die *Unverfügbarkeit* über seelische Ereignisse und kindliches Wollen; Widerständigkeit und der Lebenswille des Kindes gehen nicht in pädagogischen Zielhandlungen auf. Diese Ambivalenzen wurden in dem Buch »Die 6- bis 12jährigen« unter dem Stichwort »nicht zuviel desselben« zusammengefaßt und damit eine interaktionsorientierte und umweltbezogene Erziehungsauffassung beschrieben, die »die Vielschichtigkeit und Vielfältigkeit pädagogischer und nichtpädagogischer Einflußsphären betont; weil sie daran festhält, daß die Rollen von Verursacher/Bewirker und Reagierer/Aufnehmendem in ständigem Austausch befindlich sind; weil die Aufmerksamkeit auf die Verschiedenartigkeit der Umwelten und ihre dynamische Strukturierung im Entwicklungsprozeß vor Übererwartungen gegenüber bestimmten Institutionen bewahrt« (ebd., S. 339). – Bei Jugendlichen stellt sich die Frage dann noch eindringlicher, wieviel Erziehung der Mensch denn eigentlich (noch) benötige. Spätestens nach der Pubertät haben Kinder soviel Wissen und so viele Erfahrungen gewonnen, daß sie die Hilfe der Erwachsenen nur noch eingeschränkt brauchen, im Gegenteil, oft sind es die Jüngeren, die heute Älteren etwas zeigen können, das sie schon beherrschen oder übersehen (von der Freizeit über den Konsumbereich bis zum Internet etwa). Nicht »Kontrolle« oder pädagogisch-liberale Einvernahme, sondern – so im Buch »Die 13- bis 18jährigen« beschrieben – der *Austausch von Kompetenzen* zwischen Älteren und Jüngeren scheint die einzig gerechtfertigte Erziehungshaltung zu sein: Aus *Erziehung* wird *Beziehung*, aus Besserwissen und bewahrendem Eingreifen werden gleichberechtigtes Handeln und autonomes Riskieren. Zugrunde liegt beiden Altersgruppen in pädagogischer Betrachtung die Auffassung, es handele sich um *kompetente Lebewesen*, das heißt: Erziehung wird dann hinderlich statt förderlich, wenn sie die grundlegenden Akte menschlicher Selbstverfügung einschränkt, anstatt sie zur Entfaltung zu bringen.

Auch über die kleinen Kinder ist vieles zu sagen (wie schon im Vorwort angemerkt wurde). Handelt es sich um die *Neugeborenen* (von der Geburt bis etwa zum 10. Tag), den *Säugling* (etwa das erste Lebensjahr), das *Kleinstkind* (etwa das zweite Lebensjahr), das *Kleinkind* (etwa vom zweiten bis fünften Lebensjahr, dann auch *Vorschulkind* genannt) und schließlich das *Schulkind* (vom sechsten Lebensjahr ab): Allen Mikroklimata der so genau differenzierten Altersphasen wird sorgfältige Beobachtung und genaue Betrachtung zuteil. Aber handelt es sich dabei um *Erziehung*, also um den Versuch, bei der

Altersgruppe der »0- bis 5jährigen« ein *kommunikatives Miteinander* walten zu lassen, indem auch schon kleinen Kindern zugesprochen wird, daß sie *kompetent* seien?

Auf den ersten, aber auch noch zweiten Blick, scheint es sich bei kleinen Kindern eher um *Pflege* und *Behüten* zu handeln als um die Einstellung, auch schon an partnerschaftlich abgestuften Akten der Erziehung und des Erzogenwerdens beteiligt zu sein. Das Dominieren von Reifungsprozessen legt *Dressur* und *Übung* ohne reflexiven Hintergrund nahe, und selbst die Kommunikationen zwischen Eltern und Kindern dienen zunächst eher dazu, den Kleinen überhaupt erfahrbar zu machen, was sie in Zukunft kennen und können müssen, als daß es sich hier bereits um eine *Beziehungsstiftung* handele, in der die Handlungsspielräume der verschiedenen Altersgruppen immer erneut auszumessen und auszuhandeln seien. Für eine solche Akzentsetzung und Andersfassung bzw. Einschränkung des pädagogischen Diskurses gibt es eine Reihe von plausiblen Gründen. Der entscheidendste Grund besteht wohl darin, daß gerade kleine Kinder in ganz besonderem Maße von *Störungen* heimgesucht werden können, weil das noch so hilflose kleine Wesen zunächst »der fürsorgenden Zuwendung« bedarf, will es nicht umkommen. Die Urerfahrungen des Mißlingens sind dermaßen elementar, daß Mehringer (in Anlehnung an Überlegungen Adolf Portmanns) formulierte (1985, S. 53): »Ich finde immer wieder, daß uns gerade die Deutung dieses universellen Forschers helfen kann, mit Gewißheit zu erkennen, was kleine Kinder brauchen. Er sagt klar und eindeutig und beweist es auch: Das Menschenkind kommt etwa ein Jahr zu früh auf die Welt, es ist also eine ›physiologische Frühgeburt‹. Das erste Lebensjahr ist zu sehen als eine Art ›extra-uteriner‹ Schwangerschaft. Die Folgen von früher Mutterentbehrung, von Vernachlässigung in ersten Jahren, werden von daher überdeutlich: schon die erhöhte Anfälligkeit gegen Krankheiten; noch vielmehr aber die Angst, die solche Menschenkinder ›nicht mehr verlassen wird‹; ein höherer Grad von Neigung zur Angst als diese an sich schon zum Wesen des Menschen gehört; die geringe Beziehungs- und Bindungsfähigkeit bis zur Beziehungsunfähigkeit; weniger Lebensfreude, weniger Lebensmut.« Das Heimweh nach dem bergenden Mutterschoß führt eher zur Abwehr als zur Freude; und beginnt der Tod nicht gleich nach der Geburt? Zwar gibt es vom dritten Lebensjahr ab inzwischen pädagogische Einrichtungen (Kindergarten), die die elementare Gefährdung des Lebens ein Stück weit einzuschränken scheinen. Dennoch, Neugeborene, Säuglinge und Kleinstkinder machen die Erfahrung von Liebe, Zuneigung, Geborgensein, Ermuntertwerden etc. zunächst über die Grundhandlungen von *Pflege*: Zuerst geht es darum, das kleine Wesen überhaupt zu bewahren und lebensfähig zu machen, ehe gleichsam die reiferen Handlungen des pädagogischen Verhältnisses zwischen Erzogenem und Erziehendem zum Tragen kommen. Auch in diesem Buch wurde immer wieder darauf hingewiesen, wie wichtig zunächst erst einmal die jeweilige Überlebenssicherung sei – obwohl hier von Anfang an die Meinung vertreten wurde, daß auch schon kleine Kinder »kompetent« seien, und dies wurde in den pädagogischen Nebenbetrachtungen und Hinweisen ja auch immer wieder recht deutlich. Aber die hier vertretene These, Erziehung beginne mit der Geburt und vielleicht sogar früher, ist längst noch keine, die in den Alltag erzieherischen Handelns oder gar pädagogisch-reflektierender Routinen eingegangen ist. Denn neben die *Überlebenssicherung* und deren ständigen Gefährdungen ganz elementarer Art tritt dann auch die Absicherung der *Überlebensbedingungen*, die das *erzieherische* Handeln eher als eingeschränkte Kategorie gelten lassen. Stichworte wie »Unterhaltszahlung« (etwa geschiedener Väter) oder »Pflegegeld« zeigen beispielsweise, daß die Erziehungskultur in den Kinderzimmern zunächst ganz grundlegend vor materiellen Pleiten und staatlicher Gleichgültigkeit bewahrt werden muß. Ein besonders deutliches Beispiel ist der Kampf um die Abschaffung der *Kinderarbeit*; erst in der Neuzeit ist es gelungen, die Arbeitsleistung von Kindern nicht als aktiven Bestandteil in den Familienbudgets mitzuzählen und nicht zu erwarten, daß Kinder sehr frühzeitig Familien mit alimentieren und zur Alterssicherung ihrer Erzeuger beitragen. Die Idee, gar »Kindergeld« zusätzlich zur Verfügung zu stellen und damit bereits Neugeborenen einen kleinen zusätzlichen Betrag zukommen zu lassen, war jahrhundertelang überhaupt nicht denkbar. Wie wir wissen, mußten bereits Kleinkinder auf den Höfen bei der Ernte, bei Hilfsarbeiten am Webstuhl etc. mitarbeiten; an die Stelle einer feinsinnigen Entwicklungs-Altersstufen-Gliederung traten eigentlich immer und bis vor kurzem nichts als das Abmessen von bestimmten Altersgruppen bereits zugänglichen Arbeitsleistungen.

Natürlich kann ein vierjähriges Kind keine großen und schweren Arbeitsgeräte schleppen; aber es gibt auch jenseits davon bis heute genug zu tun. Der Kinderarbeitsschutz, der aus arbeitenden Kindern *Spielkinder* macht, ist also eine ganz neue Sichtweise, an die wir uns keineswegs vollständig gewöhnt haben. So ist das »Recht auf einen Kindergartenplatz« für jeden und jede bis heute umstritten und erscheint vielen als nicht finanzierbar oder auch nicht notwendig, weil die unmittelbare Selbstbeteiligung der Eltern am Budget anstelle einer umgreifenden Schutzhülle des Staates als völlig ausreichend erscheint. Von »Schulpflicht« zu sprechen, ist heute allen selbstverständlich; eine »Kindergartenpflicht« gibt es aber ebensowenig, wie die Vorstellung absurd erscheint, bestimmte Entwicklungsaufgaben bereits beim Säuglingsalter beginnen zu lassen, sie also zu kodifizieren und in professionellem Erziehungshandeln organisatorisch und finanziell abzusichern.

Der Erziehungsdiskurs steht also für die Altersgruppe der »0- bis 5jährigen« erst am Anfang. Wenn wir bereits vom sechsten Lebensjahr ab uns eher Gedanken machen, übereifriges Erziehungshandeln einzuschränken (ohne die institutionellen Vorkehrungen beseitigen zu wollen), so sind wir bei den Kleinkindern oft nicht einmal am Anfang, und die pädagogisch-institutionellen wie budgetären Absicherungen stehen noch immer zur Debatte. Dabei wissen wir inzwischen eins: daß zumindest die »0- bis 5jährigen« neben Pflege eben auch *Erziehung* brauchen, und dies zunächst nicht in einschränkender, sondern in umfassend-zuwendender Form.

Die unheile Welt: Störungen von innen und außen

Die eben schon besprochene *Urangst des Lebens* macht es ohne Zweifel auch alles andere als leicht, insbesondere mit kleinen Kindern so umzugehen, daß Elemente von partnerschaftlicher Freude zumindest erkennbar sind. Nehmen wir nur ein Beispiel (das in diesem Buch auch in dem Kapitel »Die Gleichaltrigen« behandelt wurde): In den ersten beiden Lebensjahren sind die Reaktionen auf andere Kinder häufig stark *egozentrisch*. Sie können auf einen gleichaltrigen Spielkameraden zugehen, ihm eine Puppe oder einen Teddybär zeigen und auf diese Weise scheinbar Zuwendung signalisieren. Im nächsten Augenblick jedoch haben sie dies offensichtlich vergessen; Puppe oder Teddybär werden zurückgerissen, das Kind läuft zur Mutter zurück. Ganz offensichtlich sind kleine Kinder nicht in der Lage, ihre Spielkameraden als *eigenständige Persönlichkeiten eigenen Rechts* anzusehen, sondern sie behandeln ihre Spielkameraden eher wie unpersönliche Objekte oder gar ein Spielzeug. Insofern scheint es schwierig zu sein, Begriffe wie »Herzlichkeit«, »Sympathie« oder auch »persönliche Zuwendung« gegenüber kleinen Kindern zu verwenden, denn diese müssen offensichtlich erst lernen, im Spielen mit anderen beispielsweise, einzusehen, wie wichtig es ist, Spielkameraden an einem geplanten Spiel zu beteiligen, um es auf diese Weise erfreulich zu gestalten und nicht mißlingen zu lassen. – Eltern, die einen so beschriebenen »Egoismus« beim Kind entdecken, werden in der Regel mit Ablehnung reagieren, weil in ihrem sozialen Repertoire soziales Handeln als hoher Wert gehandelt wird – nicht zuletzt auch aus Gründen eigener Anerkennung und Durchsetzungsfähigkeit im späteren Leben. Darum werden sie das kleine Kind, das sich in derartiger Weise »unsozial« verhält, schnell tadeln wollen und vielleicht dem anderen Kind selbst das Spielzeug zurückbringen; das Kind, in einen anderen Handlungsrahmen eingesponnen, wird dies nun als eine Abweisung der Mutter oder des Vaters empfinden und vielleicht erst jetzt entdecken, daß der Teddybär offenbar einen Wert hat, der von hohem symbolischen Gehalt ist. Diese Beobachtung kann wiederum für das Kind als bedrohlich erscheinen, so daß es zu weinen beginnt – ein Verhalten, das die Eltern noch mehr verstört, denn nun wird auch das Gebot der Freundlichkeit verletzt, auf das im alltäglichen Miteinander ebenfalls großen Wert gelegt wird. Verfestigen sich solche Mißverständnisse, kann eine zunächst unerprobte soziale Gleichgültigkeit sich in *Aggression* verwandeln, und dies in doppelter Weise: gegenüber den Eltern des Kindes und dem Kinde selbst. Der ursprüngliche Spielkamerad, auf den sich die ganze Szene richtete, ist längst vergessen oder nicht mit im Deutungsspiel inbegriffen. Vielmehr geht es jetzt um eine *Verschiebung* in der Weise, daß die Eltern nun offenbar mit Kindern zu tun bekommen, die unsympathische Seiten haben, die man ihnen schleunigst abgewöhnen sollte.

In dem Beitrag »Freundliche Eltern – glückliche Kinder« (Halbe-Bauer/Halbe 1983, S. 75 ff.) wird beschrieben, wie eine junge Lehrerin sich nach drei Jahren in der Schule auf die neue Arbeit in einer Kindergruppe gefreut hatte: »Kein Massenbetrieb, keine vorgeschriebenen Lehrinhalte, keine Disziplinierungsfunktion (...) endlich ausgestiegen aus den Zwängen dieser staatlichen Institution.« An die Stelle der Schulkinder tritt nun die Gruppe der Kleinkinder, und diese »fühlte sich an wie eine riesige Gebärmutter, eine dunkle angenehme Höhle, in die man sich vor dieser Welt zurückziehen kann«. Aber die Autorin war nach ihrem ersten Nachmittag in der Kindergruppe bereits etwas irritiert. Folgen wir ihrem Bericht: »Ich stand in einem Gewusel glücklicher Kinder und Eltern, räumlich gesehen mittendrin, und doch wie an der Außenseite einer durchsichtigen Blase. Die geheimnisvolle Harmonie, die alle einhüllte, erschien mir wie eine feste Haut, in die ich nicht eindringen konnte. Die Eltern ließen keine Gelegenheit aus zu zeigen, wie liebevoll sie mit ihren Kindern umgehen. Gelang es einem Kind nicht auf Anhieb, auf ein Rädchen zu klettern, eilte schon ein Erwachsener herbei, der es daraufhob; streckte es einen Arm nach der fünfzig Zentimeter entfernt liegenden Flasche aus, war schon jemand zur Stelle, der sie ihm in den Mund steckte. Vor dem Einschlafen am Abend wurden die Kinder solange in einem speziell von einem Vater entwickelten Wiegeschritt herumgetragen, bis sie sanft entschlummert waren. Von nun an flüsterten die Erwachsenen nur noch.« Dies ist es, was wir wünschen: die Eltern als Modell, die, wenn sie als »freundliche Eltern« in Erscheinung treten, schon deshalb nur »glückliche Kinder« haben müssen, und diese werden dann ihrerseits zu »freundlichen Eltern«. Man muß es eben nur richtig machen. – Folgen wir dem Bericht weiter. Es ist einige Wochen später. Neun Einjährige und einige Erwachsene sind nun zusammen und sollen in einer neuen Gruppe miteinander umgehen: »Die Kinder können noch wenig miteinander anfangen. Auch das Interesse für ein einzelnes Spielzeug dauert nicht an. Die Ablenkung durch andere Kinder ist riesig, ebenso die Angst, daß ein anderes Kind sich des eigenen Spielzeugs bemächtigt. Wenn ihnen jemand zu nahe kommt, schlagen sie mit dem Gegenstand, den sie gerade in der Hand halten, ob Klötzchen oder Flasche, kräftig zu. Entsetzen der Erwachsenen: Kinder sind doch friedlich und sollen es bleiben. Die Reaktion auf das Schlagen ist konzeptionslos: jeder macht, was ihm gerade in den Sinn kommt. Einigkeit herrscht nur darüber, daß man Kinder nicht schlagen und anbrüllen darf (...). Aber was macht man in der Praxis, wenn ein Kind ›grundlos‹ ausschlägt? Denn man ist der felsenfesten Überzeugung, daß ein Kind ›von Natur aus‹ gut ist, gut im Sinne von sanft, konfliktfrei und pflegeleicht. Aggressionen werden nur durch eine böse Gesellschaft ausgelöst, und der sind unsere glücklichen Kinder doch nicht ausgeliefert (...). Man regelt das Problem, indem man den Kindern Interpretationen ihres Verhaltens anbietet, je nach Stimmung des Erwachsenen: Ist nicht so schlimm (...). Das darfst Du nicht (...). Du armes Kind (...). Ich wundere mich über die Eltern, die sich wundern, daß die Kinder schlagen. Aber die meisten Eltern beharren aggressiv darauf, daß ein Grund für Aggressionen fehlt.« Der Wunsch, die heile Welt heil zu behalten, ist ganz offensichtlich stark. Wenn es unglückliche Kinder nicht geben darf, müssen die Erwachsenen eben alles tun, Unglück zu verhindern, und dies auf dem Wege eigener Güte und Freundlichkeit, eben als Modell, hinter dem durchaus ein anspruchsvolles pädagogisches Ethos umfassender Sozialität steckt. Die Berichterstatterin gewöhnt sich an Statements der Art, daß beispielsweise der Teddybär nicht *sein* Spielzeug sei, sondern *unseres*. Auf diese Weise soll das kleine Kind von Anfang an verstehen, daß es kein Habenwollen geben darf und wir unsere Dinge teilen müssen. Aber auch die Kinder reagieren auf solche Vorhaltungen, und nicht immer nur mit Glück. Die Berichterstatterin: »Die Kinder kennen schon etliche solcher Erklärungen: Beißen ist unfair, mit den Händen schlagen nicht; ein anderes Kind über den Kopf streichen ist gut, an den Haaren ziehen schlecht; Küssen ist schön ... Die Erklärungen werden mit der Zeit zu unwilligen Vorhaltungen, weil die Kinder einfach nicht kapieren wollen. Immer noch möchten sie nicht auf den Mund geküßt werden oder jemanden auf den Mund küssen. Aber immer noch ziehen sie begeistert an fremden Haaren und freuen sich über das darauffolgende Gebrüll.« Offenbar ist *zuviel* Freundlichkeit auf die Dauer nicht nur für die Eltern schwer zu praktizieren; auch die Kinder leiden darunter, fühlen sich in ihrer Spontaneität eher behindert denn über das Modell gut angeleitet. »Grundsätzlich sind die Kinder glücklich. Zwar übertreffen sich die Erwachsenen an den Elternabenden mit Berichten über ihre eigenen Belastungen, Probleme, Schwierigkeiten, aber ihren Kindern – da sind sie sich sicher – geht es hervorragend. Sie haben alles, was sie brauchen. Und bei jenem grundlosen Trotzgebrüll – was reizt die Kinder bloß dazu? – ist es am besten, es gar nicht zu beachten. Einem Mädchen ist gerade der Vater abhanden gekommen, aber schließlich besucht er es noch, also kein Grund, sich so aufzuführen. Nun liegt es auf dem Boden, tobt, schlägt sich, reißt sich an den Haaren – wir hocken drumherum und spielen schön.«

Die Berichterstatterin zieht sich wieder zurück, so hat sie sich ihre Arbeit mit kleinen Kindern nicht vorgestellt. Was ist schiefgelaufen? Wie wir schnell einsehen können, sehr viel. Der größte Fehler besteht wohl darin, allzu ungeduldig zu sein und zu erwarten, daß Kinder immer sofort ermahnt werden müßten, wenn sie sozial erwünschtes Verhalten nicht an den Tag legen. Warum darf ich nicht lange Zeit und immer wieder »*mein*« Teddybär sagen? Brauche ich nicht erst einmal ein Terrain, in dem ich Zugehörigkeit und Zusammensein signalisieren kann, bevor ich dann vielleicht etwas teilen kann und teilen möchte? Dann besteht der Fehler nicht in der Freundlichkeit von Eltern, sondern eher in der Ungeduld, diese Freundlichkeit immer sofort auf den Punkt zu bringen und bei den kleinen Kindern eingelöst zu sehen. Gerade bei kleinen Kindern, deren Entwicklungszeiträume ja recht eng bemessen sind, scheinen wir auf schnelle Veränderungen und »Verbesserungen des Verhaltens« großen Wert zu legen. Damit überfordern wir aber Kinder nicht nur, sondern verhindern auch, daß sie zu »*glücklichen* Kindern« werden – aus übereilter und damit völlig unangemessener Freundlichkeit, die dann zum Oktroi wird und die Spiel-Räume des Kindes eher zerstört. – Ein weiterer Fehler besteht darin, Eltern nicht zuzubilligen, daß auch sie (wie die kleinen Kinder) manchmal »unfreundlich« sind und sein müssen. Wenn dann gar ein Vater »der Mutter abhanden gekommen ist«, dann wird hier nur überdeutlich, daß Freundlichsein und Glücklichsein sich eben nicht verschreiben läßt, weil die Erwachsenen selbst es ja gar nicht fertigbringen, ihre eingespielte Moral glaubwürdig und geduldig zu vertreten. – Und schließlich: Es könnte sein, daß steigende Komplexität in Situationen des Aufwachsens kleiner Kinder, pädagogisch betrachtet, sogar hilfreich sein kann. Ein Beispiel: »Launenhafte« Kinder, also Kinder, deren Verhalten als »schwierig« klassifiziert wird, weil sie keine stabilen Stimmungen und Zuwendungsmodalitäten an den Tag legen, verändern dieses Verhalten, wenn sie aus der Ich-bestimmten Kindergartengruppe in die neue Schulgruppe kommen, sich die Kindergarten-Beziehungen und die spannungsgeladene Mutter-Kind-Beziehung durch eine weitere Beziehungsaufnahme erweitert: Dazu gehören jetzt die LehrerInnen-Schüler-Gruppe ebenso wie die Peers in der Schulgruppe. Jetzt kann die alltägliche Wiederholung von Spannungen zwischen Mutter und Kind von außen aufgebrochen werden; die Verlagerung in eine neue Peer-Interaktion kann sogar bisher nicht erfahrene Nähe oder Wärme spürbar machen, die das Kind befriedigen und seine Launenhaftigkeit herabsetzen kann.

Ein Vater, der »abhanden gekommen« ist: Kinder können dies nur so auffassen, daß der Vater die Kinder nicht haben will bzw. die Kinder den Vater nicht wollen. Was sollen solche Kinder machen, die keiner will? Geht es immer so glimpflich ab, daß Kinder durch das Umsetzen in eine andere Gruppe neue Balancen austarieren oder sich schließlich einfach »den geforderten Freundlichkeiten« unterwerfen? Nein, manchmal ist auch *Haß* im Spiel: »Bisher hat sogar die Wissenschaft, soweit es um die Kinderforschung geht, das Problem des Hasses buchstäblich mit Glacéhandschuhen angefaßt. Wir haben uns lange von der alten Täuschung nasführen lassen, Haß sei in Wirklichkeit nur eine Art ›Mangel an Liebe‹, und er würde ›von selber‹ wieder verschwinden, wenn wir nur die Möglichkeit finden könnten, immer ›nett‹ zueinander zu sein. Demgemäß hat selbst die Fachliteratur viel mehr Bücher über irregeleitete oder deformierte Liebe hervorgebracht als Bücher, die sich direkt mit dem Phänomen des Hasses beschäftigen.« (Redl/Wineman 1984, S. 23) Schon S. Freud hat mit seinen Überlegungen im Zusammenhang von Eros und Thanatos (Sexualität und Todestrieb) auf die Ambivalenz menschlicher Charaktere, den Zusammenhang von Aggression und Destruktion hingewiesen und auf Formen desorganisierter Liebe oder neurotisch-fixierter Libido. Freilich wissen wir heute genauer als zu S. Freuds Zeiten, daß zumindest ein Zusammenhang empirisch inzwischen ziemlich deutlich ist: Kinder, die hassen, werden schnell zu Kindern, die keiner mehr haben will. Kurz: Die Kinder haben nie etwas gehabt, »das auch nur von weitem Ähnlichkeit mit einer ›fairen Chance‹ hatte. In sehr wenigen Fällen konnten wir Anhaltspunkte dafür finden, daß eine Kontinuität der Beziehung zu ursprünglichen Elternfiguren vorhanden gewesen war. Durch Scheidung oder ›böswilliges Verlassen‹ zerrüttete Familien, die ›Kettenreaktionen‹ von Unterbringungen in Heimen und Pflegestellen, das waren die hervorstechenden Ereignisse in ihrem Leben. Abgesehen von dem Mangel an Kontinuität wurde die Qualität der Beziehung zwischen der Welt des Kindes und der des Erwachsenen auch noch durch Ablehnung zerstört; diese reichte von offener Brutalität, Grausamkeit und Vernachlässigung bis zu dürrer Affektlosigkeit bei manchen Eltern, die sich narzißtisch von ihren eigenen Interessen absorbieren ließen, so daß die Kinder ihnen emotional völlig entfremdet wurden.« (Ebd., S. 51) Das Fehlen jeder »fairen Chance« ist also offensichtlich der Ausgangspunkt für problematische Beziehungen; diese sind danach nicht im Wesen des neugeborenen Menschen selbst begründet – auch wenn gleichzeitig deutlich bleiben muß, daß Glück wie Liebe keine Naturgeschenke des Himmels sind, sondern von Eltern und Kindern mühsam erarbeitete Beziehungsstrukturen.

Es wäre jedoch verfehlt, Mißverständnisse und damit verknüpfte Bindungs-Schwierigkeiten auf die »personale Komponente« zu verkürzen. Denn auch die Umwelt ist nicht ohne weiteres »heil«, also nicht nur die direkten Erziehungshandlungen am Kind. Wenn Kinder keine »faire Chance« haben, so sind nicht nur die Mikroprozesse unmittelbarer Aktionen beteiligt, sondern auch die Strukturen, in die sie eingelagert sind. Es sind diese kulturellen Überbauten, die bis heute beispielsweise Mißhandlungen an kleinen Kindern immer wieder möglich machen: »Die Kinder werden an Möbelstücken festgebunden, damit sie nichts kaputt machen, während sie in der Wohnung alleingelassen werden. Sie werden in dunkle Keller oder Abstellräume gesperrt, sie werden beschimpft, vor anderen bloßgestellt oder in elterliche Auseinandersetzungen mit hineingezogen. Wahllos wird mit allen nur erreichbaren Gegenständen auf Kinder eingeschlagen, um die kindliche Autonomie zu brechen: Riemen, Peitschen, Stöcken, Kohlenschaufeln, Kochlöffeln, Feuerhaken und anderem.« (Ernst/Stampfel, in: »KinderReport« 1991, S. 53f.) Körperliche und psychische Mißhandlungen, Vernachlässigungen, sexueller Mißbrauch und Kindestötung mit offenbar hohen Dunkelzifferraten gehören zwar nicht zur gesellschaftlichen Normalität, sind aber – wie die schon erwähnte Kinderarbeit – keineswegs außer Gebrauch. Allerdings müssen solche Aussagen insofern zeitlich noch weiter gefaßt werden, weil die Welt dann besonders »unheil« ist, wenn die Eltern selbst schlechte Erfahrungen mit ihren eigenen Eltern gemacht haben, ihnen etwa das Schlagen und Anschreien zur frühen Gewohnheit geworden ist: In abgründigen Tiefen schreien die alleingelassenen Generationen. Das soziale Milieu bestimmt nicht nur das Mikro-, sondern auch das Makroklima in Familien, und die staatlichen Maßnahmen öffentlicher Förderung können hier nur begrenzt etwas ausrichten. So besteht zwar Übereinstimmung darüber, daß Kindergärten nicht nur zur Entlastung der Familien notwendig sind, sondern auch als pädagogische Einrichtung, die die erzieherische Förderung der Kinder von frühem Alter an nach vorne bringen. Aber bis heute gilt, daß in kleineren Gemeinden weniger Kinder den Kindergarten besuchen als in größeren Gemeinden und die ländlichen Gebiete generell schlechter versorgt sind als Ballungsräume; auch die Netto-Verdienste entscheiden über frühkindlich-institutionelle Fördermaßnahmen (aus Familien mit Niedrigsteinkommen besuchten Anfang der 90er Jahre rund 68% der 4- und 5jährigen einen Kindergarten, bei Besserverdienenden waren es 87%); natürlich spielen auch ethnische und nationale Zugehörigkeiten eine Rolle, so besuchen 20% der gleichaltrigen Deutschen öfter einen Kindergarten als die ausländischen Kinder dies tun (ebd., S. 16).

Dies alles ins Gedächtnis zu rufen ist deswegen vonnöten, weil Störungen des Binnensystems (Familie) und der gesamten Lebensordnung einander bedingen. Der eben angesprochene Erziehungsdiskurs hätte vielleicht eher auch sozialpolitische und damit pädagogisch-förderliche Wirkungen, wenn die Sensibilität gegenüber Störungen stärker wäre und ein höherer Anspruch an pädagogisch orientierte Maßnahmenkataloge bestünde. Denn den Kindern kann es nur so gut gehen wie den Erwachsenen, die die gesellschaftliche Überlebensordnung verantworten.

Ein letzter Argumentationskreis zu diesem Punkt: Verbesserte Binnen- und Gesamtklimata für Kinder und gegenüber Kindern sind auch nicht quasi automatisch gegeben, sofern nur der sozialpolitische Wille und das pädagogische Engagement über Sensibilisierungsprozesse verstärkt werden. Es gibt bekanntlich Pädagogiken, die eher grausam als hilfreich sind. Katharina Rutschky hat in ihrer bis heute bemerkenswerten Quellensammlung »Schwarze Pädagogik« (1977) deutlich gemacht, daß gerade das bürgerliche Aufklärungsdenken, das einerseits zum ersten Mal humanitäre Zustände für alle forderte, andererseits zu Überreaktionen geführt hatte, die zeigen, wie gefährlich Pädagogen dann sind, wenn sie ihre scheinbar moralisch gerechtfertigten Überzeugungen und Handlungsanweisungen dogmatisieren oder im falschen Lichte der Aufklärung erscheinen lassen. Eine übertriebene Sauberkeitserziehung; die fanatische Verfolgung der Onanie; das strikte Einfordern von Ordnung, Sauberkeit und Fleiß; die trickreichen Erfindungen einer wohldisziplinierten Schulklasse mit gerade ausgerichteten Holzbänken und strikter Lehrerkontrolle haben zu einer Ansammlung von Vorkehrungen geführt, die einen *falschen* Mut zur Erziehung zeigten und Kindern zweifellos großen Schaden zugefügt haben.

Neben solche Erziehungsdiskurse der Rigidität treten dann, scheinbar widersprüchlich und doch nur als Kehrseite der gleichen Medaille, überfürsorgliche Eltern. Es entstand und gibt bis heute einen *Kindchen-Mythos*, der die Schutzbedürftigkeit der »kleinen Wesen« und die fast hysterische Sorge vor mangelndem Schutz derart überzeichnete, daß die Kinder als Opfer von *overprotection* ebenso auf direktem Wege in die Sklaverei einer scheinbar förderlichen, tatsächlich aber destruktiven Entwicklung gelangten. Erst nachdem wir allmählich erkennen, daß auch kleine Kinder bereits eine *eigenständige* Lebensphase für sich beanspruchen dürfen, und dies auf dem Grunde von Kompetenzen, die zwar zu fördern sind, aber Kindern auch zugesprochen werden sollten, könnte sich tatsächlich eine pädagogische Haltung entwickeln, die die Lebensformen und -möglichkeiten der kleinen Kinder selbst zum Ausgangspunkt von Interventions- und Förderprogrammen nimmt. Es kommt also schon erheblich darauf an, *welche Art von Pädagogik* denn eigentlich pädagogischen Vorstellungen zugrunde liegt. Im nächsten Abschnitt werden wir darauf aufmerksam machen, als wie ambivalent sich auch der wissenschaftliche Fortschritt oft erweist, der sich doch *für* die Kinder einsetzt.

Grenzen kinderwissenschaftlicher Forschung

Unser ganzes Buch verfolgte mit gutem Wissen und großem Engagement Einsichten, die kinderwissenschaftlicher Forschung, vor allem auch der Entwicklungspsychologie, zu verdanken sind. Seite um Seite können wir ein »Weißbuch« aufblättern, das im Vergleich zu anderen Jahrhunderten erheblich stärkere Ansprüche an die Förderung und Unterstützung von kleinen Kindern stellt. Sensibilität und manchmal ausgeklügelte Beobachtungssituationen wurden eingesetzt, um so deutlich und differenziert wie möglich herauszufinden, wie Kinder sich entwickeln, heute aufwachsen und was Eltern und andere Erziehungspersonen dazu Nützliches im Rahmen der gewonnenen Erkenntnisse beitragen können. All dies ist nicht zu widerrufen, wird aber dann problematisch, wenn wir die wissenschaftlichen Ergebnisse vor die *Selbstreflexion* einer Forschung stellen, die dann schnell zum Selbstläufer wird und sich aus nichts weiter rechtfertigt als der (zweifelhaften) Logik von Forschungsergebnissen.

Spätestens beim pädagogischen Nachdenken also sind, jetzt in systematischem Zusammenhang, selbstironische Volten angebracht. Es darf ja nie vergessen werden, daß Kinder stumme Zeugen sind und darum schnell von einer Forschung vergewaltigt werden können, die das Gute will und vielleicht darum nicht erkennt, daß manchmal auch schon Kinder nicht so sind oder sein müssen, wie die besserwissenden Erwachsenen es aufgrund forschenden Erkennens voraussetzen.

Yvonne Schütze (1983; hieraus sind die folgenden Beispiele entnommen) hat, in durchaus ironischer Absicht, einen Nachfahren Wilhelm von Kügelgens (dessen »Jugenderinnerungen« im vorigen Jahrhundert viel gelesen wurden) fingiert in einer Form frühkindlicher Aufzeichnungen, aus denen es beispielsweise so herausschallt: Die bevorstehende Geburt des jüngeren Sohnes des die Aufzeichnungen machenden Bruders führt die liebende Mutter verstärkt – als Frau des inzwischen 20. Jahrhunderts und mit allen Wassern der Moderne und des Wissens gewaschen – dazu, »einen der Elternkurse zu frequentieren, die von Erziehungswissenschaftlern, Diplomsoziologen oder -psychologen angeboten wurden. Dies war allerdings leichter gedacht als getan, denn meine Mutter bekam ein Programm mit über 20 verschiedenen Seminaren angeboten, die sich jeweils auf sehr spezifische Fragen und Probleme der kindlichen Entwicklung bezogen. So gab es z. B. Kurse zu folgenden Themen: *Spiele und Medien für Kinder, Angst, Aggressionen, Strafen, Sexualität, Bezugsperson (Rolle des Vaters, Rolle der Mutter), Gefühle und Empfindungen des Kindes, Trotz, Konfliktfragen, Sauberkeitserziehung, Sprachentwicklung, Eifersucht, Schlafstörun-*

gen, Verwöhnung, Gehorsam, Kreativität, Neugier, Freundschaften. – Meiner Mutter war es um eine mehr allgemeine Orientierung gegangen, nun sah sie sich in der Situation, möglichst alle Kurse besuchen zu müssen, denn was hätte es ihr genutzt zu wissen, was bei nächtlichen Angstanfällen zu tun war, während mein Neugierverhalten im Sinne effizienter kognitiver Entwicklung zu wünschen übrig ließ. Der nächste Schritt, den Mutter also unternahm, bestand darin, daß sie die Ratgeber ins Antiquariat trug, die Kurse gar nicht erst aufnahm und sich statt dessen den Urtexten der Wissenschaft, Sozialisationsforschung und Entwicklungspsychologie, zuwandte.« Und jetzt kommt der kindliche Beobachter direkt zu Wort, indem er fortfährt: »Ob das eine glückliche Lösung war, bezweifelte ich spätestens an dem Tag, als meine Mutter zum ersten Mal meinen neugeborenen jüngeren Bruder stillte – sie schaute dem Kind unverwandt in die Augen und war auch durch nichts und niemand von dem, was sie ›Blickkontakt‹ nannte, abzulenken. Aber das Baby schaute die Mutter *nicht* an, sondern guckte ziemlich schläfrig vor sich hin, beäugte allenfalls die mütterliche Brust. Am Abend hörte ich, wie Mutter dem Vater ratlos berichtete, daß sie irgendetwas falsch mache. Sie hatte doch bei René Spitz gelesen, daß die Babys gerade beim Stillen immer ins Mutterauge zu schauen pflegen [in R.A. Spitz, Vom Säugling zum Kleinkind, 1977; Vom Dialog, 1976]. Vater ließ sich die Sache vorführen und konnte Mutter mit der Bemerkung ein wenig beruhigen, daß nach Lage der Dinge bzw. der Brust es meinem Bruder unmöglich sei, den mütterlichen Blick zu erwidern.« Der in der ironischen Rollenprosa versierte ältere Bruder kommt – mit beobachtender Hilfe des Vaters freilich – auf einen Gedanken, den die so vom Dialog besessene Mutter-Kind-Wissenschaft offenbar übersehen hatte: Es gibt »Brustlagen«, die den Blickkontakt erschweren oder unmöglich machen. Sollte das bedeuten, daß dieses Kind unter früher Kontakt*unfähigkeit* litt und damit Anlaß zur Sorge gegeben war? Nun, glücklicherweise gibt es D. Sterns Buch »Mutter und Kind. Die erste Beziehung« (1979), und da der frühreife Beobachter Bescheid wußte, konnte er nun (unter Referenz auf den eben zitierten Stern) überlegend einwenden: »Überhaupt war das mit den Blickkontakten eine schwierige Angelegenheit. Es hieß nämlich, daß eine wirklich sensible Mutter sich den Bedürfnissen des Kindes anpaßt, daß sie auf seine Vorgaben reagiert und diese behutsam aufnimmt und weiterführt. Die nicht-sensible Mutter dagegen unter- oder überstimuliert ihr Kind, d.h. sie verpaßt entweder seine Aufforderungen, Blickkontakt aufzunehmen, oder sie drängt sich dem Kind auf, so daß dieses vor Reizüberflutung zurückschreckt und seinerseits den Blickkontakt meidet.« Der frühreife Knabe, übrigens mit Vornamen Wilhelm genannt, erinnert sich an den eigenen Stand der Unschuld von Mutter und Kind und kommt zu folgenden, angesichts der neuen Sachlage nicht unplausiblen Schlußfolgerungen: »Bei meiner Geburt hatte Mutter noch nichts über die Gefahren der Unter- und Überstimulierung gewußt und ihre Blicke dann auf mich gerichtet, wann es ihr paßte; nun aber fragte sie sich ständig, ob mein Bruder möglicherweise zu viel oder zu wenig Anregung erfahre. Gott sei Dank war ich ja auch noch da, der diese Überlegungen und Mutter-Kind-Interaktionen ständig unterbrach, so daß Mutter den Fall der Überstimulation schon mal ausschließen konnte.« Freilich waren damit längst nicht alle Probleme gelöst; Wilhelm selbst wird nun zum Gegenstand pädagogischer Reflexion und elternhafter Irritation: »Diese meine Aktivitäten, die ich zwecks Unterbrechung der endlos dauernden ›Dialoge‹ zwischen Mutter und Otto entfaltete, interpretierten die Eltern als Eifersucht. Und Mutter fragte sich, ob sie mich etwa nicht genügend auf die Geburt Wilhelms vorbereitet habe, wie dies dringend anempfohlen war. Oh nein, diesen Vorwurf brauchte sie sich nicht zu machen, hatte sie mir doch ständig die große Freude in Aussicht gestellt, bald ein Brüderchen oder Schwesterchen zu haben. Von jedem Gegenstand, der angeschafft wurde, hieß es, das ist für das Baby, und ungezählte Male sollte ich Mutters Bauch anfassen, in dem sich angeblich das Brüderchen oder Schwesterchen bereits aufhielt. Als es dann schließlich soweit war, verschwand Mutter im Krankenhaus und Vater ging mit; ich durfte nicht dabeisein.« Wilhelm ist also gar nicht eifersüchtig, wurde doch das in Erwartung stehende »Brüderchen oder Schwesterchen« als »große Freude« in Aussicht gestellt – die dann doch ihre Grenzen hat, denn vom Geburtsvorgang wird der inzwischen »ältere« Bruder (offenbar recht gedankenlos) ausgeschlossen. So hätte Wilhelm denken können, aber da er über eine gute Erinnerung verfügte, wußte er, daß es ganz anders war: Mutter und Vater hatten lange darüber gestritten, ob es nützlich wäre, auch das Brüderchen bei der Geburt zuschauen zu lassen. Die Mutter prognostiziert: Genau wie der Vater inzwischen selbstverständlich bei der Geburt anwesend ist, werden es bald auch die älteren Geschwister sein. Folgen wir jetzt wieder der Berichterstattung Wilhelms: Dies würde dann eben »eine Selbstverständlichkeit werden wie heute schon für Väter und nebenbei auch für Forscher. ›Für Forscher?‹ Das hatte Vater bisher nicht gewußt, und er fragte leise, ob Mutter etwa ein Forscherteam zur Geburt des Brüderchens oder Schwesterchens eingeladen habe. Nein, das hatte Mutter ihm nicht antun wollen, aber ihre Freundin Hannelore, die hatte unter Supervision einer Psychologin ihr Kind bekommen. ›Und was soll das?‹ hatte Vater gefragt. ›Nun‹ antwortete Mutter, ›erstens wird mit Hilfe der Brazelton Neonatal Behavioral Assessment Scale, kurz BNBAS, die Persönlichkeit des Neugeborenen, d.h. seine Fähigkeiten zur Interaktion und seine Reaktionen auf Erwachsene gemessen. Es sind nämlich Fähigkeiten wie die, auf optische und akustische Reize mit Aufmerksamkeit zu reagieren, sich beruhigen zu lassen und sich anzuschmiegen und auch bereits eine gewisse Selbstbeherrschung zu zeigen, die die künftigen Mutter-Kind-Interaktionen sehr beeinflussen kann.‹ – ›Ja‹, sagte Vater, ›das sehe ich ein, vor allem das mit der Selbstbeherrschung scheint mir äußerst wichtig‹.« – Die etwas doppeldeutige Äußerung, die sich der Vater da erlaubte, wurde von der Mutter jedoch in treuem Glauben an die Präzision forscherischen Wissens beiseite geräumt; mit Hilfe von Grossmann, K./Grossmann, K.E. (»Bericht über den derzeitigen Stand der Auswertearbeiten des Projektes ›Verhaltensontogenie beim menschlichen Neugeborenen‹«, Regensburg 1980) folgt nun ein Highlight neuerer Forschung: »Der BNBAS besteht aus 27 Prüfungen, und am Ende hat man für jedes Neugeborene ein Notenprofil von 1 bis 5.‹ Vater brummelte, daß die Schulpflicht doch erst für Sechsjährige eingeführt sei. Mutter überhörte das. ›Was mir aber besonders wichtig wäre, ist, welchen Zärtlichkeitsindex ich erreiche.‹ – ›Was willst Du erreichen?‹ – ›Na, den Zärtlichkeitsindex, das ist ein Maß aus Dauer und Häufigkeit zärtlicher Hautkontakte, die Formel ist

$$Z_i = \sqrt{\left(\frac{f_i}{\bar{f}/20\,\text{min}}\right)^2 + (t_i)^2}$$

Abb. 32: Kursbuch 72, 1983, S. 54

Vater schwieg ergriffen.« Offenbar ist es so, daß der beobachtende Wilhelm wie der beteiligte Vater immer mehr ins Hintertreffen geraten. Schließlich mangelt es ihnen ja auch an dem durch Kinderforschung erworbenen Wissen, über das Mutter so grandios verfügt – derart, daß sie wahrscheinlich bei einer Diplompädagoginnen-Prüfung zum Thema »Die emotionale Entwicklung der 0- bis 5jährigen« mit Eins, also sehr gut abschneiden müßte. Freilich, diese talentvollwissenschaftliche Forscherin und Mutter hat inzwischen über ihren Rollenprosa produzierenden Sohn ein Stück eigener Ironie eingewoben, wie das nächste Forschungsergebnis (übrigens nach Greenberg, M./Morris, N.: »Engrossment: The Newborn's Impact Upon the Father«, 1974, und Bradley, R. A.: »Father's Presence in Delivery Rooms«, 1972) nahelegt: »›Und dann ist es natürlich auch sehr interessant zu wissen, ob die Anwesenheit des Vaters bei Geburt des Kindes nicht nur eine Unterstützung für die Mutter bedeutet, das ist ja mittlerweile klar, er ist der ›Coach‹; sondern es muß natürlich auch erforscht werden, ob Vater-Präsenz oder -Nicht-Präsenz einen Unterschied für die Vater-Kind-Beziehung macht. Und stell dir vor, man hat in einer Vergleichsstudie herausgefunden, daß zwar 85 Prozent *aller* untersuchten Väter nach Geburt des Kindes glücklich waren und ihr Kind für das tollste hielten, daß aber die Väter (die bei der Geburt dabei waren) sich signifikant eher zutrauten, ihr Kind von anderen Neugeborenen zu unterscheiden, als die anderen Väter.‹ – ›Und welche Vorzüge hatten diese Väter außerdem?‹ – ›Oh oha, sonst waren die Unterschiede nicht so groß, außer daß die anwesenden Väter mehr Unterrichtseinheiten über den Geburtsvorgang absorbiert hatten als die nicht anwesenden.‹ – ›Donnerwetter, das ist ja ein überraschendes Ergebnis‹, sagte Vater.«

Auch nach der Geburt Ottos werden die Brüder mit Hilfe von Forschungsergebnissen begleitet. So geht es nun darum, Aufmerksamkeit und Zuwendung gerecht an beide Brüder zu verteilen, unterschiedlichen Entwicklungsniveaus Rechnung zu tragen etc. Der Berichterstatter, vom dritten Lebensjahr an in einem Kinderladen, gibt dann trotz regelmäßiger Begleitung der Mutter im ersten halben Jahr Anlaß zur Besorgnis. Wilhelm berichtet: »Sie war der Auffassung, ich solle ›Peer-Kontakte‹ haben, gleichzeitig aber fürchtete sie ein Geschrei, wenn sie Anstalten machte, mich dort allein zu lassen, also blieb sie. Mir gefiel dieser Zustand recht gut, ich hatte etliche Freunde, die ich auch manchmal am Nachmittag zu mir nach Hause einlud. Mutter war dann ganz selig, daß ich als sozial-kompetentes Kind gelten konnte. Bei ihren Freundinnen betonte sie immer wieder, wie wichtig es doch sei, daß Kinder andere Kinder zu Freunden hätten, und daß sie lernen sollten, sich allmählich von der Mutter zu lösen.« Aber diese Freude bleibt nicht ungetrübt, denn andere Kinder hatten das Stadium (jetzt folgen wir Mahler, M. u. a.,»Die psychische Geburt des Kindes«, 1978) der »emotionalen Objektkonstanz« (als Formulierung für die Fähigkeit, die Abwesenheit der Mutter auch über längere Zeit ohne innere Krisen zu überstehen) eher erreicht als der Berichterstatter. Der Fortschritt, mittlerweile auch ohne Mutter im Kinderladen verweilen zu wollen, wurde konterkariert durch die weiterhin hartnäckige Weigerung, bei den Freunden zu übernachten. Die Mutter muß sich nun heftige Vorwürfe machen,»es war die Rede von Mutter-Fixierung und unterdrückten Selbständigkeitsbedürfnissen. Gleichwohl war mir klar, daß Mutter auch stolz darauf war, daß ich so an ihr hing und mich nicht von ihr trennen wollte.« Dieses frühwissende Kind hatte offenbar rechtzeitig gelernt, mit Ambivalenzen und Zweideutigkeiten zu leben, und in einer Klammerbemerkung (eher für die wenigen wirklich eingeweihten Wissenden) wurde deutlich, daß es dem kindlichen Berichterstatter nicht um zu viele oder fehlende »Peer-Kontakte« ging, sondern um ein Problem, das die Forscher als eine möglicherweise relevante Variable bisher nicht entdeckt hatten. Der ältere Bruder fand einfach »keinen Geschmack daran, dauernd in fremden Häusern auf Luftmatratzen zu schlafen, und es ärgerte mich, daß alle Welt darauf bestand, wir Kinder sollten dieses ewige Umherziehen wunderbar finden«. Damit war ein Dilemma nicht unerheblicher Art entstanden: »... einerseits sollte ich Mutter zuliebe beweisen, daß ich nicht mutterfixiert sei, andererseits aber wußte ich, wie enttäuscht sie sein würde, wenn ich klaglos außer Hause schliefe. Sehr viel später hörte ich, daß man solcherlei ambige Botschaften ›double binds‹ nennt und daß man während der fünfziger und sechziger Jahre glaubte nachweisen zu können, daß ›double binds‹ schizophrenogen sind. Später war man nicht mehr so überzeugt; das ›double bind‹ scheiterte nämlich in erster Linie daran, daß es sich nicht recht zählen und messen ließ.« (Folgen wir jedenfalls Bateson, G. et al.»Auf dem Wege zu einer Schizophrenie-Theorie«, 1969 und vielen anderen.) Nun preist der Berichterstatter (in den Worten des Autors, wohlgemerkt, da nicht als Zitat gekennzeichnet) die Gnade einer späteren Geburt, denn die Zählschwierigkeiten und damit die double-binds-Untersicherheiten waren ein Phänomen der siebziger Jahre, und: »Gott sei Dank hatte ich es also erst in den siebziger Jahren mit ›double binds‹ zu tun, wo es schon nicht mehr so gefährlich war, à la double bind zu kommunizieren. Und auch Mutter ist viel Aufregung erspart geblieben, denn da sie nie gemerkt hatte, daß sie ›double binds‹ ausgab – das Vertrackte ist, daß man unbewußt mit ihnen hantiert –, konnte sie wenigstens hinsichtlich ihrer Kommunikationsmodi beruhigt sein.«

Das Glück, das Aufwachsen der kleinen Kinder durch forscherisch gründlich studierende Eltern zu sichern, scheint ebenso wie die Propagierung einer heilen Kinderwelt nicht von Dauer, überhaupt schwer erreichbar zu sein. Was wäre gewesen, wenn all das fleißig von der Mutter erarbeitete Wissen und die Zwischenbemerkungen und Zwischenbeobachtungen des älteren Söhnleins gar nicht bestanden hätten? In diesem Fall kam die Erlösung der Mutter durch – wie man heute zu sagen pflegt – einen Paradigmenwechsel, wobei Gstettners Buch »Die Eroberung des Kindes durch die Wissenschaft« (Reinbek 1981) von besonderer Bedeutung war. Lassen wir ein letztes Mal den frühironischen kleinen Berichterstatter erzählen: »Der richtige Umschwung kam allerdings erst in unser Leben, nachdem meine Mutter einen wissenschaftlichen Vortrag über die ›Verwissenschaftlichung des Sozialisationsprozesses‹ gehört hatte. Dort war die Rede gewesen vom unerträglichen Eingriff in die autonome Lebenspraxis der Menschen, von der Entmündigung der Eltern durch die Wissenschaft, von der Zerschlagung ihrer naturwüchsigen elterlichen Kompetenz, von der verwalteten, ja liquidierten Kindheit, und was der Scheußlichkeiten mehr waren. Mutter kam völlig aufgelöst nach Hause und berichtete Vater, was man ihr und ihresgleichen seitens der Wissenschaft seit Jahren angetan habe. Vater zeigte sich beeindruckt, fragte, ob es sich um eine Veranstaltung jener Menschen gehandelt habe, die neuerdings wieder mehr Mut zur Erziehung demonstrieren wollten, und welche Konsequenzen sie aus dem Gehörten zu ziehen gedenke. Mutter quittierte Vaters Bemerkung über den Mut zur Erziehung als eklatante Taktlosigkeit, was sie in der Tat auch war, und ließ die Sache scheinbar auf sich beruhen. Aber nur scheinbar. Denn es tat sich doch etwas, die Bücher über die soziale, kognitive, sozial-kognitive, emotionale, moralische und sprachliche Entwicklung des Kindes verschwanden aus der Beletage des Bücherregals in die oberen, nur mit Trittleiter zu erreichenden Ränge; an ihre Stelle trat ein vorerst noch schmales Sortiment von Publikationen, die die Einflußsphäre der verbannten Bücher in unserem Haus drastisch einschränken sollten.« Der jüngere Bruder Otto und der ältere Bruder Wilhelm bleiben nun von pädagogischen Interventionen verschont, denn von diesem Tag an »hörten die elterlichen Dialoge in Sachen Pädagogik auf. Unser eigenes Wohlergehen wurde dadurch nicht beeinträchtigt.« So irritiert es auch nicht, als ein Freund der Eltern – natürlich ein Entwicklungspsychologe – ins Haus kommt und den jüngeren Bruder Otto fragt, ob er ihm einige Fragen zur Struktur des moralischen Urteils vorlegen dürfe, natürlich mit der neuen Methode des *Videographierens*. Mit der neu erworbenen Gelassenheit von Eltern und Kindern wird dies zugelassen mit der ironischen Bemerkung: »Ja, wenn's der Wahrheitsfindung dient.« Freilich ist das Spiel noch nicht ganz zu Ende, und es deutet sich an, daß es wohl noch ein Stück weitergehen könnte. Der Bericht über die eigene wissenschaftlich angeleitete Kindheit ist zwar zu Ende, aber Wilhelm muß notwendigerweise zusammenzucken und beim plätschernden Telefontalk zwischen Mutter und Großmutter aufmerken. Warum? Die Mutter sagt doch tatsächlich: »Warum nehmt ihr eigentlich nicht an dem Kognitionstraining für ältere Menschen teil, da werden wirklich tolle Erfolge erzielt, vor allem auf dem Sektor der fluiden Intelligenz.« (Folgen wir beispielsweise Baltes, M. M./Baltes, P. B.: »Microanalytical Research on Envirenmental Factors and Plasticity in Psychological Aging«, 1982). Von Wilhelm erfahren wir nur noch einen einzigen Satz (vielleicht ist es ja auch der letzte seiner Aufzeichnungen – mit Sicherheit dann, wenn man der Theorie der Fiktionalität von Rollenprosa folgt, die dann aufhören muß, wenn kein Text mehr besteht): »Ich blätterte still in meinem antipädagogischen Bilderbuch.«

Der Erziehungsdiskurs durch Wissenschaft ist also nicht einfacher geworden, im Gegenteil. Gerade, weil wir so viele subtile und differenzierte Beobachtungen an Kindern brauchen – natürlich um sie glücklich zu machen –, wird es nie genügend Beobachtungen geben; Lücken, ja Widersprüche sind konstitutiv, immer ist etwas übersehen, wird etwas falsch gedeutet, finden Paradigmenwechsel statt. Wäre nicht die double-bind-Theorie seit den 70er Jahren zumindest umstritten, müßte sich der Autor dieses Buches selbst darin gefangen sehen. Finden sich in ihm doch beispielsweise (und ich blättere eher zufällig) folgende Sätze: »Wie sich die Dyade neu einstellt, sich vielleicht auch zu einer Mehrzahl von dyadischen Beziehungen ausweitet oder als Triade erlebt wird, wird auch durch die kontextuellen Faktoren mitbestimmt, die ihrerseits wieder Reaktionen auf die Neueinstellung dyadischer und dispositioneller Faktoren darstellen.« Nur der Kontext kann jeden Nebengedanken ausschließen, etwa den, es handele sich um die wissenschaftliche Erörterung neuer Sexualpraktiken. Vielleicht ist es notwendig und muß ertragen werden, daß wir im Dilemma stecken bleiben: Der Fortschritt des Wissens, der auch »wissenschaftlich« genannt werden darf, sollte wohl nicht durch Beseitigung von Kinderforschung überhaupt eingestellt werden – das wäre die falsche Schlußfolgerung –; wohl aber sollten wir bedenken, daß wir immer schnell dabei sind, nicht über die *Kinder* zu reden (und Perspektiven sowie Sichtweisen, die sie selbst möglicherweise hätten, könnten sie diese nur ins Forschungsdesign einbringen), sondern *über* Kinder zu reden. Und das gilt natürlich nicht nur für die WissenschaftlerInnen.

Mütter und Beziehungskisten: stories

Folgen wir also aus Erkenntnisgründen der auch zu Beginn dieses Buches gepflegten Gewohnheit, *stories zu erzählen*, um aus ihnen nützliche Einsicht zu gewinnen. Hören wir einmal nicht wissenschaftlicher Fachliteratur zu, sondern Vätern und Müttern, also Eltern ohne spezifische Rolle im Wissenschaftsspiel, hören wir einfach nur (wie man lange Zeit zu sagen pflegte) *Betroffene* – und dies sind zunächst nicht die Kinder.

Bevor Kinder geboren werden, müssen sie gezeugt werden und heute vor allem auch: gewollt. Seit den neuen Methoden der Empfängnisverhütung sind Kinder kein Schicksal mehr, das einfach verhängt wird. Liebe muß schon dabei sein oder ein anderes Planziel. Wie schwierig dies geworden ist, wird am deutlichsten bei einer »Bilanz alternativer Erfahrungen, linker Moral und revolutionärer Theorien«; da finden wir in Frankfurts Stadtmagazin *Pflasterstrand* (Nr. 149, 15. 01. 1983, Quelle: Stephan 1983, S. 21 ff.) folgende Etüde zum Thema »Beziehung«: »... und da haben wir vielleicht am meisten versagt. Wenn ich mir das so ansehe: da gibt's die lockere Beziehung, da gibt's die problematische Beziehung, da gibt's die Projektehe und das Vögelverhältnis, und all die lachen wiederum über jene, die nach 15 Jahren pausenloser Beziehungstherapie (ob beim Profi oder bei Freund oder Freundin, ist da egal) jetzt heiraten und Kinder kriegen. Wir haben immer nach Aufhebung von Trennungen gerufen, totales Leben gefordert und irgendwie ist das doch weniger als alles, was wir faktisch leben. Was bleibt, ist Angst. Ich denke manchmal, die rufen am lautesten nach Aufhebung von Trennung, die vor jeder scharfen Kontur, jeder Ecke und Kante, allem Andersartigen Angst haben. Die, die nicht zu Ende geboren sind, die sich nicht abgenabelt haben vom Mutterleib (so was ähnliches schrieb der Theweleit, glaube ich), fürchten alles Fremde, andere. Es muß eingemeindet werden, ganz nah gebracht werden, angeglichen werden, dem Körper hinzugefügt sein, aufgehoben, indem ihm die Spitze gebrochen wird. Es wird dann schnell miteinander gevögelt, weil Spannung nicht auszuhalten ist, oder es wird regrediert am laufenden Meter, eine Seelenfreundschaft jagt die andere, und dann wundern sich die Leute, warum sie's nicht mehr miteinander können. Michel Seillans hat mal geschrieben: ›Liebe ist die Liebe zum anderen. Das andere ist nie nah. Wer Distanz und Trennung nicht erträgt, erlebt auch kein Zusammensein. Das Inzesttabu hat seinen guten Grund: Fleisch vom eigenen Fleisch zu lieben, bleibt unfruchtbar.‹ Die ganze Szene kommt mir manchmal vor wie eine inzestuöse Familie, das schwappt so vor sich hin, unheimlich freud- und lustlos. Ohne Höhen von Tiefen. Da werden Kinder ›gemacht‹, weil die Leute schreiend voneinander wegrennen würden, wenn sie sich zugeständen, welch irrsinnig großes Erlebnis das sein könnte. Aber das ist ja nicht handhabbar, das wäre ja ›too much‹, da bleibt man lieber cool und jammert in der Kneipe über Mangel an Liebe. Ja Liebe. Wäre ja furchtbar. Haben wir doch nicht gelernt, was das ist. Wir wissen nicht, wieviele vermiedene, trotz Sex unmöglich gemachte Kinder es gibt; ebenso wenig wissen wir, wieviel Kinder *ohne* Sex vermieden werden. Empfängnisverhütung ist nicht immer die Lösung, und Abtreibung nur die Spitze eines Eisbergs, unter dem die zahllosen Fälle der ungeborenen Kinder verborgen sind. Es sind die Fälle zwischen Mann und Frau, möglicher Mutter und möglichem Vater (ob verheiratet oder nicht, das ist nur eine weitere Variante). Eltern sind nicht von einem Kinderwunsch ›beseelt‹, und ›Kinderwünsche‹ sind nicht quasi automatisch die Wünsche nach Kindern oder gar die Wünsche *für* Kinder. Es sind zunächst die eigenen Probleme, die vor dem Kindsein liegen.«

Das beginnt schon bei der Frage, welches Selbstkonzept eine »Mutter« eigentlich haben sollte, um nicht nur ihr Frausein, sondern auch ihr Muttersein und schließlich ihr Kindsein auszuleben bzw. ausleben zu lassen, und auch das Phänomen der »neuen Mütterlichkeit« kann dabei offenbar nicht ohne weiteres helfen. Aus einem Referat von Maria Schubart, Diplompsychologin (Quelle: ebd., S. 19): »Wie entstehen die kleinen Kinder? Eine immer schon schwierige Frage ist ratsuchenden Bezugspersonen heute nicht einfacher zu beantworten als früher. Versuchen wir es also gar nicht erst. ›Wenn der männliche Samen das weibliche Ei ...‹ – dies klärt im Zeitalter der Spermienbänke, Leihmütter, Retortenbabies usw. keineswegs, wie denn jener zu diesem gelange. ›Wenn Klaus und Martina miteinander gevögelt haben‹ – diese aufgeklärte Antwort gegenüber einem aufgeklärten Kind wirkt unglaubhaft, denn unser alternativ erzogenes Wildgewächs wird sicherlich mitbekommen haben, daß die Frequenz solch lustvoller Begegnungen mit der häuslichen Kinderzahl nicht korreliert. ›Wenn Papa und Mama sich ganz, ganz lieb haben‹ – altertümlich, nicht wahr? Wo ist denn ›Papa‹ bei unseren alleinerziehenden Müttern, die einen Kinderwunsch hatten und sich ›die Erfahrung der Schwangerschaft‹ gönnen wollten? Werden sie ihrem Kind sagen: ›Weil ich dich gewollt habe‹? Wird ihr Kind dann glauben, man müsse das nur richtig wollen, oder doch lieber wieder zur Idee des Klapperstorchs greifen?« – Wenn die kulturellen Selbstverständlichkeiten abgenommen haben, kommen die Kinder nicht mehr von selbst. Da gibt es die »neuen Vorwürfe« (wie ich es nenne), etwa: Du hast mir den Orgasmus und das Kind verweigert. Oder: die Erfahrung der Mutterschaft ist Voraussetzung für eine »richtige« Frau. Oder gerade das Gegenteil: Mann/Frau muß sich entscheiden zwischen Mutterschaft und Beruf, beides geht nicht. Wieviel Männer wohl inzwischen selbst gern ein Kind geboren hätten (bisher kennen wir dies nur aus amerikanischen Komödien mit John Travolta)? Die neuen Gewißheiten über eine angemessene pädagogische Haltung gegenüber kleinen Kindern ist offenbar auch den jetzigen und künftigen Eltern nicht zu entnehmen – da muß man offensichtlich schon Glück haben, nicht im Sinne von Gestaltung, sondern purem Zufall.

Der skeptische Blick des Neugeborenen

Zu Beginn dieses Buches hatten wir versucht uns zu vergegenwärtigen, was es bedeute, auch schon bei kleinen Kindern deren Perspektive zu übernehmen, um auf diese Weise den Kindern »näher« zu kommen und im geläuterten Wissen über das, was ihnen guttut, dann das Richtige zu tun. In diesem letzten Kapitel hatten wir, jeweils unter wechselnder Perspektive und abschnittsweise, gesehen: Weder unsere wissenschaftlichen noch alltäglichen noch kulturellen noch pädagogischen Gewißheiten haben an Kontur derart zugenommen, daß das Aufwachsen von Kindern nicht weiterhin ein Risiko sein muß. Die ersten Erzählungen insbesondere aus der Sicht von Kinderpsychologen gingen immer stillschweigend davon aus, daß es ein großes Glück sei, Kinder zu besitzen und vor allem, selbst ein Kind zu sein (unter der stillschweigenden Voraussetzung, daß wir inzwischen wüßten, wie dies zu handhaben wäre: Kinder glücklich zu machen). Christine Nöstlinger (1983) hat »aus den Aufzeichnungen eines Neugeborenen« nicht mit diesem sympathetisch-warmen, sondern eher mit einer Art kaltem Blick notiert, was es bedeutet, ins Leben »hinausgepreßt« zu werden. Folgen wir dieser Geschichte eines Neugeborenen, wäre dort etwa gleich am ersten Tag zu notieren: »Heute, gegen 0.30 Uhr hat man mich aus dem dunklen Warmen ins helle Kalte hinausgepreßt. Zuerst wollte ich mich gegen diesen Transport zur Wehr setzen, weil ich mich in meiner Lage recht ordentlich etabliert hatte und auch weil ich ein Geburtstrauma für mich befürchtete. Doch dann kapierte ich, daß ich eine sogenannte ›Hausgeburt‹ war und beschleunigte meinen Austritt aus dem Mutterleib, so gut und so heftig ich nur konnte, um das erhöhte Risiko, das Hausgeburten für Mutter und Kind darstellen, in erträglichen Grenzen zu halten. – Mein Vater war bei meiner Austreibung zugegen und begrüßte mich gleichermaßen verstört wie freundlich. Die Anwesenheit und Mithilfe dieses Mannes bei meiner Geburt war mir sehr willkommen, weil es ihm dadurch besser gelingen wird, eine Beziehung zu mir aufzubauen, und ich von Anfang an also zwei fixe Bezugspersonen haben werde; was vor allem dann sehr nützlich werden könnte, wenn meine Mutter einmal abhauen sollte. Dann sitze ich wenigstens nicht mit einem Vater da, der mit mir nichts anzufangen weiß. Für den Fall allerdings, daß es mein Vater sein sollte, der einmal abhauen wird, stehe ich dann schön blöd da und wesentlich belemmerter als andere Kinder, die von Anfang an zu ihren Vätern keine Beziehung haben. Ihr Leid nämlich hält sich durch diesen Umstand bei seinem Abgang in erträglichen Grenzen.«

Dies ist der nüchterne, unsentimentale Blick eines »künftigen Kindes«, das zu der fiktiven Einsicht fähig ist, es gebe keine Zukunftsgewißheit, im Gegenteil: Daß einmal der Vater *oder* die Mutter (manchmal auch beide) »abhauen« wird, scheint fast sichere Gewißheit zu sein, so daß die Einbeziehung des Vaters vor allem unter dem Gesichtspunkt erfolgt, wie eine minimale Lebenssicherung dann zu erreichen sei, wenn das »Abhauen« beginnt.

Am 28. Tag notiert der Fiktionsgefährte von Wilhelm (siehe oben:) »Die Haut am Bauch meiner Mutter macht mir Sorgen. Die Falten nämlich verschwinden nicht. Und häßliche violette Streifen sind auch am Bauch; obwohl die Frau dreimal am Tag turnt und Creme in den Bauch einmassiert. Wenn der Bauch so bleibt wie er ist, kann sie nie mehr einen Bikini tragen und wird mir das – völlig unterbewußt natürlich – auf ewig zum Vorwurf machen. – Meine Mutter ist überhaupt viel hintergründiger, als von innen her zu ahnen war, wenn nur die Hälfte von dem stimmt, was ihr mein Vater heute vorgehalten hat. Er hat behauptet, der Wunsch nach mir sei in ihr eigentlich bloß durch berufliche Frustration entstanden. Weil man sie – als Frau – daran hindere, wirklich ›Karriere‹ zu machen, habe sie nach anderen ›Werten im Leben‹ geschaut. Ich bin so ein Wert. Andererseits behauptet eine Freundin meiner Mutter, daß ich nur deswegen auf der Welt bin, weil meine Mutter die Pille gegen die ›Lunaception‹ eingetauscht hat und die Lunaception nicht funktioniert hat, obwohl sie die beste und natürlichste Empfängnisverhütung ist, weil sie mit dem Mond und den Gezeiten arbeitet. Mich kränkt dieses Gerede wenig.

Was freilich etwas zu sentimental ist. Schließlich ist statistisch längst erwiesen, daß das Quantum von Zuneigung, das ein Kind im Leben erhält, nicht von dem Quantum an Sehnsucht abhängt, mit dem es herbeigesehnt wurde.«
Und schließlich noch eine Geschichte, die an und um den 112. Tag spielt: »Ich hege den Verdacht, daß meine arme Mutter einen echten ›Still-Tick‹ entwickelt. Sie genießt es so, sagt sie. Es hat sinnliche Qualitäten für sie, die ihr neu und zutiefst bedeutend sind. Sie hat drei andere Frauen kennengelernt, die gleicher Ansicht sind und glücklicherweise auch Säuglinge dazu haben. Jetzt treffen wir uns immer zu einer ›Stillrunde‹. – Ich schätze den Vorgang des Stillens natürlich auch. Sogar über die Nahrungsaufnahme hinaus, rein zum Spaß, lege ich noch gern ein Nuckel-Viertelstündchen zu. Bloß sollte meine Mutter nicht jede meiner Unmutsäußerungen dahingehend deuten, daß ich an ihre Brust will. Mutterbrust ist auch nicht alles im Babyleben. Meinen roten Hintern – zum Beispiel – kann ich ja evtl. durch lustvolles Nuckeln eine Zeitlang vergessen. Aber heil wird mein roter Hintern davon nicht (...). Ich überlege mir ernsthaft, ob ich nicht wirklich – etwa durch Verweigerung der Mutterbrust – auf Kuhmilch in Flaschen umsteigen soll. Dies überlege ich aber (...) nicht etwa deshalb, weil durch das Stillen – wie eine Freundin meiner Mutter argwöhnt – meine Mutter Hängebrüste bekommen könnte. Mir geht es um den Bleigehalt in der Muttermilch. Kuhmilch ist weniger giftig. Aber die Entscheidung, ob ich mehr hinter meinem psychischen Heil oder meinem körperlichen Befinden her sein soll, ist sehr schwierig.« Abgesehen davon, daß Nöstlinger die nicht nur erfindungsreiche, sondern vielleicht gar notwendige Unterstellung fingiert, hier könne ein Säugling bereits seinen eigenen Willen haben, eigene Argumente und Interessen vertreten: Noch deutlicher wird, daß jede Alternative, welche der Säugling auch wählt (oder seine Mutter wählt), immer nur die halbe, nie eine vollkommene Lösung sein kann, die das perfekte Glück einer gelungenen Zukunft absichern hilft. Deutlich wird dabei auch noch einmal, daß es nicht die lustvollen Binnenbestrebungen allein sind, die etwas entscheiden lassen; es ist vielmehr von Anfang an die Außenwelt (etwa: Muttermilch oder Kuhmilch), die nicht durch den reinen Willen der Situation bestimmt wird, sondern über ökologische Verschmutzung (Bleigehalt in der Muttermilch), die »natür-

lichen Lesarten« einer Mutter-Kind-Beziehung keineswegs mehr absichert. Wieder sehen wir auch, daß die Mutter-Kind-Dyade mit seiner unterstützenden kommunikativen Struktur im Grunde aus *Mißverständnissen* besteht – hier etwa daraus: die Tatsache, am 112. Tag »lege ich noch gern ein Nuckel-Viertelstündchen zu«, nötige zu der Schlußfolgerung, mit diesem Leib-an-Leib-an-der-Mutterbrust ließe sich jedes Übel heilen.»Mutterbrust ist auch nicht alles im Babyleben«, das bedeutet doch: Ob der Säugling jetzt die Mutterbrust will oder sie als übervorsorgliches Bevormunden erlebt, muß immer von neuem herausgefunden werden, denn eine verläßliche Grundregel mit eindeutigen Signalen ist auch hier nicht auszumachen.

Wichtig ist aber schließlich noch etwas anderes: Auch die Mutter lebt nicht nur in der Mutter-Kind-Dyade; außer dem Vater (der Elternschaft) hat sie es mit Geschlechtsgenossinnen zu tun, vor allem mit anderen Müttern. Ganz offensichtlich spielen nicht nur die Deutungen des Vaters – warum das Kind geboren werden sollte – eine Rolle, die mit dem Kind selbst gar nichts zu tun hat; auch die Tatsache, eine Mutter am Ende des 20. Jahrhunderts zu sein, ist nicht rein gegeben, sondern Folge einer kulturellen Konvention, in der »natürliche Mutterschaft« wieder als ideologischer Wert (also ohne Ansehen der Kinder selbst) gehandelt wird, bis zu der eben gehörten Geschichte, man sollte einem »Stillkreis« angehören, einer Selbsthilfegruppe also, die das Muttersein quasi genossenschaftlich im gleichgeschlechtlichen Biotop absichert.

Es hilft also nichts, und auch Nöstlingers Säugling sieht das zum Abschluß ihrer Aufzeichnungen ganz klar: »Wenn das so weitergeht mit dieser Rollenfixierung und dieser Analfixierung und dieser grauslichen Triebsublimierung, ist die ganze schöne freie Aufzucht, an der meine Eltern so schwer gearbeitet haben, im Arsch – mir wäre am liebsten, mein Vater würde mich großziehen. Eine amerikanische Studie hat nämlich ergeben, daß Kinder, von Vätern betreut, einen viel höheren IQ entwickeln als weiblich umhegte Kinder. Und ein gewisses Leistungsbewußtsein, das muß ich ehrlich zugeben, macht sich – weiß der Kuckuck wieso – schön langsam in mir breit.« Ei der Daus, mag man da rufen, dieses schreckliche Kind, das gegen allen guten Willen bereits erste Positionen markiert, im Interesse einer Zukunft, die den besseren Startplatz immer noch den Männern zugesteht! Ein Leistungsbewußtsein, das sich »schön langsam in mir breit« macht, ist offenbar etwas, dem man nicht entgehen kann; keine pädagogische Vorrichtung und Verrichtung kann da helfen. Der endgültige Eintritt in den Bestimmungskreis des Buches, das hier (mit großer Ernsthaftigkeit, daran sei zu erinnern) geschrieben wurde, in den sich also das Wissen über die Mutter-Kind-Dyade nicht mehr metareflexiv, sondern nun als reale Entwicklungsbestimmung einfügt, ist mit folgender, fast zynischer, Nachbemerkung erreicht: »PS: Eben habe ich laut und deutlich mein erstes Wort ausgesprochen. RIESENWASCHKRAFT habe ich gesagt. (Seit ich eine Kinderfrau besitze, schaue ich regelmäßig das TV-Nachmittagsprogramm an.) – Somit bin ich also sprechend geworden und geistig-verbal in eine Entwicklungsphase getreten, die mir die Aufzeichnung von weiteren Tagebuchnotizen nicht mehr gestattet.«

Kinderbilder – Erwachsenenspiegel

Manfred Auwärter (1983) hat Interviews mit 4- bis 10jährigen durchgeführt und das Material unter dem Titel »Die Kinder sind meistens traurig« zusammengefaßt. Es zeigt – in einem abschließenden Betrachtungskreis –, daß die »Kinderbilder«, die wir mit ihrer Signatur versehen, sich keineswegs spiegelbildlich dort zu Hause fühlen, wo die Erwachsenen sind. Im Gegenteil: Offenbar sind die Vorstellungen, die Kinder sich von ihrer Welt oder der Welt der Erwachsenen machen, nicht notwendig identisch mit jenen Vorstellungen, die Erwachsene von Kindern haben. Und ebenso sehen Kinder sich oft anders als die Erwachsenen, und diese müssen manchmal danach suchen, ihre »Kinderbilder« nicht nur als Mythos in das eigene Leben hineinzuprojizieren.

Unterschiede zwischen Kindern und Erwachsenen sind auf den ersten Blick und eigentlich auch ohne »empirische Forschung« plausibel (Auwärter gibt dafür Dialogbeispiele); Kinder meinen etwa: »Erwachsene sind vernünftiger, verständiger, weniger gefühlsbetont, sie haben viel Geld und wissen dieses einzusetzen, sie verfügen über Strategien der Gesichtswahrung, und sie hängen nicht so sehr an ihren Hunden.« Äußerungen von kleinen Kindern wie »die sind ja größer«,

»die wissen schon, was sie sollen« oder – auf die Frage, ob die Erwachsenen »lieber« sind – »jaa, die sind nie so ungezogen wie die kleinen Kinder«, spiegelt sich zum einen eine richtige, sachgemäße Einsicht (Erwachsene wissen mehr als kleine Kinder), aber auch eine eher naive Einschätzung der geringeren »Ungezogenheit« Erwachsener im Vergleich zu kleinen Kindern. Wenn sie wüßten, welche schiefen, falschen und schrägen Gedanken auch Erwachsene haben und was ihnen so durch den Sinn geht ...: Kinder würden ihr Urvertrauen in eine in sich gefügte und gefugte Erwachsenenwelt verlieren. Auwärter resümiert: »Vielleicht sollte man (...) nicht ableiten: Die armen Kinder, und die Erwachsenen müssen sich bessern. Sondern: Die Kinder perzipieren und konstruieren eine soziale Welt, die deutlich von dem Bild abweicht, das man sich gemeinhin von der Welt der Kinder macht.« Und, müßten wir hinzufügen, die Welt der Kinder spiegelt sich in den Augen der Kinder keineswegs in dem Bild, das die Erwachsenen von sich haben, und: Vollkommenheit und gesichertes Glück ist niemandem gegeben, denn »Unschuld« ist eine Kategorie, die in den moralischen Diskurs gehört, nicht aber in die real abbildbare und real abbildende Lebenswirklichkeit von Kindern und Erwachsenen.

Selbstironie und Liebe zum Kind

Der Erziehungsdiskurs bleibt mühsam, aber er muß nicht vergeblich und schon gar nicht falsch sein. Wir vermeiden künftig grundlegende Fehler, wenn

- wir den Mut haben, die Annäherung an Kinder und Kindheit auch über Metaphern und poetische Verdichtungen sowie Geschichten zu vergegenwärtigen und nicht allein durch wissenschaftliche Versuchsanordnungen;
- nicht allein die Kinder, sondern jeweils auch ihre Erzeuger und Erzieher als reflexiv immer wieder einzuholender Gegenstand erscheinen;
- Ambivalenzen und Zweideutigkeiten auch schon gegenüber kleinen Kindern bewußt gehalten werden, etwa die Tatsache, daß Kinder sowohl im Horizont von Macht und damit Überwältigung als auch

im Horizont von Schutz und beschützenswerten Lebensformen erscheinen;
- wir davon ausgehen, daß auch kleine Kinder kulturell überformte, damit wandelbare Formen von »Kindheit« haben, die heute beispielsweise in der Figuration von mehr und notwendiger Erziehung auch in institutionellen Vorkehrungen (Kindergarten) bestehen, also »Familie« eine entscheidende, aber nicht ausschließliche Lebensform darstellt;
- alle Dimensionen von »Entwicklung« nicht nur als interne Förderlogik gesehen werden, sondern zugleich als Support, also von außen kommende interaktive Unterstützung;
- damit das »kompetente« Kleinkind als jemand verstanden wird, der in der dreifachen Spannung von Selbst, Objekten und sozialen Beziehungen im Umfeld soziokultureller Gegebenheiten betrachtet werden muß, also in einer ganzheitlichen Weise, in der das kindliche Ich, die Entäußerung des Ichs in die Aufgaben und Potentiale gestalteter Wirklichkeit und last but not least die Dynamiken von Kooperation und Interaktion als in gleicher Weise bewahrens- und entwicklungsfähig betrachtet werden.

Im Gegensatz zu Kleinkindern im Zeitbereich der 0- bis 5jährigen sind Jugendliche, aber auch ältere Kinder, bereits in der Lage, sich bewußt als »Jugend« oder »Jugendliche« zu definieren und zu verstehen; zwar machen auch die Erwachsenen (Erzieher, Pädagogen, Jugendforscher, Politiker etc.) sich Gedanken über »Jugend« und »Jugendlichkeit«, aber zunächst wird der Jugend- wie Kinderdiskurs von der älteren Generation bestimmt. Aber während die Begriffsgeschichte von »Kindheit« (von den 6- bis 12jährigen) und »Jugend« (von den 13- bis 18jährigen) zunächst und primär als *Projektionsgeschichte* gelesen wird, die von diesen allerdings zunehmend über das Selbst-bestimmende Mitbeteiligtsein am Diskurs mitbestimmt wird, sind kleine Kinder bis ins Vorschulalter hinein *ausschließlich* Gegenstände des Diskurses, sprich: In Hinsicht auf Zeichen der Selbstverständigung bleiben Kinder bis an den Rand des Schulalters in gewisser Weise »stumm«: Die kleinen Kinder werden über die anderen zum Reden gebracht. Während ältere Kinder und dann vor allem Jugendliche den »Mythos Jugend« ein Stück weit mitbestimmen können, weil sie selbst die Figurationen mitaufbauen, in denen sie sich bewegen, ist dies für kleine Kinder noch nicht möglich. Wie sie erscheinen und gedeutet werden, das läßt sich zwar beobachten, beschreiben, interpretieren und auch pädagogisch deuten, aber die kleinen Kinder geben hierzu keine Kommentare ab (oder doch nur selten). Dennoch: Stimmt die These vom »kompetenten Kind«, so würde ein sensibles Registrieren der Formen und Art und Weisen des Aufwachsens in den ersten Lebensjahren uns zunehmend davor bewahren, Kinder nur als unmündige Objekte anzusehen. Indem wir sie auch als *pädagogische Interaktionspartner* ernst nehmen, sind wir davor gefeit, kleine Kinder nur als »Pflegefälle« zu betrachten und in die Deutungsgewalt von Theorien zu geben, die Eltern und ihre Erzieher über sie entwickeln. Die *Würde des Kindes* besteht dann darin, ihre unbezweifelbare Hilfs- und Unterstützungs*bedürftigkeit* gleichzeitig als Hilfs- und Unterstützungs*würdigkeit* zu sehen, kleine Kinder also als Personen zu betrachten, um die Erwachsene sich deshalb bemühen müssen, weil sie sonst jenen entscheidenden Teil von *Partnerschaft* übergehen würden, der auch das Leben von Erwachsenen reicher und bedeutsamer macht.

Wie ist das, pädagogisch betrachtet, zu leisten? Wenn ich von »Selbstironie« und »Liebe« als leitenden und aufeinander bezogenen Begriffen spreche, mag dies verwundern.

Zunächst zur *Selbstironie*: »Ironie« ist ein Begriff, der im pädagogischen Diskurs eher randständig ist, weil Ironie als uneigentliches Sprechverhältnis und ambivalente Äußerung genau jene Authentizitätsmerkmale zu entbehren scheint, die ein grundlegendes Merkmal jeder Art pädagogischen Verkehrs ist. Ich meine, diese Betrachtungsweise sei grundfalsch. Pädagogik und Pädagogen nämlich, die der Selbstironie entbehren, laufen damit immer wieder Gefahr, in die Apodiktizität von Theorien und Erziehungskonstruktionen zu geraten, die das Ich des Kindes nur zum Schein oder vordergründig berücksichtigen. »Ironie«, wie sie als Konzept vor allem von den Brüdern Schlegel im letzten Jahrhundert in der großen geistesgeschichtlichen Bewegung der Romantik ausgearbeitet erschien, wurde – und dies gilt es wiederzuentdecken – nicht nur als »uneigentliches Reden« verstanden, sondern in viel umfassenderem Anspruch als ein »Schweben in entgegengesetzter Bewegung« (Baacke 1966). Damit ist eine ironische Denkbewegung (ebenso wie etwa die Dialektik) als sehr *grundlegend* zu verstehen: nämlich als eine Denkform, in der keine Behauptung apodiktisch und vorab und für immer gestellt wird, sondern immer nur probeweise und im Horizont auch des Gegenteils, in dem etwas erscheinen könnte, das im Augenblick so erscheint, *wie* es erscheint. Praktisch: In ironischer Selbstbetrachtung können Kinder nicht zum Mythos »ernannt« werden, weil ein solcher Überbau der Verbildlichung von Kindern dann gar nicht denkbar ist. Am Beispiel: Es könnte ja sein, daß das Mißlingen des aufmerksamen Blicks des Säuglings auf die blickheischende Mutter – eine Grundlage der Mutter-Kind-Interaktion und des wesentlichen Supports – wegen der besonderen Form der Mutterbrust nicht gelingt, weil die Aussicht verstellt ist. Und es könnte, ironischerweise, zusätzlich ja auch sein, daß Säuglinge liebend gern liebevoll angeblickt werden, freilich nicht permanent und mit dem versteckten Signal, das Kind entspreche noch nicht ausreichend, durchgehend und wünschenswert den »Ansprüchen liebenden Anblickens«. Erlaubten wir diesen ironisch-pädagogischen Blick, wären wir also bereit, uns von kleinen Kindern immer wieder aufs Neue überraschen zu lassen, weil Kinder anders sind, als wir bisher dachten – und wir Erwachsenen natürlich oftmals ebenfalls. Wichtig ist dabei das Element der *Selbst*ironie. Tatsächlich erscheint es mir bis auf den Erweis des Gegenteils schon wahrscheinlich, daß Kinder, zumindest in den ersten drei Lebensjahren, selbst nicht zu solchen befreienden ironischen Volten und neuen Blickweisen – einmal in die andere, entgegengesetzte Bewegung – fähig sind, weil sie zunächst vor allem die Blickweisen derer (sowie der in ihrem Bannkreis liegenden *Objekte*) verfolgen, die Kindern zugänglich sind. Mit *Selbst*ironie meine ich also die Erwachsenen, die Erziehenden, weil sie die eigentlich Gefährdeten sind im erzieherischen Diskurs. Er kann ihnen entgleiten, wenn sie im theoretisch-dogmatischen Besserwissen oder im ängstlichen Beobachten der Lehrbuchweisheiten (die es reichlich gibt) jene ironische Freiheit vermissen lassen, die der kompetenten Würde des Kindes entspricht. Daß auch kleine Kinder recht früh selbstironisch sein können, scheint mir dabei (etwa vom vierten Lebensjahr ab) schon deshalb auf der Hand zu liegen, weil sie dann in der Lage sind, etwa Fiktion und Tatsächliches zu unterscheiden und damit Möglichkeitshorizonte aufzubauen, die nicht nur in der Konkretisierung des einmal Gegebenen bestehen (denn dann wären sie letztlich nur in einen Reiz-

Reaktions-Schemenkreis eingebaut). Ein Beispiel für die reife ironische Leistung eines mindestens Vierjährigen finden wir in einer Aufzeichnung des Vaters unseres Wilhelms, der in seiner *Story* mit anschließender Deutung selbst die pädagogische Fähigkeit für Ironiedenken offenbart, so daß zwischen Wilhelm und dem Vater alles in Ordnung zu sein scheint: Der Vater überlegt, wie die gesamte Lebenswelt des Kindes »vom ersten Tag an durchgeplant und mit ›kindgerechten‹ Materialien angefüllt« wird und »die sogenannte freie Entfaltung des Vaters (...) ausschließlich das Produkt pädagogischer, wissenschaftlich angeleiteter Interventionen geworden« ist, und er fährt dann fort: »Sag mal, haben deine Gewährsleute für derlei Behauptungen sich eigentlich mal die Kinder wirklich angesehen, oder geht es nicht vielmehr um Kindheit, wie sie sich im Kopf dieser Leute abspielt, wie sie sich gemäß ihren Deutungen abspielen müßte? Heute morgen ging ich mit Wilhelm spazieren, an der Straßenkreuzung wollte er blindlings auf die andere Seite laufen, ich hielt ihn etwas unsanft zurück. Wilhelm schaute mich verächtlich an und fragte: ›Geht man so mit einem Kind um?‹ Vielleicht sind solche Verhaltensweisen ja Produkt dieser neuerdings diskreditierten pädagogischen Interventionen, vielleicht aber ist dies auch ein Anzeichen dafür, daß Kinder die schlechte Realität transzendieren können. Mir jedenfalls gefällt dieser Umgang, den Wilhelm mit mir pflegt.« (Schütze 1983, S. 60)

Zum Stichwort *Liebe*: Über »Ironie« wissen wir vielleicht zu wenig, über »Liebe« begrifflich auf jeden Fall zu viel. Gemeint sind an dieser Stelle selbstverständlich weder Erotik und Sexualität noch selbstloses Sichaufopfern für andere. Im Brief des Paulus an die Römer ist Liebe – jenseits und vor aller Theologie – so ausgedrückt worden: »Wenn ich mit Menschen und der Engel Zungen rede und hätte der Liebe nicht, so wäre ich nichts als ein donnerndes Erz oder eine klingende Schelle. Und wenn ich weissagen könnte und wüßte alle Geheimnisse und alle Erkenntnisse und hätte allen Glauben derart, daß ich Berge versetzen könnte, und hätte der Liebe nicht, so wäre ich nichts. Und wenn ich alle meine Habe den Armen geben würde und ließe meinen Leib verbrennen und hätte der Liebe nicht, wäre es mir zu nichts nütze. Die Liebe ist langmütig und freundlich, die Liebe eifert nicht, die Liebe treibt nicht Mutwillen, sie bläht sich nicht auf, sie stellt sich nicht ungebärdig, sie sucht nicht das ihre, sie läßt sich nicht verbittern, sie freut sich nicht der Ungerechtigkeit, sie freut sich aber der Wahrheit. Sie verträgt alles, sie glaubt alles, sie hofft alles, sie duldet alles. (Erster Korintherbrief, Kapitel 13) Diese eindringlichen Worte sind viel gedeutet worden. In pädagogischer Hinsicht bin ich bescheiden und weise nur darauf hin, daß »Liebe zwischen Eltern und Kindern« jene Lebensform darstellt, die dem anderen zubilligt, was dem anderen nur zugebilligt werden kann (und das enthält von Anfang an auch Verzichtsleistungen), ohne sich als »Opferlamm« aufzufassen oder an der schwierig-verantwortungsvollen Erziehungsaufgabe von Kindern zum unglücklich-selbstlosen Helfer zu werden. Vielmehr billigen sich »Liebende« beide in gleicher Weise die gleichen Intensitäten und Lebensmöglichkeiten zu, und in unserer Sprache, wie wir sie bisher benutzt haben, können wir dies dann beispielsweise auch *Mutter-Kind-Dyade* nennen und die Zeichen von Wiedererkennen, Anlächeln und Jubeln als jenen geglückten Moment erfahren, da Liebe gelingt. Aber Liebe ist mehr, will sie nicht nur hohler Schall sein und nichts mehr können als sich im Glück zu beweisen. Denn Erwachsene wie kleine Kinder können auch zutiefst unglücklich sein, und niemand auf der Welt kann in diesen Augenblicken Unglück in Glück verwandeln. In dem Augenblick, da wir auch dieses annehmen, beweisen wir »Liebe« als eine pädagogische Haltung, die insofern über Professionalität hinausgeht, weil sie – wie die denkend-analytische Komponente von Ironie – ein *Weltverhältnis* darstellt. Kleine Kinder aber beginnen, auf der Grundlage von *Weltverhältnissen*, die Figurationen auszubauen und auszudeuten, die wir »Leben« und »Zukunft« nennen. Und insofern sind dann gewähren lassende (nicht gleichgültige) *Ironie* sowie tief durchdrungene, weil sich gegenseitig auffangende *Liebe* jene pädagogischen Leitbegriffe, die für die Erwachsenen und Erzeugenden ebenso wichtig sind wie für die kleinen Kinder, die wir in die Welt gesetzt haben und die dadurch auf eine Liebe angewiesen sind, die nicht vergewaltigt, sondern frei macht.

Literatur

Abele, A./Becker, P. (Hg.): Wohlbefinden. Theorie – Empirie – Diagnostik. Weinheim/München 1991

Ainsworth, M.D.S. u. a.: Patters of Attachment. A Psychological Study of the Strange Situation. Hillsdale, New York: Erlbaum 1978

Ames, L.B.: The Sense of Self of Nursery Schoolchildren as Manifested by their Verbal Behavior, in: Journal of Genet. Psychology, vol. 81, 1952, S. 193–232

Arbeitsgruppe Vorschulerziehung: Anregungen III. Didaktische Einheiten im Kindergarten. München 1976

Ariès, Philippe: Geschichte der Kindheit. München, Wien 1975

Ausubel, D.P./Sullivan, E.V.: Das Kindesalter, München 1974

Auwärter, M.: »Die Kinder sind meistens traurig«. Interviews mit Vier- bis Zehnjährigen, in: Kursbuch 72, Berlin 1983, S. 113–129

Baacke, D./Kommer, S./Sander, U./Vollbrecht, R.: Zielgruppe Kind. Kindliche Lebenswelt und Werbeinszenierungen. Opladen 1999

Baacke, D.: Die 13- bis 18jährigen. Einführung in Probleme des Jugendalters. Weinheim/Basel 1994[7]

Baacke, D.: Die 6- bis 12jährigen. Einführung in Probleme des Kindesalters. Weinheim/Basel 1995[6]

Baacke, D.: Jugend und Jugendkulturen. Darstellungen und Deutung. München 1998[3]

Baacke, D.: Schweben in entgegengesetzter Bewegung. Zu Begriff und Leistung der Ironie, in: mobile. versuch im gespräch, Heft 4/5, 1966, S. 26–46

Bachmair, B.: Kinderfernsehen im Umbruch. In den Kinderzimmern tut sich was, in: Televizion 1997, 2, S. 13–19

Barabas, S.K./Erler, M.: Die Familie. Einführung in Soziologie und Recht. Weinheim/München 1994

Barres, E.: Erziehung im Kindergarten. Eine empirische Untersuchung. Frankfurt/Main 1974[4]

Barthelmes, J./Feil, Chr./Furtner-Kallmünzer, M.: Medienerfahrung von Kindern im Kindergarten. Spiele, Gespräche, soziale Beziehungen. Weinheim/München 1991

Beller, E.K.: Untersuchungen zur familialen und familienergänzenden Erziehung von Kleinstkindern, in: J. Zimmer (Hg.): Erziehung in früher Kindheit, Stuttgart 1985, S. 207–234

Belser, H. u. a.: Curriculum – Materialien für die Vorschule. Weinheim 1972

Bem, S.L.: The Measurement of Psychological Androgynie, in: Journal of Consulting and Clinical Psychology, vol. 42, 1974, S. 155–162

Bierhoff-Alfermann, D.: Androgynie. Möglichkeiten und Grenzen der Geschlechtsrollen. Opladen 1989

Blochmann, E.: Der Kindergarten, in: H. Nohl/L. Pallat (Hg.): Handbuch der Pädagogik, Bd. 4: Die Theorie der Schule und der Schulaufbau. Langensalza 1928, S. 75 ff.

Bloom, B.S.: Stability and Change in Human Characteristics. New York: Wiley 1964

Böhnisch, L./Lenz, K. (Hg.): Familien. Eine interdisziplinäre Einführung. Weinheim/München 1997

Böhnisch, L./Winter, R.: Männliche Sozialisation. Bewältigungsprobleme männlicher Geschlechtsidentität im Lebenslauf. Weinheim/München 1993

Borst, O.: Alltagsleben im Mittelalter. Frankfurt/Main 1983

Böse, R.: Biopsychologie der Emotionen. Studien zu Aktiviertheit und Emotionalität. Berlin 1986

Bowlby, J.: Maternal care and mental health. London 1951. Dt.: Mütterliche Zuwendung und geistige Gesundheit, München 1973

Bril, B.: Die kulturvergleichende Perspektive, Entwicklung und Kultur, in: H. Keller (Hg.): Handbuch der Kleinkindforschung, Bern 1989, S. 71 ff

Briel, R.: Gesellschaftliche und politische Bestimmungsprozesse im Elementarbereich, in: J. Zimmer (Hg.): Erziehung in früher Kindheit, Stuttgart 1985, S. 114–137

Brombach, R.: Von der Bedeutung des ästhetischen Erlebens, in: H. Keller (Hg.): Handbuch der Kleinkindforschung, Bern 1989

Bronfenbrenner, U.: Die Ökologie der menschlichen Entwicklung. Stuttgart 1980.

Bruner, J.S./Olver, R.R./Greenfield, P.M. (Hg.): Studies in Cognitive Growth. New York: Wiley 1966
Bruner, J.S./Jolly, A./Sylva, K.: Play, its Role in Development and Evolution. Harmondsworth: Pelican 1985
Bruner, J.S.: Processes of Cognitive Growth: Infancy. Worcester, Mass.: Clark University Press & Barre Publ. 1968
Bruner, J.S.: Von der Kommunikation zur Sprache. Überlegungen aus psychologischer Sicht, in: K. Martens (Hg.): Kindliche Kommunikation. Frankfurt am Main 1979, S. 9–60
Bruner, J.S.: Wie das Kind sprechen lernt. Bern 1987
Bühler, Ch.: Wenn das Leben gelingen soll. München/Zürich 1969
Call, J.D.: The Adaptive Process in Early Infancy, in: E.J. Anthony (Hg.): Explorations in Childpsychiatry. London/New York: Holt, Reinhart and Winston 1975, S. 167–182
Canetti, E.: Die gerettete Zunge. Geschichte einer Jugend. Frankfurt am Main 1977 (als Fischer-Taschenbuch 1979)
Charlton, M./Neumann, K.: Medienkindheit – Medienjugend, München 1992
Chomsky, N.: Aspects of the Theorie of Syntax. Cambridge: Mass. 1965 (deutsch: Aspekte der Syntaxtheorie, Frankfurt/Main 1969)
Cohen L.B. & Salapatek, P.: Infant Perseption: From Sensation to Cognition, 2 Bände. New York: Academic Press 1975
Colberg-Schrader, H.: Berufsverständnis und Erzieherarbeit, in: J. Zimmer (Hg.): Erziehung in früher Kindheit, Stuttgart 1985, S. 153–168
Collins, R.: The Role Emotion in Social Structure, in: K.R. Scherer/ P. Ekman (Hg.): Aproaches to Emotion. Hillsdale 1984, S. 385–396
Cramer, B.: Frühe Erwartungen und unsichtbare Bindungen zwischen Mutter und Kind. München 1991
Daucher, H.: Psychogenetische Erklärungsansätze zum Ästhetikbegriff, in: H. Daucher/K.P. Sprinkart (Hg.): Ästhetische Erziehung als Wissenschaft. Köln 1979, S. 111–132
De Raeymaecker, D.: Die psychoanalytische Perspektive: Entwicklung in der Frühesten Kindheit, in: H. Keller (Hg.): Handbuch der Kleinkindforschung, Bern 1989, S. 121–146
De Raeymaecker, D.: Het Belang van Het Spel in de Ontwikkling van Het Jonge Kind, in: R.W. Trijsburg u. a. (Red.): Inleiding in de medische Psychologie, Brüssel: Samson/Strafleu 1986, S. 205–207

Dippelhofer-Stiem, B./Wolf, B. (Hg.): Ökologie des Kindergartens. Theoretische und empirische Befunde zu Sozialisations- und Entwicklungsbedingungen. Weinheim/München 1997

Doormann, L.: Babys wachsen gemeinsam auf. Reinbek 1981

Drerup, H.: Mütterlichkeit als Mythos, in: L. Böhnisch/K. Lenz (Hg.): Familien. Weinheim/München 1997, S. 81–98

Eggers, Chr. (Hrsg.): Bindungen und Besitzdenken beim Kleinkind. München/Wien-Baltimore 1984

Elder, G.H. jr./Kaspi, A./Nguyen, T.V.: Resourceful and Vulnerable Children: Family Influences in Stressful Times, in: R.K. Silbereisen/ K. Eyferth/G. Rudinger (Hg.): Development as Action in Context, Berlin 1986, S. 167–186

Emde, R.N./Koenig, K.L.: Neonatal Smiling and Rapid Eye Movementstates, in: Journal of Child Psychiatry, Vol. 8, 1969, S. 57–67

Erath, P.: Abschied von der Kinderkrippe. Plädoyer für altersgemischte Gruppen in Tageseinrichtungen für Kinder. Freiburg 1992

Erning, G./Neumann, K./Reyer, J. (Hg.): Geschichte des Kindergartens. Bd. I. Entstehung und Entwicklung der öffentlichen Kleinkindererziehung in Deutschland von den Anfängen bis zur Gegenwart; Bd. II. Institutionelle Aspekte, systematische Perspektiven, Entwicklungsverläufe. Freiburg 1987

Ernst, A./Stampfel, S.: KinderReport. Wie Kinder in Deutschland leben. Köln 1991

Eschenauer, B.: Medienpädagogik in den Lehrplänen. Eine Inhaltsanalyse zu den Curricula der allgemeinbildenden Schulen im Auftrag der Bertelsmann Stiftung 1994

Feierabend, S./Klingler, W.: Was Kinder sehen, in: Media Perspektiven 1998, 4, S. 167–178

Firestone, Sh.: Nieder mit der Kindheit, in: Kursbuch 34, 1973, S. 1–24

Flavell, J.H.: Kognitive Entwicklung. Stuttgart 1979

Flavell, J.H./Botkin, P.T. u. a.: The Development of Role-Taking and Communication Skills in Children. Wiley: New York 1968

Frayberg, S.: The Clinical Dimensions of Babygames, in: Journal of the American Academy of Childpsychiatry, Vol. 13, 1974, S. 202–220

Freud, S.: Drei Abhandlungen zur Sexualtheorie und verwandte Schriften, Frankfurt/Main 1961

Freud, S.: Drei Abhandlungen zur Sexualtheorie. Frankfurt/Main 1905

Freud, S.: Einige psychische Folgen des anatomischen Geschlechtsunterschiedes. Ges. Werke, Bd. XIV, London: Imago 1948

Freud, S.: Jenseits des Lustprinzips. Gesammelte Werke, Bd. 13, Frankfurt/Main 1967[5], S. 1–69 (Erstausgabe: 1920)

Fritz, J./Fehr, W.: Im Sog der Computer- und Videospiele. Ergebnisse aus einem Forschungsprojekt, in: Kleinmedien praktisch 1995, 2, S. 21–25

Fthenakis, W.E.: Väter Bd. 1: Zur Psychologie der Vater-Kind-Beziehung; Bd. 2: Zur Vater-Kind-Beziehung in verschiedenen Familienstrukturen. München 1985

Gehle, T.: Kinder im Internet, in: Televizion 1997, 2, S. 22–27

Gerhards, J.: Soziologie der Emotionen. Fragestellungen, Systematik und Perspektiven. Weinheim/München 1988

Gerhardt u. a. (Hg.): Familie der Zukunft, Opladen 1995

Gerhardt, U./Hradil, St./Lucke, D./Nauck, B. (Hg.): Familie der Zukunft. Lebensbedingungen und Lebensformen. Opladen 1995

Gibson, E.J.: The Concept of Affordances in Development: The Renascence of Functionalismus, in: W.A. Collins (Hg.): The Concept of Development. The Minnesota Symposium on Child Development, 15. Hillsdale New York: Erlbaum 1982, S. 55–82

Görge, K.P.: Position: Der Umweltbegriff eines Architekten am Beispiel des Kinderzimmers, in: H. Keller (Hg.): Handbuch der Kleinkindforschung, Bern 1989, S. 109–120

Greenacre, P.: Considerations Regarding the Parent-infant Relationship, in: The International Journal of Psycho Analyses, Vol. 41, 1960, S. 571–584

Groebel, J.: Fernsehpräferenzen und Fernsehverhalten von Kindern. Ein Überblick, in: Deutsches Jugendinstitut (Hg.): Medienerziehung bei Vorschulkindern. München 1990, S. 157 ff.

Grossmann, K.E. u. a.: Die Bindungstheorie: Modell und entwicklungspsychologische Forschung, in: H. Keller (Hg.): Handbuch der Kleinkindforschung, Bern 1989, S. 31–56

Grossmann, K.E./August, P. u. a.: Die Bindungstheorie: Modell und entwicklungspsychologische Forschung, in: H. Keller (Hg.): Handbuch der Kleinkindforschung, Bern 1989, S. 31–56

Grossmann, W.: Kindergarten. Eine historisch-systematische Einführung in seine Entwicklung und Pädagogik. Weinheim/Basel 1987

Grossmann, W.: Vorschulerziehung. Historische Entwicklung und alternative Modelle. Köln 1974

Grüninger, Chr./Lindemann, F.: Vorschulkinder und Medien. Eine Untersuchung zum Medienkonsum von drei- bis sechsjährigen Kindern unter besonderer Berücksichtigung des Fernsehens. Dissertation. Bielefeld, Fakultät für Pädagogik 1998

Gstettner, P.: Die Eroberung des Kindes durch die Wissenschaft. Aus der Geschichte der Disziplinierung. Reinbek 1981

Gstettner, P.: Störungs-Analysen. Zur Reinterpretation entwicklungspsychologisch relevanter Tagebuchaufzeichnungen, in: Neue Sammlung 18, 1978, S. 340ff.

Haensch, D.: Repressive Familienpolitik. Sexualunterdrückung als Mittel der Politik. Reinbek 1969

Halbe-Bauer, U./Halbe, M.: Freundliche Eltern – glückliche Kinder, in: Kursbuch 72, Berlin 1983, S. 75–79

Hardach-Pinke, I./Hardach, G. (Hg.): Kinderalltag. Deutsche Kindheiten in Selbstzeugnissen 1700–1900. Reinbek 1981

Hausen, K./Wunder, H. (Hg.): Frauengeschichte – Geschlechtergeschichte, Frankfurt/Main 1992

Heckhausen, H.: Entwicklung, psychologisch betrachtet, in: S.E. Weinert/E.F. Graumann/H. Heckhausen/M. Hofer (Hg.): Pädagogische Psychologie. Frankfurt/Main 1974, S. 67–99

Heckhausen, H.: Motivation und Handeln. Berlin 1980

Heiliger, A.: Alleinerziehen als Befreiung. Pfaffenweiler 1991

Herrmann, U.: Familie und Elternhaus, in: D. Lenzen (Hg.): Erziehungs-Wissenschaft. Ein Grundkurs. Reinbek 1994, S. 186–204

Herzberg, I./Lülf, U.: Administrative Rahmenbedingungen und quantitative Entwicklungen im Elementarbereich, in: J. Zimmer (Hg.): Erziehung in früher Kindheit, Stuttgart 1985, S. 99–113

Himmelweit, H.Th.: Television and the child: An empirical study of the television on the young. London 1960

Hinde, R.A.: Die Untersuchung von Kindern im Kontext von Beziehungen, in: H. Keller (Hg.): Handbuch der Kleinkindforschung. Bern 1989, S. 253–270

Höhn, C.: Demographische Trends in Europa seit dem 2. Weltkrieg, in: R. Nave-Herz/M. Markefka (Hg.): Handbuch der Familien- und Jugendforschung, Bd. 1, Neuwied 1989

Honig, M.S./Leu, H.R./Nissen, U. (Hg.): Kinder und Kindheit. Soziokulturelle Muster – Sozialisationstheoretische Perspektiven. Weinheim/München 1996

Honig, M.-S.: Kindheitsforschung – Abkehr von der Pädagogisierung, in: Soziologische Revue 11, 1988, 2, S. 169–178

Hunt, J.McV.: Intrinsic Motivation and its Role in Psychological Development, in: D. Levine (Hg.): Nebraska Symposium on Motivation Lincoln Neb.: University of Nebraska 1965

Jenks, Ch.: Constituting the Child, in: ders. (Hg.): The Sociology of Childhood. Essential Readings. Aldershot 1992, S. 9 ff.

Kagan, J.: Discrepancy Temperament and Infant Distress, in: M. Lewes/L. Rosenblum (Hg.): The Origins of Fea. New York: Wiley 1974, S. 229–348

Kagan, J.: Perspectives on Continuity, in: O.G. Brim/J. Kagan (Hg.): Constancy and Change in Human Development. Cambridge, Mass.: Harvard University Press 1980, S. 26–74

Kaufmann-Hayoz, R.: Entwicklung der Wahrnehmung, in: H. Keller (Hg.): Handbuch der Kleinkindforschung, Bern 1989, S. 401–426

Kebeck, G.: Wahrnehmung. Theorien, Methoden und Forschungsergebnisse der Wahrnehmungspsychologie. Weinheim/München 1994

Keiser, S.: Vereinbarkeit von Familie und Beruf – nur eine Frauenfrage?, in: Familien. Weinheim/München 1997, S. 235–250

Keller, H./Boigs, R.: Entwicklung des Explorationsverhaltens, in: H. Keller (Hg.): Handbuch der Kleinkindforschung, Bern 1989, S. 443–464

Keller, H. (Hg.): Handbuch der Kleinkindforschung. 2., vollständig überarbeitete Auflage, Bern 1997 (zitiert nach 1989)

Keller, H.: Geographische Identität als Teil der Entwicklung eines Selbstkonzeptes. Aspekte angewandter Entwicklungspsychologie – ein Projektbericht, in: Schweizerische Zeitung für Psychologie, vol. 47, 1988, S. 123–192

Klingler, W./Groebel, J.: Kinder und Medien: eine Studie der ARD-ZDF-Medienkommission. Schriftenreihe Media Perspektiven Bd. 13, Baden-Baden 1996

Krappmann, L.: Das Erprobungsprogramm und seine Folgen, in: J. Zimmer (Hg.): Erziehung in früher Kindheit, Stuttgart 1985, S. 39–54

Krug, M.: Entritualisierung im Kindergarten, in: J. Zimmer (Hg.): Erziehung in früher Kindheit, Stuttgart 1985, S. 55–71

Lamb, M.E./Owen, M.T./Chase-Landsdale, E.: The Father-Daughter Relationship. Past, Present, and Future, in: Kopp, C./Kirkpatrick, M. (Hg.): Becoming Female, New York: Plenum Press 1979, S. 89–112

Landesanstalt für Rundfunk NW (Hg.): Das Fernsehen im Alltag von Kindern. Informationen für die Medienerziehung in Kindergarten und Grundschule. LfR Workshop 1990, LfR-Dokumentation, Bd. 6, Düsseldorf 1991

Leggewie, C.: Lieb und teuer. Eine Nachwuchskostenanalyse, in: Kursbuch 72, Berlin 1983, S. 95–110

Leiris, M.: Die Spielregel, 1: Streichungen. München 1982

Lenz, K.: Ehe? Familie? – beides, eines oder keines? Lebensform im Umbruch, in: L. Böhnisch/K. Lenz (Hg.): Familien. Weinheim/ München 1997, S. 181–198

Lenzen, D.: Das Kind, in: D. Lenzen (Hg.): Erziehungs-Wissenschaft. Ein Grundkurs. Reinbek 1994, S. 341–361

Lenzen, D.: Kindheit, in: D. Lenzen (Hg.): Pädagogische Grundbegriffe. Reinbek 1989, Bd. 2, S. 845–859

Lewis, M.: Social Development in Infancy and Early Childhood, in: J.D. Osofsky (Hg.): Handbook of Infant Development, New York: Wiley 1987², S. 419–493

Leyendecker, B.: Die ökologische Perspektive: Umweltpsychologie und ökologische Psychologie in der Kleinkindforschung, in: H. Keller (Hg.): Handbuch der Kleinkindforschung, Bern 1989, S. 89–108

Leyendecker, B.: Umweltwahrnehmung, in: Keller (Hg.): Handbuch der Kleinkindforschung, Bern 1989, S. 419–426

Livingstone, S./Bovill, M./Gaskel, G.: Europäische Fernseh-Kinder in veränderten Medienwelten, in: Televizion 1997, 2, S. 4–12

Loevinger, J.: Zur Bedeutung und Messung von Ich-Entwicklung, in: R. Döbert/J. Habrmas/G. Nunner-Winkler (Hg.): Entwicklung des Ichs. Köln 1977, S. 150–168

Lucke, D.: Familie der Zukunft – eine Einleitung, in: U. Gerhardt u. a. (Hg.): Familie der Zukunft, Opladen 1995, S. 11–19

Lückert, H.-R.: Kinder in veränderter Welt. Eine Revision unserer Auffassung vom Kind, in: Meyer's Enzyklopädisches Lexikon, Bd. 13, 1975, S. 677–681

Maccoby, E.E./Jacklin, C.N.: The Psychology of Sexdifferences. Stanford, Kalif: Stanford University Press 1974

Maccoby, E.E.: The Development of Sexdifferences. Stanford, Kalif.: Standford University Press 1966

Mahler, M.: The Meaning of Developmental Research of Earlest Infancy as Related to the Study od Seperation-Individuation, in: J. D. Call u. a. (Hg.): Frontiers of Invantpsychiatry, Vol. 1, New York: Basic Books 1983, S. 3–6

Maier, R./Mikat, C./Szeitter, E.: Medienerziehung in Kindergarten und Grundschule. 490 Anregungen für die praktische Arbeit. Eine Dokumentation. Hgg. von der Freiwilligen Selbstkontrolle Fernsehen (FSF) 1997

Mandler, J.: Representation, in: P.H. Mussen (Hg.): Handbook of Childpsychology, vol. III, New York: Wiley 1983, S. 420–494

Marjoribanks, K.: Umwelt, soziale Schicht und Intelligenz, in: C.F. Graumann/H. Heckhausen (Hg.): Pädagogische Psychologie I. Entwicklung und Sozialisation. Frankfurt 1973, S. 190–200

Markefka, M./Nave-Herz, R. (Hg.): Handbuch der Familien- und Jugendforschung, Bd. 1, Neuwied 1989, S. 195–209

Markefka, M./Nauck, B. (Hg.): Handbuch der Kindheitsforschung. Neuwied 1993

Martens, K. (Hg.): Kindliche Kommunikation. Theoretische Perspektiven, empirische Analysen, methodologische Grundlagen. Frankfurt/Main 1979

McNeill, D.: The Acquisition of Language. The Study of Developmental Psycholanguage. New York 1970

McNeill, D.: The Capacity for the Ontogenesis of Grammar, in: D. Slobind (Hg.): The Ontogenesis of Language, New York 1971, S. 17–40

Mehringer, A.: Verlassene Kinder. Ungeborgenheit im frühen Kindesalter ist nur schwer aufzuholen. Erfahrungen eines Heimleiters mit seelisch verkümmerten (deprimierten) Kleinkindern. München/Basel 1985

Mehringer, A.: Heimkinder. Gesammelte Aufsätze zur Geschichte und Gegenwart der Heimerziehung. München/Basel 1982[3]

Merten, W.: Die Flucht vor der Erziehung. Oder wie Alice Miller und Erich Fromm sich in der Kinderstube breitmachen, in: Kursbuch 72, Berlin 1983, S. 64–72

Miller, A.: Am Anfang war Erziehung. Frankfurt/Main 1983

Miller, A.: Das Drama des begabten Kindes und die Suche nach dem wahren Selbst. Frankfurt/Main 1983

Miller, M.: Zur Logik der frühkindlichen Sprachentwicklung. Empirische Untersuchungen und Theoriediskussion. Stuttgart 1976

Müller, E.W.: Förderung der Medienkompetenz von Vorschulkindern, in: Landesanstalt für Rundfunk NW (Hg.): Medienerziehung im Kindergarten: Neue Herausforderungen durch private Programme? LfR-Dokumentation, Bd. 3, Düsseldorf 1990, S. 59–64

Müller, K.E.: Das magische Universum der Identität. Elementarform sozialen Verhaltens. Ein ethnologischer Grundriß. Frankfurt/Main 1987

Müller, K.E.: Identität und Geschichte. Widerspruch oder Komplementarität? Ein ethnologischer Beitrag, in: Paedeuma, H. 38, 1992, S. 17–29

Mundt, J.W.: Vorschulkinder und ihre Umwelt, Weinheim/Basel 1980

Mussen, P.H. u. a.: Lehrbuch der Kinderpsychologie, Band 1, Stuttgart 1998[6], Band 2, Stuttgart 1996[5]

Nauck, B.: Familie im Kontext von Politik, Kulturkritik und Forschung: Das internationale Jahr der Familie, in: U. Gerhardt u. a. (Hg.): Familie der Zukunft, Opladen 1995, S. 21–36

Niepel, G.: Soziale Netze und soziale Unterstützung alleinerziehender Frauen. Eine empirische Studie. Opladen 1994

Ninio, A./Bruner, J.S.: The Achievement and Antecedents of Labeling, in: Journal of Childlanguage 1978, 5, S. 1–15

Nissen, G.: Psychopathologie des Kindesalters. Darmstadt 1984[2]

Nissen, G.: Somatogene Psychosyndrome und ihre Therapie im Kindes- und Jugendalter. Bern 1990

Nitschke, A.: Junge Rebellen. Mittelalter, Neuzeit, Gegenwart: Kinder verändern die Welt. München 1985

Nöstlinger, Chr.: Aus den Aufzeichnungen eines Neugeborenen, in: Kursbuch 72, Berlin 1983, S. 1–6

Oerter R./Montada L.: Entwicklungspsychologie. Ein Lehrbuch. München 1982, S. 28

Opitz, C.: Mutterschaft und Vaterschaft im 14. und 15. Jahrhundert, in: K. Hausen/H. Wunder (Hg.): Frauengeschichte – Geschlechtergeschichte. Frankfurt/Main 1992, S. 137–153

Osofsky, D. (Hg.): Handbook of Infant Development, New York 1987²

Papousek, M./Papousek, H.: Stimmliche Kommunikation im frühen Säuglingsalter als Wegbereiter der Sprachentwicklung, in: H. Keller (Hg.): Handbuch der Kleinkindforschung, Bern 1989

Parsons, T.: Family Structures and the Socialization of the Child, in: T. Parsons/R.R. Bales (Hg.): Family Socialization and Interaction Process. Glencoe Ill.: Free Press 1955

Parsons, T.: The Social Structure of the Family, in: R.N. Anshen (Hg.): The Family: Its Function and Destiny. New York: Harper & Row 1949

Paus-Haase, I.: Heldenbilder im Fernsehen. Eine Untersuchung zur Symbolik von Serienfavoriten in Kindergarten, peer-Group und Kinderfreundschaften. Opladen/Wiesbaden 1998

Piaget, J./Inhelder, B.: Die Entwicklung der physikalischen Mengenbegriffe beim Kinde. Stuttgart 1969

Piaget, J./Inhelder, B.: Die Psychologie des Kindes. Frankfurt/Main 1977

Piaget, J./Inhelder, B.: Gedächtnis und Intelligenz. Olten 1974

Piaget, J.: Biologie und Erkenntnis. Frankfurt/Main 1974

Piaget, J.: Die Äquilibration der kognitiven Stukturen. Stuttgart 1976

Piaget, J.: Die Bildung des Zeitbegriffs beim Kinde. Zürich 1955

Piaget, J.: Die Entwicklung des Erkennens. I: Das mathematische Denken. II: Das physikalische Denken. III: Das biologische Denken; das psychologische Denken; das soziologische Denken. Stuttgart 1973

Piaget, J.: Meine Theorie der geistigen Entwicklung. Frankfurt/Main 1983

Piaget, J.: Nachahmung, Spiel und Traum. Stuttgart 1969

Piaget, J.: Sprache und intelektuelle Operationen, in: H.G. Furth (Hg.): Intelligenz und Erkennen. Die Grundlage der genetischen Erkenntnistheorie Piaget's. Frankfurt/Main 1972, S. 176–190

Radin, N.: Primary Caregiving and Role-Sharing Fathers, in: M.E. Lamb (Hg.): Nontraditional Families. Parenting and Childdevelopment. Hillsdale, New York: Erlbaum 1982, S. 173–104

Rauh, H.: Frühe Kindheit, in: R. Oerter/L. Montada: Entwicklungspsychologie. Ein Lehrbuch. München 1982, S. 124–194

Redl, F./Wineman, D.: Kinder, die hassen. München 1984²

Retter, H.: Typen pädagogischer und didaktischer Ansätze im Elementarbereich, in: R. Dollase (Hg.): Handbuch der Früh- und Vorschulpädagogik, Bd. II, Düsseldorf 1978, S. 135 ff.

Reyer, J./Müller, U.: Eltern – Kind – Gruppen. Eine neue familiale Lebensform? Freiburg 1992

Reyer, J.: Kinderkrippe und Familie – Analyse eines geteilten Sozialisationsfeldes, in: Neue Praxis, H. 9, 1979, S. 36 ff.

Robin, Z.: Kinderfreundschaften. Stuttgart 1981

Rogge, J.-U.: Computer-Kids und Eltern. Eine Mediensprung zwischen Generationen, in: Medien und Erziehung 1997, 2, S. 95–101

Rogge, J.-U.: Kinder können fernsehen. Reinbek 1990

Rutschky, K.: Schwarze Pädagogik. Quellen zur Naturgeschichte der bürgerlichen Erziehung, Frankfurt/Main 1977

Sarraute, N.: Kindheit. Köln 1984

Saup, W.: Barkers Behavior Setting-Konzept und seine Weiterentwicklung, in: Psychologische Rundschau, Vol. 34, S. 134–146

Scarr, S.: Mother care, other care. New York 1984

Schaffer, H.R./Emerson, P.E.: The Development of Social Attachments in Infancy. Monographs of the Society for Research in Childdevelopment, vol. 29, Serial 94, 1964

Schaffer, R.: Mütterliche Fürsorge in den ersten Lebensjahren. Stuttgart 1978

Schleidt, M.: Die humanethologische Perspektive: Die menschliche Frühentwicklung aus ethologischer Sicht, in: H. Keller (Hg.): Handbuch der Kleinkindforschung, Bern 1989, S. 15–29

Schmid-Schönbein, Chr.: Eine Piagetsche Perspektive: Abkehr vom Stufenmodell – Ansätze der Umorientierung auf prozessuale Aspekte von Erkenntnisentwicklung, in: H. Keller (Hg.): Handbuch der Kleinkindforschung, Bern 1989, S. 147–162.

Schock, R.: Krippe, in: J. Zimmer (Hg.): Erziehung in früher Kindheit, Stuttgart 1985, S. 363–369

Schöningh, I./Aslanidis, M./Faubel-Dieckmann, S.: Alleinerziehende Frauen. Zwischen Lebenskrise und neuem Selbstverständnis. Opladen 1991

Schröder, H.: Jugend und Modernisierung. Strukturwandel der Jugendphase und Statuspassagen auf dem Weg zum Erwachsensein. Weinheim/München 1995

Schütz, A.: Der sinnhafte Aufbau der sozialen Welt. Eine Einleitung in die verstehende Soziologie. Frankfurt am Main 1974

Schütze, Y.: Die Wissenschaft über dem Kind. Entwicklungspsychologie und Sozialisationsforschung als Gängelband, in: Kursbuch 72, Berlin 1983, S. 51–61

Seehausen, H.: Familien zwischen modernisierter Berufswelt und Kindergarten. Psychosoziale Probleme des technisch-sozialen Wandels und Perspektiven frühkindlicher Erziehung. Freiburg 1989

Segalen, M.: Die Familie. Geschichte, Soziologie, Anthropologie, Frankfurt/Main 1990

Siepe, A.: Reform und Planung in der Sozialpädagogik. Die Jugendhilfediskussion der 70er Jahre, Weinheim 1985

Sollai, F.: Forschungshypothesen zum pränatalen Leben, in: H. Keller (Hg.): Handbuch der Kleinkindforschung, Bern 1989, S. 371–380

Spitz, R.: Dialogues from Infancy. Selected Papers. New York: International Universities Press 1983

Spitz, R.: Vom Säugling zum Kleinkind. Stuttgart 1967

Stange, W.: Sozialerziehung im Elementarbereich. Frankfurt/Main 976

Stephan, C.: Umstände halber. Schwangerschaft und Sinnlichkeit, in: Die neuen Kinder, Kursbuch 72, Berlin 1983, S. 14–27

Stern, D.N.: The Goal and Structure of Mother-Infant Play, in: Journal of the American Academy of Childpsychiatry, 13, 1974, S. 402–421

Stern, W.: Psychologie der frühen Kindheit bis zum sechsten Lebensjahr. Leipzig 1930

Stiehler, S.: Allein mit Kind (ern) – Probleme und Chancen einer verbreiteten Familienform, in: L. Böhnisch/K. Lenz (Hg.): Familien. Weinheim/München 1997, S. 199–212

Stingl, J.: Die arbeitsmarktpolitische Situation des Erziehers und Sozialpädagogen. Mimeo vom Bundeskongreß des Bundesverbandes der Evangelischen Erzieher und Sozialpädagogen, Kassel 1983

Stroebe, W./Stroebe, G.: Grundlagen der Sozialpsychologie I. Stuttgart 1980

Stroebe, W./Stroebe. G.: Motivation. Heidelberg 1988[4]

Swift, J.W.: Effects of Early Groupexperience: The Nursery School and Day Nursery, in: M.L. Hoffman/L.W. Hoffman (Hg.): Review of Childdevelopment Research. Russell Sage Foundation: New York 1964, S. 249–288

Teriet, B.: Zum Wandel von Erwerbsbiographie und Lebensplanung, in: Kempenhausener Notizen, 1997, S. 8–13

Thomae, H.: Entwicklungsbegriff und Entwicklungstheorie, in: H. Thomae (Hg.): Handbuch der Psychologie, Bd. 3: Entwicklungspsychologie, Göttingen 1959, S. 3–20

Trautner, H.M./Helbing, N. u. a.: Schlußbericht zum DFG-Projekt »Längsschnittliche Analyse von Entwicklungsmerkmalen der Geschlechtstypisierung im Kindesalter«, Münster (Psychologisches Institut III der Universität Münster) 1989

Trautner, H.M.: Allgemeinpsychologische Aspekte von Geschlechtsunterschieden in räumlichen Fähigkeiten, in: D. Albert (Hg.): Bericht über den 34. Kongreß der Deutschen Gesellschaft für Psychologie, Bd. 1, Göttingen 1985, S. 338–341

Trautner, H.M.: Lehrbuch der Entwicklungspsychologie, Bd. 2: Theorien und Befunde. Göttingen 1991

Trautner, H.M: Geschlechterrollen, in: G. Endruweit/G. Trommsdorff (Hg).: Wörterbuch der Soziologie, Bd. 1, Stuttgart 1989, S. 244–245

Trudewind, C./Unzner, L./Schneider, K.: Die Entwicklung der Leistungsmotivation, in: H. Keller (Hg.): Handbuch der Kleinkindforschung, Bern 1989, S. 491–525

Tuan, Y.F.: Rootedness versus sense of place, in: Landscape, vol. 24, 1989, S. 3–8

Tyrell, H.: Ehe und Familie – Institutionalisierung und Deinstitutionalisierung, in: K. Lüscher u. a. (Hg.): Die »postmoderne« Familie. Konstanz 1988, S. 145–156

Voss, H.G.: Entwicklungspsychologische Familienforschung und Generationenfolge, in: H. Keller (Hg.): Handbuch der Kleinkindforschung, Bern 1989, S. 207–227

Wagner, J.: Die curricularen Angebote des Erprobungsprogramms und Ergebnisse ihrer Erprobung, in: L. Krappmann/J. Wagner: Erprobungsprogramm im Elementarbereich, Bonn 1983, S. 11 ff.

Wahl, K.: Familienbilder und Familienrealität, in: L. Böhnisch/K. Lenz (Hg.): Familien. Weinheim/München 1997, S. 99–112

Walper, S.: Wenn Kinder arm sind – Familienarmut und ihre Betroffenen, in: L. Böhnisch/K. Lenz (Hg.): Familien. Weinheim/München 1997, S. 265–282

Weidenmann, B./Krapp, A. u. a.: Pädagogische Psychologie. Ein Lehrbuch. Weinheim/München 1986
Weber-Kellermann, I.: Die Kindheit. Eine Kulturgeschichte. Frankfurt/Main 1979
Wieler, P.: Vorlesen in der Familie. Fallstudien zur literarisch-kulturellen Sozialisation von Vierjährigen. Weinheim/München 1997
Wilk, L.: Die Studie Kindsein in Österreich. Kinder und ihre Lebenswelten als Gegenstand empirischer Sozialforschung – Chancen und Grenzen einer Survey-Erhebung, in: M.-S. Honig u. a. (Hg.): Kinder und Kindheit, Weinheim/München 1996, S. 55–76
Winnicott, D.W.: The Theory of the Parent-Infant Relationship, in: International Journal of Psycho-Analyses, Vol. 41, 1960, S. 585–595
Winnicott, D.W.: Transitional Objects and Transitional Phenomena, in: Playing and Reality. Harmondsworth: Pinguin 1974, S. 1–39
Wudtke, H.: Spiel, in: D. Lenzen (Hg.): Pädagogische Grundbegriffe, Bd. 2, Reinbek 1989, S. 1433–1440
Zimmer, J. (Hg.): Erziehung in früher Kindheit. Enzyklopädie Erziehungswissenschaft, Bd. 6, Stuttgart 1985
Zimmer, J.: Der Situationsansatz als Bezugsrahmen der Kindergartenreform, in: J. Zimmer (Hg.): Erziehung in früher Kindheit, Stuttgart 1985, S. 21–38
Zinnecker, J.: Jugendkultur 1940–1985. Opladen 1987
Zinnecker, J./Silbereisen, R.K.: Kindheit in Deutschland. Aktueller Survey über Kinder und ihre Eltern. Weinheim 1996
Zur Oeveste, H.: Moralische Entwicklung, in: W. Wieczekowski/H. Zur Oeveste: Lehrbuch der Entwicklungspsychologie, Bd. 2, Düsseldorf 1982, S. 63–97

Sachregister

Akkomodation 27; 56; 100 f.; 108; 137; 179 f.
Akkomodationsprozesse 137
akustische Reize 369
Alleinerziehende 82 ff.
alleinerziehende Väter 276
Altruismus 197; 203
Ambivalenz 30 f.
Angst 159; 354
Animismus 182
Anlage 16
Arbeit 37
Armut 83; 87 f.
Assimilation 27; 37; 56; 100 f.; 108; 137; 156; 179; 193; 288; 370
Assimilationsprozesse 137
ästhetisches Erleben 138 f.
Attachment 255; 280
auditives System 131
Aufforderungscharakter 136; 232
Aufmerksamkeit 43; 44; 369
Aufwachsen 15; 90; 92; 153; 215; 229; 236; 243; 267
außereheliche Geburten 81
Autobiographien 51

Behavior Settings 231; 238; 240; 249; 268
Behüten 391
Beratung 293
Bewahranstalten 313

Bewegung 142; 285
Beziehungsmuster 231; 293
Beziehungsperspektive 203
Bilderbücher 129; 357; 362
Bindung 159; 177; 255; 259; 260; 271; 278; 280; 306; 339
Bindungssicherheit 260
Bindungstheorie 255; 280
Bindungsverhalten 265
Blickkontakt 44 f.

Denken 37; 103; 132; 139; 178
Doppelbindung 263
Dyade 272; 279; 283 f.

Egoismus 394
Egozentrik 288
egozentrisch 286
Egozentrismus 26; 182
Ehe 79 ff.; 153
Eigenwillen 60
Elementarbereich 332; 349
Eltern-Kind-Beziehung 29; 30 ff.; 72; 76; 208
Eltern-Kind-Dyade 279
Eltern-Kind-Kommunikation 176
Emanzipation 345
emotionale Kompetenz 154
Emotionen 22; 152 ff.; 154; 157; 160; 162; 171; 185; 188; 204
Empathie 32; 303

enaktive Schemata 150
endogen 96; 109; 220
endogene Prozesse 16
Entwicklung 16; 26; 39; 94 ff.; 99;
103; 122; 131; 160; 162; 168;
171; 186; 220; 339; 341; 344;
419
Entwicklungsphasen 20; 181 f.
Entwicklungsprozesse 220
Entwicklungspsychologie 94 ff.
Entwicklungsstufen 23; 26 f.; 72;
95; 97; 101; 104; 181; 202
Entwicklungstheorien 95 ff.;
179 ff.
epigenetisches Modell 280
Erfahrung 96
Erfolg 185; 188
Erziehung 20; 21; 65; 126; 128; 130;
210; 310; 314; 389; 391; 419
Erziehungsstil 277
Erziehungstagebuchliteratur 16 ff.;
41 ff.
Es 22
exogen 96; 109; 220
exogene Prozesse 16
Exosystem 235; 240
Exploration 124 ff.; 138; 140
Explorationsverhalten 140 ff.;
161
extrinsische Motivation 191

Familie 34; 35; 70; 76 f.; 79; 85;
152; 154; 237; 250; 294; 295;
309; 320; 361; 419
Familienbild 76; 78; 250
familienergänzende Tagesbetreuung 338

Familienklima 400
Familienkonzept 252
Familienleben 77; 88
Familienwirklichkeit 326
Feinfühligkeit 257 ff.; 262; 341
Fernsehen 355; 363
Fernsehnutzung 364 f.
Fiktion 353
formal-operational 27
fremdeln 125; 156; 157
Frustration 158

Geborgenheit 278
geistige Entwicklung 37; 100
Generationenverhältnis 73
Geschlechterdifferenzierung
208 ff.; 216
Geschlechtsrolle 205 ff.; 277
Geschlechtsrollenübernahme
208 ff.; 215 f.
Geschlechtsunterschiede 205 f.;
216
Gesellschaft 191
Gleichaltrige 286 ff.; 303; 304
Gleichaltrigengruppe 290; 297
Gleichgültigkeit 262
Gruppe 290
Gruppenerziehung 339

handlungsbegleitendes Sprechen
184
Handlungskompetenz 125
Handlungsmöglichkeiten 136 ff.
Heiratsalter 79
historischer Wandel 29
Hort 345; 347
Humor 158

Ich 22; 23; 345; 419
Illusion 353f.
Individuation 26
Inlusion 353f.
intellektuelle Entwicklung 101
Intelligenzentwicklung 178; 180; 184ff.
Intentionalität 145
Interaktion 23; 27; 29; 106; 108; 109; 117; 120; 221; 260; 278; 301; 360; 361
Interaktionsmodell 89
Interaktionstheorie 23
Intersubjektivität 351
Intimität 34; 35
intrinsische Motivation 191
Ironie 423
Irreversibilität 182

Kausalbeziehungen 135
Kindchen-Schema 40; 70
Kinderarbeit 392
Kindererziehung 29; 70
Kinderforschung 94; 270; 398; 406
Kindergarten 248; 309; 314; 317; 320; 344; 374; 398; 419
Kindergartenalter 295
Kindergarten-Pädagogik 322
Kinderkultur 74
Kinderläden 345; 406
Kinderpflege 271
Kinderstube 244
Kindertageseinrichtungen 342
Kindertagesstätten 344
Kinderwunsch 80; 412
Kinderzimmer 169; 244ff.

Kindheit 27; 28; 33f.; 41; 51; 70; 71; 75; 243; 247; 419
Kindheit – Geschichte 28; 31
Kindheit – Konstrukte 73
Kindheitsforschung 16; 17; 19f.; 35; 36; 39; 267; 401
Kindheit – Wandel 73
kindliche Sexualität 22
Kleinfamilie 338
Kleinkind 124; 127; 135; 154; 167; 239; 336; 341
Kleinkinderschulen 253; 313
Kleinkindpädagogik 316; 318
Kleinstkinder 309; 341
kognitive Ausdifferenzierung 26; 72; 103
kognitive Entwicklung 105; 128; 139; 150; 156f.; 171; 178ff.; 182; 184; 202; 403
kognitive Förderung 37; 132; 276; 322; 373
kognitive Operationen 203; 233
kognitive Repräsentation 178; 179; 182
kognitive Stimulation 75
Kommunikation 106; 120; 139; 157; 174; 176; 258; 288; 300; 351; 385
Kommunikationsspiele 120; 387
kommunikative Beziehung 257
kommunikative Kompetenz 265
kommunikative Stimulation 257
Kompetenz 16; 40; 103; 119; 127; 131; 142; 221; 265; 303; 305; 308; 392
Kompetenzmotivation 185
Konditionierung 96; 97; 139

Konditionierungstheorien 96f.
konkrete Operationen 103
konkret-operational 27; 105
Kontinuität 107; 108
Körpererfahrung 266
Krippe 338; 341; 343

Lächeln 154ff.; 157; 187; 337; 351
Lebensqualität 74
Lebensraum 229
Lebenswelten 229
Leistung 188
Leistungsbereitschaft 38; 185; 189
Leistungsfähigkeit 185
Leistungskompetenz 188; 190
Leistungsmotivation 186ff.
Lernen 100; 119; 129; 144f.; 180; 316; 356
Lernneugier 120
Lernumwelt 128
Liebe 389; 418; 422; 423
Lob 97
logisches Denken 37

Makrosystem 236
Medien 325; 326; 350ff.; 355
Medienrezeption 361
Medienwelten 350; 385; 387
Mensch-Umwelt-Interaktionen 230
Mesosystem 235; 240; 295
Mikrosystem 235; 239; 240
Mißerfolg 185; 191
Modellverhalten 364
Moral 191; 195; 202
Moralentwicklung 192f.
moralisches Urteil 204

Motivation 186; 191
Motive 197
motorische Aktivität 119; 233
motorische Kompetenz 122; 140
Mutter 76ff.; 123; 156; 161; 162; 166; 168; 176; 236; 246; 250; 256; 339; 355; 412
Müttererwerbstätigkeit 86ff.
Mutter-Kind-Beziehung 42ff.; 84; 109; 112; 117; 125; 150; 162; 259; 264; 270; 296; 386; 398; 416
Mutter-Kind-Bindung 253f.; 261; 265; 267; 272
Mutter-Kind-Dyade 259; 279; 283; 299; 303; 416
Mutter-Kind-Interaktion 111

Nachahmung 193
Neugier 43; 186
Neugierverhalten 403

Objektkonstanz 150; 233
Objektpermanenz 104; 144; 150; 187
öffentliche Erziehung 309; 319; 332; 336
ökologische Psychologie 230
ökologische Soziologie 230
Operationen 100
optische Reize 66; 369

Pädagogisierung von Kindheit 21; 34; 389
Peers 91; 291; 299; 381; 398; 406
Personenpermanenz 187
Pflege 391

Phantasie 359; 360; 385
Phantasiewelt 359
Phasen – anale, orale, präsexuelle 22 ff.
Plastizität 107
positive Umgebung 159
positive Verstärkung 189
Präferenz 155; 139
Präferenzreaktionen 138
pränatal 110; 112
präoperational 26; 102; 105; 182
präoperationale Intelligenz 182
projektive Reaktion 29
Psychoanalyse 22; 35; 208; 254; 265 f.; 269 ff.
psychogenetisch 28
psychogenetische Theorie 72

Raumerleben 285
Reaktion 119
Realität 353
Reflexe 112; 119
Regeln 193; 238; 288
Regelverständnis 193; 194
Reifung 95; 107; 112; 122; 145; 220
Reifungsprozesse 391
Reize 43; 97; 98; 119; 134; 137; 154; 155; 178; 369
reversibel 100
Rezeption 353; 358; 359; 361
Reziprozität 26
Rolle 241; 290; 299; 301; 375
Rollenaufteilung 268
Rollenbeziehungen 290
Rollenorientierung 238
Rollenübernahme 26

sachbezogenes Lernen 324
Sammeln 151
Säugling 43; 117 f.; 123; 135; 154; 162; 168; 239; 336; 341
Säuglings-, Kleinkind- und Spielalter 23
Säuglingserziehung 21
Säuglingsforschung 17 ff.
Säuglingsheime 336
Schema 100
Schule 34
Schulkind 27
Schutz 50; 75; 256; 278
Schutzbedürftigkeit 75
Selbst 121; 123; 124; 127; 159; 186; 187; 215; 221; 230; 265; 419
Selbständigkeit 262; 278
Selbständigkeitserziehung 189
Selbstbewertungsemotionen 189
Selbstironie 389; 418; 420
Selbstkonzept 186; 207; 290
Selbstperspektive 26
sensomotorische Entwicklung 26 f.
sensomotorische Intelligenz 128; 182
sensomotorische Koordination 101
sensomotorische Schemata 174
Sensorik 112
sensorische Stimuli 111; 186
Sexualität 22; 72; 265
Sinneseindrücke 120
Sinnessysteme 134
soziale Aktivität 162
soziale Armut 88

soziale Beziehungen 162; 230; 286; 305
soziale Entwicklung 257; 338
soziale Interaktion 106; 231
soziale Klassen 35
soziale Stimulation 213; 339
soziale Umwelt 230
soziale Wirklichkeit 359
soziale Zuwendung 120
sozialer Wandel 33; 35; 70 ff.; 76 f.; 81; 90 ff.
soziales Handeln 161; 359; 394
soziales Lächeln 45; 154
soziales Lernen 324; 339
soziales Milieu 74; 400
soziales Netzwerk 230; 292; 294
sozialgeschichtliche Theorie 72
Sozialisation 26; 32; 39; 125; 128; 297
Sozialisationsbedingungen 97
Sozialisationsforschung 73; 97 ff.; 403
Sozialökologie 229 ff.; 249; 278; 350
sozialökologische Ausschnitte 238; 309
sozialökologische Zonen 235 ff.
sozialökologisches Zentrum 237; 250
Soziologie der Kindheit 73
Soziotop 94
Spiel 34; 37; 125; 140; 161 ff.; 189; 194; 288; 314; 374
Spielen 161 ff.
Spielräume 169
Spielschulen 310 f.
Spielverhalten 298 ff.

Spielzeug 129; 233; 299 f.
Sprache 48; 56; 59; 60; 105; 106; 162; 170; 174; 175; 288; 343
Sprachentwicklung 170 ff.; 276
Spracherwerb 170 ff.; 184; 221
Sprechen 170; 175
Sprechstil 300
Sprechverhalten 177
Status 290; 297; 300
Stimulation 50; 100; 186; 233; 278
Stimuli 97; 135; 155; 233; 255
Strafe 21; 60; 97; 99; 203
Strafverhalten 60
Stufen 23; 100
Stufenkonzept 26
Subkultur 289
Symbole 48

Tagesmütter 343
Tagespflegestellen 342
Tryade 272

Überbehütung 262
Über-Ich 22; 210; 345
Umgebungsreize 369
Umkehr-Reaktion 29
Umwelt 16; 37; 95; 96; 99; 109; 111; 120; 129; 142; 144; 178; 179; 180; 229; 230; 232; 399
Umweltbedingungen 94; 145; 235
Umwelterfahrungen 235
Umweltpsychologie 230
Umweltreize 95

Vater 164; 250; 267 ff.; 309; 355
Vater-Kind-Beziehung 84; 269

Verhalten 94; 97; 98; 103; 139; 178; 186
visuelle Kultur 364
visuelle Reize 354
visueller Fixierpunkt 44
visuelles System 131
Vorlesen 351; 355; 359; 361; 363; 373; 385
Vorschulbewegung 184

Wachstum 16
Wahrnehmung 26; 67; 119; 131; 134; 136; 142; 182; 285; 353; 355; 356; 362; 385

Wahrnehmungskompetenz 138; 173
Wahrnehmungssysteme 131 f.
Wahrnehmungsvermögen 27; 37
Weinen 50; 98; 158
Werksinn 23; 27
Wirksamkeit 186

zerebrale Reifung 111
Zuneigung 262
Zuwendung 107; 119; 123; 129; 139; 163; 176; 177; 257; 279; 296; 341; 343; 387; 406

Kinder verstehen

Dieter Baacke
DIE 6-12 JÄHRIGEN
EINFÜHRUNG IN DIE PROBLEME DES KINDESALTERS
BELTZ Taschenbuch

Kinder zwischen sechs und zwölf Jahren, – Schulkinder, Medienkinder, Kinder zu Hause und auf der Straße, spielend und lernend, kreativ, emotional, neugierig, manchmal schwierig. Wir wissen einiges über sie, und doch ist es kaum möglich, einen ganzheitlichen Begriff von Kindheit zu bekommen und Kindern wirklich angemessen zu begegnen. Indem wir das eine hervorheben, schotten wir manches andere ab. Dieter Baacke fügt unter pädagogischen Gesichtspunkten zusammen, was es an Aussagen und Wissen über die Kindheit gibt: informierend, lebendig, manchmal erzählend. Sein Buch hilft Eltern und Pädagogen, Kinder zu verstehen und unbefangen zu erziehen.

Dieter Baacke
Die 6–12jährigen
Einführung in die Probleme des Kindesalters
Beltz Taschenbuch 5, 437 Seiten
ISBN 3 407 22005 7

BELTZ Taschenbuch

Magie der Kindheit

Viel zu oft wird die reichhaltige Phantasie und intellektuelle Erfindungsgabe von Kindern nur als vorübergehende Erscheinung angesehen, die keinen oder nur wenig Bezug zum späteren Lernen hat. Richard Lewis dagegen zeigt mit Texten, Gedichten und dem Spielen von Grundschulkindern auf, wie deren imaginative Fähigkeiten den eigentlichen Antrieb für jegliches Lernen bilden. Fern davon, »nutzlos« zu sein, stellen sie die reichhaltigste Quelle jener Welterfahrung dar, an die jeder Unterricht anknüpfen kann. Darüber hinaus spiegelt das kindliche Denken, wie es in diesem Buch auf wunderbare Weise zum Ausdruck kommt, Werte, die uns als Erwachsenen und unserer Kultur im weitesten Sinne verlieren zu gehen drohen.

»Irgendwo in der Kindheit wurden wir zu Wurzelgräbern, die den Dingen auf den Grund gehen wollten, begabt mit der Fähigkeit, aus dem Reich des Unbekannten wieder an die Oberfläche nachvollziehbarer Tatsachen zurückzugelangen.«

Richard Lewis
Leben heißt Staunen
Von der imaginativen Kraft der Kindheit
Beltz Taschenbuch 2, 144 Seiten
ISBN 3 407 22002 2

Menschliche Entwicklung verstehen

Wie entwickelt der Säugling erste spezifisch humane Eigenschaften? Welches sind die Bedingungen seiner kognitiven Entwicklung? Welche Zusammenhänge bestehen zwischen Körperintelligenz, Sprache, Denken und Selbstbewusstsein?
Friedrich Pohlmann bietet eine fachübergreifende und vieldimensionale Analyse der »sozialen Geburt« des Menschen und weist an vielen Beispielen nach, dass soziale Austauschprozesse nicht nur über die Entstehung menschlicher Grundkompetenzen entscheiden, sondern auch über deren Ausdifferenzierung und Vielseitigkeit.

Friedrich Pohlmann
Die soziale Geburt des Menschen
Einführung in die Anthropologie und
Sozialpsychologie der frühen Kindheit
Beltz Taschenbuch 61, 160 Seiten
ISBN 3 407 22061 8

Spielerisch die Welt erkunden

Die Umwelt ist die Quelle aller Eindrücke, die auf das Kind einwirken. Sie ist der beständigste Lernanreiz und übt eine unglaubliche Anziehungskraft auf das Kind aus. Petra Brandt und Peter Thiesen erläutern Grundlagen, Voraussetzungen und ein didaktisches Konzept für eine durchdachte Umwelterziehung in Kindergarten, Hort und Grundschule. Ein Praxisteil, gegliedert in sieben »Entdekkungstouren«, enthält mehr als 300 Spiele, Rätsel, Experimente, Basteltips, Rezepte und Anregungen für Ausflüge und Aktionen. Der übersichtliche Aufbau nach einem einheitlichen Schema, ausführliche didaktische Hinweise, Sachinformationen und die Formulierung von Lernzielen machen dieses Buch zu einem echten Praxisbuch für Lehrer und Erzieherinnen.

Petra Brandt • Peter Thiesen
Umwelt spielend entdecken
Ein Spiel- und Ideenbuch für Kindergarten,
Schule und Familie
Mit Zeichnungen von Matthias Brandt
Beltz Taschenbuch 34, 203 Seiten
ISBN 3 407 22034 0